读天下
Glamour Press
www.glamourpress.com

# 国际管理

# International Management

## 应用导向、赢得国际战略机会和提升跨文化管理能力

## 第三版精要版

作者 迪恩·B.麦克法林（Dean B.McFarlin）
保罗·D.斯威尼（Paul D.Sweeney）
译者 黄 磊

中 国 市 场 出 版 社

**图书在版编目（CIP）数据**

国际管理：第3版：精要版／（美）麦克法林著；黄磊译．—北京：中国市场出版社，2014.2

书名原文：International Management

ISBN 978－7－5092－1158－8

Ⅰ.①国… Ⅱ.①麦… ②黄… Ⅲ.①国际企业—企业管理 Ⅳ.①F276.7

中国版本图书馆 CIP 数据核字（2013）第265828号

**著作权合同登记号：图字01－2007－2204号**

Dean B. McFarlin Paul D. Sweeney

**International Management**



| | | | | |
|---|---|---|---|---|
| **出版发行** | 中国市场出版社 | | | |
| **地　　址** | 北京月坛北小街2号院3号楼 | | **邮政编码** | 100837 |
| **电　　话** | 编 辑 部（010）82111123　读者服务部（010）68022950 | | | |
| | 发 行 部（010）68021338　68020340　68053489 | | | |
| | 68024335　68033577　68033539 | | | |
| | 总 编 室（010）68020336 | | | |
| | 盗版举报（010）68020336 | | | |
| **邮　　箱** | szpress@gmail.com | | | |
| **经　　销** | 新华书店 | | | |
| **印　　刷** | 高碑店市鑫宏源印刷厂 | | | |
| **规　　格** | 185mm×240mm | **开本** 1/16 | **版　　次** | 2014年2月第1版 |
| **印　　张** | 32.5 | | **印　　次** | 2014年2月第1次印刷 |
| **字　　数** | 500 000 | | **定　　价** | 70.00元 |

国际管理

# 提高学习效果的结构设计

CHAPTER

1 全球化趋势和挑战概览

### 本章学习目标

清楚说明本章需要掌握的学习要点，做到有目的地学习

### 国际挑战

真实世界中的国际管理问题，紧扣本章的主题

**学习目标**

- 理解国际商务的一般竞争环境以及在全球经济中主要的和新出现的竞争者
- 识别国际商务的主要趋势，包括有利和不利两方面
- 理解管理在不断发展变化的国际商务挑战中的角色
- 理解国际管理中重要的基本概念

**国际挑战**

**新百伦的平衡术：在美国的生产还能进行多久？**

一般说来，每人至少拥有一双运动鞋。实际上，运动鞋很常见，著名的品牌有美国的耐克和锐步等。一个有意思的现象是，这一产业中最大的生产厂商的产品几乎都是在一些低工资国家和地区制造的，这些国家包括中国、越南和印度尼西亚等，而且这些工厂往往为外国分包商拥有并且经营。

现在，让我们来看看新百伦公司（New Balance Athletic Shoe, Inc.）。1972 年，吉姆·戴维斯（Jim Davis）以 10 万美元的价格买下了这家企业。如今，新百伦的销售额超过 13 亿美元，在全球运动鞋产业中位居第四（在美国，新百伦排名仅次于耐克，位居第二）。新百伦在国外也拥有自己的分包商。在新百伦中国分包商工厂的过道中进行观察，你会看到年轻的女工们在陈旧的机器前面重复着单调的缝纫动作，这是她们在生产新百伦产品。这些女工的薪酬相当微薄（每小时 20～40 美分）。当然，从理论上讲，通过这种方法削减劳动力成本，公司可以获取更高的利润。有人认为，把低技能、低薪酬的工作转移到劳动力成本低廉而且充裕的国家对美国的经济大有好处。这使得美国的企业可以将精力集中到资本和技术密集型产业上，有助于美国保持其优势，提高人民的生活水平。

但是，新百伦不是这样。与其竞争者做法不同，新百伦在美国开设了 5 家工厂，共雇用了 1200 名制造工人。实际上，在过去的几年中，新百伦在美国的雇员人数增加了 50%。总的说来，新百伦在美国制造的运动鞋占其总产量的 25%，而公司的

### 国际观察

对相关主题的集中和深入的分析，帮助学生加深理解，拓宽视野

### 迎接挑战

运用本章学习的概念和工具分析国际管理问题，及时展开应用

### 关键概念

紧邻有关概念的阐述，突出重点

国际管理

**迎接挑战**

**将丰田方式带给全球**

在本章开头我们介绍了“丰田方式”，公司通过各种方式教授和传播，特别是借助于日本的丰田研究院。但我们并未详细介绍究竟什么是“丰田方式”。丰田方式可以追溯到创始人丰田喜一郎，1935 年他确立了企业的两大支柱。有趣的是，直到 2001 年，这两大支柱从未正式成文。那时，公司领导者们意识到，公司在全球化道路上走得太快，不能像过去一样慢慢地教会员工丰田方式。在之前的 10 年里，丰田大步实行了国际化，在海外建立了 27 家工厂，拥有 20 万工人。海外发展当然是有理由的，开始是为了克服欧盟和美国设置的汽车进口配额，后来则是因为商业和政治的理由。在丰田公司的全部员工中，只有 1/3 在位于日本的 18 家工厂里工作。分析师们认为，在这样快速的国际化过程中丰田可能没有足够的时间和精力来传播丰田方式。在谈到丰田研究院时，一位观察者说，“丰田担心海外扩张的步子迈得太快推动了控制，现在还无法判断研究院能否成功。”

那么，倒底什么是丰田方式呢？丰田方式的两大支柱是，(1) 持续改进，(2) 尊重他人。第一项原则实际上就是持续“改善”，不断地优化。为此，需要鼓励员工到源头去自己发现问题，然后处理问题。这可以解释本章开头纽顿女士在肯塔基工厂中所看到的员工个人生产数据。公告的目的不是要羞辱绩效低的员工，而是为了提供改进目标，让同事们帮助这些员工解决问题。这一过程让问题透明，与丰田所主张的“共同拥有问题”的理念是一致的。正如纽顿女士所说，“美国人对此感到吃惊，很难想像就这样将问题暴露出来……在其他企业中，觉的做法是向上级隐瞒问题。”持续改进的原则表明这家公司注重长远发展和提高质量，而不是紧盯着竞争对手或想着如何当第一。领导地位只能来自持续改进的态度，它还得到第二根支柱的支持。

第二项原则是尊重员工，为了同他人一起做好工作，这是必须的。所谓“他人”，丰田是指顾客、员工、供应商以及更多的人。当然，顾客是最重要的，可是顾客的含义也是复杂的。正如前任 CEO 渡边捷昭所说，顾客并不只是指最终的消费者，也是指“生产线上下一道工序的员工。”他还指出，丰田方式的根本在于对当前状态的满足，为此需要反复发问，“为什么我们要做这些?”这些原则相互支持，通过渗入文化和向组织里的他人学习可以帮助员工获得其中的真谛。

可以想像，控制和传播这一复杂的生产和管理方式将是很难实现的。在全球范围内，丰田方式的实施将是参差不齐的，至少落后于母国。例如，热诚对待顾客是丰田引以为傲的特点，然而观察者们注意到，在中国和印度的丰田机构中，服务存在不足和不稳定的情形。丰田研究院的小西幸基说，他也曾经收到报告，说丰田海外分部的管理者们不愿意实施丰田方式中的某些关键部分，例如准许员工在发现问题时停止整条生产线。更糟糕的是，近年来丰田汽车的召回数量正是它未能在庞大的海外工厂的管理层和员工中贯彻丰田方式的结果。2007 年，丰田召回了 50 万辆红杉和坦途。此前它已经因为发动机机油和其他问题而大规模召回凯美瑞和其他型号。2009 年，因为加速踏板卡住导致乘客死亡，丰田召回了 400 万辆汽车。新任 CEO 丰田章男（创始人的孙子）为这些问题公开道歉，包括关闭加州的一家工厂以及 2009 年度高达 50 亿美元的亏损（在 2008 年同样数额亏损的基础上）。即使按日本标

国际管理

制。这种政策是在二战之后由盟国所制定的，目的是为了防止行业力量完全与有潜在威胁力的政府联合起来，这一现象在二战以前就发生过。这种体系在钢铁和煤炭业以及战前战后比较关键的企业部门显得比较突出。具体做法是，工会选取 5 名董事，股东选取另外 5 名董事，最后再由这 10 名董事再选取第 11 名成员。除了钢铁和煤炭行业以外，董事会的工会会员人数会根据行业的不同而变化。[42]

> **共同决策制**（codetermination）
> 德国公司里让工人参与到董事会的一种制度。

正如我们已经说过的，近年来德国工会很愿意在工作条件和就业保障上作出让步。德国工会组织巨头 IG Metall 在某些问题上就认输了，如为了争取更短的每周工作时间的努力。这里的“国际观察”详细描写了德国人对休闲时间的关心——这是美国工人不太珍惜的东西。总体而言，人们由于失业率上升、工资昂贵、劳动法古板、德国竞争力降低而抱怨工会组织，德国人对待工会组织的态度已经变得冷淡。因此，工会组织的参与率在持续下降。[43]

**国际观察**

**德国人认为美国人工作太辛苦**

安吉·克拉克和安德烈·德劳施克受聘于相似的管理职位，薪水也很接近（年薪大约为33 000美元），他们分别在华盛顿和柏林两个不同的百货店工作。不过，除此以外，其他就没有什么可比性了。德劳施克先生的工作合同规定每周工作37个小时，每年享受6周的带薪假期。他的商店星期六下午两点关门，星期天全天关闭，每周只有一个晚上营业（星期四）。“我不理解美国人为什么要晚上去买东西……根据逻辑推理，应该不会有人需要在晚上8点半去买一辆自行车吧?”（他负责商店的自行车部门管理）

克拉克小姐每周却至少要工作44个小时左右，包括晚班和周末加班。她经常把活儿带回家干，而且，连续休假从来没有哪一次超过一周时间。很多美国人对德国人传统的勤勉性格表示尊重，但是，由于克拉克小姐经常到德国出差，所以，她对此产生了不同的看法。美国工人每周的平均工作时间要超过德国工人20%。这种差别近年来在不断扩大，美国工人的年工作时间超过1 800小时，而德国工人大约只有1 450个小时。“德国人是休闲第一，工作第二。”克拉克小姐说。她百货店里的很多同事都在做兼职，每周总的工作时间要超过60个小时以上。德劳施克先生根本不愿意在规定的每周37个小时的时间以外还要工作，哪怕挣再多的钱也不干。“自由时间是金钱买不到的。”这个德国人说。他觉得美国人倾向于做多份兼职的行为实在是不可思议。

显然，美国人是要为长久而不规律的工作时间付出代价的。德国商店的员工流动率几乎为零，美国商店的员工年流动率却达到40%。另外，由于学徒时间很长，所以，德国工人对自己产品的了解非常透彻。而在美国，对克拉克小姐这样的员工的培训只花费两天时间。尽管拥有这些优势，德国政府却在担忧每周工作时间太短、太多的假期和其他补贴正在削弱德国人的竞争力。[41]

# 注重应用，将知识转化为创造价值的技能

第 3 章　正确地做事——国际伦理和社会责任

## 本章总结

本章主要讨论了伦理价值和企业社会责任问题。伦理方面，我们研究了两种主要的观点。第一种观点即普遍主义认为，有一种放之四海而皆准的伦理价值，很多国际行为准则和公司行为准则就是以它为基础制定的。第二种观点即相对主义认为，每一个国家都有自己独特的伦理价值，它们以本国独特的法律和惯例为基础形成。按照这种观点，商务运作应该是"入乡随俗"。

接下来，我们研究了伦理道德观念的跨文化差异问题。大多数研究表明，与欧洲、亚洲和其他国家相比，美国人更关注伦理道德问题。美国的跨国公司更倾向于把行为准则写成书面文件，明确说明哪一类行为是不符合伦理规范的。欧洲的跨国公司这方面做得不如美国公司。

随后，我们探讨了外国政府具体的不道德行为以及企业的应对措施。关于人权问题，我们注意到，人们普遍认为某些行为是不可接受的。而不太明确的，是跨国公司应该怎样做。例如，在南非的种族隔离时代，有些跨国公司相信，如果继续留在那个国家，公司可以对当地经济起到更大的影响作用；另一些公司却撤离南非，以此来抗议种族主义者。

同样，在国际商务中，跨国公司也需要应对贿赂问题。在很多国家里，尽管人们不愿意这样做，但是这种交易实际上很普遍。不过很多国家制定了法律来禁止对官员行贿。只有少数国家能够真正把自己的国民向外国人行贿视为违法，而大多数国家实际上是把贿赂当成国际商务运作成本的一部分。20 世纪 70 年代的那些著名案例导致了《反海外腐败法》的产生，但是，美国的跨国公司有时同样为了获取商机而向外国人行贿。尽管《反海外腐败法》把为了赢取商务机会而向外国人行贿视为非法行为，但它实际上允许企业向外国官员支付"疏通费"，以确保他们履行自己的职责（如货物的海关清关）。对《反海外腐败法》的影响研究认为，美国的跨国公司并没有因《反海外腐败法》的约束而产生系统性的劣势。

本章最后讨论了部分社会成本的问题，这些社会成本是伴随着许多国家向更具竞争性的市场经济体制持续转型而发生的。为此目的，我们研究了跨国公司在某种情形下可能会给这些转型国家的人民带来苦难（如剥削当地工人或使污染、失业和贫困加剧），以及跨国公司应该如何改善这种状况。

### 讨论题

1. 在国际管理中，普遍主义和相对主义各自承担着怎样的角色？
2. 跨国公司应该怎样对待外国政府的侵犯人权问题、贿赂倾向以及其他有问题的支付行为？跨国公司自己应该卷入这些问题中吗？为什么？
3. 你对《反海外腐败法》是如何评价的？它是否有可能成为美国跨国公司发展的主要障碍？美国政府应该站在怎样的立场来对待外国跨国公司在国际商务运作中所采取的策略？
4. 新兴市场国家向市场经济过渡过程中会产生哪些社会成本？在这方面跨国公司会带来怎样的问题？如果有问题，跨国公司应该如何应对？为什么？

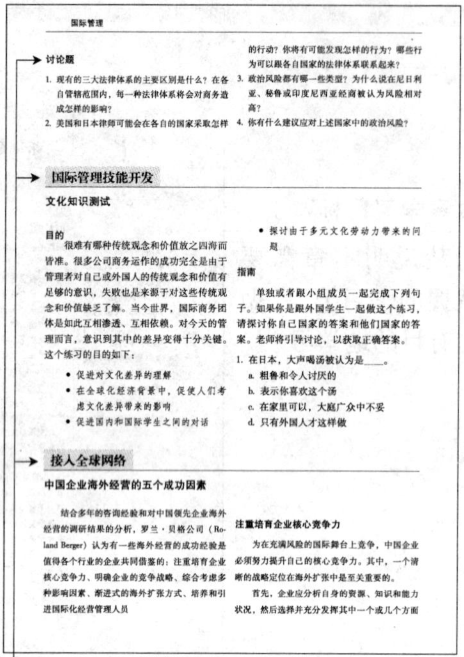

国际管理

### 讨论题

1. 现有的三大法律体系的主要区别是什么？在各自管辖范围内，每一种法律体系将会对商务造成怎样的影响？
2. 美国和日本律师可能会在各自的国家采取怎样的行动？你将有可能发现怎样的行为？哪些行为可以跟各自国家的法律体系联系起来？
3. 政治风险都有哪一些类型？为什么说在尼日利亚、秘鲁或印度尼西亚经商被认为风险相对高？
4. 你有什么建议应对上述国家中的政治风险？

## 国际管理技能开发

### 文化知识测试

**目的**

很难有哪种传统观念和价值放之四海而皆准。很多公司商务运作的成功完全是由于管理者对自己或外国人的传统观念和价值有足够的意识，失败也是来源于对这些传统观念和价值缺乏了解。当今世界，国际商务团体是如此互相渗透、互相依赖。对今天的管理而言，意识到其中的差异变得十分关键。这个练习的目的如下：

- 促进对文化差异的理解
- 在全球化经济背景中，促使人们考虑文化差异带来的影响
- 促进国内和国际学生之间的对话
- 探讨由于多元文化劳动力带来的问题

**指南**

单独或者跟小组成员一起完成下列句子。如果你是跟外国学生一起做这个练习，请探讨你自己国家的答案和他们国家的答案。老师将引导讨论，以获取正确答案。

1. 在日本，大声喝汤被认为是____。
   a. 粗鲁和令人讨厌的
   b. 表示你喜欢这个汤
   c. 在家里可以，大庭广众中不妥
   d. 只有外国人才这样做

## 接入全球网络

### 中国企业海外经营的五个成功因素

结合多年的咨询经验和对中国领先企业海外经营的调研结果的分析，罗兰·贝格公司（Roland Berger）认为有一些海外经营的成功经验是值得各个行业的企业共同借鉴的：注重培育企业核心竞争力、明确企业的竞争战略、综合考虑多种影响因素、渐进式的海外扩张方式、培养和引进国际化经营管理人员

**注重培育企业核心竞争力**

为在充满风险的国际舞台上竞争，中国企业必须努力提升自己的核心竞争力。其中，一个清晰的战略定位在海外扩张中是至关重要的。

首先，企业应分析自身的资源、知识和能力状况，然后选择并充分发挥其中一个或几个方面

## 本章总结

对本章要点的回顾，复习知识的有力工具，引导你加强对概念的准确理解

## 讨论题、国际管理技能开发和接入全球网络

通过答题和练习复习本章关键概念，提高分数

案例 5　要不要全球化？

### 案例 5
### 要不要全球化？

两年以来，DataClear 公司一直独霸美国的数据分析市场。但现在英国的一家新兴公司正紧随其后。DataClear 应该继续关注它在国内市场强劲的增长，还是应该去国际市场上迎接新的挑战？

"鱼为什么不咬饵？"格雷戈·麦克纳里（Greg McNally）甩出漂亮的一杆后想道。他正在挪威的阿尔塔小河边钓鱼，这是他所见过的最美丽的地方，据说是斯堪的纳维亚最著名的鲑鱼产地。他有很多机会欣赏这一景色。鱼还是没有上钩。

几个星期前他还在美国蒙大拿州纳尔逊的 Spring Creek 垂钓呢，跟现在相比多么不一样啊。自从那次在公司外面召开的为期两天的会议后，时间似乎已经过了很久。那次会议既是一次庆功会，又是一次对未来进行规划的会议。

无疑，庆功会议井然有序。DataClear 公司确实起飞了，它的首个数据分析软件 ClearCloud 取得了成功。1999 年是 ClearCloud 投入市场后的第一个整年，销售额已经达到了 220 万美元。从 9 月份的情况来看，2000 年销售额很容易就可以达到 530 万美元。在外出召开会议前的星期五全体员工会议上，格雷戈宣布公司又成功地招聘了两名更优秀的执行经理，因此员工人数增至 38 人。他说："我比任何时候都更加坚信我们会实现目标：2001 年销售额达到 2000 万美元，2002 年销售额达到 6000 万美元！"

**忧虑即将来临**

格雷戈出生于新泽西州，在罗格斯新泽西州立大学获得科学硕士之后前往西部，在美国加州大学伯克利分校拿到了计算机科学博士学位。接着他又在 Borland 公司和甲骨文公司先后待了 15 年，开始是软件开发工程师，后来担任高级产品经理。1998 年春，他在加州的帕洛阿尔托（Palo Alto）创建了 DataClear 公司。

当时，格雷戈发现公司收集信息的速度比分析信息的速度快得多，而数据分析正是软件业中有待开发的一块细分市场。他是在西北大学的一次研讨会上看到自己的机会的。当时有两位研究员开发了一套算法，可以使分析员无需程序员的帮助即可对大量繁杂的原始数据进行筛选。于是格雷戈出售了自己在甲骨文公司

HBR's cases present common managerial dilemmas and offer concrete solutions from experts. As written, they are hypothetical, and the names used are fictitious. "Go Global—Or No?" by Walter Kuemmerle. Reprinted by permission of Harvard Business Review, June 2001. Copyright 2001 by the Harvard Business School Publishing Corporation. All rights reserved.

## 案例

经过反复教学检验的哈佛商学院案例，让学生有机会在综合过去几章学习成果的基础上实践现实世界中国际管理问题的决策分析

# 献　词

*To Laurie, Andrew, Elizabeth, and Nathaniel... no one could ask for a better family!*

—DEAN B. MCFARLIN

*To Emily, Farrell, and M. L. Hohman.*

—PAUL D. SWEENEY

## 教学课件

中文版开发商读天下为《国际管理》配备了教学课件，包括教师手册和 PPT。订购本教材的教师请向本部联系申请。

为便于读者查询，中文版保留了英文版注释的序号，由于排版的原因，序号的顺序略有差异。注释部分限于篇幅未印出，需要的读者请致电或来函索取。

电　话：010－82111123

e-mail：szpress@gmail. com

网　址：www. glamourpress. com

# 译者的话

20 世纪 90 年代初，步出大学校门不久的我到巴基斯坦参加了国际工程承包业务。经过长期国际企业和项目管理的实践，经历和感悟不断地堆积，生疏又熟悉的国际背景让我既兴奋又困惑。

那是现代管理学在中国初露端倪的时代，而在此前，中国人的很多管理做法基本上是那套祖宗津津乐道的原则——“摸着石头过河”。河床的石头很多，但是，过河的很多捷径其实也同时在那里摆着，有时只是我们缺少了一些发现的眼光。

缺乏常识和理论的熏陶和引导的实践总是要付出代价的。用现在的眼光看，当年我们在国外所面临的文化冲突现象，有不少其实不过是常识性的问题，基本上通过互相沟通、互相尊重的手段便可以达成一致。可是，对文化冲突感知和认识的缺席，使我们往往对这些简单问题束手无策，致使在经营过程中发生了不必要的损失。

对一个国际管理者而言，国际管理知识不但是在多元文化环境中丰富心智和规范行为的指南，更是所在企业获取利润的一个保障。此外，我相信，必须对国际管理理论有所研究的，不仅仅是所谓的管理者阶层，也应该包括参与国际运作的所有成员。因为在国际业务管理实践中，参与者都是团队成员，他们对国际管理惯例的认知程度，往往会对整体绩效产生直接的影响，因此，国际管理知识更应该是普及性的。

随着经济全球化的进一步深入，国际管理成为管理者越来越无法回避的课题，劳动力和产业转移、外包、贸易的新趋势，无一不被打上深深的国际化烙印。可以说，缺乏国际视野，缺乏对国际管理内涵的深刻认识，有可能成为一个当代管理者致命的短板。你可以想象，中国广东制造业业务的很大部分可能跟欧盟国家或者美洲国家存在着千丝万缕的联系。除了与进出口相关的活动，在制造流程管理中，采用的可能就是某些投资国家的管理理念甚至外派雇员和外国劳动力。而对于意图“走出去”的企业，国际管理更是一门必修课，一项必须的修炼。

从本质上讲，国际管理的核心内容是跨文化管理，也就是在不同的文化背景下，对不同的人、财、物的管理过程。正如本书作者在前言部分所提到的那样，成功的国际管理基本上是由四个基本部分组成的。首先，管理者必须了解国际商务的宏观环境。尤其重要的是对国际管理产生影响的关键趋势以及驱动国际商务的政治和法律因素。同时，管理者也必须对国际经营可能出现的伦理道德和文化的两难境地有充分的准备，并在跨国运作中寻求解决方案。其次，管理者必须掌握在国际舞台上进行有效互动的基本要素。比如，理解不同文化是如何感知和处理信息的、跨文化交流技能的培养、如何进行成功的跨国界谈判，等等。再次，有效的国际管理意味着对战略机遇的认知和利用能力，也即如何以最佳方式进入外国市场并在那里成功运作。最后，国际管理者必须有能力激励和领导来自不同文化背景的人员，有能力建立起有效的国际团队。这就是说，管理者在招募、培训和培养雇员方面必须具备国际眼光。上述的这四个部分，基本上离不开多元文化的背景和主线。

本书语言通俗、生动。读者既可以体验到理论深度，又可以在案例中领略到国际管理实践的魅力。各个章节之间既有联系，也可以独自成篇，对国际管理的某一个具体领域或内容进行阐述。本书既可以充当大学生国际管理的课程教材，也可以作为国际经营者的操作参考书和行动指南。

本书由黄磊主译，并担任全书的校对和润色工作。黄磊翻译的章节包括（第1章、第2章、第3章、第4章、第12章、第13章、第14章）以及前言部分。同时，也感谢广东外语外贸大学的部分同事参与了本书的翻译。他们是方慧（第5章、第6章）、刘亮星（第7章）、严红（第8章）、董俊武（第9章、第10章）、吕仙（第11章）。

尽管这本书的优点显而易见，但是，国际管理这个领域丰富的金矿是不可能完全通过这一本书得到毫无遗漏的表达。在这个世界上，“The only constant thing is unconstant”（唯一不变的是变化），在国际管理领域中尤其如是。书本教会人的不过是一些基本的理念和知识，即对“知”的总结，而管理的精髓更在于“行”。对国际管理中跨文化因素的充分认识，是管理实践中对多元文化理解、欣赏、包容甚至容忍的基础，而对多元文化理解、欣赏、包容甚至容忍，则是国际管理和谐环境产生的保障；国际管理的最终绩效和双赢局面都必须以这样一个和谐环境作为平台。

毋庸置疑，在国际管理实践中，书本和经验应该成为管理者学习的对象。但是，有效率的国际管理者同时也必须具备创新能力，超越书本，在实践中以自己的体会和经验，丰富这个在管理领域中主导作用越来越明显的学科。

黄　磊

于广州白云山麓

# 译者简介

**黄磊**，广西人。广东外语外贸大学副教授。美国富布赖特驻校学者（Fulbright Scholar-in-Residence）。广东经济学会理事，广东翻译工作者协会会员。曾在多个海外工程项目任翻译、经理。澳洲西悉尼大学博士生，获“国际奋斗奖学金”（EIPRS），研究方向为公司可持续发展。

# 目　　录

## 第 2 部分
# 在国际环境中有效地互动



## 第 3 部分
# 把握国际环境中的机会

## 第 4 部分 管理国际企业员工

# 案例目录

# 前　　言

## 探索国际管理的机遇和挑战

尽管国际管理是饶有趣味的研究主题，但它的飞速发展却也使得撰写这一主题的教材变得困难重重。这个领域是新兴的而且变化很快，因此“国际管理”教材应该涵盖哪些内容也没有定论。这也给作者提供了非常广阔的空间，让我们自行选择材料并且自主安排内容。我们希望你能够同意我们所作的选择，认可我们的课本提供了综合性最强的资料，并且涵盖了当前市场上国际管理领域里最前沿的内容。

**在人员和战略之间寻求平衡**　简单地说，我们的愿望是将学生引入国际管理的真实世界中。全球经济一体化不断深入既带来了空前的机会，也使我们暴露在巨大的风险之下。我们确信，在如此动荡的环境中处理国际管理问题，需要拥有一种平衡的手段。某些课本强调国际管理中的战略导向，另外一些却又以人为本，重点关注雇员的行为方式。我们的观点是，在强调一个方面的重要性时不能忽视另一个方面。如今，许多观点在变化迅速的环境中很容易受到攻击，需要考虑如何适应这些变化。

因此，我们的方法是综合各种观点，力求缜密严格，以作为行动的指南。管理层要创造性地思考、分析潜在的国际发展机遇，并在这一过程中权衡内部优势与劣势以及潜在的竞争威胁。最终，这一过程应该形成战略与思想，以利用这些机会。但是，实际利用这些机遇完全是另外一码事。它意味着执行与实施。这需要时间——而一些重大事件会在瞬间摧毁你精心设计的计划。

我们还要考虑人的因素。很多计划之所以失败，是因为它们疏于考虑与人相关的复杂因素。在国际环境中，人和文化的挑战对公司造成的伤害与错误的企业战略是一样的，甚至更严重。所以说，战略制定和跨文化管理技能都十分重要。理想的状态是把它们联系起来。应对可能出现的跨文化挑战需要战略创新，而战略必须在全球范围内协助管理方法和人力资源政策的制定。

我们将用生动的形式展示出我们的平衡观点。一般来说，我们会采用应用导向的方法，这种方法建立在最新研究成果的基础之上。用过本书的老师和学生都向我们反映这种方法既新颖又充满魅力。希望你也能够欣赏它！

**目标读者** 本书将会吸引广泛的读者群。对国际问题缺乏了解的学生将会欣赏我们在各章中介绍的基础知识和概念。同时，拥有一定的国际经验或学习过相关课程的学生将会被本书的深度所吸引。从教学方法的角度出发，本书可以很好地充当国际管理课程的主要教材，也可以为管理导向的国际商务课程所采用。对于希望以面向实际的方式学习国际管理的老师和学生而言，本书强调实践应用以及丰富的实践导向特色将对他们产生吸引力。在详细描述本书的特色之前，我们首先介绍其架构和内容。

## 国际管理课程的内容组织

本书修订版的结构仍然反映了我们一贯的观点，即成功的国际管理由四个基本部分组成。首先，管理者必须广泛了解国际商务环境，特别是对国际管理产生影响的关键趋势以及驱动国际商务的政治和法律因素。同时，管理者必须有能力应对在国际背景中随时可能出现的伦理与文化困境，而且必须知道在跨出国门后如何解决这些问题。其次，管理者需要掌握在国际舞台上进行有效互动的基本要素，这意味着他必须了解文化是如何对他们认为理所当然的一些基本理念产生影响的。比如，理解不同文化是如何感知和处理信息的，培养跨文化沟通技能，如何进行成功的跨国谈判等，都属于这部分内容。再次，有效的国际管理意味着能够识别并利用战略机遇。这通常是指如何以最佳的手段进入外国市场并在当地成功运作。最后，国际管理者必须有能力激励和领导来自不同文化背景的人员，并且有能力建立起有效的国际团队。这还意味着在招募、培训和开发员工方面必须拥有国际视角——薪酬和劳资关系之类的游戏规则在不同国家可能有巨大的差别。这些内容都是对我们综合方法的反映。比如，薪酬惯例常常源于某个国家或某种文化背景，所以，了解这些与人相关的问题显得非常重要。实际上，企业战略也依赖于这方面的理解。

**章节预览** 本书的章节是通过四部分架构安排的。我们将带领你浏览本书的每一部分来了解各章的内容。

第1部分 *在全球舞台上：国际管理环境。*第1部分包括第1章到第4章，涵盖了成功国际管理的必要基础。第 1 章讨论了国际竞争的基础、影响国际管理的趋势以及世界各国和地区的发展情况。在这一版中，笔者对第 1 章的内容进行了广泛的更新。第 2 章关注的是在国际运作中管理者必须考虑的法律和政治问题。我们讨论了世界各国不同的法律和政治制度以及它们对国际商务的影响。本章还讨论了在国外市场上管理者可能遭遇的各类政治风险以及应对这些风险的手段，包含了在写作时能够获得的最新商业风险数据。第 3 章研究了国际环境中的伦理价值观和公司社会责任问题，详细讨论了特殊的伦理道德问题如贿赂、人权和社会剧变等。我们还为应对不同的伦理困境提供了指南（如制定和遵守公司行为准则）。第 4 章通过更详细地研究文化的方式对第一部分进行了总结。我们特别讨论了文化对国际管理产生的深刻影响。本书构建了一个框架，用以解释基本文化维度以及它们对全球人力资源管理的含义。本书提供了几个全新的专题讨论，举例说明一些公司是如何回应这些挑战的。

第 2 部分　在国际环境中有效地互动。第 2 部分包括第 5 章到第 7 章，重点讨论了文化对人际间互动的影响。换句话说，这些章节是第 4 章所讨论的文化问题的自然延伸。正如你将看到的，第 5 章探讨了文化如何影响雇员对自己的工作环境、工作和周围人的感知。该章还解释了在多样化的商务环境中如何管理感知问题，如刻板印象。第 6 章展示了文化差异如何妨碍人们的沟通，同时也为人们在国际环境中提高语言、非语言和书面沟通能力提出了建议。第 7 章通过考察如何管理国际冲突以及如何成功地进行跨国商务谈判对本部分内容进行了总结。显然，有效的谈判需要作好充分的准备，还要正确判断不同文化间谈判策略的差异。

第 3 部分　把握国际环境中的机会。第 3 部分包括第 8 章到第 10 章，探讨了国际管理者所面对的更加宽泛的战略和运营决策。第 8 章关注国际战略的定义与制定。首先，我们对基本的国际战略进行了辨析，并解释了何时应该采取这些战略。我们同时还指出了小企业在制定国际战略中可能面临的一些特殊问题。接下来，我们详尽地描述了制定成功的国际战略的流程（如 SWOT 分析）。本章最后讨论了志在成功的公司应该如何确保其内部系统目标一致，以支持公司的国际战略。第 9 章的讨论更进一步，涉及在实施国际战略的过程中，公司所面临的执行方面的问题。我们介绍了公司进入国外市场的各种方法以及它们的优缺点。从本质上说，在恰当的条件下，各种进入方法（如出口、特许或者是跨国收购等）都是有效的。因此，我们还对权衡并选择各种进入方法提供了建议。第 10 章通过探讨管理者如何采用切实可行的进入方法并顺利开展国际运作，对上一章的问题进行了扩展。主题包括：建立机制以协调国际运作、成功地管理企业联盟（如国际合资公司）以及维系公司在国外的技术优势。

第4部分　管理国际企业员工。本书的最后部分包括第11章到第14章，讨论了国际管理中涉及人的问题。最后一章并不意味着最不重要。如果对与人有关的事情的处理出现偏差，有可能导致最出色的管理战略陷入失败。第11章探讨了如何最好地激励和领导具有不同文化背景的雇员。我们认为，文化价值将会对雇员的行为产生影响，管理者应该相应地调整自己的管理风格。第12章阐述了管理者应该如何打造高效的国际工作团队。这个过程始于管理者采用战略手段管理国际人力资源，令人力资源需求与公司国际战略保持一致。接下来，我们讨论了公司为国际运营配备人员的方法（本地聘用或派遣），以及如何对这些国际人才进行培训开发。最后，我们讨论了有助于企业成功海外派遣的战略，这些战略通过恰当的选拔机制、培训实践和支持系统来实施。第13章继续讨论这一问题，探讨了国际工作团队就位后，如何确保成功运作。这意味着要解决如何在世界范围内对雇员的绩效进行评估以及建立薪酬体系的相关问题。第14章是对第4部分的总结，探究了最令国际管理者苦恼的“人的问题”。我们特别探讨了管理者应该如何建立高效的国际团队，尤其是在文化多元化不断加深的背景下。我们还为在世界范围内战略性地管理工会和劳资关系提出了一些方法。因为在不同的国家，工会的管理范围、目标和历史作用差别极大，因此有关工会的问题都是大问题。

**案例**　基于本书强烈的应用导向，我们在每一个部分都安排了两个真实的案例以配合各章节的内容。这些案例既可以用来强调某一具体章节的问题，也可以提供一种对各章节进行综合运用的“巅峰体验”（capstone experience）。案例为学生创造了极佳的机会，使他们能够深入分析真实的国际管理问题。这些案例都是新近发生的，质量一流并且出自最优秀的来源。

## 新版本的变化

感谢曾经用过本书以前版本的所有教授们。同时，我们也想借此机会强调本版的几个变化，相信你也会认同这些改进。举例来说，所有章节都利用《华尔街日报》、《经济学家》和《金融时报》等报纸杂志的最新文章进行了更新。实际上，我们确信已经把国际管理领域中问题和挑战的最新思想囊括在本书中。同样，我们也希望你能高度评价新版本所参考的大量学术刊物，包括《国际商务研究学报》、《管理学会学报》、《战略管理学报》。此外，在整本书中，我们为整合基于网络的资源以及网上练习付出了大量的努力。实际上，在对以前版本的反馈中，有很多都要求进行这样的整合。作为对这种反馈的响应，新版在每章结尾处增加了“接入全球网络”的特色。现在，每一章都配备了大量与网络密切相关的练习。

此外，我们还大幅度更新了本书的案例。我们目标是选择最新的案例——那些能够反映这一急剧变化的领域内最新问题的案例。我们的目标是否到达，这还有赖于你的判断。同样，我们也对全书内容逐章进行了优化。评审人员告诉我们，他们在练习、案例和为课堂内容丰富而增加的参考材料上花费了很多的时间。如果能够对本书内容进行优化，运用起来会更加轻松。我们希望本书满足了这个需求。此外，我们相信本书具有一些其他课本不具备的特色。

## 令本书与众不同的主要特色

希望你喜欢本书鲜明的特色。另外，我们还不遗余力地支持这些特色，并在教师手册和互联网上提供额外的信息。

**最新的、高质量的资源**　如上面所强调的，本书的所有章节都是由声望最高的出版物中最新颖的材料构成。这些出版物包括一流的研究性杂志（如《管理学会学报》、《国际商务研究学报》）以及那些供实际的管理者阅读的出版物（如《哈佛商业评论》、《华尔街日报》）。我们认为，学生必须学习最新的知识，并有兴趣对国际管理进行研究。毕竟，研究为大部分国际管理的成功实施提供了坚实的基础。

**写作风格：通俗、吸引人和实践导向**　当然，国际管理的最终目标不外乎“应用”，并指出哪些方法是可行的。所以，我们在每一章都安排了大量来自全球范围不同公司的案例和例证。我们还在各章中插入了具体的指南和行动建议。为此，本书在编写中采用了通俗易懂的写作风格，直截了当，尽快进入主题。我们的任务是把学生引进这个领域，使他们和我们一样对国际管理兴趣盎然——不论我们是在描述某项研究，还是在为行动提出建议。

**通过案例接触“真实世界”**　每章都以一个“国际挑战”开篇。这是一个小案例，以国际管理者或跨国公司面临的真实问题为背景，对学生提出挑战。这些问题与该章的内容直接相关。每一个案例都会在最后向学生提出问题（例如，这些情况为什么会发生？应该采取什么行动？）。在阅读过程中，学生们会接触很多概念、思想和应用实践，这些都有助于他们理解所提出的问题。开篇案例的姊妹篇叫“迎接挑战”，安排在每一章最后，描述对开篇案例中提出的问题所采取的实际解决方案。在学生们将这一切联系在一起的过程中，应该请他们对方案提出反馈意见（例如，方案最后会成功吗？是否要采取另外的措施？）。

如同在章节预览中所提到的一样，我们在每一部分的结尾处提供了更加丰富的案例。这些综合案例使得学生们能把前面几章中学到的知识融会贯通，并利用这些知识解决实际问题。

# 第 1 部分

# 在全球舞台上：国际管理环境

CHAPTER

# 1 全球化趋势和挑战概览

**学习目标**

- 理解国际商务的一般竞争环境以及在全球经济中主要的和新出现的竞争者
- 识别国际商务的主要趋势，包括有利和不利两方面
- 理解管理在不断发展变化的国际商务挑战中的角色
- 理解国际管理中重要的基本概念

## 国际挑战

### 新百伦的平衡术：在美国的生产还能进行多久?

一般说来，每人至少拥有一双运动鞋。实际上，运动鞋很常见，著名的品牌有美国的耐克和锐步等。一个有意思的现象是，这一产业中最大的生产厂商的产品几乎都是在一些低工资国家和地区制造的，这些国家包括中国、越南和印度尼西亚等，而且这些工厂往往为外国分包商拥有并且经营。

现在，让我们来看看新百伦公司（New Balance Athletic Shoe, Inc.）。1972 年，吉姆·戴维斯（Jim Davis）以 10 万美元的价格买下了这家企业。如今，新百伦的销售额超过 13 亿美元，在全球运动鞋产业中位居第四（在美国，新百伦排名仅次于耐克，位居第二）。新百伦在国外也拥有自己的分包商。在新百伦中国分包商工厂的过道中进行观察，你会看到年轻的女工们在陈旧的机器前面重复着单调的缝纫动作，这是她们在生产新百伦产品。这些女工的薪酬相当微薄（每小时 20～40 美分）。当然，从理论上讲，通过这种方法削减劳动力成本，公司可以获取更高的利润。有人认为，把低技能、低薪酬的工作转移到劳动力成本低廉而且充裕的国家对美国的经济大有好处。这使得美国的企业可以将精力集中到资本和技术密集型产业上，有助于美国保持其优势，提高人民的生活水平。

但是，新百伦不是这样。与其竞争者做法不同，新百伦在美国开设了 5 家工厂，共雇用了 1200 名制造工人。实际上，在过去的几年中，新百伦在美国的雇员人数增加了 50%。总的说来，新百伦在美国制造的运动鞋占其总产量的 25%，而公司的

所有者吉姆·戴维斯还打算提高这一比例。新百伦在美国的制造工人的报酬是每小时14美元，这几乎为中国同类员工薪酬的70倍。有意思的是，尽管劳动力成本差别巨大，但是，在中国和美国工厂之间的总成本差距却没有这么大。在中国，一双运动鞋的总生产成本大约是1.3美元，而在美国一双鞋的生产成本是4美元。按每双鞋的平均销售价格为70美元计算，这2.70美元的成本差额仅占零售价格的4%。而且，这4%也是可以控制的。尤其是，在北美市场上，美国制造意味着新百伦能够比竞争对手更快速地满足订单，更迅速地改变自己的产品式样。

然而，新百伦是如何大幅缩减在美国制造的成本以有效竞争的呢？显然，新百伦的美国工厂生产效率极高。在美国，从零开始生产一双鞋需要不到25分钟的时间，而在中国则需要3个小时。那么，美国工厂生产率如此之高的原因是什么呢？在很多公司纷纷把低技能工作和低技术产品转移到低工资地区的时候，新百伦又是如何实现这一成绩的？其中管理的作用是什么呢？

在阅读这一序篇时你会发现，变革已经成为国际商务无法回避的话题。适应变革往往意味着对旧观念发起挑战，甚至要推翻过去被认为是常识的观念。读完本章并完全理解我们对国际商业的简略概括后，请你参考本章的结束案例“迎接挑战”，再对新百伦的方法进行评价。[1]

## 1.1 21世纪的国际商务

1903年，美国俄亥俄州代顿的莱特兄弟（奥维尔·莱特和威尔伯·莱特）在基蒂霍克（Kitty Hawk）沙地试飞了他们新设计的飞机。莱特兄弟的执著和工程天赋从此改变了整个世界，引发了运输业和商界的革命。今天，我们还能在代顿机场看到他们的一些遗物，万络国际物流（Menlo Worldwide）公司在那里经营着其国际运输枢纽。每天都有许多飞机从这里起飞，把机器、材料和部件运到世界各地的工厂。这是部件外包不断增加、柔性制造和更加依赖按需运送部件的物流系统（即“准时制”）等全球趋势的一部分。仅以电子行业为例，1996—2003年，合同制造商（contract manufacturer）的产量就提高了400%。[2]当然，除了航空技术外，这还得益于以下因素：计算机和信息技术为运输企业带来的令人难以置信的创新，以及许多产业中的公司为了管理库存而收集顾客信息、永不间断地在全球范围内对货物进行跟踪。

上述只不过是冰山一角而已。价格低廉的光纤电缆遍布全球，个人电脑和移动终端的普及令全球信息流动更加灵活，这些因素结合在一起，使得世界各地的工人能够随时随地进行互动。

这一切带来的结果之一就是离岸工作机会大量出现，因为世界各地的公司能够以最诱人的价格获得最优秀的人才。[3] 总的说来，长期趋势是国际商务的持续增长，这是除了技术以外的另一种能够不断把各国经济结合在一起的因素。这种不断融合的过程被称为**全球化**（globalization）。[4]

> **全球化**(globalization)
> 各国经济实体不断紧密结合的过程。

很多专家预测，这一过程最终会促进国际合作并强化总体的增长。在长期中，关税将逐步消失，国际性的会计惯例将会出现，而鼓励竞争的商务实践也将会更加流行。[5]

当然，也有人对此表示担忧和怀疑。例如，有人质疑**世界贸易组织**（WTO）的效率和有效性。WTO 是由 159 个成员国组成的管理实体，它为贸易和商务活动制定了一系列国际规则。WTO 的成员通过复杂且旷日持久的谈判来制定规则，最近的一系列谈判就是所谓的“多哈回合”谈判。WTO 还负责监督贸易规则的实施，建立起能够强化其解决成员国之间贸易摩擦的机制。WTO 的一个主要目标是消除贸易壁垒，鼓励全球贸易。不过，WTO 也是各国争夺利益的战场，是那些认为全球化有缺陷（包括失业、痛苦的劳动力转移、社会剧变、对环境造成更大威胁等）的批评家们的避雷针。表 1.1 总结了 WTO 对自己的主要价值的看法以及外界对它的误解。

> **世界贸易组织**（World Trade Organization,WTO）
> 为国际贸易和国际商务活动制定规则的管理实体。

**表 1.1　贡献还是误解：WTO 介绍自己**

| WTO 认为自己做出的十大贡献 | 有关 WTO 的十大误解 |
|---|---|
| 1. WTO 促进了世界和平<br>2. 建设性地处理贸易纠纷<br>3. WTO 规则为所有成员提供了方便<br>4. 自由贸易将在长期中降低人们的生活成本<br>5. WTO 的努力让人们有了更多的消费选择<br>6. 自由贸易将在长期中提高人们的收入<br>7. 自由贸易刺激了经济增长<br>8. WTO 的原则帮助人们的生活更有效率<br>9. WTO 帮助政府免于游说的干扰<br>10. WTO 体制鼓励政府良治 | 1. WTO 制定政策交给成员国执行（WTO 是由成员国驱动的，成员国之间的谈判产生协定，再由各国政府批准协定）<br>2. WTO 的目标是不计代价实现自由贸易（政策是成员国之间谈判的结果）<br>3. WTO 主张商业利益高于发展（WTO 协定成员中包括发展中国家）<br>4. WTO 主张商业利益高于环境（WTO 协定中包含了可持续发展的条款）<br>5. WTO 主张商业利益高于员工健康和安全（WTO 协定中反映了成员国政府对这些问题的关注）<br>6. WTO 导致工作消失，贫困问题更加严重（长期来看，贸易有助于提高收入、减轻贫困）<br>7. 小国在 WTO 中没有权利（成员机制有助于平衡大国和小国间的权利）<br>8. WTO 是权势者的工具（WTO 机制有助于压制成员国内部的特权阶层）<br>9. 弱国是被迫加入 WTO 的（没有任何一个国家是被迫加入的，不论大国还是小国，加入 WTO 都是因为这样做对自己有利）<br>10. WTO 是不民主的（绝大多数 WTO 的决策是基于共识而不是简单的多数通过） |

资料来源：Adapted from World Trade Organization (2008). 10 benefits of the World Trade Organization.

> **关税(tariff)**
> 政府对进口商品的课税。

显然，WTO 的使命及其努力应对的国际贸易问题十分复杂。WTO 最初的管理原则概括在一份长达 27000 页的冗长的文献中。欧盟与美国企业香蕉出口**关税**的争端花费了数年时间才得以解决。同样，2004 年，WTO 签发了一份 350 页的"中间裁决"（interim ruling），以支持巴西对美国政府的起诉，因为美国政府向本国的棉花生产商提供补贴，这使得棉花价格降低，从而以不正当的手段提高了美国农业的全球市场份额。[6]

成为 WTO 成员国本身就是重大的挑战。例如，中国经过长达 15 年的谈判，才于 2001 年年底加入了 WTO。实际上，中国加入 WTO 所带来的影响多年后才能完全展现出来。中国必须进行大量的改变，以履行其成为会员国的承诺（如完善银行法规、证券法规、进出口限制，等等）。此外，中国的入世也带来一些国际压力，如不断增加的盗版问题和人权问题等。[7]

实际上，至少从美国的观点来看，中国远没有达到 WTO 规则的要求。目前，美国对中国的抱怨主要包括知识产权保护问题（如中国对产品和品牌盗版的打击力度不够）、对中国电脑芯片生产商提供"过量"退税（导致美国芯片制造商如英特尔等在中国的销售更加困难）、产品倾销（据称中国电器和家具制造商在美国以低于市场价销售产品），以及中国禁止进口美国某些农产品的规定。当然，正如巴西棉花补贴案例说明的，对 WTO 规则的遵从，只不过是根据自己的利益，各取所需罢了。[8]

另外，管理国际贸易的机构并非只有 WTO 一家。近年来不断增长的区域性和双边贸易协定被认为是某种混合体。这些协定在总体上是有利的，但它们也使得管理更宽泛的经济问题变得更加困难，尤其是在新兴工业化国家中如巴西、中国和印度等。[9]

尽管有 WTO，但在前进的路途中也会出现倒退，而且倒退可能会在瞬间发生。最可怕的例子就是 2001 年 9 月 11 日发生在华盛顿和纽约的恐怖袭击事件。除了无辜居民遭受大量损失外，在短短几天之内，世界范围内股市价值损失高达数万亿美元，而且短期内很多国家的经济增长前景黯淡。[10]

总的说来，国际商务的变化速度与复杂性与日俱增，管理——以及风险——扮演的角色比以往任何时候都重要。[11] 就算是在最优秀的公司中，管理者有时也会被突如其来的经济变革搞得晕头转向。让我们看看 2001 年网络巨头思科系统公司经历的快速衰退。在宣布裁员时，思科公司实际上推翻了几周前刚刚制订的雇用计划，按照这个计划，思科将在 2006 年前在印度雇用 10 万名网络专家。总的说来，国际企业领导人面临着各种各样的威胁和风险。表 1.2 清楚地表达了我们的意思。这是普华永道公司对大约 1400 名跨国公司 CEO 的调查结果，概括了他们对威胁的看法。正如你看到的，国际恐怖主义被当成是一种威胁，但并不是最严重的威胁。结果表明，国际企业领导人面临的威胁实在是太多了。[12]

当然，所有的企业都会面临风险，有效管理这些风险是管理者的主要挑战。我们有足够的理由对国际商务的前景保持乐观。因此，本章的目的是为你提供对趋势的判断力，说明 21 世纪国际管理者面临的挑战。国际商务领域中的变革大多数是积极的，蕴涵着大量的机会。在追逐这些机会的同时，管理者必须防范随之而来的风险和危机，这些风险和危机的发生大多很突然且无法预期。我们还打算在本章列举公司参与国际竞争的方法，并简要说明全球化经济的主要参与者。为此，我们将提出几个贯穿本书的基本概念和观点。但是，我们将首先描述国际商务的增长以及世界各国和地区在这一增长中所发挥的作用。

**表 1.2　十大商务威胁：国际企业 CEO 认为什么是最大的威胁**

| 威胁的种类 | 总体排名 | 提及的百分比（%） |
|---|---|---|
| 过度管制 | 1 | 18 |
| 国际竞争加剧 | 2 | 17 |
| 汇率波动 | 3 | 15 |
| 价格下降 | 4 | 11 |
| 关键人才流失 | 5 | 11 |
| 全球恐怖活动 | 6 | 10 |
| 商誉风险（如可能伤害公司形象或名誉的事件） | 7 | 10 |
| 资本成本 | 8 | 8 |
| 新兴技术 | 9 | 6 |
| 公司治理问题 | 10 | 5 |

资料来源：改编自 Champion，M.（2004）. CEOs' worst nightmares. *The Wall Street Journal*，January 21，A13. 请注意，百分比之和超过 100%，因为 CEO 们可能提及多种威胁。

## 1.2　全球化和国际商务的增长

今天，国际经营和国内经营的分界线已经不再存在，或者已经变得模糊了。很多公司在全球各地寻求创意、工人、原材料和客户。同样，强硬的竞争对手也会从任何地方冒出来。当然，很多产业早已按照全球化的方式运作（如电脑产业）或者已经在朝这个方向努力（如汽车配件）。正如一名欧洲管理者所说："管理者的工作范围就是全世界。"

毫无疑问，以这种方式进行管理并非易事。它要求拥有全球化的信息网络、建设性的企业文化以及利用当地已有的需求、优势和创新的能力。例如，荷兰电子巨人飞利浦公司根据产品消费趋势热点出现的地区安排自己的生产总部（比如，在香港地区生产音像产品，在美国加州生产数码产品）。但是，答案并不是唯一的。有些公司允许当地管理者按自己的想法行事。例如，为了满足当地需求，可口可乐公司允许其土耳其分公司生产新的梨子口味饮料。[13]

## 最热门的增长地区

那么，国际商务的增长来自何方？一种衡量方法就是按某几年内**外国直接投资**流入一国的总量来计算。除了资本，外国直接投资还包括从国外流入一国的管理知识、技术诀窍（know-how）。同样，无论是成熟市场还是新兴市场，外国直接投资都是衡量一国在国际商务舞台上前景的一个优秀指标。

> **国际直接投资（Foreign Direct Investment，FDI）**
> 从一个国家外部流入这个国家的资本和知识。

2012 年，全球外国直接投资的总量达到 1.35 万亿美元。表 1.3 对 2012 年全球最大的 20 个外国（地区）直接投资接收国家和地区及其金额做出了估计。正如你所看到的，列在表中的主要是成熟的经济实体（如美国），以及高速发展的新兴市场（如中国）。尽管没有在这个表格中显示出来，但是，一个鼓舞人心的趋势是 FDI 流入贫困国家和发展中国家的速度将持续超过工业化国家。2008 年，流入发展中国家的 FDI 占全球 FDI 总数的 43%。[14]

实际上，国际商务的增长大部分来自传统的经济强国和地区如美国、欧盟和日本（这三个地区经常被称为“三巨头”）之外的国家。[15]例如，2007 年，中国国际贸易额的增长超过世界上任何一个国家和地区。中国既是增长最快的出口国（年增长率 22%），又是增长最快的进口国（年增长率 40%，主要来自日本、中国台湾地区和韩国）。[16]就算美国不是全球经济增长最快的国家，但它仍然是最大的经济体［按等值购买力（equivalent purchasing power）计算，美国的经济总量为 13.9 万亿美元，超过中国的 7 万亿美元］。[17]这些增长统计反映出美国、日本和欧盟国家之间贸易的重要性日益降低。[18]比如，1993 年，对日贸易额占美国贸易总额的 15%，但到 2000 年，这个比例下降到 11%。其间的差额由**北美自由贸易协定**（NAFTA）的成员国墨西哥和加拿大分享。另外，新兴市场日益成为“三巨头”重要的出口目标。例如，墨西哥 75% 的进口来自美国，捷克和匈牙利 65% 的进口来自欧盟国家。[19]

> **北美自由贸易协议（NAFTA）**
> 把墨西哥、加拿大和美国联系起来的贸易协议。

**表 1.3　外国直接投资磁场国（地区）**

| 国家（地区） | 2012 年国外（地区）直接投资（2011 年排名），单位 10 亿美元 |
|---|---|
| 1. 美国 | 168（1） |
| 2. 中国 | 121（2） |
| 3. 中国香港 | 75（4） |
| 4. 巴西 | 65（5） |
| 5. 英属维京群岛 | 65（7） |
| 6. 英国 | 62（10） |
| 7. 澳大利亚 | 57（6） |
| 8. 新加坡 | 57（8） |
| 9. 俄罗斯 | 51（9） |
| 10. 加拿大 | 45（12） |
| 11. 智利 | 30（17） |
| 12. 爱尔兰 | 29（32） |
| 13. 卢森堡 | 28（18） |
| 14. 西班牙 | 28（16） |
| 15. 印度 | 26（14） |
| 16. 法国 | 25（13） |
| 17. 印度尼西亚 | 20（21） |
| 18. 哥伦比亚 | 16（28） |
| 19. 哈萨克斯坦 | 14（27） |
| 20. 瑞典 | 14（38） |
| 发达国家 | 1422（1321，实际数） |
| 发展中国家 | 774（690，实际数） |

资料来源：UNCTAD. 《World investment report 2013》.

> **国内生产总值(GDP)**
> 一个国家的经济活动总值。

显然，**国内生产总值**（GDP）在发展中国家的增长速度要快于“三巨头”的增长速度。实际上，在不久的将来，发展中国家的 GDP 总量预计将达到全球总量的 50%。同时，随着这些国家和地区的人民越来越富裕，他们的消费需求也会日益提高。[20-22]

因此，很多美国公司认为，发展中国家不仅是廉价劳动力的来源，更是新市场的发展空间。这些国家拥有大量的人口，随着他们的收入和财富增加，这些人口迫切需要新产品和服务。[23]这就是为什么花旗银行会花费很多年在发展中国家如印尼和泰国大力发展其信用卡业务的原因。2004 年，花旗银行开始在中国发行信用卡。它是经营这种业务的第一家外国银行（2012 年，花旗银行获准在中国独立发行人民币信用卡）。[24]

但是，请不要忽视小企业，是它们促进了国际商务的发展。1995 年，雇员不足500人的企业制成品出口额首次超过了大型企业。[25]小企业不仅仅是把商品运送到国外，很多小企业已经把业务扩展到了外国。Yellow Springs设备厂（YSI）就是一个恰当的例子。这家位于俄亥俄州的小企业销售额为5000万美元，生产的产品中包括测量水流和污染程度的仪器。2001年，YSI在中国青岛设立了一个销售分部，并计划再开设几家公司。中国人口占全世界的22%，但淡水资源不到世界的10%，面临着严重的水资源短缺。用YSI总裁的话说就是："我们认为，我们可以在这里创造奇迹。"[26]

## 1.3 区域趋势概述

这一节简要描述了某些国家和地区面临的重要趋势。我们将特别关注那些成熟的、占主导地位的国家以及未来几年可能快速发展的新兴市场。

### 美洲：寻找贸易纽带

> **美洲自由贸易区(FTAA)**
> 计划中的自由贸易区，覆盖西半球34个国家的8亿人口。

一个巨大的问题是，从美国阿拉斯加州到南美大陆南端的大陆自由贸易区能否成为现实？**美洲自由贸易区**（FTAA）计划在2006年建立，这个贸易区的目标是覆盖34个国家，囊括8亿人口。然而，要让有关国家和地区同意FTAA的条件确实是一件非常艰难的事情。例如，巴西等国就担心，如果FTAA变成现实，美国从中的获益要大于其付出。同时，随着关税和其他限制条件的消失，竞争也将变得更加自由。相比之下，墨西哥将失去其进入美国市场的排他性通道。因为北美自由贸易协定已经在1994年签署，墨西哥的出口增长了3倍，其中将近90%是出口到美国。[27]

结果，美国政府一直关注在本地区内建立一些小型的自由贸易区，希望以此在长期中支持大规模贸易协定如FTAA等（比如，可以说服那些对此持怀疑态度的国家如巴西，美国并非是这些协定的唯一获益者）。这似乎也可以成为签署中美洲自由贸易协定（CAFTA）的部分理由。2003年，美国和四个中美洲国家（即萨尔瓦多、危地马拉、洪都拉斯和尼加拉瓜，哥斯达黎加和多米尼加于2004年加入）签定了CAFTA。2003年，这些国家和美国之间的双边贸易额达到300亿美元（这个数字超过了美国与印度和俄罗斯两国的贸易总额）。一般而言，对于几乎所有的产品，签定CAFTA的国家在对方市场中都可以享受互免关税的待遇。[28]

表1.4是对美洲近年来双边贸易状况的总结。在过去的10年中，在这个半球的五个区域中，四个区域的商品贸易额增长快于世界平均增长速度。如果

FTAA 变为现实，这种趋势有望得到进一步加强。在研究南美的主要国家之前，我们不妨先看一看 NAFTA 的成员国墨西哥、加拿大和美国。通过逐步消除关税、进口配额及外资拥有权壁垒，NAFTA 几个国家间的贸易和投资额得到了大幅度的增加。[29]

**表 1.4　美洲：区域内外国家间贸易情况**

| 地　区 | 贸易额（10 亿美元）* | | | |
|---|---|---|---|---|
| | AC | CA | MR | NA |
| 安第斯共同体（简称 AC，包括玻利维亚、哥伦比亚、厄瓜多尔、秘鲁、委内瑞拉） | (10.8) | | | |
| 中美洲自由贸易协定（简称 CA，包括哥斯达黎加、圣萨尔瓦多、危地马拉、洪都拉斯、尼加拉瓜、多米尼加） | 2.1 | (4.5) | | |
| 南方共同市场（简称 MR，包括阿根廷、巴西、巴拉圭、乌拉圭） | 15.6 | 1.9 | (27.5) | |
| 北美自由贸易协定（简称 NA，包括加拿大、墨西哥、美国） | 87.0 | 15.6 | 67.3 | (926) |

* 括号内的数字为区域内贸易数字，其他数字为区域间贸易数字。

资料来源：Cornejo，R.，Moreira，M. M.，& Shearer，M.（2006）. Integration and trade in the Americas. Inter-American Development Bank Periodic Note.

**加拿大**。在很大程度上，过去几年对加拿大是有利的。加拿大的经济增长率尽管并不引人注目，但很稳定（如 2012 年的 GDP 增长率为 1.9%），而且通货膨胀率和利率也处于可控范围内。然而，加拿大与其南部邻国——世界上最大的经济体美国——的关系有些令人忧虑，因为相比之下加拿大各方面都显得有些难堪。加拿大和美国互为对方最大的贸易伙伴，2012 年两国之间的双边贸易额达到 5682 亿美元。由于加拿大的经济规模比美国小，因此它比美国更加依赖贸易（加拿大的贸易额占 GDP 的 80%，而美国只占 25%）。加拿大急于要赶上其经济发达的邻国，至少要在某些方面做到这一点。例如，就生活水平而言，加拿大家庭的平均税后收入比美国低 30%。简而言之，与美国相比，加拿大税额高，收入低。尽管如此，加拿大仍然是一个令人羡慕的国家，既适于生活，又适于投资。加拿大以其丰富的自然资源（如森林、矿产和渔业）而闻名于世，因此在很多产业吸引了大量的外国投资，充分利用其廉价且高技能的劳动力资源的优势。以汽车产业为例，美国（福特和通用汽车公司）以及日本最大的汽车制造商（丰田和本田公司）都已经在加拿大建厂，并拥有大量的供应商。反过来也一样，加拿大的很多企业也在国外尤其是在美国大量投资。比如，加拿大太平洋公司（Canadian Pacific）几乎控制了1/3的美国铁路，也是美国豪华宾馆业的最大所有者之一。[30]

> **马奎拉多拉（Maquiladoras）**
> 靠近美国边境，并可以免税进口材料的墨西哥境内的外国工厂。

**墨西哥**。比NAFTA出现更早的是**马奎拉多拉**。它是由政府批准建立的一些外国工厂，能够免税从国外进口部件和材料，然后加工出口。大多数马奎拉多拉位于墨西哥北部各州，与主要出口目的地美国相邻。NAFTA的出现大大刺激了马奎拉多拉的增长。1993—2001年，由于外国公司包括美国家喻户晓的品牌福特汽车的大量涌入，马奎拉多拉创造了近80万个就业机会。[31]

就像加拿大一样，墨西哥如今似乎也逃脱不了对美国经济的依赖。墨西哥90%的出口是流入美国的。尽管如此，在美国市场，中国和印度对墨西哥加入NAFTA以及与美国邻近这两项优势提出了挑战。近年来，中国（和其他成本低廉的地区）的低价劳动力和不断改善的基础设施已经使数以千计的工作机会离开了马奎拉多拉。得益于现有的技术专家和现代化的通讯设施，印度在技术服务领域开拓了自己的利基市场，并在服务出口方面超越了墨西哥。但是，由于加入了NAFTA并且有世界一流的公司如大众公司和松下公司的支持，墨西哥对世界其他地区的出口还是获得了增长。在这一过程中，墨西哥公司从外国公司学到了很多东西，包括其做法、标准和技术，其中很大一部分企业凭借自己的力量成为了强大的竞争者。例如，独家为美国麦当劳公司供给小圆面包的墨西哥GIB公司，近年来就在一个劳动力成本廉价的国家建立了一个糖果厂，以供应邻近的富裕市场。这家工厂位于捷克共和国，市场是整个西欧。[32]

总体而言，如今的墨西哥经济运行状况相对健康，没有了过去大起大落的波动（如1994年债务危机引起的比索大幅贬值）。但是，我们很难预言墨西哥工作机会和工资的增长何时才能显著减少向美国的移民，特别是非法移民。如果出现了这种情况，那么向美国的移民则主要是由那些希望获得更高收入的人构成，而不是那些仅仅要找一份工作的人。但是，美国对墨西哥廉价劳动力的需求似乎很难在短期内下降。而且由于墨西哥国内的问题仍然严峻（如贫困问题），经济发展也不平衡（如集中在某些地区和部门）。因此，毫无疑问，许多墨西哥人仍然会到其他地方寻找发展机会。[33]

在很多情况下，墨西哥是美国的第二大贸易伙伴，2012年，两国的双边贸易额接近4729亿美元。NAFTA生效后，墨西哥年均外国直接投资为120亿美元。

当然，跟在美国后面意味着如果经济形势发生变化，墨西哥也会受到牵连。2001 年戴姆勒克莱斯勒声称要关闭墨西哥境内的三家工厂，使墨西哥丧失了 2600 个工作机会。与汽车相关的出口占墨西哥总出口额的 20%。不过，从长远看，无论是外国供应商还是墨西哥供应商都保持着谨慎乐观的态度。[34]

**美国**。尽管 2008—2009 年美国经济出现了衰退，但美国的生产率增长持续强劲。另外，正如前面所说的，美国仍然是全球最大的经济体，而且是对外国投资最有吸引力的国家。很多外国公司把美国当成建立和收购企业的胜地（过去几年宝马、奔驰和日产公司在美国建设的所有工厂可作例证）。美国在知识创新、金融服务和信息技术等方面也处于领先地位，在未来其地位仍将非常重要。例如，美国拥有最具创新性的经济环境，在那里，人们可以轻易地开办新企业，获得尖端技术。[35]

今天，美国的跨国公司遍布世界各地，很多公司在产业中处于领先地位。以高露洁为例，其业务覆盖超过 150 个国家和地区，收入的 75% 来源于国外销售。实际上，世界 500 强跨国公司中，有 140 家公司属于美国（表 1.5 列举了十强企业）。

**表 1.5　按收入统计，2013 年世界上收入最多的十大公司**

| 排名/公司 | 收入（10 亿美元） | 总部所在地 | 产业 |
|---|---|---|---|
| 1. 荷兰皇家壳牌石油公司 | 481 | 荷兰 | 能源 |
| 2. 沃尔玛 | 469 | 美国 | 零售 |
| 3. 埃克森美孚 | 450 | 美国 | 能源 |
| 4. 中国石油化工集团公司 | 428 | 中国 | 能源 |
| 5. 中国石油天然气集团公司 | 408 | 中国 | 能源 |
| 6. 英国石油公司 | 388 | 英国 | 能源 |
| 7. 国家电网公司 | 298 | 中国 | 能源 |
| 8. 丰田汽车公司 | 265 | 日本 | 汽车 |
| 9. 大众汽车公司 | 247 | 德国 | 汽车 |
| 10. 道达尔公司 | 234 | 法国 | 能源 |

然而，美国的国际贸易逆差仍然很大。2012 年，服务和商品进口额几乎达到 4.9 万亿美元，出口额却只有 2.19 万亿美元。由此导致的 5400 亿美元逆差是长期累积的记录，其中，中国就占了 40%。2012 年，美国的外债已经增加到 5.4 万亿美元。当然，美国与不少国家的贸易也有顺差。表 1.6 列举了 2012 年与美国贸易产生顺差和逆差最多的五个国家和地区。[36]

表 1.6 美国贸易失衡：商品贸易顺差和逆差（前 5 位）

| 最大贸易伙伴 | 贸易额（10 亿美元） | 最大商品贸易逆差伙伴 | 逆差额（10 亿美元） | 最大商品贸易顺差伙伴 | 顺差额（10 亿美元） |
|---|---|---|---|---|---|
| 加拿大 | 616 | 中 国 | 315 | 中国香港 | 32 |
| 中 国 | 536 | 日 本 | 76 | 澳大利亚 | 22 |
| 墨西哥 | 494 | 墨西哥 | 61 | 阿联酋 | 20 |
| 日 本 | 216 | 德 国 | 59 | 荷兰 | 18 |
| 德 国 | 157 | 沙特 | 38 | 比利时 | 12 |

资料来源：www. census. gov.

**南美洲的趋势**。20 世纪 80 年代，南美洲国家深陷于债务、恶性通货膨胀和恐惧中。他们眼睁睁地看着东亚国家超越自己，登上国际经济舞台。20 世纪 90 年代，许多南美国家的政府致力于把这个拥有 5 亿人口地区转化成一个极富竞争力的贸易区。他们对国有企业进行了私有化、削减了关税、简化了外国投资手续、跟美国和周边国家签署了自由贸易协定。[37] 尽管如此，到了 2004 年，人们普遍对这类改革和更自由的贸易持怀疑态度，尤其是对它在解决贫困和就业问题上的作用更是怀疑。实际上，巴西和阿根廷的领导人还要求美国政府更多地开放其市场，同时削减政府对农业的补贴。[38]

无论如何，很多外国公司相信，南美的经济改革一定能够持续进行并取得最终的成功。回顾历史，人们不难发现，即使改革取得进步，仍有很长的路要走。20 世纪 90 年代，这个地区的年均 GDP 增长率为 3%，落后于大多数亚洲国家和地区。2008—2009 年期间该地区在金融危机中表现较好，2010—2012 实现了温和的增长。一般说来，改革力度大的国家（如智利）比改革力度小的国家（如厄瓜多尔）取得的成就较大。因为依赖外国资本，所以该地区经济也呈现出较大的波动性。简而言之，资本能够快速流入或流出该地区，这依赖于外国投资者一时的冲动以及外部事件。近年来，哥伦比亚、厄瓜多尔和秘鲁的政治剧变和游击队活动导致了不稳定性的产生，对商务造成了不利影响。贫困、就业机会增长缓慢、过时的管制和薄弱的商务基础设施一直是整个地区关注的焦点。[39]

这一地区经济增长的三大“发动机”是阿根廷、智利和巴西。智利近年来不论是在改革方面还是出口的表现方面都是最成功的。另一方面，1999—2001 年，阿根廷经历了一次严重的经济危机。2001 年底，阿根廷由于无力偿还外债而引发金融危机，2002 年的 GDP 因此下降了超过 10%。在这一时期造成阿根廷问题的原因包括高额外债、汇率高估、各种繁杂的管制以及生产和投资支付的税赋很重。后来，阿根廷政府对本国货币进行了贬值并不再与美元的挂钩，重新谈判外国贷款条件，限制政府的支出。这些措施以及国外消费者对阿根廷产品的需求使得2003年阿根廷的GDP增长跃升至9%，此后继续保持增长，2012年的增长率为1.9%。阿根廷的经济恢复是否可持续尚需时日的验证，但是，阿根廷的经验证明了在新兴市场创造稳定、开放的经济所面临的挑战，这种挑战无论在南美洲或者其他地方都无法回避。[40]

巴西是南美洲最大的经济体。2000—2001年，巴西的货币贬值，引发了对高通胀和高利率的恐慌。另外，受邻国阿根廷经济衰退的影响，巴西的经济增长开始放缓，并导致短期内大量外国公司削减产量。由于政府财政政策和外国对巴西出口产品需求的增加，巴西后来的情况才有所好转。2012年巴西的GDP增长率为0.9%。2016年奥运会在巴西举办，预计将有力地改善当地的基础设施。近年来全球汽车制造公司不断涌入巴西，其对外资的吸引力由此可见一斑。美国、欧洲和日本的汽车公司都在巴西建立了世界级的生产设施。简而言之，巴西和这个地区集聚着对汽车的大量需求。[41]

> **南美共同市场(Mercosour)**
> 包括阿根廷、巴西、巴拉圭和乌拉圭在内的贸易区域。

因此，人们有理由对南美洲的长期经济发展保持谨慎乐观的态度。许多南美洲国家已经在本地区以外寻求贸易伙伴。例如，在**南方共同市场**（Mercosour，包括阿根廷、巴西、巴拉圭和乌拉圭在内的贸易区域）成员国中，对本区域其他国家的出口贸易额低于贸易总量的30%。南方共同市场有40%以上的产品是出口到美国和欧盟国家的。南美洲也是快速增长的美国产品的进口市场。[42]

## 亚太地区纵览：增长、停滞和经济低迷

在未来几年内，亚太地区可能会成为全球最有影响力的经济区域。但这一过程不会一帆风顺。亚洲国家间有一些相似之处，但也有很多差异。存在结构问题（如高额政府债务、公司治理不力、缺乏法律保护）和高度依赖海外市场的国家对经济冲击的抵抗力会很差。亚洲经济的另外一个有趣现象是本地区大多数成功的企业是家族企业。这些家族企业往往是令人生畏的竞争者，在国内和国外寻求机会。不过，不同地区家族控制企业的程度是不一样的。在某些亚洲国家（如马来西亚），当地50%的企业由为数不多的几个家族所控制。日本则相反，家族对企业的控制要弱得多，其家族控制程度与欧洲相似（不到企业总数的10%）。表1.7显示了几个亚洲国家面临的公司治理及其相关问题。[43]

表 1.7 几个亚洲国家和地区概览（1 = 最好）

| 国家和地区 | 公司治理质量排名 | 透明度排名 | 国际冲击承受力 |
|---|---|---|---|
| 中国 | 8 | 10 | 4 |
| 中国香港 | 2 | 2 | 3 |
| 印度尼西亚 | 9 | 7 | 8 |
| 日本 | 3 | 3 | 未排名 |
| 马来西亚 | 6 | 4 | 6 |
| 菲律宾 | 4 | 5 | 9 |
| 新加坡 | 1 | 1 | 1 |
| 韩国 | 10 | 9 | 2 |
| 中国台湾 | 5 | 6 | 5 |
| 泰国 | 7 | 7 | 7 |

资料来源：The Economist. （2009）. Output，prices，andjobs. September 26，113；The Economist. （2001）. In praise of rules：A survey of Asia business. April 7，1 - 18；The Economist. （2001）. A global game of domins. August 25，22 - 24.

下面，我们将仔细探讨亚太地区新兴市场（如中国和印度）和成熟经济（如日本）的最新趋势。

**中国**。在过去的 30 年里，中国经济建设取得了令世人瞩目的成就。中国的年均 GDP 增长率高达 9%，其外贸额年增长率几乎为 15%。近几年，世界各国的企业开始垂涎于中国 13 亿潜在消费者（他们越来越富裕）以及近乎无穷无尽的廉价劳动力资源，结果导致了外国直接投资以每周 10 亿美元的速度蜂拥而入。难怪中国经济现在能够与世界经济产生如此紧密的结合。2012 年，中国的 GDP 突破 8.2 万亿美元，居世界第二位。[44-46]

> **关系(guanxi)**
> 有助于开展业务的联系或网络。

但是，中国也给外国企业的经营带来很多困难，包括法律制度不健全和政府政策不透明。中国强调“**关系**”的重要性。外国公司面临的其他挑战包括复杂的民族问题、文化以及语言差异问题。中国的地区差别很大，并非一个单一、同质的市场。在中国市场上，苹果和三星的时尚手机拥有大量的用户，但致力于为本地顾客打造产品的小米、华为、魅族、联想也逐渐发展起来，开始争夺并占据越来越大的市场份额。这些新兴的品牌与跨国公司展开激烈的竞争，向用户提供与跨国公司产品功能和硬件相似但价格相对较低的产品，同样拥有很高的顾客忠诚度。[47]

手机行业的发展从一个侧面说明了中国市场的**竞争强度**。中国的竞争对手众多，商务活动的节奏很快。大约有 66 万家外国公司在中国开展业务，世界 500 强企业有 40% 在中国落户，而这个比例还在稳步上升。没有哪一个国家有过这样的经历，在这样短的时间内，涌入那么多家外国企业。此外，中国本土的 600 万家私营企业也加入了激烈竞争的行列。

> **竞争强度**
> （competitive intensity）
> 一个国家企业环境的发展速度以及竞争的激烈程度。

在访问中国期间，一家美国消费品公司的经理告诉我们，除了要与诸如联合利华之类的世界级跨国公司竞争外，仅仅在上海一个地方，公司还必须跟当地成千上万的本地对手（大多数是私营小企业）进行竞争！实际上，能够在中国长期赢利的外国公司并不只是关注如何在中国国内市场销售产品，至少目前如此。相反，这些公司会利用中国的廉价劳动力制造商品，然后把这些产品出口到其他国家和地区（中国制造业工人月平均工资为 80 美元，仅相当于美国工人两天的最低工资）。[48]

外国公司经常低估在中国经营的难度。但就连那些意识到这些难度的公司也愿意知难而上，理由很简单：中国仍然是世界上最大的新兴市场，而且拥有巨大的持续增长潜力。中国政府尽管经历了不少挫折，但是它非常愿意把中国建设成为一个经济强国。[49]

同时，在 2001 年加入世贸组织后，中国政府继续在权衡其改革速度。例如，中国政府已经作出下列承诺：

- 投入数千亿元用于基础设施的现代化建设（如建设新公路、发电厂等）
- 改革大多数产业内的国有企业（这些产业是整个经济的重要组成部分），鼓励产业内的企业提高其竞争力（如与外国公司组成合资企业）
- 消除大部分进口壁垒，并降低关税[50-51]

**印度**。印度拥有 10.5 亿人口。到 2045 年左右，印度将超过中国，成为世界上最大的市场。印度起初是落后于中国的，经济发展速度缓慢，外商直接投资匮乏，文盲率较高，且大多数人民处于贫困之中。总的来说，许多人认为印度这样的竞争对手是无法和强劲的中国竞争的。并且，近来有一项调查表明，60% 的国际管理者倾向于投资中国而不是印度，只有 14% 的人持相反的态度。然而，这种差距正在缩小，尤其在印度南部的省份，与中国的差距更小。这个地区是印度科技产业的基地，目前正在蓬勃发展。该地区聚集了印度 50% 的人口，这些人有望在 2025 年达到中产阶级的水平。专家呼吁印度政府应采取以下几个步骤以加快改革的步伐：

- 加快出售国有企业
- 改革印度繁杂而又有诸多限制的劳工法
- 解除对各种产业（如纺织业）的管制，并降低关税

- 鼓励私有银行业的发展，放松汇率管制
- 继续改善商业基础设施，包括改善不可靠的电网设备[52]

在印度，最大的外国投资商多是汽车公司，近年来有几家已经与当地企业建立了合作关系。世界消费品巨头如可口可乐和联合利华也已经进驻印度市场。但是，印度对世界经济最大的影响应该是其信息技术（IT）。1991 年，印度 IT 产业的价值还不到5000 万美元，但 1999 年就达到了 40 亿美元。不仅如此，到 2009 年，印度的高科技产业的价值已经达到600 亿美元。这将为印度提供 200 万个工作机会（2004 年仅能提供 80 万个），产出将占全国出口总额的 30%。印度为美国公司提供了大量廉价、高素质并且英语能力强的高科技劳动力，满足了它们编写软件的需求。通用电气、IBM、微软和英特尔等美国公司都已经在印度设立了研发部门。事实上，在世界 500 强中，近 40% 的公司已经将它们的 IT 产品外包给印度公司。不仅如此，印度的 IT 领头企业如 Infosys 技术公司和 Wipro 技术公司等正凭借自己的能力成为世界级竞争者，它们努力开发新软件并在全球范围内提供咨询服务，其提供服务的领域包括高利润率的战略计划和 IT 系统实施。[53]

**日本**。作为世界第三大经济体，在度过了近十年的经济不景气后，日本 2012 年的 GDP 增长率达到 2.1%。具有讽刺意味的是，日本经济得以复苏的一部分原因，是因为中国的发展使其成为一个主要的消费国，对某些复杂产品的需求激增，而许多日本公司能够有效地生产这类产品（例如，日本日立建机就已经在中国对掘土机日益上升的需求中寻得了商机）。2012 年，日本对中国的出口额减少 9.1%，主要是由于两国间领土争议等问题的影响。[54]

但对日本而言，风险和挑战仍然存在。例如，2001 年，政府债务是当年 GDP 的 1.2 倍。但是到 2007 年，政府债务就达到了 GDP 的 1.5 倍，这个比例是美国相应比例的 2 倍多。在某种程度上，日本的债务和金融体制问题反映了日本政府的如下努力：在保护脆弱的国内产业（如化工业、金融服务业和零售业）的同时，加大出口力度。简单来说，脆弱的产业会对经济造成伤害，它们既抬高了生活成本，又使在日本经商的成本居高不下。因此，日本企业多年来一直是用脚投票，追逐更低的成本和更好的市场（如亚洲的其他地方和美洲等）。[55]

尽管如此，日本正在采取措施调整坏账缠身的银行，鼓励外国投资，降低进口壁垒，同时刺激内需（包括近些年政府在国内不同项目支出的 1.1 万亿美元）。不过，日本还需完善其银行体系，消除各类僵化的规定，降低经营的成本。[56]

此外，很多日本制造公司在海外低成本地区投资设厂，却不淘汰国内的产能或解雇多余的劳动力。这种方式一方面由于符合日本企业的传统而受到尊敬，另一方面却削弱了日本公司的全球竞争力，至少降低了日本企业的赢利水平。例如，在过去 10 年中，日本国内的汽车需求量下降了 25%。而与此同时，日本的汽车生产能力却提高了近 25%，劳动力总量的下降不超过 5%。不过，这一切似乎正在发生变化，近年来，日产、马自达和三菱公司都宣布要裁减国内员工，关闭国内工厂。

就连日本的**企业集团**，即互相持股、利益共享的大型公司群也在逐渐瓦解。住友和三菱（由几十家公司组成的企业“家族”，包括银行、制造和贸易公司）等企业集团由于规模过大而越来越难以维系。过去几年中，在东京证券交易所中维持这些稳定关系的权益比例已经大幅度下降，而外国公司的持股比例在持续上升。[57]

> **企业集团（Keiretsu）**
> 互相持股并互享商业利益的日本大型企业集团。

尽管面临着困难，日本仍然是一个强大的竞争对手。日本拥有一些令人印象深刻的资产，包括受到良好教育的劳动力、很多世界级的公司、一流的技术工人等。如今，从视频游戏到机器人到汽车（如索尼、任天堂、丰田等），日本企业在国际市场中继续保持着成功。[58]2013 年以来，日本通过扩大政府开支、降低汇率等政策实现了经济的好转。

**东南亚其他发达和新兴国家与地区**。中国香港、新加坡、韩国和中国台湾是本地区发达经济的代表。香港于 1997 年回归中国。中国保证一国两制的政策 50 年不变。如果香港的自由和法律规范等受过多的影响，则香港作为跨国公司投资乐园的地位将会降低。另外，中国大陆很多内地城市生活成本非常低，如上海从房租到出租车费用都大大低于香港，这可能成为内地城市从香港吸引投资者的一个原因。[59]

中国台湾与大陆的关系也很微妙，特别是岛内独立势力及其与美国的关系。中国大陆和台湾的贸易和商务交往越来越普遍，2008 实现了两岸直航。台湾方面在努力削减与大陆的贸易限制，这也将促进两岸的关系。如今，已经有 7 万多家台湾公司在大陆经营，其业务占大陆出口额的 10%。对台湾大多数的企业而言，大陆的廉价劳动力有很大的吸引力。反过来，大陆也从资本流入（过去几年达 400 亿美元）、工作机会和技术知识中获益。[60]

新加坡是这一地区生活水平最高的国家，人均 GDP 超过 5 万美元。新加坡拥有高效的政府、对外国投资的开放态度和受到良好教育的劳动力，因此，在本地区经济出现波动的时候，它一直保持着平稳和上升的势头。马来西亚的繁荣程度虽然不如新加坡，但由于劳动力价格低廉、商务基础设施完善，其发展形势一直也很稳定。无论如何，要保持良好的竞争力，新加坡和马来西亚企业必须努力降低成本、鼓励创业，尤其是因为本地区的很多国家和地区劳动力成本很低（如中国、印度、印度尼西亚和越南）。[61]

最后谈谈韩国。韩国是这一地区的一个重要经济实体，其经济总量达到1.3万亿美元，拥有高技能的劳动力、完善的银行体系和正在茁壮成长的信息技术产业。韩国的人均GDP已经超过2.8万美元。不过，韩国面临的挑战也很严峻，比如，韩国的教育体制还比较死板，劳动力市场也缺乏灵活性，需要继续对财阀（chaebol，大型多元化企业集团如三星公司等，它们占据了经济的很大一部分）进行改革。这类企业存在着严重的信用问题。例如，SK集团的管理者就因夸大12亿美元利润而受到指控。双龙水泥工业公司（Ssangyong cement industrial Co.）因投资到与自己的核心业务毫无关系的领域中而负债几十亿美元。但是，政府没有让企业破产，而是在公共项目上投入巨资，目的只是为了使双龙和其他财阀有项目做。[62]

部分官员认为，韩国承受不起处于战略部门中的产业（如电子、汽车）消亡的代价，因为，这些产业提供了大量的工作机会，并养活了成千上万的销售商和供应商。另外一部分人认为，从长远利益考虑，韩国应该出售财阀或者关闭其亏损业务。实际上，由于债台高筑，很多财阀在过去五年中倒闭了。大宇公司就是其中一例。大宇公司在全球范围生产几乎所有的产品，从肥料到汽车。在迅速积累起800亿美元的债务后，大宇最终被分解为12个独立的小公司。然而，类似的公司破产似乎激发了韩国的企业家行为。如今，韩国人已经不像从前那样迷恋财阀，他们更倾向于冒险行为。韩国成人在同一家企业工作低于4年的比例比其他工业化国家都高（是美国人的2倍）。此外，韩国人正变得越来越注重消费，这一点也可能促进韩国经济的多元化。[63]

下面再来讨论这个地区的其他新兴国家和地区。印度尼西亚、菲律宾、泰国和越南都是人口众多、劳动力价格低廉的国家，拥有各种资产与资源。除了越南，其他国家在近些年都经历过严重的政治问题和社会动荡。例如，人们认为菲律宾和泰国腐败问题严重，在政治上过于强硬。事实证明，不断出现的丑闻和政治动荡严重阻碍了这些国家的外国直接投资。在印度尼西亚，居高不下的政府负债和投资者信心不足至少部分是由于政治动荡和一系列政府腐败丑闻引起的。2001年的民族冲突和原住民暴动极大地威胁了外国公司的安全。埃克森美孚公司就关闭了在印尼的设施，因为反政府游击队向载有员工的飞机开枪射击。[64]

越南的问题是，政府的变更在长期中会如何影响商业活动。虽然拥有廉价劳动力的优势，越南还必须赶上其更具竞争力的亚洲国家。尽管由于大量减少了对创业及外国投资的限制而使越南在过去的 10 年中 GDP 已经增加了 1 倍，但越南的经济增长率还需要加快，只有这样，才能为每年进入劳动力市场的 140 万人口创造就业机会。此外，越南的私营企业还在受国家保护的国有企业的阴影下挣扎。这些国营企业赢利能力弱，完全依赖国营银行体制的支持。越南也存在着严重的腐败问题，城乡的生活水平差距也很大，有 75% 的人口居住在农村。[65]

## 欧洲：当东方遭遇西方

过去的 15 年，欧洲发生了翻天覆地的政治变化，前苏联及其加盟共和国的变化尤其突出。在很短的时间内，这个区域的 6 亿人口经历了世界其他地方人口无法体验的变化。欧洲各国的经济一体化在不断得到强化。欧盟和欧元已经成为不争的现实。2004 年 5 月 1 日，原来只有 15 个成员国的欧盟因塞浦路斯、马耳他和其他东欧国家的加入而扩大到了 28 国。在未来几年里，欧盟的规模会继续扩大。

通往经济一体化的路上充满了挑战和阻隔。例如，各个国家的经济发展水平差异很大。一些国家如波兰为适应欧盟的要求而实行了市场经济，并帮助管理人才进行转型以适应这种变化；其他一些国家如阿尔巴尼亚和乌克兰则仍然要克服很多问题。巴尔干半岛仍然是欧洲最不稳定、最无法预测的地区，令企业对在这一地区的商业投资活动感到担忧。在谈论俄罗斯和其他中欧与东欧国家之前，我们先研究一下欧盟的情况[66]。

> **马斯特里赫特条约**
> （Maastricht Treaty）
> 为欧盟的建立提供基础的协议。

**欧盟：成长和进化。**欧洲联盟是在 1993 年签订的**马斯特里赫特条约**基础上成立的。欧盟模式独一无二，是对欧洲文化、历史和语言的明确反映。与美国一样，欧盟的目的也是为了在单一的、一体化的经济市场上使用单一货币并通过一家中央银行管理。欧盟的目标还包括建立统一的关税体系、消除所有的贸易壁垒，并且为所有的成员国制定同一套经济战略，用以解决同世界其他国家和地区产生的经济和贸易问题。对跨国公司而言，这其中既具有挑战又充满了机会。从某种角度看，欧盟内部的制造业产品可以随意在欧盟中的任何一个成员国中流动，不用交关税或受汇率的管制，这至少是一种很有吸引力的前景。当然，这种前景在近几年中已经吸引了数十亿美元的外国投资。然而，统一市场并不意味着欧洲各种文化差异的消失，或者因此而统一起来。所以，在欧洲经商的公司如果想做得更好，还必须对本地人的产品偏好持有高度的敏感性。[67]

欧盟是一个强大的经济实体，其经济总量超过了美国或者日本。因此，要达成欧盟一体化的最终目标肯定不是一件容易的事。欧元于 2002 年 1 月 1 日开始流通，取代了组成**欧元区**（即成员国从 1999 年开始在跨国贸易中使用欧元）的 12 个成员国原来的货币。但是，欧盟的三个成员国丹麦、英国和瑞典决定至少目前要保留本国的货币。另外，欧盟的最新成员国离统一使用欧元还有几年的时间。另一个难题是，如何在欧盟复杂的治理结构中应对权力差异问题和其他争端（如劳动力流动、公司税率和农业改革等）。还有一个问题是如何整合欧盟新成员国以及应对未来欧盟扩展可能遭遇的其他问题（如要加入欧盟，成员国的债务水平、通货膨胀和利率目标必须符合要求）。表 1.8 对欧盟的新老成员国进行了比较。从表中可以看出，新成员国不如欧盟原来的 15 国富裕（按人均 GDP 比较），但经济增长速度快。由于外国直接投资的大量涌入，与 15 国相比，新成员国的劳动力成本较低，但技能较高，生产率增长迅速（尽管总体生产率水平还比较低）。这些因素加上低公司税（欧盟新成员国为 20%，而原来 15 国平均高达 30%），新成员国将成为外国直接投资的热点地区。这给原来的 15 国（如德国和法国）带来了压力，促使这些国家对代价高昂的税收、福利和劳动力制度进行改革[68]。

**欧元区**（Euro-zone）
在跨国贸易中使用欧元的欧盟成员国。

**表 1.8 欧盟经济数据**

| 国　　家 | 2012 年人口（万人） | 以欧盟 28 国平均值为 100 的相对指数 | 2012 年 GDP 增长（%） |
|---|---|---|---|
| 比利时 | 11 | 119 | 1.8 |
| 保加利亚 | 7 | 47 | 1.8 |
| 捷克 | 10 | 79 | 1.8 |
| 丹麦 | 5 | 125 | 1.1 |
| 德国 | 8 | 122 | 3.3 |
| 爱沙尼亚 | 1 | 69 | 9.6 |
| 爱尔兰 | 4.6 | 130 | 2.2 |
| 希腊 | 11 | 75 | -7.1 |
| 西班牙 | 46 | 97 | 0.1 |
| 法国 | 65 | 108 | 0 |
| 意大利 | 60 | 99 | -2.5 |
| 塞浦路斯 | 0.8 | 91 | -2.4 |
| 拉脱维亚 | 20 | 62 | 5 |
| 立陶宛 | 29 | 70 | 3.7 |
| 卢森堡 | 0.5 | 272 | -0.2 |
| 匈牙利 | 10 | 66 | -1.7 |
| 马耳他 | 0.4 | 86 | 0.8 |
| 荷兰 | 17 | 129 | -1.2 |

（续表）

| 国　　家 | 2012 年人口（万人） | 以欧盟 28 国平均值为 100 的相对指数 | 2012 年 GDP 增长（%） |
|---|---|---|---|
| 奥地利 | 8 | 131 | 0.9 |
| 波兰 | 38 | 66 | 1.9 |
| 葡萄牙 | 10 | 75 | -3.2 |
| 罗马尼亚 | 20 | 49 | 0.7 |
| 斯洛文尼亚 | 2 | 82 | -2.5 |
| 斯洛伐克 | 5 | 75 | 1.8 |
| 芬兰 | 5 | 115 | -0.8 |
| 瑞典 | 9 | 129 | 1 |
| 英国 | 63 | 110 | 0.1 |
| 克罗地亚 | 4 | 61 | -2 |

资料来源：Europa. GDP per capita in purchasing power standards.

总体而言，由于高税收水平、官僚体制、僵化的劳工法等原因，欧盟市场的效率和灵活性都不如美国市场。除非进行进一步的改革，否则这些因素将会阻碍欧盟 GDP 的增长。实际上，德国的西门子公司之所以把就业机会和生产能力从德国（一个雇员的年收入可达 6 万美元）转移到低成本地区如匈牙利、巴西和中国，其中的原因就有劳动力成本过高和死板的就业法规。在过去的 10 年中，西门子的海外雇员增加了 39000 人，而在德国本土工作机会却减少了 51000 个。[69]

上面的例子证明了这样的事实：欧盟 15 国已经开始寻找机会，在欧盟之外的国家和地区投资。例如，近年来，除了在欧盟新 10 国大量投资，欧盟 15 国在美国的投资也达到几千亿美元，使得欧盟经济与美国的经济波动产生了非常密切的联系。光是德国公司就雇用了 80 万美国员工。在短期内，欧盟的经济发展速度有望超过美国或日本。欧元区的贸易呈现出很强的多元化倾向。在欧元区 10 大贸易伙伴中，没有哪一家的比例超过 20%（美国第二大伙伴的份额大约为 17%）。欧元区国家的另一个有利因素是其家庭和公司负债率都比美国低。[70]

作为成员国在欧盟大量获益的国家首推西班牙。由于加入欧盟和使用欧元，加上政府降低税收、放松管制、实行私有化，过去几年里，西班牙经济大幅增长，摆脱了早期欧盟穷国的不良形象。西班牙公司如今可以在欧盟各国融资，用于商业扩张和收购外国公司。例如，Repsol 公司就以 154 亿美元收购了阿根廷的 YPF 公司，成为世界第七大石油公司。近年来，仅在拉丁美洲，西班牙公司就投资了近 600 亿美元。在本国内，富裕的西班牙人也开始面临经济发展带来的一些问题，如非法移民大量涌入，摩洛哥和厄瓜多尔等国的居民移民到西班牙，从事西班牙人不愿意做的工作。[71]

**中欧和东欧：领导者和落伍者**。当然，中欧和东欧的很多国家非常愿意能够取得西班牙一样的成就。欧盟新 10 国与欧盟原 15 国相比，工资低 85%，人均 GDP 平均不到后者的一半。除了迅速发展的首都如布拉格以外，多数中欧和东欧国家都像是农村，十分贫困。在未来的欧盟成员国如白俄罗斯和乌克兰等国家里，情况更加糟糕，月平均工资不超过 100 美元。[72]

实际上，民主德国的经历反映了赶超中遇到的困难。自从德国统一之后，德国政府花费了 1.3 万亿美元来协助东部，以促进其发展。这种努力还没有结束，如今，政府每年都要花费国家 GDP 的 4% 来支持东部的发展。而东部的失业率一直居高不下（大约 20%），超过西部 2 倍以上。不可否认，东部现在已经拥有出色的公路网、先进的电信设施以及大量的工厂。然而，其生产率、工资水平和 GDP 增长率仍然落后于西部地区。[73]

如果要记录中欧和东欧的经济发展情况，我们应该把欧盟新成员国如波兰、匈牙利、捷克共和国等当成经济领导者。在经济开放和国企私有化改造方面，这三个国家远远走在其他国家的前面，而且速度也比其他国家快。这三个国家也拥有优势，能够直接为西欧国家提供廉价、高质量的劳动力。另一方面，在过去的 10 年里，美国、亚洲和西欧的企业在这里投入了数十亿美元的资金。索尼公司在匈牙利建立了一座家用电器工厂。外国投资给当地居民创造了工作机会，也提高了他们的收入。这又刺激了那些迫切寻找新市场的公司进行额外的投资。这就是为什么 GE 资本公司会进入波兰并购买匈牙利某家银行的部分股权，以便向中欧发行信用卡和提供贷款。同时，这也是为什么人们认为波兰、捷克和匈牙利将在未来的几年内吸引大量外国直接投资的原因。[74]

尽管如此，波兰仍有可能会在欧盟新 10 国中扮演重要角色。在新 10 国中，波兰一国的 GDP 就占了 40%，人口超过了 50%。波兰由于获得了 120 亿美元的新外国直接投资（惠而浦公司和吉列公司是美国在当地投资最多的跨国公司），GDP 仍将继续增长。这些事实表明波兰的前景是光明的。当然，波兰还必须改革其政府的官僚作风、提高农业部门的效率并减少政府的预算赤字。同时，欧盟其他国家必须开放欧洲市场，为波兰的出口开绿灯。[75]

**俄罗斯**。当然，波兰的东边还有另外一个更重要的国家。在 GDP 增长率上，整个 20 世纪 90 年代俄罗斯基本上处于萎靡的状态。但是，进入 21 世纪以后，俄罗斯的经济发展又走上了正轨。过去几年俄罗斯的年均经济增长率超过 6%。2012 年俄罗斯加入世贸组织。这段时间里，俄罗斯政府在私有化和国有企业改革方面的努力也值得称道，这些企业现在都在赢利。同时，政府还在加紧管制、税收、法律、土地所有权和银行制度的改革。某些改革，如新的所得税体系已经投入运作。其他改革还需要实施或者过一段时间人们才可以评价它们成功与否。无论如何，俄罗斯的经济状况已经稳定，至少现在是这样的。由于俄罗斯商业领袖倾向于在国内投资，所以，目前资本外流的现象已经得到抑制。外国投资正在缓慢增长。[76]

俄罗斯的中产阶级也在崛起，其中大部分为跨国公司或当地企业里的企业家或者管理者。如今，至少有 3000 万俄罗斯人（为总人口的 20% 左右）已经跻身中产阶级行列。对很多公司而言，这是一个相当大的客户群，他们拥有较高的可支配收入。这就是为什么瑞典的宜家（IKEA）公司能够在 2000 年到莫斯科郊区设立俄罗斯第一个家具商店的原因。开业的第一天，4 万多俄罗斯人排队入场，路上的车队绵延 2 英里长。[77]

尽管如此，俄罗斯还是面临着很多的问题和困难。通胀率仍然处于相对高位。在过去 15 年中，与波兰等新兴国家相比，外国投资还相当少，波兰的外国直接投资额为年人均 1000 美元，俄罗斯却只有区区人均 50 美元。政府对经济的参与程度还很高。4000 万俄罗斯人还处于贫困状态，失业率也很高。另外就是俄罗斯陈旧的基础设施，需要 1000 亿美元的投资来进行改善。其他问题可以列举如下：公路残破、工业事故严重、毒物排放严重、铁路系统衰老、电力系统供电不正常以及煤气管道渗漏不断。政府也试图通过出售公用事业垄断公司的方式来融资，但是，找到这笔钱就需要花费多年的时间，更不要说实际修理这些基础设施使其现代化了。最后一点是，俄罗斯腐败现象严重，加上有组织的犯罪行为，使得外国投资望而却步。

## 中东和非洲：动荡的领域与无限的潜力

下面我们将把话题转向中东和非洲，因为这些地区充满风险、不确定性，同时也蕴藏着无尽的潜力。

**中东的阴影**。除了拥有某些重要资源如石油外，阿以冲突、伊斯兰恐怖威胁以及伊拉克骚乱给中东地区的经济发展投下了阴影。例如，随着 2001 年危机的加剧，巴勒斯坦人的收入和以色列的 GDP、与邻国的贸易都出现了大幅下降。当然，油价的上升使本地区的产油国出口收入增加（如沙特阿拉伯和阿联酋），或多或少地抵消了其他领域如纺织业的弱势。

中东地区有大量的历史和宗教遗址，这使得本地的旅游业具有巨大的潜力。由于这一地区的和平前景不明确，中东的旅游业没有得到开发，一直停滞不前。近年来，沙特阿拉伯、约旦和埃及在旅游业投资了几十亿美元（如宾馆建设）以吸引更多的游客。就连利比亚也走上了这条道路。利比亚在海岸线建设了很多豪

国际观察

## 俄罗斯：驯服遥远的东方

很多人认为俄罗斯是一个没有游戏规则的地方。如果考虑到泛滥的暴力活动、犯罪行为以及针对商务活动的腐败行为，人们头脑中一定会呈现出一幅充满风险的画面。一位西方银行家曾经说过，他“宁愿吞下核废料”，也不愿把金钱投资到俄罗斯这个国家。当然，这有点危言耸听。但是，随着俄罗斯政府改革国有经济的逐步深入，阴谋家、黑帮和腐败官员也正慢慢地填补新出现的空白。如今，人们常常把在俄罗斯的经商比喻成19世纪在美国的拓疆行动。在当时的美国西部，由于缺乏有效的法律保护，面对罪犯和商业阴谋，美国公司经常要靠自己保护自己。

今天，尽管发生了很多变化，但是，俄罗斯却在面临类似的问题。例如，俄罗斯很多法律模糊不清或者执行不严，给各类盗窃和犯罪行为提供了机会。俄罗斯不少的大型企业基本上被人们指控对股东和投资者隐瞒资产和资金。例如，能源巨头俄罗斯天然气工业股份公司Gazprom（政府持股38%）每年跟某一身份不明、而且大部分股东为Gazprom公司高管人员亲戚的公司进行10亿美元的商务往来，这一直遭受人们的质疑。在最近的打击行动中，一些政府官员和几个商界大腕［如俄石油巨头尤科斯的CEO米哈伊尔·霍多尔科夫斯基（Mikhail Khordokovsky）］被指控偷税漏税、挪用公款、洗钱等行为。根据舆论，这类调查的结果往往依赖于被指控人员在高层是否有人保护，是否跟政治问题有关。例如，霍多尔科夫斯基的支持者就坚持，他的真正的“罪名”是支持现任总统普京的政治对手。在很多情况下，裙带资本主义依然在俄罗斯大行其道，他们跟政府高层有直接的联系，以此左右经济发展甚至有能力打法律的擦边球。

根据某些人的估算，大约40%的俄罗斯公司和50%的俄罗斯银行完全受控在有组织的犯罪组织中。雇佣杀手解决商务纠纷屡见不鲜，行贿受贿也相当普遍。有很多企业甚至愿意拿出月利润的10%~20%，缴纳给犯罪组织以寻求保护。得到保护也就意味着企业可以不受故意破坏者、麻烦的政府人员和其他“巨大的、无法预见的成本”的干扰。如果一个公司想开办一家工厂，他们就必须给一个官员交钱以便开业，给另一个官员交钱寻求维持工厂的运作。瑞士食品巨头雀巢公司说，公司甚至在零售线上也要跟有组织的犯罪抗争。你在俄罗斯货架上购买的咖啡罐也许是由某个犯罪团伙亲手放置在那里，他们可以“安排”一些进口产品不用缴纳关税。

也许最令人担忧的问题是这类犯罪角色经常是出自当地企业，而在很多情况下，出自政府部门。专家认为，这种无法无天的行为在俄罗斯并非新鲜。在稳定的表象下，犯罪和腐败大行其道。好消息是现在的俄罗斯政府比过去任何时候都由决心整治腐败。但是，在腐败没有得到控制之前，问题依旧——为什么要在这样一个困难重重的环境中经商？因为，回报跟风险成正比，俄罗斯1.45亿人口的巨大市场蕴涵着无限的机会。[78-79]

华宾馆，希望能够吸引更多的游客。利比亚政府也希望能够吸引更多的非阿拉伯国家游客（大约80%的游客来自周边的阿拉伯国家），同时提高每年的游客总量。为了实现这个目标，政府打算在未来10～20年内把宾馆床位增加500%。除非客源稳定，否则这些床位大概要空置了。

本地区的长期GDP增长无法确定。在经济一体化方面，中东地区面临着很多较高的门槛。以色列是本地区唯一活跃、具有现代化色彩的经济实体，它拥有真正意义上的中产阶级和具有全球竞争力的企业。但几十年以来，以色列经济一直受到政府的深度干预，而且国家处于战争和恐怖状态。当然，近年来，尽管国内恐怖活动频繁，与伊拉克冲突不断，沙特阿拉伯的经济也取得了蓬勃发展(2012年的GDP增长为6%)。其他国家和地区如迪拜、埃及和约旦也取得不少成就（如更多的外国投资、政府对创业行为的鼓励）。沙特阿拉伯和以色列必须努力进一步引进外资以创造更多的就业机会。就沙特阿拉伯而言，更应该致力于国有企业的私有化改革。同时，必须降低政府支出，提高政府透明度，削减对外国企业所有权的壁垒并减少社会福利。这个国家还希望在未来几年里能够改变单一的经济发展模式（目前，石油和天然气占沙特阿拉伯GDP的30%以上)。[80]

**非洲**。非洲给人的第一印象就是潜力尚未开发。撒哈拉南部非洲地区是世界上最贫困的地方。在该地区的6亿人口中，将近一半人每天的生活费不足1美元。此外，某些非洲国家还被很多问题所困扰，包括政府深度干预经济、官员腐败、部落冲突、商业基础设施薄弱。该地区的劳动力还受到艾滋病的威胁。世界艾滋病患者有70%出自这个地区。在某些国家里，艾滋病患者甚至占人口总数的30%。所有这些因素都加深了人们对非洲的一个印象：这是一个对跨国公司充满风险的地区。[81]

然而，发达国家的行为又在加剧非洲国家的贫困状态。美国、欧盟和日本的贸易壁垒以及农业补贴使得撒哈拉以南非洲地区每年在出口上损失几十亿美元。尽管这个地区为外国直接投资提供了世界最高的收益率，但外国直接投资额一直都很低。一方面，由于类似风险的存在，只有快速、高利润的项目才吸引到外国资本。另一方面，高收益率也意味着在这里的投资风险被高估了。实际上，在过去几十年里，非洲大陆的大部分地区是和平的，而且大部分国家实施了有利于商业活动的政策。不过，恐怖的事情也同样存在，如津巴布韦现在已经无法在经济上实现自给，尤其在经济大幅衰退以及通货膨胀居高不下后（2007年100000%，为世界最高)。尽管如此，非洲也拥有一些世界上增长速度最快的经济体。[82]非洲吸引了新兴经济体如中国的投资。2012年中国对非洲的贸易额突破2000亿美元，中国还承诺未来三年内投资200亿美元。

如果能够用同一个声音说话，非洲将可以吸引到更多的外国直接投资，而且也更容易进入美国和欧盟市场，尤其是其高质量的纺织品和农产品。非洲的经济区域超过10块（例如，南部非洲关税同盟由博茨瓦纳、纳米比亚、莱索托、南非和斯威士兰等国家组成）。目前，区域经济一体化特别是大陆一体化的进程已经减缓。如今，非洲贸易额只占全球贸易额的2%。[83]

为了增进区域合作和自给能力，几个撒哈拉以南非洲国家的总统制订了一系列计划，目标是在整个非洲大陆实现“可持续的经济增长”。这些计划把重点放在非洲的基础设施建设（公路、通信和航空服务）、资源共享、消除国际贸易壁垒、通过游说获得进入发达市场的机会。时间将会证明这些努力是否有效。[84]

不过，有迹象表明，整个非洲大陆正在快速发展，最突出的就是撒哈拉以南非洲地区。可以预见，由于政府结构的改革和经济政策的变化，未来几年区域GDP将会增长。不过，总的增长幅度还赶不上其他新兴国家和地区。而且，无论长期还是短期，非洲各国的发展差距会越来越大。为此，我们将深入研究南非的问题。南非的产出占撒哈拉以南非洲国家GDP总额的近50%，并表现出强劲的增长趋势，因此人们常常将其视为这个地区的经济定海神针。[85]

**南非**。在纳尔逊·曼德拉的带领下，南非实现了从种族主义和少数白人控制政府向民选民主国家的和平过渡，这一点极大地鼓舞了整个世界。今天的南非贫富差距很大，其巨大的贫富差异只有巴西可以匹敌。但是，随着黑人中产阶级的增加，这种差距正在渐渐缩小。[86]

南非官方公布的失业率为25%（有人说为40%）。要大幅度降低失业率，南非必须加速经济增长，增长率至少要达到5%~6%，而它从来没有达到过这一增长率。外国投资有助于这一目标的实现，而南非本身出色的公路体系、港口和通信设施也会起到促进作用。此外，南非还拥有丰富的自然资源、成长中的高新工业、开放的政府、良好的法律体系和持续进行中的私有化改革。从1994年开始，南非的外国投资一直保持增长的势头。宝马、菲亚特、福特、通用汽车、丰田和大众都在南非经营，为南非提供了28万个就业机会，产量也在不断提高。1998—2003年，南非的汽车产量增长了500%。例如，梅赛德斯的右驾家用车型就全部在南非生产。[87]

不过，要全部了解南非的潜力并不是一件简单的事。种族隔离在南非实行了40年，这种制度让大部分南非黑人无论是在住房、教育还是医疗待遇方面，一直处于二等公民地位，南非必须要面对这种制度的遗留问题。给贫困地区供水供电是解决方式的一种。此外，外国投资还可以选择在某些新兴市场进行，只要不是艾滋病流行区、工会组织活跃的地区和劳动法律法规严格的地方就可以。[88]

# 1.4　国际商务面临的主要问题

对于区域趋势的讨论说明了一个问题，那就是全球经济增长和繁荣是无法保障的。乐观的预测有可能被很多因素打破，包括政治波动、腐败、贸易问题争端、强劲竞争对手的出现和错误的财政管理等。致命的威胁可能在任何一个时候、任何一个地方爆发。这些问题在经济全球化过程中发生的几率可能更高。[89]

## 技术的复杂性和国际流动性

随着时间的推移，对于美洲、亚洲和欧洲的跨国公司来说，外国市场变得越来越重要。伴随着创新在运输、通讯、信息技术和制造业中不断出现，新的外国市场也在不断创造出来，同时也使得厂商不断开拓国际商务。例如，互联网在一个国家的运用可能带来国际贸易额的增加，这一点在不发达国家尤其明显。但是，真正要发挥互联网的作用，这些国家还必须加强基础设施建设（如良好的供电设施、高速数字连接）。幸运的是，现在数字基础设施的安装成本已经下降（如电脑、光纤电缆等）。尽管如此，要充分利用互联网技术，这些国家需要加紧人才的培养并使人们有能力接入互联网。这并不是一个不可企及的目标，在某些国家如中国、印度、俄罗斯和巴西等，电脑的普及率在近年来增长了超过500%。[90]

但是，技术进步本身在消除文化差异、政治动荡、腐败和管理失误带来的问题等方面能够发挥的作用很小。此外，这些技术的出现可能也会派生出新的问题。随着国际商务的重要性日益凸现，这些危机带来的结果也变得越来越严重。[91]

**汇率波动及其对国际管理的意义**。1994 年，由于无法偿还外国债券持有人的债务，墨西哥发生了金融危机。惊惶失措的债券持有人大批逃离墨西哥市场，使墨西哥比索大幅跳水，而这马上引起了全球性的反应，因为投资者开始纷纷从新兴市场撤资。2001 年初，情况却发生了逆转，由于受比索升值鼓舞，仅仅几个月的时间就有大约 100 亿美元流入墨西哥。同样，欧元从开始流通到 2001 年中期一直对美元贬值，直到 2004 年初期，才对美元升值了 50%。[92]

货币的大幅波动突出了商业条件快速改变以及老练的投资者利用新技术而造成的影响。实际上，投资者可以随时随地通过电子的方式进出国际货币市场。无论是真正遇到了危机，还是仅仅出于从众心理，数以 10 亿计的美元可以在几分钟内进入或流出某一个国家。另外，仅仅从货币市场规模本身（每一天的交易额高达10万亿美元）来看，保持币值稳定就非常困难。[93]

突发的货币升值可以在一夜之间提高厂商的出口成本，增加其降低成本的压力（如通过全球采购、把生产转移到成本低廉的地区）。大众汽车公司就是这样做的。由于欧元升值，在欧洲生产并出口到美国的汽车变得很昂贵，大众汽车认为这是公司2003年利润下降12.5亿美元的原因。另一方面，货币的大幅度贬值可以让一个公司的出口成本更低。有人甚至认为，美元贬值可以让美国的公司在海外取得成功，这一点比通过任何的公司行为来提高竞争力更为有效。实际上，在大众汽车由于欧元升值而遭受损失的同时，美国公司对欧洲的出口却屡创新高。农用机械巨头迪尔公司（Deere & Company）就是一个很好的例子，由于美元贬值，它在2003年的出口额和利润都创下历史新高。[94]

因此，汇率波动显然给国际商务带来了风险。对货币问题缺乏关注可能会带来灾难性的后果。施乐公司就是其中的一例。分析家认为，由于管理不善，公司在1999年的外汇损失达到10亿美元（其中大部分亏损发生在巴西）。[95]不过，即使财务管理很周密，货币冲击也会给企业带来相当大的影响，对一些收入来源及经营以海外市场为主的公司尤其如此。关于这一点，个人护理产品巨头高露洁就是一个很好的例子。2002年，高露洁公司在近170个国家经营，营业收入接近93亿美元。然而，由于汇率波动以及相关成本的上升，公司预测其全球销售额将损失4.65亿美元（占其总收入的5%）。[96]

那么，国际公司应该如何来面对货币的大幅波动呢？**外汇套期保值**是其中的一种解决方式。公司可以购买在一段时间内使汇率保持固定的货币期权。可口可乐在2000年就是采用这种方法回避了欧元贬值的风险，避免了其在欧洲收入的损失。2002—2004年，很多欧洲公司都采取了同样的方法，通过套期保值，避免了由于美元贬值而带来的在美国以美元计价的收入的下降。保时捷公司也在2007年通过套期保值的方式来避免以美元为基础计价的收入的下降。不过，套期保值基本上是代价高昂、复杂的预测。如果欧元升值，可口可乐公司可能面临亏损，如果美元升值，保时捷公司同样会亏损。这就是套期保值的代价。举一个简单的例子，比如一家公司为了防止美元对欧元贬值给自己的5亿美元收益带来亏损。如果美元贬值10%，这5亿美元将只剩下4.5亿美元。可是，对此亏损的保护成本却高达2600万美元。另一种方法也可以用来降低与汇率相关的风险，那就是运用本地供应商在销售产品的地方直接生产更多的产品。这就是所谓的**自然套期保值**方法。本田公司就采取了这种方式。本田在美国销售的汽车每四辆中就有三辆在美国本土制造，这就避免了日

> **外汇套期保值（currency hedging）**
> 通过购买外汇期权在一定期间内固定汇率以防止汇率波动带来的损失。

> **自然套期保值（natural hedging）**
> 利用本地供应商和设备消除汇率波动带来的后果。

元升值给美国销售带来的影响。戴姆勒克莱斯勒在阿拉巴马工厂生产 M 级奔驰车，避免了 2003—2004 年由于欧元升值给美国销售额带来的影响（同时公司通过把美国制造的 M 级奔驰车销往欧洲而获得了很高的利润）。部分公司同时采用两种方式，比如，陶氏化学公司（Dow Chemical）就运用了套期保值方法并把自己的生产设施配置到世界各地。[97]

实际上，很多大型企业把生产设施当成一个一个的模块看待。简而言之，如果一个地方的生产由于汇率波动而变得困难，你可以很快把这些设施转移到另一个地方。比如，1999 年，有 20 多个在阿根廷运营的大公司突然离开阿根廷而在邻国巴西设立工厂。为什么？因为巴西的里亚尔贬值了 30%。一夜之间，在巴西生产制造产品变得很廉价。同时，在巴西消费者的眼里，阿根廷的产品也失去了原有的吸引力。在这个过程当中，阿根廷减少了几千个工作机会[98]。

当然，对小企业而言，汇率波动的危害更大。对一个跨国公司的总体收益而言，汇率波动带来亏损的绝对值可能很大，但只占公司总收入的一小部分。而且，大公司在应对汇率问题方面比小企业拥有更多的经验和选择机会。所以，有很多小企业，如爱荷华州的 Vermeer 制造公司也在学习大公司的做法，从廉价的地方购买材料、在主要的海外市场运营、寻找外国合作伙伴，同时进行外汇套期保值。然而，这些方法对于很多想在海外销售的小公司而言，大多可望而不可即。[99]

总的来说，技术在把各国经济紧密联系起来的同时，也使国际商务变成一个动荡的领域。正如我们已经看到的，公司防止这些波动的方法之一，就是把生产设施和供应商分布在很多国家里。但是这些行为又带来了另一系列问题，比如对来自不同文化背景的人员的管理。下面我们将讨论一些与劳动力相关的问题。

## 国际劳动力问题

使国际管理越来越复杂的另一个原因是公司需要聘用有创新能力和高生产率的员工，以便参与竞争。这一问题不仅存在于制造过程中。美国制造业的竞争力一向强大，尽管经济低迷时有发生，但是在过去 25 年里，美国的产出总体是在上升。然而在过去 20 年里，美国制造业占 GDP 的比例一直没有上升，其原因之一是服务经济的大幅度增长以及服务业中的就业机会增加。但是，无论是制造业还是服务业，所有的公司都试图以最合理的价格在全球范围内寻求最有才能的雇员。[100]

**离岸外包（Offshoring）和全球工作扩散**。这个过程有时候被称为离岸外包，有时候它并非跨国公司的专利。小企业现在也加入到这个趋势中。根据美国一些风险投资公司的统计资料，它们投资的小企业中超过75%已经把工作扩散到海外市场。例如美国软件开发公司Jboss和Model N——这两家小企业（2004年，它们的雇员都没有超过100人）就把诸如客户支持服务和软件测试业务外包到了希腊、印度和乌克兰。[101]

当然，除了能够找到最出色的雇员，公司离岸外包的目标还包括大幅度降低劳动力成本的预期（25%~75%）。但是，离岸外包需要出色的管理能力。如果没有框定明确的目标，无法为海外雇员提供必须的服务，缺乏有效应对文化差异的能力，则任何预期的成本削减都将无法实现。这正是位于加州的安全软件开发公司ValiCert开始把软件开发业务外包到印度时所碰到的问题。印度软件公司的工程师根本不了解ValiCert公司这些软件的用途（因为没有人告诉他们），结果，客户需要的某些功能在开发时被忽略了。客户为了尽快解决问题而试图跨越十几个时区跟印度工程师联系，这往往成为一场代价高昂的噩梦，双方都受到了伤害。最后，ValiCert公司吸取了教训，总算把跟印度工程师关系的问题搞清楚了。戴尔公司在面对客户的大量不满后，把咨询服务和呼叫中心转移回了美国本土。实际上，离岸外包不但需要企业认真考虑应该把哪类人员派遣出国的问题，还需要企业努力寻找出色的外国雇员。总的说来，对于不需要特别的英语语言能力或者不需要对美国法律、市场和文化有深度理解的工作而言，离岸外包的风险是最小的。[102]

除了上述管理挑战外，离岸外包在近些年还成为政治上的烫手山芋，在美国尤其如此。一方面是政治家的焦虑，由于工作向成本低的国家转移，母国的工作机会正在减少（高技能和高薪酬的工作也在越来越多地转到海外）；另一方面是企业家把离岸外包当成参与全球就业竞争的一个手段。惠普公司前总裁卡莉·费奥莉娜（Carly Fiorina）对此总结说："现在，再也没有哪一种工作是天生为美国人所设计的了。"当然，与离岸外包趋势相关的现实情况是复杂的。有人认为，由于国外公司在美国设厂，"进口"的工作机会（高薪、高技能）比"出口"的工作机会（低薪、低技能）增加了200%~300%。持批评态度的人也认为，离岸外包降低了美国公司的成本，美国国内有了更好的机会雇用高技能劳动力，同时，美国公民也能够享受到价格低廉的产品和服务。另外，他们还指出，跟美国国内每年创造或取消的工作机会相比（每个月大约200万），离岸外包数量简直微不足道。

尽管如此，对于一天到晚忙于重复性的、繁琐的工作（一些离岸外包可能性很大的岗位）或者那些受离岸外包冲击很大的高技能职位的美国雇员来说，上面的讨论几乎起不到任何安慰作用。比如，近年来应用软件开发和数据库工程师的工作机会与薪水都在呈下降趋势。用一位美国管理者的话说就是，这些美国人

"……正在跟世界上任何一个地方拥有个人电脑的人进行竞争"。而他们的收入比以前下降了 80%。[103]

但是，无论是政治辩论还是管理失误，看来都无法阻挡离岸外包的发展。实际上，在世界的某些地区，离岸外包更是快速发展。比如，由于跨国公司如美国 Convergys 公司的进入，菲律宾呼叫中心业务得到了飞速发展。为什么？因为菲律宾人英语好、工资低，而且菲律宾有出色的通信基础设施。在过去几年里，就有 3 万家呼叫中心在菲律宾落户。美国的某些多元化经营跨国公司如 GE 资本服务公司、英特尔公司、J. P. 摩根大通公司和微软公司，都在纷纷返回印度和菲律宾这些市场，目的就是为了利用这些国家相对便宜而又拥有较高技能的会说英语的劳动力。根据预测，在未来几年内大约有 330 万的客户服务和与之相关的呼叫中心业务（这些工作的薪酬总额为 1360 亿美元）将从美国向中国、印度、菲律宾和俄罗斯转移。美国本土以外的公司也在采取类似的行动。西班牙电话公司 Telephonica 在摩洛哥雇用了 2000 名雇员，为西班牙和法国客户服务。[104]

不可否认，大部分离岸外包业务都是一些低层次工作，提供基本的客户服务和客户支持职能。当然也有例外。例如，为了充分利用当地高技能程序师和低工资优势，美国有几十家企业如 IBM、摩托罗拉把大量的软件开发业务放到了印度。在印度，通用电气公司的雇员超过 17000 人，大部分为科学家和专业人员。需要特别技能以及服务的工作，如科学研究和药品研发等，也在不断地向世界各地的"科研中心"转移。而且，维持这些离岸外包工作的成本比在美国本土或者欧洲要便宜得多，如果得到外国政府的支持，则问题更容易解决。例如，印度南部的泰米尔纳德邦（Tamil Nadu）建设了一座价值 8500 万美元的高科技大楼，以吸引世界各地的高技能人才。此外，这个邦的政府每年还向当地学校投资 1000 万美元，用以购买计算机设备并支持计算机知识的教育培训。结果正如一个印度政府官员所说的那样："2008 年以前，泰米尔纳德邦将不再存在电脑文盲。"研究表明，像印度这样的贫困国家，如果能够在教育和技术基础设施方面加大投资力度，其效果将会是事半功倍。因为这种举措不仅可以提高人民的科技应用能力，而且可以大幅增加人们的收入。从长远来看，贫国与富国之间的收入差距也可以因此而缩小。[105]

与此同时，劳动力在全球分散的趋势将得以持续。据预测，到 2015 年，美国现有的办公室和白领职位将有 90% 转移到海外市场，美国人必须提高技能以迎接这一挑战。[106] 例如，尽管需求在增加，但是每一年美国获取科学或者工程学位的大学毕业生人数仅为毕业生总数的 13%。而那些需要这些文凭的岗位却在不断被海外人员填充，原因要么是美国公司把高科技职位转移到了海外，要么是外国雇员的不断涌入（通过移民或者临时签证）。[107]

**劳动力质量**。问题的要害在于，跨国公司需要大量能够应对日益复杂的工作的员工。因此，在过去10年左右，为员工提供培训以使他们获得新技能的美国企业数量增加了1倍。在这个过程中，优秀的员工总是能够获得并保持自己的岗位。例如，在最近几年，德国的工业和通信巨头西门子公司将半熟练岗位削减了一半，同时把高技能职位增加了1倍。[108]

这些现象带来了一个问题：哪些因素造就了高素质的劳动力呢？答案是复杂的。但是，教育、在职培训、激励和计算机教育都是很重要的因素。另外，毫无疑问，劳动力质量是一个国家竞争力重要的决定因素，它至少决定了一个国家的企业在某一个特定产业中的竞争力。印度的IT服务企业不断提高的竞争力就是一个明证。印度IT企业如Infosys、Wipro和Tata公司的报价比其西方竞争对手低得多，在价值6000亿美元的技术服务产业里，印度企业的地位越来越变得举足轻重。这些企业成功的原因部分要归功于受过良好教育、拥有高技能、经验丰富的IT专业劳动力资源。实际上，由于来自印度的竞争，美国本土的IT服务竞争者如IBM公司等将不得不降低价格，努力削减成本。IBM削减成本的手段之一就是将高技能IT职位外包到很多工资低廉的地区，包括印度。

表1.9列举了世界上25个最具竞争力的国家和地区。印度没有名列其中。不可否认，印度的IT产业在很多方面非常出色，但是，就整个国家而言，印度面临的挑战仍然非常严峻，包括提高人民的收入和教育的普及。上述国家和地区有很多差异，但有一点是相似的，那就是劳动力资源的总体水平比较高。不过，如果没有良好的劳动力培训环境和合适的基础设施，你也别想能在这些地方成就任何事情。一位美国官员在参观了墨西哥的几个获奖工厂后感言："尽管这里的工人所制造的产品只是美国工人制造产品的一小部分，但是质量毫不逊色。很多第三世界国家正在制造出世界一流的产品。"[109]

**劳动力日益多元化**。全球化把不同文化和背景的人们拉到了一起。很多美国和欧洲企业热衷于雇用外国移民，对需要特殊技能的职位尤其如此。[110]国家内部的人口迁移也带来同样的结果。以美国为例，到2050年，西班牙后裔将占美国人口总量的25%，而这一比例在1995年只有10%。同时，非西班牙裔白人的人口总量将由1995年的70%左右下降到50%左右。[111]劳动力的多元化将会给逐渐增多的多元化客户提供更有针对性的服务。在美国，非洲裔美国人、亚洲人和西班牙后裔的总体购买力非常强大（西班牙后裔的可支配收入为6500亿美元）。在雇用过程中，如果把目标对准这些群体，就意味着把企业与重要的客户市场联结了起来。例如，通过一个65人的双语团队，宝洁公司成功地渗透到了在美国的西班牙裔市场。宝洁公司的一位管理者说："西班牙裔市场是公司在北美增长的基石。"[112]

表 1.9　25 个最具竞争力的国家和地区的改变

| 2009 年排名（2008 年排名） | 国家（地区） | 2004 年排名（2003 年排名） | 国家（地区） |
|---|---|---|---|
| 1（1） | 美国 | 1（1） | 美国 |
| 2（3） | 中国香港 | 2（4） | 新加坡 |
| 3（2） | 新加坡 | 3（6） | 加拿大 |
| 4（4） | 瑞士 | 4（7） | 澳大利亚 |
| 5（6） | 丹麦 | 5（8） | 冰岛 |
| 6（9） | 瑞典 | 6（10） | 中国香港 |
| 7（7） | 澳大利亚 | 7（5） | 丹麦 |
| 8（8） | 加拿大 | 8（3） | 芬兰 |
| 9（15） | 芬兰 | 9（2） | 卢森堡 |
| 10（10） | 荷兰 | 10（11） | 爱尔兰 |
| 11（11） | 挪威 | 11（12） | 瑞典 |
| 12（5） | 卢森堡 | 12（17） | 中国台湾 |
| 13（14） | 德国 | 13（14） | 奥地利 |
| 14（n/a） | 卡塔尔 | 14（9） | 瑞士 |
| 15（18） | 新西兰 | 15（13） | 荷兰 |
| 16（14） | 奥地利 | 16（21） | 马来西亚 |
| 17（22） | 日本 | 17（15） | 挪威 |
| 18（19） | 马来西亚 | 18（16） | 新西兰 |
| 19（12） | 爱尔兰 | 19（38） | 中国浙江省 |
| 20（17） | 中国 | 20（31） | 巴伐利亚 |
| 21（21） | 英国 | 21（20） | 德国 |
| 22（24） | 比利时 | 22（19） | 英国 |
| 23（13） | 中国台湾 | 23（25） | 日本 |
| 24（20） | 以色列 | 24（29） | 中国 |
| 25（26） | 智利 | 25（18） | 比利时 |

资料来源：International Institute for Management and Development（IMD）. 2009 and 2004 World competitiveness scoreboards.

因此，如果成功和失败可以由多元化决定，那么企业就不应该让陈旧的观念左右自己的劳动力资源。比如，公司的关键决策越来越多是通过跨职能团队制定的。这些团队自然而然地就将具有不同背景的人集合在一起，使他们的有效互动显得十分重要。实际上，有专家建议应该将文化多元化引进到决策团队和群体中，这将可以提高管理者的能力，减少在实施过程中所碰到的困难[113]。

但是，能够认真考虑多元文化的公司毕竟不多。一项研究表明，只有不足10%的企业认为它们在支持多元文化方面做得不错。失败的代价是高昂的。高的员工流动率也意味着高雇用成本和培训成本。对某些职业而言，一个职位涉及的这类成本可能超过 10 万美元。[114]

## 在动荡和充满挑战的国际环境中进行管理

所有这些提出了一个更大的问题：动荡和充满挑战的国际环境将会对管理产生怎样的影响？显然，国际管理的目的是要通过跨越国界实施有效的采购、分销和利用公司的资源（如人力、资本、知识技能和有形资产）实现公司的跨国经营目标。[115]

如果管理者决定在中国（或者其他地方）开发、制造或者销售一种产品，结果将会怎样？然后呢？在这个新环境中，管理者应该如何管理？这是一个相当难以回答的问题。想象一下那些在数十个国家经营的跨国公司的管理者面临的所有挑战。如果把这些多元化因素考虑在内，他们应该如何制定企业战略呢？或者如何获得并有效地管理全球最出色的人才？此外，尽管有全球化这个概念存在，但商业惯例、法律、语言、文化价值和市场结构等可能会因为国家的不同而有所不同。这些都会对管理的方方面面产生影响，包括沟通、激励、薪酬、员工培训、企业战略以及伦理道德等。[116]

表 1.10 告诉我们目前国际管理者所关注的是哪些挑战。如今，管理者都能够感受到来自这方面的压力，尤其是跨国公司的管理人员。例如，20 年前的宝洁公司规模已经相当大，销售额 70 亿美元，拥有 5 万雇员，并在 23 个国家设厂。而现在，这家公司规模更加庞大，收入超过 430 亿美元，雇员人数几乎达到 10 万，设厂国家超过几十个。用一位管理者的话说，今天的宝洁公司是“更加多元化、更多的文化差异、更加富有全球化经济特征”。如今，信息和资本能够在瞬间传播和流动到全球各地，经济波动也可能在刹那间发生，而顾客的偏好更是变幻无常，高层管理人员所担忧的就是如何在这个背景下管理公司庞大的运营体系。很多高层管理人员也在努力加强沟通，以便集中公司的优势，在无法预知的情况下，至少能够对变化无常的国际商务环境作出更迅速的反应。[117]

**表 1.10 回答这些问题：国际管理者面临的挑战**

| 最关键和最重要的 | 也很重要 |
|---|---|
| 谁是我们的国际竞争对手？我们应该怎样对付他们？ | 在国际和国内竞争中，公司声誉有多重要？ |
| 作为一个企业，要做得更好，我们应该采取何种全球化领导风格？ | 如何打破国内思维的惯性？ |
| 怎样才能使本公司的管理者提高全球化意识？ | 是什么因素使一家企业更具有全球化特性？ |
| 对一个全球化公司的要求是什么？ | 管理层如何设计全球化人力资源管理战略？ |
| 怎样整合我们公司内部相互竞争的价值观（competing value）（如跨职能和跨国界）？ | 企业的品牌形象或者声誉如何在国外获得认同？ |
| 怎样才能够在公司内部更好地获取和传播知识？ | |

资料来源：改编自 Zahra, S. A. , & O'Neil, H. M. (1998). Charting the landscape of global competition: Reflections on emerging organizational challenges and their implications for senior executives. *Academy of Management Executives*, 12, 13-21.

为了应对这些挑战，本书提出了一些指南。现在，我们可以把希望在 21 世纪取得成功的国际管理者应该遵循的原则总结一下。成功的跨国公司将由这样的管理者引领：

- 注重民族多元化并拥有多文化经验
- 信奉团队工作与信息共享
- 在可能的领域进行全球化运作（如在世界各地销售同样的产品），必要时能够根据当地需求进行微调。
- 关注在国外工作的本国管理者并对他们进行有效监控
- 为世界各地的员工提供一种隐性契约，即高质量的工作将通过高工资、进修机会和认同而得到回报[118]

但是，实施这些要求可能意味着对如何管理一家企业提出新的假设。例如，不少管理者还认为管理者的角色就是命令和控制，总是由总部来为国外分公司制定政策。不幸的是，这种决策方式既不能发挥当地企业的优势，也无法让企业对当地情况的变化作出及时的反应。实际上，国际企业中死板的分级和控制现象正逐步退出舞台。全资子公司模式也逐步被组织之间的联盟模式所取代。不过，通过这种方式经营公司需要管理者有足够的灵活性，在管理过程中能够更关注对关系的处理而不是以控制为原则。[119]

## 基本概念

本章的很多观点都是以不同的管理概念为基础。尽管这些概念将会在以后的章节中讨论，但是，在此介绍其中一部分会有助于大家对课本内容的理解。

> **文化(culture)**
> 将一类人群成员与另一类人群成员区别开来的集体心理程序。

**文化的定义**。毫无疑问，**文化**对国际管理的成败起着非常关键的作用。文化对管理者在不同国家和地区中的领导、雇用和竞争行为产生很大的影响。那么，文化到底是什么？我们同意霍夫斯泰德（Hofstede）对文化的定义：文化是“将一类人群成员与另一类人群成员区别开来的集体心理程序”。这种“程序”无法通过直接观察获得，但可以通过对行为的判断而了解。人们通常没有意识到文化对他们的态度、信仰和行为方式会产生重大影响。[120]只有在能够准确预测行为时，文化这个概念才有用。但是，文化价值会由于国家的不同而产生巨大的差异，因此这一点往往不一定都能奏效。另外，在同一个国家内也有多种差别很大的文化共存的现象。因此，对特定国家中文化价值差异的理解以及理解这些差异对国际管理的影响就显得相当重要。

**跨国公司及其发展历程**。企业通过多种方式经营国际商务。有直接从母国出口产品的，也有的在国外设立销售机构来出售自己的出口产品。一些公司可能在国外设立或购买设施，直接生产产品或提供服务。具体的国际商务操作方式将会在以后的章节中详细讨论。现在，我们先探讨一下企业进入国际商务领域的基本方式。

> **跨国公司**
> （multinational enterprises）
> 指在海外很多地方经营的、发展良好的大型国际公司。

你应该已经学习过有关**跨国公司**的知识。跨国公司是指在国外拥有大量投资，并在海外很多地方经营、制造产品或提供服务的发展良好的大型国际公司。下面的数据可以帮助人们了解当今跨国公司对世界经济的影响。在过去的30年中，全球的跨国公司数量增加了800%还多（2006年，跨国公司的数量为79000家）。全球经济100强中，有超过50家是跨国公司。跨国公司巨头如沃尔玛、通用汽车公司等，它们的年销售额超过世界上90%国家的GDP总和。世界上80%的工业生产是由1000家最大的跨国公司完成的。跨国公司在全球范围雇用了9000万名员工，支付的薪酬和工资大约为1500万亿美元。当今世界跨国公司500强中，只有1/3来自美国。而1962年，美国跨国公司的比例为60%。[121]

跨国公司的管理者经常根据自己对国际商业机会和威胁的评估制定决策。但是，这并不意味着所有跨国公司都在按照相似的“全球化”经营模式运作。有些跨国公司（如半导体产业中的公司）可能专门经营某些本地化需求程度不高的产品。其他跨国公司则在一些本地化程度要求很高的行业运作。

就是在相同的行业中，不同跨国公司的运作方式也有很大的差别。这种差别由很多原因造成，包括公司价值观以及竞争对手的行为。有些跨国公司在多个国家和地区设厂，却试图采用相同的基本结构、技术和人力资源管理方式来进行管理。这些跨国公司把总部安置在母国，所有的决策包括企业文化、政策和惯例全部由总部制定。

另一些跨国公司则为本地经营提供了更大的自由度来制定自己的决策。这类公司在内部文化和结构上呈现出显著的多样化。商务惯例、技术和文化价值可以依据特定的地区需要而改变。简而言之，就是总部只负责提供建议和指导，具体的操作选择则完全由本地管理者完成。这个特点在依赖本地管理者管理国外运作的跨国公司中表现尤其明显（跟从母国外派雇员的做法相反）。

一些跨国公司在多元化方面的做法更加深入。这类跨国公司的企业文化已经发展到把组织多样化当成核心价值的阶段。这种价值观加上其他一些核心思想构成了一种黏合剂，把整个企业紧紧地联结起来，而且不缺乏灵活性。这些跨国公司往往是由来自几个国家的管理者团队联合经营管理。实际上，除了某些做法，如向雇员灌输公司核心价值观等不必通过协商解决以外，这些跨国公司的大部分行为必须立足于多元化背景。相对而言，很少有哪一家跨国公司能够达到这个境界。[122]

下面，我们将通过一个表格来说明 100 年来跨国公司的变化历程。表 1.11 表明，跨国公司无论是在地理范围还是对国外分公司的政策上，都在逐渐发生变化。不过，并不是所有的跨国公司都是按照这个速度和方式发展起来的。无论怎样，未来跨国公司应该继续向更加自由的模式发展。

**表 1.11　跨国公司的发展及其创新方式：三阶段**

| 阶　段 | 时　间 | 跨国公司运作描述 |
|---|---|---|
| 家长主义（Paternalism） | 20 世纪初至 60 年代 | 企业在国内创新，然后从那里向世界各地出口产品。然而，随着国外分公司的出现，有一点变得十分明显：并不是母国总部才拥有好的思想观念。IBM 和宝洁公司是这一时期的代表。 |
| 扩张主义（Expansionism） | 20 世纪 70 年代至 80 年代 | 为了获得对关键市场的理解，有些企业把研发或其他部门设立在海外。但是，这种模式很难把整个企业的思想统一起来，也分散了总部的注意力。同时，这类机构的设立也向其他国外部门表明一件事：他们的思想观念是不需要的（例如，他们所处的市场不够大或不够重要，所以无法支持研发部门的运作）。 |
| 自由主义（Liberalism） | 20 世纪 90 年代至现在 | 这种新兴方式采取更加民主的方法追求新的思想。它假设任何地方都可以产生好的想法，公司里直接跟客户或其他外部机构产生联系的部门尤其如此。它还假设国外分公司离国内总部越远，它受到企业传统文化和信仰的影响程度就越小。因此，应该把国外分公司看成半岛而不是孤岛。从这一点出发，公司可以预期最具有创新和创造性的思想观念应该来源于公司的边缘地带而不是公司中心。管理层面临的主要挑战就是如何抓住并利用这些思想观念。 |

资料来源：改编自 Birkinshaw, J., & Hood, N. (2000). Unleash innovation in foreign subsidiaries. Harvard Business Review (March), 79, 131-138.

## 本章总结

本章对国际商务及其所处的竞争环境进行基本的描述。首先是定义了全球化及国际商务全球性增长的前景，然后介绍了对世界贸易规范进行监督的世界贸易组织（WTO）。尽管从长远看，很多发达经体的前景也很不错，但是，国际商务增长最快的地区应该是那些新兴市场。而对这种增长的一个重要衡量方式就是外国直接投资(FDI)的流量。接下来讨论世界特定地区的发展趋势。

关于美洲的讨论是以更大的经济一体化前景为主。例如，从美国阿拉斯加州一直延伸到南美洲末端的美洲自由贸易区（FTAA）就代表了这一大陆的未来。从北美自由贸易协定（NAFTA）生效以来，尽管加拿大和墨西哥在各方面发挥了很大的作用，但是，美国显然是这个地区最重要的角色。南美洲长期的发展前景也很好，但在短期内还会继续面临很大的问题。

亚太地区可能在未来成为世界的经济中心。但是，就目前所取得的成就、发展前景和存在问题来看，各国之间的情况差异非常大。尽管部分国家和地区必须面对严峻的衰退问题（包括生产成本的增加、政治波动、高债务以及基础设施薄弱），但是亚太地区长期增长前景是被看好的。或许中国未来可能被印度赶超，但是，中国目前是亚太地区最强大、增长最快的国家这个事实是不能否认的。基于多种原因，在中国经商必须面对很多挑战，包括中国的竞争强度（如竞争对手多、竞争激烈）。

欧洲的改革也在持续进行中。到目前为止，与西欧邻近的国家（波兰、匈牙利和捷克共和国）发展得最好。俄罗斯目前经济状况基本稳定，在克服与管制、法律、基础设施和组织犯罪相关问题的同时，经济增长已经走上正轨。总体而言，随着统一货币的出现，欧盟统一市场在不断扩大中，这一点将不断地吸引外国投资。

中东和非洲面临的主要问题包括政治冲突、战争、贫困、腐败和薄弱的基础设施。不过，这一地区正在不断进步。例如，沙特阿拉伯已经在实施经济开放政策。同样，如果南非的改革能够成功，将会给撒哈拉以南非洲地区起到非常好的示范作用。

随后，我们开始讨论一些与国际商务相关的关键的挑战问题，包括快速的技术变革及持续波动的国际商务环境。我们说明了汇率波动对国际商务的影响以及管理者应该采取的应对措施（如外汇套期保值和自然套期保值）。面对这类波动，小企业显得比大企业脆弱（应对能力也弱），因为前者的资源不如后者。其他挑战涉及离岸外包和世界范围内劳动力的国际化。所有的企业都在想方设法在世界各地以合理的价格为公司的岗位寻求拥有合格技能的人才。因此，工作岗位的全球分散化呈现出前所未有的趋势。能够为本国企业提供一个努力工作又拥有技能的人才资源库的国家将成为富有竞争力的竞争者。

国际管理者的主要挑战是如何保持劳动力的质量和进行多元化管理。跨国大公司面临的挑战尤其严峻。为了应对这些挑战，跨国公司的管理者必须重视种族多元化问题、拥有多元文化经验、信奉团队精神，并采取开放姿态接受各种思想观念。最后，我们以对文化（将一类人群成员与另一类人群成员区别开来的集体心理程序）在国际管理中的作用及在过去 100 年中跨国公司（大型、发展良好的国际公司）的发展和进化过程的讨论结束本章。

## 讨论题

1. 国际商务中最重要的趋势是什么？对跨国公司而言，哪些是最大的管理问题？为什么？公司应该采取什么应对措施？
2. 对于跨国公司而言，哪些市场代表的机会最大？哪些市场代表的风险最多？为什么？
3. 什么是文化？为什么文化对国际管理是重要的？
4. 根据你的观点，跨国公司在全球经济环境中的活动范围、影响和能力所及各有什么好处与坏处？
5. 跨国公司是怎样发展起来的？这一点对管理有什么意义？

## 迎接挑战

### 新百伦如何使“美国制造”至少在目前是成功的

在本章开始时我们说过，新百伦在运动鞋制造公司中是独一无二的，其产品占美国运动鞋产量的25%。为了做到这一点，新百伦把自己的生产成本降低到能够与亚洲分包商相抗衡的程度。简而言之，新百伦的所有者认为，在美国制造产品是必须的。他的继任者说：“在这里设计生产产品是我们公司文化的一部分。”另外，在满足订单需求和改变运动鞋式样方面，由于公司靠近主要的客户市场，所以能作出快速响应。

然而，要把这一观念变成现实，意味着公司要从低技术向高技术转变，在设备和雇员技能方面都是如此。要从高端技术行业借用一些新的制造方法，这意味着新百伦公司必须为自己的雇员开班培训，让他们掌握电脑制造技术，并能够进行复杂的团队合作。在车间，工人们是在一个灵活的团队中进行工作的。所有的雇员都必须掌握多种技能，能够随时转换工种，互相帮助，并负责产品的生产，而且员工的培训是持续进行的。

新百伦还根据自己的需要，创新地使用其他产业的高科技设备。例如，公司购买了70部计算机控制的缝纫机，其模板是用于其他产品设计的。新百伦剔除了原来的模板，加上了一些设施，使它们为自己所用（生产鞋子大约需要30个基础模板）。恰当的模板一旦到位，电脑控制的缝纫机就可以马上指挥20个缝纫针工作。对运动鞋制造业而言，这变成了一个技术密集型的工作。因为有高技能的劳动力队伍来操作设备，新百伦在美国的工厂以前需要六个人完成的工作现在一个人就可以完成。

新百伦公司的故事提出了一些有趣的问题。一方面，美国公司避免了生产转移到海外后必须提高本地劳动力技能的后果。现实是，在美国的制造业劳动力减少的同时，生产率却在提高。过去十年内，美国的制造业产出上升了100%。这里的局限是什么呢？新百伦的方法所带来的成本和风险又是什么？如果需求突然上升或是大幅下降，又将带来什么样的结果？新百伦会不会由于自己拥有工厂而降低竞争力（其竞争对手耐克和锐步公司没有自己的工厂）？只有时间能够告诉人们新百伦的方法是否代表了一个公司长期的竞争优势。

## 国际管理技能开发

### 国际管理：在35000英尺的高空中可以生活吗？

#### 目的

简单地描述国际管理者的生活状态，讨论这种生活的意义，描述在国际经营中公司面对的执行方面的挑战。

#### 指南

阅读下面的案例（可以在课堂上或课前阅读），然后讨论案例后面提出的问题。或者由导师把全班同学分成小组，每3～6人为一组，分别进行讨论，然后把你们认为三个最重要的答案或观念列出来（20分钟）。如果时间允许，你的小组可以向全班同学说出你们的观点（20分钟）。你可以就国际管理者面临的紧张生活进行一般讨论，也可以讨论这种生活对一个公司意味着什么（15分钟）。

## 案例：管理者必须进行全球商务旅行吗？

普华永道会计师事务所是一家真正的全球化公司，年收入150亿美元，在全球有12万名员工为客户提供服务。埃伦·娜普（Ellen Knapp）的工作就是帮助公司顺利运作。娜普是普华永道公司的首席知识官和信息官，她的时间大部分花费在海外旅行上。

埃伦·娜普并不是唯一这样工作的人。娜普有一周必须完成三次国际"红眼航班"旅行。在这一过程中，她在伦敦碰到了一个同事，这个同事竟然要在两天内完成两次这样的国际旅行。另一次，她在费城机场碰到了麦肯锡公司的一个好友。当时，他正转机到新德里去，而娜普自己正想转机到伦敦和法兰克福。

如今，在公司的商务飞机上进行为期两周的商务旅行、跨越十几个时区对于公司的CEO而言非常普遍。随着国际商务的增长，像娜普这样的管理者不得不以机场为出发点，代表公司到世界各地进行商务谈判。还好，像娜普这种级别的人还可以坐商务舱，如果是级别低于她两三个层次的雇员，则不得不忍受坐在经济舱中进行国际旅行。

娜普是如何挣扎过来的呢？一些好的技巧和能力可以让娜普很好地面对这些难关。这些技巧包括妥当的安排、奉献精神、态度乐观，当然最好是不为时差所累。在家庭方面，娜普没有什么太过于忧虑的问题，因为她的两个孩子都已经长大了。她在国内办公室里的两个行政助手也不会让她过分操心。为了给像娜普这样的旅行管理者提供帮助，普华永道的会议经常在大型飞机场附近召开，每当他们到达国外分公司时，普华永道也会给他们配备电话和办公桌。

如果你问娜普为什么那样频繁地进行国际旅行，答案可以用一个词总结：联系。娜普旅行的大部分目的只是为了与分散在世界各地的雇员建立关系和信任。其中的想法（至少在理论上成立）是，花费时间培养良好的关系是跨国界信息共享和合作的良方。有人也在怀疑直接的、面对面的接触是否是促进国际共享和合作的最好手段，而且，关系的建立需要花大量的时间来进行非正式的会面（如共进午餐）。娜普的旅行到底有没有效果，这是一个颇有争议的话题，但有一件事是肯定的：娜普让航空公司很高兴。

## 讨论题

1. 你对娜普的工作生活有什么看法？很有吸引力？太累了？为什么？
2. 如果娜普有小孩在家，她应该如何安排？如果有小孩需要照顾，配偶的工作也很忙，她应该怎么办？
3. 这种在世界各地飞来飞去的行为真的是非常必要吗？如果利用技术来减少这类旅行？其潜在的成本和收益又是什么？对什么人而言是这样？局限是什么？技术真的能够替代建立关系吗，尤其是对分散在世界各地的跨国公司而言？

资料来源：改编自——（1999）. On a wing and a hotel room. *The Economist*, January 9, 64.

## 接入全球网络

### 考察当地企业的国际贸易活动

#### 背景

国际贸易为中国企业带来了扩大的市场，能够将产品销往全球。国际贸易也帮助中国企业获得完成生产和服务所需要的材料和技术。同时，国际贸易也将国际竞争带到了本地，许多国外企业进入国内市场与本地企业进行竞争。随着中国国际贸易规模的扩大，国际经济波动对中国企业运营的影响也越来越大。你可以在商务部网站上检索最新一期《中国对外贸易形势报告》了解全国的国际贸易统计情况、对未来贸易形势的分析和政府政策。

#### 练习

以小组为单位讨论以下问题，并向全班报告你们的发现（全班展示可能需要 15 分钟）：

1. 在你所在的地区（省或市），哪些企业是最主要的出口企业，哪些企业是最主要的进口企业？他们分别属于哪些行业？

2. 这些企业的业务可能受到哪些国际或国内宏观经济因素的影响？如何影响？

CHAPTER

# 2 国际商务的法律和政治基础*

## 学习目标

- 至少能够辨别全球范围内的三大法律体系
- 列举出在这些法律监管环境中经商所受到的主要影响
- 定义政治风险并了解政治风险对国际商务的具体影响
- 了解管理、降低或者回避风险的一些方法

## 国际挑战

### 卧龙藏“假”：反盗版

李曦萌（Simon Lichtenberg）是一位来自丹麦的商人，41岁，性格固执。不过，固执不见得总是坏事，在某些场合，它可能会被当成美德看待，特别是当你需要保护自己的产品和版权时。1993年，李曦萌来到上海，凭借自己的中文能力和3万美元的投资，他开设了一家叫“北欧风情”（Bo Concept）的加盟店。北欧风情是一家高端家具公司，通过百货店和专业家具店销售时尚家具。北欧风情生意兴隆。在丹麦设计的家具极富现代特征，对于生长在充满活力、高速发展的上海市的年轻白领而言，北欧风情充满了诱惑力。1995年是生意开张的头一年，销售额为360万美元，第二年提高到600万美元。1997年末，李曦萌在北京、上海和广州一共开设了14家北欧风情加盟店，并开始赚大钱。但是，麻烦也随之而来。

为了从城市白领日益扩大的家庭装修市场中获益，北欧风情加入了大约有3000家公司组成的家具公司大军。李曦萌不怕竞争，即使竞争这样激烈，对他而言并不是什么大不了的事。问题是，仅仅在上海一个地方，就有12家公司开始销售“与北欧风情设计极为相似”的家具产品。[1]

显然，李曦萌和北欧风情已经受到盗版的侵害。不仅这些家具本身能够把北欧风情模仿得惟妙惟肖，一些商店甚至在展

* 作者限于不完整的资料和发达国家的知识产权立场对包括中国在内的新兴经济体运行中的某些局部问题做出夸大和不符合现实的分析，请读者注意采取批判分析的态度。

室里打出了“北欧风情”的标志。仿制品几乎可以乱真。某些盗版者竟然将北欧风情的产品目录和样品放在商店里供客户参考。更过分的是某些商家干脆自己编印目录手册，在手册中直接盗用北欧风情的图片和营销概念。在上海有专门销售家具的商区，在那里赶时尚的人们可以随意买到质量不错的睡椅、床铺。“徐家汇家具公司”就是众多商家中的一员。“我可以制造跟北欧风情一模一样的家具。”这家公司的一位推销员说道：“我们可以按照你要求的尺寸更改长度和宽度。你需要什么颜色我们就给你配什么颜色。不过，不能再讲价了。这是我们的最低价格了。”他是站在北欧风情的标志下面说这番话的，那个标志就挂在他身后的墙上。这位先生说的没错，北欧风情那里售价为600美元的柚木床在他店里96美元就可以买到。

情况就是这样。在其他产业，某些企业也在猖狂地盗版，以此赢利。1998—2000年，受盗版和亚洲金融危机的双重打击，北欧风情的销售额下降了10%，对未来的预测更加令人丧气。李曦萌说：“公司董事长每年来中国视察一次，每每见到那些盗版家具，他几乎急得要心脏病发作。”这是李曦萌不想承受的额外压力。在阅读本章的过程中，请考虑北欧风情应该通过哪些法律和政治手段来对付日益增多的盗版和伪造问题。然后，研究章末的“迎接挑战”，了解北欧风情计划采用的应对措施。[2]

## 2.1　国际管理中的法律问题

本章将着重讨论两个相关问题——跨国公司运作的国家和地区里涉及的政治和法律体系。法律是书面的行为规范，用以约束和指导商家的行为。全球的法律体系五花八门，甚至在文化传承相类似的国家，法律体系也有所差别。这个问题将在本章第一部分探讨。同时，出于政治原因，法律可能受到限制、条文可能被修改或者忽视。更可怕的是，原有的法律体系可能会由于政府的更替而被推翻。因此，对于跨国公司而言，不仅要研究所在国正式的、书面的法律文件，还必须认真研究本国和所在国正在发生的政治活动。跨国公司可能还希望参与政治活动以便赢得优势。尽管一个国家的法律体系和典型的政治行为有密切的联系，但是，我们必须认真地对它们分开研究。下面将依次讨论这些问题。

### 法律体系的种类

我们对在不同国家中采用的法律体系进行了分类。尽管没有哪一种办法能够涵盖运行中每一个法律体系，但表2.1进行的概括应该能够帮助我们认识不同文化背景中各种法律的差异。[3]法律的数量和类型很多，且十分复杂。普遍采用的分类体系是民法和普通法。

**民法或法典法(civil or code law)** 依靠事先制定的规范，是在全球范围内应用最广泛的法律体系。

**民法**。有70多个国家采用了民法体系，它是世界上最普遍采用的法律体系。[4]民法又称为法典法(code law)，主要是根据一系列详尽描述的规则来处理法律问题。民法体系的一个重要目的就是要最大限度地为什么是正确、什么是错误的判断设计出一套完整的规范。在西方文化背景下，民法形成于罗马时代。对民法的发展产生较大影响的事件包括《拿破仑法典》的制定，以及在过去一个世纪中它在法属殖民地的传播，还有《德国民法典》对其殖民地的影响。除了法国和德国，捷克共和国、希腊、印度尼西亚、日本、土耳其和很多南美及非洲国家也采用了民法体系。因为有现成的法律规范，所以，民法在不同国家的诉讼过程有很强的一致性，与普通法体系相比，这一点比较明显。

**表2.1 国际法律体系**

| 法律体系类型 | 体系特点 |
|---|---|
| 民法 | • 法律成文化<br>• 依照抽象原则<br>• 因为有详细法律文件比照，可以预测 |
| 普通法 | • 依照先例<br>• 强调程序<br>• 灵活性强 |
| 伊斯兰法 | • 按照宗教/信仰制定法律文件<br>• 法律成文化并可以预测<br>• 可以用来解决日常生活问题 |
| 共产党/社会主义法 | • 以意识形态为基础<br>• 以官员体系为基础<br>• 私有权最小化 |
| 撒哈拉以南非洲法 | • 以社区为导向<br>• 按照习俗<br>• 以群体决定结果 |
| 亚洲法 | • 强调社会次序/和谐<br>• 鲜用法律机制<br>• 官僚化 |

资料来源：改编自 Richards, F. L. (1994). *Law for global business.* Boston, MA: Irwin.

> **普通法(common law)**
> 依赖以往案例或前例的平衡来解决法律纠纷。

**普通法**。普通法在大约 30 个国家应用，包括英国及其大多数前殖民地、美国、加拿大、澳大利亚和爱尔兰。[5]

对于法律争端，普通法通过参考以前的判例来解决，而不依赖现有的法律条例。由于关注当前案件与以前案件的类似点而不是运用一般的法理/法规，普通法更加强调的是法律程序问题。实际上，在普通法系中，法官的作用相对被动，通常像中立的裁判员一样发挥作用。原告和被告的律师被要求提供证据，然后推动争议的解决。而民法系则要求法官深入参与到诉讼程序中，包括决定应该向法院提供哪种证据。不熟悉普通法系的人会觉得其法律规则经常相互矛盾，年年变化，甚至相同案件的解决方法也有很大的差别。在一定程度上，这是对的，因为普通法依照的是以前案件的判决方法。就是说，以前的法律规范、法庭解释和法律修改等使得普通法出现了不连贯的结果，与民法相比尤其明显。

有人认为，普通法对诉讼人主动角色的强调会导致大量律师和诉讼的产生。[6]表 2.2 显示的部分数据支持了这种观点。表的左边表示不同国家的律师比例，这些国家有的采用普通法系，有的采用民法系。总体而言，民法系国家（如韩国、日本和法国）的律师相对普通法系国家（如美国、加拿大、巴基斯坦）数量少。实际上，仅美国一个国家的律师数量就占全球律师总量的 40% 左右，而日本只占极小的一部分。表 2.2 也提供了这方面的数据，这些数据说明了不同国家民事侵权成本占本国 GDP 的百分比。这方面的数据粗略地总结了这些国家里与法律案件相关的成本（诉讼费、补偿、赔偿金），包括产品（如汽车、香烟）和服务（如玩忽职守）及其他民事行为。值得注意的是，民事侵权成本并非完全来源于法律体系。例如，美国法律体系在过去 30 年里基本没有变化，但其民事侵权成本却大幅度增加了。实际情况是，1970—2005 年，美国的民事侵权成本（相对于 GDP）增加了 3 倍。[7]

此外，管理者还必须意识到在类似的法律体系中的重要差别。例如，美国和英国都采用普通法，但是，这两个国家的做法却又大相径庭，如在美国的求证过程（discovery process）全面而且公开。被告的辩护律师非常了解原告一定会传唤证人到场，而且会在法庭上作证，这些证人提供的证据都是真实的。然而，英国并不存在全面的求证过程。一般情况下，只需交给被告一个潜在的证人名单以及对为什么传唤这些证人的一个简单陈述。同样的道理，在美国律师收取风险代理费（contingency fees，即打赢官司才收费，一般律师要收取案件整体费用的 30% ~40%）被视为理所当然，英国却把它当成不道德的行为，因为英国人是按小时向律师支付费用的。实际上，在英国一般是由败诉方支付诉讼费，并为胜诉方支付律师费。[8]

表 2.2 不同国家之间律师数量和民事侵权成本比较

| 国　　家 | 10 万人中的律师数量 | 国　　家 | 民事侵权成本（按占 GDP 的百分比计算） |
|---|---|---|---|
| 巴基斯坦 | 508.4 | 美国 | 2.2 |
| 新加坡 | 396.0 | 意大利 | 1.7 |
| 美国 | 312.0 | 德国 | 1.1 |
| 比利时 | 214.0 | 西班牙 | 1.0 |
| 德国 | 190.1 | 比利时 | 1.0 |
| 加拿大 | 168.5 | 日本 | 0.8 |
| 澳大利亚 | 145.7 | 瑞士 | 0.8 |
| 英国 | 133.8 | 英国 | 0.7 |
| 日本 | 101.6 | 法国 | 0.7 |
| 意大利 | 81.2 | 丹麦 | 0.6 |
| 巴西 | 69.1 | 波兰 | 0.6 |
| 法国 | 49.1 | | |
| 印度 | 34.4 | | |
| 韩国 | 7.7 | | |
| 中国 | 4.2 | | |

资料来源：——.（1994）. *The Economist*, March 5, 36 ——.（1992）. *The Economist.* July 18, 13. Reprinted by permission. Tillinghast-Towers Perrin.（2006）. US tort cost and cross-border perspectives.

**伊斯兰法**。伊斯兰法以伊斯兰教的圣书《古兰经》的宗教教义为根据。**伊斯兰法**也叫 Sharia（或者叫“真主之法”），基本上是一种道德规范。《古兰经》并不是严格意义上的法律文件，它包括了某些与商务相关的契约，例如对维系荣誉的告诫、在交易中对人的忠诚性的观察等。伊斯兰法认为真主的法律是由先知穆罕默德带来的。部分学者宣称，10 世纪末的宗教学者已经认定，神圣的法律已经全部翻译并且解释完善，已经没有必要进行更多的注释（ijtihad）。[11]

> **伊斯兰法(Islamic law)**
> 依照《古兰经》的宗教教义制定的法律,也称 Sharia(真主之法)。

如同其他法律体系一样，尽管有大约 30 个国家推崇伊斯兰法，但由于这些法规都是几个世纪以前制定的，而且至今没有大幅度的变化，所以这对跨国公司来说会是一个问题。以大多数西方国家关于投资赢利的基本原则为例，伊斯兰法要求严格遵守 riba 原则，这个原则严禁收取贷款利息，以表示对穷人的尊重。而且，很多伊斯兰法院一直遵循这些原则。例如，巴基斯坦的一个联邦法院就规定投资利息收入是非法的，不符合伊斯兰教义。后来，国家最高法院认可了这样的法规，并对与伊斯兰法相违背的金融和银行问题制定了 20 多个法

国际观察

## 法庭问题：美国律师和日本诉讼

在日本经营的外国律师事务所必须严格遵守一系列的规则，这些规则与他们的母国是不一样的。例如，外国律师事务所必须首先列举出他们在日本的常驻合伙人名单，并在后面加上一句话，说明他们是“外国商业律师”，然后，才标明他们自己的商标和徽章。所以，美国著名的高特兄弟律师事务所（Coudert Brothers）在日本东京的办公室叫做“斯蒂芬外国法事务律师高特兄弟律师事务所”（Stevens gaikokuho-jimu-bengoshi Coudert Brothers），这点无论是在公司大门、名片、文具，甚至在美国商会的企业目录上，都必须这样表达。Milbank，Tweed，Hadley & McCloy（总是冗长拗口）公司也摇身变成了“Dickson，Green，Benson，gaikokuho -jimu -bengoshi，Tweed，Hadley & McCloy”。

外国律师（或者叫gai-ben）认为，相对于其他限制而言，这些用名规定不过是小菜一碟。例如，日本不允许外国律师给日本法律提建议，也不允许雇佣有权力提建议的日本律师。实际上，日本不允许外国人与本国的律师事务所联合，以绕过这些限制。最关键的可能是外国律师不能参与到仲裁过程中。因为，在日本仲裁比诉讼普遍，所以这并不是小问题。这点，一部分原因来自日本人回避冲突的性格，也由于日本法律流程太慢的缘故。案件从起诉到终审有时要花费10年甚至更长的时间。

日本法律界反对国家开放法律市场，并支持目前的限制政策。尽管在日本注册的外国律师事务所没有超过55家（大部分为美国人开办），与日本12400家注册律师事务所相比少的可怜，但是，日本人还是非常惧怕来自外国人的竞争。尽管惧怕市场开放，“日本人担忧的外国律师的进入并没有成为现实”，高特兄弟律师事务所的外国律师查尔斯·斯蒂芬这样说道。来到日本工作的人希望在工作中享受更大的自由。他们说，这非常重要，因为日本本土律师有时候不能很好地代表外国客户说话，这些律师更注重的是维护社会和谐以及跟日本同行现有的商务关系。例如，有人向一家很大的日本经纪行透露了一家公司破产的消息，得益于这个消息，这家经纪行抢先获得了本来应当由一家外国银行集团索赔的资产。然而，代表外国银行集团的日本律师没有把这一情况告诉银行负责人，原因是害怕引起日本经纪行的不满。

尽管日本法律体系存在诸多问题，但是也有一个好处，就是那些外国律师——尤其是强迫性的美国律师——在实际中比较少见。因为，美国律师的很多行为在日本人看来可能令人讨厌。比如，对于发生于印度联合碳化工厂的一个大事故，在事故发生24小时内，美国律师已经出现在当事人那里，4天之内，他们就已经回到国内并提起了很多的诉讼。对类似问题的处理日本人可谓大相径庭。以在日本不久前发生的JAL空难为例，航空公司的总裁Yasumoto Takagi在遇难者家属面前鞠躬并向他们做“发自内心深处”的道歉。他同时宣称，待调查一结束就立即辞职。接下来，家属都得到抚恤赔偿，与航空公司的谈判也得以解决。同样的例子如另外一架飞机掉入东京湾后，航空公司总裁也拜访了遇难者家属，并来到葬礼现场给遇难者下跪。随后，航空公司立即给每个遇难者家属支付2000美元的抚恤金，最后的赔偿总额高达45万美元。整个事件只涉及一项诉讼。让我们把日本的处理方式与美国Delta航空公司在达拉斯发生的空难相比。悲剧刚刚发生，就有很多律师争先恐后地在Marriot机场摆摊营业。用著名的律师Melvin Belli的话说就是："我不是跟在救护车的屁股后面，我必须在救护车来到前赶到现场。"他的一个助手也说："我们总是第一个提起诉讼的人。"Belli对媒体说，他们总试图"找出真相，我们会随时出现。"3天以内，他们就第一个提出了针对Delta公司的起诉。

如欧洲的许多法律体系一样，日本的法律体系对类似事件的反应也没有那么快。其中的一个理由是他们的律师相对较少，因此，事件发生时都由于太忙而无法出现在现场。每一年日本到法庭打官司的律师仅仅为500名左右，而现在的人均法官数甚至比1890年的还少。此外，风险代理费（胜诉方律师拿官司总额的1/3）在日本并不普遍；而欧洲的某些国家甚至把这当成非法甚至是非道德收入。此外，欧洲法律体系还要求败诉方为胜诉方支付诉讼费用——有效地制止了美国常见的随意提起诉讼的行为。最后，法律体系本身可能不允许某些内容的诉讼，如产品可靠性。日本从来就没有产生过任何一起为维护公众利益而直接提出的关于产品缺陷方面的诉讼。结果是，从1945—1991年，在日本类似的官司仅为100件左右。[9]不过，随着法律市场的进一步开放，结果怎样谁也说不准。目前，情况基本没有太大的变化。[10]

规。[12]为响应法院的规定，政府部门组织了一个代表团，建议把"不支付利息的银行系统"写进宪法。结果可想而知，有几家银行机构对这个建议提出了反对意见。财政大臣 Sardar Asif Ahmed Ali 先生认为，这样的规定将会给外国投资带来负面影响，一些国际机构如世界银行等对巴基斯坦的待遇也会大打折扣。[13]

为了解决这些惯例给国际商务带来的问题，穆斯林企业设计出了一些独特的方法。比如伊朗的银行就通过收取预付款的方式替代利息支付或者根据伊斯兰法制定租赁合约。某些美国银行也创新了融资安排手段，以回避《古兰经》中不许支付或收取利息的规定。例如，美国加州圣何塞市（San Jose）的牙医 Ala-ud-Din 博士要在这里买一幢房子，由于价格昂贵，他遇到了麻烦。不过，幸运的是有一家小规模穆斯林融资公司买下了房子并将它租赁给 Din 博士，15 年后他可以成为房主。[14]某些国家的银行既急切地希望自己成为受人尊敬的"真主之法"的代言人，又想经商赚钱，它们就通过同样的方法来维护法律的精神。在很多时候，他们是按照租赁（ijara）的方法来实行的——首先帮一家企业购买一项资产，然后再将它租赁给这家企业。胆子大一些的银行也会通过折价方式发行无息债券。[15]有些美国共同基金甚至也按照伊斯兰法行事。有人建议在伊斯兰国家经营的公司要特别注意某些特殊问题，这些问题的覆盖面很广，从雇用惯例、商务娱乐活动（尤其是与酒相关的活动）到投资政策都要小心。花旗银行、J. P. 摩根银行和德意志银行等在伊斯兰国家开展业务的西方银行由于对这一点深有体会，所以它们获益匪浅。[16]

**其他法律体系**。世界上还有其他一些法律体系，包括社会主义/共产主义的法律、官僚法以及撒哈拉以南非洲地区法，等等。比如，中国的法律就是由几个复杂的体系构成的。[17]与中国文化的许多方面一样，中国的法律体系也很难为西方人所理解。以交通法为例。许多外国公司不允许他们的外派员工在中国开车，他们宁愿给职务很低的雇员配备车辆和司机。2004 年年末，胡锦涛在共产党全国代表大会上提出了一个影响深远的规划，要改造中国的法律以应对飞速发展的中国经济面临的问题。有人认为，这是自从邓小平提出“社会主义市场经济”理论以来中国最大的一次经济变革。很多中国人相信，这次改革将会给中国带来很多内部利益，如更大程度地防止官僚腐败行为。比如，中国政法大学的李曙光教授指出：“中国按照市场经济模式运行了 20 多年，但一直没有一部破产法或反垄断法来确保公平竞争。”[19]随着中国加入 WTO 组织，这种改革的外部压力也产生了。2008 年，中国开始实施《反垄断法》。

除了中国以外，越来越多的人感觉到在过去的几十年里，世界各国的法律体系越来越相似。事实是否如此尚待观察。但是，现在的情形是，我们的确注意到这些法律观点在不同程度上抑制了跨国歧视行为。[20]例如，美国《1964 年民权法案》（*Civil Rights Act of* 1964）（包括 1990/1991 年修正案）就严格禁止美国企业歧视国内或海外员工。在美国，外国公司也必须遵守这部《民权法案》。比利时禁止性别歧视。在美国，年龄歧视是非法的，而法国却是允许的。有意思的是，希腊在很大范围内禁止歧视行为（如性别、种族和宗教信仰歧视），却没有任何法律禁止年龄和国籍歧视。巴基斯坦也采取多种法律保护形式，但雇主在聘用员工时却可以合法地进行性别歧视。最后，一些国家（如委内瑞拉）并没有制定反歧视的法律。因此，跨国公司必须关注所在国家的法律体系特点。[21]企业界的一种做法是联合起来，比如英国的 Freshfield 事务所和德国 Bruckhaus Westrick Heller Loeber 合并成立了一家拥有将近2 000名律师的律师事务所。[22]除此之外，随着经济和金融市场超越了国界，各个国家正在被迫将各种管制规章融合在一起。[23]例如，如果一个沙特经纪人在纳斯达克购买一家英国公司的股票，则有必要协调某些差异。有趣的是，在很多情况下，有一种采用普通法的规则和标准（如在美国和英国采用的体系）的趋势，但这一趋势远远没有成为普遍的做法，在一些使用不同方法的国家中存在着阻力。

但是，魔鬼总是在细节中而非存在于体系或者标签里。表 2. 3 说明了我们的观点。该表显示了 1 万多名企业管理者对 59 个不同国家司法公正的看法。在排名中，大部分发展中经济体或新兴经济体排在最后（表中只列出了前十名和最后十名）。美国排名第16位（分数为7.73，评分较高，属于较公正的范围），中国排名28（分数为5.15），都没有在本表列出。所有这些表明，跨国公司必须注意规则的另一个来源，那就是国际法。

**表2.3 不同国家司法公正排名：前十名和最后十名**

| | | | | | |
|---|---|---|---|---|---|
| 1 | 丹麦 | 9.14 | 40 | 墨西哥 | 3.09 |
| 2 | 芬兰 | 8.91 | 41 | 斯洛伐克共和国 | 2.96 |
| 3 | 加拿大 | 8.56 | 42 | 菲律宾 | 2.89 |
| 4 | 挪威 | 8.56 | 43 | 葡萄牙 | 2.83 |
| 5 | 奥地利 | 8.54 | 44 | 波兰 | 2.57 |
| 6 | 冰岛 | 8.51 | 45 | 哥伦比亚 | 2.51 |
| 7 | 新加坡 | 8.50 | 46 | 俄罗斯 | 2.42 |
| 8 | 瑞典 | 8.36 | 47 | 印度尼西亚 | 1.74 |
| 9 | 新西兰 | 8.32 | 48 | 委内瑞拉 | 1.68 |
| 10 | 瑞士 | 8.32 | 49 | 阿根廷 | 0.83 |

资料来源：改编自 The World Competitiveness Yearbook, 2002, Lausanne, Switzerland: IMD.

## 国际法

尽管没有哪一种法律体系能够适用于世界各地，但是，一些可以通用的规则和指导方针是存在的。此外，多年来各国之间也达成了很多重要的协定。这些协定已经促成了一系列组织的设立，这些组织旨在促进国际商务法律的制定。

**关税贸易总协定**（GATT）/**世界贸易组织**（WTO）。关税贸易总协定就是上述协定中的一种，它在国际层面上影响着商务运作。1948年，53个关注保护主义和高关税对世界经济与政治稳定性的影响的国家召开了一次大会，在会上达成了关税与贸易总协定。关税与贸易总协定的目标是在所有的成员国中采用公平、相似的贸易和关税政策。成员国可以享受最惠国待遇所带来的利益（一系列优惠关税率）。目前，WTO（成立于1995年，取代了关税贸易总协定）的成员国已经达到159个，很多非成员国也可以享受特殊的贸易政策，同时，也有很多国家在争取加入WTO。成为WTO成员国是一个漫长且争论不休的过程。例如，中国1996年加入WTO的申请就是因为美国与欧盟之间关于保险的争斗而被推迟的。让问题复杂的一个因素是美国最大的保险公司AIG是否应该以欧盟竞争对手的利益为代价继续获得中国的优惠待遇。[24]

一旦成为成员国，一个国家就必须按照 WTO 的指导方针制定自己的关税和其他商业法律，否则，这个国家将会面临 WTO 的谴责和制裁（最惠国待遇不会自动扩展到还没有完全成为 WTO 成员国的国家）。例如，在 2001 年加入 WTO 后，WTO 要求中国降低多种贸易壁垒，中国必须把进口关税从 21%降低到 8%。同样，如果计划从美国进口商品，现在的进口商们必须研究"美国协调关税表"（Harmonized Tariff Schedule of the U. S.）。每隔几年，在预定的谈判期间（或者叫"回合"），WTO 协议就要重新修订一次。显然，这个多国谈判过程将取代大部分双边贸易协议，尽管后者仍然存在。虽然带来了一些积极的成果，但 WTO 仍然受到人们的批评。批评之一是这个组织的行动过于迟缓——也许由于所有的谈判过程必须知会 140 多个成员国，而且每隔几年才谈判一次。[25]此外，WTO 协议中尚存在部分特殊条款，允许成员国在某些商品上收取不同的关税（如美国过去在纺织品、钢铁和机动车等产品上的做法）。除了其恃强凌弱的名声外，WTO 还被《华尔街日报》批评为"优柔寡断，威力不足"。[26]而且，目前存在着这样一种趋势，一些国家抛开 WTO 规则，按照自己的方式处理问题，特别是国际局势因伊拉克战争变得更加紧张的情况下，这种趋势尤为明显。[27]

其他许多协定也为国际商务提供了法律规范，如欧盟、北美自由贸易区等。同样，联合国及其相关组织（如国际劳工组织、世界银行、国际货币基金组织）也为国际商务实践提供法律和规则。比如，世界银行成立于 1944 年，其主要目的是为了恢复受战争重创的欧洲。世界银行有 181 个成员国，却受美国控制。[28]世行的贷款将近 1200 亿美元，重点放在亚洲、非洲、东欧和拉丁美洲。世界银行的贷款项目由借款国政府经营，世界银行自己不参与，但它会通过一系列复杂的要求和规则对贷款项目进行管理。

**国际争端的解决**。当然，仅仅通过协定来监管贸易并不意味着国家之间就不会发生冲突。国家之间存在着大量的贸易和法律争端。对跨国争端的处理非常复杂，部分原因是国际法和国内法对贸易冲突的处理方法不一致。比如，美国就因限制美国公司和其他国家企业向与美国存在冲突的国家（如古巴或伊拉克等）出口而受到其他国家的批评。这些国家称美国的做法违反了 WTO 规定，而美国官员却认为，是美国国内的法律和约束强迫他们这样做的。在这种情况下，一个重要的问题是：应该在何处解决争端？哪个法庭或国家拥有或者应该拥有处理这些问题的司法权？

**司法权来源**。与此有关的一个最重要的事例发生在 1984 年。当年印度博帕尔（Bhopal）发生了人类有史以来最骇人听闻的工业事故之一。联合碳化物（印度）有限公司（UCIL）在印度博帕尔的化工厂由于操作的疏忽而发生了灾难性的毒气泄漏事件。风把致命毒气吹往人口密集的城市，死亡率急速上升。死亡人数超过2100人，近20万人受伤，其中部分人身体受到伤害。一个值得注意的重要问题是，联合碳化物公司是根据印度法律成立的，并在孟买证券交易所上市。公司的大部分股票（50.9%）为美国的联合碳化物公司（UCC）所持有，22%股票为印度政府持有，其余的27%为印度私人投资者持有。

事故一发生，美国律师马上赶往印度并跟印度人签订了很多协议（所有受事故影响的人，包括工厂雇员，全部是印度人）。事故发生后的4天内，美国的地方法院就提交了第一批100多件法律诉讼。为了证明美国的这些诉讼是正当的，他们论证了联合碳化物（印度）有限公司是由美国联合碳化物公司（UCC）所控制。美国联合碳化物公司的反诉是，它们对这家工厂或其他7家联合碳化物（印度）公司的印度工厂都失去了经营控制权。它们与这些公司的人事和运营关系早在事故发生的一年以前就终止了。因此，它们申诉道，这些案件应该在印度法庭受理。事故所有的当事人（UCC、美国律师、受害者家属）都明白，美国法院判决的赔偿肯定比在印度高得多。此外，如果在美国法院提起诉讼，美国律师还可以获得赔偿金总额的1/3作为律师费。1987年，美国联邦巡回上诉法院裁决，应该在印度法庭处理这个案件，要求UCC必须向拥有管辖权的印度法庭提交反诉状，并且，接受印度法院对案件作出的所有判决。最后，美国UCC公司跟印度最高法院达成协议，向受害者赔偿4.8亿美元。与美国的标准比较，这个金额非常低。

最近发生的一个事件也对国际法提出了挑战，这是一个与互联网和数码产品有关的事件。与在其他商业领域一样，各个国家都不愿意放弃对互联网王国的主权。这一事件是由位于莫斯科的Elcomsoft公司的一个程序员引发的。2001年，Dmitry Sklyarov在美国拉斯维加斯被捕，罪名是修改了Adobe公司电子书籍的一项保护程序。然而，他的程序在俄罗斯却是合法的。实际上，他开发的程序已经在俄罗斯销售了。最后，美国的一家地区法院宣判Sklyarov先生和Elcomsoft公司无罪，这令Adobe和其他公司十分恼怒。另一个具有深远意义的案例发生在澳大利亚。2003年初，一家澳大利亚法院判决，澳大利亚商人Joseph Gutnick有权起诉美国的道琼斯公司（《华尔街日报》网络版的所有者）。Gutnick先生申诉道，一篇在美国发表并通过互联网传播的文章损害了他的声誉。如果没有别的法院介入，《华尔街日报》网络版将不得不在这一遥远的审判中为自己辩护。因为这个案件提出了一些复杂且困难的问题，所以很多公司都密切关注这一案件的进展。例如，如果一个英国人起诉美国出版商诽谤，而美国公司必须通过英国的法律来为自己辩护，会出现什么情况？在美国，与诽谤相关的法律要求原告举证，而英国法院却把这一责任放在被告身上。另外，摄制带有裸露镜头电影的美国公司将会面临怎样的后果？这些公司应该受到禁止此类镜头的国家起诉吗？在某些公司还在观察这些案件的进展时，有一些公司已经采取了行动。比如，为了防止诽谤、产品可靠性和其他法律诉讼的产生，数据库软件开发商 Intuit 公司采取主动措施，从法国等国家撤回了自己的产品。[29]

这些案例提出了这样的问题：外国公司是否应该为自己在国外市场的产品和联盟负责，同时也表明，在互联网和其他条件下，很难决定应该采用哪个国家的法院和法律。这些困惑经常是由于围绕法律的政治问题所带来的。下面我们将讨论这些政治问题。

## 2.2　国际管理中的政治问题和风险

我们已经提到，理解一个国家现行的法律体系和方法十分重要。但是，法律体系也会对国家当前的政治状况产生影响，同时也受政治状况的影响，这一点反过来可以影响跨国公司经营其企业的能力。很多跨国公司非常擅长于评估本国的政治环境，但对于判断其他国家的状况却缺乏经验，而这种判断能力对一个公司而言是很重要的。很明显的问题是，在一个政治波动的国家里，跨国公司很难顺利经营，更不用说发生革命或爆发战争了。而不太明显的问题是，国际管理者还要注意一些不太显著的风险来源。在本章的这一部分，我们将首先给出政治风险的定义，并举例说明企业面临的不同类型的风险，分析跨国公司用于评估某一子公司风险的指标，然后讨论管理或降低风险的方法。

### 什么是政治风险？

> **政治风险**（political risk）
> 指某一个国家里，对企业的长期或/和短期生存能力产生潜在影响的群体或政府行为的范畴。

**政治风险**是指对企业的长期或/和短期生存能力产生潜在影响的群体或政府行为。这个定义包括了很多因素——大到国家爆发革命使得企业资产被没收，小到税率的变更。我们将要讨论的主要是比较大的问题（如不允许向某个国家出口的法律）。我们没有在前面讨论这些问题，而放在这里讨论，是因为尽管这些问题可能是由法律方面的原因造成的，但是它们的存在本身就代表了跨国公司面临的一种政治风险。

决定政治风险的很多因素难以预测，对于国际政治领域的专家也是如此。比如，很多专家认为 1990 年伊拉克不会入侵科威特，所以他们根本没有考虑这些因素对在科威特从事商务活动的负面影响。尽管中东被认为是一个充满风险的地区，但是世界上大多数国家和地区同样存在各种各样的风险。例如，欧盟国家竭力限制进口日本汽车，而美国则对外资进入银行和航空领域严加控制——这些限制显然源于国内政治原因。

预测政治问题连专家们都感到头痛，对于那些商界领袖而言，要对跨国经营面临的政治风险作出判断也许就更难了。由于政治风险会带来致命的后果，所以管理者至少要做如下两件事：（1）在进入一个市场以前要研究政治风险；（2）监控可能对正在进行的商务活动造成影响的政治风险。例如，有些公司定期对政治环境的变化进行研究，努力判断它们对自己企业商务运作的影响。

## 政治风险的类型

国际经营中涉及的政治风险的本质是什么？有人认为其中的因素太多而无法说明，这话也许是对的。尽管如此，还是有人努力将这些风险进行分类，以便让企业能够应对这些风险。一种分类方法将威胁或风险分为三个主要类别，包括来自以下三个方面的风险：（1）政治/经济环境；（2）当前国内的经济状况；（3）外部经济关系。[30]

表2.4举例说明了这三个主要类别，我们将分别讨论。在进行讨论前，我们给不同的风险变量进行了赋值。将在一个国家经商面临的各类威胁进行量化有两个目的。第一，把每个国家的得分相加，我们可以获得一种相对精确的对比在不同国家经商风险的方法。第二，通过对具体风险类型进行量化，公司可以针对具体的风险制定方案并采取行动。例如，如果一个富有投资吸引力的国家制定了严格的货币汇出限制政策，这个风险分类系统就可以帮助公司在进入市场时集中精力应对这种威胁。也许公司可以跟政府达成协议，让政府把这种规定限制在一个合理的时间范围内。下面，我们将对公司可能面临的三大风险类型进行详细讨论。

**政治/经济环境风险**。首先，存在很多导致风险增加的政治/经济因素。例如，一个国家的政府和政治体制的稳定性是不确定性的重要来源。近年来，政治体制的急剧变化屡见不鲜，这些变化给在这些国家经营的跨国公司带来了严重的负面影响。

> **国有化(nationalization)**
> 国有化是在政府强制把私有产权转化为国家控制的情况下产生的。

也许在某些情况下给企业带来最严重风险的是**国有化**。当政府强制性地将所有权由私人转化为国家控制时，就会出现这种情况。国有化的高峰期出现在20世纪60—70年代之间，在这一期间，大约70个国家的1500多家企业被国有化了。资本密集型和依赖本土资源的产业如原油生产、采矿业、钢铁产业最容易成为国有化的对象。政府接管某个产业的理由多种多样。一个理由是，新政府非常希望表现出自己的强硬，强硬到敢于与强国和企业对抗。政府也可能出于国防

**表 2.4　跨国政治风险分级方法**

| 风险类别 | 例　　子 | 最小值 | 最大值 |
|---|---|---|---|
| 政治/经济环境 | 1. 政治体系的稳定性 | 3 | 14 |
| | 2. 内部冲突的概率 | 0 | 14 |
| | 3. 稳定性的外部威胁 | 0 | 12 |
| | 4. 经济控制程度 | 5 | 9 |
| | 5. 贸易伙伴的可靠性 | 4 | 12 |
| | 6. 宪法保障条款 | 2 | 12 |
| | 7. 公共管理效率 | 3 | 12 |
| | 8. 劳资关系质量/社会安定 | 3 | 15 |
| 国内经济条件 | 9. 人口规模 | 4 | 8 |
| | 10. 与国外人均收入的比较 | 2 | 10 |
| | 11. 过去五年的经济增长 | 2 | 7 |
| | 12. 未来三年经济增长潜力 | 3 | 10 |
| | 13. 过去两年的通胀率 | 2 | 10 |
| | 14. 资本市场对外国人的开放程度 | 3 | 7 |
| | 15. 高质量劳动力的可获得性 | 2 | 8 |
| | 16. 雇用外国人的能力 | 2 | 8 |
| | 17. 能源的可获得性 | 2 | 14 |
| | 18. 对环境/污染的规定 | 4 | 8 |
| | 19. 基础设施发展程度 | 2 | 14 |
| 外部经济关系 | 20. 进口限制 | 2 | 10 |
| | 21. 出口限制 | 2 | 10 |
| | 22. 外国投资限制 | 3 | 9 |
| | 23. 建立合作伙伴的能力 | 3 | 9 |
| | 24. 对品牌、商标的保护 | 3 | 9 |
| | 25. 对外汇转移的限制 | 2 | 8 |
| | 26. 过去五年的币值调整 | 2 | 7 |
| | 27. 国际收支状况 | 2 | 9 |
| | 28. 石油/能源进口量 | 3 | 14 |
| | 29. 国际金融地位 | 3 | 8 |
| | 30. 汇率限制 | 2 | 8 |

资料来源：改编自 Dichtl, E., & Koeglmayr, H. G. (1986). Country Risk Ratings. *Management International Review*, 26, 4-11.

原因或考虑某一产业在全球中的地位而对一家公司或一个产业实施国有化。原油产业就是出于这种原因而实行国有化的绝佳例子。在过去的几十年里，尤其在20世纪70年代，石油运作已经被国有化，大部分石油生产设施现在归本国所有了。[31]

如果政府对某一产业或公司实施国有化，然后对受到影响的跨国公司进行补偿，这种行为被称为**征用**。很多国家（包括美国）承认一个国家可以通过**主权豁免**原则征用资产。这个原则的基本内容为，任何国家都无权来裁决或干涉另一个国家的内部事务，只要后者已经通过公正的程序采取行动。[32]尽管公正行为这个概念很复杂而且对它的解释莫衷一是，但是，有一点是非常明显的，那就是要征用任何财产或资产必须满足三个条件：

> **征用**(expropriation)
> 在对某一公司资产国有化后，政府进行补偿。

> **主权豁免**(Sovereign Immunity)
> 一种原则，认为没有任何一个国家拥有权利来判断或挑战另一个国家的内部事务，如果后者已经通过公正的程序采取行动。

1. 征用必须出于公共目的
2. 不能通过歧视行为征用——外国人的待遇跟本国投资者的待遇一样
3. 投资者的权益必须得到尽快、充足、有效的赔偿

法院持有的典型观点是，如果一个主权政府对本国和外国企业采取的行动是一致的，那么，有时候完全的补偿甚至没有必要。[33]20世纪70年代中东和北非许多国家对原油产业的集体国有化就是一个典型的征用例子，政府对被征用的外国和本土企业都进行了补偿。征用资产对一个国家的长期发展也许会带来负面影响（例如未来外国人的投资可能会变得犹豫不决），但是，征用通常会通过双方都同意的协议进行。

当对外国公司实施国有化而只提供少量补偿或不提供补偿时，这种行为被称为**没收**。在这种情况下，法院持有的典型观点是资产所有者有权获得全部补偿。无论法院的判决如何有利，没收总会给跨国公司造成伤害，而且近来有很多这类例子。例如，第二次世界大战后的几年里，一些国家的政府就大量没收私有资产，而且给予外国投资者很少的补偿甚至不给任何补偿。1959年，古巴也出现了同样的情况。最近的例子发生在智利、秘鲁和津巴布韦等国家。

> **没收**(confiscation)
> 对外国公司执行国有化，但是却不给予补偿或者很少补偿的行为。

尽管20世纪90年代到21世纪初征用和没收比较罕见，但是跨国公司绝不应该忽视这些事件的风险，因为这些行为一旦发生，后果将十分严重。如表2.4中所示，很多政治/经济事件都有可能产生。近来，随着遍布世界各地的民族化风潮的盛行，内战对跨国公司经营的威胁超过了历史上的任何时期。最近的例子

国际观察

## 危险地带：在国外经商的危险

如果到国外经商，你最好将自己的劳力士手表和Armani品牌服装放在家里！同时，最好租用一辆中型的福特汽车而不是奔驰车。为什么？因为经济全球化带来的众多机会中，也包含着相当多的风险。对于腰包鼓鼓的全球化公司雇员来说，绑架或暴力威胁变成最大的可能。

实际上，在国外经商的美国商人中，每年大概要经受近100次的暴力攻击。政府的统计结果表明，对商人的攻击比对美国在世界各地的使馆人员或军事人员（伊拉克除外）的攻击更频繁。据《商业周刊》报道，20世纪90年代绑架、掠夺和其他犯罪事件急速上升。随着阿富汗塔利班政府的倒台和第二次海湾战争的结束，人们只能预期这种速度的上升和其他犯罪类型的增加。除了政治原因以外，针对美国人犯罪率上升的其他原因很简单而且传统：美国人是容易攻击的目标。[34] 只是在不久以前，美国才开始为自己进行海外旅行的跨国公司经理人员提供系统的保安措施。同时，如果一个公司要裁员，第一件要做的事就是解雇保安人员。

即使不是经理人员，你也不得不为自己的安全考虑。众所周知，高级经理人在来到某一个国家之前，一般已经成为恐怖分子的攻击目标。越来越多的中级经理人员也在不断感受到犯罪分子的威胁，这是不为保安服务所保护的群体。如何才能使这类人员安全旅行和经商？一种方法就是按照Chuck Vance的建议行事。Chuck Vance原来担任保安特工工作，曾经为三位总统工作，当前的雇主超过1500家公司、遍及50多个国家（www.vancesecurity.com）。Vance的最好建议之一就是“学会融化到背景中”。看起来异样而且富有的人最容易变成目标。因此，不要佩戴昂贵的手表或其他珠宝，乘商务舱旅行而不要选择公司喷气式商务机。犯罪分子在观察机场时，往往把这点当作最好的目标标志。选择点对点航线，减少中转，因为起飞和降落是最危险的时间段。租用在你访问的国家里最普通的车辆，不要选择豪华轿车。如果你是Vance的著名客户之一而且愿意付钱，如亨利·基辛格、史瓦兹科普夫将军或者萨曼·拉什迪（Salman Rushdie），那么他可以事先保证没有任何问题。Vance国际安全服务特工将会在你出访之前先行到达那个国家，检查你降落的机场、你行走的线路和下榻的宾馆。如果你认为价格昂贵，Vance则建议你可以自己动手完成这些工作。你可以联系下面的机构或其中任何一家：（1）访问国的美国大使馆中的地区安全官员；（2）向国务院海外安全咨询委员会咨询注意事项（http://travel.state.gov/index.html或者联系202-663-0533）；（3）美国商务部提供的具体国家的建议（http://home.doc.gov/；800-USA-TRAD）。

Vance的最后一项建议是：“像恐怖分子那样思维。如果我想打自己的脑袋，应该从哪里入手？什么时候出手？”这意味着降落后，你应该保持警觉并改变你的日程线路。不要每一天晚上8点准时出现在同一家咖啡店，也不要每天早上7点准时出去散步。出其不意地与其他员工交换车辆，有时不妨也坐坐出租车。不要透露个人信息，如旅馆、移动电话，要给就给你的办公地址和联系方式。当然，并非所有的海外旅行都是危险的，但是，你已经把自己放到了危险的路上。在Vance的风险国家名单上，包括哥伦比亚、肯尼亚、尼日利亚、秘鲁、菲律宾、俄罗斯、南非还有中国。历史证明，无论国际商务运作到哪里，盗匪总是闻风而动。[35]

发生在前南斯拉夫联盟，而在未来的岁月中，导致同样结果的大量冲突依然存在着。显然，内战会导致生产和生产率的下降，更重要的是会伤害员工甚至造成员工的死亡。

同样，恐怖活动和其他形式的暴力活动也给包括美国在内的许多国家带来了很多困难和问题。[36]跨国公司面临的一个特定风险是绑架。新闻中充斥着这类犯罪的消息，其中包括几起外国高级管理人员在伊拉克、哥伦比亚、墨西哥等国家遭绑架的事件。拉美国家是绑架事件发生最频繁的地区，而哥伦比亚每年发生近3 000次绑架事件，被视为一种新兴的买卖。[37]据估计，在哥伦比亚经商的管理者在安全和协调方面要花费自己1/3的时间和上百万美元。[38]想进一步了解这个主题及公司应该采取哪些应对措施，请参阅本章的"国际观察"。

表2.4还展示了其他类型的政治风险。这些风险的影响尽管不显著，却更常见。例如，跨国公司应该考虑其所在国的劳资关系氛围。正如我们将在第14章讨论的一样，劳动法规的差别很大，有些对企业很不利。定期对所在国的劳资关系进行评估是非常重要的。相关公司可以通过评估和评分的方法，对上述政治威胁或者风险进行分类。

**当地经济条件带来的风险**。表2.4列举了一些当地的经济条件，如人均收入、经济增长率、公路交通条件、机场、通讯设施等，都有可能降低或增加公司面临的风险。一般而言，良好的基础设施会降低风险，促进商务的扩张。同时，风险中也蕴涵着机会。比如，20世纪90年代初期，匈牙利每千人只有96部电话(美国为每千人545部)，安装一条电话线必须等待5年。美国Qwest公司把这看成一个发展机会，将移动电话引入了匈牙利市场。生意非常好，短时间内，公司很快就收到了1万多个服务申请。[39]人们普遍认为，匈牙利是世界上最稳定、风险最低的国家，但我们还是要强调一点，不能草率、机械地使用风险评估系统。[40]其他风险因素还包括环境污染法规，这些法规可能会对跨国公司在外国的经营方式造成影响。这些约束毫无例外地增加了公司的运营成本。例如，德国要求企业在销售和运输产品时必须遵守严格的包装法律。"绿点"（green dot）法律要求企业要做到两点：（1）回收顾客退回的全部多余的包装材料；（2）在包装上标出"绿点"提示顾客，并在出售地安装明显的回收设备，以此鼓励材料回收。

跟美国一样，德国也制定了很多环保法律，能够对产品生产和工业废料的处理造成影响。而一些国家根本就没有制定过环保法律。法律不完善的部分原因是发展中国家为了发展经济，尽量减少相应的法规以鼓励外国投资。结果是，这些国家有可能变成其他国家的废料储存地。为了解决这个问题，50多个国家签署了有关国际有害废料转移问题的《巴塞尔公约》（*Basel Convention*）。公约的重要内容之一就是，任何有害废料要通过任何国家，当事人必须事先通知过境国家并获得过它们的同意。出口国必须获得书面同意、提供损害赔偿保险，才可以把废料运输过境。在这方面，坚持采用国内法将被视同违反《巴塞尔公约》。

下面的"国际观察"考察了中国在实现工业快速增长的过程中所面临的环境问题。就像在材料中表明的一样，很多国家越来越关注工业对环境造成的影响。除了关注企业的直接成本外，人们还关注工业对环境的间接影响。由于世界上发生了多起严重的环境灾难，越来越多的人们已经意识到这个问题的严峻性。某些国家如德国的一些团体甚至是围绕着环保问题而组建的。因此，与环境因素相关的风险既有直接的也有间接的，显然，它们会对跨国公司的商业决策产生影响。一家生产消费品的企业一定会选择在墨西哥而不是在美国（公司的目标市场）设厂，因为美国的污染法规要求企业购买昂贵的设备并实施监控。同样，一家化工公司也会选择在印度尼西亚而不是德国进行生产，因为后者制定了很多产业限制政策。这些例子提出了伦理和其他方面的问题，如跨国公司是否应该钻其他国家限制政策不严的空子来实现自己的目标等。这一主题将在下一章讨论。现在，任何一个国家是否拥有法律限制，可以通过诸如表 2.4 列举的总体风险评分系统来考虑。

**外部经济关系的风险**。如表 2.4 所示，国家间的经济关系会受到很多因素的影响。这些问题非常重要，值得研究。我们在开始时讨论的一些问题是罕见的（如内战），但是，每一个国家都会通过几个方面来限制自己的外部经济关系。例如，很多国家经常通过**关税**来限制进口。关税指出口商向进口国支付的费用。因此，与本地产品相比，关税使得外国产品和服务的价格提高了。通过类似的进口税收，一个国家可以限制进口从而保护本国产业。这类限制也给跨国公司带来了风险。

> **关税**(tariffs)
> 指出口商向进口国支付的费用。

关税不是限制进口的唯一手段。一个国家可能试图通过进口限制，强制另一个国家扩大市场以接受自己国家的产品。例如，欧盟就不允许日本汽车的销售量超过欧盟汽车销售总数的某一个百分比，以此来限制日本汽车在欧盟国家的销售额。同样，美国限制日本汽车在美国的出口数量，以此来强制日本购买更多的美国制造的部件。后者同样被日本以精明、非正式的手段所化解。如果不考虑其原因，这些限制一定会提高产品的价格。最后一点是，当一个国家认为进口可能会对自己国家民众的健康和安全造成危害时，它也会限制进口。1996 年和 2001 年，

国际观察

## 淮河的绿化：新兴工业化中国的环境问题

显然，很多新兴工业化国家正在面临与美国当年急速工业化发展后同样的环境问题，其中之一就是环境污染。这些名单当然不能遗漏了墨西哥以及非新兴工业化而是新兴政治化的俄罗斯。不过，名列前茅的却应该是中华人民共和国。

安徽省淮南市位于淮河边上，距离上海200英里。这座城市正面对着许多的问题。有一天，西城造纸厂的工人在上班时看到大门上贴了一条告示："环保局勒令工厂关闭。"就像对付其他类型的法令一样，工人们根本不屑一顾，照样开始上班工作。然而，情况在下午发生了急剧的变化，所有的灯都被拉灭了。显然，这回是动真格的了。不久，一个官方代表团出现了，他们警告说这回没有别的出路。

这类造纸厂是向淮河排放有毒淤泥的罪魁祸首，昔日明净的淮河如今变成了黑水河。只有在环保专家们获得指令把中国近1000家造纸厂关闭后，它们才享受到了罕见的"绿色"时光。之所以说是罕见是因为中国每天在堆积着大量的环境问题。中国1/5的河流已经不能用于灌溉。城里人都在饮用瓶装水。旅馆警告外国人不要饮用这些水甚至不要用它们来刷牙，连著名的五星级宾馆如广州和上海的香格里拉也不例外。实际上，中国82%的河流已经遭受污染，20%的河水不能用来灌溉。大部分燃煤没有排放控制，城市里的中国人呼吸饱受污染的空气，污染程度超出世界卫生组织安全标准的4~10倍。加拿大马尼托巴大学一位研究中国的专家Vaclav Smil估计，中国由于环境污染带来的成本可能占GNP的15%左右。这个比例比所有老工业化国家都高很多。

至于淮河环境问题，中国的环保人士决定重点解决，把它当作全国的示范。多年以来，人们在淮河沿岸建设了很多造纸厂、印刷和印染厂以及其他工厂。这些工厂的开办大部分没有经过审批，而且，有害物没有经过处理就直接排放进了淮河。很多工厂规模小，在排污的同时也创造了就业机会。所以，人们还是能够容忍的。然而，对于北京的环保人士梁从诫而言，关闭部分工厂其实是进步的象征。不过，梁先生也注意到，这个进步花费了多年的时间，而且很害怕他们会把工厂转移到其他地方或者其他省份。不过，他说："我想这是转机的开始。中国要完成第一阶段的财富创造，需要几十年的时间。这跟100多年前的美国是一样的。"

对工厂的关闭，人们反应不一。一个青年农民说，他的哥哥由于工厂关闭而失业，但也表示理解政府的行为。"尽管闻起来不臭，但是你别到这水里洗澡。它已经不是我们小时候的那条河。"[41]

英国（还有其他欧洲国家）爆发了"疯牛病"（一种疾病，首先是产生很多神经系统症状，最后死亡）。尽管英国人认为疯牛病不会影响牛肉生产，但很多国家（包括欧盟国家）对英国牛肉采取了临时进口限制措施。由于这一限制，英国农民遭受了重大损失，最后杀死了英国近一半的牛。如果要向美国进口食品，外国公司必须拥有 FDA 批文，确保食品符合其卫生标准。

> **出口控制**(export control)
> 一个国家对本国出口产品的限制政策。

**出口控制**或限制对国际管理者而言是一个很重要的问题。出口限制的类型很多，如制裁、禁运和联合抵制等都是给国际商务带来影响的限制措施。每种限制都可以应用于进口，而且条件可以在进出口之间换用。这三种方式都是一个国家约束自由贸易的手段，采用这些手段更多的是出于政治原因而非经济原因，而且运用范围也有所不同。**制裁**，即一系列特别的贸易限制，也可以通过多种形式进行。例如，一个国家可以取消对另一个国家的贸易优惠关税（最惠国待遇），限制别国获取计算机或其他高科技，或者限制某些武器的出口。1994 年，为了维持海地的民选政府，美国采取了这一措施。第二次海湾战争前，美国一直对伊拉克采用制裁手段。直到 2004 年，美国仍然对某些国家如叙利亚实施制裁。

> **制裁**(sanction)
> 政府对国际贸易的一系列限制手段。

> **禁运**(embargo)
> 政府对另一个国家实施的单方贸易限制。

**禁运**指的是对另一个国家全面的贸易限制，而不仅仅是限制几种特定商品或者重要的产品与服务。禁运往往是用来保卫国家安全或促进某项对外政策的实行，是美国自革命战争以来一直采用的政策。禁运一般是在战争中制定，但是在和平年代也一样采用。美国总统对禁运的实施拥有很大的权力。根据下列标准，美国总统可以指令商务部出口管理处把一个国家列入禁运名单中：

- 一个国家的行为对美国国家安全的威胁程度
- 一个国家与美国目前/将来的关系或与美国的盟国或敌对国的关系
- 这个国家是否是共产主义国家
- 这个国家的核武器、化学和生物武器政策以及该国对与这些武器有关的国际协议的遵从程度[42]

根据这些标准，美国目前把古巴、伊朗、利比亚、朝鲜、苏丹和叙利亚列入了禁运名单。[43]比如，对古巴的禁运政策从 1961 年就开始实施了。当时，古巴军队刚好把美国支持的侵略军给消灭了。尽管有人想取消它，但美国有一个强烈反对卡斯特罗的游说团，他们一直维持着这一禁运政策的效力。

批评者认为，禁运（和制裁）并不见得很有效果。据统计，1970—1983 年，为了达到某种政治目的而进行的 55 次制裁和禁运鲜有成功的。[44]失败的原因部分是由于制裁的关注点分散，有的是为了人权问题，有的则是为了打击恐怖主义。但是，限制失效的主要原因是其他国家填补了限制实施国留下的空间。这是企业界对这类限制的主要抱怨之一。有时，美国商人在反对这种行为时会说："为什么因为一个国家的人权记录不符合我们的标准，政府就可以对我们在该国经商进行惩罚?”有些人则坚持认为，美国的跨国公司所受到的惩罚是不公平的，因为其他国家经常不被这类惩罚所左右。例如，韩国和日本在对中国的政策表示不满的同时，也没有停止同中国的商务往来，甚至在一定程度上还利用了美国制裁所带来的机会。

负责制定和实施制裁与禁运政策的美国相关政府机构（如商务部、国防部和国务院）非常熟悉这类抱怨，甚至对之表示同情。在另一方面，他们也受到指责，因为它批准的出口产品有可能超出当前的制裁范围。出口商必须申请出口许可证，第一步是明确向政府列举所出口的商品。这个过程很复杂，因为涉及产品的分类、产品的出口目的地以及限制的性质等。例如，政府可能不允许美国企业向伊朗出口水下呼吸装置和舷外发动机，因为他们担心油轮会在海湾地区遭受攻击。[45] 接到申请后，商务部有 90 天的时间来决定是否签发产品出口许可证，但最近平均签发日程已经缩短到 5 天。

就像税收的返还一样，许可证的申请是一个主动申报过程。也同申请税收返还时一样，一部分申请人不会说实话。比如，有人会歪曲产品的性质或者伪造出口地。1986 年就发生了一件不光彩的事。当时，美国海军发现前苏联潜艇可以无声运行。几个月后，有人透漏苏联人从东芝公司获得了先进的设备装置，而这违犯了美国和日本的出口法律。后来发现，东芝公司采取欺骗手段更改了出口设备的规格，才获得了日本政府的出口许可。因为这涉及国家安全问题，所以美国政府反应很强烈。东芝与美国政府之间将近 2 亿美元的合同因此取消了，美国议会也因此禁止东芝公司在三年内与美国政府进行任何商务往来。日本政府对此违规行为却轻描淡写，拖延对东芝公司管理人员的判决，并且只对东芝公司罚款 1.6 万美元。这类案件基本上由美国财政部的外国资产管理局处理，大部分的调查都会导致对公司提起民事诉讼。例如，2001 年，该局向司法部起诉了近 1600 个涉案单位，涉案公司基本上都要进行大宗的赔偿。尽管“9·11”以后行动变得更加激进，但很少提起刑事诉讼。最近，一家名为 Stolt-Nielsen 的在康涅狄格设有办公室的卢森堡公司正在接受刑事调查，因为它涉嫌与伊朗有商务往来，而且曾经由于跟苏丹进行非法贸易而被罚款。记录表明，Stolt-Nielsen 公司伪造货物文件，命令船长使用密码来表示他们将要靠岸的禁运港口（如把古巴称为“查理港”)，并且把伊朗人的名字从运输和文件上删除。[46]

> **转移**(diversion)
> 通过出口许可证向许可证上没有的第三方提供材料。

更加普遍但较不为人所知的是所谓的**转移**（diversion）问题。这个术语是指通过出口许可证向许可证上没有的第三方提供材料。例如，一家美国石油公司可能要申请向某个国家出口油田设备的许可证，设备最后的出口目的地可能是的黎波里（Tripoli，利比亚的首都——编注），这就违反了美国对利比亚的禁运政策。这个情况比我们所想象的还要普遍，而且法院规定出口商为责任方。就是说，出口商有责任筛选进口商并努力了解产品的可能用途。违反出口法律的公司将会面临大量的民事和刑事处罚。

尽管一家公司可能很有诚意地、合法地提出许可证申请，而且对客户的调查也已经很深入，但并不能保证一定会得到许可证。这是因为对国家有重要意义的出口控制政策已经实施（如武器技术）。不过，公司仍然有渠道上诉。公司可以要求商务部长鉴定国外是否拥有你的产品。如果非美国产品的质量已经达到了你的公司的水平，尽管存在控制政策，公司也可以获得出口许可证。当然，如果公司出口的是武器（如导弹技术、核武器技术和材料），则肯定会遭到拒绝。高性能计算机由于具有战略意义也在严格控制之列。对于这些产品的贸易，全球范围内已经制定了很多协议，而且还成立了几个专门机构来处理与这些产品相关的问题。1949年成立的多国出口统筹委员会（Coordinating Committee for Multilateral Export Controls，COCOM，也称巴统）就是为了防止前苏联获得技术从而在军事上具有优势而成立的。后来，这个机构增加到17个成员国，拥有许多分支机构，但随着前苏联的解体，这个机构的重要性变弱了，后来干脆解散了。

> **联合抵制（boycott）**
> 几个国家联合起来禁止同另一个国家间的国际贸易。

我们曾经说过，因为产品可以通过约束不太严格的国家提供，所以出口控制如制裁、禁运和控制名单等有时候是无效的。如果问题足够严重，可能有数个国家会通过联合抵制手段来进一步限制贸易。如果制裁和禁运代表的是单方面的非贸易参与意愿（如美国对古巴的禁运），则联合抵制就是通过多边或合作手段达成同样的目的。由多个国家联合起来限制贸易的例子包括：（1）上面提到的多国出口统筹委员会。（2）1990年反对伊拉克入侵科威特的国际联盟。这个联盟在伊拉克入侵科威特10年后尚存在着。联合抵制拥有与制裁、禁运和其他控制手段同样的目的，只是范围更加广泛一些。因为其合作性质，联合抵制比仅仅由一个国家制定的出口控制政策更加有效。这同时意味着联合抵制也更难组织和实施。比如，把传统意义上的敌国以色列和约旦或者沙特阿拉伯联合起来共同反对伊拉克就付出了难以置信的代价。

联合抵制的另一个问题是，除非组织工作做得很完美，否则会造成两极分化。如1954年12月阿拉伯国家联盟对以色列的联合抵制就是一个例子。当时，阿拉伯国家联盟（现在由21个国家组成）一致认同，所有跟以色列进行贸易的公司全部被列入黑名单，同时不能跟联盟中的任何国家有商务往来。因为与以色列关系密切，所以美国制定了“反联合抵制法”，禁止美国公司遵守上述规定，或者通过不与以色列或黑名单公司贸易的方式来支持这个联合抵制措施。百力通

国际观察

## 百特国际和阿拉伯国家对以色列的联合抵制

百特国际位于美国芝加哥，是一家医疗器械的专门生产商。公司在许多国家经商，包括以色列。多年来，公司一直试图向有利可图的中东市场扩展业务；许多预测资料表明，在未来的几年里，这一地区的市场总额将高达几十亿美元。过去几年里，百特国际采用多种战略进入这个市场，包括对当地公司的收购兼并。例如，百特国际在1982年花费5300万美元收购了Medcom公司。这家公司总部在纽约，也是生产医疗器械的，在沙特阿拉伯建立了良好的关系。百特国际的目的就是要利用Medcom在沙特的关系来启动中东市场。《华尔街日报》援引的一个公司的资料表明，经过一年的亏本经营，沙特政府官员告知百特国际的高层“别在中东浪费时间了”。再经过几年的亏本经营，1986年，百特国际以400万美元的价格卖出Medcom，这个价格仅为其收购价的7%左右。问题到底在哪里呢？

是百特国际在以色列的运作出了问题。因为在以色列的业务，百特国际遭到了阿拉伯联盟的联合抵制。沙特人再也不愿意跟百特国际有任何业务往来。被逐出中东市场令百特国际高管无比烦恼。20世纪70和80年代的石油出口让中东人一夜致富，从而也给捷足先登的企业带来丰厚的回报。百特国际不断地跟几个阿拉伯国家讨论进入战略，包括叙利亚。他们也与具有影响力的叙利亚律师和专家就联合抵制问题保持沟通，有些专家就在伊利诺斯州总部本地办公。而这类沟通基本上没有带来任何实质性的协议。1988年，百特国际突然出售了在以色列的静脉注射液工厂，尽管他们自己说已经花了不少时间寻找买家。同时，他们宣布了一个计划，将在叙利亚与叙利亚军队合资建立同样的一个工厂。同年，百特国际从阿拉伯联盟的黑名单上消失了。

尽管这些案例是著名的观察家所发现，但是，如果百特国际的行动没有受到公司的一些原经理人所批评，怀疑者可能还会认为这不过是一种非常规的巧合而已。根据他们的证词和其他证据，司法部对百特国际提出了刑事诉讼。美国大陪审团审理认为百特国际向叙利亚销售降价医疗器械，带有为了把自己从黑名单上删除而行贿的嫌疑。后来，商务部也对百特国际提出民事诉讼，而股东也跟着采取了很多法律手段来对付百特国际。1993年，百特国际被判决有刑事犯罪，由于违犯反联合抵制法而被大额罚款（660万美元），并面临其他处罚。例如，政府作出了两年内禁止任何公司向叙利亚和沙特阿拉伯出口的决定。在众多批评的压力下，公司的CEO还被迫辞去耶鲁大学董事会的职务。[47]

公司（Briggs & Stratton Corp.）仅向阿拉伯国家联盟回交一份有关跟以色列商务关系的问卷，就被法院判决违法。[48]由于中东局势多变，联合抵制将会给企业带来怎样的风险还有待进一步研究。海湾战争后，某些阿拉伯国家（如科威特）重新跟以色列发生商业往来，但是，2000 年开始出现了巴勒斯坦“起义”等事件，人们希望延续近 50 年的联合抵制就此终结的梦想破灭了。显然，这给美国企业带来的风险多于其他国家。本章“国际观察”中的百特公司事件表明，违反这一法律会遇到高额罚款。

但是，其他国家的企业有可能面临更大的障碍。以巴勒斯坦 Nassar 投资公司为例。这是一家向世界各地出口石块和瓦产品的企业，它面临的压力不仅来自以色列军队，也来自阿拉伯邻国。2003 年，在防御盾牌行动过程中（以色列对系列恐怖袭击的回应），军队接管了 Nassar 公司的采石场，作为审讯游击队疑犯的营地。工厂停止营业近两个月。2001 年，恐怖分子占领了工厂周边的难民营，引来以色列坦克的炮轰行动，最后导致 Nassar 公司包括吊车、铲车在内的近 100 万美元设备的损毁。这还不算，Nassar 公司同时还遭受黎巴嫩和叙利亚对所有巴勒斯坦产品的联合抵制，其他国家也怀疑来自西岸和加沙地带的任何产品都与以色列有关。Nassar 公司对这些问题的处理方式很有创意。为防止以色列检查站的阻截，公司建立了一个可供应三年的储备地；为应付对进入以色列的巴勒斯坦车辆的限制行为，公司在耶路撒冷设立了一个分支机构，在那里，车辆是以色列人的，司机也是以色列人。此外，公司还在阿拉伯其他国家设立工厂，以防止联合抵制行动。巴勒斯坦“起义”后，有近 20% 的巴勒斯坦出口商破产，其他公司裁员近 40%，Nassar 公司却还能够在商界生存，并且取得了成功。[49]

总体而言，在国际商务中，必须把出口控制当成一个重要的风险因素考虑。出口对每一个国家的重要性不言而喻，它既是创汇的根源，也为国家提供了很多的工作机会。但是，这只是很多外部经济风险中的一个（很重要）。在表 2.4 中，我们列举了很多其他的风险类型，包括对外国投资的限制。其中一个因素就是对在某一个国家的外国投资范围的限制。例如，大多数的欧盟国家严格限制私人控制国家电台和电视台。德国倾向于为那些主要为国家所有的企业签发广播许可证。美国要求外国企业对电台和电视台的持股份额低于 25%，希腊和葡萄牙对外国人的持股分别控制在 25% 和 15% 以下。一般说来，这种限制的目的是为了防止外国企业控制本国重要产业（如金融、通信等）。显然，这些限制增加了商业风险，因为外国跨国公司再也无法独资运营一家企业。有意思的是，美国对澳大利亚、英国和日本企业在这些限制产业上的投资却不加限制，尽管这些企业可能自己认为潜在风险要比利益大。

企业面临的最大的外部风险之一是产品和商标在外国得不到法律保护。最要求得到法律保护的有专利、商标和版权。有很多国际协议是为了实现保护的目的而签署的，如巴黎合约就是有近 80 个国家认可的一系列国际指导原则。需要强调的是，跨国公司必须依靠当地法律来保护自己的产品和知识产权。为了遵从 WTO 的要求，印度在 2005 年已经重新颁发在 20 世纪 70 年代早期就已经停止的国际药品专利。停止颁发专利曾经导致外国制药公司在印度的市场份额大幅下跌，而随着规则的回归，外国直接投资再度蜂拥而入。[50] 不过，如果回报足够高，一个企业也可能愿意在没有任何法律保护的条件下冒险在国外经营，或者在制度不太严格的国家冒险经营。类似的案例发生在西班牙，在那里经营的美国制药公司对没有许可证的药品一直很头痛。西班牙的法院系统很复杂，但是，竟然没有专门的法院或有经验的法官来处理涉及专利或复杂的制药业的法律问题。因此，当美国默克（Merck）公司起诉西班牙制药公司 Chemo-Iberica 对自己的药品舒降之（Zocor，一种抗胆固醇药品）专利侵权时，案件在法院被搁置了好几年。Chemo 公司甚至宣称自己开发了一种新的菌类发酵方法［曲霉菌模糊法（aspergillus obscurus)］来制造 Zocor 药，因此没有侵犯默克公司的专利（非注册药 11 美元，Zocor 为 24 美元）。这个步骤确实“模糊”（obscurus)，实际上，最后真菌学家们向法院证实：这个方法根本就不存在！最后，西班牙法院为默克公司作出判决，但是，法院没有判处任何赔偿，而在判决下来两天后专利也就过期了。[51-58]

阻止非法行为的难度很大，在公司层面尤其不容易。不过，总体而言，研究结果表明，完善知识产权法律对外国直接投资有正面影响，在发展中国家尤其如此[59]。盗版，尤其是软件盗版，似乎发生在很多地方，而不仅仅是中国。例如，《华尔街日报》就报道过，西班牙警察在马德里修道院进行突击搜查时，发现用来培训耶稣会牧师们的工具大部分是盗版软件[60]。表 2.5 表明，除了中国，盗版在其他几个国家也是一个大问题。实际上，美国是世界上盗版率最低的国家之一，但盗版造成的损失却是最高的（因为与其他国家相比，美国的电脑用户相对较多）。同样，很多盗版产品和原创产品也把美国当成目标市场。当然，很多产品被偷运过关。近来我们发现在西雅图 Pike 街市场上，原价为 250 美元的奥克利（Oakley）太阳镜竟然以 15 美元出售。在代顿大学的学生也是盗版产品消费者的一部分。在泰国一个夏季交流会上，他们买到了当时的热门电影《海底总动员》的盗版 DVD，比美国电影零售店的进货时间还早，盗版碟在曼谷的售价为 1 美元。[61] 基于知识在国家经济发展中的重要地位，某些分析家把知识产权定位为美国 21 世纪的关键竞争优势。[62] 因此，对于美国而言，在近期保护这些知识产权的能力有可能成为更加重要的风险因素。所有的 WTO 成员国必须实行知识产权的基本规定，打击盗版伪造。

**表 2.5　不同国家软件盗版率及经济损失**

| 国　　家 | 盗版率（%） | 经济损失（百万美元） |
|---|---|---|
| 格鲁吉亚 | 95 | 59 |
| 孟加拉 | 92 | 102 |
| 巴基斯坦 | 86 | 159 |
| 印度尼西亚 | 85 | 544 |
| 越南 | 85 | 257 |
| 伊拉克 | 83 | 205 |
| 尼日利亚 | 85 | 132 |
| 中国 | 80 | 6677 |
| 俄罗斯 | 68 | 4215 |
| 印度 | 68 | 2768 |
| 墨西哥 | 59 | 823 |
| 沙特阿拉伯 | 52 | 272 |
| 加拿大 | 32 | 1222 |
| 德国 | 27 | 2152 |
| 瑞典 | 25 | 372 |
| 日本 | 21 | 1495 |
| 美国 | 20 | 9143 |

资料来源：Business Software Alliance（BSA）（2009）.

**风险因素总结**。前面已经讨论过，在外国经商会面临很多的政治和法律风险。表 2.4 的风险分类方式的优点之一就是所有的因素都可以归类和评估。想在外国进行大额投资的企业可以自行对这些因素进行系统化分析或者利用专业风险评估机构提供的信息。事实表明，在经商时公司一定要对总体风险进行评估。如果总分很高，跨国公司应该考虑放弃在这个国家的运作，除非公司能够从某一方面对风险进行控制或抑制。

## 政治风险的管理

对风险量化分析的一个优点是公司能够制定更好的决策，决定是否进入这个国家或回避其风险，或者削减现有的运营规模。不过，退出或削减规模并非是唯一的选择。前面讨论的风险分类方法的另外一个优点是，通过这样的分类，我们可以将严重的风险源隔离起来。这样，公司就有可能对引起风险的某些因素施加影响或者进行管理。例如，即使在劳资关系不稳定的条件下，公司也应该认识到，这样的风险并不是静止不变的。通过做一些让步，好的管理者就可以处理好不良的劳资关系。

**降低风险方法的分类**。跨国公司回避风险的方法多种多样。实际上，有多少种风险源就会有多少种降低风险的方法。为了实现目标，我们将把这些技术按照可以管理的集群进行分类。例如，跨国公司可以通过防卫/主动的手段来应对风险。[63]这种方法分类就是为了让公司的运作或其他资产摆脱风险因素的控制范围——例如敌对政府。其他方法还有联系/融合战略。这些战略通常能够促进公司制定降低风险的方法，从而进一步靠近风险国家，甚至能把自己提升为当地经济不可或缺的一个部分。这些战略可以是直接的，即直接面对问题，如采取法律行动；也可以是间接的，通过迂回的手段靠近风险，期望能够在长期中降低风险。表 2.6 列举了四类风险管理的方法。

**表 2.6 风险管理方法分类**

| | 直 接 | 间 接 |
|---|---|---|
| 防卫/主动 | • 采取法律行动<br>• 依靠母公司采取行动<br>• 控制管理结构 | • 风险保险<br>• 应急计划方法<br>• 母国政府压力 |
| 联系/融合 | • 长期协议（如 NAFTA）<br>• 合资<br>• 促进东道国目标的实现 | • 外国政府的游说<br>• 成为东道国的良好公司公民 |

**降低风险方法举例**。仔细研究一下这些战略中的某些例子。在目标国家中运用防卫/主动降低风险是通过在风险较低的一个或几个国家的运作，促进在目标国家的运作。这种依赖性使你的公司能够保持对关键供应商、部件和重要技术的控制力，这种控制力对于经营分公司至关重要，而且它能够在很大程度上防止公司暴露于风险之中。例如，运作依赖将会使 X 国政府不敢轻言征用，因为没有来自 Y 国的材料供给，X 国的工厂将无法运作。如果关键技术部署在另一个国家，那么这种战略还将减少由于商标或版权被盗用而导致的风险。因此，跨国公司可以获得一石数鸟的效果。表 2.6 列举了风险管理战略的典型手段。

企业还可以同时采用几种不同的风险管理技术，也可以采用一些直接/联系战略。例如，跨国公司可能希望与外国签署长期协议来详细说明其子公司受到的待遇，而且母国也可以做同样的事情。我们在前面讨论的北美自由贸易协定就是这种方法的一个例子。也可以选择组建合资公司（在第 8 章和第 9 章讨论），此时，分支机构是由东道国政府或总部在东道国的一个企业联合拥有。在这种状况下，跨国公司的所有权风险将有所降低，国内的企业分担了很大一部分风险，不过，要想拥有成功的关系，还要克服很多重要的壁垒。[64]

同时，跨国公司也希望采取一些间接手段达到目的。购买政治风险保险就是间接/防护战略的一种。之所以说政治风险保险是一种间接手段，是因为它在应对或改变风险方面没有做任何事情，而只是在风险实际发生时对公司起到保护作用。有几家私营公司为国际商务提供部分风险保险。在美国，一个名为“海外私人投资公司”（OPIC）的联邦机构也提供类似的保险。OPIC 成立于 1971 年，其初衷是为了促进美国私营企业在发展中国家的投资。OPIC 自主经营，每一年均赢利，因此根本不用美国纳税人的一分投资。目前，公司在超过 140 个国家为新开办和扩张企业提供保险业务。

风险保险只覆盖了我们早先讨论的风险险别的一部分。公司可以为自己的国外子公司购买征用和没收险，或者政治波动导致的财产和收益损失险。例如，保险涵盖了战争、内战、革命和其他各种国内冲突（恐怖袭击和阴谋破坏）带来的影响，OPIC 会赔偿政治骚乱和其他风险因素给投资者带来的损失。跨国公司甚至可以购买额外保险，在损失并非来自本身工厂设施的损坏（如可能是铁路、电站毁坏或供应中断等）的情况下得到赔偿。OPIC 也为跨国公司提供货币不可兑换险。这种保险不是货币贬值险，所以公司要自行对风险进行辨别。如果面临新的货币限制政策，不允许把外国的投资利润兑换、转移回国，则公司可以得到这方面的保险赔偿。一般说来，这种保险覆盖面广，可以提高公司在国外运营或应对投资风险的信心。[65]

表 2.6 中列举了其他间接/防卫战略的例子。例如，很多公司十分清楚在某一个国家经商必须承受很高的风险，但是，如果能够制订一系列应对计划以管理风险，则公司一样愿意冒险投资。这种在军事行动中很奏效的“情境规划”方法，如今也逐渐变成商界用来平衡风险的一种流行手段。[66] 此外，公司还可以呼吁本国政府对东道国政府施加压力，并在这个过程中逐步加大公司在国外的投资份额。这种方法目前在日本很流行，当美国汽车制造商（以及其他行业）感到日本要关闭市场从而可能失去机会时，就要求美国政府施压，以迫使日本让步。

最后，跨国公司还可以采取间接/联系战略来降低或消除某些类型的风险。方法之一就是树立自己的“良好公司公民”形象。比如，公司可以为当地慈善业捐款、支持公共项目或者尽力做善事。这种战略要求公司跟本地社区融合而不是分离。这种手段是间接的，因为公司希望通过捐赠，其良好的意愿最终能够给公司带来回报。星巴克的手段就是“本地营销，心怀全球”的最佳实例。除了保护自己的品牌外，星巴克在中国也尽最大的努力把自己的连锁店定位为本地社区成员之一。以在北京的 29 家店铺为例，它们都是本地社区的支持者，在中国的中秋节也生产平价月饼满足消费者需求。[67]

间接和联系战略是很多跨国公司普遍采用的手段。例如，20 世纪 80 年代末、90 年代初，日本在美国努力增加其慈善活动就是一个例子。游说是此类降低风险战略的另一种手段。在美国，钢铁、汽车、纺织品和电脑芯片等行业都存在着特殊利益群体，他们尤其擅长通过游说提高进口限制，以降低自己所在行业中的风险。[68]同样，很久以前，外国公司就已经意识到游说团在美国联邦政府中的重要作用。实际上，在联邦政府注册的游说团体从1991年的7000家增加到了1999年的15000家。作为这种战略的替代方法，政府自己可以在另一个国家投资建立合资公司，例如，泰国政府就是通过这样的方式在美国开设了1000多家泰式餐馆。[69]

**在风险国家投资**。在国际商务运作中，降低风险的手段很多，但企业采用的方式却是有限的几种。显然，这些方法已经足够让企业避免不明智的投资。如前所述，中国的情况就是一个良好的例子。中国被一些机构认定为投资风险相对高的国家，但是，外国投资却大量涌入中国。为了降低风险，很多公司与当地公司组成合资企业，并游说本国政府和中国政府。

东欧的情形与中国很相似，在那里的很多公司感觉到它们面临着多种问题和风险。一项涉及87个公司的研究表明，在这些前社会主义国家经商面临的最大挑战包括政治、经济、法律的不确定性或风险。[70]但是，这些风险并没有阻止西方投资者进入东欧国家的步伐。超过半数的公司报告表明，它们在增加对东欧的投资额。尽管报告认为前苏联地区充满风险，但超过52%的公司照样把它当成一个投资对象。这种趋势说明，对于某些公司而言，定量分析（正如在风险评估中）是有帮助作用的，但并不总是能够直接生成决策。分析结果和决策制定之间并不存在明确的联系。对涉及伦理道德或社会责任问题的决策而言，这一点更加明显。这些问题将在下一章进行讨论。

## 本章总结

我们考察了在当今世界上运行的几类重要的法律体系，包括民法、普通法和伊斯兰法系。在各自的管辖范围内，每一种法律体系对商务的意义都有所不同。比如，在普通法系中，企业可能要经历很多的诉讼，因为这个体系需要对法律条例的不断解释。其他体系也有各自的特点和约束。

法律总是在一定的政治体制内运作（有时无法运作），新的政权可能导致法律体制的急剧改变。因此，除了法律，我们还强调了这些问题的重要性。我们还说明，一家跨国公司遭受的政治风险的数量会为公司造成重大负面影响。政府或群体中发生的很多事件或采取的很多行为都有可能带来政治风险。跨国公司面临的政治/经济风险包括外国政府对公司资产的国有化和征用，每一种方式都有可能给公司带来致命的后果。很多国内经济条件也可能影响跨国公司的业务，如基础设施薄弱以及实行严格的环境法律。第三类风险因素是指一个国家与其他国家的外部经济关系，包括关税和一系列出口控制政策（如制裁、禁运和其他）。我们举了一个美国的例子来说明美国出口控制体系及其复杂性。我们还讨论了公司面临的其他重要风险及降低这些风险影响的方法。

在本章的最后，我们讨论了最重要的一点：当一个公司确认了自己所面临的风险后，应该采取什么行动来应对？抉择包括直接降低风险的战略（如与外国政府谈判）和/或间接战略来消除风险带来的潜在负面影响（如购买有美国政府背景的风险保险）。最后，我们也承认，尽管一些跨国公司的行为既符合法律也符合政治要求，但它仍然可能与公司或社会的价值相悖。

## 讨论题

1. 现有的三大法律体系的主要区别是什么？在各自管辖范围内，每一种法律体系将会对商务造成怎样的影响？
2. 美国和日本律师可能会在各自的国家采取怎样的行动？你将有可能发现怎样的行为？哪些行为可以跟各自国家的法律体系联系起来？
3. 政治风险都有哪一些类型？为什么说在尼日利亚、秘鲁或印度尼西亚经商被认为风险相对高？
4. 你有什么建议应对上述国家中的政治风险？

# 迎接挑战

## “北欧风情”：你将如何应对盗版？

在本章开头，我们描述了“北欧风情”面临的严峻局面。公司的业务遭受到了盗版者的威胁，收益急剧下降，仿冒者快速增加。更严重的是，盗版行为很普遍，因为人们对此无能为力。有关法律也很粗略而且含糊，至少没有得到有效实施。面对这些问题，以及本章提到的其他问题，北欧风情的许可商李曦萌应该如何应对呢？

如果在本土或者其他国家，李曦萌一定会到法院起诉那些盗版厂商。可是，当地在这方面并没有一套详细的程序，因此法官对这些盗版商也毫无办法。但是，李曦萌还是很勇敢地聘用了平克顿侦探社的私家侦探来搜集证据，并提交给中国负责处理这方面犯罪行为的机关［国家工商行政管理总局（SAIC）］，但这次调查没有取得任何成果。

随着销售额的不断下降，李曦萌没有坐以待毙。6 个月后，他重新来到国家工商行政管理总局。到 1999 年年初，相关委员会发出指令对盗版事件进行突击检查，没收盗版产品，事情有了一定的变化。这些行动和其他相关的措施降低了对北欧风情产品和目录的盗版行为。此外，停止盗版行为的部分原因也来自于国家工商行政管理总局的警告。不过，不是所有人都对这个结果表示满意。在这个过程中，没有人被捕，也没有任何人被罚款。委员会认为自己没有权力管辖设计侵权问题，他们只有权力管辖品牌问题和一些不公平竞争问题。为了解决侵权问题，李曦萌最后来到中国专利局。

专利局对北欧风情是有帮助的。他们开始跟胆战心惊的盗版者进行一系列对话。盗版者们有的说他们没有盗版，有的说他们不知道这是违法行为。不管怎样，专利局要求这些公司终止盗版行为，或者干脆跟北欧风情组成合营企业。最后，北欧风情起诉了其中最大的盗版公司，它认为这家公司对盗版负有最大的责任，向这家公司索赔18万美元。目前，案件正在中级法院审理，谁也不清楚到底北欧风情是否能够赢得这场官司。被告宣称，北欧风情在丹麦注册商标以后，在运作的最初6个月以内并没有在中国申请专利。这是中国政府的要求，而这一点却往往为外国人所忽视。实际上，反盗版联盟已经向外国公司提出建议，要求它们自行申请这些专利，哪怕最近不会在中国做生意。

无论这件事结果如何，北欧风情都感到自己有了很大的收获。尽管盗版现象还常常出现，但再也没有给公司带来威胁。因为法律方面的原因和声誉问题，北欧风情高端销售商已经拒绝销售盗版产品。对于李曦萌而言，努力总算有了回报。花费了大量的时间和金钱，加上丹麦大使馆的帮助，在当地抑制对北欧风情的盗版应该不成问题了*。如果想深入了解北欧风情的反盗版行动，请查询网页（www. boconcept. com），同时，可以访问（www. prsgroup. com），以进一步了解目前在中国经商风险问题的有关观点。[71]

*有关案情可参考上海市第二中级人民法院对特雷通公司诉傲耐公司案的判决——译注。

## 国际管理技能开发

### 文化知识测试

#### 目的

很难有哪种传统观念和价值观放之四海而皆准。很多公司商务运作的成功完全是由于管理者对自己或外国人的传统观念和价值观有足够的意识，失败也是来源于对这些传统观念和价值缺乏了解。当今世界，国际商务团体是如此互相渗透、互相依赖。对今天的管理者而言，意识到其中的差异变得十分关键。这个练习的目的如下：

- 促进对文化差异的理解
- 在全球化经济背景中，促使人们考虑文化差异带来的影响
- 促进国内和国际学生之间的对话
- 探讨由于多元文化劳动力带来的问题

#### 指南

单独或者跟小组成员一起完成下列句子。如果你是跟外国学生一起做这个练习，请探讨你自己国家的答案和他们国家的答案。老师将引导讨论，以获取正确答案。

1. 在日本，大声喝汤被认为是____。
   a. 粗鲁和令人讨厌的
   b. 表示你喜欢这个汤
   c. 在家里可以，大庭广众中不妥
   d. 只有外国人才这样做
2. 在韩国，商务领导人总是____。
   a. 鼓励人们合作并为团队作贡献
   b. 鼓励下级之间进行竞争
   c. 不鼓励下级直接汇报，更提倡信息通过规定的渠道传播
   d. 鼓励与下级搞好关系
3. 在日本，所有的饮料都是在公众售卖机上销售，除了____。
   a. 啤酒
   b. 加有糖精的饮料
   c. 甜咖啡
   d. 来自美国公司的软饮料

4. 在拉丁美洲，管理者____。
   a. 最喜欢雇用自己的家庭成员
   b. 认为雇用自己的家庭成员是不合理的
   c. 强调雇用少数民族的重要性
   d. 经常雇用比实际需要人数多的雇员来做一件工作

5. 在埃塞俄比亚，当一个女人打开前门，这意味着____。
   a. 她准备接待客人吃饭
   b. 只有家庭成员才可以入内
   c. 让宗教灵魂在家里自由进出
   d. 她同意跟任何进入房子的男性发生关系

6. 在拉丁美洲，商人____。
   a. 与别人交谈时，目光对视是不礼貌的
   b. 讲话前总是等待对方把话说完
   c. 在同样的情形下，比北美人更倾向于互相触摸
   d. 避免互相触摸，因为这被认为是侵犯隐私空间的做法

7. 马来西亚的主要宗教是____。
   a. 佛教
   b. 犹太教
   c. 基督教
   d. 伊斯兰教

8. 泰国____。
   a. 男人牵手走路很一般
   b. 男女在公众场合牵手很常见
   c. 男女同行是一件粗鲁的事
   d. 传统上，在街上男女碰面总是接吻

9. 在印度吃饭时，下列做法是不合适的____。
   a. 右手拿食，左手进食
   b. 左手拿食，右手进食
   c. 用左手拿食并进食
   d. 用右手拿食并进食

10. 在泰国，用脚尖指别人是____。
   a. 尊敬的象征，如日本的鞠躬
   b. 即使是无意的，也被认为是粗鲁的
   c. 邀请人家跳舞
   d. 在公共场合标准的打招呼方式

11. 美国管理者倾向于按照绩效来对下级进行绩效评估，而在伊朗，管理者却倾向于按照下列方式进行绩效评估____。
   a. 宗教
   b. 资历
   c. 友情
   d. 能力

12. 在中国，每次商务谈判的状况都是____。
   a. 每天在媒体上公布
   b. 私下公布，不在公共场合讨论细节
   c. 按规定由一个公众判决团审核
   d. 由每一个社区的长辈裁决

13. 在对西班牙裔雇员进行绩效奖励时，最好不要____。
   a. 在公众场合表扬
   b. 说“谢谢你”
   c. 提薪
   d. 提职

14. 在某些南美国家，出席社交约会时，正常和可以接受的方式为____。
   a. 提前 10 分钟至 15 分钟到场
   b. 推迟 10 分钟至 15 分钟到场
   c. 推迟 15 分钟至 30 分钟到场
   d. 迟到 1 小时至 2 小时到场

15. 在法国，当两个朋友互相交谈时，____。
   a. 他们一般离对方 3 英尺
   b. 一般要大声说话
   c. 他们会比美国人站得更近
   d. 一般要有第三方在场

16. 在西欧把花当礼物送人时，一定注意不要送____。

a. 郁金香和长寿花
b. 雏菊和紫丁香
c. 菊花和马蹄莲
d. 百合花和苹果花

17. 在沙特阿拉伯经商的男性高级管理者送礼物的最好方式是____。
a. 给女士的礼物要通过丈夫转送
b. 当面把礼物送给妻子
c. 只送礼物给最年长的妻子
d. 不要给妻子送礼物

18. 给拉丁美洲人送领结或领巾时，最好不要选择下列颜色____。
a. 红色
b. 紫色
c. 绿色
d. 黑色

19. 德国的办公室和家门一般总是____。
a. 敞开，表示欢迎朋友和陌生人的到来
b. 稍微开启，告诉人们在进入前必须敲门
c. 半开启，告诉人们某些人可以进入，某些人不能进入
d. 紧闭，表示保留隐私和个人空间

20. 在原民主德国地区，表现领袖魅力的领导人____。
a. 并不是特别受欢迎
b. 是最受人们尊敬和推崇的
c. 经常被文化机构邀请担任董事工作
d. 被推举参与政治活动

21. 在墨西哥经商的美国管理者发现，如果给墨西哥雇员提薪，他们将____。
a. 增加工作时间
b. 吸引更多的工人加夜班
c. 减少工作时间
d. 降低生产率

22. 中国文化教诲人们____。
a. 出现个人问题时寻求心理医生的帮助
b. 回避冲突，避免个人问题表面化
c. 通过直接面对的方式解决冲突
d. 无论冲突什么时候出现，总要寻求权威部门的帮助

23. 不要送给中国新婚夫妇的礼物是____。
a. 玉碗
b. 钟
c. 一篮橘子
d. 绣有龙图案的衬衣

24. 在委内瑞拉，一般除夕夜是这样度过的：
a. 安静的家庭聚会
b. 狂野的临街聚会
c. 在旅馆里，到处是喇叭、帽子、现场音乐演奏和跳舞
d. 在海滩烤猪肉

25. 在伦敦酒吧购买“炸马铃薯和洋白菜”时，你会获得____。
a. 用橄榄油炸的两条金鱼
b. 用冷杯子装的一杯很凉的啤酒，而不是常温的啤酒
c. Alka-Seltzer 泡腾片（一种胃药）和一杯水
d. 碎卷心菜炒土豆泥

26. 如果一个印度的陌生人想知道你是以什么为生以及你的收入水平时，他会____。
a. 询问你的导游
b. 邀请你到家，跟你熟悉后再问这些问题
c. 不用介绍，直接向你发问
d. 尊重你的隐私

27. 在越南的商务交流会上，如果你感觉到别人利用了你，你应该____。
a. 让愤怒表现在脸上而不是言辞上
b. 说你恼火了，但是不要表面在脸上
c. 不要通过任何方式表达你的愤怒情绪
d. 结束会谈，马上离开

28. 当印度的出租车司机左右摇晃脑袋时，可能意味着____。
a. 他认为你的出价太高
b. 他不开往你要去的方向
c. 他将载你到任何地方
d. 他不明白你在问什么问题

29. 在英国，竖起无名指和中指作出“V”形状而以手背对着他人表示____。
a. 和平的手势
b. 胜利的手势
c. 表示你需要两个的意思
d. 一个粗俗的手势

## 接入全球网络

### 中国企业海外经营的五个成功因素

结合多年的咨询经验和对中国领先企业海外经营的调研结果的分析，罗兰・贝格公司（Roland Berger）认为有一些海外经营的成功经验是值得各个行业的企业共同借鉴的：注重培育企业核心竞争力、明确企业的竞争战略、综合考虑多种影响因素、渐进式的海外扩张方式、培养和引进国际化经营管理人员。

#### 注重培育企业核心竞争力

为在充满风险的国际舞台上竞争，中国企业必须努力提升自己的核心竞争力。其中，一个清晰的战略定位在海外扩张中是至关重要的。

首先，企业应分析自身的资源、知识和能力状况，然后选择并充分发挥其中一个或几个方面的优势。比如，中国企业劳动力成本很低，劳动力素质较高，这就使其在生产方面具有非常明显的优势。因此，中国产品，尤其是纺织品、家电及轻工产品在国际市场上具有较强的竞争力。

其次，中国企业还应努力提高市场分析能力，准确定位自身的核心竞争能力。在中国市场行得通的粗放增长方式在海外市场可能会遭遇失败。在考虑到哪里、何时以及如何在海外经营的问题时，决策者必须具有敏锐的前瞻能力，并且能够审时度势，及早预见产业未来的发展方向，及早投入资源，培养新的竞争能力，获得新的竞争优势。为此，中国企业应根据需求变化、技术发展、国内外市场发展大趋势等前瞻性的预测，合理构想未来的产业格局，培养新的核心竞争力，并且设法保持这种能力。

#### 明确企业的竞争战略

从国际市场来看，中国领先企业将在陌生的环境中面临与国外同业全新的竞争，对自身在东道国乃至在全球的竞争地位，更应当有一个非常明确的认识。

在分析企业的国际竞争地位时，一般可以根据企业自身核心竞争力和主要竞争对手在国际市场的核心竞争力对比，对市场进行分类。

当前考虑实施海外经营时，多数中国企业应该选择目标更为明确的多国市场战略。以后随着企业竞争能力的不断提升和海外经营参与程度的不断深入，逐步过渡到全球市场战略。采用全球市场战略的对外直接投资一般出现在广泛国际化经营的企业，其动因在于通过全球范围内水平分工和垂直分工来达到资源最佳配置的目的。这些企业通过充分利用不同的东道国的相对优势，寻求效率型的投资，以达到成本最小化和利润最大化的目标。

#### 综合考虑海外经营的多种影响因素

在考虑实施海外经营时，需要决策的绝不仅

限于是否扩张、为何扩张、扩张到何地以及如何扩张这四方面的内容，成功的企业会在决策过程中综合考虑更多相关因素，如母公司的核心竞争力以及在行业中的地位、目标市场未来发展趋势、对外投资方式、人力资源状况等。一个成功的决策是深刻考察诸多影响因素及其相互作用的结果，企业还要随着海外经营的不断深入进一步强化对这些因素的通盘考虑并相应作出调整及修正。

## 选择渐进式的海外扩张方式

中国领先企业的实际情况是：一方面，缺乏对海外市场尤其是海外竞争情况的了解；另一方面，则是资金实力不足以及人力资源匮乏。因此，选择渐进的扩张方式更加适合大部分中国企业。同时，在拥有扁平化管理结构和内部信息共享通畅的企业，循序渐进的扩张方式更用于企业沿着学习曲线积累海外经营的经验。

具体来说，在实施海外经营时，中国领先企业可以选择以国际贸易为先导，随后再分阶段分步骤将企业的生产经营环节向目标市场拓展，根据自身实际条件，由低到高逐级选择直接出口、设立海外代表处、设立海外分公司、海外子公司等方式。

在产品销售市场方面，如果中国企业的产品主要是出口到某个国家或地区（如贸易型企业），或者由于国内市场趋于饱和而导致竞争过于激烈（如家电类企业），从而迫使企业寻找新市场，在这种情况下，企业可以在产品销售集中的目标市场建立自己的销售渠道，取代委托代理的销售模式，以使企业更加及时地掌握目标市场信息，更加独立自主地贯彻企业自身的销售策略。如果当地的生产条件有利，企业可以把部分或整个生产环节转移到东道国市场，一方面提高企业价值链的纵向整合能力，另一方面也可充分利用东道国的便利优惠条件，提升企业总体的海外经营能力和竞争能力。

分阶段扩张方式事实上是企业海外经营逐步升级的过程，采取这种自然渐进的海外经营方式，有利于在实践中积累海外经营的经验和教训，深入了解目标国家市场的信息（如税务、法律等方面的整体环境），锻炼海外经营人才。更重要的是，采用这样的方式，能够有效控制企业海外经营中的巨大风险，有利于取得最终的成功。

## 培养和引进国际化经营管理人员

培养和引进业务技能强、通晓外语以及国外文化的经营管理人员是中国领先企业海外经营成功的关键。长期以来，中国企业对经营海外业务人才的培养不够重视。在我们的调查中，受访企业认为东道国语言文化是海外经营区位选择中最次要的因素。然而实践证明，经营管理人员的业务技能以及对国外语言文化的通晓都是影响企业海外经营的非常关键的因素。在这方面，中国企业主要存在以下问题：

- 在发达国家目标市场，如北美以及欧洲，由于中国企业内部僵硬的薪资体系和人员选聘惯例，因此难以获得或者不愿在当地选任高级管理人员。
- 人员调动过于频繁，既不利于人才的成长，又影响企业的发展。
- 具有丰富国际经验的高级管理人员的比例/外国专家担任顾问的比例较低。

为解决这些问题，罗兰·贝格公司认为中国领先企业可以从两方面着手。

一是着力培养一批既懂外语又懂法律，既善于管理又通晓财务的高素质复合型人才，担当公司海外经营的管理和业务骨干。高素质的复合型人才可以通过内部员工国外培训、高薪聘请国外专家、吸收海外学子等多种渠道来广泛吸纳，并建立人才储备库，采取有效的激励措施，充分发挥国内人才在海外经营中的作用。同时应制定严格的选择、任用、轮换、淘汰和退休制度，改革现行任期轮换制，对海外企业主要负责人的任期，应根据企业自身的特点、业务性质和发展需要确定。

二是借鉴别国经验，大力实施海外机构人员本地化战略。公司应当将少量管理人员派往东道国，而大多数管理和经营则雇用当地人来完成。同时也要善于利用东道国的人才资源，从而更好地适应东道国的情况，提供适销对路的产品和服务。许多海外企业的实践经验表明，应当尽快实现海外企业人员本土化。当地人熟悉本地经济、法律和人际关系，可以较容易地为海外企业开辟当地市场。

译者根据冯凯乐、周炜的文章《中国企业海外经营的五个成功因素》改编。原文出自 2003 年 11 月 18 日《21 世纪经济报道》。

CHAPTER

# 3 正确地做事——国际伦理和社会责任

**学习目标**

- 区分国际管理中伦理的两种观点：普遍主义和相对主义
- 区分不同国家看待伦理的不同观点和做法
- 了解跨国公司通常如何对待外国政府采取的不符合伦理的行为
- 了解《反海外腐败法》及其对美国跨国公司的意义
- 列举在很多国家中正在发生的经济变革所带来的社会成本，跨国公司对此负有怎样的责任

## 国际挑战

### 竞争情报：寻求额外的优势

"我从来不想参与平等的战斗，所到之处，我都想占上风。"

——桂冠达（Quaker State）首席执行官 H. M. 鲍姆

鲍姆先生的这一番话，会让你对跨国公司面临的激烈竞争状态有一个基本印象。不过，他所谓的"上风"其实是指"竞争情报"（CI）。获得竞争情报并非公然去盗窃其他企业的机密文件，它的定位有些模糊，是指以接近（有时会超越）伦理和法律界线的手段获取信息的过程。因此，在某些方面，CI 其实就是"间谍"的温和表达方式！当甲骨文公司通过对微软公司进行"垃圾搜寻"（dumpster diving）以了解微软公司的发展方向时，CI 这个词的含义受到了人们更多的关注。不过，很多公司做的比甲骨文要光彩一些。实际上，"垃圾搜寻"不过是"给合法的商业情报带来恶名的一些行为"，纽约大型 CI 公司克罗尔公司（Kroll Associates）的泰勒（Alden Taylor）这样说。

可是，CI 到底是什么呢？作为战略计划的一部分，CI 是为了预测竞争对手的行动而设计，同时也包括一系列的数据收集技术。CI 经常涉及对大量信息的筛选，内容包括行业的发展趋势以及竞争对手可能采取的行动。CI 由什么人来实施？从图书管理员到退休间谍，从设计室专家到外部咨询公司，都可以充当 CI 分析师。他们在网页和交易会上巡游，进出于专利办公室，并在机场保持"眼观六路，耳听八方"的警觉。例如，"真实世界情报公司"（Real World Intelligence）就是一家专门

为美国中央情报局提供定制软件的公司。这些软件可以扫描大量的网页数据，如某家公司网页上的新产品信息等。欧洲和亚洲的跨国公司同样也使用CI技术（当然也用到工业间谍），它们开展CI活动时间实际上比美国同行还要早。

CI的作用如何？据业内人士说，它的作用很大！根据孟山都公司情报部门的前任老板估计，年回报达到5 000万美元。早在20世纪70年代，摩托罗拉公司前任董事长罗伯特·加尔文就雇用原情报官员为公司建立了一个情报部门。从那时起，摩托罗拉再也没有像20世纪80年代的施乐公司一样，在日本企业大肆瓜分复印机市场时变得六神无主。目前，摩托罗拉公司的CI部门由第三位原任职于中央情报局的人士主管。

对于商业伦理主义者而言，真正的问题不是CI是否能够维护住道德底线，而是CI是否可以为自己讨一个合乎道德的说法。看看下面这家希望通过大幅降价来赢得市场份额的公司采取的一系列步骤。第一步，CI部门人员首先拜访竞争对手的原雇员，以便了解在给零售商折扣前，竞争对手的销售代表一般在什么时间向高级经理提出申请，以获得批准（如在对手降价后）。第二步，以不同的借口向竞争对手高级主管的“邻居”打电话，极力了解他们的行程时间表。后来，他们获知竞争对手的主管们已经到欧洲视察工厂去了。一家不知情但是很合作的旅行社甚至把他们的路线行程细节全部拱手相送。结果，这家食品公司马上降价。竞争对手要降价但为时已晚，因为他们必须要获得主管的批准，而此刻主管们远在几个时区之外。最后，竞争对手亏损了。

CI和与CI相关的活动正处于如火如荼的发展阶段。冷战以后，窃取美国工业情报的国家数目实际上是在增加而不是在减少。普华永道近来发布的一个研究报告宣称，经济间谍日益增多，导致美国《财富》1000强公司每年损失约450亿美元。更有意思的是，数年前，当时的俄罗斯总统叶利钦竟然责备国内的商界领袖，说他们没有有效利用盗取来的技术！不要以为盟国就不会偷你的情报。法国情报部门的前任长官就在公众场合承认，他曾经组织了一个部门来收集美国企业的情报。他同时披露，法国航空公司的乘务员曾经偷听乘坐法航的美国商人的谈话，并且录音。[1]

下面就是你面临的挑战。如果某人被捕并被指控有重罪时，你很容易看出其不道德的性质。可是，对更加诡秘的竞争情报活动呢？它们是不道德的吗？例如，考虑一下下面的信息收集行动是不是不符合道德的行为：

- 翻检竞争对手公司丢弃在公共场地的垃圾
- 故意偷听公司员工私下的谈话
- 让雇员冒充应聘人员去应聘竞争对手的招聘
- 雇用竞争对手原来的雇员

- 让雇员假冒参观者巡视竞争对手的设施
- 参加有竞争对手产品展览的交易会

阅读本章结尾的“迎接挑战”，你会发现一些令人惊讶的回答。不过，在此之前，请认真考虑如果跨国公司有意保护自己的商业秘密以防止竞争对手盗取，你可以推荐哪些方法？[2]

## 3.1 国际管理中的伦理道德和社会责任

本章将讨论与伦理道德和企业社会责任相关的国际问题。这个论题是上一章政治和法律问题的进一步讨论。有些商业行为看起来并没有违反任何法律规范或政治规则，但它们有可能是错误的行为。不可否认，很多企业在本土已经处理了很多的伦理道德问题。但是，随着贸易壁垒的降低及国际商务的增长，在未来岁月里，它们将不得不直面国际伦理道德问题。

上一章我们讨论过，国际管理者必须了解他们所在国的政治和法律框架。不过，某些商务行为可能在方法上合法或在政治上有利，但是，这并不意味着应该实施。在很多情况下，一项行动可能会引起更多的个人、组织或社会的担忧。[3]所以，从长期观点看，企业最好能够按照一套以价值观为底线的方针来采取行动。或许这些方针很难制定也难以实施，但是，遵循这样的规则可能提高顾客的信任度，避免未来的法律问题，甚至能够带来社会效益。[4]这些论题把我们带入了伦理道德的王国，以及它们对商务行为的影响。

> **伦理价值观(ethical values)**
> 个体对什么是对什么是错的道德判断。

我们将以对**伦理价值观**的讨论展开话题。这里，我们重点关注的是个体对什么是对什么是错的道德判断。随后，我们将超越个人的道德判断，考虑组织将如何服务于它们所在的社会和国家。不少专家呼吁跨国公司将企业的社会责任明确地写进自己的国际商务战略中。[5]实际上，目前也有几种框架供跨国公司参考，这几种框架区别了不同的企业社会责任行为和道德行为，为跨国公司指明了方向。[6]一般而言，传统上的伦理道德主要关注狭隘的个人问题，而企业社会责任关注的是更普遍的问题，因为后者是由企业整体道德伦理定位所驱动的。

在过去的25年里，国际商务界尽管已经付出了巨大的努力，但是，很多企业还是感觉到商业伦理这个概念含糊不清，甚至无法实施。其中一部分原因是因为伦理本身已经是一个复杂的问题，当这个概念从一个国家运用到另外一个国家时，问题会变得更加错综复杂。我们在第2章所讨论的政治和经济体系会对国际商务经营者的伦理价值取向产生直接和间接的影响。反过来，这种伦理价值取向也在左右着来自不同文化背景的人们对伦理规范行为的判断。[7]最后，这些观念会驱动行为，例如有争议的工资、工作中的人权问题和对待雇员的标准等。这些问题将在本章逐一讨论。

## 伦理的哲学和观点

我们应该怎样做？别人的行为方式应该如何？这些都是人们争论了多个世纪的重大哲学问题。无休无止的争论本身就说明，这些问题的答案各种各样，每一个答案都有其充足的理由，每一个答案都拥有无数的证据支撑。因为哲学问题不是直接讨论的对象，所以，我们将把它们粗略地分为两大类："普遍主义"（universalism）和"相对主义"（relativism）。对国际管理者而言，遵循不同的观点也意味着采取完全不同行为方式。[8]

**普遍主义(universalism)**
认为存在着人们普遍接受的客观的伦理指南，适用于所有的国家。

**普遍主义**。从字面上解释就是相信有一种为人们普遍接受的、客观的指南，适用于不同的国家和文化。倡导这种定位的人认为，天下有现成的伦理规范，人人都必须遵守。普遍主义者指出，有一些行为几乎在所有的文化中都被认为是错误的（如危害他人或他人财产）。

拥护者指出，就商务活动而言，还是存在着人们普遍接受的基本原则。例如，实际上每一个国家都制定了相应的法律来禁止在商务环境下的行贿受贿、欺诈和盗窃行为。[9]当然，不是每一个国家都严格执行这些法律，而且很多国家对此是"睁一只眼闭一只眼"。我们的观点是，很多人相信有普遍的经商"原则"，应该为人们所遵守。普遍主义者并不是被动地站在一边，等待人们去了解这些原则后再来实行。相反，他们采取主动措施，制定出一系列普遍的指导原则。目前，要求管理者遵守的跨国或全球性伦理规范已经制定出来。[10]例如，普遍主义者已经制定出一套国际雇员最低权利的规则，内容包括身体安全权利、言论自由、生存权利和非歧视待遇等。[11]

表 3.1 列举了一些著名的国际规范。[12]这些规范是针对诸如基本人权、生产安全、环境关注和非法支付等问题所制定的。为了更清楚深入地研究问题，我们在表 3.2 中详细说明了其中的一条规范。这条"联合国全球契约"规范描述了跨国公司必须遵守的 10 项伦理原则。当然，制定这些原则的目的并不是为了强制跨国公司竭尽全力来担负起伦理责任，而只是列举了跨国公司在诚信经营时必须考虑的问题。

**表 3.1　国际企业遵循的伦理义务**

1. 《联合国世界人权宣言》。
2. 《经济合作与发展组织跨国企业指导纲领》（*The OECD Guidelines for Multinational Enterprises*）。
3. 《欧洲人权公约》（*The European Convention on Human Rights*）。
4. 《赫尔辛基协定》或《赫尔辛基最终议定书》（*Helsinki Final Act*）。
5. 国际劳工组织《关于跨国公司和社会政策的宣言》（*Declaration of Principles Concerning Multinational Enterprises and Social Policy*）。
6. 《经济、社会和文化权利国际公约》（*International Covenant on Economic, Social and Cultural Rights*）。
7. 《公民权利与政治权利公约》（*International Covenant On Civil and Political Rights*）。
8. 《跨国公司行为守则》（*United Nations Code of Conduct on Transnational Corporations*）。
9. 欧洲经济同盟对在南非有经济利益的公司的行为守则。
10. 苏利文原则（Sullivan Principles）：由美国的苏利文（Rev. Leon Sullivan）在种族隔离时代为在南非经营的企业制定的 7 条原则，包括对不同人种的公平薪酬待遇、提拔和其他雇用惯例。

**表 3.2　联合国全球契约要点**

| 在人权方面，企业应当做到 | |
|---|---|
| 原则一<br>原则二 | 支持和尊重国际间公认的人权保护行动<br>绝不做侵犯人权的帮凶 |
| 在劳动标准方面，企业应当做到 | |
| 原则三<br>原则三<br>原则五<br>原则六 | 支持自由参加工会，认同集体工资谈判的权利<br>努力消除工作中任何形式的强迫行为<br>消除童工现象<br>消除雇用和职位上的歧视 |
| 在环境保护方面，企业应当做到 | |
| 原则七<br>原则八<br>原则九 | 支持保护环境的适当措施<br>采取行动提高环境责任<br>鼓励环境友好技术的开发和传播 |
| 在反对腐败方面，企业应当做到 | |
| 原则十 | 反对一切形式的腐败，包括勒索和贿赂 |

资料来源：United Nations Global Compact（2000）.

然而在实践中，实行诸如此类的普遍原则至少要解决两个问题。

第一，原则总是宽泛的，解释起来就存在很多的含糊内容。所以，对于某些原则如“良好的工作条件”、“与当地政府合作”的运用和看法，不同的跨国公司态度并不一致。

第二，很多国家并没有通过官方规定，强制企业必须全部（或者部分）遵守这些原则。例如，美国一般被认为是最关注伦理问题的国家，但美国并没有在这些全球性伦理原则上签字。[13]部分原因是美国不同意某些原则的内容，同时也因为国内的政治压力。另一方面，美国已经在一些国际伦理协议上签了字，却无法获得其他国家的配合。有时，尽管很多国家已经在原则上签了字，可是事情并不总是按美国人的意愿来发展。比如上一章讨论的美国在 WTO 中失败的例子。1996 年，美国向日内瓦 WTO 法庭呈送的第一个诉讼就遭到败诉。美国代理要求外国石油供应商在自己（外国）的炼油厂运作时，遵守美国本土的污染标准《清洁空气法》。不幸的是，在美国人眼中，WTO 判定的是美国的法律歧视了外国供应商。这些事情和其他事件一起，都使得美国逐渐远离 WTO。在另一个案子中，由于害怕在 WTO 失利，美国取消了对日本一些贸易行为的制裁。[14]

**文化相对主义**
（cultural relativism）
认为任何国家的伦理行为是由那个国家特殊的文化、法律和商务惯例特点所决定的观点。

**相对主义**。由于上述和别的原因，**文化相对主义**成为普遍主义的另外一种普遍的选择方式。[15]相对主义支持者认为，任何国家的伦理行为是由那个国家特殊的文化、法律和商务惯例特点所决定。因此，如果在一个国家里，一般的做法是要给审批进口文件的公务员支付一笔费用。那么，你可能将不得不这样做，尽管这种做法在你自己的国家里属于非法行为。这种入乡随俗的做法经常被认为在几方面是有利的。也许最重要的争议是，如果不按照当地的习惯办事，就意味着你对所在的文化缺乏尊重。这个观点显然表明，国际管理者必须按照所在国家的商务惯例办事。

不久前就发生了类似的事件。当时，美国女演员米歇尔·菲佛（Michelle Pfeiffer）在莫斯科拍摄电影《俄罗斯大厦》（*The Russia House*）。开始拍摄几周后，她离开剧组，以抗议剧组不允许俄罗斯临时演员享受为外国演员提供的丰盛的食物。她很为此感到难堪，因为，在拍电影的地点和拍电影的那段时间里，人们很难获得高质量的食品、香皂和其他生活必需品。不过，俄罗斯有一条法律规定，禁止外国影视公司为他们雇用的临时演员提供食品。剧组说动当地的政府官员请求菲佛返回剧组，并解释这是俄罗斯的办事方式。最后菲佛被说服了，她说："当晚我无法入睡。然后，我意识到，我太过于美国化了。问题不在于我是对的还是错的，而是作为一个外来人，我有没有权力把自己的意识强加到这种文化上面。"[16]菲佛女士在这个问题上的反应成为文化相对主义在实践中的一个绝好实例。

**企业社会责任**。暂时扮演相对主义者并不意味着管理者持有一张“可以走出伦理监狱”的通行证。管理者不应该以对文化不熟悉或者认为某些习俗令人反感为借口，不进行管理分析或判断。例如，大多数人一定不会同意下面的观点：政治压制、利用监狱劳工以及其他违反人权的行为方式是发生在仰光而不是在拉各斯（Lagos，尼日利亚首都）、雅加达或纽约，因此我们可以接受。[17] 当涉及类似的极端例子时，大多数人实际上就变成了普遍主义者。

不过，这类特定的态度往往并不总会变成行动。对于在发生不道德行为的国家里继续从事商业活动，人们会作出各种不同的反应和辩解。在南非种族隔离的年代里，很多跨国公司认为，如果它们从南非撤离，则受制裁危害的那些群体将会蒙受更大的损失，至少短期内是这样。它们认为，撤离将使很多黑人失业。有些跨国公司认为，它们最好作为南非经济的组成部分继续留在南非，以促使政府的改革。[18] 目前，在国际商务领域里，很多成就不凡的美国跨国公司也支持这种观点。[19]

基于同样的理由，百事可乐公司继续它在缅甸的业务，尽管缅甸是由军政府执政。[20] 不过，在美国和其他人权组织不断施加压力的情况下，1997 年百事可乐决定终止其在缅甸的经营。[21] 同年，缅甸开始遭遇国际经济制裁。不幸的是，尽管很多诸如百事可乐的跨国公司离开了缅甸，但是，军政府最终还是掌握了政权。为了维护政权，军队开始开发缅甸最宝贵的资源之一——广袤的原始森林。很多专家指出，从柚木贸易中获得的资金是维系军管政府政权最重要的原因。[22] 实际上，木材贸易占据了 2003 年缅甸合法外汇收入的 11%。不过，其他数据表明，木材出口额应该是这个数字的两倍。理由之一是，军队（超过 35 万人）是用这笔资金来补充其预算的。

政府向百事可乐公司施加压力这一事件表明，希望成为相对主义者的公司并不总能获得免费通行证。第一压力来源就是那些特殊利益集团有组织的抗议行动。例如，抗议者在美国 Unocal 加油站聚会，抗议那家公司通过与一个合作伙伴合作开发气田的方式支持缅甸的非法政府。遭受到类似的抗议后，其他公司如喜力和嘉士伯等终止了它们在缅甸的业务。当然，还有很多的公司在此类抗议发生前，就与政府、环保主义者和其他有组织的机构加强了各方面的联系。雪佛龙为保护新几内亚的森林而捐钱，壳牌公司如今与国际特赦组织联系紧密，其他公司则将年收入的 1% 捐献给当地人，以支持教育事业和卫生事业。[23] 购买世界上 10% 咖啡豆的卡夫食品公司近来与环保组织雨林联盟达成协议，它们将只购买用可持续方法培育的咖啡豆。此前，金吉达（Chiquita）和其他品牌也已经采取了同样的行动。[24] 最后，世界上最大的汽车制造商通用汽车公司通过宣扬它们在氢燃料汽车上的工作成就，冲淡了环保组织对通用 2.8 吨悍马车耗油的批评声音。

通用公司大肆宣扬，通过15年多的研发，这些车辆现在唯一的排放物只是水分了。[25]结果似乎是，持续的压力如果说还没有改变很多跨国公司的心态，至少正在改变它们的思维方式。

近年来，企业社会责任行动已经成为主流。许多企业采用“企业责任”（corporate responsibility）说法，它们认为“社会”的限定将责任的概念狭隘化了，还有的企业则称之为“可持续的企业”。这些企业往往在网站和广告中发布其履行社会责任的信息。例如，耐克在其经典跑鞋Pgasus25周年纪念版的设计遵循了彻底的绿色原则。耐克还设计了可持续发展指数，用于衡量每一款跑鞋对环境的影响。

2008年英国《经济学家》对1000位高管进行的调查发现，60%以上的高管表示本公司对企业社会责任给予“高”和“很高”的地位，而三年前这一比例只有35%。此外，50%以上的高管认为企业社会责任有助于品牌声誉，增加了企业对员工的吸引力，从长远来看是对企业更为有利的决策。表3.3来自同一调查，反映了他们对未来最重要的社会责任主题的看法。

**表3.3 未来5年最重要的企业社会责任主题**

| 议题（全球排名） | 美国 | 德国 | 中国 | 巴西 |
|---|---|---|---|---|
| 环境 | 2 | 2 | 2 | 1 |
| 产品安全 | 5 | 6 | 3 | 2 |
| 退休福利 | 4 | 1 | 4 | 7 |
| 医疗保健福利 | 1 | 8 | 1 | 8 |
| 产品价格可接受 | 6 | 3 | 5 | 3 |
| 人权标准 | 8 | 9 | 9 | 4 |
| 工作场所条件 | 9 | 4 | 7 | 6 |
| 外包造成工作减少 | 3 | 5 | 13 | 13 |
| 隐私与数据安全 | 7 | 7 | 6 | 10 |
| 生产过程合乎伦理 | 10 | 10 | 8 | 9 |
| 投资于发展中国家 | 16 | 14 | 12 | 5 |
| 合乎伦理的营销 | 12 | 16 | 11 | 11 |
| 企业的政治影响 | 11 | 12 | 14 | 14 |
| 高管薪酬 | 15 | 11 | 10 | 15 |
| 其他 | 13 | 15 | 16 | 12 |
| 反对自由贸易 | 14 | 13 | 15 | 16 |

## 伦理观点的跨国差异

普遍主义和相对主义的争论提出了这样一个问题：各国在如何看待并遵循商

业伦理规则方面是否存在分歧？很多研究成果表明，不同的国家对伦理问题的解决方式大相径庭。例如，有一项研究发现，与澳洲和德国管理者相比较，美国管理者更愿意从伦理角度来看待人与人之间的关系问题（如雇员偷盗、误用公司信息等）。另一方面，澳洲和德国管理者更愿意从伦理方面来看待当地的政治参与活动。这些差异或许是对文化价值的一种反映。美国人倾向于高度的个人主义，因此，可能会认为个体是伦理价值的主要源头。而德国和澳大利亚人却是以团体为导向。实际上，在这些国家里，商业伦理已经被描述为企业和当地环境之间的关系问题。[26]

另一项有趣的研究是将美国、法国和德国管理者对几个重要的伦理论题的反应进行比较，这些论题包括非法支付、高压政治、利益冲突和环保问题。这些论题通过短篇故事的形式展示给管理者，并提供了一些背景资料。下面是管理者阅读的短篇故事之一：

> 由于本地自行车生产商的共谋行为，亚洲某大国禁止 Rollfast 自行车公司进入本国市场。如果能够进入这个市场，Rollfast 公司预测每年的销售净利润可以达到 500 万美元。上周，这个国家的一个商人同 Rollfast 公司的管理层进行了沟通，并表明如果公司能给出 50 万美元的费用，他可以为公司进入这个国家打开通道。

接下来，研究者就会问管理者是否愿意支付这笔贿赂费。在很多情况下，与欧洲管理者比较，美国管理者最不愿意进行这项贿赂，欧洲管理者的态度则差别不大。研究者同时也问管理者他们这样做的理由。不出所料，不同国家给出的理由大不一样。例如，近 50% 的美国管理者说，他们不愿意贿赂是因为他们认为这样做不符合伦理、非法或者违背了公司制度。说出同样理由的法国管理者仅占 15%，德国管理者占 9%。而欧洲管理者则倾向于表明，是竞争的原因促使他们采取了那样的行动（“这是为了能在这个国家站住脚而必须付出的代价”或者“竞争让我们不得不接受这个条件”）。总的说来，美国管理者更关注伦理问题，欧洲管理者更关注的是如何保持企业竞争力。[28]

在其他国家采用不同研究方法的另外一些研究者也得出类似的结论。[29] 有趣的是，研究结果还表明，不同国家对待伦理问题的态度可能很类似，但其道德推理过程却大不相同。[30] 这些不同的观念可能产生于每一个国家不同的法律架构、经济环境或者独特的文化价值观。因此，在短期内，伦理观念的跨国差异可能不容易改变，甚至在一个国家的政治、社会和经济条件已经发生急剧改变的情况下也是如此。例如，在过去几年里，南非各方面都发生了翻天覆地的变化，但是，这个国家的商务伦理惯例基本上维持不变。[31]

**伦理准则**。一个国家对伦理道德观念的强调程度，可以通过观察其现有

**国际观察**

## 在国际贿赂游戏中，美国跨国公司落在后面

最近的报告表明，在利用贿赂手段保护商务交易这一点上，美国跨国公司远远不如法国、德国和日本的竞争对手。除了直接的赢利外，某些竞争对手还设法诱导自己的国际客户或者在国际援助中附加一些“条件”（如跟这些国家达成商务协议）。下面就是一些据称为不合适的行为：

- 法国向越南提供援助，目的就是为了换取越南20%的电信市场。同样，法国针对某一个非洲国家宣称，如果法国的一家企业得不到那个国家一个价值为2 000万美元的电信合同，法国将取消为那个国家提供的贷款担保。
- 某一欧洲航空企业宣称，如果土耳其购买它的飞机，则这家企业将帮助土耳其游说欧盟成员国同意其加入欧盟。
- 在10年时间里，一家德国高技术公司通过贿赂赢得了11份合同。
- 日本答应免除巴西3000万美元的负债，条件是巴西必须从一家日本跨国公司购买一部超级计算机。计算机的标价是3000万美元。
- 印度几名政府高官，包括一名被罢黜的总理被指控犯了腐败和敲诈罪。其中某些罪名是跟美国企业有关的，涉及臭名昭著的安然公司。

那么，这类“润滑掌”方法到底给美国跨国公司带来了多少成本呢？根据20世纪90年代中期的一份估算，外国跨国公司通过贿赂手段，保证了100项商业交易的成功，其总价值高达4500万美元。尽管没有证据说明贿赂在中间的作用，但是，有80%的交易是落到了外国跨国公司的手中。另外，2006年，国外还有价值近10000亿美元的基础设施建设项目，这对美国跨国企业而言，可以说是得失攸关。

美国在这些问题上的双重标准已经令外国官员积怨很久了。他们指出，在美国的162家外国使馆的外交人员经常帮助美国跨国公司获取合同、推销产品。实际上，美国跨国公司的行贿也处于一种混乱状态。1995年，洛克希德·马丁公司的一位前任高管就被判决坐监，原因是他通过贿赂一位埃及政府官员来保证一架运输机交易的成功，而这种做法显然是违犯了美国关于禁止通过贿赂手段获取商机的法律规定。不过，其他公司则通过更多特别的手法来完成国际商务交易，比如把外国官员“请到”美国，然后为他们提供佳肴美酒，并且为他们的购物“买单”。

不过，谈到贿赂和其他形式的腐败行为，美国跨国公司显然都是失败者。实际上，在很多国家中，贿赂不但在文化上可以接受，在法律上也是许可的。在法国，向外国人支付部分可以减税。德国的税法也包含类似的优惠条款。有很多美国官员和企业领袖认为，答案在于如何更加努力地促使外国跨国公司按照美国的伦理道德标准来实施国际商务。不过，这种努力大多都将是艰难的背水之战。[27]

（或者缺乏）的公司伦理准则来了解。[32] 有关这个问题的一项重要研究，是通过把欧洲的600 家公司（英国、法国和德国）跟类似的美国公司样本进行比

较。结果如何？第一，美国公司更倾向于把伦理准则放在首位。法国只有大约30%的企业制定了伦理准则，德国和英国分别为51%和41%。美国大约有75%的企业申明它们制定了伦理准则并形成文字，在这点上欧洲国家与美国企业相差很远。[33]

另外，大部分真正有行为准则的欧洲企业，其准则都是在1984年以后制定的。德国的蔡斯（Zeiss）公司早在1896年就为雇员制定了一套准则，但这只是一个例外，而不是普遍现象。此外，与没有制定伦理准则的企业相比，拥有伦理准则的欧洲企业与美国企业的关系更密切。例如，25%有伦理准则的欧洲企业实际上是美国跨国公司的子公司，美国跨国公司子公司只有2%没有制定伦理准则。[34]

除了看一个企业是否制定了伦理准则外，研究者还对伦理准则内容的差别进行了比较。[35]尽管欧洲企业的准则之间也存在一些差异，但作为一个整体，它们与美国公司的伦理准则差别巨大。例如，100%的欧洲公司会在企业伦理准则中的某个地方提及雇员行为，而美国企业中只有55%这样做。然而，为了与美国传统的以市场营销为中心的理念保持一致，美国企业（80%）比欧洲企业（67%）更喜欢提到客户。同理，美国企业（86%）比欧洲企业（20%）更倾向于提到与政府的关系问题。

伦理准则中对政治问题的说法也揭示了公司观念的一些重要内容。很多美国公司申明自己严格遵守法律制度，但是却在商务实践中怀疑政府的作用。例如，陶氏化学公司（Dow Chemical）的公司准则中规定："是的，我们乐意纳税，但是我们不会盲目支付。我们有权利对政府管制的热心表示疑问。"（这是陶氏化学公司强调的，不是我们。）相比之下，欧洲企业在其准则中提到政治问题的次数不多，但一般是采取积极的态度。例如，德国贝塔斯曼认为自己"支持一个自由、民主并有社会责任的社会"，德国威娜公司（Wella Corp.）说，它"欢迎雇员的政治、社会和文化活动"。

## 伦理行为和人权

如前所述，几乎所有人都会认为某种行为是错误的。不过，很多跨国公司所要面对的问题是，如果它们所在国政府的错误行为是违反本国公民利益的，它们应该作何反应。不同的企业会有不同的反应。有一些公司（如李维—史特劳斯公司）就永远拒绝在这种环境中经商，它同时还制定了与商务伙伴的合作条件；另一些公司（如美孚和福特公司）则继续在这些国家经营，因为它们认为，继续在这些国家经营能够做更多的好事。

**南非的人权问题**。这方面最著名的莫过南非种族隔离时期的例子。**种族隔离**

> **种族隔离(apartheid)**
> 由原南非白人政府实施的，在住房、工作和政治参与方面对黑人采取歧视政策的体系。

制度被南非白人政府执行了几十年，这种制度禁止黑人参加投票选举，禁止黑人居住在白人区，允许对黑人实行工作和薪酬歧视政策，黑人必须获得许可方可进入某些特殊区域。多年来，世界上很多人都明确这些做法应该遭到谴责，是违背道德的。然而，就是在种族隔离时代，南非也是非洲强大的经济实体，GNP 占整个非洲大陆的 25%。实际上，在种族隔离时代，世界上很多公司照样在南非经商。

然而，到 20 世纪七八十年代，对于在南非经商的跨国公司而言，种族隔离问题变得异常尖锐。跨国公司开始感受到来自民权活动分子和股东的压力，他们要求跨国公司减少跟南非的商务往来。1977 年，身为浸信会牧师和通用汽车公司董事的沙利文先生（Rev. Leon Sullivan）为在南非经商的企业制定了准则。其 7 条原则的中心内容就是，美国跨国公司绝不能遵守种族隔离法律。因此，以通用汽车为先导，很多美国跨国公司没有遵从南非的种族隔离法律。[36] 10 年以后，沙利文总结说，这些原则并没有促成南非政府的任何改变。由此，他改变公司定位，主张采取放弃战略和贸易禁运手段，而不是所谓的“有建设性地参与”。

很多美国公司的股东包括大型的退休基金，最后都采纳了同样的观点。同样，在南非经商的美国跨国公司有 25% 撤离了南非。曼德拉在 1990 年美国之旅中所坚持的支持放弃政策以及他对美国和欧洲企业的批评态度，令更多的跨国公司撤离了南非。到 1991 年，在南非运营的美国跨国公司仅剩下 110 家，比 1986 年的 267 家少了很多。不过，这个数据并不包括合营企业或者其他间接投资形式（例如，尽管福特不再在南非生产汽车，但它还是把配件销售给南非的一家企业）。[37] 无论如何，人们很难说得清楚，在南非 1994 年选举曼德拉当选国家总统这个事件中，公司抵制所发挥的作用到底有大。

具有讽刺意味的是，一些美国跨国公司如霍尼韦尔（Honeywell）觉得，决定再回到南非就如当初决定离开南非那样困难。[38] 跨国公司回到南非的主要目的是赚钱，同时也是为消除种族隔离时代留下的贫富差距而努力。[39] 例如，很多跨国公司为黑人居住的卫生条件很差的城镇捐资建设住房和学校。[40] 总的说来，美国跨国公司已经陆续返回了南非。到曼德拉执政的 1994 年，已经有 150 家美国跨国公司在南非经营，比过去的三年增加了 40%。这种现象到 20 世纪 90 年代达到稳定状态。无论如何，跨国公司在南非的行为表明，尽管国际社会普遍认为某一个国家的行为应该受到道义上的谴责，但企业未必能够作出明确、一致的反应。[41-54]

## 有问题的付款和贿赂相关的伦理问题

实际上，跨国公司是否有责任保护工人——哪怕这些工人是为外国承包商工作——是很重要的伦理问题。然而，对于很多其他问题，普遍主义者和相对主义者一直争论不休。例如在沙特阿拉伯，任何一个岗位上雇用女性管理者都是违法的[55]，但是，对美国人而言，在雇用方面反对性别歧视却是合法行为。那么，在沙特阿拉伯经商难道就是不合乎伦理规范的吗？同样，难道把设备转移到海外以回避严格的环境保护法律也是不合乎伦理规范的吗？最后，如果某种药品由于有可能致癌而没有得到美国政府的审批，而某个美国跨国公司却要在马来西亚销售这种药品，这种行为正确吗？

在很多类似的个案中，美国跨国公司曾经中肯地申辩道，它们的某些在伦理方面有疑问的行为可以得到澄清，甚至在道德上是正确的。正如我们前面所提到的事实一样，相对主义者得到了很多人的信奉并得到某些跨国公司的青睐，尽管也有很多著名的研究者对之持反对态度。

国际商务中一个与伦理相对主义相关的普遍做法是**有问题的付款**，这里指的是像贿赂、勒索以及本国人和外国人给政府人员和商界领导支付“润滑”费等。在国际商务中，贿赂和相关行为已经有很长的历史了。[56]除了直接的货币支付，贿赂也包括赠送贵重礼物（珠宝、艺术品和其他收藏品）、提供奢侈的娱乐活动、为国内外高官提供免费旅游等。

> **有问题的付款**
> （questionable payments）
> 指贿赂、勒索以及给政府人员和商界领导支付“润滑”费等与伦理有关的行为。

实际上，有史以来在很多社会形态里，非法或者所谓的有问题的付款一直都是很普遍的行为，无论是非洲、亚洲、中东、欧洲或者美洲都不例外。[57]对很多早期文明的历史记载表明，贿赂是一种普遍的现象。由于贿赂如此普遍，因此几乎每种文化都有与之对应的词汇。[58]表 3.4 对这类词汇进行了总结，当然，作者并不希望读者把这些词汇用在商务活动中。

例如，在某些阿拉伯和土耳其语系国家中支付所谓的“baksheesh”，就是我们所称谓的有问题的付款或者非法支付。政治付款的出现和频度可能反映了这些国家多个世纪以来由一个强大的国家统治的现实（如奥斯曼帝国）。在这里，与不完善的法律体系相比，通过支付 baksheesh 可能会获得更多的对商务运作的保护。同样，在墨西哥，“la mordida”（字面意义是“诱饵”）这个词可能也反映了对官僚政府同样无能为力的历史事实。[59]其他语言中的词汇如意大利的“bustarella”（小信封）和法国的“pot au vin”（一杯酒）等描述了这一事实。在尼日利亚，外国企业如果不会“dash”当地政府，则可能无法在那里运作。

**表3.4 不同国家（地区）可能有贿赂含义的词汇**

| 国家（地区） | 词　汇 | 国家（地区） | 词　汇 |
|---|---|---|---|
| 巴西 | *jeitinho* | 日本 | *wairo* |
| 埃及 | *baksheesh* | 马来西亚 | *makan siap* |
| 法国 | *pot au vin* | 墨西哥 | *mordida* |
| 德国 | *trink* | 尼日利亚 | *dash* |
| | *gelt/sxhmiergeld* | | |
| 希腊 | *baksissi* | 巴基斯坦 | *roshvat* |
| 洪都拉斯 | *pajada* | 秘鲁 | *coima* |
| 中国香港 | *hatchien* | 菲律宾 | *lagay* |
| 印度 | *speed* | 俄罗斯 | *vzyatha* |
| | *money/baksheesh* | | |
| 印度尼西亚 | *uong sogok* | 泰国 | *sin bone* |
| 伊朗 | *roshveh* | 美国 | *grease* |
| | | | *money/payola* |
| 意大利 | *bustarella* | 扎伊尔 | *tariff de verre* |

资料来源：改编自 Jacoby, N. H., Nehemkis, P., & Eells, R. (1977). *Bribery and extortion in world business: A study of corporate political payments abroad*. New York: Macmillan.

有趣的是，几乎每一个国家都会明确地把受贿行为定性为非法。[60]所以，如果对外国官员行贿，行贿的个人或者公司可能面临被起诉的风险。除了对贿赂比较一致的看法外，各国对腐败的容忍程度差别很大。在一些国家里，贿赂很普遍，因此几乎不会产生任何风险。近来对大量的印度尼西亚商人、政府官员和一般公民的一项调查表明，超过65%的居民承认政府公务员曾要求他们“暗中”付款。超过50%的居民说老师向家长索要额外费用以使其子女能够继续在学校上学。甚至有50%左右的公务员承认收受过贿赂。在其他情况下，尽管贿赂是一种常见的、可接受的行为，但巨大的数额（如挪用公司或政府公款）使人们无法视而不见。实际上，有2/3的印度尼西亚商人表示，他们愿意把总收入的5%作为额外税收交给政府，条件是政府能够用这笔税收来反腐败。[61]

如果真的如此，贪官或公司贪污分子将会被指控和起诉。我们在表3.5中列举了由非营利组织“透明国际”（Transparency International）每年在全世界范围内所进行的腐败追踪调查结果。调查根据不同的国际机构和商人的了解，按照腐败的总体情况对80个国家进行了排序。**腐败**被定义为在商务活动中典型的贿赂、挪用和幕后活动的数量。表3.5中只分别列举了腐败行为最多和最少的20个国家。与腐败指数最高（腐败最少）的丹麦相比较，美国排在18名（在180个国家中）。[62]

> **腐败(corruption)**
> 在政府或企业中贿赂、挪用和其它非法幕后活动发生的程度。

表 3.5　最腐败的 10 个国家和最廉洁的 10 个国家

| 排名/国家（最廉洁） | CPI 指数 | 排名/国家（最腐败） | CPI 指数 |
|---|---|---|---|
| 丹麦 | 9.3 | 刚果民主共和国 | 1.7 |
| 新西兰 | 9.3 | 赤道几内亚 | 1.7 |
| 瑞典 | 9.3 | 乍得 | 1.6 |
| 新加坡 | 9.2 | 几内亚 | 1.6 |
| 瑞士 | 9.0 | 苏丹 | 1.6 |
| 芬兰 | 9.0 | 阿富汗 | 1.5 |
| 冰岛 | 8.9 | 海地 | 1.4 |
| 荷兰 | 8.9 | 伊拉克 | 1.3 |
| 澳大利亚 | 8.7 | 缅甸 | 1.3 |
| 加拿大 | 8.7 | 索马里 | 1.0 |

**不同国家对贿赂的处理**。法国的反腐败行动是一个很有意思的例子。法国的反腐败力量由地方法官组成，这些法官受到与政府机构和企业拥有密切关系的精英体系的支持。他们的目标是把这个体系带来的副作用——四处蔓延的腐败（贿赂、回扣和挪用）控制住［法文称为"干预"（dirigisme）］。他们的部分动机为：无处不在的腐败已经造成法国的经济衰退、失业率上升，并使得法国企业目光短浅、缺乏竞争力。令法国反腐败活动感到头痛的是腐败的范围太大。从 1995 开始，几十位政府高官和企业要员要么受到审判，要么被投进监狱，要么成了被审查的对象，其中有一些还是法国知名企业的领导者。[63] 法国和一些欧洲国家因此制定了豁免法律，使这些政府要员免受起诉。这条法律曾帮了法国总统希拉克很大的忙。希拉克在当巴黎市长的时候受到过经济问题的指控。后来，希拉克再次竞选总统时，反对者就举着印有他相片的标语游行，上面写着："为我投票吧，不然我就得坐牢了"。[64]

法国不是唯一通过关注贿赂和其他腐败行为而痛下决心反腐败的国家。[65] 考虑下面的一系列事件，它们要么被定性为刑事犯罪，要么导致各种各样的调查：

- 日本有一项涉及 3500 亿美元坏账的丑闻，暴露了日本财政部官员、政治领袖、银行家、有组织的犯罪集团（总称为 yakuza，日本犯罪集团和非法企业的一种松散的联盟）之间紧密的合作关系。人们怀疑犯罪联盟中的主要企业接受了有问题的贷款，甚至有联盟成员参加了为日本政治家举行的筹资会。[66]
- 韩国 SK 公司的董事长崔泰源（Chey Tae-won）因几十亿美元的税收欺诈入狱，但几个月后就被释放了。韩国人的反应是强烈抗议并怀疑结果的公正。崔泰源是某位韩国前总统的女婿，被指控涉及大宗的腐败活动。然而，崔泰源照样担任国家第三大企业 SK 公司的董事长，并有可能返回到管理层岗位。休息一小段时间后，他换下了自己坐牢时代替他的另一名高管人员，而后者也是涉案人员之一，只是因缓期执行没有坐牢。[67]

- 腐败对中国政府而言也是很重要的问题。仅仅在2001年，中国被调查的渎职和腐败案件就达43000多件。据政府官员估计，1995—2000年间，每年因腐败造成的经济损失占GDP的13%～17%。而且，案件也涉及政府官员自己！一些被定罪的有：北京市市长、市委书记被判16年的徒刑；沈阳市市长由于腐败和与黑社会有染而被判死缓；一名公安部副部长也被判死缓；一位中国人大副委员长被执行死刑。[68]
- 莫斯科反对党领袖威胁要进行调查和法律变革，以控制新兴的集团企业，因为政府中似乎有人在关照这些企业。他们为企业集团减税、降低进口关税，在与外国竞争对手相关的问题上提供法律支持，并因此而涉嫌接受回扣。这类产业巨头大约有32家，它们掌控着500家工厂和72家银行，雇员达250万人。[69]

当然，美国也存在着腐败。美国的商业历史充满着类似的腐败事件。实际上，一些专家感觉到美国的某些产业如食品、零售和建筑业仍然是腐败滋生的沃土。更糟糕的是，其他国家的人们经常认为美国人不愿意承认自己在伦理道德方面的弱点。所以，有时美国人会被视为是伪善的、道貌岸然的，尤其是考虑到丑闻和道德问题，而且，在安然、WorlCom、Tyco和其他事件发生之前，这类事件就已经层出不穷。因此，欧洲人认为，美国需要“放轻松些”，在区别个人和商务伦理方面别再那样天真。[70]

到目前为止，我们所讨论的例子基本都与对内部的贿赂和腐败的调查有关，其中国家政府官员或商界领袖在某种程度上都处在“接受贿赂”的位置。但是，很少有哪个国家会对向外国官员行贿的本国公民定罪。大多数国家会按照“入乡随俗”的办法来处理类似的事件，认为本国公民应该按照所在国的行为方式来规范自己的行为。某些国家甚至走得更远，如瑞士竟然在本国企业向外国政府行贿时，允许对这部分支出免税。[71]至少这种做法是得到默许的。

最近几十年，美国企业向外国官员行贿也成为一种普遍的现象。20世纪70年代中期，几桩涉及高层的公司腐败案发生了。当时正值水门事件导致尼克松总统下台的时期，所以美国对腐败问题相当敏感。例如，为了保证获得日本航空公司向洛克希德公司（Lockheed）采购飞机的大宗订单，洛克希德飞机公司总裁卡尔·科奇恩（Carl Kotchian）向日本政府官员和代理支付了费用。因为日本官员在跟科奇恩接触时告诉他，如果要赢得合同，洛克希德公司必须进行这项支付。后来，付款被索要了好几次，总额达1 250万美元。[72]事情被媒体披露后，洛克希德公司被指控违反了多项税收规定，同时伪造公司记录。有意思的是，有专家指出，尽管这类非法付款在日本被视为很正常的商务行为，但是，当媒体披露了这一事件后，同样在日本引起了极大的愤怒。[73]涉及此案的政府官员均被指控为刑事犯罪，其中有一个官员还自杀了。[74]

无论如何，洛克希德事件引起了广泛的关注和解释，包括科奇恩本人也写了一篇文章详细描写事件的过程。[75]更加详尽的分析表明，这个事件只代表了洛克希德公司海外贿赂支付的一个方面。[76]当然，也绝非只有洛克希德公司一家提供贿赂。在洛克希德事件发生的1974—1976年间，大约有450家美国公司向外国政府官员或公司进行了类似不恰当的支付。已经很恼怒的美国公众促使国会通过了**《反海外腐败法》**（*Foreign Corrupt Practices Act*，FCPA），这一文件在1977年成为正规法律，并在随后的修改中对一些含糊的条款进行了更正。

**《反海外腐败法》**（Foreign Corrupt Practices Act，简称 FCPA）

美国的一部法律文件，规定为赢取或增加商务机会而向外国政府官员进行支付或支付承诺为非法行为。

**疏通费**（grease payments）

给官员的付款，目的是让他们更快地实施其本职工作。

**《反海外腐败法》**。这一法律规定为赢取或增加商务机会而向外国政府官员进行支付或支付承诺为非法行为。对违法公司的惩罚包括高达100万美元的罚款，涉案个人除了被罚款外，还要被处以5年以下的徒刑。有意思的是，最新版本的《反海外腐败法》并没有禁止所有的向外国政府或官员进行的“有问题”的付款，反而对贿赂和“**疏通费**”的区别进行了甄别。后者经常被人们称为“润滑付款”，因为它是为了“润滑商务轮子”而支付的。给下层和中层官员进行类似的支付是合法的，这样他们可以更快地实施本职工作。

例如，在很多国家里，人们必须给海关人员付款以便让他们尽快开展工作，如更快地对美国某跨国公司进口商品进行检查和通关。有时候，某些外国海关人员只有在拿到“疏通费”以后才加紧清关工作，否则可能会扣押货物。其他在《反海外腐败法》里规定为合法的“疏通费”包括：（1）赠送“礼品”以疏通阻碍商务活动的官僚机构；（2）赠送“礼品”作为对低工资水平的补充，礼品相当于对服务绩效的奖赏；（3）许可证和设施必须通过额外的支付而得到。从根本上说，贿赂和“润滑费”的区别是，润滑费数目相对较小，而且只是为了获得一个企业应该拥有的东西而付出（如进口许可证）。但是，对于某些伦理道德家来说，两者之间没什么差别。

**《反海外腐败法》的影响**。《反海外腐败法》是由卡特总统签署的，尽管人们当时对它大肆吹捧，但还是引来不少美国跨国公司的抱怨。抱怨的焦点是《反海外腐败法》将会给美国企业的竞争力带来负面影响。有几位著名的商界领袖指出，过去由于拒绝支付贿赂，他们失去了很多与外国政府签订合同的机会。他们解释说，最后赢取合同的竟然是那些产品、服务水平低劣的企业，而在公平竞争的条件下，这些企业根本无法参与投标。

这些商界领袖认为，《反海外腐败法》一定会显著扩大这种影响。为了进行有效的竞争，政府应该允许美国企业采用外国竞争对手所采用的任何竞争手段（包括贿赂）。[77]另外，如前所述，一些管理人员也注意到，其他国家政府不但不禁止贿赂，有时还通过减税的方式鼓励这种行为（如德国和瑞士政府）。但是，1999年欧洲反腐败法令通过后，情况发生了变化，这部法令中的很多内容跟美国的《反海外腐败法》相似。管理人员不禁要问：面对着这样的束缚，美国企业应该如何在世界市场上竞争呢？[78]

实际上，人们已经对《反海外腐败法》是否对美国企业的竞争力产生负面影响进行了研究。一项研究调查了《反海外腐败法》通过以后美国企业在两类国家中市场份额的变化。研究涉及对15个国家美国大使馆和商务部官员进行有关这些国家商务活动的调查。这部分研究是为了确认当前哪些国家的非正常支付最严重，哪些国家最少。此后，人们还研究了《反海外腐败法》通过后非法支付比较普遍的国家是否变成出口业务的障碍。研究也探讨了《反海外腐败法》通过前（1971—1976年）和通过后（1977—1980年）跨国公司市场份额的变化情况。结果很有意思，《反海外腐败法》并没有降低美国跨国公司的海外竞争力。实际上，无论是《反海外腐败法》通过前还是通过以后，跨国公司在这两类国家里的市场份额根本没有什么变化。[79]

但是，这项研究也有局限。第一，研究者对《反海外腐败法》通过后其影响的研究时间跨度很短。美国企业的竞争力有可能随着《反海外腐败法》的通过而逐渐降低。第二，市场份额数据本身变化很大。例如，对于航空业而言，一年的市场份额发生100%的改变是很正常的。尽管这一点不一定跟贿赂普遍的国家有很大的相关性，但它表明了数据本身的跳跃性是非常强的。例如，波音公司可能在第一年跟沙特阿拉伯签了约，但是，如果第二年有空中客车介入，则波音公司有可能不得不全部退出。[80]

尽管数据不是很完善，但我们也可以得到一个基本结论：美国跨国公司的整体国际竞争力并没有因《反海外腐败法》的出台而受到致命的影响。不过，由于没有给外国伙伴提供相应的好处，美国跨国公司在某些领域实际上的确失去了一些发展机会。例如，美国的电信公司就抱怨说，在厄瓜多尔对其国有电话企业进行私有化改造的过程中，它们未能与这些企业签订合同。在200多份合同中，大约有90%为非美国公司获得，原因就是美国公司不愿意给政府官员支付合同额10%的好处费。[81] 在印度尼西亚，美国通用汽车公司觉得，自己也由于同样的原因失去了与当地企业合营的机会，因为竞争对手韩国的现代公司给总统苏哈托的儿子提供了很多好处，而自己却没法这样做。实际上，当时很多企业都有同样的感受，如果不跟苏哈托家族建立一定的联系，在印度尼西亚的经营绝对会举步维艰。而且，根据美国法律，与苏哈托6个儿子中的任何一个组成合营企业并不是违法行为。[82] 这些事实都说明，在国际商务活动中确实存在着很多伦理问题的灰色地带。

**对有问题付款内容的总结**。在这里，我们只能对近来美国跨国公司的腐败行为进行大致的估计。无疑，一些有问题的行为正在发生。除了一些特殊情况，很多美国跨国公司都在努力消除国际商务中的腐败行为。例如，1988 年发生在世界最大的广告公司之一扬雅公司（Young & Rubicam）及其三位高管人员身上的情况就很少见。美国司法部宣布，该公司违反了《反海外腐败法》，因为公司通过一个牙买加代理间接给牙买加旅游部长行贿以获取商机。根据《反海外腐败法》，扬雅公司同意支付50 万美元的罚金以了结此案。[83]

很多美国公司——如扬雅——的一个反应是制定明确的公司指导原则，并直接与其管理者进行沟通。据估计，大约有80%的美国跨国公司已经把这些原则结合到公司的运作中。美国跨国公司在这一点上比其他几个国家做得更出色。一些公司的行为准则对哪些款项该支付、哪些款项不该支付进行了很具体的规定，比如卡特彼勒公司（Caterpillar）的规定就是如此。一些公司的行为准则把伦理视为一个非常重要的内容，比如IBM公司（现在也包括扬雅广告）。IBM公司甚至不允许自己的管理者支付“润滑费”，哪怕按《反海外腐败法》规定是合法的。总体而言，这些准则并不是很精确，基本上只是告诉管理者不应该做什么，而不是告诉他们应该做什么。[84]

因此，有专家建议跨国公司应该设立伦理热线电话，并允许雇员匿名咨询。[85] 尽管必须要克服很多障碍，包括如何应对不恰当的申辩等，但至少有一些公司已经开始开通了热线电话。某些美国跨国公司采取的另外一个主动步骤是努力说服外国企业和政府（大部分是通过美国政府渠道）制定法律，反对贿赂和其他腐败行为。[86] 总体而言，这类努力成效不大。下面的国际观察详细描述了美国跨国公司在从事国际商务活动时遇到的各种障碍。

## 3.2 向市场经济过渡的国家中的伦理问题

在本章最后一节，我们将考察在那些向更富有竞争力的市场经济过渡的国家

国际观察

## 交朋友和施加影响力：美国企业是如何在贿赂盛行的地方竞争的

美国的跨国公司经常被自己的公司准则和《反海外腐败法》所约束。结果是，美国跨国公司无法像其他国家的企业一样采取同样的做法。那么，在这样的环境中，美国公司应该如何竞争呢？以Percy Chubb III为例，他花费上百万美元，试图通过此举来交朋友并对他们施加影响。Chubb先生是Chubb保险公司的副董事长，很想从中国官员那里得到许可证，以便开辟中国这个大市场。因此，这家公司出资100万美元，在上海大学开发了一个保险培训项目。公司把某些官员任命为项目的董事，因为这些官员在未来决定是否给Chubb公司办法许可证时会发挥举足轻重的作用。“你试图向他们解释，这是一条双行道。”Chubb先生这样解释道。他承认，为了开拓海外市场，公司在别的国家同样花费了“几百万”美元投资类似的项目。

这种行为代表了很多美国跨国公司所采取的战略，这种战略与尚在很多国家盛行的不衰的贿赂成为鲜明的对比。冒进的外国企业经常通过某种交易手段获取进入巨大的、发展迅速的市场。某些美国公司无疑也在做同样的事情。与欧洲和其他国家公司不同的是，事情一旦败露，它们将难逃《反海外腐败法》的严厉处置。例如，1995年，洛克希德公司就被指控向某个埃及官员行贿150万美元以获得一份飞机制造合同。公司为此缴纳了2 400万美元的罚款，数额超过本合同总利润的两倍。同样，通用汽车公司也由于一位雇员向某以色列将军行贿而被罚款6 900万美元。

然而，根据《反海外腐败法》作出的起诉毕竟很少。2003年，由此定案的案件不足50项。一部分原因是需要案件发生所在国的配合，这点很难实行。就是通过这种机制，美国政府官员获取了关于埃克森石油公司的丑闻。对埃克森石油公司丑闻的调查或许是《反海外腐败法》通过后有关贿赂方面最大的调查活动，联邦司法局对公司与哈萨克斯坦（被认为是过去30年新探明石油蕴藏量最大的国家）的石油交易进行了调查，后来发现埃克森公司通过其瑞士银行向哈萨克斯坦政府官员（包括总统本人）支付了7 800万美元的款项。通过瑞士官方的帮助，司法局指控了目前已经退休的一个原公司高管人员。对这些内幕，埃克森公司表示毫不知情。其他公司包括欧洲公司也一样涉及类似的活动。不过，欧洲的官员并没有受到指控，因为这些行动是在1999年欧洲通过《反海外腐败法》以前发生的[87]。

撇开贿赂不谈，美国企业采取的另一种普遍战略是通过交朋友的方式施加影响。如Chubb公司所采取的通过捐赠和“博爱”活动施加影响的战略是《反海外腐败法》完全接受的做法。例如，1995年IBM董事长郭士纳（Louis Gerstner）访问北京时，给中国的20所大学捐赠了价值2500万美元的硬件和软件设施。这种战略的另外方式是，为外国官员提供到美国旅游的机会。“这些旅游为跟客户搞好关系提供了很好的机会，”美国AT&T中国公司董事长威廉·华威先生如是说。例如，德州联合石油公司在跟巴基斯坦政府组成合营企业时承诺，公司每年将出资20万美元，为这些政府官员到美国和欧洲培训提供支持。在美国逗留期间，这些官员至少要花一定的时间来参观美国工厂和类似的机构。同时，到迪斯尼乐园、拉斯维加斯和亚特兰大市参观也非常普遍。例如，道琼斯公司曾为中国的一个代表团安排了一次大西洋城（赌城）的旅行。

在《反海外腐败法》的规定中，上述的付款都是合法的。“但是，这是腐败吗？”一个官员问道，“我是说，如果有一个人跟我接触，并送给我某些东西，这些东西可能跟我18个月的薪水价值相当，我肯定会很在意。”就连美国政府也在出手。东欧的一个美国外交人员说，如果有美国企业要参与一个大合同的竞标活动，美国政府事先会出钱安排有关部门的头头访问美国。美国商务部在很多国家就一直采取这种战略。“透明国际”组织的资料表明，俄罗斯、中国和韩国公司“在发展中国家大肆进行贿赂，已经到了无法容忍的地步”（美国本身在这方面同样存在问题）。[88] 所以，我们只能预测美国企业的这些富有创意的战略有可能会继续下去。[89]

中，跨国公司可能带来的社会问题。例如，私有化改造正在成为一种全球趋势。这一点在中国、拉丁美洲、前苏联和东欧尤其明显。非洲国家也在努力跟进。[90] 跨国公司经常把这种趋势看成收购国有企业的绝佳机会，因此总是设法在那些重要的新兴市场立足。同样，发展中国家的低工资水平也对很多跨国公司产生了极大的诱惑力。

但是，跨国公司也必须意识到其不断增加的经济活动可能造成的社会问题。例如，由于很多新兴国家法律体系薄弱，随着经济的快速增长，空气和水污染也日益严重。实际上，在这些国家中，环境污染已经变成了代价高昂的社会问题和主要的冲突根源。最近，印度新德里省宣布，法院明令关闭污染产业中的小企业，这一举措将导致200万人失业。[91] 印度也开始注意外国企业的行为及其可能带来的问题。印度环保团体最近宣称，美国可口可乐和百事可乐公司的软饮料产品中含有杀虫剂。[92] 尽管其真实性尚需论证，但很多人感觉到，这是对印度政府忽视本国严重污染和水污染问题的间接批评。[93] 类似的对跨国公司的批评感染了印度人，激进主义分子希望这能够改变人们对印度人无所作为的看法。

跨国公司面临或者被迫应对的另一个问题就是艾滋病。在某些情况下，艾滋病在全球的传播已经对经济产生了巨大的破坏作用。地处非洲南部的博茨瓦纳是问题最严重的国家。在20世纪90年代中期艾滋病大爆发前的30年间，这个国家经济发展迅猛，人均收入从300美元跃升至3 500美元，入学率也从50%上升到97%，婴儿死亡率大幅下降。正如人们所估计的一样，对贫困国家而言，艾滋病是一个最严重的问题，而目前状况似乎比以前更加恶化了：艾滋病侵吞了经济增长成果的30%，雇员的劳动能力只能维持5年左右，超过20%的儿童将变成孤儿。很多雇主无法找到健康的劳动力；一般情况下，医院的病床75%为艾滋病人所占据。政府估计，在未来 5 年中，政府将花费 5 亿美元为人们提供医疗和药品，而这些治疗方法和药品大多是由发达国家开发和销售的。包括美国公司在内的很多公司日益感受到药品降价的压力，在贫困国家中尤其如此[94]。由于享有“平行进口政策”，南非在这方面显得特别激进。这一法律允许进口商从世界上价格最便宜的地方购买药品，无论这些地方是否拥有专利或是否得到专利者的批准。[95]应该说，围绕抗癌、抗艾滋病药品的争论在某种程度上导致了 WTO 坎昆（Cancun）谈判的失败。[96]由于博茨瓦纳有近 36% 的成人感染了艾滋病，所以对药品的需求量相当大。此外，高发病率的国家还包括斯威士兰（25%）、津巴布韦（25%）和南非（20%）等。除了人类自身受到巨大的伤害之外，这些国家再也无法出口资源，相反却变成了问题的来源以及全球资源的耗费者。

具有讽刺意味的是，向市场经济的过渡也可能造成贫困。近期联合国的一项报告表明，向市场经济过渡的国家中高速的经济发展掩盖了成百上千万人正在步入贫困这一事实。[97]例如，近年来，东欧国家上百万的国有企业工人失业了。在捷克、匈牙利和波兰，跨国公司购买了很多原国有企业，并开始了解雇行动。诚然，很多原国有企业确实是雇员过剩、落后并且效率低下，但是，大规模的辞退导致了过高的失业率，损害了工人的积极性而且引起了仇恨。[98]在某些地方，数字令人惊讶。原民主德国的失业率高达 17%，几乎是原联邦德国的 2 倍。仅在 1996 年，这个国家就有 20 万个工作岗位消失了。[99]

许多拉丁美洲国家如阿根廷等也存在同样的趋势。在这些国家里，私有化导致大量的下岗现象，失业率和贫困直线上升。[100]很多非洲国家的国有企业同样臃肿低效，但是私有化将意味着工作岗位的丧失和社会成本的增加。原本贫困率就很高的非洲国家也面临着一些特殊的困难。在肯尼亚，德尔蒙特（Del Monte）公司就是在原来的国家农场的土地上种植了菠萝，肯尼亚在菠萝出口中获得了大量的外汇。然而，由于德尔蒙特公司控制了大量的土地，用于经营农产品的土地减少了很多，致使这个地区的人变成了肯尼亚最贫困的人口。[101]

在跨国企业的冲击和与外资企业合营而进行“瘦身”以前，中国不少的国有企业已经破产，导致上千万工人失业。有专家估计，如果这种情形持续下去，中国可能会产生巨大的社会问题。为什么这样说呢？因为中国工人没有社会安全保障网络，缺乏有效的失业保险或社会保险。[102]此外，大量的工作机会存在于城市里和沿海地区，所以上千万人口从其他省份涌入这些城市和地区。这个过程造成了家庭的分离，城市中的犯罪问题也日趋严峻。[103]

绝望也来源于某些人所定义的“对工人的剥削”，剥削的施行者主要是跨国公司或它们的外国商务伙伴。因为很多发展中国家工资低，贫困化严重，成人经常会失业或面临就业不足的窘境。非洲国家极度贫困，在24个国家中，有90%的人口每天的生活费低于2美元，2/3的人甚至低于1美元。[104] 1999年，发展中国家估计有超过2.5亿的年龄低于15岁的童工在工作，而且大部分是给为跨国公司供应产品的外国承包商工作。表3.6列举了在发展中国家年龄低于15岁的儿童参加工作的比例。如果想了解什么是剥削，请阅读下面“国际观察”中洪小惠在一家美国的企业寻找就业机会的故事。

**表3.6 不同国家中雇用童工的比例估算**

| 国家 | 雇用童工的比例估算 | 国家 | 雇用童工的比例估算 |
|---|---|---|---|
| 肯尼亚 | 42 | 泰国 | 16 |
| 马来西亚 | 37 | 印度 | 14 |
| 孟加拉 | 30 | 埃及 | 11 |
| 海地 | 25 | 印度尼西亚 | 10 |
| 土耳其 | 24 | 越南 | 9 |
| 巴基斯坦 | 17 | 菲律宾 | 8 |
| 巴西 | 16 | 墨西哥 | 7 |
| 危地马拉 | 16 | | |

资料来源：改编自 Zachary. ———. (1994). Levi's tries to make sure contract plants in Asia treat workers well. *Wall Street Journal*, July 28, A1, A6.

正像你可能会设想的那样，结果总是难以预料。显然，跨国公司给新兴市场国家提供了很多好处。然而，随着向市场经济的过渡，它们也给这些国家带来社会问题。那么，跨国公司应该怎样做呢？至少我们要建议跨国公司学会关注这样的事实：无论有意还是无意，它们的某些行为将会给当地人民带来负面的影响。也有某些跨国公司相信这样的假设，即作为“临时”过渡过程的一部分结果，任何形式的苦难（如失业、污染等）都是“必然的”或者“不可避免的”。尽管现在很难作出正确的估计，但是在很多情形下，跨国公司可能低估了终止这种“临时苦难”所需要的时间。

上述讨论是为了让跨国公司意识到，必须更加关注伦理行为和社会责任方面的问题。例如，有专家建议，在环境问题上，跨国公司应该采取严格的行为准则来规范自己的行为。实际上，人们一直鼓励跨国公司努力提高所在国人民的环境意识，同时在当地进行保护和清洁环境的投资。[106]

同样，对社区的投资（如学校、医院、再培训项目、给农民赠地等）也可能有助于降低经济变革所带来的社会影响。跨国公司还可以协助新兴市场国家政府制定和实施那些在很多西方工业化国家已经实行的政策（如失业保障、培育企业家、为当地企业提供贷款等）。

国际观察

## 打工漂流记

历史上最大的移民潮之一正在发生的过程中。有人估计，参与这次移民潮的中国人可能超过1亿。千百万农村人口正在被诸如上海、广州等大城市的光辉前景所诱惑，他们离开村庄，涌入这些城市。洪小惠就是很多故事中的一个。她来自遥远的乡村，跋涉1 200里路，来到广东省的美泰玩具厂打工。这个年仅18岁的姑娘的旅行过程反映了很多关于经济的变化将彻底改变中国的这样的话题。不过，故事并非那样精彩。实际上，这倒提出了一个伦理问题，即跨国公司在雇佣中国劳动力时所应该担负的责任。洪小惠的漂流就是1亿来自内地省份的中国人寻找工作的一个缩影。

为了赶到工厂，小惠必须在一辆颠簸不已的公共汽车上行走几天（夜晚也无法入睡）。除了自己随身带的食品或自己出钱购买的食品，基本上没有水或其他食品供应。不久，汽车就会飘起浓烈的汗味、呕吐物和腐烂食品味。上厕所一般就在公路边找一个地方就地解决，或者跟其他100个女子排队等候在一个农家露天厕所外。不管你是否相信，这次旅行的费用为415元人民币（大约为50美元）。但是，这是她们愿意支付的费用。当时，本地的劳动部门官员到村子里为美泰公司招工，很多人得到机会后都欢呼雀跃，以为从此可以逃离贫困的农村。

然而，当洪小惠来到美泰公司的工厂时，却发现了某些令人不快的现象。美泰公司每个月只愿意支付200元人民币的工资（大约为25美元），而当时面试她们的官员曾经答应月工资为350元人民币。工厂的纪律也很严格，员工旷工三次就要被开除。下班后，小惠跟其他11位女工挤在一间小房里面（确实很拥挤）。其生活设施呢？一块混凝土地板，一盏灯泡和一间狭窄的洗手间，没有热水供应。

但是，小惠还是与美泰签署了一份工作三年的合同。她干什么活呢？把头发安装到芭比娃娃的头上。这工作有时候很痛苦，因为必须在玩具头上打孔，然后才能把头发编织进去。当问及小惠的工作条件和其他方面的事情时，美泰公司不作任何评价。尽管如此，洪小惠说如果让她再进行一次选择，她还是不会放弃美泰公司。否则，就像是“温室里的鲜花。无法经历风雨的锻炼，不能成长。”[105]

## 本章总结

本章主要讨论了伦理价值观和企业社会责任问题。伦理方面，我们研究了两种主要的观点。第一种观点即普遍主义认为，有一种放之四海而皆准的伦理价值观，很多国际行为准则和公司行为准则就是以它为基础制定的。第二种观点即相对主义认为，每一个国家都有自己独特的伦理价值观，它们以本国独特的法律和惯例为基础形成。按照这种观点，商务运作应该是“入乡随俗”。

接下来，我们研究了伦理道德观念的跨文化差异问题。大多数研究表明，与欧洲、亚洲和其他国家相比，美国人更关注伦理道德问题。美国的跨国公司更倾向于把行为准则写成书面文件，明确说明哪一类行为是不符合伦理规范的。欧洲的跨国公司这方面做得不如美国公司。

随后，我们探讨了外国政府具体的不道德行为以及企业的应对措施。关于人权问题，我们注意到，人们普遍认为某些行为是不可接受的。而不太明确的，是跨国公司应该怎样做。例如，在南非的种族隔离时代，有些跨国公司相信，如果继续留在那个国家，公司可以对当地经济起到更大的影响作用；另一些公司却撤离南非，以此来抗议种族主义者。

同样，在国际商务中，跨国公司也需要应对贿赂问题。在很多国家里，尽管人们不愿意这样做，但是这种交易实际上很普遍。不过很多国家制定了法律来禁止对官员行贿。只有少数国家能够真正把自己的国民向外国人行贿视为违法，而大多数国家实际上是把贿赂当成国际商务运作成本的一部分。20 世纪 70 年代的那些著名案例导致了《反海外腐败法》的产生，但是，美国的跨国公司有时同样为了获取商机而向外国人行贿。尽管《反海外腐败法》把为了赢取商务机会而向外国人行贿视为非法行为，但它实际上允许企业向外国官员支付“疏通费”，以确保他们履行自己的职责（如货物的海关清关）。对《反海外腐败法》的影响研究认为，美国的跨国公司并没有因《反海外腐败法》的约束而产生系统性的劣势。

本章最后讨论了部分社会成本的问题，这些社会成本是伴随着许多国家向更具竞争性的市场经济体制持续转型而发生的。为此目的，我们研究了跨国公司在某种情形下可能会给这些转型国家的人民带来苦难（如剥削当地工人或使污染、失业和贫困加剧），以及跨国公司应该如何改善这种状况。

### 讨论题

1. 在国际管理中，普遍主义和相对主义各自承担着怎样的角色？
2. 跨国公司应该怎样对待外国政府的侵犯人权问题、贿赂倾向以及其他有问题的支付行为？跨国公司自己应该卷入这些问题中吗？为什么？
3. 你对《反海外腐败法》是如何评价的？它是否有可能成为美国跨国公司发展的主要障碍？美国政府应该站在怎样的立场来对待外国跨国公司在国际商务运作中所采取的策略？
4. 新兴市场国家向市场经济过渡过程中会产生哪些社会成本？在这方面跨国公司会带来怎样的问题？如果有问题，跨国公司应该如何应对？为什么？

## 迎接挑战

### 竞争情报：很多灰色地带，没有现成的答案

本章开始时，我们让读者对日渐盛行的搜集竞争情报的某些特定行为的伦理和合法性进行判断。下面的列表列举了我们提到的行为方式，指明了它们是合法、非法还是处于伦理的灰色地

带。从根本上说，故意窃取公司的资料或机密是非法的，至少在美国是这样。不过，我们在课文中所引用的竞争情报实例对很多美国人而言可能是不合乎伦理道德的。

美国公司也会遇到很多的类似事情。例如，一位蜡笔公司的雇员伪装成公司的潜在顾客，能够很容易了解到公司的生产流程。如果这是非法的，那么，站在一家工厂的门外计算不同班次的工人数量又是什么行为呢？如果一家日本企业派雇员去测量离开某家美国企业的火车轨道上的锈屑厚度，并用这些数据来估算工厂的产出，这又该当何论？[108] 当然，美国企业也无法避开这个问题。去年，国防承包商 Raytheon 公司同意支付几百万美元以和解一项指控，这项指控是因为公司雇用私家侦探偷听窃取 Ages 集团的情报，以便在美国空军服务合同投标中击败对手，但没有成功。甚至连一些大学也卷入了这类活动中。在密苏里大学，就有一些课程教授如何对制药业进行“管道”（pipeline）分析。这包括利用公共资源，筛选出竞争对手的研究“管道”中的产品。[109]

21 世纪初期市场低迷，但很多企业仍然对竞争情报进行投资。20 世纪 90 年代末，Palm 公司的竞争情报官员迈克尔·梅斯（Michael Mace）先生在批准用 7 万美元制作一份日本 PDA 市场的“侦察报告”时丝毫没有犹豫，但现在他必须更加小心谨慎。事实上，他更加频繁地收集竞争情报，采用的方法也需要更加聪明。约翰·诺兰（John Nolan）曾任国防情况官员，现在从事合法（而且便宜地）获得竞争情报的培训，他说：“如果饼变小了，人们就会不再顾忌餐桌礼仪。”实际上，数据表明，那些还没有成立正规竞争情报部门的公司，有 45% 宣称它们计划在第二年建立这一部门。[110]

如果竞争情报活动不断增加，其自身的竞争力不断增强，公司应该如何做呢？在本章开篇案例中，我们曾要求你对那些致力于保护自己的秘密不被竞争者窥探的跨国公司提出自己的建议。这里有一些提示：

- 与跨国公司合作的合营企业和咨询公司是否与跨国公司签订了保密协议
- 确认跨国公司对所有的设施和电子邮箱系统进行了严格的保护
- 利用成文的政策使雇员进一步意识到安全疏忽的风险
- 对公司本身容易造成信息泄露的领域进行检测
- 建立一个中央电子报告系统，允许员工汇报任何可疑的事件

| 行为举例 | 美国法律/伦理定性 |
|---|---|
| 1. 伪装身份给管理者的邻居打电话以了解管理者的去向 | 伦理灰色地带 |
| 2. 从旅行社获取一份竞争对手的旅行计划 | 伦理灰色地带 |
| 3. 从竞争对手在公共场所丢弃的废弃物中寻找某些信息 | 合法 |
| 4. 故意偷听公司员工私下的谈话 | 非法 |
| 5. 让人假冒找工作的人到竞争对手的企业应聘 | 伦理灰色地带 |
| 6. 雇用竞争对手原来的雇员 | 合法 |
| 7. 假装参观人员巡视竞争对手的工厂设施 | 伦理灰色地带 |
| 8. 参加有竞争对手产品展示的交易会 | 合法 |

# 国际管理技能开发

## 国际商务中的贿赂

### 目的

我们的目的是讨论在国际商务关系中可能遇到的贿赂和腐败问题。为此，我们设计了 12 个小案例，让大家思考贿赂相关的伦理问题。开始讨论前，老师可以先跟大家一起回顾《反海外腐败法》和劳伦斯·柯尔伯格（Lawrence Kohlberg）的道德推理阶段理论（stages of moral reasoning）作为背景知识。这些小案例讨论的问题包括贿赂和“润滑费”、自爆家丑（whistle - blowing）、黑市和政府的互动。

### 指南

老师将对班级进行分组，每 4 ~ 6 人为一组。根据可用时间的长短和小组的数量，你的小组可能要讨论全部或部分案例（如其中的 4 ~ 6 个）。与小组成员讨论每一个案例，然后决定应该采取什么行动（20 ~ 30 分钟，取决于小组需要讨论的案例数量）。

然后，由老师就案例中提出的伦理道德问题引导大家进行讨论（20 ~ 30 分钟，取决于你的小组是否被要求展示你们建议的行动步骤）。

### 小案例

1. 你的身份是一家外国分公司的经理，现在开车到邻国。你的车上装满了准备送给亲朋好友的昂贵礼物。过海关时，海关人员告诉你，所有的礼物需要支付 200 美元的关税。然后，他微笑着把护照还给你，并偷偷地建议你在护照里夹上一小笔钱，比如 20 美元，再把护照交给他。你应该怎么办？
2. 你被雇用为一名美国开发捐赠项目的独立咨询顾问。你工作的一部分是跟某个发展中国家的卫生部长打交道。你的任务是协助这个国家对检测该国人口中各种疾病的过程进行标准化。工作两个星期以后，一位高级经理人向你抱怨说，世界卫生组织捐献给该国政府用于购买疫苗的资金被用于为高官购买昂贵的电脑设备。你应该怎么办？
3. 几个月以来，你一直努力对一家原国有企业进行私有化改造。企业原来经营得还不错，但是，私有化以后可能会更好。不幸的是，材料整理工作进展缓慢，可能需要花费很多个月才能完成。一位能够提供帮助的官员对你说，如果你愿意给他和家庭成员付费到美国的母公司参观（包括在迪士尼乐园和纽约玩两周），材料工作可以在一周内完成。你应该怎么办？
4. 你的一位高级经理人被一个恐怖组织绑架，他们索要 200 万美元的赎金，并要求对某个难民营提供食品援助，并且威胁说，如果不支付赎金，他们就会杀掉人质。你应该怎么办？
5. 在到一个发展中国家旅行的时候，你看到了一只皮包（你非常想得到）。按照当地货币计算，它的价格很合理（按标准汇率计算，相当于 200 美元）。不过，在这个国家很难得到美元或其他硬通货。如果你用美元支付，店员答应 100 美元就可以成交。你应该怎么办？
6. 你是一位外国分公司的经理，并把自己的车从美国带入这个国家。因为车是在国外购买的，所以你必须通过一系列非常繁杂的手续才能够通关（而且你必须自己办手续，没有人可以帮你的忙），要花费 20 ~ 24 个小时。一名官员对你说，如果你愿意“借”给他 100 美元，并给他买几瓶好的美国波旁威士忌酒，他可以“帮助”你轻松过关。你应该怎么办？

7. 为了赢得国外合同，你的公司已经在某发展中国家努力了好几个月。昨天，该国财政部长的姐夫提出愿意给公司担任顾问以保证合同的签订。他的收费比其他人高1.5倍。你应该怎么办？

8. 你在一家外国分公司担任了几个月的主任工作。本周，你获悉公司的几个重要雇员在做兼职。其中一位为雇员和旅游者兑换外币，另一名雇员负责给访问者租车等。有人告诉你，这是多年来可以接受的惯例。你应该怎么办？

9. 作为一位国外分公司的经理，你最近发现运营部主管采用了一套非常混乱的会计系统，主要是为了掩盖流入他自己口袋里的钱。到目前为止，你没有任何真凭实据，但关于这一问题的流言却很多。这个主管在政府部门有很强的关系，这些政府官员可以随时终止公司在这个国家的业务。你应该怎么办？

10. 你应聘在一个发展中国家做管理培训工作。整个项目的费用几乎完全由美国政府承担。负责在一个大公司里开设这个项目的管理人员告诉你，他们想把项目放到一个风光秀美的度假村进行（比其他地方贵不了多少）。另外，由于事务太忙，他们无法参加为期5天的培训，而这一项目是由专款资助的，你可以每一天延长一些时间，把整个项目缩短到3天吗？你的报酬不变。你应该怎么办？

11. 你受聘于一家受美国支持的投资公司。你的工作是为几个前社会主义国家的公司融资。以每三个月为一个时段，如果完不成指标，你就可能被解雇或者工资大幅度降低。其中一个国家还继续由原执政党掌权，尽管该执政党改变了名称。他们要求你为三家被国家紧密控制的企业融资。你知道他们雇用自己的亲戚来管理这些企业。但是，如果拒绝为这些企业融资，那么你将无法在这个国家获得其他任何机会。你应该怎么办？

12. 你的新工作是负责在几个发展中国家获取与外国政府之间的合同。有一天，你的同事把你叫到一边，教给了你几个“窍门”，这些“窍门”有助于你赢得想要的合同。他告诉你人们喜欢听到哪些能够满足其自尊心或其他心理需求的话。例如，某一国家的人喜欢听到这样的话：如果与你的公司签约，则会给美国政府留下一个好的形象（这当然不是真的）。如果你告诉他们这些事情，他们极有可能会同你签合同。如果你不这样做，其他公司也会向他们说类似的话并赢得合同。你应该怎么办？

资料来源：改编自 *International Management Cases and Exercises*, 2nd edition by D. Marcic and S. Puffer, pp. 93-96. 1994. Reprinted with permission of South-Western College Publishing, a division of Thomson Learning. Fax 800-730-2215.

## 接入全球网络

### 分析公司伦理准则

#### 目的

理解公司伦理准则的重要组成部分以及在制定这些行为准则时的复杂性。

#### 指南

在这一章，我们讨论了很多有关公司伦理准则及它们的相似点和差别。在这个练习中，请找出三个跨国公司的行为准则。运用网络或图书资料，对这些准则进行比较和评价。获取资料后，请完成下面的任务：

1. 针对你选择的和在班上讨论的准则回答下列问题：这些准则涵盖了哪些主题？没有涵盖哪些主题？这些问题是如何在准则中表现出来的？老师可能希望学生关注不同公司中的共同主题。请按行业分类，并记下你认为这些行业间准则产生区别的原因。
2. 综合制定出你自己的一般性公司伦理准则。有很多现成的国际协定为你（以及公司）的工作提供了良好的基础，很多网站也有助于你实现这一目标并回答上面提到的问题：

- www. ethics. ubc. ca/resources/business. 这个网页囊括了很多关于商业伦理问题的讨论，同时包括有关公司伦理准则讨论的链接。
- Ecampus. bentley. edu/dept/cbe. 有关商业伦理及很多这方面的资料。
- Commerce. depaul. edu/ethics 商业伦理中心。
- www. ethics. org/glossary. html 有价值的网站。涉及商务伦理的一般知识，尤其关注伦理准则内容。
- www. transparency. de 涉及本章前面讨论的国际腐败问题。

## 国际观察

### 柬埔寨土地风暴击倒中国商人

“龙城庄园是在抢柬埔寨的土地，政府收回土地是没什么错的，如果有错就是龙城庄园的错。”

——柬埔寨首相洪森

“虎踞龙盘，风水宝地——隆重推出大都市别墅区，给您一个五星级的家。”从7月底开始，以此为标题的大幅通栏广告突然从柬埔寨各大报纸，尤其是中文报纸上消失了。与此同时，在离金边闹市区十多公里的干丹省龙城庄园楼盘所在地，柬埔寨水资源和气象大臣林根霍带领数百名全副武装的宪兵和一百多名工人，开着挖掘机及翻斗车，将数十间豪华别墅、多座门楼及相关休闲设施拆除殆尽。

**60公顷“龙城”转眼被拆**

“我要献给柬埔寨一座新城。”一个多月前，带记者参观其阔达60公顷的浩瀚楼盘时，来自中国浙江宁波的柬埔寨龙城庄园投资有限公司董事长周时敏壮志在胸。

对于人口只有1700万、一切建筑都显细微的柬埔寨来说，龙城庄园不啻于一个庞然大物。根据广告宣传，该项目计划建造1800栋别墅，另有湖泊、学校、医院等配套设施穿插其中。工程已然进行了多年。记者参观时，庄园已经有模有样，工人忙着填湖造地，门口摆放着“八仙过海”等缘自中国古代传说的泥塑。

林根霍表示，此次执法是依洪森首相的命令而为，政府早已通知龙城庄园停止所有工程，但对方“置之不理、明知故犯”。

根据柬方的说法，龙城庄园原本申请开发建设一个旅游区，申请开发的土地只有28公顷，政府已在原则上予以批准。但其后，开发商私自将施工面积扩大至60公顷，并高调建房出售。施工过程中，开发商还填湖造地，谷梳湖为国家河道，今年湄公河流量很大，如果填湖行为继续下去，有可能造成整个金边市被洪水淹没。

干丹省省长和两名副省长也因滥用职权、允许龙城庄园“非法开发土地”而被免职。洪森指出：“所有地方官员你们要看清楚，相关部门你们也要听清楚：不要一味地要求中央政府放权，等到出了问题、需要挥刀斩断毒瘤的时候，你们就把刀交给我，让我洪森去砍，不要这样做。但是，即使你不砍，我也会砍，因为我有我的圣剑。”

洪森还要求冻结开发商的银行账户，将其存款转作执法费用。他说：“龙城庄园是在抢国家的土地，政府收回土地是没什么错的，如果有错就是龙城庄园的错，你（龙城庄园）可以骂我，我是为了全国人民的利益，全国人民都在欢迎我。”

**中国开发商炒地炒到柬埔寨**

周时敏号称自己“就是胆子大”。他平时派头不大，大家对其背景及实力都不了解，他的形象较少出现在当地报刊上。只在最近一两个月，他除了请记者参观其项目外，还自费从中国请来一批画家，帮他们组织作品展览，并现场拍卖，所得费用除交纳场地租金以外，全部捐献给了柬埔寨中国文化发展基金。

周时敏生于1955年，是宁波市第一批“乡镇企业优秀企业家”，1992年怀揣3000美元到柬埔寨，通过电器批发淘得第一桶金，随后便开始炒地。周时敏不仅是一位企业家，而且还是一位热心公益事业人士。他曾先后援助柬王国政府修路、兴建寺院，曾被西哈努克国王接见，而洪森总理也给他颁发了国家建设金质勋章，以表彰他在帮助基建和发扬宗教传统方面的贡献。2000年9月，周时敏首次觐见诺罗敦·西哈努克国王，后者仔细地听取了他关于开发龙城庄园的计划，并大加赞赏。此后，西哈努克还曾两次接见过他。

**柬劲吹整治违章用地风暴**

周时敏所雇用的当地办事人员向记者透露，公司方面始终认为自己属于合法投资，一切手续都是委托当地一位官员负责办理的。对此，柬埔寨报界某位资深编辑告诉记者，这样做的风险无处不在，“柬埔寨少数官员和个人为了一己之私，可能明明知道一些项目有悖政府规定，但在利益驱使下还是会想方设法去办，甚至弄个假文件，一旦政府追查下来，投资者就会落得个人财两空的下场。”

事实上，近几年来柬埔寨的房地产热达到了空前的局面，由此引发的纷争更是接连不断。不过，政府大规模拆除龙城庄园如此之多的新建筑尚属首次。当地舆论认为，这既凸显了政府治理违章用地的决心，同时也为所有在柬投资者敲响了警钟。

目前的柬埔寨已经不是十年前的柬埔寨，法律越来越健全、执法越来越严，游戏规则也日渐国际化，但还存在不少不确定性。外来投资商要在充分遵守当地法律法规的同时，学会保护自己，切勿轻信他人，在经过反复论证和确实拿到政府的批文或执照后再进行投资。

来源：新华网（国际先驱导报）http：//news.sohu.com/20070810/n251521313.shtml。

2007-08-10

CHAPTER

# 4 文化维度：对国际管理的意义

## 学习目标

- 理解各个国家是如何由于文化价值观的差异而被划分成不同集群的
- 描述文化价值观如何影响员工的工作态度
- 理解文化价值观和文化维度对国际管理的含义
- 了解雇员和企业应该怎样开始着手更好地理解文化问题

## 国际挑战

### 日本—美国文化的两个极端

对文化进行概括性总结向来一项很危险的工作。但是我们可以放心地说，美国和日本之间的文化差距很大。而一旦这种文化差距存在于普通雇员之中，就会使协作工作变得困难起来。图4.1总结了美国和日本雇员之间文化价值观的差异。

现在假设你是一个美国人，在美国为一家日资机构打工，你的直接上级是日本人。这一点对你的绩效评估和晋升意味着什么呢？或者，反过来又会怎样呢？你认为日本上级和美国下级之间会遇到哪些挑战和困难呢？请在学习的过程中考虑这些问题。你将会深入理解文化价值观及其对管理的含义。然后，看一下“迎接挑战”这一部分内容。在本章的最后，我们将进一步深入探讨美国和日本员工共同工作时会遇到的某些困难，并提出相应的解决办法。[1]

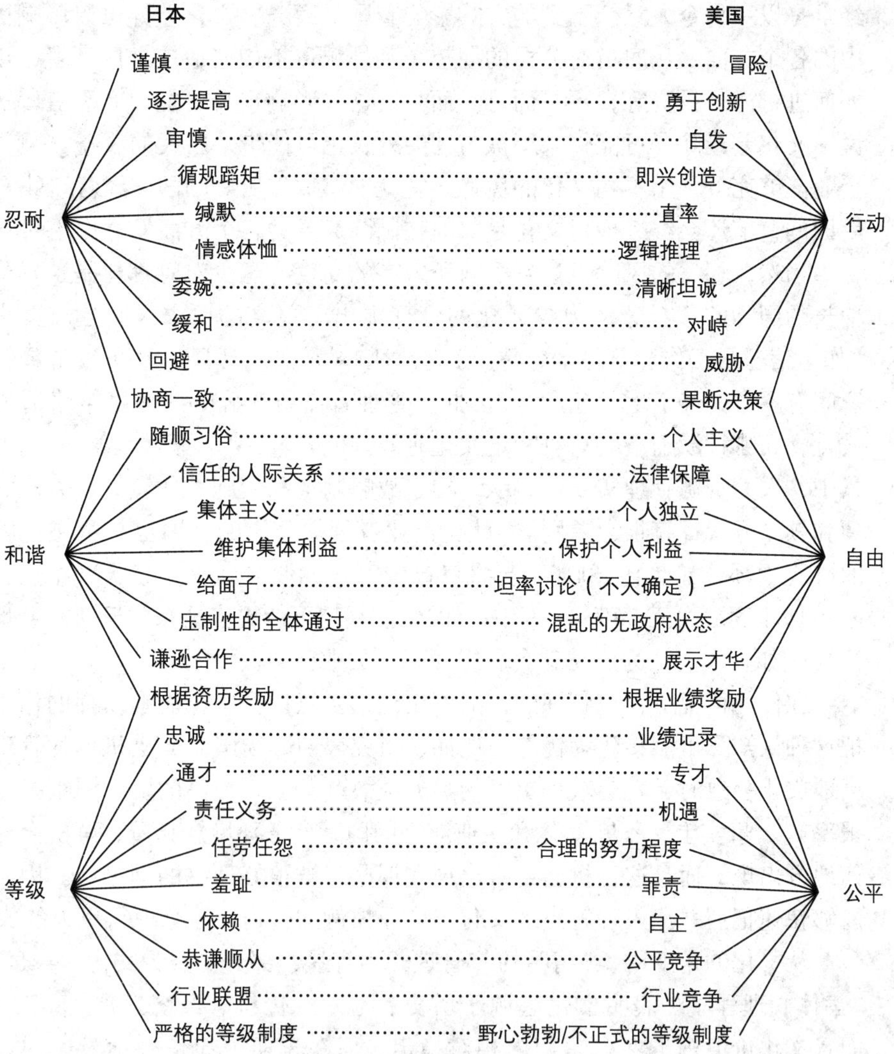


**图 4.1　日本和美国的价值观与行为对照表**

资料来源：改编自 R. G. Linowes，"The Japanese Manager's Traumatic Entry into the United State：Understanding the American-Japanese Cultural Divide，" *Academy of Management Executive*，Vol. 6，p. 24. Copyright © 1993 by the Academy of Management. Reprinted by permission.

## 4.1　再谈文化

在第 1 章中，我们把文化定义为"将一类人群成员与另一类人群成员区别开来的集体心理程序"。我们还指出人们难以完全意识到文化对其态度、信仰和行为的深刻影响。[2]不过，有很多迹象表明，文化对国际商务有极大的影响，而且经常是以一种令人意想不到的方式影响着国际商务。文化差异可以影响国际商务中的各个方面，从雇员对公司的期望，到外派员工如何适应外国环境，以及公司如何进行海外投资等，不一而足。而且，这些影响本身可能会有利有弊。换句话说，文化差异除了可能带来摩擦与冲突外，也可能带来巨大的收益（例如，如果企业能够充分利用不同文化的优势，它就能够取得更好的国际经营绩效）。[3]本书后面的章节还会继续探讨文化是如何在国际商务的各个方面发挥作用的。

当然，相关的风险也达到了前所未有的高度，至少对管理层是这样的。持续增长的国际商务对劳动力多元化的管理提出了更高的要求。而且，文化价值观（如坚信努力工作和节俭十分重要）会影响对员工的激励，这可以解释为什么国家间有不同的经济增长速度。[4]因此，管理者需要明确哪些激励策略适用于多种文化，而哪种激励策略只对特定文化有效。但是，这只是开始。在不同的文化背景中，人力资源管理实践、组织结构、战略制定和实施、冲突管理方法、谈判技巧和领导方式都有很大差别。[5]就连创业者创立公司的动因也是由文化因素驱动的（至少部分如此）。例如，与盎格鲁国家（如澳大利亚、美国）相比，东亚国家（如印度尼西亚、韩国、泰国）的创业兴趣可能更多地来源于对社会地位的关注（例如，人们认为成功就会赢得面子，失败就会丢面子）。[6]

在任何情况下，对管理的挑战不仅仅是要意识到文化能够发挥的作用，还应把这种认知尽可能转化为优势。例如，研究表明，当国外分支机构的管理方式与当地文化一致时，就会获得更好的财务绩效（如获得更高的资产回报率或销售回报率）。[7]事实上，不断变化和快速演进的国际商务环境意味着，好机会可以在任何地方出现，而且这种机会经常出现在那些未被很好理解的国家中。因此，只有能够快速把握并深入理解当地文化与商业惯例的公司，才会取得更大的成功。[8]

从文化的角度讲，“精明的”管理并不容易，部分是因为文化本身过于复杂。“集体心理程序”表明文化起源于历史、地理、传统、经济发展、语言和宗教，而且文化价值观虽然在短期内相对稳定，但在长期中却是持续演进的。也就是说，对管理者而言，文化在某种程度上是一个变动的目标。员工也不总是支持文化群体的主流价值观。换种说法就是，你不难发现，与个人主义文化观念相反，有些美国人属于群体导向，某些日本人也同样有反自身文化而行之的倾向。[9]

这里我们提醒管理者，不要过分简化文化及其影响。例如，近期人们都相信这样一种观点：技术进步（如互联网）和管理发展的努力（如试图通过培训将西方的管理方法引入发展中国家）促使全世界人的思想和行动越来越趋同。有人认为在不久的将来，这种**文化趋同**会使世界变成一个“地球村”，在“地球村”里，全世界的管理方法都是一样的。而现实却是，真正意义上的文化趋同离

> **文化趋同（cultural convergence）**
> 认为全世界的人的想法和行为越来越相似的观点。

我们还很遥远……说不定根本就不会到来！实际上，有迹象表明，所谓“把世界结合在一起”的力量已经带来一种反冲力，更加增强了人们坚持自己的价值观和传统的意愿。总的说来，低估这股顽强的力量，将各国人民的价值观、态度和行为硬拉在一起的做法是错误的。[10]

另一种常见的过分简化是把文化差异当成一系列可以轻易贴在人民、国家和商务环境上的类别标签。虽然这种观点可以帮助管理者对不同文化间的人群产生一个大概的认识，但是也可能会引起严重的新问题。部分问题在于，关于文化的研究和理论至少到目前为止既不能描述现有的文化复杂性，也无法制定出一套具体可行的文化管理方法。[11]其结果就是，现有的理论和方法倾向于把文化简单归结为一组两极对照的对象（如个人主义—集体主义），然后以此来划分不同的国家和民族。下面我们将对几种按照此法分析的典型的文化观点进行研究。

不过，管理者必须注意，这些观点尽管有用，但是会造成“复杂的刻板印象”，而并没有充分概括特定文化的复杂性和细微差异。研究一下文化悖论问题可以更加明确这些观点的危险性。例如，如果美国是世界上最崇尚个人主义的国家，那么为什么美国人会在社会危机和灾难（如龙卷风、洪水等）面前舍弃自我，倾力相助？同样，为什么崇尚自我主义的美国人是世界上慈善捐赠最多的？这里还有另一个例子，许多拉丁美洲文化在人际交往中以积极关注、展现自己的热情而著称，但是为什么许多拉丁美洲的服务人员对客户漠不关心？哥斯达黎加的一项调查表明，许多银行客户宁愿在自动提款机上操作（因为所有机器的程序都是按照“有礼貌”来编制的），也不愿和银行职员打交道。[12]

## 4.2　文化维度

在这一部分，我们将研究对国际管理观念产生影响的主要文化观点。我们将对这些观点的优点和局限性进行讨论。最后，我们将给管理者个人和国际企业提出一些建议，以便他们更好地理解文化差异，应对可能遇到的文化困境。

### 罗南和申卡尔的国家集群理论

可以通过这样一个场景来对跨文化差异产生一些基本认识：某一项极端难以完成的任务必须由上百个国家和具有几百种不同文化背景的员工协同完成。一种有效的方法是找出特定国家集群共同信仰的一套核心价值观。这种国家集群可以帮助企业调整其管理策略，更好地适应预期在不同国家集群中可能遇到的不同价值观。[13]

1985年，罗南和申卡尔（Ronen & Shenkar）在深入综合研究前人的理论成果之后，创立了集群理论。这一理论对近50个国家的上千名员工对以下问题的回答进行了评估：

- **各种工作目标的重要性**（例如，员工想在工作中得到什么？是工作乐趣、工作保障，还是晋升机会）。
- **工作满足特定需要的程度**（例如，工作是为了获得奖金、个人成就感，还是工作满意度）。
- **各种组织因素和管理问题**（例如，喜欢专制的还是民主的领导风格）。
- **工作角色和人际关系的本质**（例如，管理者和下属的关系如何）。

简而言之，罗南和申卡尔根据员工对工作的态度以及工作如何满足员工的需要这两点的相似性来确定国家所属的集群。

罗南和申卡尔的国家（地区）集群图如图4.2所示。请注意，共划分出8个国家（地区）集群，而有4个国家独立出来。归类在同一个集群内的国家（地区）具有基本的共同价值观。比较富裕、发达的国家靠近中心。例如，在北欧集群中，瑞典被看成是最发达的国家；而在拉丁语系国家集群中，法国是最发达的国家。

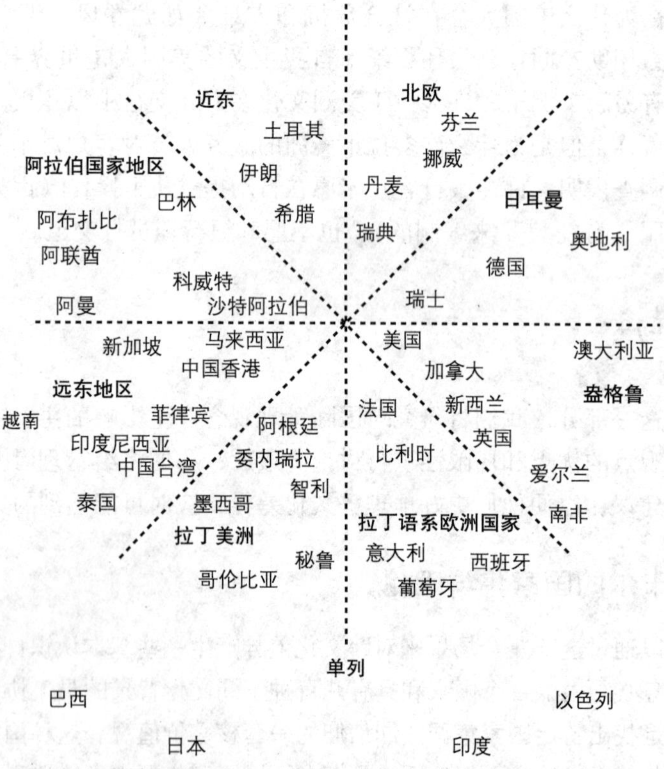


**图4.2 罗南和申卡尔的国家（地区）集群图**

资料来源：S. Ronen and O. Shenkar, "Clustering Countries on Attitudinal Dimensions: A Review and Synthesis," *Academy of Management Review*, Vol. 10, p. 449. Copyright © 1985 by the Academy of Management. Reprinted by permission.

根据罗南和申卡尔的理论，一个国家的经济发展水平和技术进步水平会影响到国家集群的形成。随着经济的发展，文化价值观也会发生相应的变化。你也许还会注意到，属于一个集群的国家，地理位置通常也比较接近。这反映了一个观点：文化价值观通常首先在靠近文化发源地的地区发展起来。而盎格鲁—美洲集群国家的地理位置相距遥远，反映了英国的移民特征，他们将盎格鲁文化价值观带到了全球各地。

集群内国家的另一相似性是语言。例如，拉丁美洲集群包含讲西班牙语的国家，而盎格鲁集群中则包含讲英语的国家。拉丁语系欧洲国家集群中的国家则讲几种不同的语言，这些语言都被认为是拉丁语系或拉丁语中衍生出来的。许多工作价值观、目标和态度都是受其语义和解释所影响而形成的。

工作价值观和目标也会反映出宗教态度和信仰。天主教是两个拉丁语系国家集群的主流信仰；远东国家集群信仰佛教和儒教。这些价值观强调人们应该有家庭观念并承担责任，否则将受到谴责。另外，单列出来的国家（巴西、日本、印度和以色列）一般拥有独特的宗教、语言和历史，而日本与其他国家在地理上的隔绝更加剧了这种文化独特性的形成。[14]

总的说来，罗南和申卡尔的国家集群理论给有兴趣了解国家间文化价值观和态度异同点的国际管理者提供了简要的参考。这是非常重要的，因为这些相似性和差异性经常反映在各国的商业惯例和做法中。所以在同等条件下，掌握这些文化知识的管理者在国际商务管理中会更加有效。人们正在努力把国家集群（包括衡量国家间价值观差异的方法）划分得更加精细。正如你所知，这些问题十分复杂。例如，由于文化是不断变化的，因此研究者和管理者的目标也在不断变化。同样，具体的文化差异所带来的影响也有显著不同，有些差异对国际企业的业绩影响甚微，而另一些差异却影响巨大。我们需要更好地理解哪些差异是最重要的，以及为什么重要。[15]

**罗南和申卡尔理论的局限**。当然，这些复杂性也必然会造成罗南和申卡尔理论的局限性。例如，集群中遗漏了许多国家（如没有包含前苏联的任何一个国家），尤其是几乎没有将任何发展中国家包含在内。这些国家应该放在哪个集群呢？显然，我们无法确定，而且答案可能比人们想象得更加复杂。例如，人们很容易想象，如果界定一个新的亚洲集群，则应该包括日本、中国和韩国这三个国家。三个国家都强调人际关系的和谐，其原因可以追溯到某些共同的儒家价值观。但是，“和谐”在这三个国家中却有不同的含义。在日本，和谐经常指团体活动或者成员关系，而在中国和韩国，和谐经常被定义为个人之间的关系（表4.1总结了这些差异）。

**表 4.1　日本、中国和韩国对“和谐”的不同定义**

| 相关的“和谐”术语 | 日　本 *Wa* | 中　国 *Guanxi* | 韩　国 *Inhwa* |
|---|---|---|---|
| 定义 | 强调团体协调，为实现团体目标互相合作 | 强调在互惠基础上的友好关系 | 强调平等前提下的协调；员工忠诚，老板负责 |
| 雇员承诺 | 对公司 | 对老板、家庭 | 对老板、家庭 |
| 个人作用 | 成为有效的团体成员 | 保持互利关系 | 对老板忠诚 |
| 决策 | 参与制、意见一致，假想达成共识 | 基于人际忠诚和互利 | 以家庭纽带为基础，强调等级 |
| 绩效反馈 | 间接的，为了保持群体和谐，经常由第三方来做 | 间接的，为了保持关系平衡，经常由第三方来做 | 间接的，为了保持不同级别间的平衡，经常由第三方来做 |
| 管理风格 | 团队促进 | 仁慈的专制管理 | 家族管理 |

资料来源：改编自 Alston, J. P. (1989). Wa, guanxi, and inhwa: Managerial principles in Japan, China, and Korea. *Business Horizons*, March - April, 26-31.

因此，日本将 wa（日语，意为团体凝聚力和团体忠诚）置于个人需要之上，日本人经常为团队的利益而工作，并且对公司有极高的认同度。因为，和谐的团体关系非常重要，个人间的冲突由此而得到削弱。例如，日本人认为在制定决策时达成一致很重要，甚至要在决策过程中维持一种达成一致的假象。即便个人有不同意见，也不会当众说出。美国经理经常鼓励直言不讳地发表不同见解，而很多日本经理则不惜一切代价避免意见冲突。对于美国人来说，忠诚（sincerity）这个词意味着讲出事实，日语中表示“忠诚”的词“makoto”则是促进和谐、支持同伴。[16]

当然，正如我们前面提到的，文化价值观是不断演进的。虽然这个演进过程十分缓慢，但通常可以察觉得到。近几年经济处于低迷状态的日本情况正是如此。下面的国际观察就说明了这一点。

在中国，“和谐”表达为“关系”，当两个人互相承担义务时，这种特殊关系就产生了。这种义务包括平等的利益交换，并且可以超越法律、公司规章、公司目标。不懂礼尚往来就会丢面子，使关系终结。员工忠于个人关系多于忠于公司。关系可以存在于不同级别的两个人中间，例如经理和下属之间。在这种情况下，下属以忠诚换取经理的关照。这种不平等的交换为更有权势的成员赢得了尊重，而且符合儒教所提倡的扶贫助弱的理念。

这就导致了中国家长式的管理风格，经理扮演父亲的角色，要照顾孩子们（下属）。这些复杂的、非正式的关系会影响业务的开展；由于关系的存在，人们常常能够回避法律、程序、规章。因此，建立以关系为基础的联系有助于外国公

国际观察

## 个人主义在日本崎岖的发展道路

20世纪90年代的大部分时间，日本都处于经济下滑之中。进入21世纪，银行倒闭、收购、裁员等焦虑依然存在，所有这些令人震惊的事件，都违背了日本企业与雇员传统的“契约”关系，即公司与雇员间的社会契约通过给雇员提供工作保障和慷慨的福利，换取员工的平和、认同和更优秀的表现。

结果呢？由于对旧的社会契约持怀疑态度，许多日本人认为把自己的命运建立在与一家企业的关系上是极大的错误。因此，某些日本人开始信奉个人主义和自我负责。一位在某保险公司任职的日本经理在看到自己40年的职业生涯将被终止时，这样说道：“我必须坚持自我，为自己着想。我真希望自己很久以前就能领悟到这一点。”这位经理讲，如果不这样，“在你死我活的竞争年代中，你就会被淹没”。有些日本公司开始信奉这样的理念，把个人责任视为促进经济增长的方式。

当然，也有这种可能，个人主义在日本只不过是昙花一现。当美国在20世纪80年代经历经济衰退时，有些美国人也主张学习日本的和谐与一致。不过，日本也呈现出了真正的向个人主义转变的迹象。包括：

- 人身伤害案件数量上升。
- 检举揭发舞弊内情的行为增加。
- 创业正成为公司职业外最有吸引力的选择（家长可以让其4岁的子女在“太阳之子”课程中学习，这是私人开办的课程培训，专门教授基本的创业原理，其教育方法跟日本传统教育的死记硬背和团队一致性学习方法刚好相反）。
- 更多像贸易巨人伊藤忠商事这样的日本公司开始采用以绩效为基础的工资制和晋升体系。
- 过劳死（karoshi）和职场经理威胁（i-jime）成为重要的社会问题。

但是在提到个人主义和自主创业时，不要把日本和美国相提并论。日本世界级的自主创业企业还是凤毛麟角。对雇主的感恩之心和责任感尽管有所削减，但是仍然持续存在。降低日本文化在这些方面的影响，需要更长的时间，也许需要以更多的员工被解雇为代价。[17]

司在中国获得成功。[18]

像中国一样，韩国也将和谐（inhwa）定义为个体之间的关系。在韩国，地位、权力不平等的人之间的关系十分明确，这也与儒教的忠孝原则相符。所以“和谐”具有洞察等级关系的功能。在工作中，经理经常期望员工像对自己的父母一样忠诚和服从。实际上，在许多韩国大企业中，在管理阶层存在着真正的家长—孩子关系。传统做法是，公司的创始人经常把家人或者宗亲放在高层管理位置上。尽管等级或家庭地位不同，所有的成员都要在情感上互相支持。由此带来的一个结果就是人们极其不愿意当面提出批评，或者作出负面的绩效反馈。[19]

综上所述，日本、中国和韩国这些拥有相似文化价值观的国家之间的差异，说明了国家集群的局限性。事实上，在罗南和申卡尔定义的很多国家集群中，属于同一集群的国家之间也存在着明显的差别。例如，在盎格鲁集群中，英国经理比美国经理更循规蹈矩、更有等级观念、更专制。[20]调查同样显示，在拉丁美洲集群中的国家虽然在许多方面很相似，但是在某些重要的价值观（如个人意志）上也有分歧。这些分歧对在各拉丁美洲国家管理员工、进行商务谈判和制定重要决策等方面具有启发意义。总的说来，假设同一个区域内的国家具有高度文化一致性是错误的。[21]

而且，国家内的差别也是不容忽视的。例如，由于美国有众多的新移民，所以管理者必须对拥有不同文化背景的员工进行相应激励。更好地管理多元化的员工可以增强美国公司的竞争力。[22]另一个存在显著差别的国家是南非，南非的人口总数为4500万，荷兰和英国白人移民大约占10%。南非的黑人来自于几个种族［祖鲁（Zulus）、科萨（Xhosas）］。[23]由于人口构成的多元化，南非文化差异在以很复杂的方式影响着这个国家的工作绩效，这一点也不足为奇。[24]

总的说来，罗南和申卡尔的国家集群理论有很大的局限性。实际上，所有集群框架下的研究在一定程度上都有局限性。霍夫斯泰德（Hofstede）的国家集群理论也不例外。

## 霍夫斯泰德：根据与工作有关的价值观维度划分国家集群

根据文化价值观来划分国家集群，格尔特·霍夫斯泰德付出的努力最多，影响力也最大，而且，其研究成果的影响一直在不断扩大[25]。霍夫斯泰德的研究成果建立在对70多个国家中超过11.6万名员工的价值观和信仰进行调查的基础上。根据调查结果，霍夫斯泰德抽象出了四对基本文化维度：个人主义—集体主义、男性主义—女性主义、权力距离和不确定性规避。为了统一自己的研究结果，霍夫斯泰德根据上述四个文化维度定位各个国家，绘制了文化“地图”。由于各个国家趋向于聚集为某一类，因此可以评价这些国家间的相似性和不同性。霍夫斯泰德的研究成果对全球的雇员管理具有重要意义。我们从霍夫斯泰德的四个基本文化维度开始讨论。[26]

> **个人主义—集体主义**
> （individualism–collectivism）
> 描述人们将自己视为个人还是群体成员的文化维度。

**个人主义—集体主义**。这个维度描述在某一文化环境中，人们倾向于将自己看成个体还是群体成员。在个人主义文化中，人们关注自己、崇尚自主、注重自我成就、保护隐私。在集体主义文化中，人们视自己为群体的组成部分，群体保护和关照个体，以获得个体的忠诚和奉献。这个群体可以是家庭、家族、部族或者组织。

个人主义—集体主义维度是霍夫斯泰德文化维度中被研究最广泛的一种，而且也是最复杂的一个维度。最近的研究表明，集体主义和个人主义实际上是人们考虑问题时对不同种类的事物持有的不同的价值观。例如，个人主义既强调经济要素（“我通过竞争得到我想要的东西”），又强调表达因素（“我希望别人认为我是与众不同的人”）。同样，集体主义也包含经济因素（“群体成员必须共享资源”），以及表达因素（“群体成员必须相处融洽”）。除此之外，文化价值观对个人主义和集体主义的特定组成部分的看法差异也很大。例如，和美国相比，带有儒教思想或者起源于拉丁国家的文化会倾向于集体主义，他们对表达方面的看法会非常不同。在许多拉丁美洲国家，人们期待和鼓励大胆或热情的情感表达。而另一方面，这种表现在日本却很难看到。简而言之，构成“集体主义”（或“个人主义”）的因素会因为国家的不同而存在差异。[27]

> **男性主义—女性主义**
> （masculinity–femininity）
> 这个维度描述是否高度重视成功，以及获得金钱和权力；还是重视人和人间的良好关系。

**男性主义—女性主义**。这个维度描述了人们是重视成功和主动获取金钱与权力，还是优先考虑个人、生活质量和同事间的良好关系。霍夫斯泰德注意到，在多数文化中，男人处理问题更加果断（或者男性化的），男性主义是指人们以成就为主导，野心勃勃，把追求高绩效视为理想，认为男人更适合拥有实权的职位。在这种文化中，教育系统倾向于识别和培养“高绩效者”。同样，一项重要的社会价值观就是要取得“事业成功”。工作场所倾向于竞争激烈、压力大、冲突多。

与此相反，女性主义文化强调男女平等，强调帮助弱势群体，追求工作场所的和谐，强调工作保障，努力创造没有压力的工作环境。职业压力较低，员工和管理者之间冲突也较少。

> **权力距离**（power distance）
> 这个文化维度描述人们对组织中的个人或团体间的权力分配不平等的接受程度。

**权力距离**。**权力距离**反映了特定文化背景下，人们对于组织关系中的个人之间、团体之间权力分配不平等的接受程度。简而言之，就是在权力分配不平等的情况下，人们的接受程度如何。在高权力距离文化中，人们更愿意接受自己的地位，愿意服从任何来自于权威人士的支配。该观点认为，有些人天生就属于听候别人吩咐的类型，而另一些人则不是。因此，公司中权力等级分配不平等是可以接受的，因为管理者和下属被看成是不同类型的人。在高权力距离文化中，高层管理者的权力更加集中。

相反，在低权力距离文化中，人们担心权力集中化，因此权力的行使通常是分散化的，公司中的管理层级也较少。在这种文化中，管理者愿意与下属建立紧密的、相互信任的关系，谨慎地使用权力。在这样的文化中，权力服从于法律、程序和标准。一旦违反这些法律、程序和标准，就会遇到强烈抵制，并为管理者招来其他麻烦。

**不确定性回避**
(uncertainty avoidance)
描述人们对不确定性和模糊处境忍耐程度的维度。

**不确定性规避**。霍夫斯泰德把人们对不确定性和模糊事件的反应称为不确定性规避。生活在弱不确定性规避环境中的人们认为生活是不能预测的。因此，他们认为不应该遵守规则、程序和组织等级，并且喜欢冒险，在追求个人成就方面更是如此。竞争和冲突都被视为组织里不可避免的一部分。

生活在强不确定性规避文化中的人往往害怕模糊。他们尽最大努力去建立一个稳定的并且可以预测的工作环境。在这种环境中，强调绝对真理，拒绝非常规行为或思想。因此，规则、程序的目的是使不确定性降到最低限度。在强不确定性规避文化中，人们不喜欢冒险，不支持自作主张（如在制定决策和职业生涯改变时）。

**霍夫斯泰德的文化地图**。霍夫斯泰德综合考虑上述不同组合的文化维度后，绘制出了三张文化地图，并给各国进行了评分。每张地图被划分为四个象限，分别代表不同的文化组合，得分接近的各国在图上也靠得较近。其基本理念就是：不同国家持有特定的文化价值观组合，并且具有独特的管理层面上的意义。后面我们会进一步解释这些意义。现在，我们将专注于理解霍夫斯泰德的文化地图。表 4. 2 列出了霍夫斯泰德研究中的国家简称。

我们从个人主义—集体主义和权力距离维度开始。如图 4. 3 所示，只有哥斯达黎加的组合为“集体主义—低权力距离”。相反，第Ⅰ象限中的大部分国家或地区（无论是亚洲国家或地区还是拉丁美洲国家），集体主义总是与高权力距离并行。同样，第Ⅲ象限中的北欧和盎格鲁国家如瑞典和英国等，其特点是个人主义和低权力距离并行。

图 4. 4 也显示了不确定性规避和男性主义—女性主义维度。霍夫斯泰德认为，在“弱不确定性规避—男性主义”的文化价值中，人们往往是以成就为导向的。盎格鲁国家及其前殖民地国家和地区（如印度、中国香港和菲律宾）都属于这个象限。第Ⅱ象限是“强不确定性规避—男性主义”的组合，在这个象限中，人们具有安全动机，业绩和工作保障都受到重视。与此相反，“强不确定性规避—女性主义”象限的国家具有社会激励，在这里，工作保障、人际关系、生活质

量受到重视。斯堪的纳维亚半岛的国家多位于第Ⅳ象限，这一象限是“弱不确定性规避—女性主义”组合，在这些国家中，人们接受风险和高绩效。但是与个人成就相比，人们更看重社会关系和工作生活质量。

**表 4.2　霍夫斯泰德文化地图中的国家和地区的简称**

| | | | |
|---|---|---|---|
| ARA | 阿拉伯国家（埃及、黎巴嫩、利比亚、科威特、伊拉克、沙特阿拉伯、阿联酋） | JAM | 牙买加 |
| | | JPN | 日本 |
| | | KOR | 韩国 |
| ARG | 阿根廷 | MAL | 马来西亚 |
| AUL | 澳大利亚 | MEX | 墨西哥 |
| AUT | 奥地利 | NET | 荷兰 |
| BEL | 比利时 | NOR | 挪威 |
| BRA | 巴西 | NZL | 新西兰 |
| CAN | 加拿大 | PAK | 巴基斯坦 |
| CHL | 智利 | PAN | 巴拿马 |
| COL | 哥伦比亚 | PER | 秘鲁 |
| COS | 哥斯达黎加 | PHI | 菲律宾 |
| DEN | 丹麦 | POR | 葡萄牙 |
| EAF | 东非国家（肯尼亚、埃塞俄比亚、赞比亚） | SAF | 南非 |
| | | SAL | 萨尔瓦多 |
| EOA | 厄瓜多尔 | SIN | 新加坡 |
| FIN | 芬兰 | SPA | 西班牙 |
| FRA | 法国 | SWE | 瑞典 |
| GBR | 英国 | SWI | 瑞士 |
| GER | 德国 | TAI | 中国台湾 |
| GRE | 希腊 | THA | 泰国 |
| GUA | 危地马拉 | TUR | 土耳其 |
| HOK | 中国香港 | URU | 乌拉圭 |
| IDO | 印度尼西亚 | USA | 美国 |
| IND | 印度 | VEN | 委内瑞拉 |
| IRA | 伊朗 | WAF | 西非国家（尼日利亚、加纳、塞拉利昂） |
| IRE | 爱尔兰 | | |
| ISR | 以色列 | YUG | 前南斯拉夫 |
| ITA | 意大利 | | |

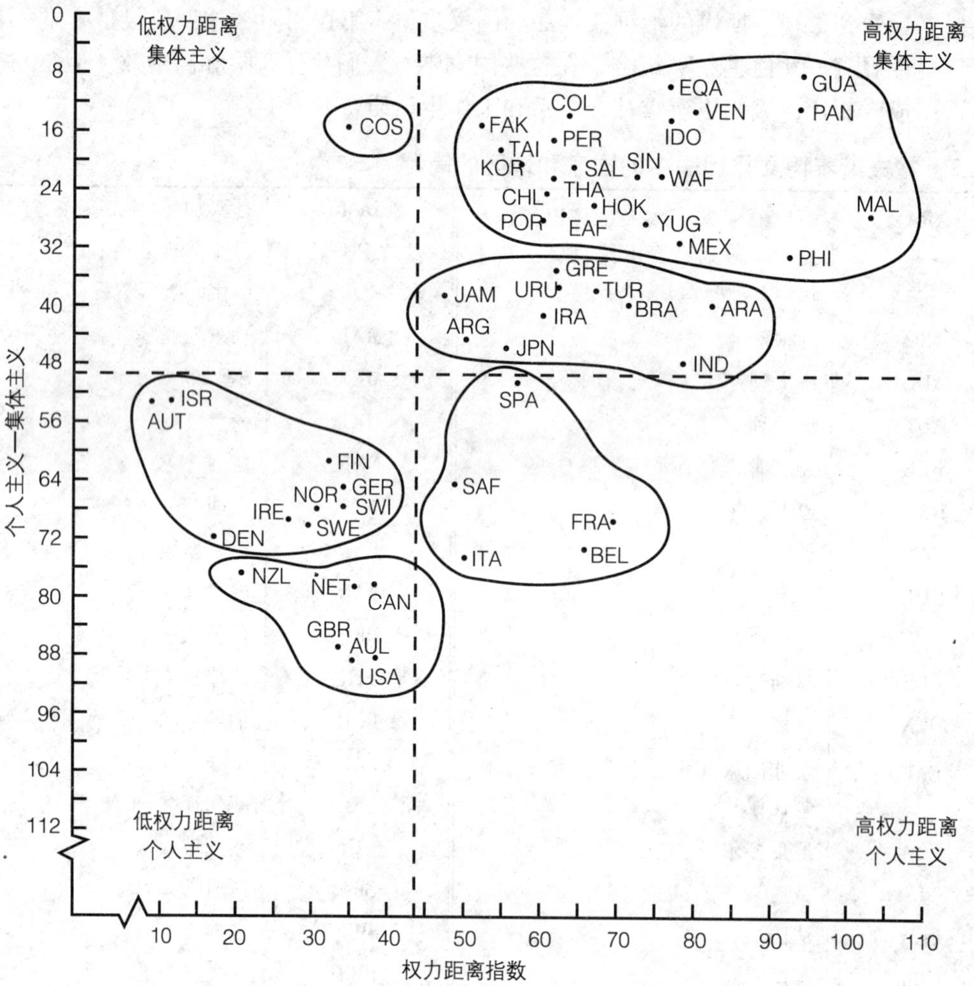


**图 4.3　权力距离和个人主义文化地图**

资料来源：Hofstede, G.（1991）. *Cultures and organizations*: *Software of the mind*. London: McGraw-Hill U. K., 54. Used with permission.

图 4.5 是最后一张文化地图，包含了不确定性规避和权力距离维度。亚洲国家主导了家庭象限（“高权力距离—弱不确定性规避”）。这些国家的文化强调服从强权和家长权威，其程度往往超过了法律和程序。相反，在金字塔象限（“高权力距离—强不确定性规避”），人们虽然也接受强有力的领导，但是领导活动要在公平的等级和规则约束下进行。这个多元象限包括地中海、拉丁语系国家和一些亚洲国家。

日耳曼国家主导润滑良好的机器象限（“低权力距离—强不确定性规避”）。在这种环境下，与能创造高效率的明确的规则和程序相比，领导者是次要的。最

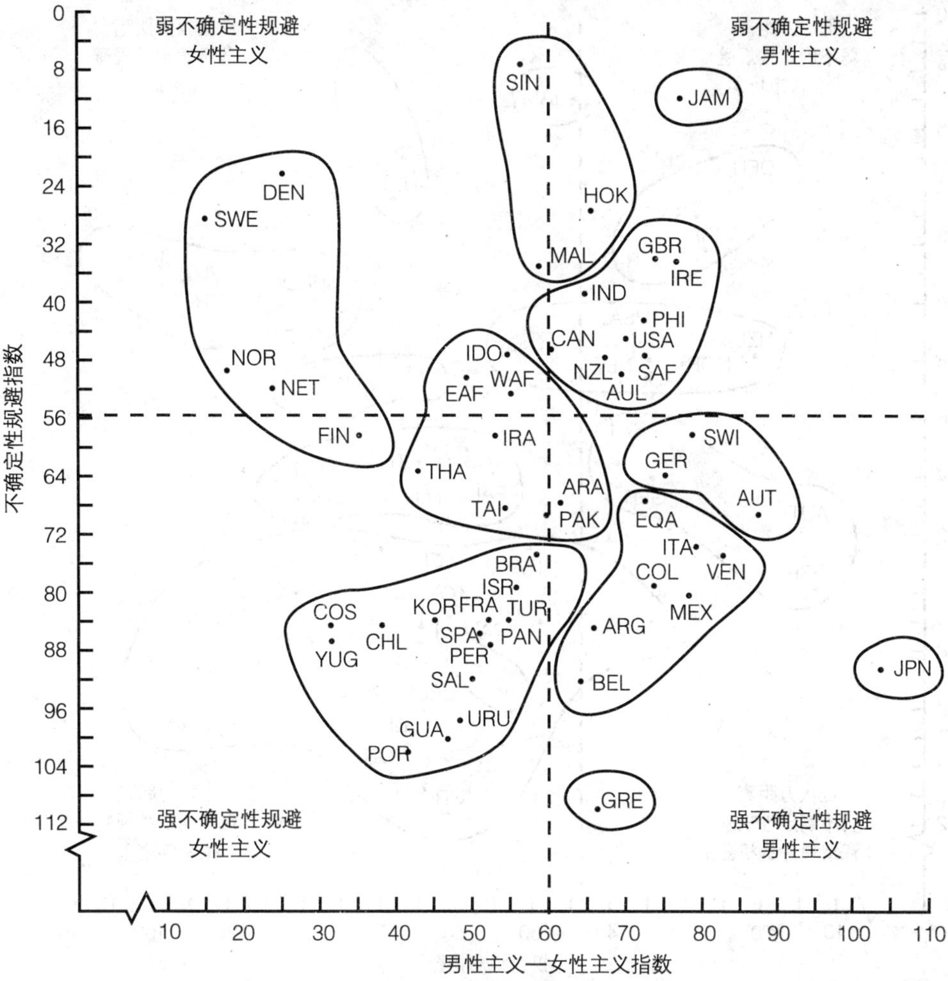


**图 4.4　不确定性规避和男性主义—女性主义文化地图**

资料来源："Cultural Map for Power Distance and Individualism" from *Cultures and Organizations*: *Software of the Mind* by Geert Hofstede. Copyright © 1991 Geert Hofstede. Reprinted by permission.

后，乡村市场象限包括盎格鲁和斯堪的纳维亚国家，这一象限是"低度权力距离—弱不确定性规避"的结合，这些国家鼓励实践和冒险，不受领导的约束。在处理问题时，因为该文化缺乏精密的程序和强悍的领导，高超的谈判能力和冲突管理技巧是成功的关键所在。

**长期导向—短期导向：霍夫斯泰德最近增加的一个文化维度**。最近，霍夫斯泰德提出了第五个文化维度，即长期导向—短期导向，这是他在进行亚洲文化研究时，与同事邦德（Michael Harris Bond）一起提出的。这个维度有助于人们区

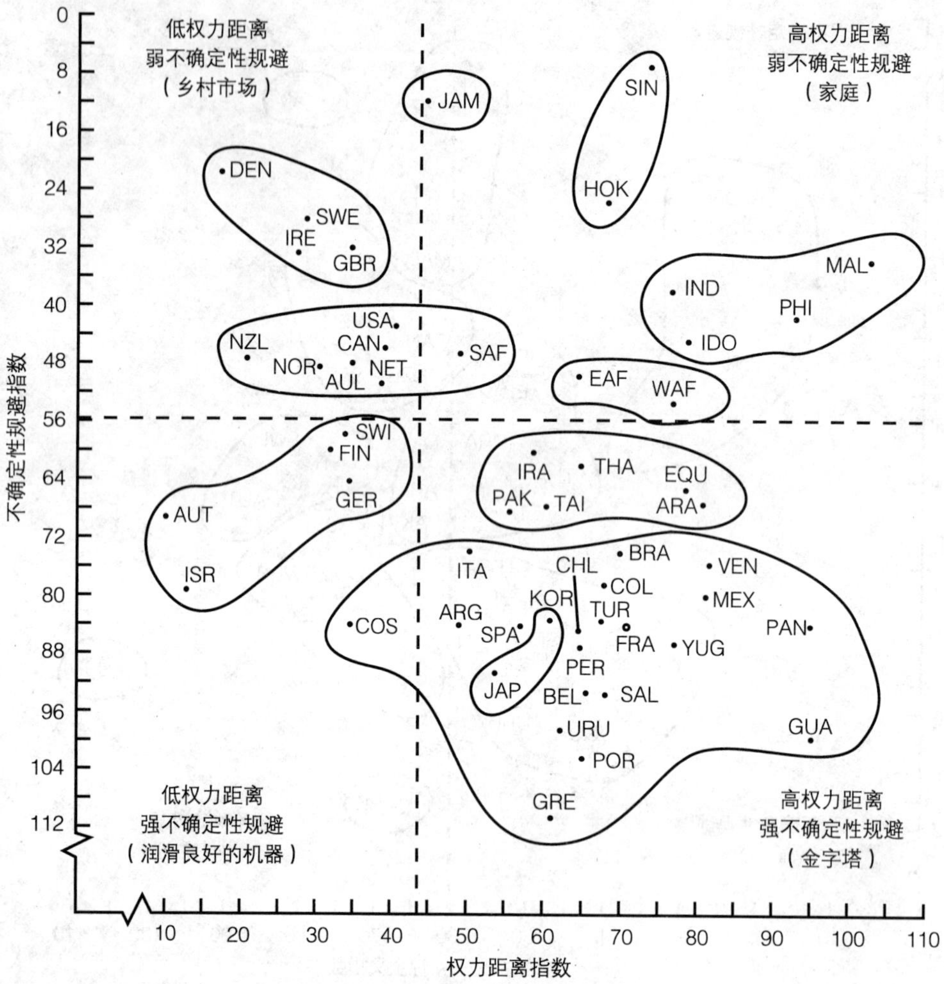


**图 4.5 权力距离和不确定性规避文化地图**

资料来源："Cultural Map for Uncertainty Avoidance and Masculinity-Femininity" from *Cultures and Organizations: Software of the Mind* by Geert Hofstede. Copyright 1991 Geert Hofstede. Reprinted by permission.

分不同国家对待生活的态度，哪些国家倾向于前瞻，哪些国家更加注重历史和当前的状况。具体说来，前瞻性的国家认为未来的价值（节俭、努力工作、适应性、坚持）更高。许多亚洲国家都是具有前瞻性的，在一定程度上说明近年来一些亚洲国家（如韩国）取得经济成功的原因。另一方面，短期导向的国家则重视过去和现在（尊重传统、稳定、完成社会责任，如巴基斯坦）。

在表 4.3 中，霍夫斯泰德根据长期导向和短期导向的比较列举了 23 个国家和地区。你会发现，尽管这一组中的亚洲国家具有强烈的长期导向倾向，但是，"东方国家" 和 "西方国家" 之间并不存在一条非常明显的短期导向分界线。

**表4.3　长期和短期导向：23个国家和地区位于何处？**

| 国家和地区 | |
|---|---|
| 中国 | 更加长期导向 ↑ |
| 中国香港 | |
| 中国台湾 | |
| 日本 | |
| 韩国 | |
| 巴西 | |
| 印度 | |
| 泰国 | |
| 新加坡 | |
| 荷兰 | |
| 孟加拉 | |
| 瑞典 | |
| 波兰 | |
| 德国 | |
| 澳大利亚 | |
| 新西兰 | |
| 美国 | |
| 英国 | |
| 津巴布韦 | |
| 加拿大 | |
| 菲律宾 | |
| 尼日利亚 | |
| 巴基斯坦 | ↓ 更加短期导向 |

资料来源："Cultural Map for Power Distance and Uncertainty Orientation" from *Cultures and Organizations: Software of the Mind* by Geert Hofstede. Copyright © 1991 Geert Hofstede. Reprinted by permission.

长期导向—短期导向与霍夫斯泰德的四个维度有什么关系呢？这一问题的答案相当复杂。总之，有证据表明，信奉长期导向的富裕国家往往倾向于高权力距离和低个人主义（韩国就是一个很好的例子）。[28]

**霍夫斯泰德文化维度的局限**。和罗南和申卡尔一样，霍夫斯泰德在他的研究中也遗漏了许多主要国家。例如，东欧国家基本上被忽略了，像越南这样的亚洲发展中国家也没有包括在内。为了修正这个缺陷，霍夫斯泰德最近集中精力研究了中国和俄罗斯这些新兴经济实体。例如，他认为中国是一个长期导向、高权力距离、低个人主义、中等不确定性规避和男性主义的国家，而俄罗斯是一个短期导向、高权力距离、强不确定性规避、中等个人主义和低男性主义的国家。尽管如此，在最新的有关国家文化集群的研究成果中，世界上很多区域尚没有涉及。[29]

霍夫斯泰德成果的另一局限是忽视了同属一个集群或象限里国家之间的差异。研究认为，尽管在霍夫斯泰德的文化维度中，美国和澳大利亚的得分相近，但是两国却存在差异。具体说来，美国人注重内在的激励，如责任和认可等；而澳大利亚人却更注重工作保障和高收入。[30] 霍夫斯泰德的成果难以解释这些现象。

尽管存在着这样的局限，霍夫斯泰德的成果在国际管理领域仍然拥有巨大的影响力，而且对解释文化影响具有指导性价值。最近的研究也证实了霍夫斯泰德

### 国际观察

## 美国公司的欧洲分公司：文化拼图

一般来说，美国公司以强调自由和个人主义的价值观而闻名。但是有时候这些价值观到了国外，却毫无立足之地。事实上，当美国公司在国外开拓业务时，其经营经常为当地文化所支配。一家久负盛名的美国公司在欧洲分公司的经历就说明了这一点。这家公司每年有25%的产品销售到国外，而其主要的海外市场就是欧洲。

除了区域总部和分销商，该公司还在欧洲设有五个分支机构分别负责不同地区的业务。最近，这家公司在公司杂志上对这些欧洲分支机构进行了介绍，其中包括分公司中的员工对他们自己和工作环境文化的描述。从这些认识里，我们可以了解到当地文化对企业中工作环境的影响，即使面对美国最强势的企业文化、最著名的品牌也不例外。那么，每个分支机构的描述与本章提到的文化维度有何关系呢？请思考一下你在各分支机构中工作的情形会是怎样的？你会选择进入哪一个分支机构工作？这对于你和你的价值观意味着什么？[32]

| 分支机构地点 | 所辖区域 | 员　工 | 自我描述 |
|---|---|---|---|
| 1.英国布拉克莱 | 英国和爱尔兰 | 英国人 | 有创造力的、保守的、多元文化的、机智的 |
| 2.法国巴黎 | 法国 | 法国人 | 不喜欢权力；虽然经常抱怨，但是享受生活（美食和美酒） |
| 3.德国法兰克福 | 奥地利、捷克、匈牙利、波兰、塞尔维亚 | 德国人、美国人、法国人 | 努力工作、守时、准确、思维清晰、渴求知识、乐于接受新技术、享受美酒和美食 |
| 4.意大利米兰 | 意大利 | 意大利人 | 高雅的、有激情的、时尚的 |
| 5.荷兰阿姆斯特丹 | 比利时、荷兰、卢森堡 | 荷兰人、比利时人 | 荷兰人坦率宽容；比利时人比较谦虚、友好 |

的文化维度的价值和适用性。[31]例如，某项研究发现企业领导者在制定目标时，在很大程度上会受到自己国家文化的影响。高权力距离国家领导者比低权力距离国家领导者更重视个人荣誉、家庭利益和权力。[33]阅读“国际观察”，思考一下，如果对这家美国的外国分公司进行管理，你将如何把霍夫斯泰德的文化维度理论应用到实际工作中。

## 卓皮纳斯的选择：对文化维度的另一种研究

除了霍夫斯泰德以外，弗恩斯·卓皮纳斯（Fons Trompenaars）最近的研究可能是试图鉴别文化维度研究中最具雄心的了。他的研究焦点集中在价值观和关系上，在10年时间里，卓皮纳斯对超过1.5万名经理进行了考察。这些经理来自28个国家，卓皮纳斯的研究最终确定了一系列两极文化维度的观点。[34]

例如，如何看待环境，人们也是各有自己的观点。**外控型**的员工倾向于随遇而安。为什么呢？因为他们认为自己无法控制任何生活结果。这类员工渴望稳定，对和谐的人际关系有强烈的需要。与之相反，**内控型**的员工相信自己可以把握命运，因此他们更愿意改变环境，追求自己的目标。根据卓皮纳斯的理论，美国属于内控型的国家，而中国是另一个极端，属于外控型的国家。

> **外控型(outer-directed)**
> 认为自己无法控制任何生活结果的人。

沿着同样的思路，研究人员将美国经理和四个阿拉伯国家的经理进行了比较，发现多数美国经理认同内控型价值观，而阿拉伯经理却多认可外控型价值观。由于信奉外控价值，与西方国家相比较，在阿拉伯国家经商应更加关注人际关系问题。[35]

> **内控型(inner-directed)**
> 相信自己可以把握命运的人。

说到关系，卓皮纳斯界定的几个最重要的文化维度明显是属于关系导向的。图4.6根据五个维度列出了两个极端之间的国家和地区排序，接下来我们将进一步了解这几个维度。

**普遍主义—特定主义**。这是指人们通常相信在一系列规则和惯例面前人人平等（普遍主义）还是规则应依据不同的人和环境而调整（特定主义）。许多国家重视家庭成员和朋友间的良好关系（特定主义），而不是过分关注业绩（普遍主义），后者在美国等国家占主导地位。很多国家如委内瑞拉、印度尼西亚和中国等倾向于特定主义。总的说来，在评估业绩时，来自特定主义国家的经理，比来自普遍主义国家的经理更愿意把员工的家庭生活和工作需要一起考虑。

**中立型—情感型**。压抑感情和高度自制的文化被认为是处于文化维度的中立

| 普遍主义 | 中立型 | 明确型 | 成就型 | 个人主义 |
|---|---|---|---|---|
| 美国 | 日本 | 奥地利 | 奥地利 | 美国 |
| 奥地利 | 英国 | 英国 | 美国 | 捷克 |
| 德国 | 新加坡 | 美国 | 瑞士 | 阿根廷 |
| 瑞士 | 奥地利 | 瑞士 | 英国 | 前苏联 |
| 瑞典 | 印度尼西亚 | 法国 | 瑞典 | 墨西哥 |
| 中国香港 | 巴西 | 新加坡 | 新加坡 | 法国 |
| 中国 | 中国 | 中国香港 | 前苏联 | 印度尼西亚 |
| 印度尼西亚 | 瑞士 | 西班牙 | 中国 | 日本 |
| 前苏联 | 纽西兰 | 中国 | 印度尼西亚 | 泰国 |
| 委内瑞拉 | 墨西哥 | 委内瑞拉 | 委内瑞拉 | 新加坡 |
| 特定主义 | 情感型 | 扩散型 | 归因型 | 社群主义 |

**图 4.6 卓皮纳斯的主要文化维度及其代表国家（地区）**

资料来源：改编自 Trompenaars, F. (1993). *Riding the waves of culture*. London: Brealey; Trompenaars, F., & Hampden-Turner, C. (1998). *Riding the waves of culture: Understanding cultural diversity in global business* (2nd Ed.). New York: McGraw-Hill.

型一端。例如，日本人以保守而闻名。在另一端则随感而发，当然是情感型文化了。墨西哥就是情感型文化的一个典型例子。不难想象，如果来自于中立型环境的员工发现自己处于另一个文化环境中，或者相反，那么他会遇到多么大的挑战。在任何情况下，适应所在文化的游戏规则是最明智的选择（也就是说在情感型文化环境中要更加善于表达自己，在中立型文化环境中显得更加保守些）。

**明确型—扩散型**。在如美国这样的明确型文化中，生活往往处于分门别类的状态中。例如，工作和生活是相对分开的。因此，你所见到的行为、使用的头衔、礼貌的程度都与人们所扮演的角色（老板、私人朋友、同事、家庭成员）密切相关。也就是说与他人交往是没有风险的，至少一开始是这样。为什么呢？因为这种关系被限定于具体的角色中（例如，你或许在工作中与某些人非常友好，但是工作场所以外却从不来往）。但是处于像中国这样的扩散型文化中，生活中个人的各种角色界限却是模糊的。例如，一个人的职位会影响到人们在生活中各方面对待他的态度和看法。因此，在这种文化中，人们刚开始交往时是很谨慎的，因为接近他人生活的一个方面往往意味着向此人其他方面的接近。

**成就型—归因型**。在成就型文化中，你的地位取决于自己的绩效和所能实现的目标。这或许意味着你在顶尖学府获得学位，或者得到了提拔。在这种文化中，无论如何能够“做到最好”是最关键的。归因型文化和成就型文化相反，一个人的地位取决于其年龄、社会关系、等级或者性别等因素。例如，在进行招聘和其他商务决策时，“关系”在中国、印度尼西亚或者委内瑞拉等国家比在成就型的美国会产生更大的影响作用。

**个人主义—社群主义**。这个维度与霍夫斯泰德的个人主义和集体主义维度相似。一般说来，个人主义是指你首先认为自己是一个独立个体，而社群主义则是你认为自己只是团体的一个组成部分而已。通过对比，你会发现这两种理论存在着许多差异。例如，霍夫斯泰德认为阿根廷和墨西哥是集体主义取向，但是卓皮纳斯却认为它们是个人主义取向。目前原因还不是很清楚。其中一个原因可能是每一个研究者的定义有所不同。另一个原因可能是卓皮纳斯的数据较新，反映了这些年来文化价值观的演变。如前所述，文化是不断演进和变化的。卓皮纳斯的研究成果证实了这一点。

# 4.3 文化在国际管理中的意义

到现在为止，我们就文化对管理的意义作了简要的评论。我们也注意到，文化几乎可以对任何事情产生潜在影响，无论是国际商务战略的制定还是具体的人力资源管理实践等各个方面。我们还会在后面的章节继续探讨这些问题。现在，我们来研究文化将如何影响人们对从工作中获得什么的态度，以及对领导力的看法。由于当前的文化理论研究存在着局限，即人们有可能产生“复杂的刻板印象”，为了解决此问题，在本章最后，我们将给出某些具体又切实可行的建议。

## 文化和人们对工作的期望

工作在员工生活中占有怎样的地位？员工工作的目的主要是为了人际关系、金钱，还是工作本身？对于进行多元文化管理的经理人而言，这些问题的答案有着重要的意义。研究表明，我们要从工作中获取什么在很大的程度上取决于我们所处的文化背景。例如，一项对8个国家（比利时、英国、德国、以色列、日本、新西兰、美国和前苏联）1.4万名员工的调查显示，不同国家的员工，其**工作中心性**（work centrality，工作在一个人生活中的重要程度）也不同。美国处于中游位置，英国最低，日本最高。实际上，日本不仅得分最高，而且远远超过其他7国。[36]

> **工作中心性(work centrality)**
> 指工作在一个人生活中所占的重要程度。

当然，近年来日本的工作中心性有所减弱（见前面的“国际观察”）。但是，在日本文化中，把工作视为生活中心的观念，毫无疑问在一定程度上会持续相当长的时间。为什么呢？原因之一就是具有悠久历史的日本传统文化，很难在一二十年间就被彻底颠覆。日本几个世纪以来一直是一个由多个小型的、与世隔绝的农业群体组成的社会。这种与世隔绝的状态，要求日本人必须努力工作、团结协作才可以生存。日本的农耕体系只是在近100年来才有了显著的变化。这种传统在现代化工业国日本的体现就是在努力工作和团队稳定中蕴涵的价值。[37]

这种工作信念，加上对团队精神的重视，可以解释为什么许多日本人对公司有那么高的贡献度，也可以解释为什么日本人愿意承受其他国家的员工难以承受的困难。例如，日本白领工人平均每个星期的例行工作时间超过60小时、每天坐两个小时车上下班、很少休假，而且每星期要花几个晚上与同事搞社交活动，有多少个美国工人愿意与日本人交换位置呢？[38] 另一方面，在过去的十多年间，情况有所变化，美国人总的年工作时间增加了近60个小时，而日本人却减少了近200个小时。[39]

日本员工工作时间的减少，部分原因可能是由于日本人对繁重的工作日益关注。最近的一项调查显示，工业化国家的员工中，日本的员工士气排在最后。调查中只有44%的日本工人说他们对自己的雇主满意。相反，美国有65%的被调查者表示满意，德国的百分比还要更高一些，达到66%，加拿大为73%，瑞士为82%。而且，只有不到40%的日本被调查者认为其工资待遇合理。只有33%的日本员工认为其公司管理状况良好，而早一些的调查结果是45%。这些数据表明日本员工越来越认为大雇主不愿意提供足够的福利，如终身雇用制，来让员工心甘情愿地忍受恶劣的工作条件。[40]

但是工作的其他方面又怎样呢？表4.4总结了8个国家在11个方面的不同工作目标的重要性。你会发现，大多数国家的员工把工作乐趣排在第一或第二重要的位置。良好的报酬对于大多数国家的员工来说都是一个重要的目标，只有荷兰和日本两国把它排在较为靠后的位置。我们发现，其他工作目标的重要性在各个国家存在着显著差异。例如，对德国人而言，工作保障很重要，但以色列人却不认为这一点十分重要。日本人认为最重要的工作目标是把自己的能力和工作需要相结合，而多数国家把它排在第五或者更靠后的位置。对于荷兰员工来说，获得自治是最重要的工作目标，但是英国员工几乎把它排在最后。[41]

不过，以上研究成果表明，提供有趣的工作在以上8个国家中都会取得积极的效果。如果把这个成果推广到其他国家和文化，则管理者就可以认为世界各国的员工都把获得“工作乐趣”当成工作目标之一。以上研究成果也说明，管理者需要调整其方法以适应具体的文化环境。当然，这些调整必须非常谨慎，因为文化是变化的。不过，在任何情况下，个人的价值观、需要和目标也有可能跟现存的文化规范相违背。

**表4.4 各国的工作目标重要性排序**

| 工作目标 | 比利时 | 德国 | 以色列 | 日本 | 荷兰 | 美国 | 前捷克 | 英国 |
|---|---|---|---|---|---|---|---|---|
| 工作乐趣 | 1 | 3 | 1 | 2 | 2 | 1 | 2 | 1 |
| 良好的收入 | 2 | 1 | 3 | 5 | 5 | 2 | 3 | 2 |
| 良好的人际关系 | 5 | 4 | 2 | 6 | 3 | 7 | 1 | 4 |
| 良好的工作保障 | 3 | 2 | 10 | 4 | 7 | 3 | 9 | 3 |
| 工作与能力结合 | 8 | 5 | 6 | 1 | 6 | 4 | 5 | 6 |
| 高自治程度 | 4 | 8 | 4 | 3 | 1 | 8 | 8 | 10 |
| 学习的机会 | 7 | 9 | 5 | 7 | 9 | 5 | 4 | 8 |
| 工作多样性 | 6 | 6 | 11 | 9 | 4 | 6 | 7 | 7 |
| 弹性工作时间 | 9 | 6 | 7 | 8 | 8 | 9 | 10 | 5 |
| 良好的工作条件 | 11 | 11 | 9 | 10 | 10 | 11 | 6 | 9 |
| 很多晋升机会 | 10 | 10 | 8 | 11 | 11 | 10 | 11 | 11 |

注：1＝最重要，11＝最不重要

资料来源：改编自 MOW International Research Team. (1987). *The meaning of working*. London: Academic Press, 123.

其他研究也获得了相似的成果和启示。例如，一项研究发现，美国和亚洲的管理者都重视努力工作。但是，美国管理者比亚洲管理者更注重个人成就，而对于学习而言，情况恰好相反。另外一个有趣的现象是，亚洲管理者的价值观也存在较大差别。例如，日本的管理者就比新加坡和中国香港的同行更关注和谐问题。[42]

## 文化和领导力

提到管理者，我们对于领导力的看法难免会打上我们所属文化的烙印。[43]结果是，领导力的定义会由于历史和共享经验等文化因素的差异而不同。例如，美国人倾向于认为领导力就是一种影响力的施加过程，通过施加影响力可以塑造员工的态度和行为方式，从而实现公司的目标。[44]简而言之，领导人的工作就是激励他人的产出。对于多数美国人而言，领导者就是使组织运作的“英雄”。与此相反，德国人把工程师而不是领导者放在最高的位置。德国尊重工匠和师徒关系的传统可以追溯到中世纪，对德国人来讲，领导的目的就是解决技术问题和分配工作，而不是“激励”员工。[45]

对欧洲、亚洲和美国管理哲学的研究支持这样一个观点：文化会影响人们对领导力作用的认知。一项调查表明，只有不足20%的美国、荷兰和瑞典管理者认为能够准确回答下属的问题是重要的。在这些国家，管理者认为他们应该帮助下属自己发现问题和解决问题。另一方面，大约一半的德国经理（46%）以及多于一半的法国经理（53%）、意大利经理（66%）印度尼西亚经理（73%）和日本经理（78%）希望能给下属提供精确的答案。在这些国家里，树立一个专家的形象，以给下属提供舒服和稳定的感觉，经常被视为领导工作的重要组成部分。[46]

由于文化不同，来自不同国家领导者的行为也不同。例如，日本是一个没有等级的国家，个人功绩最终决定了某人是否成为领导。这里的“功绩”是指在培养精英学生的优秀高等院校的出色表现。在这种文化环境下，任何人只要证明自己具有了相应的技能，都可以成为领导，而不管他或她的背景怎样。然而，在其他国家，企业领导人通常来自于特定的社会阶层。例如，土耳其的领导经常来自于上层社会。同样，在某些阿拉伯国家，强势的领导经常产生于强大的部落家族。[47]

文化可能还会影响对领导者特质的假设。例如，美国人认为领导者的成功有赖于其智慧、自信和果断等个人特质。这些特质大多数与崇尚个人绩效的文化有密切联系。但是，我们是否可以期望其他具有不同文化价值的国家也应用相同的标准来评价管理效果呢？在多数情况下，答案显然是否定的。话虽如此，也有迹象表明，人们对由什么构成有效领导力的看法一直在改变着。[48]

有人对 8 个不同国家的大型跨国公司中的高级经理进行了一项研究，他们列出了领导人的个性清单，让经理们从中选出最重要的五项。一些性格特点（如明确表达愿景的能力等）被多数国家的经理排在前五名。这说明世界各地的高层管理者，尤其是任职于大型跨国公司的管理者面临着相同的挑战。尽管如此，没有任何国家的经理排序是完全一致的。而且，在其中某些国家之间，排名前五位的性格特征中，很少存在交叉或几乎没有任何交叉排序。这些差异可以通过文化价值观来解释。例如，只有日本的管理者将授权排在前三位。日本文化强调组织导向的工作环境，因此，日本文化会把有效的领导者看成能够授权、创建和谐工作环境的人。同样，美国人、澳大利亚人和英国人强调“获得结果”，这与强调个人业绩的盎格鲁文化价值观是一致的。[49]

最后，某些研究者还对看待领导力的观点是否趋于一致表现出了相当大的兴趣。有一项很巧妙的调查对加拿大、中国香港和中国内地三个国家和地区的管理者的个人特质和管理绩效评估之间的关系进行了比较。调查中列举的管理者个人特质（例如成就动机、发掘自己最大潜能的热情和才智等）在盎格鲁国家比较受到重视。在这里要表达的是，如果文化价值观对管理者特质的重要性产生影响，那么，加拿大、中国香港和中国内地的高管对其下属经理人的管理效果的评估标准应该是不同的。例如，中国高管可能看不到“西方”评估标准和管理效果之间的关系。另一方面，如果对领导力的看法会随着工业化进程在全球各地的传播而逐渐趋同，那么，像中国这样的国家由于现代化程度越来越高，其表现则是这三个国家和地区管理效果的评估标准应该是类似的。[50]

调查结果描绘出一幅混合的图景。加拿大高管认为，最大限度地实现你的潜能对于管理效果来说是最重要的，而中国的高管认为经理人的聪明才智是最重要的。这些结果支持这样的观点，即文化对哪一种特质对管理效果起关键作用的看法持续产生影响。尽管各国的排序不一样，但所有的高管还是把大部分个人特质看成管理效果的关键。因为这些标准只包括了“西方”的个性特征，所以，这又支持了趋同的观点。实际上，在此研究中所有的中国高管都是在大城市中的大型现代化企业工作，他们接受的是北美的管理理念。因此，这些结果也许预示着中国领导风格的演进方向，其传统价值观将慢慢被西方哲学所侵蚀。事实上，同样的演进也发生在波兰、民主德国等前社会主义国家。[51]尽管如此，认为在不久的将来，中国（或者其他国家）的本地价值观将完全被“西化”的看法是错误的。事实是，研究不断证明，由于本地文化环境的原因，趋同的力量在不断放缓甚至被抵消。[52]

## 国际管理者和国际企业如何更好地理解文化

这一部分讨论强调了文化的复杂性，这是在本章中我们一直强调的观点。到此为止，我们提出了一系列的文化框架和维度，并讨论了它们的局限性，包括这些框架对世界文化结构的大致勾勒。尽管我们不否认“复杂的刻板印象”的作用，但在一定程度上它们也过时了。此外，文化大部分时间是稳定的，但是永远处于变化之中。

当然，有时候管理者到世界不同的地方工作时，往往被文化“刻板印象”所左右而影响正确的决策。幸运的是，伟创力公司（Flextronics）的 CEO 麦克尔·马克斯（Michael Marks）在决定是否在墨西哥建一条生产线时，避免了这个问题的发生。他周围的人建议不要建这条生产线，他们认为降低的生产成本将被当地雇员和他们的“午睡文化”所吞噬。马克斯先生没有受这些基于“刻板印象”的建议所影响，建立了这条生产线。结果这条生产线 5 年内创造了超过 10 亿美元的收益。马克斯认为经验帮助他克服了“刻板印象的侵蚀性影响”，使自己得以作出正确的国际商务决策。当然，文化刻板印象比伟创力公司的例子要复杂得多。正如马克斯先生所讲：

> 经理们经常有这样的印象，中国人擅长这样，德国人擅长那样，如此等等。但是我了解到，在我们所经营的任何地方、任何国家，人们都希望做好工作……这并不是说我们采用一成不变的方法进入所有的地方。也许我们要在世界上不同的地方，采用不同的方法培训工人。[53]

当然，要在世界各地有效地培训工人，管理者就必须了解员工——包括其文化背景怎样影响员工学习，以及员工需要学习什么。管理者在一个新进入的国家或国际企业工作时，应该如何正确地了解当地的文化呢？我们先给国际管理者提供一些建议，以开始我们的讨论：

- **用检验你的"复杂刻板印象"的心态接近其他文化**。换句话说，就是小心任何你可能有的文化刻板印象，不要将其视为"真理"，而是当成尚待证实的假设。最有效的国际管理者在与其他文化和国家的人交流的过程中，能够改变其刻板印象。
- **向文化导师和顾问寻求帮助**。寻找这样的人：(1) 真正了解文化的意义、矛盾和内在逻辑；(2) 愿意分享他或者她的看法和信息。无论如何，你对文化的了解越多，你的包容性就越大，管理效果也会越好。
- **谨慎评估与你的文化刻板印象不一致的信息**。有时候，管理者们可能高估了自己对另一文化的认识而不自知。这种情形可能是由于管理者在他国文化环境中做得非常成功，至少一开始做得非常成功，结果导致他不愿意进行深入的文化学习。这样，基于错误的假设或者肤浅的文化理解，管理者们就更容易作出错误的决策。如果管理者们通过寻找和分析那些看似与文化价值观相矛盾的行为，找出其背后的深层含义（为什么以主张平等为荣的美国，却有许多经理如此专制），那么这种情形是可以避免的。
- **学习意境地图（mental maps）以提高在不同文化中的管理效果**。这不是指努力发现不同文化的所有规则，而是指要了解意境地图背后的核心价值观，这样有助于在该文化环境中做得更为得体，既能提高管理效果，又能增添自信心。

更加宏观的建议有哪些？如果国际企业想更好地理解文化，那么它们就要思考下列问题：

- **把对文化复杂性有充分认知的人放在国际职位上**。简单讲，最不幸的就是公司把死板固执的人安排在国际职位上，相反，公司应该选择能够处理好不同观点和大量不确定性的人。有这些能力的员工能更好地感知文化内在的复杂性和矛盾性。
- **加强外派人员的所在国培训**。文化培训通常具有如下特征：(1) 在国内教室里进行；(2) 强调概念和事实而不是实际经验。因此，如果可能的话，应该把受训人放在他所要工作的文化环境中，并且要求他们找出解决实际文化问题的答案。这样的培训才会更有激励作用，让人们去探求到底发生了什么。
- **评估某个国家中外派人员或其他岗位人员的文化专业水平**。在这里要表达的意思是，人们对文化的学习层次并不是一样的，人们对文化的理解也不一样。这些差异部分反映了个人技能的不同，以及在该国滞留时间长短的不同。实际上，评估文化专业水平的一个充分理由就是帮助公司确认一个人到底要在国外待多长时间，才能获得胜任其工作的文化理解水平。

- **在文化理解方面成为一个学习型组织**。简单讲，建立这样一个正常运行的机制，有助于公司分享和传播不同的文化知识。例如，让回国的外派人员报告其对所任职国家文化的理解和看法，这种分享既可以增加整个公司对别国文化知识技能的认识，又可以帮助外派员工认识其跨文化经验的意义。[54]

## 本章总结

本章首先讨论了文化对国际企业管理的普遍影响，认为不同文化中人力资源管理、组织结构设计、战略制定和执行、冲突管理方法、谈判技巧和领导风格都有很大的差别。随着国际商务的不断增长，文化的重要性达到了前所未有的高度，对管理者而言尤其如此。

然而，文化是一个复杂的概念。决定某种具体文化的“集体心理程序”可能起源于历史事件、地理位置、共同的传统、经济发展状况、语言、宗教等原因。此外，文化是在不断演进的，对管理者而言，文化始终是一个移动的目标。因此，管理者必须认真对待，不能将文化问题过分简单化。

我们研究了按照共享价值观对国家进行分组的主要理论。例如，根据共同的文化价值观，罗南和申卡尔划分出八个主要的国家集群。地理位置、语言和宗教等因素，都对各个具体的国家集群的共同文化价值观产生影响。不过，罗南和申卡尔的研究有一个缺陷，那就是没有把许多发展中国家列入考查对象中。此外，按照这种方法对国家进行分组会导致一种风险，那就是既忽视了国家之间的文化差别，又忽视了国家内的文化多样性。

这些局限同样存在于霍夫斯泰德的国家集群研究中，他的研究着重于与工作相关的文化维度。虽然有很多局限，但霍夫斯泰德的研究成果对国际管理者还是具有重要的指导意义。霍夫斯泰德认为，所有的文化都可以用四个基本维度来描述。个人主义—集体主义反映了人们在特定文化中在多大程度上把自己看成独立的个体或是集体的一部分。男性主义—女性主义是指人们认为金钱和权力更重要，还是与同事的良好关系更重要。权力距离是指人们是否接受组织中基于职位的权力差别。最后，不确定性规避反映了人们在特定文化中容忍模糊和不确定性的程度。

通过将这些维度进行配对，霍夫斯泰德创立了几个有价值的文化地图，这些地图可以帮助国际管理者依据文化维度的不同组合识别各国，以及明确这些国家是如何被划分为一个集群的。霍夫斯泰德的研究成果对激励各国的员工具有重要意义。例如，弱不确定性规避和男性主义的国家倾向于成就导向；强不确定性规避和男性主义组合国家的员工安全动机较为明显。女性主义和强不确定性规避的组合会导致社会激励的产生。

最近，霍夫斯泰德提出了第五个文化维度：长期导向—短期导向。长期导向文化认为关注未来（如努力工作）是最重要的，但是短期导向的文化却认为关注过去和现在（如尊重传统）是最重要的。近期其他以共享文化价值观为依据来划分国家集群的研究都支持了霍夫斯泰德的观点，并且增进了我们对发展中国家的了解。

具体说来，卓皮纳斯根据自己的研究确定了几个文化维度。例如，处于*外控型文化*中的员工会认为他们是不能自己把握命运的，而处于*内控型文化*中的员工则相信可以自己把握命运。*普遍主义—特定主义*是指人们在多大程度上认为一整套规则和惯例适用于所有的人（普遍主义），或是要根据下属或具体情况进行调整（特定主义）。感情压抑和谨慎的文化被认为是*中立型*，相反就是*情感型文化*，即文化鼓励人们大胆表达自己的感受。在*明确型文化*中，生活被看成是处于分门别类的状态，但是在*扩散型文化*中，各种角色的界限比较模糊。在*成就型文化*中，人的地位取决于业绩和所能实现的目标，比如说在顶级学府获得学位，或者获得晋升；无论做什么都“成为最好的”会使你获得更多的关注。另一方面，在*归因型文化*中，一个人的地位取决于其年龄、社会关系、级别、性别等因素。最后，*个人主义*是指你首先将自己当成独立的个体；而*社群主义*是指你首先将自己当成团体的一部分。

接着，我们研究了文化如何影响人们希望从工作中获得什么的态度，以及人们对于领导力的看法。在一定程度上，领导者的产生来源于文化的驱动。我们还提出了一些切实可行的建议，以便避免因现代文化理论的局限而产生“复杂刻板印象”后果。具体来说，我们对经理和员工的建议如下：（1）以对自己“复杂刻板印象”进行检验的态度接近其他文化；（2）获得文化导师或顾问的帮助；（3）认真评估与自己的“复杂刻板印象”不一致的信息；（4）学习意境地图以提高在不同文化中的管理效果。

对于公司的建议如下：（1）把对文化有充分认知的人放在国际职位上；（2）加强外派人员在所在国的培训；（3）评估某国的外派人员或在职人员的文化专业水平；（4）在文化理解方面成为一个学习型组织。

### 讨论题

1. 描述霍夫斯泰德和卓皮纳斯的基本文化维度。说明这两种理论有哪些相同点和不同点，并指出这两种理论的局限性。这些维度与罗南和申卡尔的国家集群理论有何关系？
2. 国际管理者如何应用有关文化维度的信息？为什么理解文化对国际商务活动的成功至关重要？
3. 哪些工作目标在全世界都是一样的？哪些工作目标因国家不同而大相径庭？文化价值观是如何影响这些工作目标的？
4. 公司和国际管理者应如何超越由于对文化的肤浅理解而产生的“复杂刻板印象”？这样做时会遇到哪些挑战和困难？

## 迎接挑战

### 同美国人共事：如何管理日—美文化差异

本章开始时，我们曾要求你想一想，如果日本人和美国人一起工作会怎样。我们尤其感兴趣的是：潜在的文化价值观差别怎样使美国下属和日本经理的生活复杂化。下面列举的是几个文化价值观差异可能导致的问题实例。

#### 绩效评估

大多数美国人希望公司对自己的努力给予肯

定，并把给予绩效反馈当成获得更高绩效的一种激励。批评也没有什么不对，只要这些批评是具有建设性的，而且通过私下表达。但是，许多日本管理者认为炫耀个人成绩是无法接受的，他们希望下属保持谦虚的态度。日本管理者会当着其他同事的面批评下属。日本下属会认为老板这样做是认为自己有潜力。而且，这种工作上的批评通常被下班后社交活动的非正式“安抚”所抵消。实际上，多数批评只是形式上的，因为在许多日本公司中，是人力资源部门而不是经理作出人事决策。日本经理会经常感到很惊讶，为什么他们的美国下属希望定期获得详细的业绩评估。

美国人可能会疑惑，为什么他们日本上司提供的绩效反馈和业务指导比预期中的少？而且，正式的绩效反馈经常以模糊的、非个人的方式传递的（例如，一封简短的感谢信，感谢员工对公司作出的贡献）。由于美国人不愿意参与日本人下班后的社交活动，所以他们可能错失许多获得更多信息和正面反馈的机会。美国人经常把这种社交活动看成是对个人休闲和家庭时间的侵犯，而日本人却把它看成是保持工作团队和谐的重要组成部分。

### 晋升

许多在日本公司工作的美国人抱怨晋升速度太慢，难以进入管理高层，这种现象被称为“Gaijing 天花板”（Gaijing 在日语中是“外国人”的意思）。许多美国人认为自己是个人主义者，雄心勃勃地要去实现其个人事业目标。而许多日本人认为这种以自我中心的行为制造了太多的冲突。美国人通常不能迎合日本经理的强烈的集体主义偏好，也无法理解为什么在日本公司中，资历常常成为升职的一个重要参考因素。

毋庸置疑，日本经理有时很不容易“接近”其美国雇员。例如，日本经理发表演说以激励美国下属，但是结果却适得其反。日本经理说公司运营情况极差，要求美国雇员努力工作，以便扭转乾坤。许多日本员工会接受批评，并且加倍努力，以改正错误。但是美国雇员却因此对公司失去了信心，着手润色简历，寄往其他公司，另谋高就。不久日本经理发现，他认为最优秀的美国下属已经辞职，转到其他公司上班了。

有时候是由于语言障碍，日本主管不愿意让美国人进入管理高层。很少美国人能讲流利的日语，日本经理不得不说英语。这就会产生如下问题，即日本经理尴尬地向其美国下属展示蹩脚的英文。另一方面，即使美国人可以讲日语，也可能会在语言上失态而威胁到自己的职业生涯。因为，在日本理解每句话的真实含义十分依赖语境。一位在日本松下公司工作的美国经理花了五年的时间，终于弄明白了当她的日本上司说她的提议“需要研究研究”时的真正含义。它可能包含几种含义：在某些语境下，是指“这个提议需要完善一下”，而其他时候却是指“这个提议被枪毙了”。

### 弥补文化差距

解决这些文化差距问题需要时间和努力。美国人必须学会尊重日本人认为很重要的价值观，例如团队和谐等。同样，日本人也应该承认这样的事实，即美国人喜欢得到认可，美国人认为个人主义天经地义。双方都应该在保持各自独特文化价值观的前提下，学会更加适应对方的文化。那么，怎样做才好呢？怎样做才能把更深层次的理解和“心领神会”的东西应用到不同的管理实践中呢？[55]如果你在考虑这个问题，意味着你需要对日本和日本商务文化进行进一步的研究。日本贸易振兴机构（www. jetro. go. jp）是开始研究的一个好地方。这是一个由政府资助的组织，其宗旨是帮助外国公司进入日本市场，并在日本市场取得成功。如果你在 JETRO's 网站找不到你想要的有关日本的信息，则可以通过链接引领你找到相关资料来源。另一个很好的信息源是 Executive Planet（见 www. executiveplanet/business-etiquette/Japan. html)。这里主要集中了有关日本商务文化和习惯方面的信息。

## 国际管理技能开发

### 了解自己对个人主义—集体主义的认识

#### 目的

更深入地了解自己对个人主义和集体主义的态度。

#### 说明

假设你在美国或者加拿大，你想在美国或者加拿大公司找到一份好工作。请你按照你在工作场所的行为回答以下问题，根据适当的衡量标准，将相应数字填在每题前面的空格上。

| 5 | 4 | 3 | 2 | 1 |
|---|---|---|---|---|
| 非常同意 | 同意 | 不确定 | 不同意 | 非常反对 |

1. ______在公共汽车上我会给上级让座。
2. ______当与人打交道时，我喜欢开门见山，有话直说。
3. ______我喜欢与同事建立长久的关系。
4. ______在讲到自己的成就时，我非常谦虚。
5. ______给与我有工作往来关系的人送礼时，我会觉得自己正在犯错误。
6. ______如果我希望下属完成一项任务，我会告诉他，这是我的上司交给我的任务。
7. ______为了别人的面子，我愿意向他提建议，而不是直接陈述真相，使对方难堪。
8. ______当我必须说不时，我会直接说“不”。
9. ______为了促进销售，我会宣布颁发“杰出销售员”奖给具有最高销售额的销售员。
10. ______我喜欢与同事感情融洽。
11. ______我认为完成任务时，在我的团队里与能帮助自己的人建立关系网很重要。
12. ______我喜欢自己被认为与上司一样有价值这种感觉。
13. ______我尊重我与之打交道的上司。
14. ______如果我希望下属完成一项任务，我会努力证明这个任务将如何使团队中的其他人受益。

现在假设你在下列国家（地区）中的某一个国家工作。根据你的海外工作经历、从书上学到的知识、从那个国家（地区）的朋友处了解的情况，或者学过的相关课程等，选择你最了解的国家（地区）。

| | | |
|---|---|---|
| 日本 | 墨西哥 | 巴西 |
| 菲律宾 | 中国香港 | 泰国 |
| 中国台湾 | 秘鲁 | 委内瑞拉 |
| 印度 | 阿根廷 | 希腊 |

如果你对上述国家（地区）都不十分了解，那么假设你和来自上述任何国家（地区）的三个外国朋友共同完成一项课堂任务。

练习的下一个环节是同样回答这 14 个问题，假设你在上述某一国家（地区）工作，或者你和来自某国家（地区）的三个外国朋友共同完成一项课堂任务。假想你会在那个国家（地区）工作很多年，并想在公司中取得良好的业绩，应用同样的标准和数字回答这 14 个问题，填在空格上。

| | |
|---|---|
| 1. ______ | 8. ______ |
| 2. ______ | 9. ______ |
| 3. ______ | 10. ______ |
| 4. ______ | 11. ______ |
| 5. ______ | 12. ______ |
| 6. ______ | 13. ______ |
| 7. ______ | 14. ______ |

### 计分

这项练习的计分差别很大是因为要进行两组数字的比较（例如，假设在美国或者加拿大工作的一组数据，与假设在所列的其他国家工作的一组数据就会很不一样）。

我们把第一次回答问题的数据称为“第一组”，而把第二次回答问题的数据称为“第二组”。根据下列提示，在计分时给自己加1分。

问题1：如果第二组的分数比第一组高，加1分。

问题2：如果第一组的分数比第二组高，加1分。

问题3：如果第二组的分数比第一组高，加1分。

问题4：如果第二组的分数比第一组高，加1分。

问题5：如果第一组的分数比第二组高，加1分。

问题6：如果第二组的分数比第一组高，加1分。

问题7：如果第二组的分数比第一组高，加1分。

问题8：如果第一组的分数比第二组高，加1分。

问题9：如果第一组的分数比第二组高，加1分。

问题10：如果第二组的分数比第一组高，加1分。

问题11：如果第一组的分数比第二组高，加1分。

问题12：如果第一组的分数比第二组高，加1分。

问题13：如果第二组的分数比第一组高，加1分。

问题14：如果第二组的分数比第一组高，加1分。

如果你得了6分或者更高分，那就说明你对个人主义—集体主义概念的文化差异很敏感，也就是说，你对这一文化维度非常敏感，认识到哪些不同的行为可以促成目标的实现和个人事业的成功，并且理解这取决于其所在文化环境是强调个人主义还是集体主义。

资料来源：改编自：Understanding your Orientation Toward Individualism-Collectivism" from R. W. Brislin and T. Yoshida (eds.), *Improving Intercultural Interactions: Modules for Cross-Cultural Training Programs.* Copyrigh © 1994 Sage Publications. Reprinted by permission of Sage Publications, Inc.

## 接入全球网络

### 向外国人赠送礼物时的注意事项

#### 目的

我们的目的是研究送礼中的文化差异。为了完成这个目标，你需要学习了解影响特定国家送礼文化的某些因素，例如复杂的历史、宗教和语言等。

#### 指导

在课外阅读以下背景材料（除非你的老师有其他要求）。

老师会把你们分为3～6人组成的小组，并让每一组在课外研究一个国家。关于国际送礼文化，许多网站都可以提供更多的细节和资源。例如，你可以浏览 Expat Exchange 这一在线论坛，它汇集了所有在国外工作和生活的建议，当然也包括送礼（见 www.expatexchange.com/lib.cfm?networkID=158&articleID=191）！

在下次上课时，每个小组都要展示研究成果（每组 10~15 分钟）并且/或者准备一份小组报告。老师也可以选择要求每个人单独完成，并且写一份报告。作好充分准备参加指定国家的讨论，无论如何，你都应围绕指定国家的送礼习惯来回答下列问题：

- 在这个国家的商务往来中，送什么礼物是合适的？
- 一般说来，什么时候送礼合适？如果是你正在访问该国家，你会怎么送礼？
- 礼物怎样包装？什么颜色合适或者不合适？呈上礼物的恰当时机是何时（在访问过程中，什么时候送出）？还有其他的送礼礼节吗？
- 不能送什么礼物？

## 在某些国家国际商务活动中送礼的常识

文化价值观的差异使得管理国际商务非常具有挑战性。即使意图再明白的行为——送礼，也可能变得非常复杂，搞不好就会惹来很多麻烦。在多数国家，向外国客户或者雇员赠送礼物作为答谢是合适的。但是，什么礼物是可接受的，在各个国家却大不相同。如果不懂得当地的送礼规矩，会引起反感，甚至失去海外业务。

这就提出了在其他国家中送哪些礼物合适的问题。许多专家建议送自己国家的特产，或者送对方难以得到的东西。就是说，如果是美国人送礼，最好送美国手工艺品，或者关于美国的书。不过，在多数情况下，最好还是研究一下该国的文化、宗教、传统节日，从而确定什么才是适合的礼物。最好了解清楚你的客户，这样你才能知道他的个人嗜好、品位等。

给外国客户送礼物，不只是找到合适的礼物这么简单。在许多国家，对于礼物如何包装和送出有着相当复杂的规矩。例如，黄色和红色在印度包含着吉祥的意义；白色在多数亚洲国家不是一个好选择（和死亡相联系），而金色和红色却很受青睐。在多数亚洲国家用双手送出和接受礼物是懂礼貌的表现。但是，在伊斯兰教国家你必须要用右手送出礼物，因为左手被视为是不干净的。

何时送礼也很重要。圣诞节一般最安全，因为多数国家都大致在这个时段庆祝。一般私下送礼比较恰当，不过日本习惯于生意谈成后送礼，中国人喜欢刚见面就送礼。不要指望亚洲人夸奖你送的礼物，因为亚洲人认为当着送礼者的面拆开礼物是不礼貌的。在这里我们只提到了海外送礼规矩中的一些皮毛。如果你将要到国外工作，应该查阅该国的送礼指南，做足功课，并且向你要去的国家的大使馆咨询。

最后我们作一个简单的总结，参照下面的列表，明确在以下四个国家送礼时，送什么、何时送，以及不能送什么。[56]

| 国　家 | 合适的礼物 | 何时送礼 | 不合适的礼物（有解释） |
|---|---|---|---|
| 中国 | 领带、钢笔、低调的物品 | 农历新年（1 月或者 2 月） | 钟（在汉语中，“送钟”与“送终”谐音） |
| 印度 | 糖果、坚果、水果 | 印度排灯节（10 月或者 11 月） | 毛皮制品（牛被视为印度教的圣物） |
| 日本 | 美国货、酒 | 元旦（1 月 1 日） | 与 4 有关的任何东西（与死亡有关） |
| 沙特阿拉伯 | 指南针、开司米 | 开斋节（12 月或者 1 月） | 酒（伊斯兰教禁止饮酒） |

# 案例1

# 第三世界的工作家庭：剥削童工还是关爱儿童

北美蒂莫西托马斯服装公司国际合作部的新总裁乔纳森·斯顿在飞机上坐立不安。近两个月来，他穿梭于亚洲各国，已记不清乘了多少次航班，但最舒服的还是这趟飞往波士顿的返程航班。可他满脑全是巴基斯坦工厂里那些不满十岁的女童工身影，她们在一排排由女工操作的缝纫机间的走道上不停地清扫。

这是在拉合尔的一家工厂，女工和女童工正在紧张地工作，生产T&T牌短裤，这是有着40年历史的蒂莫西托马斯公司休闲服饰产品线中目前最热门的产品。与公司其他产品一样，T&T牌短裤的品牌形象是“手感好，外观好”。

不过，这个品牌形象与扫地女童的形象大不相称，巨大的反差强烈地冲击着斯顿。为了维持良好形象，公司在新制定的《全球商业合作伙伴规定》中禁止雇用童工，即14岁以下或正在接受义务教育的学龄儿童。来亚洲前，斯顿还为自己能够为这家重视授权和多样性的公司工作而感到自豪。然而到了巴基斯坦和其他发展中国家之后，他才发现公司的规定难以落实。

斯顿挺喜欢拉合尔这个新兴的纺织和销售中心城市。在其五彩缤纷的市场中，到处都是拉合尔著名的丝绸和手绣制品。他喜欢这里的沙漠、白墙和蓝天。他第一次见到公司驻巴基斯坦的供应部经理是在一辆出租车上，当时他们一同去参观当地的一家工厂，一路上，斯顿陶醉于满眼的亮丽景色之中。

两人见面后没过几分钟，供应部经理尤瑟夫·昂德说：“我得提醒你，新《规定》中的某些条例在这里实施有点麻烦。”

斯顿停止了欣赏美景：“什么意思?”

“据我所知，这里好的承包商都雇用女童，她们是跟着妈妈来的，不满14岁的也来做缝纫工，这儿都这样。”

“这样怎么行？你没跟他们说要纠正过来吗?”斯顿双手用力捏了捏膝盖。穿行在狭窄街道上的出租车很快带他们远离了五彩缤纷的商铺区。

“我不是警察，”昂德说：“我也不肯定你真的希望我去跟他们说。事情比你想象的要复杂得多。”

---

HBR's cases are derived from the experiences of real people and real companies. As written, they are hypothetical and the names used are fictitious.

“什么叫复杂得多？你的意思是承包商敢不听，好，那就取消合作，看他们改不改。”

昂德身体前倾，不耐烦地说：“你知道我们和拉合尔承包商签的是什么合同吗？仅拾合尔的承包商每年就要生产50万件T&T短裤。我敢保证，价格很有竞争力的。”

“我知道这些数字，”斯顿回答，“但也不能就此改变规定啊，工厂就是不能雇用童工，对不对？”

昂德擦了擦额头上的汗，穿着体面笔挺的衬衫和黑领带使他热得够呛。尤瑟夫·昂德就读于宾夕法尼亚州立大学，曾在美国工作过，任蒂莫西托马斯公司驻巴基斯坦的供应部经理已有两年。

“你想知道事实吗，那就是我们真的很幸运能和这样的承包商合作。”昂德说，“他们想尽一切办法，保质保量地按时交货。虽然在哪里都能办厂，但他们很多人还是选择了巴基斯坦，因为这能给当地带来工作机会，改善当地人的生活。好，现在我们美国大公司来了，对他们说，如果你们的产品不是以超低价卖给我们，就别怪我们不要。当然还要按照我们的《规定》来办，即使他们的成本不断提高，也不关我们的事。”

“等一下，”斯顿打断他：“别国的承包商按照《规定》来操作，不是也做得很好吗？”

供应部经理看上去与其说是疲倦还不如说是生气：“你想让承包商解雇不满14岁的女童？行啊，这样一来，至少60个家庭马上因此受到影响，他们都是穷得揭不开锅的，你考虑过这些吗？即使成本增加了或合同调整了，承包商也都希望和我们续签。当然，我们也会和他们谈的。”

“怎么谈？”斯顿问。

“你绝对想不到那些跟随母亲来的女童做了多少无偿的工作。”昂德说：“大一点的女童做缝纫工，工钱比学徒的最低工资还少。从她们身上省出的钱都可以付给一个普通工人最低工资的1/3，比熟练工的工资还多。女童要有满14岁的出身证明，承包商才可以雇用她们。可在巴基斯坦，谁会相信出生日期证明？你也看到了，亚洲女童看起来都显得很小。”

“怎么知道她们不到年龄呢？”

“靠眼睛看呗！”昂德耸耸肩：“有些看不出来的，唯一确定的办法就是到医院体检。因为她们需要这份工作，所以都不会说实话，都说自己满14岁了。她们还能做些什么？也有别的事做，要不就去当佣人，那一分钱都赚不到，不然就整天在家绣花，但这种工作也很少。还有就到地毯工厂去做工。你觉得做什么对她们好？”

斯顿摇头：“做什么都不好。”

昂德把脸转过去：“公司那边我说不上话，我个人也并不同意这个《规定》的某些内容，但既然我为公司工作，就要照办。”他点燃了一支烟，望着脏兮兮的出租车窗外。

“说句不好听的话，有时我还真的弄不懂总部经理的想法，真的弄不懂。但我很清楚的是在第三世界国家生搬硬套美国的价值观，只会添麻烦。你们实在是不了解巴基斯坦人民的现实生活到底是怎样的，这我没说错吧？”

“这就是我来这里的原因。”

“就来一个星期。好，你知道这儿的现实生活是什么？这儿的女孩需要什么？”昂德打开车窗，对着嘈杂喧嚣的街道，提高嗓门说：“你以为只是巴基斯坦是这样吗？到孟加拉、斯里兰卡、巴西、墨西哥、亚述尔群岛这些地方看看，你是公司的人，知道我在说什么。再到世界各国走走，看看那些在街边以杂耍为生的孩子，说不定让他们为我们的承包商工作是帮了他们的大忙。”

斯顿一言不发，这时出租车刚好停在工厂门前。视察第一间厂房时，斯顿心里还是很难受，当地认为女人不能和男人平起平坐地做工，所以坐在地上做工的全是妇女和女孩。昂德说工厂老板用专车接送女工上班。陪同他们视察工厂的法汉·哈纳费明介绍说，工厂包工人伙食，熟练女工月薪是 5000 卢比，相当于 200 美元。他还反复强调这工资比 1200 卢比的底薪要高得多。

厂房不拥挤，地面还算干净，但没安装暖气。女工身着多层长衫和宽松长裤，多数包着色彩艳丽的大头巾，她们的双手冻得通红，但依然熟练地穿针引线，快速地把裁好的布料推向前。小姑娘站在妈妈的缝纫车旁，帮忙把线缠到线轴上。年纪大些的女孩蹲在废布堆旁挑选，一边摆放废布一边聊天。当斯顿或其他男子走近时，她们全都不出声了。

尤瑟夫·昂德用旁遮普方言问了一个女孩几个问题，女孩双肩颤抖，用细小的声音毕恭毕敬地回答。在斯顿看来，这女孩和他 8 岁的女儿杰茜卡个子差不多，而斯顿一直都觉得杰茜卡个子太小。

“她说她喜欢在这儿做工。”昂德瞄了老板一眼：“哈纳费先生对她们不错，工钱也高。这里挺干净，又不挨风吹雨淋。她的朋友都在这儿，年龄一样大的就一起来了。她想让我转告哈纳费先生，她们全都是好帮手。”

“她们为什么不上学？”

“家庭条件不允许。”昂德说：“巴基斯坦至少有一半的女孩不上学。家里若供得起，肯定先考虑让男孩子读书，这里重男轻女。”

听他这么说斯顿更难受，他到过亚洲其他地方，知道这个巴基斯坦小厂的环境不算太差。他试着说服自己，也许女工真的会感激这个工厂，这里有遮风挡沙的围墙、明亮的灯光和干净的水泥地板。斯顿忘不了加尔各答的工厂，当然，拉合尔不是加尔各答。那里的工厂门外就是穷人区，街道上的穷人睡在路上或在尘土中乞讨，车子按着喇叭开过来时，他们就往路旁挪挪，让出刚好让车子开过的道路。所以说，也许女工把女儿带到厂里来会更放心，何况女儿还能帮上忙。

斯顿沉浸在想象之中：如果《60 分钟》节目深入调查，要彻底曝光此事那该怎么办？有良好信誉和受人爱戴的蒂莫西托马斯公司的时尚 T&T 牌短裤，竟是由贫穷的巴基斯坦小姑娘一针一线生产出来的？在波基普西市可不是闹着玩的。

在飞回波士顿公司总部的航班上，斯顿如坐针毡，怎么都找不到一个舒服的姿势。有什么简单的办法能妥善解决这一问题呢？若不修改拉合尔的合同，就断了女孩及其家人的经济来源，若坚持公司规定，向公司上报，T&T 生产线成本就要大大提高。公司正在开拓和抢占北美和欧洲服装市场，美国的仓库和商店也全靠 T&T 的产品，而目前大批量的短裤和衬衣都是拉合尔承包商生产的，速度快且价格低。

巴基斯坦工厂雇用女童工给《全球商业合作伙伴规定》出了一个难题，斯顿左右为难。是否修改公司新制定的政策，他要为此负责的。不幸的是，挂在口头的世界价值观和社会责任是无法满足起码的生活需求的。

## 讨论题

1. 斯顿认为可以采取什么方法来应对拉合尔承包商的问题？
2. 斯顿既不想违反公司有关童工的规定，又不想对巴基斯坦的贫困家庭视而不见，他该如何做来确保公司赢利呢？
3. 你最后给斯顿的建议是什么？为什么给出这样的建议，你的建议有什么样的好处，风险和代价是什么？
4. 通常，跨国公司有哪些社会责任？若涉及贫穷、工作环境和童工等，公司的社会责任又是什么？

# 案例2
# 千叶有限公司

肯·森川是一家日本制造企业的行政总经理，在管理佐治亚郊区新建的厂区时碰到了问题。一大早，美国籍人事部经理约翰·辛卡莱尔激动地穿过临时的开放式办公室，高声宣布："我找到了一位佐治亚大学的日本教授，他愿意帮我们翻译企业文化理念，我想马上聘他过来!"

肯感到压力袭来，他认为约翰·辛卡莱尔和多数美国人一样，对日本公司期望过高。在东京学到的，并以此为职业的企业文化将继续帮助和指引着他，但他觉得美国人不喜欢也不理解日本企业文化。

这家工厂有将近2000雇员，但是，只有部分员工具备相关行业的经验，要管理好这个工厂，他必须要完成很多事情。肯希望工厂能够以福利优厚、工作安全、以诚相待、稳定发展的良好形象出现。他相信，如果恰当地向员工解释清楚并谨慎实施这种企业文化，对于提高员工士气、提高生产力将大有好处。

肯还希望，哪怕员工再多，这种士气也能够一直保持下去。实际上，当时把工厂建在这里的一个重要原因，除了考虑平衡运输和分配等因素外，就是当地员工具有的"日本式的"工作精神。他相信把培训成本用于栽培新员工是很值得的一件事，这样就可以避免他们接触那些沾染了"坏习惯"或士气低迷的员工。在日本，企业文化培训是公司入职培训项目中的重要内容，在这里行得通吗?

肯不知道这份新承担的管理工作会不会影响他对人事方面的考虑。上次公司培训时，他读了斯隆《我在通用汽车的日子》后，写了一篇关于人力资源的报告，从此担任的职务就与此有关。虽然他大学的专业是数量经济学，但他的第一篇作业却是人事"设计中心"，即负责白领员工培训和薪酬的管理部门。两年后，他被派到地区销售部，1年零1个月后，他又回到总部人事处员工福利科工作，管理房屋贷款和文体活动等事务。从上次公司送他去美国大学进修人事管理课程和英语算起，他在公司已经工作了8年。

获得MBA后，他回到总部。来佐治亚任职前，他在人事发展研究部设计新的薪酬制度。

---

This case was written by Nina Hatvany and Vladimir Pucik for class discussion only. None of this material is to be quoted or reproduced without the permission of the authors.

公司希望他在佐治亚期间，逐步把执行大权转到美籍总经理手里，最后只当咨询顾问。可是，他认为目前是个关键时期，公司要靠他的专业知识来设定未来的成功。他是否忽视了某些自己应该敏感的问题呢？

午餐时，他跟约翰·辛卡莱尔提起这一话题："我告诉你，约翰，我知道近年来为什么日本在产品质量和生产率方面超过了美国人。是实际应用，与创意没关系。很多好点子是美国人想出来，而日本人潜心研究实际应用。美国人强调要造出新东西来，多多益善，日本人则是认真全面地分析如何去实施最佳解决方案。"

"都说罗马不是一天建成的。我不能肯定，厂里的美国员工是否明白企业文化的真正意思。我们慢慢来，先看看我们聘用的是什么样的人，然后才知道怎样满足他们的要求。"

约翰在相当传统的美国公司工作了 11 年，对日本人管理美国员工十分感兴趣，一直想到日本公司工作，想亲身体验"日式"策略，如长期雇用制、企业文化理念和高度关注员工主人翁精神。他欣然回答："肯，我知道你不喜欢冲突，但我想你也知道信息的收集很重要。厂里采购员比利告诉我，他最近去过的一家名为千叶国际公司的日本企业，这家公司的企业文化很成熟。我知道他们是专家，我们何不去加州一趟，与他们的管理层探讨一下，同时也搞清楚他们如何和为何要进行企业文化宣传。"

"还可以晒晒太阳！"肯笑着说："你开始行动了！"

## 千叶公司

加州圣何塞市的千叶国际公司主要生产高精尖的电子配件产品，用于定制或半定制集成电路板的最后装配，特别用于生产电脑和军用设备中的存储芯片。这类产品的可靠性是最重要的，其次才考虑价格。同类但低价的产品一旦达到大批的生产数量就由别的公司生产。

千叶国际公司隶属于千叶电子集团。最近日本的著名报纸《经济时报》根据千叶集团的年收入和业绩表现，把它列为日本最有影响力公司之一，领先于一些名气大的公司，如索尼、松下电子和丰田汽车公司。千叶电子集团产品的世界市场份额为 70%，千叶国际公司同样占有美国市场 70% 的份额。

12 年前，千叶国际公司在美国只是个小小的销售处，后来从同行手里买了一家每月亏本一二十万美元的工厂，结束了其美国式管理，由一位在加拿大出生、在日本长大的执行官带领一队日本人接手，仅两年便使工厂扭亏为盈。

如今，千叶国际公司的 24 个高级主管中，14 人是美国人；70 位销售员中美国人有 65 位，其他各类员工全是美国人。

## 千叶理念

"明日冉冉高空照
辉映高山和市场
啊！这是我们的目标！
怀着崇高的使命
我们服务行业，
满足最挑剔的顾客的
要求
我们引领行业，
今后的路
无比的欣慰和光明。"

"那是我们公司歌词的译文。"一位日籍高级执行官说，他是负责接待肯和约翰的日、美籍管理层人员中的一位。"但我们还没发给员工，这是我们向员工慢慢地、谨慎地介绍企业文化的典型做法。每个员工岗前领到一本公司文化宣传册，我们没特别培训他们，也没逼他们接受，就让他们慢慢消化和理解。"

"接管公司的前几年，你们是怎么做的？"约翰问。

"一样的。要慢慢来，如果我们逼得紧，只会造成消化不良。这里还算容易，是劳动强度大和重复性高的流水性作业。别处的情况就不一样，比如有些工厂，员工多数是外聘人员，他们了解但不遵守企业文化。工程师和技术人员就不像销售、人事或行政人员那样接受企业文化。在别的地方，只要技术情况相似，我们都没有问题。"

同行的另一位美籍经理插进来，向肯和约翰展示他们公司宣传册。写得很有文采，其中几段话他们觉得特别有意思，也有所触动。

## 管理理念

以实现公司全体员工的物质与精神的追求为目标，并在此追求过程中，致力服务人类的进步和繁荣。

## 管理政策

……以无条件满足顾客要求并从中获益为目的。我们亲如一家，志同道合，相互尊重和相互帮助是我们的共识。

也请牢记：

全力以赴必须完成的事情，该做的事情一定要做，不以事小而不为。随时准备：扫地，分类零件，记录库存，刷洗机器，检查零件，装车，扛包，洗窗，整理文件，烧火炉等，来完成该做的任何事情。

## 会议

"每天交班时的例会就在这片空地上进行。"接待团解释："全体员工列队站好（指着沥青地面上的金属点）。每天由不同的管理人员发言5分钟左右，周一是主管讲，周二是人事管理部门，周三安排安全部门，周四周五是生产和销售部代表发言。他们随便说什么都行。员工都有自己最喜欢的发言人，特别喜欢那些比较外向的销售经理。"

"接着人事协调员说些体育新闻方面的事等，或是鼓舞人心的话。然后带着大家做一分钟的热身运动。我们不强迫大家，但大部分员工都跟着做。之后解散，回到各自的部门开会。

"部门会议也一样，每天由不同的人做5分钟发言，即使是级别最低的员工也能说上几句。然后部门主管总结前一天业绩情况、布置当天计划、交代其他事情，如内务做得不够、某原料缺货等。

"公司每月一次把业绩与计划公示出来，这很重要，因为全体员工都是按照统一标准来拿年终奖金，奖金和公司赢利相关，差不多是一个月的工资。"

另一位日籍经理接着说："前几年，有抱怨会议太多，现在我已经很久没听到类似抱怨了。员工希望公司公布重大或一般信息，比如谁卖戏票、保龄球赛的结果如何、网球赛日等。"

那位美籍人事部经理加上进来："热身运动这个点子是我想到的，在日本参观时偶然想起，促进人们更好地相互理解需要活动，这就是活动的一种表现形式，而且气氛很好，时间也合适。但即使这样，因为是自愿参加的，大约过了一年半，所有员工才一起加入。现在每个人都明白它真正的意图了，现在如果取消它，我们才会听到抱怨呢。"

"除了早会，还有好几种会议。周一是信息交流的大型协调会议，所有管理人员包括销售部、人事部、业务部经理及助理等都参加。周二开生产会议，由生产部经理及其相关人员参加者。双周周一下午4点开管理人员会议，主要是内部交流。单周周一开培训会议，而人事部全体人员每周都有会议。

"我们还随时召开很多与销售有关的会议，如新产品销售会。有必要的话，就把销售和生产部门合在一起开会，生产线上的小组会议也是随叫随开。

"所有正式会议都和公司支持和赞助的活动

一起进行，如保龄球队，网球比赛，垒球、钓鱼和滑雪。公司常组织团体买打折票。现在准备圣诞节派对，每个员工可带一位朋友参加，所以这项费用约 4 万元，公司郊游费 29000 元。”

“听起来这些方法对‘适用加班费’（Non-Exempt）员工挺有用的。”约翰评价道：“对那些‘不适用加班费’（Exempt）员工呢？”

## 营销队伍

他们首先从几乎清一色的美籍销售人员谈起。

“他们是特别不一样的群体，有很强的专业优越感。多数美籍工程师有‘做不做无所谓’（take it or leave it）的傲慢态度。而我们的态度完全相反，尽量满足顾客的需要，几乎像艺妓一样，让顾客觉得是她唯一的客人。”

“我们尽力给他们灌输这样的理念：

真诚 **Sincerity**
能力 **Ability**
钟情 **Love**
精力 **Energy**
服务 **Service**

**真诚**是你必须具备的基本态度，以及说服顾客的**能力**。要**钟情**你所销售的产品，否则无法说服顾客。要有旺盛的**精力**，因为快下班时，经常是要多做一件事或多打一个推销电话。最后，**服务**顾客的意识最为重要。

“向销售人员传输这样的理念，他们挺喜欢的，特别在不欺骗顾客，或忍受顾客骚扰方面。公司也要求他们诚信相待，即使犯错也一样。我们经常是靠销售人员的报告来了解顾客的。所以每天及时地通过电报、电话向我们作客观的汇报很重要。

“公司没人拿佣金，销售人员也不拿。我们这样，会使一些难以推销的产品失去部分市场，但不同销售领域的性质不一样，会让拿佣金很不公平。

“虽然公司只付工资，但并没有单方面规定销售指标。是让销售人员直接和他的上司制订指标和计划，他们会故意把指标定高一些，因为朝着目标努力才能有良好表现，为下一年评估的提高打下基础。

“我们没有实际的销售部，因为觉得它是个奢侈品。不过，有一名副经理专门负责市场营销，他几乎做了整个销售部的事。”

## 美国管理

约翰很好奇，美籍各级主管对日本公司的管理是怎么反应的。

一位日本经理解释说：“美国人刚进入公司时，料想公司会有很多内部政策，开会时他们审视和揣摩每个人，想找出掌握实权的人。用我们的话说，就是找出能够擦得亮的苹果。花了不少时间才弄明白没这必要。”

“美国人应聘某个主管职位时，我们采取集体面试，五到十个面试官同时到场。这样经常让美国人头晕，不知道该对谁说才好。我们回答说，虽然他会向某人汇报，录用他可是整个公司。像在日本一样，不用靠效忠某人，公司会照顾他。”

“你们录用美国人做主管的标准是什么？”约翰问。

“是他的思维方式，不一定是能力。虽然我们也欢迎哈佛大学的 MBA，但这不是关键。实际上，公司这里一个都没有。我们无法给社会精英提供优越待遇，这里没有私人办公室，工资和福利虽然比当地（同行业）水平好点，但也高不了多少。我们工作的时间很长。

“还要看他是否有敬业、奉献精神和敢做敢为的态度。重要职位要经过两三次的长时间面试，问‘你的缺点是什么？’我们感兴趣的不是答案本身，而是答案后面的想法。有时我们也会选错人，但成功率还好。

“有时美籍和日籍管理层之间也存在交流隔阂，因为我们推崇敬业和奉献精神，他们也相信，但仅停留在某个点上。我们常告诉他们，工作的快乐等同于家庭个人幸福。我要求太太理解这一点，我每周工作六天，早7点到晚10点。他们的太太却要求他们6点钟必须回家，美籍经理把个人、家庭的幸福放在首位。我不是说谁对谁错，但我们会自然而然地考虑到公司的未来。凡遇到挑战或工作机会时，我会把公司利益置于个人幸福之上。”

“这点美国人怎么想?”约翰问。

“问题是他们会问：‘我真正的将来会是什么？我是总经理人选吗?’这可没有真正的答案，因为很可能会选日籍主管。当然，我们也不会把真正有能力的美国人拒之门外。”

“美籍和日籍经理之间的沟通仍然是个大问题。美籍经理一下班就回家，日籍经理则在七八点钟就聚在一起，用日语来讨论问题，美籍经理不在场同样也作决定。这样自然使得美籍经理很紧张。我们一直想努力解决，一方面要求日籍经理不能擅自作决定，另一方面也要求美籍经理尽量晚回家。

“更重要的是，如果美籍经理真正地懂得了公司文化理念，我们日籍管理人员就可以打道回府、高枕无忧了。现在的任务就是要通过言传身教和培训让那一天早日到来。

“然而，沟通鸿沟仍然存在，美国人对个人成就、待遇和权力更感兴趣。委以重任时，他们不是感到重任的压力，而是这么想，若该责任超出自己职责之外，自己就该有更大的支配权。美籍经理之间就会出现权力之争。

“让我来说，”一位美籍人事经理总结说：“我是被猎头公司介绍过来的，在这里工作了5年，这里和我原来公司有很大的不同。我不必出了这个门就成两面派，欺上瞒下。总之，在美国很难找到这么关心低层员工福利的老板。这家公司一开始就有点走了另一个极端，想尽快为员工做好一切，不需要他们努力去争取。这样，我得不到他们的尊敬。”

## 财务人员

“由于公司卓越的业绩表现，全体财务人员都引以为豪。我们的融资只有20%是通过债务进行，这点和很多日本公司不同。还有，我们还拥有一种对自己原材料的独特的内部处理方式。这是从公司创始人保守的管理方式学来的。我们会这样问：‘如果公司明天倒闭，我们的流动资产会是什么?’。举个例子，为了达到这个目的，我们公司内部存货总是为零。”

“我们按照‘粉摊买卖经’的方式办事。粉摊小贩是个生意人，需要一辆推车和锅碗瓢盆来卖米粉，还应该是个知道哪里好卖的营销员，他还必须是个好的采购员，雨天就不买过量的米粉。有钱的话，需要买个大冰箱，以防米粉变质，还要请额外的人手帮管理冰箱里的存货。成功的米摊小贩收工时，准备好了明天买原料的钱，还考虑货币贬值的情况。只有这样才有钱赚。这也是我们不设销售部的原因，成功小贩没时间到旁边小镇寻找机会。”

“部门经理做的就是这样的事情。为了让最小投入得到最大的收获，就要尽力掌握每日基本销售量、利润、货物净成本和开支情况。”

## 畅通无阻的沟通

“你刚才说的我都明白。”约翰思考着：“可你们怎么提炼深奥的理念，又如何实现它们的?”

“哦，畅通无阻的沟通交流是关键。我们有相对同质的劳动力队伍。大多数都是有知识的，有些还是大学毕业生。他们多数家庭稳定，要寄钱给家人或老父母的。”

“我们很幸运。可是，这里当然不如日本每一个人都拥有相同的文化背景，所以，公司理念的建立靠大量的沟通交流。”

“除了刚才说的会议，公司还设有意见箱，任何意见都在内部报纸上给予回复。另外人事部安排人员，每周一次到车间看看，就是和员工闲聊，接触他们并发现任何潜在问题。这是处理投诉的另一种方式。我们没有成立工会，我想这种方式也蛮不错，因为这样对员工进行工作调整和沟通会更加灵活。”

“秋季，工作不忙的时候，我们举行很多康派对（kompa）。你也许不知道，约翰，这是下班后举行的一种小型聚会，一般有 8～18 人参加，公司按聚会的时间给员工工资，还有免费点心。康派对不是社交型，而是有明确目的。比如，两个相处不好但必须合作的部门，就会举行康派对。任何级别部门都可以举行康派对，聚会多的部门，讨论问题就会从生产方面谈到文化理念方面去。”

## 薪酬和评估体系

“这听起来挺不错！”肯感叹道：“和日本一样好。告诉我，因为这里的员工习惯完全不同的劳动体制，这些怎么才能和工资奖金挂上钩？”

“这个嘛，公司没有终身制，但有很清楚的‘不随便解雇’员工的责任。这也意味着员工要对公司负责，还要适应工作灵活调整，这样省了很多事。我们尽量把工种减到最少，这样，700 多人的工资只分高低两档，高档分成三级，技术师属于高一级的，技术工是低的另外两级。”

约翰试着问：“我想到一个工作灵活调整的例子，是你提到的那名技术工，对吗？”

“对！刚才和你说话的是一名干印技师，这周他做勤杂工，但工资没有少。他知道即使现在的工作不重要，自己也不会被辞退。”

“如果有可能，我们尽量不在外面请人。”人事部经理补充道：“除非这方面确实没有合适的人才从外面请。我们边做边培训，也不打招工广告。技术好或工作有需要时才提拔员工。”

当负责人或组长是成为主管的跳板。公司岗位体制中没有独立的组长职位。不过组长有一点额外补贴，制服不是黄色，而是粉色的套装。组长工作兢兢业业，虽然会因为工作的需要和调整而撤换组长，但很少由于他们技术差或领导不力被撤职的。

“公司奖励服务和业绩双优的员工。工厂员工、不熟练工和半熟练工的考核半年进行一次，由组长填写评估表（见表 1），再由主管审核或者确认，总分会转换成每小时多少钱。考核表一式两份，主管一份，员工一份。由主管决定，有些员工有，有些没有。”

“所有办公室工作人员是在 4 月 1 日和 10 月 1 日进行考核，经理采用相似的表格来决定总分，由经理和人事部多次开会讨论，统一好各部门分数后，便把所有的分数张榜公布。然后按分数发钱。有的经理给反馈意见，有些不给。

“适用加班费职员考核在 4 月 1 日进行，作为独立的程序，只发电子数据表格。至少两位经理来考核一位适用加班费职员，但是很少有反馈意见。原因是公司鼓励全年及时给反馈，考核手下没有什么意外，就说明你管理得好。

“适用加班费职员的考核方案经过公司各级会议讨论，考核过程很认真也特别公正，对公司各级别的表现都有参考价值。”

## 质量和服务

“在这样瞬息万变的社会里，我们公司每月劳工的流动率只有 2.5%，这已经很不错了。我们现在招新很少搞宣传。大家知道我们。但是，我们选人还是很谨慎，人事部严把初选关，然后由生产经理和主管一起来面试。

**表1**

| 员工姓名 | 打卡 | 部门 | 班次 | 近6个月的表现 | | | |
|---|---|---|---|---|---|---|---|
| | | | | 缺勤天数 | 迟到次数 | 早退天数 | 请假天数 |
| 职位 | 入厂工龄 | | | | | | |

| 按下列项目打分 | | 参考等级 | | | |
|---|---|---|---|---|---|
| | | 低 | 一般 | 良好 | 优秀 |
| 1. 忠诚/奉献 | 忠实于公司的理想、理念和文化及顾客，愿为公司奉献自我 | | | | |
| 2. 精神/热忱 | 工作中表现出浓厚的兴趣和热情，在实现公司目标过程中，充满活力、动力和勇气，热心和热忱。 | | | | |
| 3. 合作精神 | 为实现公司的目标，乐意与上司、同事合作 | | | | |
| 4. 完成工作量 | 工作量饱满，生产速度稳定 | | | | |
| 5. 保证工作质量 | 生产达到精确度、全面性和效率等要求 | | | | |
| 6. 专业知识 | 通过实践、实习和培训熟悉所从事的工作 | | | | |
| 7. 安全态度 | 有安全生产意识和态度及能力 | | | | |
| 8. 创造性 | 有通过想象力来创造性地工作的能力 | | | | |
| 9. 出勤 | 涉及任何缺勤（批准的和未批准的）、迟到、早退 | | | | |
| 10. 领导能力 | 能够给人提供方向、指导和培训的能力 | | | | |
| 员工表现的整体评价： | | | | | |
| 主管评语 | | 人事部评语 | | | |

| 该栏不必填写——人力资源部专用 | | | |
|---|---|---|---|
| 目前分数 | 综合分数 | 提薪生效日期 | 填表说明请看该页背面 |

“缺乏专业培训人员曾是最大的问题，可近几年来，公司建立内部培养人才机制，现在的生产力几乎和日本一样高了。”

肯和约翰又问了一些没有讨论过的话题，他们得知，质量，还有随后的客户服务是公司文化理念的另一个重要部分。”

“公司奠基人阿马诺先生，坚信零缺陷质量管理理论，戴明博士告诉我们质量监控的概念，可惜美国公司对此不重视。二战期间，可接受质量合格标准是美国先提出的，这个提法是指大规模生产中必定会有部分缺陷。可他们不是在生产第一线上多雇质检员解决真正的问题，比如说汽车，而是让顾客在开车时才发现、才去修理的。

“我们绝对不允许这样的事情发生，公司所有的微小配件首先要经过肉眼的全面检查，1千个配件才花50美元，再用显微镜检查每个成品，因此公司有130名质检员，占工厂员工的1/6。

“公司奠基人阿马诺先生对我们说过，尽量生产顾客需要的产品。作为行业的晚辈，我们从不说不行，也从不说做不到。老牌的晶体生产商可能先评估成本方案，然后说不行，可我们从开始就会赢利。”

拜访快结束时，一位日籍经理想起铃木先生曾说过：能力×企业文化×热情=业绩表现。如果企业文化为负数，那么业绩表现也为负数，因为它们是乘法关系。

“但是，在我们公司，目前有2000员工，肯定会出现不同的思维。日本剑很坚韧是因为它由多种金属材料相互糅合铸成。中国剑也很坚韧，可它只用一种材料，碰到某种撞击就易断。我们只要记住这点，就可以在一种企业文化里求同存异的。

“我们正考虑写一本企业文化的书，强调‘员工忠诚度’这样的东西，把我们公司的事件和故事穿插写进去，这将是一本对我们培训很有用的书。”

肯和约翰走出公司，前往停车场，“哇呀!”约翰感叹一声，“比我想到的还要复杂!”

“噢，是啊！你要有很大的耐心才行啊!”肯在旁边说，如慈父一般。

“我们还是快点行动起来吧!”约翰热情高涨，“从哪儿开始？也许我该先找翻译。”

## 讨论题

1. 不经过任何调整的日式管理模式能在美国的公司实施吗？为什么能或为什么不能？与什么文化价值观有关？
2. 肯和约翰该如何把千叶公司的管理理念整合到他们公司管理中呢？他们会遇到怎样的问题（文化方面或其他的问题）?
3. 千叶公司日式管理方法的哪些方面你最感兴趣或认为最特殊，为什么？

# 第 2 部分

# 在国际环境中有效地互动

CHAPTER

# 5 不同文化在感知、释义和态度上的差异

**学习目标**

- 更好地理解文化对我们的感知、释义和由此产生的态度的影响
- 分析感知效果影响不同文化之间人们互动的一些重要方式
- 能够通过某些感知的差异对文化进行分类并加以区别
- 评估来自其他文化的人在看待、评估和对待你时采取的言语和非言语方式的重要性

## 国际挑战

### 在越南经商

美国和越南已由昔日的敌对关系恢复了外交往来。[1]过去的经验证明，商业机会通常能够战胜越南对美国的敌对情绪。因此，我们可以预言，美国公司将持续不断地进驻越南，以充分利用其迅速发展的商业环境。一些专家声称，由于具有多种资产，越南将逐渐成为亚洲的一颗新星。例如，年轻人占人口中的绝大部分——80%的越南人（7300万）年龄不到40岁。此外，越南人民受到良好的教育，识字率近90%。此外，越南人具有一种与生俱来的创业精神。有了这些因素，再加上低劳动力成本，我们就不难解释资金为何涌入这个国家了。[2]

但是，就像中国一样，越南国际化的道路并不平坦。越南仍存在诸多危害经济发展的潜在因素，包括极不发达的基础设施、庞大的官僚政府和严重的腐败现象。同样，正如第2章所述，尚不健全的法制系统根本无法抑制盗版侵权之风。尽管如此，美国商人要面临的最大的同时也是最熟悉的挑战，却是如何认识和理解文化间的差异。本章我们将探讨对其他文化的感知是如何形成与维持的，以及在这个过程中产生的种种问题。我们还将探讨对待自我群体和其他群体的态度这一话题。在阅读本章内容的同时，请积极思考美国文化和越南文化在感知、释义和态度方面的差异。在本章末尾，我们还将回顾这两个国家所表现出的某些实际的不同点。[3]

# 5.1 感知

文化经常通过感知而以一种最微妙的方式影响着我们。感知是一系列选择性的心理过程，这些心理过程决定了我们如何诠释和理解周围的环境。它们包括：先选择所关注的事件，接着处理被择信息，最后诠释这些事件和信息的含义。这个概念中的关键词是“选择性”，我们不可能瞬时感知周围发生的一切。拿现在来说，你正阅读（感知）本页上的文字，但你的周围同时也在发生其他形形色色的事情。比如，你家的音响或许开着，可能有人在客厅里走动或交谈，你可以听到屋外传来的噪音，等等。然而，我们并不会注意到这些随机发生的事件，而是有选择地关注那些对我们重要的或是能帮我们制定决策的事件。我们当然不会随机地感知事件，而是对环境中的一切刺激源（stimuli）进行排序（事实上，精神分裂症的主要症状就是缺乏组织和选择性处理感知的能力）。

如果我们周围的环境本身就是杂乱无章的，那么我们如何对其进行排序？在这个过程中，文化又扮演了什么样的角色？某一文化中的人们似乎会互相学习在与其他人交往的过程中哪些事件是重要的，需要感知。而专家们认为，一种文化中需要感知的可能不同于其他文化。换言之，文化可能以一种微妙的方式影响着人们对他们认为重要的信息和行为的感知。[4]

## 不同文化间对人和事件感知的差异

研究成果是否支持不同文化间存在感知上的差异这一假说呢？即使这种差异存在，那么人们在形成对他人的印象的过程中，所选择的信息是否还存在着相似之处呢？

**对人的感知**。一个研究小组为我们提供了有关文化和感知问题的部分答案。[5]在研究过程中，他们要求中国人和澳大利亚人分别阅读对虚构人物的各种描述。这些描述非常详细，包括人物的认真、外向和敏感等特质。中英文两个版本的描述力求一致，以避免语言因素对结论造成影响。其目的是找出两个群组的人会选择并强调哪些特定的信息。

研究者选择这两个文化群体是有目的的，因为中国文化具有群体倾向性，而澳大利亚文化则具有个体倾向性。所以，在形成对人的印象的过程中，中国人可能会特别重视那些关照他人的特质，而澳大利亚人则可能会强调更加个人化的特质。研究人员发现，一个人对待他人是否具有责任感往往影响着中国人对此人的印象，但是对澳大利亚人而言，此人外向的性格特征（以个体为中心的性格特征）往往是他们所关注的焦点。在所提供的信息中，中国人和澳大利亚人选取在各自文化中十分敏感的特质，以形成他们对人物的印象。这一成果使我们知道，理解来自不同文化的人在谈判、沟通或其他商业活动中如何形成对他人的看法，这对我们十分有益。[6]

这些研究者还为文化对感知的影响提供了更多的证据。[7]他们认为，有些文化很自然地意识到并尊重人与人之间的权力差异，而其他文化则不太重视权威。研究者依然选择了对身份地位的重视程度显著不同的文化群体（如美国和中国）作为研究对象，原因是美国人远不像中国人那样重视个人的身份和地位。研究者推断，中国人在评价地位较高者对待他人的态度时比美国人要宽容得多——以至于地位较高的人在商务会议上对他人出言不逊的行为不会遭到反唇相讥。

由于这种侮辱行为很难直接观察到，因此研究者让调查对象阅读一则故事，该故事讲述了一位管理者在商务会议上当众指责一名员工。但故事有两个版本，其中一个版本中的“侮辱者”身份地位较高，而在另一个版本中其地位较低。研究人员要求参与调查者阅读某一个版本的故事，并说出他们对侮辱者的看法。有趣的是，不论“侮辱者”身份地位的高低，美国人对此人均持否定的态度，而中国人则对地位较高的侮辱者表现出一定程度上的宽容。这些研究结果告诉我们，在人们根据某人的地位对其行为对行评断时，文化起着决定性的作用。这些结果还表明，不同的领导风格（第 11 章将讨论这一话题）在不同文化中具有不同的效果。

**对事件的感知**。研究人员对日常事件（不是对人）感知的文化差异进行了跟踪研究。[8]中澳文化因其集体与个体倾向的巨大反差而再一次成为研究对象。参与者被要求对一系列日常生活中经常发生的事件（如上课迟到、与朋友出游）进行打分，打分的标准有近 30 种（如无聊—有趣、令人愉快—毫无乐趣等）。

随后，研究者利用复杂的统计方法，将这些答案简化成几种基本的维度。有趣的是，中澳两组人出现在不同的维度上。中国人主要是在个人—群体维度中形成其感知。换句话说，中国人似乎对涉及他人的事件较为敏感，他们更关注那些事件，并且认为它们比那些不涉及他人的事件更为重要。然而，而澳大利亚人则对同样的日常事件在有趣程度上打出更高的分数。显然，群体事件对澳洲人来说意味着更多的乐趣，而中国人却把它们当成一种社会责任。

**研究不同文化对人和事件感知的意义**。总而言之，这些研究都表明了文化影响着人们对生活中的事件以及事件中的人物的感知。感知之所以难以捉摸，是因为它在大多数情况下都是“自发”的。但“自发”并不意味着中立或是不偏不倚。事实上，这些研究表明，我们在感知的形成过程中会使用到过滤器和组织工具（如他人的集体倾向性有多大），而这些工具反映了我们文化的一个重要方面。

由于感知是自发性的，因此我们很少讨论它的来源。实际上，我们往往基于自己的“文化过滤器”（cultural filters）迅速形成对商业伙伴的印象，而且我们可能不赞成他们的“文化过滤器”。比如说，西方人喜欢遵从抽象而普遍的原则，但东方的亚洲人则喜欢根据具体情况制定规则。这种知觉上的差异可能会产生问题。例如，在一项研究中，研究人员要求参与者对下述事件作出回应：一名员工的工作表现连续一年低于平均水平，但前15年他的工作表现一直处于平均水平之上，他们该如何对待这名员工。研究结果表明，75%的加拿大人和美国人均会解雇这名员工，而只有20%的韩国人和新加坡人选择这样做。实际上，人们都是自发地或是不假思索地作出这些反应。然而，这并不意味着它们是一成不变的：研究表明，生活在西方的亚洲人（或是生活在亚洲的西方人）也会采用当地文化中的反应模式。[9]

## 对非言语行为的感知

以上列举的这些研究显示出，在观察同一行为时，来自不同文化背景的人们会从中寻找并发现不同的事情。但是，我们必须认识到，人们在对他人作出判断的过程中会用到各种各样的暗示和信息，其中一些十分微妙，令人难以察觉。例如，部分作者声称，非言语行为我们提供了理解他人的线索。[10]**非言语行为**包括人们的外表、面部表情和身体运动等特征，这些特征会发出影响我们感知的重要信号。[11]事实上，就连人们互换名片的方式有时也是一种重要的非言语行为（参见下面的“国际观察”）。

> **非言语行为**（nonverbal behavior）
> 指人们借助外表、面部表情和身体运动等非言语手段在文化内部和文化之间进行交流的行为。

证实非言语行为对人们感知产生影响的一个例子，便是爱德华·霍尔（Edward Hall）等人对个人空间的研究。他们将**个人空间**定义为：一个人与他人交谈和交往过程中所保持的空间或距离。个人空间会随着你在做什么以及与什么人进行交流而具有明显的差别，我们或许会对此感到奇怪，但这是事实。我们总是在制定一些与他人之间保持多大空间的微妙决策。[12]为了说明这一问题，你可以观察一下课间休息时人们之间进行交谈时的行为。他们是如何“决定”与交谈的人之间保持1英尺或2英尺距离的？另外，你还要注意不同人之间的差别。霍尔发现，美国男性在交谈时喜欢与他人保持2~4英尺的距离，而美国女性在交谈时两个人之间的距离会相对小一些。霍尔还发现了其他一些与个人空间有关的有趣现象，但在此我们主要讨论不同文化之间的差

> **个人空间**（personal space）
> 指一个人与他人交谈和交往过程中所保持的空间或距离；不同文化对此距离有着不同的要求。

国际观察

## 在日本递名片：有关商务名片的观念和礼仪

在美国，名片都是大同小异的。名片多数是由助理或印刷工排版印刷而成；大多数人并不太在意名片的样式，以及与同事或客户之间交换名片的方式。赠送名片的常规做法大家已经很熟悉了：首先是自我介绍一番，接着作些简单的交流，然后把名片递给对方。在接受对方名片的同时，你甚至可能把自己的名片甩过桌面，然后把对方的名片塞进自己的口袋。

你或许会感到奇怪，如此显而易见的事情，我们为什么还要在这里花墨水描述呢？原因是我们必须认识到，在交换名片的方式上，不同文化间存在着差异。事实上，如果你没有意识到其他文化交换名片的礼节，以及这些礼节所包含的意义，那么你就可能会失礼人前了。同美国相比，名片在日本要显得重要的多，其重要性首先体现在它的构造上。日本名片一般要印在精美的纸张上，版面设计也要巧妙地突出公司的重要性，而不是突出相对不重要的个人。美国名片则首先要列出自己的名字，头衔用小些的字体印在名字下面，公司的名称和地址要么在头衔之下，要么在名片的一角。相反，日本名片首先把公司的名称放在最醒目的位置，接着是员工的级别，最后才是自己的名字——展示它们依次递减的重要性![13]此外，日本名片通常用双语印刷，名片两面分别是英语和日语。如果你读得懂名片上的日语，你就可以从中获得一些额外的信息。例如，名片上日语的一面，公司的名称通常比英语那一面更为详细（有时两者还不尽相同）；公司标识通常只印刷在日语这一版面。同样，如果名片是垂直排版而不是水平排版，这就意味着那个公司更加保守和传统。

到目前为止，我们还没有谈到交换名片的实际技巧。在日本，交换名片的礼节是复杂而有意义的行为。其过程大致如下：首先，准备足够数量的名片。拿不出名片就等于拒绝与人握手。名片应用双手呈上而不应随意递给对方，还应确保你的名字面向对方，而且你必须鞠躬。赠送名片时，掌握鞠躬的角度是一门艺术。西方人通常不了解鞠躬的重要意义，因此，你只要在他们面前迅速地微微鞠个躬就行了。日本员工进入公司之后，必须接受培训，学习这种"家族式"礼仪。最后，你也必须懂得如何恰当地接受名片。同样地，双手必须承接对方的名片，并且要花一点时间读读名片上的内容。即使你不懂日语，也要仔细浏览一下日语那个版面，这样会得到东道主或合作伙伴的信任。不要把名片随意装进衣袋或者在上面写东西，原因是一样的——日本名片代表着个人身份，对名片的不尊重就是一种粗鲁的行为。如果你要开一个会议，在会议期间可以把自己的名片（一张或几张名片）置于商业伙伴的面前，且一直保留到会议结束。待到会议结束的时候，可以拿起名片，并把它们放在一个特别的地方，千万不要随意拿起名片放在衣袋里。不过，出于社交礼节的需要，你可以随身携带一个较精致的名片夹。你可以从衣袋里掏出名片夹，把新名片放进去，再将名片夹放回衣袋——表现出好像你真的重视那些名片一样。显然，对方也的确重视那些名片。

最近，本书的作者去日本做了一个短期旅行，还特地提前了解了一下当地交换名片的礼节和其他方面的礼节。就这样，我们以为已经为交换名片作好了充分的准备。但是，当我们觉得勤加练习、恶补礼节便可松一口气的时候，却在接下来的旅途中犯下了一个错误：我们没有意识到，交换名片的礼节作为表达对人尊重的一种方式，远不局限于其动作本身。当我们在经过长时间的飞行以及途中几次耽搁之后（共约25个小时），抵达东京市区外的旅馆时已是筋疲力尽了。我们准备登记住宿，等不及美美地睡上一觉。于是，在付房间押金时，McFarlin本能地掏出信用卡丢到柜台上（就像咱们在美国时的做法一样）。不幸的是，这一行为冒犯了旅店的接待员。那名接待员明显觉得这是对自己的不尊重。其实，我们应该像递送名片那样出示我们的信用卡。此后，我们每每在旅馆休息大厅漫步的时候，那名接待员总是瞪着我们[14]。

异。在商务交流中，美国人和北欧人的个人空间大约为 2 英尺，亚洲人喜欢约 3 英尺的距离，而阿拉伯人通常喜欢与人近距离交谈。可以想象这些差异会给跨国商务交流带来怎样的影响：如果一个美国人喜欢与人保持 2 英尺的交谈距离，而一个阿拉伯商人则喜欢与你保持 1 英尺的距离，那将会发生什么？阿拉伯人可能会觉得美国人拘谨、冷淡、拒人于千里之外，而美国人则可能觉得阿拉伯人太咄咄逼人。霍尔认为，了解不同文化对空间的偏好，能够避免负面的感知对商务活动造成的影响。

## 感知及语境的作用

人们的非言语行为能够提供“背景信息”帮助我们了解他们，而“**语境**”则以一种更加微妙的方式影响着我们的感知。我们对世界的感知都是发生在某种语境当中的。例如，同一句话可能在不同的语境中有着完全不同的意义。关于这一点，我们中的许多人是凭直觉知道这一点的，而另外一些人则有过亲身经历（如一些人的话被媒体“断章取义”）。因此，我们可以说，语境无处不在。然而，爱德华·霍尔和他的同事再次强调，不同文化在形成对他人的感知和与他人的交往过程中，对语境的依赖程度会有所不同。

> **语境(context)**
> 指语言和文字表达之外的、能帮助我们理解和感知他人的背景信息；某些文化非常重视背景信息，而某些文化则认为它无关紧要。

表 5.1 是一些国家和地区对语境依赖程度的排序。低语境文化的国家，如美国和德国，对人及其行为的释义总是基于口头和书面的实际信息。也就是说，人们所说的话中包含了所要传达的大部分信息，即信息的显性化。在这种文化背景下，进行交易之前，双方就要对商务沟通中的诸多事项进行开诚布公的交流，并记录在案。

**表5.1　高语境文化与低语境文化的比较**

| 文　化 | 语　境 |
|---|---|
| 中国<br>朝鲜<br>日本<br>阿拉伯<br>希腊<br>西班牙<br>意大利<br>英国<br>美国<br>斯堪的纳维亚<br>德国<br>（↕） | 高语境<br>——需要理解的言外之意比口头/书面意见更为重要<br>——协议建立在信任之上<br>——商务活动中讲求个人关系<br><br><br><br>低语境文化<br>——重视口头或书面所传递的具体信息<br>——只握手是不够的<br>——得到法律保障的信任；个人关系排除在生意之外 |

资料来源：改编自 Hall，E. T.（1976）. *Beyond Culture.* Garden City，NY：Anchor Press.

但是，处于高语境文化中的人们或许会采取完全不同的方式来处理商务事务。在这种文化背景下，语境本身就提供了帮助我们理解事件的信息，如果缺乏这些信息，整个事件则会显得含糊不清。简单地说，人们不需要或并不想要知道关于事件的细节及明确的信息。在高语境文化中，通过具体语境达成的共识往往比口头及书面信息更为重要。因此，处于这种文化背景中的人更倾向于关注建立长期关系、一个人的所言和声望，并在长期中建立信任。相比之下，低语境文化中的人则喜欢将语境所包含的信息完全明晰化，他们在商务活动中更关注一项计划的细节，并希望清楚地了解游戏的规则。低语境文化中的人会更倾向于依靠确定的商务议程和详尽的法律文件将一切商务事项明晰化——而不是依赖彼此间相互信任的关系。

例如，知道日本偏向于高语境文化而美国偏向于低语境文化之后，我们就可以解释双方商人抱怨对方难以相处的原因了。一些美国商人抱怨道，他们很难从日本人那得到一个"直接的答复"，所以任何事情都得写下来。想象这样一个情景：一位美国商人向某日本公司提出一个商业建议，他得到的答复可能是："这个提案很有意思，值得我们研究。"若这位美国商人能够理解这句话的言外之意，那么他或许就能够明白，日本人其实是在说："这样的提案我们很难接受。"

日本人总是担心将所有的话都挑明是对他人的不尊重和怠慢。当然，从另一方面来说，日本商人有时也认为美国人眼光不够长远，不懂得花时间去了解他们的商业语境。但如果日本人在理解美国低语境文化的特征之后，他们或许就能明白，美国人坚持要了解合同的细节其实是商业上的需要而并非一种不信任的表现。

霍尔认为，语境的差异能够解释许多国际商务中的跨文化问题。因此，何时以及如何利用语境进行交流对我们而言十分重要。你心里必须清楚你正在和谁打交道，以及需要多少语境的信息。比如说，一名为一家法国公司效力的德国经理，因其业绩令公司失望，公司要在一年内将其停职。这个德国经理感到非常吃惊，尤其是“从来没有人告诉我该怎么做”。但如果换成一位向德国公司提出辞呈的法国员工，那么情况将截然不同。法国员工在厌倦了德国老板不停地告诉他该怎样做之后，终于递交辞呈，因为他感到自己的自尊和才智都受到了打击。[15]

造成这种差异的原因在于两种文化对语境的理解不同。法国人偏向于高语境文化，自然指望德国雇员能够读懂所提供信息的言外之意。而属于低语境文化的德国雇员则希望法国老板直接介入并给予明确指示。不幸的是，这种介入似乎太晚了。

## 时间观念的文化差异

并非只有你不相信感知上的文化差异十分重要。许多人和你一样，认为感知——如对美的感知——完全取决于个人的主观看法。具体地说，一些人认为对于感知的研究因其过于主观而显得意义不大。为了反驳这一观点，跨国管理的研究者们决定将时间观作为他们的研究对象，因为时间总是客观的。事实上，没有什么事物比时间更加客观的了。人人都有手表，依照时刻表等待登机，规划旅行路线，以及安排会议——所有这些事件的背后都隐藏着一个时间表。10 分钟就是 10 分钟，时间就是时间——不是吗？

对这一问题的回答是“否”！尽管从表面上看整个世界共用一个时间系统，但是人们对于这个最客观的事物——时间——的感知却是千差万别的。这种差异可以从东西方文化的人文轶事中得到体现。在西方文化中，时间被看成是一件商品（“时间就是金钱”，“你这是在浪费/节省时间”，“快没时间了”，等等）。而在许多东方文化中，时间更富有弹性，且更具流动性。罗伯特·列文（Robert Levine）和他的同事们系统地研究了人们的时间观念。

**时间观念的跨文化研究**。列文曾在巴西任教一年，其间，他对文化和时间产生了浓厚的兴趣。[16]在第一次去上课的路上，他便开始担忧起他的手表，因为他一路看到的公共建筑上的时钟和其他人的手表显示的时间各不相同。不过，他还是提前到达了教室，但教室里空无一人！大多数学生都迟到了，有些迟到半个小时，有些迟到 1 个小时，有的甚至迟到超过 1 个小时！有趣的是，似乎没一个人对迟到感到窘迫——人人脸上都挂着笑容，一边亲切地跟他打招呼，一边踱进教室。因为列文曾经在加州州立大学执教过几年，所以对眼前的现象甚感吃惊，因为美国的学生是一定要准时到达课堂的。然而更加有趣的是，巴西的学生到了下课时间还不愿起身离开教室。在加州，他都习惯被告知下课时间到了（如四周响起一片合上书本的声音，学生们纷纷取出书包，脸上显出饥肠辘辘的表情）。但在巴西，几乎没有学生准时离开课堂。事实上，有许多学生下课后仍滞留在教室里，或向老师请教，或相互交谈——大多数人逗留的时间超过半个小时。

这些现象使得列文开始研究美国和巴西学生在某些情景中对时间的感知。他发现，在与朋友约会吃午餐时，两国人对“迟到”的概念有些不同。一般的美国人认为比约定的时间晚 19 分钟以上就算“迟到”了，而巴西人则宽容得多，他们认为比约定时间晚 34 分钟以上才算是“迟到”。列文还问学生们如何看待迟到的人。相对于美国学生，巴西的学生表示他们不太可能责难那些姗姗来迟的人，他们认为意外情况是造成迟到的主要原因。美国人则更有可能指责迟到的人，认为他们迟到是因为不关心他人。更加有趣的是，巴西人认为那些总是迟到的人比守时的人要成功（那些人迟到是因为他们需要应酬更多的朋友和生意上的伙伴，因此，无法守时就“等于”更有成就）。尽管美国人在时间观念上也存在差异，但相对来说守时仍然十分重要，应当避免迟到。

但是，列文对自己在时间上的研究仍不甚满意。他还希望排除语言问题对研究结果造成的影响，并将更多的国家和文化纳入研究范畴。然而，他要面对的问题很明显：如何在不依赖语言以及自我评量/报告（self-report）的情况下研究时间观念呢？列文非常巧妙地解决了这个问题。他设计了一些时间的标志，这些标志都是主观的，而且无需依赖语言或自我评量/报告。[17] 首先，他选择了不同国家的 15 家城市银行作为研究对象，通过比较这 15 家银行的钟表显示的时间和电信公司提供的时间（即格林威治时间），来检查银行时间的准确度。选择银行作为调查对象，是因为银行机构较为正式，也因为它们与其他国家的金融活动联系紧密（如货币兑换等）。因此，银行业应该是一个严密监控时间的行业。研究者推断，如果在这一重要领域中时间也存在着跨文化差异，那么在生活中不太重要的方面，这种感知上的差异就会更加普遍。研究结果显示，日本的银行时钟最准——平均只比标准时间差 30 秒——美国的银行时间也算准确。印度尼西亚的银行时间最不准确，平均慢了 3 分钟还多，如表 5.2 所示。

**表 5.2　时间节奏的测量***

| 国家（地区） | 银行时钟的准确度 | 步行速度 | 邮局服务速度 |
|---|---|---|---|
| 日本 | 1 | 1 | 1 |
| 美国 | 2 | 3 | 2 |
| 英国 | 4 | 2 | 3 |
| 意大利 | 5 | 4 | 6 |
| 中国台湾 | 3 | 5 | 4 |
| 印度尼西亚 | 6 | 6 | 5 |

*表中的数字表示每个国家在时间节奏上的快慢排序（1 = 最快）。

资料来源：改编自 Levine，R. V.，& Barlett，K.（1984）. Pace of life，punctuality，and coronary heart disease in six countries. *Journal of Cross-Cultural Psychology*，15，233-255.

表5.2中的数据还显示出列文研究的一些其他发现。我们还可从人们步行的速度衡量人们的时间观念：列文记录下了不同城市中的人们需要用多长时间才能走完100英尺的路段（事先测量好的）。研究者随机选择那些单独行走的路人，排除那些边走边谈话和交流的人，以及可能放慢速度的人。从表5.2中我们可以看出，日本人还是处在第一位——他们只花了21秒就走完了那段路程（速度太快了，不信你试试），英国和美国人所花费的时间非常接近（差不多都是22秒），而印度尼西亚人则花了27秒才走完那段路程。这几个国家间的差异看上去不太大，但是，如果考虑到全程只需要20~25秒左右，而6秒代表了30%的差异，那么你就会认同这样的差异其实是很显著的。

最后，研究者们还测出了各国邮局工作人员为一名顾客提供服务所需的时间。在每个国家，包括美国，研究者给工作人员一张手写的便条，上面用他们的母语写着要买一张寄平信的邮票，并递给他们一张价值相当于5美元的钞票。服务时间同样呈现出相当大的差异。日本人最快，只用了25秒，而意大利人最慢，用了45秒。

那么，所有这些差异意味着什么呢？我们认为，在文化之间，一些非常微妙的心理过程和作用影响着我们对世界的感知，即使是在世上最客观、最无可争议的事物之一——时间上，这种影响依然存在。因此，如果一个人的时间观念不同于他来自别国文化的商业伙伴，那么问题就会由此而生。若我们能够理解这些时间观念上的差异，就可以减少因此带来的商业纠纷。更好地认识这些差异的方式之一就是根据时间观念的不同将国家进行分类。

**根据对时间重视程度的不同将国家进行分类。**上面进行的研究向我们展示了文化对感知领域的影响，但这种影响并不仅仅局限于诸如时钟的准确度和步行速度之类的问题上。一些人认为，根据时间观念的不同，我们可以将所有的国家进行分类。爱德华·霍尔也对这个问题进行了研究。他认为在不同的文化之间至少存在着两种不同的时间观念，即**单时制和多时制**。[18]粗略地讲，它们的区别在于一次做一件事还是同时做许多件事。正如在这本书里我们所提到的大部分观念一样，在不同的国家与文化之间，人们对时间的看法大相径庭。然而，这里我们所关注的，是不同国家在时间观念上的差异。

> **单时制和多时制**（monochromic vs. polychromic time）
> 指一段时间内只做一件事情以及一段时间内同时处理多件事情。

在大多数单时制文化里，时间被精确地分割成小段，各个小段都对应着某件事情。因此，单时制文化中的人有着严格的时间表，不按时间约定办事将引起他人强烈的不满。如前所述，单时制文化中的人视时间为商品，他们总是说“时间就是金钱”，或者说自己正在“花时间”、“省时间”以及“借时间”。霍尔声称，人们用这种经济的语言描述时间绝非偶然——这恰恰反映了单时制的文化特点。显然，在美国以及许多北欧国家的商务活动当中，单时制的时间观念常常占主导地位。但是，任何一个乘火车游欧洲的旅客会发现，不同国家对火车时刻表的感知大相径庭。许多游客到达德国火车站时晚了不到1分钟，却发现火车已经开走了。德国人和瑞士人生产的钟表以精准闻名于世，这一点毫不奇怪。

相反，多时制文化的时间观念较为灵活。美国人常常觉得多时制的文化违反常规、难以理解。例如，霍尔指出，一些拉丁文化的人们（典型的多时制文化）宁愿在街上与一个偶然相遇的人交谈，也不愿唐突（并无礼地）地中断这一谈话去赶赴一场约会。显然，多时制文化也不会从经济的角度看待时间，“时间就是金钱”的翻译往往不可理解。例如，西班牙语里与这句话最相近的意思是“消磨时间”。

时间在多时制文化中是灵活的，且“打断”一词的含义往往与其本意不同。打断意味着事情没有按计划进行。然而，对一个来自多时制文化的人而言，出现意外的事情似乎十分正常，这已经成为其生活的方式。人们可以在一段时间内同时或间歇性地从事两件或两件以上的事情。例如，一位在西班牙经商的美国人或许感到非常气愤，因为在约定时间过后她仍然坐在等候室里，而与她联系的人（来自多时制文化）要同时招待多个人。由于时间对来自单时制文化的人而言非常宝贵，所以在他们眼里，让人久等是很无礼和不负责任的行为。因此，拥有单时制文化的美国人会要求他的西班牙联系人道歉，而多时制文化的西班牙人则会觉得美国人过于苛刻且妄自尊大。霍尔认为，在商务环境中，缺乏对时间观念的跨文化敏感度将付出高昂的代价，正如下面这个例子所示：

> 一家法国公司被美国人收购了，新上任的美国经理要求一位法国销售人员立即取得更高的销售业绩。由于多时制文化的法国强调人际关系，因此开发客户需要数年时间，而且在家族企业中，与客户的关系可以跨越几代人。美国经理并不了解这一点，他命令销售员在3个月内开发出新客户。那位法国销售人员知道这是不可能的，因而不得不辞职，并坚持要带走他多年来开发的忠实客户，他认为这是其合法的权利。但是，双方都不知道事情为何会发展到这一地步。[19]

表5.3列出了单时制和多时制文化的一些特点。其中的某些差异已经为实证研究所证实。有趣的是，一项研究发现，发展中国家（如中国、巴西和摩洛哥）在商务谈判中倾向于接受单时制的交流方式[20]，但其实际行为却表现出多时制文化的特点。不管怎样，我们可以将极端的单时制行为描述为咄咄逼人和过分苛求，而把极端的多时制行为描述为不顾他人，或者形成联系紧密的、外人难以接近的人际交往圈。最后值得注意的一点是，美国人的单时制文化特点全世界皆知，

表 5.3　单时制文化和多时制文化的差异

| 单时制的时间观念 | 多时制的时间观念 |
| --- | --- |
| 一次只做一件事 | 一次做多件事 |
| 以任务为导向 | 以人为导向 |
| 倾向于短期的人际关系 | 需要维持长期的人际关系 |
| 严格按计划办事 | 常更改计划 |
| 对议事较为关注 | 对议事之外的事较为关注 |

但一些人则利用了美国人缺乏耐心的特点。在这一点上，霍尔引用了一个日本商人的话："你们美国人有一大弱点。如果我们让你们等得够久，那么你们什么条件都会答应。"[21]

## 对感知的释义

我们的讨论表明，文化让我们事先有选择地关注某些事物（如时间的利用），而忽视其他的事物（如空间的差异）。但是，这并不是说我们所见到的一切都带有感知上的偏见。有的时候——或许大多数时候——我们从他人身上所观察到的，是确实存在的。也就是说，两个人或者两组人可能都能够准确地感知环境中发生的同一行为。但是，尽管"观察到"的事物可能相同，但我们仍须对所观察到的事物作出解释。例如，就其他人而言，我们必须弄明白其行为的缘由以及意义何在。假设一个人成功地完成了一个项目并在一次商务会议上将结果陈述给大家。很可能几乎所有人都认为这个项目是成功的。然而，一个关键的问题在于：我们如何去诠释此人为什么会成功。这个"为什么"问题的答案将影响到我们对此人的印象以及我们将来的计划。如果我们认为此人的成功纯属运气好而不是来自勤奋的工作，那么这种成功对未来的意义将截然不同。人们将某种行为归结为某些原因，这就是**归因理论**（attribution theory）所研究的范畴。

> **归因理论**(attribution theory)
> 指我们将他人的行为归因于内部因素或者外部因素的心理模式。

**归因理论**。该理论已在美国得到大量的验证，近年来在其他国家得到了更多的验证。归因理论认为，作为人类，我们有寻求解释他人行为的动因。但我们永远也无法得到答案，因为我们不可能进入别人的脑袋里去了解他/她的动机和性格。所以，了解他人的次优方法是观察他/她的行为。因此，我们花费了大量的时间去审视和评价人们的行为，以期了解他们。换言之，正因为我们无法真正了解他人，所以最好的方式就是透过人们的行为推测或归因他们的性格特征（贯穿本书的一个观点就是文化是人们行为的一个重大决定因素。所以，当某人的行为是其文化规范带来的结果时，我们从自己的角度出发去归因他人的行为往往会犯错误）。

**自利偏差(self-serving bias)**
指人们倾向于将自己的成功归为内部因素（内部归因），而将自己的失败归为外部因素（外部归因）。

**自利偏差**。在数以百计的研究当中，最可靠的一个发现就是**自利偏差**。它是指在对我们自己的行为进行归因时，我们倾向于将成功归为内部因素（内部归因），而将失败归结为外部因素（外部归因）。对于这一发现，你可能并不感到惊讶，但它确实令我们认识到感知在管理中的重要性。其主要原因是：从本质上讲，自利偏差就是在你采取某种行为之后所发生的事情会影响你当初采取这一行为的动因（内在或是外在的动因）。这种“回到未来”的逻辑还强调了自利偏差在多大程度上反映出了与工作行为有关的西方文化规范。

有一项研究说明了我们的观点。研究人员采访了将近700个人，这些人分别来自五个国家——美国、印度、日本、南非和前南斯拉夫。[22]参与者要填写一张表格，该表格衡量了他们对生活中一系列成功与失败事件（如工作表现良好）的归因。研究者非常小心地翻译问卷并确保翻译的准确性。根据其他研究成果，我们可以推断，美国人会表现出典型的自利偏差。实际上，在这一研究中，所有国家的参与者都更倾向于将成功而不是失败归结为内在的因素。但是，通过比较各国的结果，研究者发现了一些有趣的差异。首先，与其他国家的人相比，日本人更倾向于将失败归于内部原因，也就是说，日本人比其他国家的人更有可能为自己的失败承担责任。如果这些研究结果准确的话，那么这些数据并不支持美国经理人绝不推卸责任的形象。

其次，在这5个国家的人中，日本人还是最不会贪功的！事实上，在这一项上的差异非常明显：印度人和美国人的得分均在8.0分（10分制）以上，其他两个国家也超过了6分，而日本人的平均分数只有3.9。此研究的结果也在最近进行的另一项研究中得到了部分印证。[23]

总而言之，该研究显示出了两个重要之处：第一，自利偏差具有跨国家的适应性。参与调查者来自文化差异很大的国家（印度、南非和美国），但他们都倾向于将成功归为内在因素而将失败归为外在因素。第二，这种结果并非总是正确（还有可能出现完全不同的结果）。尤其是日本人，他们在遇到失败时敢于承担责任，在成功面前却显得很谦逊。很明显，日本人非常强烈地将自己当成集体的一部分，而不是单独的个人。因此，**低调行为**以及

**低调行为(self-effacing behavior)**
指一些文化的人们倾向于以谦逊的态度对待成功，以敢于承担责任的态度对待失败。

对团队的责任感在日本很常见。所以，集体倾向的文化重谦逊，而个体倾向的文化（如美国）则重个人能力和声誉。

**对他人行为的归因**。后来的一系列研究着眼于我们对他人行为的归因[24]。在第一项研究中，日本的大学生阅读了一则关于某人为一家公司效力近两年的故事。这个故事有几个不同的版本。每个人看到的故事细节大致相同，但有一半的大学生被告知那个人在两年之后降职了（即“失败”的情形），而另一半则被告知那个人升职了（即“成功”的情形）。除此之外，故事主角的国籍也有所不同。这个人的国籍情况有三种：（1）在日本工作的日本公民；（2）在美国工作的美国本土人士；（3）在发展中国家工作的本国公民。参与者被平均分为三组，每组知道一种情况。

读完材料后，日本学生开始对此人的成功（晋升）和失败（降级）进行归因。研究者推断，日本学生对来自三个不同国家的人都会作出自利性归因。他们同时还断言，当人们被要求解释其群体内的一个人（不是群体外的人）的行为原因时，这种影响会更明显。这种内群体偏见（in-group bias）与自利性归因偏差十分相似。当一个人只顾自己文化群组中成员的利益时，内群体偏见就会出现。然而有趣的是，这一假设并没有得到证实——日本学生在解释某一日本人的行为时，没有表现出这种内群体偏见。实际上，研究者发现了一个模式，就是参与者对来异国文化的人们（那位被描述成来自美国或发展中国家的人）往往采取较为宽容的态度。此研究结果与早期的研究相吻合，即日本人比某些其他国家表现出更低的自利偏差。研究结果表明了日本人谦逊的民族特征；他们更可能为失败承担责任，并且低调地对待成功。

在以上这一研究中，只有日本人对他人进行了归因。因此我们还应当让其他国家的人阅读同样一则故事，观测他们是如何对此人的晋升与降级进行归因的。这正是研究人员进行的第二项研究。[25]美国人和来自一系列发展中国家的人也阅读了这个故事，并且对故事主角的描述作出反应。研究人员发现，美国人比发展中国家的人更倾向于把成功归为内部原因（内部归因）。由于这一小组包含许多来自不同国家的人，所以研究人员难以说明是哪种特定的文化机制在起作用。但是，把两项研究结合起来，我们可以说，美国人更趋向于把成功归结为个人的原因——尤其是与谦逊的日本人相比。

事实上，研究者在其他集体导向的文化中也发现了类似的结果。他们首选在一组中国人中测试了这一想法。[26]研究人员要求参与者评价他人低调的归因行为（不将成功归结为个人因素）或者自利的归因行为（将成功归结为个人因素）。研究发现，中国人更喜欢谦虚的人。这种文化的作用非常大，以至于影响到我们对恶劣事件的归因。一项研究发现，在对同一犯罪事实的报道中，英文报纸显得较为个人化，而中文报纸则较为情境化。[27]这一犯罪事件吸引了中美双方媒体，其事实是中国留学生因无法拿到奖学金而杀死了其博导。研究者费了九牛二虎之力才将所有有关此事件的中国和美国的报道全部找到，并把造成中国留学生犯罪行为的因素分为两类，即内部（个人）因素和外部（环境）因素。美国的报道强调此学生的内在因素是行为的根本动因（报道中称他“脾气暴躁”、“开枪杀人之前一直很阴险”、“人格极度扭曲的人”、“行为恶劣，全是内因使然”）。但是，中国方面的报道则把焦点集中在谋杀的外部环境因素上，包括人际关系（“与他的辅导员相处不来”、“被孤立在中国人的圈子之外”）、来自中国社会的压力（“他是中国教育政策的产物”），以及美国社会的舆论（“美国允许居民拥有枪支是犯罪的一大诱因”）。[28]

**跨文化归因的意义**。以上归因强调了我们最初的观点，即感知并不局限于有选择性地观察或忽略某个事件。即使许多人都看到了同样一个事件，文化却能够影响着我们对这一事件的起因作出解释和说明。事实上，在以上所提到的研究中，某个人的成败我们已经很明确了；而且事件的本身并不存在任何不确定的地方。但是，感知还是会影响我们如何解释发生在自己和他人身上的事件的结果。

这里举最后一个例子来说明这些观点。[29]我们知道，巴巴拉·沃特斯（Barbara Walters）因给名人做专访而出名，几年前，她曾采访利比亚领导人卡扎菲。当时，美国和利比亚关系紧张，采访的焦点也是这个话题。有趣的是，采访过后，媒体关注的不是谈话本身，而是卡扎菲的行为。在接受采访期间，卡扎菲眼神闪躲，像是极不情愿直视沃特斯女士的眼睛。根据沃特斯女士的评论：“他无法与我对视。他的眼神环视四周而极少顾及到我，这令我感到不安。”媒体普遍认为卡扎菲善变和逃避，其行为表明他至少没有讲真话。

卡扎菲是否讲真话不是我们在这里要讨论的内容。我们要讨论的类似于归因理论研究者所要研究的课题。让我们举个例子，许多人可能看到了同一个事件（如眼神飘忽不定、不愿直视别人的脸），但是，不同的文化对同一事件的释义——归因——往往大相径庭。阿拉伯人会认为卡扎菲的行为显示了对别人尤其是对女士的尊敬。这是因为在阿拉伯文化中，盯着他人——尤其是女性——是非常粗鲁的举止。因此，卡扎菲不愿直视沃特斯女士眼睛这一行为举止，在美国人看来是善变和让人不信任的表现，而在另一种文化看来却是礼貌的象征。这个故事证明了感知上的文化差异令人难以捉摸之处——它让你渐行（面对同一事件）渐远（尽管结果是显而易见的，但是对原因的看法却不尽相同）。

## 5.2 态度

感知常常始于一些孤立的事件——主要是由环境决定（如巨大的噪音会引起我们的注意力）。然而，当这种意识反复产生，人们就会逐渐形成一种固定的态度。**态度**是人们对某一事物或某个人作出反应的一种后天学到的情绪倾向。社会心理学家认为，人们对几乎所有的事物都有自己的态度，甚至包括对我们自己。人们对自己、对他人或群体、对工作的态度都是跨文化研究的对象。

> **态度(attitude)**
> 指人们对某事物或某人的一种可识别的感情倾向。

### 对自我的态度

我们对生活的各个方面都有态度。人们在能够多大程度上掌控自己的生活、喜欢自己的程度、对其他民族的看法等方面存在着差别。这一节我们将重点讨论人们对自我的态度，这些态度与工作相关，而且对管理工作具有某种指导意义。

**依赖性自我与独立性自我**。人们对自我态度最大的差别在于个人独立自主程度的大小。西方文化重视个性、自立和个人成就，这正体现了西方人独立、追求个性的自我价值观。[30]美国就是一个很好的例子，因为美国文化以多种不同的方式强调独立：父母很早就开始鼓励子女自立、学校一般都会设计一些活动以增强学生的独立性，而且工作中个人的表现也会受到重视等。

> **依赖性自我(interdependent self)**
> 将自己视为与其他人或群体紧密联系在一起，重视家长制和集体的凝聚力。

相比之下，许多非西方国家对自我的看法是不同的。这些文化使得自我很难与他人和环境区分开来。人们十分重视家长制、相互协作、团结和集体凝聚力。从这个角度看，个人显得多变且易受他人的影响。

> **独立性自我(independent self)**
> 将自己视为独立于群体之外的个体，重视自立性和个人成就。

让我们看一下亚洲国家人们对待自我的态度。如前所述，在许多亚洲国家，人们认为自己和他人的关系错综复杂。在日本和中国，儿童的独立不受重视，学校注重让学生们开展小组活动，工作效绩也是按整个小组的表现进行评定。在一些美国公司中，工作小组或团队是基本的组织单位。采用这种形式是为了让人们知道“我们同舟共济”或让大家意识到“我们是一家人”这一点十分重要。这些说法反映的是一种非西方式的自我观，即个人附属于集体，对集体负责。这些努力在长期中能否取得成功还要拭目以待。其中一个主要障碍是许多西方人一直把自己当成一个不同于其他人的个体看待。在日本，这种做法之所以能成功，原因之一可能是因为工作小组的成立正好符合日本文化中的自我观念。日本有一种说法叫“冒头的钉子要被砸下去的”。这个谚语在一定程度上告诉人们要尽量融入集体，与他人合拍。[31] 相反，西方人也有一句谚语，叫“会叫的鸟有食吃”。表 5.4 对这两种自我观念进行了概括。[32]

**表 5.4　两种自我观念的对比**

| 依赖性自我（非西方国家） | 独立性自我（西方国家） |
| --- | --- |
| 自我是集体的一部分 | 自我是独立于群体之外的个体 |
| 强调与其他人的相似之处 | 强调自我的独特性 |
| 鼓励修身养性 | 鼓励“寻找自我” |
| 教导孩子要依靠他人 | 强调孩子的独立性 |
| 害怕被排斥在群体之外 | 怕无法与群体区分开来 |
| 能“理解他人所想”/意图/情感 | 相信“说出心中所想”的重要性 |

资料来源：改编自 Markus, H. R., &Kitayama, S. (1998). Cultural and the self: Implications for cognition, emotion, and maturation. *Psychological Review*, 98, 224-253; Triandis, H. C. (1998). The self and social behavior in differing cultural contexts. *Psychological Review*, 96, 506-520.

**自我描述**。其他国家的人们是如何描述自己的呢？如果前面的对比准确的话，那么西方文化与非西方文化在对自我的描述上就存在着巨大的差别。有人从这一点出发进行了一项非常有趣的研究。[33] 研究方法简单直接——让美国和日本的学生描述一下他们自己，描述是开放式的，且没有任何内容、结构上的限制。他们可以用任何方式回答“我是谁”这个问题。

接下来，研究者完成艰苦的分析工作——收集所有回复，并将它们分类。虽然有些分类没有公开，但我们特别感兴趣的是学生们进行**抽象自我描述**（abstract self-description）和**具体自我描述**（concrete self-description）的频率。抽象自我描述包括“我很外向”或“我很感性”这样笼统的说法；而“和朋友在一起工作我很开心”或“我在社交场合不是很活跃”这类描述则属于具体自我描述。这两种不同的取向反映了西方和非西方国家的人们对个体的看法。如果西方人果真把自己看成是独立的个体，他们在描述自己时应该会选择较为抽象的词汇，而避免具体形象的评价。[34] 相反，非西方国家的人们则会以更具体而不是抽象的方式描述自己。研究结果恰好与这一假设吻合。美国学生与日本学生相比较多地使用概括性语言而较少使用具体的描述方式[35]。

对其他国家受试者的测验也得到了类似的结果。在其中一项研究中，研究人员要求来自印度和美国的受试者描述他们几个亲密的朋友。[36] 他们发现，美国人的描述中有 46% 是抽象的、不分场景的（如“他是个小气鬼”、“她很自私”）。而在印度人中，这种一般性的描述只占到 20%。他们喜欢把一个人放在特定的场景中来描述（“他总是不舍得给家人钱”）。其他的研究也得出了类似的结果：美国人（40%）比印度人（17%）更多地将某人行为的原因归结为那人的性格（“他不诚实”），而不是归结为具体的环境因素（“虽然这么干不对，但她这回真的需要钱”）。[37]这种感知上的差异主要是源于人们对**面子**（face）的看法。在随后的“国际观察”中我们将详细讨论有关面子的话题。

> **面子(face)**
> 指人们对尊严和名声的需求。不同文化的这种需求有着巨大的差别。

**不同自我观念的影响**。如果一些国家的文化强调融入集体，而不是突出自己，那么在对自我表现进行评价时，我们应当看到，强调人与人相互依靠的文化与强调独立自主的文化之间存在着差异。在美国，人们对自己工作表现的评价总是高于上级或其他人对他的评价。这种对自己的“宽大倾向”（leniency bias）让一些专家对个人表现自我评估的可靠性产生了怀疑[38]。由于各国文化中人们的自我感知不同，因此我们估计，美国人的这种“宽大倾向”在一些强调相互依靠的文化中不会存在。

一项对中国台湾不同机构近1000名员工的调查就是基于这一假设展开的。[39]研究人员让员工和他们的上级对员工的表现进行全方位的评估，然后将每组员工和上级的评估进行对比。不出所料，台湾人并没有这种“宽大倾向”——他们对自己的评价非常谦虚。台湾地区的文化强调人们不应该在集体中太突出，因此出现这种谦虚的自我评估是在预料之中的。需要指出的是，这次评估是匿名的，所以调查结果确实反映了调查对象内心的真实想法。

在后来的调查中，研究者又对比了几个亚洲国家（如韩国、日本）和西方国家（美国、墨西哥），结果与前一次相同。[40]这次研究涉及近1000名员工并进行了严格的变量控制（如性别、年龄、宗教信仰），但结果还是一样——亚洲人在评价自我时较为谦虚。最后一项调查表明，我们要考虑特定文化背景的影响而不是把整个亚洲国家混为一谈[41]。谦逊的态度可能来自某一文化中强调的一套具体的处事态度（如强调阶级、社会等级等）。正是文化中的这一方面（而不是东方或西方）造成了这一结果。因此，一些西方国家的人在自我评价时也可能表现出谦虚。如果是这样，我们就要研究国家、文化和某种自我态度取向之间的异同了。下面一节我们将讨论对工作表现有直接影响的一些重要的工作态度。

**几种具体的自我态度**。我们要讨论的一种自我态度是所谓的**新教徒工作伦理**（PWE）。“新教徒工作伦理”指的是一种试图获取最大物质利益、坚信资本主义的态度。但是，新教徒（*Protestant*）一词一直受到人们的质疑，因为在非新教徒中也可以观察到高度信奉工作价值的人，更不

> **新教徒工作伦理**
> **(Protestant work ethics)**
> 指一种追逐物质利益最大化的与众不同的态度。

国际观察

## 怎样给别人面子、有面子和保面子

在任何一个文化中，自尊和尊重他人都非常重要。但专家强调，考虑他人——尤其是面子问题——在许多亚洲国家是唯一最重要的概念。[42] 一位权威人士称：“在亚洲，让别人丢面子就相当于在美国的人身侵犯。”很多亚洲文化强调相互依靠的人际关系，因此，人们还要给别人面子。实际上，在对100位中国管理人士的调查中，所有受调查者都说面子问题是双方面的——别人给你留了面子，你就得给别人面子。[43] 比如说，你问一个亚洲人邮局怎么走，即使不顺路，他/她也可能直接带你去；如果他们不知道邮局在哪儿，他们可能还是会指着某个方向说“那边”，因为说不知道是很没面子的。同样地，如果你让亚洲人去做一个项目，即便他知道这个项目的设计有问题，肯定搞不成，他还是会去做，而不是告诉你设计有问题，因为那样就让你没面子。

面子问题让有些人觉得亚洲人不够坦诚。[44] 美国人认为自己值得骄傲的特点就是直率和诚实。他们希望别人也和他们一样。亚洲人是非常诚实的人，只是他们的文化对“面子”的重视让他们在和外国人打交道时出现了问题。解决的办法对美国人来说有点为难：用一些比较委婉的方式，如让亚洲人就项目的设计提些意见。

总的来说就是：别以为笑就表示成交了！事实上，美国人可能会产生抵触情绪，不愿采纳这些意见。可如果你真的冒犯了什么人，没有人会直接对你说，因为他们不想让你没面子。但他们会用另一种你可能根本察觉不到的方式不动声色地告诉你你冒犯了他们。比如，你会发现项目进展越来越困难，大家都不再配合，最后没有任何成果。

请牢记下面几条如何给面子、有面子和保面子的建议，对相关人士将会非常有用：[49]

- 直率、坦诚在亚洲等于粗鲁无礼。亚洲人喜欢基于高语境的交流方式。
- 在亚洲有一条不能违背的准则：赞美但别批评。即使有人要你提批评意见，你也只能赞扬绝不能批评。你会遇到许多小的考验，例如，主考官可能问：“我们这儿的工人都很穷吧?”，如果你说“是啊”，那么就等于你没通过这个测试——实际上，你差不多得收拾行李走人了。一位权威人士甚至说，如果你不知道如何给出一个合适的答案——一个能保住所有人面子的答案——那你干脆别去亚洲做生意了。
- 如果你说了让大家没面子的话，或嘲笑了他们的文化和国家，亚洲人的反应很可能是微笑。别误会！这种笑实际上是一种为了保住面子的自卫的方式。
- 问亚洲人问题而没有马上得到答案，先别急，可能是因为面子的问题。你可以以后找过一个场合再问，最好是私人会晤。
- 即使生气也别表现出来。当众发火对你没有任何好处，反而会别人当成是“乡巴佬”。
- 不要催促行事——因为这样有损别人的面子。亚洲人认为如果你急急匆匆，就说明你觉得他们不重要，不值得在他们身上浪费太多时间，说明你还有更重要的地方要去。

有人称遵守这些社会规则就等于是向亚洲商业对象的妥协。其实承认差异并不是说你软弱。你可以很好地利用“面子”。事实上，一句“如果我同意了你的要求就没脸回去见老板了”有时要比讲道理、摆数字的争论更有效。当然，你必须坚定立场，同时也要灵活处理，寻求多种解决方案。有些专家建议商人们“要坚定，但也不要固执己见，粗鲁无礼。坚定又不失冷静、轻松的心态是正确的选择。在说服别人时语气要温和”。这位专家还特别强调“慢慢来，要冷静，别大声嚷嚷，少言多听”。不论在哪儿做生意这都是个不错的建议，尤其是在亚洲。

用说那些不信基督教的人了。[45]尽管如此，为了考察这种自我态度的影响，研究人员开发出了若干评定等级来度量PWE，他们使用这些评定等级完成了多项调研。例如，一项研究对来自13个国家的近2000名大学生的PWE进行了比较。研究发现，PWE和一个国家对名誉、金钱和权利的重视程度相关。财富和社会地位分配越不平均的国家越容易出现信奉PWE的人群。[46]在一项对广大发展中国家的调查中发现，PWE也和人均收入水平相关。[47]有数据显示，PWE之类的自我态度能够影响一国的经济活动和经济增长。单从这个原因出发，研究不同文化中的PWE现象就十分重要。

**公正世界的观念**
**（just world attitude）**
指相信世界上付出就有回报的有差异性的态度。

另一种重要的自我态度是：相信这是个**公正的世界**（just world，JW）。不同的国家和个人对“人生在世，有付出必有回报”这一信念的看法和态度有所不同。了解这种差异对研究国际管理的人来说十分重要。研究者用一个著名的量表来测试这种态度，结果发现一个国家的国内生产总值越高，人们越相信世界是公平的。这说明，相信世界是公平的为人们提供了追求财富的动力。[48]但它也可能成为一种借口，即这种态度可能让富人认为他们赚的钱都是自己应得的，因为世界是公平的，有付出就会有回报。即便不考虑这些，仅仅是“公正世界”的态度和经济活动之间的关系就很有意思。

## 对他人和群体的态度

人们对自我的态度是问题的一个方面，他们还拥有对其他群体和文化的态度。现在，许多企业管理人员要和来自不同文化背景以及不同国家的同事打交道，有的甚至被派往国外工作和定居。所以了解其他群体比以往任何时候都重要。

**刻板印象（stereotypes）**
指将群体的特征扩大到每一个个体的倾向。

我们对其他国家和其他人的态度如何？多数人对其他国家的人具有**刻板印象**。刻板印象是指人们根据他人所属的群体（如民族、宗教、文化背景）而对其性格进行的一种推断。如许多美国人认为法国人浪漫、德国人严谨、日本人细致。即便是对本国其他地区、其他省或州的人我们都有固定的看法，更不用说是对外国人。

**对美国人的态度**。有些人对美国人有很明确的看法，并体现在他们的行动中。其他文化的人们常说美国人过于以自我为中心，从丑陋的美国人这个词中就可以看出这一点。所谓“丑陋的美国人”是一个民族中心主义者，他认为美国人的行事方式是唯一正确的。这个人对其他文化漠不关心，而且从不试图去理解其他文化中人们的行为。结果，他很容易就会得罪来自不同国家或文化的人。

美国人为什么在看待其他国家时会显得如此以自我为中心和目光短浅呢？其中有几大原因。[50] 例如，美国地理位置相对孤立且拥有得天独厚的自然资源，因此美国人并没有去外界寻找资源的压力。然而，美国同时也拥有巨大的海外投资，且投资还在不断增加。另外，美国与其他国家的竞争激烈。正因如此，我们比以往任何时候都迫切地需要考察我们对他国文化的态度以及这些态度对我们行为的影响。

表 5.5a 和表 5.5b 显示了来自 16 个国家的人们（以及美国本国人）对美国人特征的看法。这项由皮尤中心发起的全球民意调查要求受访者列出最正面的三项特征（努力工作、有独创性和诚实）和最负面的三项特征（贪婪、粗鲁和不道德）。从表中可以看出，美国人对自己的看法显著好于其他国家人民对美国人的看法。例如，除了四个国家，其他国家人民对美国人努力工作、有独创性和诚实三项特征的评价都低于美国人自己。当然，多数国家（除了中国）在美国人努力工作方面特征上的打分高于 60%。[51]

**表 5.5a　美国人的正面特征**

| 努力工作 | | 有独创性 | | 诚　实 | |
|---|---|---|---|---|---|
| 国家 | 同意比例（%） | 国家 | 同意比例（%） | 国家 | 同意比例（%） |
| 法国 | 89 | 印度 | 86 | 美国 | 63 |
| 美国 | 85 | 印度尼西亚 | 84 | 印度 | 58 |
| 印度尼西亚 | 84 | 美国 | 81 | 英国 | 57 |
| 荷兰 | 84 | 加拿大 | 76 | 法国 | 57 |
| 印度 | 81 | 德国 | 76 | 德国 | 52 |
| 约旦 | 78 | 法国 | 76 | 黎巴嫩 | 46 |
| 加拿大 | 77 | 波兰 | 73 | 荷兰 | 46 |
| 英国 | 76 | 中国 | 70 | 西班牙 | 45 |
| 西班牙 | 74 | 荷兰 | 69 | 波兰 | 44 |
| 俄罗斯 | 72 | 约旦 | 68 | 加拿大 | 42 |
| 黎巴嫩 | 69 | 英国 | 64 | 约旦 | 37 |
| 德国 | 67 | 黎巴嫩 | 58 | 中国 | 35 |
| 波兰 | 64 | 巴基斯坦 | 57 | 俄罗斯 | 32 |
| 巴基斯坦 | 63 | 俄罗斯 | 56 | 巴基斯坦 | 27 |
| 土耳其 | 61 | 土耳其 | 54 | 印度尼西亚 | 23 |
| 中国 | 44 | 西班牙 | 53 | 土耳其 | 16 |

表 5.5b　美国人的负面特征

| 努力工作 | | 有独创性 | | 诚　实 | |
|---|---|---|---|---|---|
| 国家 | 同意比例（%） | 国家 | 同意比例（%） | 国家 | 同意比例（%） |
| 美国 | 70 | 约旦 | 64 | 约旦 | 65 |
| 土耳其 | 68 | 印度尼西亚 | 58 | 黎巴嫩 | 64 |
| 荷兰 | 67 | 土耳其 | 55 | 巴基斯坦 | 58 |
| 黎巴嫩 | 66 | 加拿大 | 53 | 土耳其 | 57 |
| 英国 | 64 | 巴基斯坦 | 51 | 印度尼西亚 | 45 |
| 约旦 | 63 | 黎巴嫩 | 50 | 中国 | 44 |
| 加拿大 | 62 | 俄罗斯 | 48 | 俄罗斯 | 42 |
| 印度尼西亚 | 61 | 中国 | 44 | 美国 | 39 |
| 俄罗斯 | 60 | 西班牙 | 38 | 荷兰 | 38 |
| 巴基斯坦 | 59 | 法国 | 36 | 法国 | 37 |
| 西班牙 | 58 | 美国 | 35 | 印度 | 36 |
| 中国 | 57 | 英国 | 29 | 西班牙 | 36 |
| 波兰 | 55 | 印度 | 27 | 加拿大 | 34 |
| 德国 | 45 | 荷兰 | 26 | 波兰 | 33 |
| 印度 | 43 | 波兰 | 21 | 德国 | 31 |
| 法国 | 31 | 德国 | 12 | 英国 | 26 |

资料来源：Pew Global Attitude Project（2006）.

最近的研究表明，欧洲人亲美态度已有所减弱。在 2002 年的一项调查当中，75% 的英国人、63% 的法国人和 61% 的德国人对美国人持积极的态度。自该年起，各国支持美国的人数比例开始降低，抵制美国的情绪在欧洲滋生蔓延开来。在近年来由 German Marshall 基金发起的另一项调查中，研究人员要求参与者给各国打分，打分范围是 1～100。欧洲国家给美国的平均分是 64 分（比法国得到的分数略高），美国人给欧洲人打的分数则从 55 分（法国）到 75 分（英国）不等。同样，2/3～3/4 的欧洲人支持美国发起反恐战争（尽管约一半人认为美国并没有认真考虑他们的观点），约 4/5 的欧洲人认为伊拉克是一大威胁因素。不仅如此，每个人都钦佩美国在发展科技上作出的努力，也对美国的流行文化崇拜不已。然而，美国的穆斯林盟友却不以为然——很明显，埃及（6% 亲美，69% 反美）、约旦、巴基斯坦和土耳其的人民都厌恶美国。[52] 表 5.6 在一定程度上反映了上述分析。表中所列出的国家对美国的友好程度明显低于其他国家。

**表 5.6　对美国和其他四国的友好态度比例**

| 打分国家/对某国友好态度 | 美国 | 德国 | 法国 | 日本 | 中国 |
|---|---|---|---|---|---|
| 美国 | 83 | 66 | 52 | 66 | 52 |
| 德国 | 37 | 65 | 72 | 70 | 57 |
| 法国 | 39 | 89 | 68 | 83 | 60 |
| 日本 | 63 | 78 | 72 | 77 | 28 |
| 中国 | 47 | 54 | 59 | 21 | 94 |
| 埃及 | 30 | 62 | 60 | 63 | 63 |
| 印度 | 56 | 47 | 46 | 60 | 47 |
| 西班牙 | 23 | 72 | 66 | 65 | 45 |
| 巴基斯坦 | 27 | 31 | 25 | 43 | 69 |
| 土耳其 | 12 | 43 | 18 | 46 | 33 |

资料来源：Pew Global Attitude Project（2006）.

但是，当你与这些不同国籍的人打交道时会怎样呢？他们对美国的刻板印象会渐渐消退、对美国人的态度会有所改观吗？为了回答这些问题，研究者将在美国工作、有着不同文化背景的经理作为研究对象。[53] 这些经理共分为4组——英国人、日本人、新加坡人和美国本土人，并要求他们在两个维度上为他们自己和他人作出评价。其中一个维度测试对工作绩效水平的期待（高或低），另一个则测试对管理风格的偏好（开放式或封闭式）。一些研究结果很有趣。比如说，美国和日本的经理都认为自己的工作表现比其他人所认为的要更好。另一项有趣的发现是，非美国籍的经理对他们同胞的评价非常高，但如果双方没有雇佣关系，这种高评价则不复存在。管理风格的测试结果也很有意思。美国经理人认为自己比其他群体更加开明（如外向、直率、果断），而其他国家的经理人也持这一看法，因为所有群体中的人对美国人在这方面的评价都比较高。另外，日本经理觉得他们自己只是略有些封闭（如内向、谨慎，性格不外露），但在其他人的评价中，这种封闭的程度要深得多。以上研究结果表明，公司需要考虑这些态度和它们对不同的管理团队（如美国经理和非美国籍经理）之间人际关系的影响。考虑到其他群体对美国经理的评价相对一致，因此这一点对美国经理尤为重要。

**刻板印象的形成**。人们对美国人的态度和刻板印象是如何形成的呢？反过来，美国人对于他国人的态度又是如何形成的呢？由于进行跨文化沟通的人相对较少，我们不得不认为媒体对于塑造某个国家的刻板印象起着重要的作用。例如，一位专家指出，宗教以及意识形态的差异的确使美国人对阿拉伯人的印象不佳，而美国的媒体则在其中起了推波助澜的作用。[54] 有关分析表明，阿拉伯人曾是美国电视节目中最常见的反面角色。[55] 有人对20世纪20年代以来的电影作过调查，发现阿拉伯人一直被塑造成为反面人物。美国的报纸对阿拉伯人的描述也助长了这一不良印象的形成。例如，20 世纪 80 年代的美国报纸曾出现过一幅这样的漫画：阿拉伯人揣着大把钱在美国大肆投资（这只是当时人们的普遍想法，实际上阿拉伯人在美投资仅占全部外国投资的 3%）。[56] 同样，美国的书籍对阿拉伯人一直以来也毫不客气。20 个世纪 50 年代，一位阿拉伯读者对于杰克·克鲁亚克（Jack Kerouac）的《在路上》（*On the Road*）——一本描述"垮掉的一代"的书——表示了强烈的不满。他对于书中某些有关阿拉伯人的描述大为恼火。[57]

也许有人会说这只是 20 世纪 50 年代人们对阿拉伯人的印象，因为克鲁亚克的书是在那个时代写成的。然而，只要对当代的电视节目作一个粗略的调查，就会发现美国对于其他国家也存在类似的偏见。在不久前重播的经典美剧《欢乐一家亲》（*Frasier*）中，弗莱泽的兄弟麦尔斯抱怨他的妻子花了很多钱（25000 美元）做整容手术。弗莱泽的父亲回答道："用这些钱，你都可以从菲律宾人那里买到一个全新的妻子了。"当然，这样的事情不足为信。不过这的确说明我们也许并没有我们所想象的那样成熟。实际上，这也许还表明，媒体依然发挥着它强大的影响力，只不过选择的目标从过去的苏联人、阿拉伯人换成了现在的中国人、法国人。然而，有趣的是，分析表明，"9·11"之后，美国媒体对于阿拉伯人的描述相对公正了一些。更具讽刺意味的是，许多人呼吁不要因"9·11"事件而责难所有的阿拉伯人或者穆斯林，因此，似乎"9·11"事件的凶手反而改善了美国媒体对这些群体的"待遇"。不过美国媒体以及美国公众是否能长期保持这种想法还有待观察，特别是美国还要继续应对"9·11"之后的安全威胁。

**内群体意识是引起刻板印象的一个原因**。除开媒体造成的影响，人们似乎本身就有一种思维倾向，觉得内群体（in-group）比外群体（out-group）更优越。某一群体内的成员往往会强调内群体的正面特征，却抓住外群体的负面特征不放。学者们已经认识到了这一点。在研究美国人和俄罗斯人、阿拉伯人和以色列人，以及天主教徒与新教徒对彼此的认识中，受调查者就表现出这种思维倾向。[58-60] 在某些情况下，这种刻板印象会以一种**镜像作用**的模式表现出来。在这种模式下，每个群体都会察觉到自身的某些正面特征，同时也会察觉到外群体的某些负面特征。这种模式尤其表现在有矛盾的群体之间（例如阿拉伯人和以色列人、印度尼西亚人和华裔印度尼西亚人）。[61]

**镜像作用（mirror imaging）**
指一种刻板印象的模式。在该模式下，一些群体总是察觉自身的某些正面特征，同时察觉另一些群体的某些负面特征。

就算没有镜像作用，我们还是会自然地倾向于认为群体内部的成员是多样的、复杂的，而认为其他群体的人是单一的、类似的。以美国人为例，在他们眼里，不同的美国人之间可能存在着巨大的差别，但俄罗斯人则看起来差不多一个样。有人指出，这种反差属正常现象，原因是我们与群体内部的人交流更多，而与群体外部的人交流甚少。

如果这是真的，那么与具有不同文化背景的人（或外群体）频繁地交往应当能使我们对那一文化中的人拥有更清晰的看法。该假设在一次针对中国人和美国人的研究中得到了证实。[63]研究者首先计算了中国人和美国人的实际沟通量，包括直接沟通（两国人之间的实际沟通）和间接沟通（拥有中国/美国朋友的个数、阅读有关中国/美国消息和报道的频率等）。他们还提问了若干问题，如“越了解中国人，我越觉得他们之间没什么差别”和“在中国，人们的举止行为似乎是一样的”，来测试各群组对其他群组感知到的相似性。研究结果显示，与外群体的频繁交往确实能增强对该群体成员之间差异性的认识。例如，中国人越是频繁地与美国人交往，他们越是能看到美国人在态度、行为和服饰上的多样性。

事实表明，通过群体间接触建立起来的熟悉感不仅能够产生更多样化的态度，还能够帮助增加群体刻板印象的准确度。[64]例如，有人曾比较了同在一家日资商业银行工作的日本和美国的经理对对方员工的感知。[65]研究人员要求他们从不同的角度对自己和另一方的员工作出评价，一方对另一方的评价与另一方对自我的评价越相近，那么该评价的准确度就越高。例如，日本和美国的经理都认为美方员工更外向、更坦率、更自信，不过与日本员工相比则较没有耐性。在美国和中国的交流生中也存在着相似的情况。[66]

虽然刻板印象经常代表着对其他群体成员带有偏见的感知，但并不表示刻板印象是完全错误的。的确，研究表明，某些刻板印象可能正确地反映了一些群体在某种程度上客观存在的特征。一项调查表明，中国人认为美国人比一部分中国人表现出更大的多样性，这一结果与之前提到的通常情况下内群体/外群体的感知效果有所不同。[67]该文章的作者声称，这样的结果反映了美国人确实比中国人具有更大的多样性，受此影响，以上中国人对美国人的评价其实是公正、正确的。在日本这个非本地人口仅占2%的国家，我们预计可以得到类似的结果。这样的一种情况印证了所谓的“真实内核”（kernel - of - truth）假设：对另一群体的刻板印象至少部分建立在该群体的某些客观存在的特征之上。[68]

**态度和刻板印象的影响**。我们之所以要了解不同国家在态度上的差异，是因为这些态度会影响跨国经营能否进行以及如何进行。正如我们所强调过的，这样的影响会随着时间的改变而改变。例如，在中国的商业人士说，在中国曾经被认

国际观察

## 什么在欧洲最畅销——拿美国佬开涮的东西

长久以来，不论是广告业务的支持者还是反对者都认为广告是现实生活的反映。这也是为什么好的广告能增加产品销量的原因。果真如此的话，最近电视、报纸、杂志等媒体上的广告是否正反映了欧洲人对美国（及其外交政策）的态度呢？虽然现在下定论还为时过早，但已有迹象表明答案绝对是肯定的，而且带有讽刺意味。

Marie Redgley女士是英国一家营销咨询公司的总裁。她注意到了广告内容的一大变化。“其实那些广告并不全是反美的，只是在重新界定对美国的关系，”她说：“我们过去曾大量引进美国的品牌，如‘星期五快餐’、‘麦当劳’和‘耐克’。”但现在的情况已经明显不同了，主要因为美国发动的伊拉克战争点燃了反美情绪。伊战开始后，在法国等一些国家可口可乐和百威啤酒从一些餐馆的菜单上给撤了下来，因为这些品牌是美国的象征。而在美国方面，虽然也有一些针对此的报复性举动（如法式炸薯条被改称为“自由薯条”），但多数美国人对于两方持续针锋相对的状况一无所知（一些法国人把美国奶酪叫做“白痴”奶酪）。

广告是一种商业行为，因其在人们的生活中占主导地位，所以广告的变化往往是惊人的。如最近播出的一则荷兰喜力啤酒的广告中，酒吧里的几个美国人因为酒洒了而吵了起来，还威胁说要起诉对方。后来几个人闹到了美国总统那里。最后，其中一个人放弃起诉并答应买更多的喜力啤酒，“冲突”才得以解决。广告的设计意图是向英国人推销一种度数较高的啤酒。这种啤酒在欧洲大陆很受欢迎。广告传达给观众的信息是：各个民族都酷爱喜力啤酒，甚至可以为喝酒改变其刻板的民族特性。就拿美国人来说，他们就是为了醇美的喜力啤酒而放弃了好争辩的个性。

另一则名叫“难以置信这竟然不是黄油！”的广告讽刺了美国人容易激动又自负的性格。在联合利华（荷兰—英国合资公司）为其产品制作的这则电视广告中，美国人大喊“滚出去！”充分表现了他们对事情反应过激，不相信别人的性格特征。广告的最后观众听到一段画外音，一个英国人用他那礼貌而含蓄的声音说：“这不是黄油。”设计这则广告的英国广告公司说，在这则广告中用美国人是一种策略。甚至该产品的名称都具有典型的美国特色，因为它具有“粗放、自信的特点”。该广告公司的人认为，“美国人一旦迷上了什么东西要比英国人更疯狂。”在欧洲国家播出的其他广告也有意设计了美国人角色，对他们的讽刺更是尖锐。这些广告中体现的是轻松的幽默还是故意迎合观众对美国人的厌恶态度，我们无从知晓，但不可否认的是，这些广告在欧洲都很成功。[62]

为已经过时的大男子主义如今在很大程度上又复苏了。李奥贝纳广告公司在上海和成都进行的一项调查显示，中国的男性在很大程度上与我们经常在电视广告上看到的形象大不一样。一位参与者如是说：“他们缺少一些男性的特质，而且看起来只是在扮演着辅助女性的角色。”中国政府几十年来一直致力于宣传男女平等的思想，但是实际情况却并非如此。李奥贝纳公司给其客户的建议是：在中国，涉及男性的广告必须突出权力和“面子”，而不是强健的肌肉与体格，来表现中国男性的男子气概。也就是说，“品牌需要能够提供或者强化某种掌控感”。有关研究还表明，越来越多的中国男性认为男人应该将重心放在事业上，而女人则应该待在家里。一位观察员注意到，传统的社会主义男女平等观已经发生了变化：“如今这样的观念已经成为笑话了。如果你还和你的妻子挣一样多的钱，那你就太失败了。”有些中国男性把哈里森·福特作为他们的榜样。在2002年的电影《K-19寡妇制造者》中，福特先生扮演了“一位沉稳、果断的领导者”，一名收入颇高的受调查者是这样评价的。宝洁公司在其近来的洗发水广告中就运用了这种策略，即“把男人对面子的极度渴求转化为显著的消费”。[69]

另一个与此相关的有趣的例子发生在印度。1982年，印度开始转播彩色电视节目。[70]但是因为当时印度没有彩色电视生产商，所以印度政府允许印度国内的黑白电视生产商进口“未组装机”（即未组装的成套彩电零部件），并在印度组装和销售。他们从德国、日本和韩国的供货商那里进口基本相同的套装，并在印度国内组装后打上了印度自有的品牌。

有趣的是，德国和日本的彩电供应商的要价比韩国的要高。当时在印度，消费者购买彩电时通常会携带一把螺丝刀，他们会打开电视机后盖并查看原产国。虽然不同国家的零部件基本相同，但是由于印度人的**原产国刻板印象**，日本企业和德国企业在印度市场上还是占有一定的优势，因此要价更高。

> **原产国刻板印象**（country-of-origin stereotype）
> 该观点认为某些产品或服务的原产国一定具有一些特定的性质。

从事市场营销工作的人士早就知道了原产国刻板印象的效应，但仍然依据这些刻板印象来制定生产决策。例如，松下（Panasonic）这样一个品牌并不会让人直接联想到日本这个国家，但实际上松下的立体声音响及相关设备都是由日本松下电子公司生产的。甚至连一些知名品牌在开发别国市场的时候，都必须注意培养和监控自己品牌的形象。以麦当劳为例，虽然它是世界上最大的快餐连锁店，但在中国肯德基却独领风骚，因为肯德基比麦当劳更关注中国的市场。同样，在中国，法国家乐福比世界排名第一的零售商沃尔玛有着更高的知名度。世界电子产品的领头羊索尼公司在美国被广泛地认为是潮流的引领者，而在中国，索尼并不被看成是年轻新潮的品牌，而被认为是属于三四十岁商务人士的品牌。取而代之的是三星，在中国它被认为是时尚的代言人——娱乐性更强、更时髦。[71]

在市场营销中，原产国效应有着重要的作用，这一点也被广告制作人广为利用（如“美国制造”的电视广告）。事实上，有人制作了一个消费者民族中心主义量表来衡量美国消费者对“美国制造”商品的喜爱和倾向程度。[72]研究显示，在该量表中打高分的人更强调本国产品的优点而忽略其缺点。然而，真正的问题也许是区分某件商品是本国商品还是外国商品。许多产品的原产国信息模棱两可，或者被故意掩饰了。比如说，Baby Ruth 糖果是由瑞士的雀巢公司生产的，而 Ghirardelli 巧克力则是美国生产的。Grey Poupon 芥末酱和 Swiss Miss 可可产品是美资企业生产的。有着法国名字的 *Bon Appétit* 和 *Connoisseur* 是美国的杂志，而有着典型美式名字的 *American Baby* 和 *Western Sportsman* 却不是！此外，本田雅阁是由俄亥俄州的玛利维尔市的美国工人制造的，其 75% 的零部件都是美国制造的；丰田凯美瑞来自于肯塔基州；美洲豹、马自达、莲花、萨博以及大宇汽车这些看似非美国汽车生产商其实都是部分或完全属于美国公司。[73]

当然，刻板印象的欺骗性在于，它甚至会让人们忘记这样的事实：无论刻板印象如何正确，也不过是对某一个人的“真实内核”的反映。更糟糕的情况是，如果某个人曾经和某群体有过简短的接触，或是和该群体中的某个成员有过交往，他就会以这次经历为根据作出判断，认为该群体中的所有成员都是与此相似的。理性地看待这个问题，我们应该意识到我们个人对于某一群体的认识是非常有限的，也许仅限于我们认识的一些人甚至一两个人。因此，简单地把某一群体的人们（比如说阿拉伯人或美国人）归结为都是一样的，是一种似是而非的判断。虽然也许并不准确，这些印象和态度的确会产生一定的影响。例如，许多移居国外的美国人反映在国外寻找一份工作相当困难，甚至那些非常有资格并在美国获得成功的人士也不例外。就算在一些和美国有着相近文化的国家，这样的事也时有发生，例如有些在英国寻找工作的美国人就被告知，“改一改你那美国式的欲望吧”，或者是“更像个英国人吧，更保守一些为好”。[74]

我们有时会听到某种反对意见，这种意见认为国际管理的过程就是刻板印象化的过程。不管怎么样，在本章中，我们试图区分日本人和美国人、巴西人和德国人，等等。虽然这种区分大体正确，但是请记住，我们所强调的差异往往是相对差异。我们当然不是说所有的日本人都对他们的工作不满意，也不是说所有的巴西人都不准时。我们只是展示了我们观察到的不同群组间的统计差别。也许你知道，大多数的统计检验都包含合并方差的不同（如美国人和日本人在工作满意度上的得分就不一样）。不同群体间存在差别的事实正好证实了我们的观点。在本书中，我们采取的是实验性的研究方法，即研究结果更多地建立在大量的数据基础上，而不是建立在少数人的观点上。

## 工作态度

人们在工作上和在为工作作准备上花费了大量的时间。然而，不同国家的人花在工作上的时间也大不相同。美国人每人每年工作约 1900 个小时，虽然这个数字相对于全球平均水平来说是比较高的，但日本人的工作时间还是遥遥领先。不管怎样，工作对于大多数美国人来说是最重要的，对其他国家的人来说也是如此（至少是占用了很多时间）。因此，工作态度成为最热门的研究课题也就不足为奇了。

**工作满意度**。事实上，最热门的研究课题是工作的满意度。人们对此进行过数以千计的研究，主要是针对美国的员工。当前流行的看法是美国人的工作满意度比较低。与其他国家相比，美国员工对他们的工作量尤其不满意。在这样的情况下，美国员工往往表现得浮躁不安。结果，美国人对组织和工作的承诺较低，随时都可能变换工作。

然而，你是否问过自己，为什么我们对以上的看法深信不疑？为什么这么多人都认为美国人对工作的满意度和承诺度相对较低？许多学者认为，这样的想法源自大众媒体并无真凭实据的报道，而不是来自真实的研究结果。也许某个记者或者教授对日本或欧洲进行了为期几周或几个月的访问，然后撰文或者著书记录自己的见闻。我们固然要尊敬他人的意见，但是我们也有责任对这些证据的来源进行认真的分析：他们和谁谈过话？他们观察过多少人？更重要的是，这些人是如何被选定作为观察对象的？要知道，这种观察常常不具有代表性。来自外国的观察员经常会应邀参观某一个工厂，或是对其进行深入的调查研究，因为这个工厂与众不同（因此不具代表性）。同样，我们猜想那些正处于困境中的公司是不大可能邀请任何观察者的，更别说外国观察者了。

为了让你更好地了解这种思路，现在请你推测一下日本员工所谓“终生雇用”的比例是多少。我们所教授的几个班的学生通常推测有 75% 甚至更多的日本人受雇终生。而实际上，真实的数字大概只有 20%。而且，“终生雇用”成为一项长期政策并非来自于日本文化。相反，它产生于第二次世界大战后，是工会与某些大公司为结束持续了十余年的罢工浪潮而达成协议的结果。现在，某些有着终生雇用制传统的公司（如松下、日产等）也开始裁员了。那为什么多数美国人认为日本人大都任职于终身雇用制的企业呢？对此我们尚未完全了解。也许是因为美国的主流杂志或是电视节目中的日本形象都是如此吧。无论如何，这个例子说明了我们应该认真审视我们对他国的认知的来源，并及时纠正错误的认知。

因此，在系统性地考察这类问题——特别是对两个或更多国家进行抽样调查时，我们应该拥有更多的信心。当然，因为收集难度较大、所需费用较高，大规模系统搜集起来的信息相对短缺。尽管如此，类似的研究还是有的。其中一个项目是由美国印第安纳大学的研究人员和日本的同事共同完成的。[75]研究者随机选择受试公司，这就保证了样本能代表不同的行业，对于之后的研究是一个良好的开端。要知道，即使是早期一些较好的研究也只调查了某一行业——如汽车或电子业——员工的工作态度。接下来，研究者从已经选定的不同行业的公司中抽取出具有代表性的员工样本。这一步也处理得非常好，因为过去大部分研究都包括了非代表性的员工样本。最后，这项研究总共调查了超过 8000 名员工，他们来自 100 多个随机抽取的工厂，其中 51 个在日本中部，55 个在印第安纳州。

该研究的结果与人们对日本员工和美国员工的普遍看法有所不同，这也显示出了这种详尽、彻底的调查研究的价值。例如，研究发现，美国员工对工作的满意度比日本员工要高。在研究过程中，研究者花了很大的力气来消除文化和语言差异对研究结果可能带来的影响。他们调查的一个重要的潜在问题，就是美国人在表达方面倾向于（甚至过于）积极肯定，而日本人则习惯将本来应该非常积极的态度用一种中庸的方式表达出来，有时甚至用阴郁的方式来表达。幸好，数据中的一些模式使这个问题得到了解决。例如，两个群体对于不同类型的工作满意度问题的回应也不相同。在回答“总而言之，你对你的工作有多满意（从 1 = 一点也不，到 5 = 非常满意）”这一问题时，美国员工比日本员工的满意度要高得多。这一结果可以通过日本人更加谦逊来解释。对于问题“如果一个好朋友告诉你，他或她想从事和你一样的工作，你会怎么回答（0 = 建议其不要从事这样的工作，1 = 会深思熟虑后再回答，2 = 会建议其从事这样的工作）”，受试者的回答也显示出与第一个问题相同的模式。这个问题是有关行为的，而且关注的是他人，因此，对于该问题的回答应该不能用日本人谦逊的倾向来解释。最后，研究又从另一个问题中发现了一个更为明显的模式：将近 70% 的美国员工表示如果再选一次的话，他们还会选择现有的工作，而只有约 24% 的日本人选择同样的工作。

对其他相关研究的深入观察说明了这些发现是正确的。尽管采用了不同的测试工具和研究方法，但几乎每一个比较日本人和美国人工作满意度的研究都会得出相同的结果。[76]另一项研究也证实了美国人比日本人有更高的工作满意度这一结论。[77]研究人员向来自加拿大、法国、日本和英国的经理们（大约每个国家各 100 名）询问了他们的综合工作满意度，还询问了他们对工作的具体环节的满意度。

该研究有两大发现。首先，与之前的研究结果一样，日本人表现出的工作满意度比其他参与调查的任何一个国家的人都低。其次，当研究者分析回复（如薪资水平、工作条件、对同事的评价等）的具体模式时，发现日本人的回答差别很大。有时，他们表现出较低的满意度，而在另一些时候，他们却表现出最高的满意度。这样看来，那种认为日本人在自我评估时总表现出阴郁或者谦逊倾向的看法就受到了挑战。如果阴郁是日本人工作满意度不高的原因的话，那为什么在某些方面表现出来，而在另一些方面又不表现出来呢？最后，一项对 2500 名日本员工所作的调查也支持我们的结论。这项调查除了得到了我们刚才所说的结论外，还有另一些有价值的发现。该调查发现，日本员工对于工作的满意度有很大的不同。随着年龄、资历和级别的增加或升高，他们的满意度也大幅度提升。这个发现说明许多日本人是愿意表明他们的工作满意度的，其中有些人比另一些人更愿意表达他们的工作满意度。事实上，那些年龄更大、资历更深的员工——他们最有可能遵循日本谦逊/自贬的传统——反而最有可能表达他们对工作的满意！

我们一直在关注日本人和美国人在工作满意度上的差异，但是显然我们不能忽略其他国家。[78] 事实上，大多数跨国工作满意度的研究都集中在美—日两国。因为日本一直以来都是个经济强国，而且是美国的主要竞争对手，所以对其作如此多的研究也不足为奇。除了工作满意度，我们还可以观察到其他的工作态度。现在，我们就将注意力转向另外一些比较重要的工作态度上。

> **组织承诺**
> （organization commitment）
> 指一个人认定并且忠诚于自己所在的企业，受到激励而代表企业行事的程度。

**组织承诺**。人们常常衡量的另一个重要的工作态度是对组织的承诺。正如我们讨论的工作满意度一样，人们普遍认为美国员工不像其他国家的员工那样效忠于组织。但有趣的是，很少有人系统地研究跨国家或是跨文化的组织承诺。正如对工作满意度的研究一样，大部分对组织承诺的研究都是在美国或是加拿大进行的。[79] 但有一项研究调查了美国、日本和韩国不同类型企业中 1600 多名员工。[80] 研究人员要求这些国家的员工阅读并填写一份组织承诺问卷（例如，“我愿意更努力工作来帮助公司获得成功”，“我会拒绝其他报酬更高的工作机会而继续在这家公司干下去”），该问卷是一份标准问卷，已广泛应用于研究中。

研究表明，美国员工的组织承诺水平比日本员工和韩国员工都高出许多。日本和韩国两国员工的组织承诺水平没有差异。这一结果本身就很有意思。与对工作满意度的研究一样，人们普遍认为来自亚洲文化的员工更效忠于他们的公司，而结果却与此观点相矛盾。使用更多控制变量的研究也得到了类似的结果。[81] 在“我愿意更努力地工作来帮助公司获得成功”以及“我很高兴能为这家公司效力”等问题上，美国员工的打分均高于日本员工。但是，这一点并非对所有与承诺有关的问题都是正确的。例如，在“我会拒绝其他报酬更高的工作机会而继续在这家公司干下去”这个问题上，美国员工（平均值 = 2.71）和日本员工（平均值 = 2.68）相差无几（根据五点量表得出分值，其中 1 = 不同意，5 = 同意）。

事实上，在测量承诺的所有项目中，这一项目得到的赞同度是最低的。显然，美国人和日本人都喜欢接受高薪的工作！然而，美国人似乎比日本人更效忠于他们的组织。这些研究结果与之前认为日本人会更效忠于企业的观点相结合，构成一个有趣的论题，我们在以后的章节中将继续论述。早期的研究严格地区分组织承诺和工作承诺。组织承诺指的是一个人认定并且忠诚于自己所在的企业，受到激励而代表企业行事的程度；而工作承诺（work commitment）指的是在人的一生中工作的重要性——相对于生活中其他日常活动（如金钱、家庭、闲暇时间等）而言工作的重要程度或激励作用。从研究中可以看出，美国员工和日本与韩国员工一样效忠于自己的组织，甚至效忠程度更高，这与人们普遍的观点相反。但是在工作承诺方面，日本人则更尽职尽责。[82]例如，日本人更倾向于认为工作上的事重于家事。这一结果本身也很有意思，因为人们还普遍认为日本人比其他文化更重视家庭。

在结束这一话题之前，我们再看看另一项研究，这样可以使我们对跨文化工作承诺（而不是组织承诺）的问题更清晰明了。这一研究调查了一家大型企业分布于五大洲20多个国家的5000多名员工的工作参与度。[83]结果表明，很难根据文化（国家）来对工作承诺和工作参与度进行预测，而一个人的职位才是更重要的预测指标。事实上，作者注意到，20个国家的不同职位的员工表现出来的工作承诺度“极其相似”。特别是当一个人得到晋升时，不管公司是在韩国、美国、南非还是以色列，他/她的工作承诺程度也随之上升。[84]换句话说，就是有时情境变量或是个人变量——如职位——比文化或是国籍更能准确地预测工作承诺。在这种情况之下，在不同国家内从事同一职业的人拥有的共同之处比同一个国家从事不同职业的人的共同之处要多。因此，我们应当先消除情境变量的影响，然后才能下这样的结论：国家或是文化的差异导致某个研究结果的产生。在接下来的几章中，这将是个特别的挑战，尤其在我们考虑外派经理人的情况时。

## 本章总结

在本章中，我们强调了感知的重要性。尽管我们并不太关注对感知的研究，认为其范围狭窄、只具备独特性，但是这些研究不仅能帮助我们系统地分析人的感知，而且对跨文化交流起着重要的作用。例如，通过研究我们可以看到，不同文化的人在处理有关人和事件信息的方式上存在着系统性的差异。这些感知反过来又受到不同文化的人的非言语行为以及对语境的依赖程度的影响。某些高语境文化提供了大量的背景信息以辅助观念的形成；而低语境的文化则依赖口头和书面的信息。有趣的是，这些感知上的差异甚至扩展到了不同文化的时间观念上——这是我们生活中最客观的因素之一。我们了解到，单时制文化将时间视为需要认真对待和衡量的经济物品，相反，多时制文化的时间观念则是灵活的、可以改变的。

感知固然重要，但我们还需要进一步去理解和解释感知到的事物。本章随后探讨了释义或归因。归因理论家认为，人类总是喜欢问为什么会发生某件事。仅仅因为一个事件吸引了我们的注意力并不代表我们对事件起因的解释是一样的。例如，我们发现，具有某种文化背景的人在对自己成功的归因上明显表现出一种谦虚的态度。但是，具有其他文化背景的人则推崇自利性归因，即人们倾向于把成功归为内部因素而将过失和失败归为外部因素。

如果一种感知反复出现，那么我们就可能形成对某一事物的态度。因此，接下来我们讨论的话题是态度——包括对自我和他人的态度。而文化再一次成为一般情况下影响人们对自我和外群体（如来自不同文化的人）态度的决定因素之一。在本章的最后，我们还探讨了一些对美国人的刻板印象，以及美国人和其他国家的人对工作的态度。

### 讨论题

1. 比较言语和非言语行为对我们感知的影响。什么时候非言语信号比我们实际说的话（言语行为）所起的作用更大？你能举例说明吗？
2. 想想在跨文化交际中，语境是如何影响你的感知的。例如，语境在沟通中起着什么作用？在工作评估、会议和整个人力资源管理上有何作用？
3. 回忆一下我们在本书中讨论的一种文化内部和各种文化之间存在哪些可能的刻板印象。你是怎样看待其他国家（如法国）或民族的？你为什么会有这样的态度？

## 迎接挑战

### 在越南经商

你觉得本章中有哪些内容对于在越南经商有所帮助呢？本章所传达的最重要的信息，就是文化对我们的影响有时是十分微妙的——人们在与他人沟通的时候，往往没有认识到或者肯定文化所起的作用。语境就是这些微妙的影响因素之一。像很多亚洲国家一样，越南也是高语境的文化。这意味着文化或者语境本身为人们的交流提供了大量的线索，语境或线索的缺失会使人们对事情的理解变得模糊。在这种文化中，人们不需要提供关于某些事件的十分详细、清楚的信息——语境常常能提供这些信息。众所周知，美国人较少依赖语境，他们根据所说或所写来得出对事物的看法和见解。

这样的文化差异有可能产生一些误解，但是认识到这种差异后，便很容易适应它。例如，越南商人在进入商务洽谈之前通常想先了解对方的个人情况。因此，初次与越南人面谈，你不要期待能够取得什么实质性的成果——至少从美国人的角度来看是如此！事实上，越南人在初次面谈中希望获取的只是一些背景信息而已，比如对方的背景、脾性和兴趣，这些背景信息能够帮助越南人理解对方的言语和非言语行为。但是，对处于低语境文化中的美国人而言，花时间去讨论“无成果”的话题是很没效率的。由此可见，理解并包容这种文化差异对维护和发展商务关系是大有裨益的。

对语境的讨论引发了本章另一个重要的话题——时间倾向。正如你们可能猜到的一样，越南人对时间的看法是多维度的，与大多数认为时间是单维度的美国人相比，他们把时间看得更加灵活且更具延伸性。越南人的时间观念有如此倾向，部分原因在于越南社会传统的农业性质，以及由此形成的对季节的重视。而以耐心为美德的儒家文化更加强调时间的灵活性。越南人认为无须急于完成一笔商务交易，而美国人通常信奉“时间就是金钱”，交易越快达成越好。

越南人认为自己与别人之间是*相互依赖*的，而美国人则认为自己是*独立*的。这一差异对商务活动的很多方面都会产生影响。比如说，由于越南人认为自己与他人是联系在一起的，因此突出个人（哪怕是对他进行表扬）可能令人尴尬，甚至适得其反。这种对自我看法的差异可以从一些态度的差异上得以体现，而对“面子”的态度则可能是其中差异最大的。对于越南人来说，面子是最重要的。当面批评别人在越南是很少见的，因为那会给商务关系带来不可补救的损害。然而，到胡志明市旅行的美国游客认为，如果他们选择去参观“美国战争罪行博物馆”，那就是表明同意公开侮辱他们自己。美国戴顿大学参加“亚洲海外留学项目”的学生每年夏天参观胡志明市的时候都会有这样的反应。该博物馆的名字最近被改为“战争遗迹博物馆”，部分原因在于现今有许多美国和其他国家的游客到越南旅游。然而，所有人都应该知道的是，气急败坏或是公开发脾气都是粗鲁的行为，发脾气的人反而会没面子。与越南人打交道的时候，最好是私底下对他们进行表扬或批评。事实上，批评美国员工最好也是在私下进行。最后提供几个对越南商业伙伴表示尊敬和给面子的方法：（1）与对方的交流要保持正式；（2）充分尊重年长的人（一个越南团队中最年长的成员往往是最有权力的）；（3）给予越南人更多的互动机会。要想达成一笔交易，首先要建立信任。认识并容忍彼此文化上的差异可以为美国人和越南人建立良好的商务联系打下基础。

## 国际管理技能开发

### 文化的刻板印象

#### 目的

了解各种刻板印象是如何产生的，以及它们的发生频率和带来的负面影响。

#### 说明

在课前完成下面的问卷。老师将把班级分成若干不同的小组，每组 3 ~ 6 人。小组成员要针对问卷的每个问题进行讨论，并尝试就不同文化群体的刻板印象达成一致意见（20 分钟）。

接着，老师会在班级范围内讨论几种常见的文化刻板印象，包括各群体之间的相似点和不同点。最后，你可以思考一下刻板印象如何妨碍人们的商业关系。

#### 问卷

用一句话描述下列文化群体：

1. 英国人
2. 法国人
3. 挪威人
4. 拉丁国家的人
5. 日本人
6. 中东人
7. 中国人
8. 非洲人
9. 意大利人

10. 美国人

回答下列关于加拿大的问题（请凭记忆回答而不是通过研究找到答案）：

1. 用一句话描述加拿大人。
2. 谁是现在的加拿大总理？
3. 列举几个加拿大的历史人物。
4. 列举 4 个加拿大的省份。
5. 主要语言是什么？
6. 政府的类型是什么？
7. 加拿大与英国有何联系？
8. 说出加拿大的货币及其与美元的关系。
9. 出口到美国的主要商品。

回答下列关于墨西哥的问题：

1. 用一句话描述墨西哥人。
2. 谁是现在的墨西哥总统？
3. 列举几个墨西哥的历史人物。
4. 列举四个墨西哥的省。
5. 主要语言是什么？
6. 政府的类型是什么？
7. 墨西哥与拉丁美洲有何联系？
8. 说出墨西哥的货币及其与美元的关系。
9. 出口到美国的主要商品。

CHAPTER

# 6 有效的跨文化沟通

**学习目标**

- 辨别并观察国际商务沟通中积极和消极的趋势
- 认识到语言问题是国际商务沟通中的一大障碍，即使精通某种语言也无法避免沟通失误
- 认识到存在多种沟通方式，许多文化都重视非言语沟通

## 国际挑战

### 迷失东京：普利司通的沟通努力付诸流水

2001 年，日本普利司通公司面临着一个棘手的问题。简言之，这家公司的美国分部凡世通公司遭到了消费者、律师甚至是美国政府的指责。究其原因，据说是由于该公司生产的不合格轮胎造成了严重的交通事故，致使 700 多人受伤，170 多人死亡。大多数车祸都发生在福特运动型多功能（SUV）车上。凡士通公司坚称是福特的设计有问题，而福特则声称凡士通的轮胎才是罪魁祸首。最终普利司通公司不得不收回了几百万只轮胎并免费换上了新的。

这一系列事件让凡士通公司付出了惨重的代价，对其品牌带来灾难性的影响。有些专家甚至预言凡士通这个牌子可能将从此销声匿迹。但在这里，我们并不是要讨论轮胎问题。我们想让读者注意的，是凡士通的日本总部普利司通公司在处理这一事件时所使用的沟通技巧。这些技巧，至少从美国人的角度来看，只会使情况变得更糟。

首先，让我们来了解一下大致情况。凡士通的沟通策略实际上由日本的普利司通管理者控制。这是很普遍的——许多日本跨国企业都由总部统一制定决策，各国分部与总部保持一致。当遇到问题时，许多日本管理者将保持沉默，因为他们相信，沉默和冷静的态度会让公众知道，问题正在平静而审慎地得到解决。此外，日本管理者倾向于避免直接面对外界的谴责，而宁可选择默然处之。

即使到 2000 年底普利司通宣布它将召回数百万只凡士通公

司生产的轮胎时，当时的普利司通总裁 Yoichiro Kaizaki 也没有对争议作出什么解释。这一通告发出后在美国引起轩然大波，但普利司通的日本领导层仍然维持一种低调的姿态。2000 年 9 月，凡士通的 CEO 小野雅俊接受了美国参议院小组委员会的质询。小野雅俊先生声称，对于凡士通公司生产的轮胎造成的事故，他个人将“承担全部责任”。但一位参议员提出异议，说如果凡士通公司出售明知不合格的轮胎，这种行为无异于二级谋杀。小野雅俊先生对这一尖锐的指责保持沉默。一家美国报纸认为小野雅俊“恭顺而懦弱”，另一家则认为他“小心翼翼，裹足不前”。

评论家们认为，普利司通错在让小野雅俊这样一位英语蹩脚的管理者来处理这一案子。确实，小野雅俊和许多普利司通危机处理小组的日本管理人员都难以听懂质询。结果，许多人觉得小野雅俊和普利司通公司无法有效地向更多的美国消费者传达他们想要传达的信息。

几天之后，总裁 Kaizaki 终于在东京举行的新闻发布会上亮相了。他对这一事件感到遗憾，但避开责任问题并坚决否认公司试图掩饰错误。他仍然拒绝接受媒体采访。几个月之后，Kaizaki 采取了较为开放的姿态，并愿意向公众透露凡士通公司的财务信息。但一切似乎为时已晚。2001 年初，Kaizaki 宣布辞职。一位曾经在普利司通工作过的美国经理这样描述日本管理者所采取的沟通策略：“他们对此毫无头绪”。

学完本章后，你将了解到全球管理者面临的各种各样的沟通困难。在学习过程中，请思考以下问题：普利司通的管理者在沟通过程中犯了哪些错误？他们的意图又是如何被美国公众所理解的？哪些文化因素与此有关？考虑到凡士通的声誉已经遭到损害，现在普利司通公司应该如何与公众进行沟通？最后，你可参阅本章结尾的“迎接挑战”了解普利司通公司在沟通策略方面作出的调整。[1]

## 6.1 国际商务中沟通技能的价值

在前几章中，我们讨论了许多由感知问题引发的跨文化沟通危机，本章我们将继续讨论相关问题。一旦你感知并理解了他人的行为，你就要把自己的感受反馈给对方或作出反应。因此，了解别人的思维方式非常关键，在全球化这样的大环境下尤其如此。

尽管大家都明白沟通能够以多种形式进行，但管理者有时还是会让自己陷入困境，因为他们以为全世界的沟通方式都是一样的。例如，对美国人而言，谈话过程中的间隙常常被看成是作出响应的时机。而长时间的中断会让人不安，会让人想说点什么打以破沉默。但在芬兰和日本，对话中长时间的中断是很普遍的，甚至是人们所期望的。停顿意味着对方正在认真思索刚才说过的话。事实上，过于快速地作出反应反而令人不悦。[2]

所以，在与日本人的谈判中，不了解情况的美国人遇到对方沉默时也许会感到不快，可能会以为对方对提议不满。但是日本代表则认为认真考虑提议是很重要的，并且通过沉思来表达他们的态度。当然，许多老练的日本谈判者深知美国人在沉默中会感到焦躁不安，他们试图利用这一文化差异来达到目的。这一事例强调了沟通策略在商务活动中尤其是在商务谈判中的重要性。[3]下一章我们将深入探讨国际谈判问题。

但即使是说“相同”语言的人之间也会产生沟通隐患。决策通常是文化、背景和经历综合作用的结果，即使有共同的语言也远远不够。看看美国人和澳大利亚人或英国人沟通时会有什么事情发生。不仅他们使用的“英语”不完全相同，就连他们的**沟通风格**也是不同的（如在讽刺、嘲讽、贬抑的使用方面）。如果不能正确理解，这些差异将带来严重的问题。当然，非言语沟通也不例外。例如，如果你想通过跷起二郎腿来传递一种放松和亲切的气氛，美国人也许能够接受。但在其他大多数国家，这种行为是粗鲁和有冒犯性的。正如一位专家所说的，“无法理解沟通风格常常使交易失败”。[4]

> **沟通风格(communication style)**
> 指人们普遍接受的、但其他文化的人难以理解的沟通方式。

接下来，本章将会介绍各种沟通方式，包括言语和非言语沟通。我们还会探讨跨国沟通的方式，这一重要内容在本章开头就已提及。此外，我们还将介绍影响跨文化有效沟通的几种障碍并提出相应的解决方案。

## 6.2 口头沟通和书面沟通

最重要的沟通方式是语言沟通，包括口头沟通和书面沟通。让我们来看看语言在国际沟通中所扮演的角色吧。

### 世界上的语言

现在世界上存在着超过 2500 种语言，还有几千种衍生语言或**方言**。但是，只有大约 100 种语言的使用人数超过 100 万人。实际上，大约有 10 种语言是沟通中最常用到的（见表 6.1）。一些语言只在一个民族中使用（如波兰语、日语和希腊语），而另一些语言的使用超越了国界（如英语和法语）。尽管如此，一个国家或地区最主要的语言对其文化有着深远的影响，它甚至代表了该国或地

> **方言(dialects)**
> 世界上存在的 2 500 种语言衍生出了近 8 000 种方言。

区特定的文化。这里列举一个有趣的案例。中国政府把**普通话**作为官方语言在全国努力推行，而中国据说是世界上方言最多的国家。因为有超过50%的人使用，普通话成为了中国最普遍的语言，但上海及其周边省份的人很难讲标准的普通话。在那里，人们说的是各种各样的当地方言。有些人说中国八种方言之间的差异就跟西班牙语和法语之间的差异一样巨大。[5]

**普通话(Mandarin)**
中国官方语言，世界使用人口超过10亿。

**表6.1　世界上使用最广泛的10种语言**

| 语　　言 | 使用人数 |
|---|---|
| 汉语（普通话） | 1 075 000 000 |
| 英语 | 514 000 000 |
| 印度斯坦语 | 496 000 000 |
| 西班牙语 | 425 000 000 |
| 俄语 | 275 000 000 |
| 阿拉伯语 | 256 000 000 |
| 孟加拉语 | 215 000 000 |
| 葡语 | 194 000 000 |
| 马来－印尼语 | 176 000 000 |
| 法语 | 129 000 000 |

## 使用（或不使用）其他语言

众多的语言给国际管理者带来了一些挑战。首先，为了有效沟通，你必须用你所在国家的语言进行沟通（不然你得相当信赖翻译人员）。但是，很少有美国人会说两种或三种语言。有许多理由可以解释为什么美国人对学习其他语言缺乏兴趣。最流行的解释是美国在地理位置上相对孤立，所以，没有必要学习其他语言。但是考虑到美国境内众多的移民和少数民族，这一解释便站不住脚了。另外，科技发展使信息快速传播，因此地理上的孤立也就不再有什么实际意义。

美国人不屑于学习外语也许是由于民族中心主义造成的。你可能听过这个（或许是虚构的）故事。一个美国人到德国旅游，在公共汽车上打了个喷嚏。德国人转过身对他说："*Gesundheit*（祝您健康）。"然后这位游客对他朋友说："真棒——他说英语啊。"这种对其他语言的漠视反映了美国人不重视外语学习。[6]不过，美国的情况似乎正在好转，有150万在校生正在学习一门外语（其中50%选择了西班牙语）。此外，在国外旅行的学生数量也达到了历史最高纪录。

美国人满足于只掌握一种语言的原因之一，是因为在商务沟通中越来越多的人使用英语。例如，不管起点和终点在哪里，英语都是国际航班所使用的语言。不仅如此。仔细阅读法国的招聘广告，你会发现大多数管理和专业性职位都要求“流利的英文”（anglais courant）。英语是法国第二大公司——道达尔菲纳石油公司——的工作语言，而法国一向都极其注意保护自己的语言。实际上，法国政府设立了文化部以推行法语及其文化。但为何英语在国际商务圈中变得越来越流行，即使在法国也不例外呢？

首先，许多电子商务活动都是由美国公司控制的。在这一过程中，因特网让世界各地的人们更多地接触到了英语。据估计，全世界大约3/4的网页都是英文的，[7]这有力地支持了这一观点。其次，美国的经济发展程度及其跨国企业的规模使有些人认为，讲英语才是“会做生意”的表现。此外，从语法上来说，英语相当简单易学，因而成为人们在国际商务沟通中的“共同语言”。几年前，法国的罗纳普朗克制药公司和其德国对手赫司特公司合并的时候，英语被确定为新公司的工作语言。[8]

在欧盟国家，人们使用着各种不同的语言。但是，现在超过一半的欧盟国家人口声称能够相对熟练地使用英语。事实上，一项针对16000名生活在欧盟国家的人进行的调查发现，几乎70%的人认可“每个人都应该说英语”这种说法。而德国人中说英语的最多，超过80%的德国人把英语作为第二语言使用。英语也逐渐渗入到了世界各地的语言中，欧洲也不例外。法语中的自助餐厅一词是“le self”，而俄语把牛仔裤读为“dzhinsi”（发音近似于“jeansy”）。[9]现在在德语中随处可以见到英语的影子，于是有人把德语称为“Denglisch”。今天的德国管理者也许会在Pressebriefingraum里接受媒体采访，下班后去Businesssportcenter放松。但跟法国人一样，德国官员也担心英语会入侵德国文化。德国议会的一位议员公开谴责这种趋势，把它称为“借助媒体、广告、产品说明和技术而降临到我们头上的英语化洪灾”。[10]

尽管如此，这种趋势似乎还在继续。如果你把所有将英语作为第二语言使用的人的数量和以英语为母语的人数相加，你会发现世界上讲英语的人最多（大约有13亿人，而说汉语的大约有10亿）。[11]英语是在欧洲、非洲、日本和中国使用最多的第二语言。所以，把英语当成国际商务沟通的语言也许一点都不为过。事实上，表6.2为这一论断提供了更详细的证据——显然，多数国际商务活动都用英语进行沟通。人们采用别的语言来沟通，通常是因为它能带来好处。在中国，会说英语意味着能找到更好、薪水更高（常常是翻一番）的工作，还有机会到国外度假。难怪英语教学成为一种蓬勃发展的产业。单在亚洲，每年在英语培训课程上的花费就高达30亿美元。[12]

**表6.2　不同语言群体的产出占世界产出的百分比***

| 语　　言 | 占世界产出的百分比（按语言群体划分） |
|---|---|
| 英语 | 33 |
| 汉语 | 10 |
| 西班牙语 | 7 |
| 德语 | 7 |
| 法语 | 5 |
| 阿拉伯语 | 3 |
| 印度语 | 2 |
| 其他 | 33 |

*世界产出是指各主要语言群体中的人生产的商品和服务的价值。

资料来源：改编自 Reading, B. (1998). *The Financial Times*, January 17, 21.

尽管如此，人们在商务或其他领域中还在使用其他语言。例如，自1995年成立以来，WTO与语言相关的成本增加了超过120%。为其140多个成员国提供语言服务所需的开支就占去了预算的22%。看来全球化的发展也为翻译们带来了巨额收入。[13]

会说英语或其他外语意味着什么？人们对此莫衷一是。但毫无疑问的是，许多人高估了自己的语言能力。据观察，无论使用哪国语言，感知和制定决策更多地与文化价值相关。所以，尽管人们使用"共同的"语言，但在国际商务沟通中似乎仍然存在着许多模糊边界。这些模糊边界经常会给人们带来现实的难题，甚至造成严重的后果，我们将在随后的"国际观察"中探讨这一问题。

尽管如此，掌握一门外语在国际商务活动中还是有好处的。所以，美国人过分依赖英语正好暴露了他们的弱点。在面对来自中国等许多国家的越来越激烈的竞争中，这一弱点将更加明显。许多美国公司还是不重视提高管理者的外语水平。在一项调查中，美国管理者认为，虽然跨文化间的理解很重要，但外语能力似乎无足轻重。因为，他们觉得语言不通可以由翻译者或当地员工出面解决。[14]研究表明，在所有的主要贸易国中，美国商务人士的外语水平最低。[15]从表6.3可以看出，美国人对外国文化和语言知之甚少。在这项对1万多名来自世界各地的商务人士的调查中，我们发现美国人得分最低。

## 用外语沟通：错误百出

显然，不懂外语会让你在国际商务活动中处于劣势。但就算你会说汉语、法语或俄语，你的问题还远未得到解决。即使精通外语，在语言沟通中还是会产生很多问题。首先，在一种语言中还存在许多方言。其次，在许多国家中还存在着一些较大的语言群体，就像中国一样。除了语言的地区差异外，还有口音和用法的变化，以及一些使用方面的细微差异。

**表 6.3 高管对其他国家（地区）语言和文化的知识 ***

| 国家（地区） | 语言和文化知识 |
|---|---|
| 比利时/卢森堡 | 7.7 |
| 瑞士 | 7.7 |
| 荷兰 | 7.5 |
| 丹麦 | 7.3 |
| 中国香港 | 7.3 |
| 瑞典 | 7.2 |
| 马来西亚 | 7.2 |
| 土耳其 | 6.8 |
| 智利 | 6.8 |
| 中国台湾 | 6.8 |
| 德国 | 6.8 |
| 墨西哥 | 5.8 |
| 韩国 | 5.5 |
| 印度尼西亚 | 5.3 |
| 印度 | 5.2 |
| 加拿大 | 5.1 |
| 日本 | 4.9 |
| 巴基斯坦 | 4.9 |
| 法国 | 4.8 |
| 巴西 | 4.8 |
| 澳大利亚 | 4.2 |
| 英国 | 4.1 |
| 南非 | 3.5 |
| 美国 | 2.8 |

* 数据来自全球 40 个国家的高管（1 = 企业界缺乏跨国文化理解，10 = 管理层充分理解外国文化和语言）。

数据来源：World Economic Forum（2002）. Global Competitiveness report 2002. Geneva，Switzerland：World Economic Forum.

因此，国际管理者必须警惕自己想要传达的信息没有被别人误解。即使英国和美国管理者表面上讲“同一种”语言，但这种情况也有可能发生。让我们来看看双方是如何理解“table the proposal”这个短语的。美国人将其理解为提议将被搁置或无限期中止，而英国人的理解正好相反（即立刻执行提议）。他们之间还有许多不同之处（例如，flashlight = torch，Band-Aids = plasters，subway = tube，toilet = loo，等等）。因此，丘吉尔认为美国和英国是“被同一种语言所

**国际观察**

## 空中跨文化沟通失误后果严重

KAL 2300航班在暴风雨中降落在韩国济洲岛的几秒钟前，副机长Chung Chan Kyu试图从机长巴利·伍兹手中夺过飞机的控制杆以阻止飞机降落。飞机上的黑匣子记录了飞机即将着陆，仅离地面30英尺处所发生的一切。机长伍兹大喊："把你的手拿开…拿开。拿开！怎么回事…"Chung先生咕哝着，警报响起。几秒钟后，传来一阵巨大的碰撞声。飞机坠毁，开始燃烧。令人惊讶的是机上157名乘客都逃出来了。

许多评论家认为济洲岛的这次飞机坠毁事件反映了一个日益严重的职业危机——语言障碍问题。快速发展的亚洲航空运输业在全世界征集飞行员。机乘人员的文化背景和使用的语言也日益纷呈。外国飞行员认为，这次发生在韩国的事故是很严重的。"在那里，我们就像置身于一团迷雾中，无法知道东西的确切位置，因为韩国人都只说韩语。"一位曾经在亚洲航空公司服务过几年，后来转到一家美国公司的美国人这样说道："在韩国做飞行员，你很容易受到伤害。"

韩国法律规定，外国飞行员必须配备一名韩国副机长，以便和控制台沟通。不幸的是，就像济洲岛事件那样，在飞行学校，韩国副机长们只学习了一点点英语。更糟的是，韩国文化中的等级制度可能会妨碍沟通。因为副驾驶员不敢提出问题或主动提供信息。事实上，一位曾经培训过许多韩国飞行员的外国机师说，他发给学生几百份起飞前简报，但没有一个人提出问题。

种种原因让韩国航空业危机四伏。韩国航空业的重大事故发生率高于北美和拉美同行。调查员认为是沟通失误导致了济洲岛事故。其实，在飞机即将着陆时，机长伍兹让副机长Chung把风挡雨刷（windshield wipers）打开。因为他没有反应，伍兹重复了这一要求。几秒钟后，Chung回答说："哦，风切变（wind shears）。"显然，伍兹的命令"get off the controls（别碰控制杆）"也引起了误解。专家认为更清楚的表达应该是"Don't touch the controls"。最后两位飞行员都被判了疏忽罪。

这是一个文化影响沟通的典型案例。韩国的儒家传统形成一种较大的权力距离。表现为韩国飞行人员不敢主动向上司提供信息。同样，提问题也经常被认为是不尊重他人的表现。表现出经验不足或知识不够丰富，即使是在机舱里，也会让人没面子。没人在济洲岛事故中丧生，这实在是不幸中的大幸。[16]

分隔的同一民族"。英国人和美国人之间的误会也许能够很快消除，因为大家的语言在根本上是相同的。但如果是两种截然不同的语言，要消除误解会比较困难，尤其当管理者不熟悉相关语言，无法判断翻译正误时，问题就更为棘手。

即使管理者能够避免这些问题，他们还是可能犯下破坏国际商务活动的重大错误。例如，瑞典制造商伊莱克斯公司曾经为推销吸尘器使用了"伊莱克斯的吮

## 国际观察

### *Habla Usted Espanol*? 微软必须擦亮眼睛

最不应该的就是激怒自己的客户。你肯定也不会把重要客户当成粗俗没品味的傻子。但是，几年前微软推行它的产品时，就是这样对待自己的西班牙语客户的。有人认为微软这次事件比过去任何一件都要失礼。

这一事件是西班牙语版本的WORD文字处理程序引起的，特别是其中的词典功能。糟糕的是，这个词典功能提供了许多用以描述各类种族群体的具有攻击性的同义词，造成了和公众间令人头疼的紧张关系。例如，这一程序把“食人族”（man-eater）、“食人肉的野蛮人”（cannibal）、“野蛮人”（barbarian）等词当作西班牙语中黑人的同义词。它还将印第安人比喻为“吃人肉的野人”（man-eating savages），把西班牙语中的黑白混血儿解释为“杂种”（bastard）。“女同性恋者”等同于“污秽的”（vicious）和“邪恶的”（perverse），而欧美人被解释为“白皮肤的”（white）、“文明的”（civilized）和“有教化的”（cultured）。

这种污辱性的语言一开始在西班牙被揭露，后来被墨西哥的媒体大肆报道。微软公开道歉，声称这些翻译失误是“无意的”，并允诺尽快修正该软件。但在当时，墨西哥的报纸和电台反响剧烈，群情激愤。一位当地的历史学家在《每日报》（墨西哥城主要的报纸之一）上说“编这部同义词词典的人是笨蛋和白痴”。

微软这种大公司何以也陷入了如此困境？公司代表说微软把词典外包给一家不知名的美国供应商制作。完成后，微软没有查出那些过时的表达和翻译得不准确的地方。他还说：“如果你现在在墨西哥买一本词典，你会发现里面也有这些错误。”但是，一些专家对此表示怀疑。“这简直是不可理喻”，加利福尼亚大学伯克莱分校西班牙语系的主任如是说。[17]

吸能力无可匹敌”（nothing sucks like an Electrolux）这一口号。这一口号不仅粗鄙不堪，而且让人全无购买欲望！表6.4列出了一些沟通失误，都是公司在从事国际商务活动时所产生的。表中显示了两种主要的失误——翻译失误和违反当地习俗与文化而引起的失误。[18]如果你以为这些只是过去才会犯的错误，请阅读一下“国际观察”中的内容，它讲述了微软公司在翻译Word软件过程的教训。我们要认清这一事实，虽然微软还有表6.4中的公司都雇用了专门人员去翻译广告或产品说明，错误还是无法杜绝。所以，可以想象，国际商务活动中的实时沟通将会带来更多问题。

例如，美国和日本的管理者要召开一次会议。不管字面翻译多么准确，实际意思仍会有很大差别。在日本，人们普遍认为直接说“不”是不合适的。日本人总是避免明确地向别人说“不”，以保存双方的面子。所以，日本人通过其他各种各样的方式来说“不”。如果别人对这种文化习俗不了解，就不会知道“我会考虑你的提议”这类表达其实就意味着拒绝。日本人通常避免直接拒绝他人，

**表 6.4　在国外的沟通失误**

**翻译失误案例**

- 巴西某外国航空公司为其豪华的乘客休息室做广告，使用了“rendezvous lounges”一词，这在葡萄牙语中意为“做爱的房间”。
- 百事可乐著名的英文广告语“Come alive with Pepsi”（请喝百事可乐，令君生气勃勃），译成德文则变成“喝一口百事，从坟墓中复活”。
- 荷兰电子产品巨头飞利浦公司非洲分公司在其备忘录中把“残酷竞争”（cut-throat competition）译为“割喉比赛”（throat-cutting competition）。
- 罗马尼亚一家酒店的电梯上写着：“电梯正在维修。很遗憾，接下来的两天内你令人无法容忍。”（The lift is being fixed. For the next two days we regret that you will be unbearable.）
- 一家巴黎时装店的橱窗上写着：“进来发一通脾气。”（Come inside and have a fit.）
- 一家日本酒店的告示上写着：“请占女服务员的便宜。”（You are invited to take advantage of our chambermaid.）
- 曼谷一家干洗店的标签上写着：“为得到更好的结果，把裤子扔在这里。”（Drop your trousers here for best results.）

**沟通时由于不了解当地风俗和文化而引起误解的案例**

- 欧洲的一家美国公司向外界发放刻有“10 亿美元”字样的硬币。其好意没有被公众领会，反而被认为美国人在炫耀其财富。欧洲人纳闷为什么使用美元标志而不用当地货币。
- 在英国，通用食品公司（General Mills）的一种谷类早餐包装上，一个衣着整洁的男孩说：“看，孩子们，味道好极了！”虽然这是标准的美式广告，但在英国却反应平平。通用食品公司没有意识到英国父母在购买食物时不像美国父母那样以孩子为中心。
- 一家外国设备公司在中东市场上做广告，广告上是一部装满了食物的冰箱，其中有一根大火腿。这则广告如果不是在有意冒犯穆斯林的习俗，就是对此麻木不仁。
- 李施特灵漱口水被引入泰国市场时做过一个广告。广告中有一对青年男女，显然是在相恋。在了解到泰国不允许公开描绘情爱关系之后，这部广告改成了两个女孩在谈论口臭问题。修改后的广告效果更为理想。

资料来源：改编自 Ricks, D. A. (1983). *Big business blunders: Mistakes in multinational marketing.* Homewood, IL: Dow Jones Irwin.

所以日本出口贸易组织为外国人提供了一本小册子，帮助他们理解“是”和“不”之间的差别。[19]表 6.5 列出了一些用以表达“不”的短语，这些短语能够缓和坏消息带来的冲击。显然，语言结构本身似乎也被有意设计成保持和谐的形式。日语中的动词出现在句尾。说话者可以先说主语和宾语，然后根据别人的反应来改变动词。而且为了保持和谐，说话者可以很容易地在句尾加上否定词，从而完全改变句子的意思。[20]

表 6.5 日本人说“不”的 10 种方式

| 表达“不”的短语 | 美国人常见的误解 |
|---|---|
| “这可能会很困难。”<br>(That would be very hard to do.) | 需要进行修改，但还是可能达成交易。 |
| “这个很难办。”<br>(It is very difficult.) | 很困难，但不是不可能。 |
| “我会考虑的。”<br>(I will consider it.) | 正在考虑提议。 |
| “我得认真考虑一下。”<br>(I shall give it careful consideration.) | 提议将被更进一步研究。 |
| “我们会尽力。”<br>(We shall make efforts.) | 对提议会不遗余力地去做。 |
| 沉默不语/很久才开口 | 对方正在思考，或者他们对我们的提议不满意，对方正在浪费时间。 |
| 转换话题 | 新话题在当前更为重要。 |
| “我会考虑的。”<br>(I'll think about it.) | 议题还有效，还在考虑之中。 |
| “我会尽力，但我的处境很微妙。”<br>(I'll do my best, but I'm in a delicate position.) | 问题很棘手，但还是会试一下。 |
| “是的，但是……”<br>(Yes, but...) | 有条件地同意。 |

资料来源：改编自 Imai, M.（1975）. *Never take yes for an answer.* Tokyo: Simul Press; Ueda, K.（1978）. Sixteen ways to avoid saying “no” in Japan. In J. C. Condon & M. Saito (Eds.), *Intercultural Encounters with Japan: Communication-contact and conflict*, 185-195. Tokyo, Japan: Simul Press.

当然，所有的文化都不提倡直接和他人对抗。所以，在一定程度上掩饰坏消息应该是很普遍的。但是在被告知坏消息时，美国人尤其讨厌被欺骗，或者因为得不到所谓“直接的回答”而愤怒。[21]回到日本的案例，问题在于，美国人本应领会“不”的意思，但他们没有做到。换言之，并不是日本人不坦诚，只是在说“不”时，他们努力维持和谐的气氛，充分考虑别人的感受。过于直接地拒绝对许多日本人来说是最坏的选择。相反，许多日本人觉得美国人“迟钝”、“麻木”、“太爱挑刺”和“爱追根究底”。当然，双方都有责任多了解一下对方。[22]

## 沟通中的尴尬和道歉

遭到冒犯、颜面受损时该怎么办？不同文化下的人是怎么应付这一局面的？

这其中是否存在文化差异？答案是肯定的。在一项调查中，研究人员要求日本人和美国人描述一下最近遇到的尴尬事。日本人倾向于讲述和熟人（如跟家人、配偶、朋友和同事）之间发生的尴尬事，而美国人提到的更多是外群体（out - group）的人（如泛泛之交、朋友的朋友、陌生人之类）。有意思的是，他们对这些社交困境的反应也截然不同。大多数美国人（65%）感到尴尬，只有一小部分日本人（5%）有同感。另一方面，日本人对丢面子更倾向于感到羞愧（42%），而只有 4% 的美国人有此感觉。这些发现支持了日本人和美国人处于个人主义—集体主义维度两端的观点。在这里我们要指出的是，这两种不同的倾向导致了沟通风格的差异。[23]

随之而来的一个有趣的问题是，人们是如何摆脱尴尬的处境的。当然，方法之一是为自己的失礼道歉，或者至少说明自己受到本身社会因素的影响。结果显示，在造成他人身体上或精神上的伤害时，日本人和美国人反应也是完全不同的。在前面，我们介绍了空难事件中的沟通问题。总有人要为事故负责。几年前，一架从日本东京新国际机场起飞的飞机坠入了东京湾，24 人死亡，许多人受伤。事故发生后，日本航空公司主席向公众道歉，亲自看望了被这次悲剧波及的家庭并提出辞职。很难想象美国航空公司的管理者会采取同样的措施来处理这类事件。

研究者还调查了在跨文化沟通中人们是如何道歉的。在一项研究中，研究人员要求日本人和美国人描述一件最近向别人道歉的事例。日本人喜欢进行直接且沉痛的道歉（就像航空公司的案例中一样），但对自己的行为并不进行解释。有趣的是，美国人虽然不如日本人直接，但通常还是会选择直接道歉。然而，美国人的道歉不如日本人沉痛，而且他们会为自己的行为找出很多理由。日本人对自己的失误相当敏感，并尽最大可能进行弥补，而美国人倾向于用各种外界因素来为自己辩解，这也许反映了个人主义文化中高度的自我意识，使得人们不愿承认自己的错误或罪责。也许正是出于对集体和他人的考虑，日本人更乐意表达歉意。[24]

实际上，专家们建议跨国公司应该帮助员工认识到，人们道歉和解释的方式都是由各自的文化价值观决定的。管理者如果无法及时调整沟通策略，在跨文化沟通中就很有可能引起矛盾和产生误解（如在商务谈判中团队内不同文化背景的员工之间的沟通，以及评估工作状况时，等等）。[25]在下面的“国际观察”中我们将介绍一家日本大公司是如何向其顾客道歉的。

## 沟通中的赞美

当然，有时我们在沟通时并不是直奔主题，而是先缓和一下沟通气氛。比

国际观察

## 日本乳制品公司向顾客“倾泻”歉意

伊腾由美（Yumi Ito）站在日本最大的乳制品生产厂家雪印乳业株式会社的两位代表跟前，完全被他们的行为弄得手足无措。两个男人深深地弯腰道歉，头触到了地面。他们不断鞠躬，反复道歉，因为伊腾女士的女儿喝了他们的牛奶生病了。看到他们的头触到地面，伊腾女士自言自语道：“这实在让人不忍。”

这是令人震撼的一幕，即使是在日本这样一个把道歉发挥到极致的国家。伊腾女士并不是唯一享有如此待遇的人。实际上，雪印乳业派出了2000名员工亲自上门拜访14000多名由于饮用了该公司的牛奶而致病的顾客。他们鞠躬、道歉，并作出经济赔偿。其他日本公司也鼓励员工向顾客道歉，但没有一家像雪印乳业那样。要理解这种前所未有的举动，你必须先了解这家拥有121亿美元资产的食品巨头面临的困境。大约在道歉运动开始的两周前，几千名顾客饮用了雪印公司的牛奶后上吐下泻，雪印公司因此受到指责。公司花了几天的时间把大阪工厂被污染的阀门隔离开，并下令收回牛奶。不久，其他食品中也被发现存在污染，越来越多的人病倒，收回的产品也越来越多。更糟糕的是，几天后政府指控雪印公司把已回收的奶制品又倒卖出去。雪印公司承诺会充分调查并出于安全问题暂时关闭它所有的21家工厂。

为了挽回声誉，雪印公司投入到道歉活动中。法庭辩解终结后的一个周末，大约700名雪印公司的员工早早聚集在总部，接受道歉行动的指示。最基本的指示是，先道歉，询问病者健康状况，然后提出经济赔偿方案。如果存在与健康相关的赔偿，员工要向顾客索取收据。如果没有收据或者受害者因此发怒，最后还是要把钱付给他们。“赔多少？”一位员工问。“如果不超过30000日元（280美元），就没问题。”上司说。“无论他们有多生气，都不要跟他们顶嘴。”于是出现了开头那一幕。他们给伊腾女士递上一个信封，上面用毛笔写了字，这是送钱给病人的常用方式。里面有现金和礼券。对于伊腾女士来说，一个道歉就足够了。她先是婉拒了，但雪印公司的员工恳求她收下信封。他们说：“您不收的话我们回去不好交代呀。”[17]

如，一项研究表明，美国人之间的相互称赞比日本人多得多。美国人之间也更常评论彼此的个性特点和外表。为什么会有这些差异？美国文化中的个人主义价值观虽然使美国人不愿意承认错误和道歉，却让他们非常乐意听到令人愉快或与众不同的赞美。[26]

不同文化背景下，人们赞美别人的频率、赞美的内容和人们回应赞美的方式都有很大的区别。比如，埃及流行一种“赞美”文化。也许他们不如美国人那样频繁地赞美他人，但他们的问候语都很长且含义丰富。例如，在一次社交场合中，主人恭维了一下一位埃及客人的领带。这位埃及人立刻把领带摘下来送给对方。主人礼貌地回拒了。但聚会结束后，他发现领带被叠得整整齐齐地放在沙发上。[28]

再看看下面这个例子。长久以来，美国人是这样教育其子女的：“棍子和石头也许会伤到我的骨头，但毁谤之言永远不会将我打倒。”有意思的是，埃及人的教导几乎相反：“嚼舌比利剑更伤人。”显然，不同文化在赞美（和侮辱）方面有着许多差异。有些人吝于赞美，有些人却愿意把领带摘下来送给别人。这些行为与沟通中的其他行为一样，也是跟潜在的文化准则有关的。[29]

## 沟通中的批评

当然，赞美的反面就是**批评**了。而且，批评也存在着显著的跨文化差异。一项研究表明，美国人和日本人批评他人的方式极不相同。日本人倾向于“被动式”的批评方式，喜欢言及第三者，并使用幽默或含糊的评论语。美国人则不然，他们更倾向于直接指责当事人，有时还会激愤不已，同时还可能会提出一些有建设性的意见。在集体主义文化中，维持群体和谐的需要往往影响着人们传达批评意见的方式。在这种文化背景下，人们会避免当众指责他人使他人丢面子。

因此，正如我们在前面谈到的，有些文化觉得直截了当地说“不”是很难的。例如，中国人对一项明明不可能答应的要求还不愿直接说“不”。对此，许多外国人常感到很恼火。这种情况下，中国人的答复往往是：这个问题比较“复杂”，或是“负责人现在正忙”。与此类似，西班牙人总不愿坦率地承认自己的错误，一些人认为这样会给西班牙商人带来生意上的损失。以上这些现象在以群体为导向的国家中都是很常见的。[30]

## 在沟通中观察他人

如果我们假定沟通风格在早期就可传授和习得，那么，我们就要承认一些文化中的人从一开始就对人有较高的敏感性。毕竟，在人与人的交往中，你若想不冒犯他人，就必须具备“读懂”他人和人际信息的能力。换句话说，就是要保持足够的敏感性，知道何时可能会冒犯你身边的人（或者意识到你已经在冒犯别人了）。

我们都听说过，美国游客不懂得怎么与外国人打交道。他们总是在商店和博物馆里大声喧哗，总是急切地想知道为什么外国人不说英语、为什么不往饮料里加冰块。这就是所谓“丑陋的美国人”的缩影，它更多的体现在美国游客而不是企业管理者的身上。我们希望，这个缩影正在渐渐淡化消失。然而，问题在于，与其他文化比较，美国人如何诠释他人提供的沟通暗示。这就涉及**自我监控**的研究话题。研究者发现，美国人和澳洲人（个人主义者）比韩国人、中国台湾人及日本人（集体主义者）更强调自我，后者则更注重背景信息（如语境和身份）。该发现说明，就如何对社会情景中的各种暗示作出反应来说，韩国人、日本人和中国台湾人的总体得分要比美国人和澳洲人高。[31]

**自我监控(self-monitoring)** 指某一情景下，人们在理解他人对自己看法能力上所表现出的差异。

## 书面沟通

避免上述问题的一个方法就是通过书信或电子邮件进行沟通。如果你的语言功底不够，至少可以雇一个写作技巧高的人来代劳，或者自己把要传达的信息认真地拼凑起来，然后给对方发过去。但是，任何一种沟通方式都不像从表面上看那么简单。由于商务人士需要处理大量的信息，因此聘用写作助手显得不太实际。

有人估计，公司里电子邮件的使用者平均每天可以收到30～45封邮件。对国际管理者来说，收到电子邮件的数目就更多了。事实上，国际商务的发展正是得益于电子邮件的普遍使用。不论你相信与否，一些管理者花费在电子邮件上的时间平均占到其办公时间的一半。毕竟，电子邮件带来的便利是相当诱人的——俄亥俄州代顿市的一名经理能快速地写出一份备忘录，发送给在新德里的接收者，而不需要考虑世界的另一头是什么时间。[32]

那么，如何撰写一封邮件，才能够将你的意思传递给对方，让对方明确你的供货要求，或者询问某些关键信息呢？如果是个美国人，可能会这样做：（1）用英语写信；（2）信件简明扼要；（3）多采用个人口吻（即多使用人称代词）；（4）避免使用花哨夸张的表达。[33]但如果换成一个法国人，信或许就没那么简短了（说不定有两页长），而且，开头和结尾的语气也要正式和礼貌得多。在美国人眼里，这类信件可能就显得“过时了”或“太过正式”。[34]日本人写信时，往往喜欢暗示些什么。一部分原因在于，日语本身意思就不太明确；而另一部分原因在于，正如我们所观察到的，直言不讳常被当成一种盛气凌人或让人丢面子的表现。表6.6是一封日本人写的邮件。请注意，日本人典型的开场白是对季节和气候的描述，以及形式上与之类似的评述。显而易见，除了第二段是“真正的”信息之外，其余几段（包括对季节的描述和自我贬抑的话语）无不表明了日本文化中的沟通准则。即使是坏消息，也要采取很间接的传达方式。[35]

**表6.6 一封日本人写的商务信件**

2005年8月21日

Kaneyuki Taeshiro 先生
国际 A&M 公司
日本横滨市

夏日炎炎，高温不减，我们祝愿您的生意一如既往，蒸蒸日上。非常感谢您对我们产品的一贯支持。

关于您提出的要求，即通过航空邮件的方式发送调查报告，并将两份凭单的拷贝件在印出后立即发送给您，我方已获悉，并已经让 Hitchcock 达成您的要求，请参考附件中的拷贝。希望您看过之后满意。

因为本人刚接手工作，许多方面或许未能达到您的期望。但是，本人会尽自己最大的努力，还望您不吝赐教。

离秋季尚有一段时间，还请多多保重身体。

您真诚的朋友，
Kazunobu Marusugi

资料来源："Japanese Communication Behavior as Reflected in Letter Writing," S. Haneda &H. Shima, *The Journal of Business Communication*, Vol. 19, 1982, pp. 19-32.

在一项对商务信函的有趣的研究中，100家大型美国公司提供了信件的样本，包括他们发送到外国公司的邮件以及收到的国外邮件。收集到的邮件来自20多个国家（包括巴西、墨西哥、意大利、泰国、加勒比海国家）。统计结果如表6.7显示。从表中可看出，美国人在写给外国公司的信件中，倾向于采用非正式的、轻松的口吻，这与他们收到的国外信件中正式的第三人称口吻形成鲜明的对比。同样，美国人常避免"过分"谦虚和恭维他人，但在其他国家人眼里，谦虚和恭维可能是必不可少的。或许，我们可以从中学到一点：如果你想用信件影响其他文化的人，就尽力去模仿他们的写作风格吧。[36]

**表6.7 对国外信件和发送到国外的信件的分析**

| 写作要素 | 国外信件中<br>用到的写作要素（%） | 美国发送到国外的信件中<br>用到的写作要素（%） |
|---|---|---|
| 使用个人口吻（人称代词、非正式语言等） | 25 | 37 |
| 客观语气（正式语气、被动语态） | 25 | 6 |
| 过分谦虚 | 44 | 19 |
| 明显的恭维 | 16 | 6 |
| 弦外之音 | 38 | 6 |

资料来源：改编自 Kilpatrick, R. H. (1984). International business communication practices. *Journal of Business Communication*, 21, 33-44.

## 国际观察

### 福特架起国际沟通的桥梁……在某一点上

一些人认为，福特在跨文化内部沟通上堪称典范。如何在公司内部，尤其是在跨国和跨文化范围内，共享专项技术和信息，这对福特公司至关重要，而且是公司面临的一个巨大挑战。为应对这一挑战，福特公司采取了"最佳实践复制程序"（Best Practices Replication Process）。

福特的全球员工不断向公司提出好的建议。但问题是如何共享这些信息，让每个人都能从中获益。毕竟，一个好的提议，比如由墨西哥分公司提出的，可能对芝加哥的公司也有借鉴意义。在过去5年里，有3000多个优质的提议在福特的全球生产部门内部得到复制和共享。据福特估计，在这个过程中，公司共节省了12.5亿美元的开支。

当然，我们想知道的是，福特公司到底怎样省下这笔巨款的？答案就在一个复制程序当中。这个程序由42个步骤组成，包括了一系列明确的沟通策略和支持机制。该程序的运作大致如下：

- 首先，由"社区实践"（community practice）经理搜集福特全球市场中出现的具有一定影响力的好点子，并通过走访工厂和与当地雇员的沟通，来了解这些点子是如何操作的。
- 接着，拍下操作过程（例如，新的制作流程，以及新设备的运转等），并为照片配备文字说明。每一个点子（或提议）都用生产工人所熟悉的行话表述出来，然后"翻译"成不同的语言在公司内部进行共享（例如，法国雇员发明了一种新式汽车图案，首先用绘图的相关术语描述出来，再译成西班牙语，好让墨西哥的雇员理解并运用这一技术）。这些文字是用于说明照片的。
- 接下来，把照片和文字说明加载到一个建好的网络平台上，并以电子形式提交给"社区实践管理员"，由他来评估每项提议，若评估结果不错，则将提议向全球市场中需要该项技术的厂长推广。
- 当地的厂长在收到提议之后，须向公司呈报回馈意见（予以采用，需要改进，或者拒绝采用，同时说明拒绝的理由）。

但是，如果福特公司如此精于沟通与交流，又怎会在普利司通/凡士通事件上完全失控呢（参见本章开头部分）？这不是很具有讽刺意味吗？有人说，如果当事双方都能够了解出现的问题与福特SUV型汽车和配套的凡士通轮胎的内在关联，那么情势很快就能得到控制了。两家公司显然没有在对话中有效地传达轮胎与车型不相匹配这一信息。

出现该问题的一个原因或许在于内部沟通与外部沟通的差异。福特的内部信息往往为有着类似思维方式和共同目标的雇员所共享。然而，凡士通是外部供应商。两家公司都没有建立外部沟通网来进行有效的沟通，否则轮胎的问题就可能提早发现。并且，在信息大范围散布开的同时，应当立即建立支持机制以支持信息的共享。不仅要对管理者是否达到了有效沟通进行评估，而且，相关的程序和步骤也需要到位，以支持管理者的沟通。福特的最佳实践复制程序恰恰体现了这一要求。但是，福特和普利司通/凡士通公司显然都没能够建立起与内部沟通相平行的机制，以支持不同公司之间的沟通。[39]

也就是说，当你与海外人士进行书面沟通时，要牢记我们在前面提出的警示，即时刻提醒自己想说的话有没有内在缺陷。也许你能成功地把语言变得比平时更华丽、更婉转些，但是，你还是有可能在其他环节出现沟通问题。例如，假设你发一封电子邮件给一个日本的合作伙伴，商讨预计利润的问题。即使你在沟通的其他各方面都无懈可击，但仅仅“利润”一词，在日本人看来，就暗含着长期、累积的意思。但是，对美国人而言，该词的意义往往是多方面的，其核心意思是指个人的收益。[37]如果写作对象是一位俄罗斯人，那么，“利润”（prybl）一词可能暗示着生意上的扩张。[38]这里所描述的就是**迂回现象**。它发生在人们给同一个词下不同定义的时候。迂回现象可以导致沟通中断而你却不自知。

> **迂回现象(bypassing)**
> 指不同的人们用同一个词表达不同的意思。

事实上，你可能会问，是否有一种系统的方法来应对这种现象以及相关的沟通问题？福特汽车公司认为，确实有这样的方法，至少在其全球机构的内部沟通中存在。本节国际观察描述了福特公司的这一方法和步骤。我们可以看到，这个方法中包括了口头和书面的沟通，而且还在文字的基础上配备了图片。在下一节中，我们将讨论非言语沟通。

## 6.3　非言语沟通

除了口头和书面沟通带来的挑战，非言语沟通的重要性也不可忽视。**非言语沟通**是指人们用语言或文字以外的方式传递信息。通常，除了话语的内容以外，人们的说话方式也含有极大的信息价值。比如，你站立的方式和穿着既能塑造你的形象，也能破坏你的形象。此外，非言语行为还包括表情、身体姿势、目光接触（或不接触）、肢体动作、手势等。下面我们将讨论各个国家和文化中的非言语沟通有哪些不同。

> **非言语沟通**
> **(nonverbal communication)**
> 指同一文化中及不同文化之间，人们用以沟通的微妙的信息，包括面部表情、外观及肢体动作。

### 人际空间

一种重要的非言语行为即在社会交往中，我们习惯于同对方保持一定的距离这个距离就是**人际空间**。第 5 章曾经提到，与人交往时，我们会“选择”适当大小的人际空间。例如，女性之间的人际空间会比男性小，朋友之间比陌生人小。在上一章中我们还提到，人际空间的差异以及对其他文化中某些规范的违反能够传递出特定的信息。

> **人际空间(interpersonal space)**
> 指同他人交往时，我们与他人之间保持的距离；文化不同，人际空间也不同。

## 身体接触

> **触觉(haptics)**
> 指把身体接触当作一种沟通的方式。

与空间概念密切相关的是身体接触，或**触觉**。通常，除了特别熟悉或特别亲密的人，美国人一般不太愿意与他人有过多的身体接触。然而，在其他一些文化里，身体上的接触被视为社会交往中自然且不可或缺的行为。有人曾作过一项调查，分别在4个国家观察在户外咖啡屋里饮咖啡的人。结果显示，1个小时内，在波多黎各自由邦的首府圣胡安，人们身体接触达180次；在巴黎，身体接触110次；在佛罗里达州的盖恩斯维尔，身体接触1次；在伦敦，身体接触0次。[40]同样，美国人与父母之间的身体接触比日本人要高出2~3倍，与朋友之间的接触则高出近2倍。[41]

阿拉伯人常常喜欢与他人有身体上的接触、长久地注视对方等类似的非言语行为，而英国人则相反。当这两国的人相互交往时，阿拉伯人会觉得英国人太冷淡，拒人于千里之外，而英国人则会奇怪为什么阿拉伯人这么咄咄逼人，富有侵略性。实际上，这是一项研究的出发点，这一研究的目的在于检验进行非言语沟通的训练是否能改变不同文化之间人们对彼此的印象。首先选出两组英国人。一组人接受培训，学习如何适应阿拉伯文化的非言语行为（如大量的身体接触）。然后，和控制组（即没有接受培训的一组）同时与阿拉伯人交往。随后，结果表明，阿拉伯人更喜欢接受过培训的那组英国人。[42]这次研究进一步表明，各文化之间的非言语沟通确实存在差异，并会对人际关系产生影响。此外，研究还表明，人们可以通过接受专门的非言语沟通培训来提高这种技能，这会在国际商务沟通中产生积极的影响。

## 非言语沟通中的声音质量

> **声音质量(vocal qualities)**
> 指声音的特点，如语速、音量，它们都能传递沟通信息。

**声音质量**如说话的速度、音量的大小能够给人留下印象，使你表达明确的信息更加可信。一直以来，大量的跨文化研究都以此为主题。有人曾做过试验，分别以快慢不同的速度来表述同一话语内容，以比较听话人对此话语内容的反应。受试者分别来自韩国和美国。他们观看了一部有关吸烟致命的演讲录像，录像带的内容没有变，并且用技术保留了录像带的原声，只改变播放的速度，或慢、或快、或正常语速。[43]

看完录像后，研究人员要求韩国人和美国人对影片里的演讲人及其演讲进行评价。美国人认为较快的语速能够传递出权力和力量。然而，韩国人却认为缓慢的语速更能增加说话人的可信度。产生这种差异的原因之一，是韩国倾向于集体主义文化，人们更注意言词谨慎，以免冒犯他人。[44]同样，在埃及以及许多中东国家里，人们喜欢在称呼前加上一个更具感情色彩的短语（如“我最尊敬的同事”、“我尊贵的客人”）。这种极具感情色彩、赞美式的沟通方式反映了人们对商业合作伙伴之间的友谊以及亲密的人际关系的重视。在穆斯林的信仰里，在清真寺大声朗诵古兰经可以展示一个人极佳的口才。同样，人们在公共场合一起大声祈祷也是情感沟通的一种表现方式，这在其他信仰中是不曾有过的。[45]

## 再探语境

通过前面的讨论我们发现，信息传递的方式比信息本身更具价值。在第 5 章中，我们介绍了高/低语境文化。在低语境文化中，人们需要详尽地陈述事实或结论，以便沟通信息。而在高语境文化中，情况则相反。人们需要借助周围的环境、物体摆设或文化习俗来理解话语，进行沟通。总之，文化能帮助你理解那些看似含糊不清的信息。因此，“语境”从根本上说就是非言语沟通的一种表现。事实上，个人语境水平的高低能够反应其自身文化的沟通方式。

例如，你对书面或口头沟通的依赖程度取决于你对情境的使用程度。[46]在低语境文化中（如德国和美国），人们更喜欢书面的沟通形式，因为文字更能详尽地记录信息且长久保存。而在高语境文化中（如日本），人们更喜欢口头的、面对面的沟通方式。比起书面的文字，口头沟通更具互动性、更灵活且更含蓄。因此，专家指出，国际商务的管理者们应当清楚，许多日本人并不喜欢以书信的方式进行沟通。[47]

然而，不论是以哪种形式进行沟通，其风格都受文化中语境高低的影响。有研究发现，日本人的商务沟通风格含蓄且感性。与之相反的是，美国人和加拿大人则更直白、更理性，喜欢用事实说话。[48]这就证明了我们之前所说的，高、低语境以非言语的形式为沟通提供了重要的背景信息。

还有一项研究发现，喜欢多说话的人往往更受美国人（低语境）的欢迎，而沉默寡言的人则更受韩国人（高语境）的欢迎。[49]所以，当你身处高语境文化时，面对面的沟通会比书面沟通更合适。[50]而在低语境文化中，最好不要“兜圈子”。详细、确切、有逻辑的陈述更能促进沟通的成功。表 6.8 分别列出了高、低语境文化中沟通的一些特点。

下文的“国际观察”阐述了沟通是如何因语境文化而异的。一般情况下，需要进行跨文化沟通时，最好遵照表 6.9 所给出的建议。

**表 6.8 低语境与高语境文化的沟通特点**

| 沟通特点 | 低语境 | 高语境 |
| --- | --- | --- |
| 一般方式 | 直接/详尽 | 间接/复杂 |
| 精确度 | 字面的/精确的 | 大致/相对 |
| 文字依赖程度 | 高 | 低 |
| 对非言语行为的依赖程度 | 低 | 高 |
| 对沉默的看法 | 消极的；差劲的沟通 | 积极的；不错的沟通 |
| 对细节的关注 | 高 | 低 |
| 对意图的重视程度 | 低 | 高 |

资料来源：改编自 Victor, D. A. (1992). *International business communication*, 153. New York: HarperCollins.

**表 6.9 提高跨文化沟通技巧：4 个基本建议**

1. 假设每个人都是不同的。
2. 不要轻易评价人和事物；注重客观事实的陈述而不是评价、解释。
3. 设身处地为他人着想。如果别人来参观美国，你会怎样招待他们？
4. 去深入了解，并不断调整自我的观点。

资料来源：改编自 Adler, N. J. (1997). *International dimensions of organizational behavior* (3rd Ed.). Cincinnati, OH: South-Western.

**国际观察**

## 哪里的草地更绿，德语、英语还是法语？把沟通放到语境中去

在低语境文化里，人们几乎不依赖情境，而以直接、中肯的方式传递信息。因此，对高语境文化里的人来说，低语境文化里的人显得粗鲁。在高语境文化里，不论是采取书信、会议还是其他沟通形式，都必须含蓄而意味深长。这也就解释了来自低语境文化的人遭遇窘境的原因。

没有什么沟通方式可以同时满足两种语境。文化需求的曾经有位作家讲过这样一个故事。他在瑞士看到一块标志牌，上面不仅标着德、英、法三种译文，而且每种译文都符合各自文化的沟通语境。德语译文直接、明了："禁止踩踏草地"，这是典型的低语境文化（如德国）的表达方式。英语译文是："请不要踩踏草地。"很明显，两句话的意思一样，但不同的表达方式反映了英国文化的沟通语境要高于德国。而法语译文是："爱护环境的人不会踩踏草地。"这句话的语境最高，反映了法国文化的特点。尽管这句话的目的还是没变，但却委婉许多，能让人产生联想从而达到沟通的目的。[51]

# 本章总结

在本章中，我们探讨了跨文化沟通这个重要的话题。沟通的形式五花八门，但是很多管理者总是错误地认为世界各地的沟通模式都是一样的。

口头沟通是最重要的沟通方式。不幸的是，在一些国家（如美国），大部分人只会一种语言。事实上，美国商务人士的外语水平是全世界最差的。这通常归因于美国地理位置上的与世隔绝和美国的民族中心主义。一些美国公司认为，美国人外语水平差并不是什么大问题，反正英语几乎在全世界通用。但是，就像我们在本章中提到的一样，以英语为母语的人在跨越国界和文化时，仍然会遇到很多沟通上的障碍。造成这些问题的部分原因，是当地文化价值观和文化体验会筛选沟通信息，而且沟通是通过口头、书面以及非言语的方式进行的。

国际管理者应当明白，文化间的差异会以复杂的方式反映在沟通之中。例如，文化差异不仅表现为沟通方式上的不同，还表现在如何应对尴尬、道歉、赞美和批评上。

文化间的差异在书面沟通中尤为明显。比如，美国人在写信或备忘录时力求随意、简明扼要，而避免使用华丽夸张的词藻。而在另一些文化里，写作标准和风格则与此不同。但是，即使你非常了解合作伙伴的沟通风格，也难免会由于双方对同一话语的理解不同［即迂回现象（by-passing）］而造成沟通失误。

非言语沟通指的是人们用语言或文字以外的方式传递信息。我们讨论了不同文化中人际空间、身体接触或触觉（haptics）、声音质量和情境依赖的不同，以及这些非言语形式如何影响国际商务沟通。

### 讨论题

1. 请解释口头和书面沟通为什么会在跨文化沟通中造成障碍。
2. 不同的文化维度（如集体主义、权力距离、不确定性规避）如何影响各文化的沟通方式？
3. 一国文化对语境的依赖如何影响人们的沟通方式？高语境文化更倾向哪种沟通方式，书面的还是口头的？低语境文化呢？

# 迎接挑战

## 普利司通让美国人泄气

在本章的开篇案例中，我们讨论了普利司通公司的“凡士通轮胎事件”，美国舆论批评该公司在这一事件的处理上出现了严重的沟通失误。有人认为，凡士通轮胎的质量问题使其日本母公司损失了上亿美元，并使其高层管理者的沟通能力受到了极大的考验。然而我们认为，他们的沟通技巧似乎不尽如人意，至少从跨文化的角度来说是这样的。

2001 年，渡边茂夫（Shigeo Watanabe）接替 Yoichiro Kaizaki 担任普利司通公司的总裁。他一上任就采取了另一套措施，以解决尚未结束的论战。渡边茂夫的沟通方式较为激进，这恰恰是凡士通分公司中美国人一直期望的。为了更好地沟通，渡边茂夫并没有按惯例继续任用日本管理者，而是任命美国人约翰·兰普（John Lampe）任凡士通的 CEO。同时，他还授予兰普先斩后奏的权力，不用事事都先取得东京总部的同意。这在日本跨国公司中是非同寻常的，特别是在这样一个重大的决定性时刻。

拥有这样的权力后，兰普开始放手大干。2001 年 5 月，他宣布结束和福特公司长达 1 个世纪的合作关系。为什么呢？凡士通公司认为，这个汽车工业巨头一直将其 Explorer 车型产品发生事故的原因归咎于凡士通轮胎质量不好，却不肯承认这款 SUV 车自身存在问题。眼看凡士通美国分公司在这场论战就要失势了，普利司通总公司支持兰普的决定及其激进的做法。他们需要反击福特的公然指控，而与之断绝关系这一重大决策正是计划之中的，至少是计划的一部分。

而这仅仅是开始。兰普开始积极地在公开场合为凡士通辩护，这与其前任小野雅俊的作风截然不同，小野雅俊最出名的恐怕是其早先在与美国参议员交锋的公开听证会上的拙劣表现。而兰普先生却派了一位非常出名的说客到华盛顿办公室，在美国官方面前为凡士通争取权利。尽管凡士通的轮胎问题仍然存在，声誉仍然没能恢复，但是从沟通学的角度来看，舆论似乎肯定了普利司通公司的这一新举措。正如一位汽车分析师所言："换掉了拙于言词的那位先生（小野雅俊），而任用一位准备给纳塞尔（Jacques Nasser，当时福特公司的总裁）沉重一击的美国人，普利司通公司的东京管理层在这一点上做得很好。"

你对普利司通公司现在的做法有什么评价？有没有更符合美国文化的做法？从长远来看，他们这样做能不能挽回凡士通的声誉？如果不能，你认为应该采取哪些其他的措施？最后，普利司通从一开始就应该采取什么样的沟通措施进行补救？[52]

## 国际管理技能开发

### 接打电话：跨越文化沟通障碍

#### 目的

理解文化是如何影响打电话时的语言沟通，并对如何在特定的跨文化语境中进行有效的电话交谈提出建议。

#### 说明

在课内或课外阅读以下电话全文。美国惠好公司（Weyerhaeuser）销售经理史密斯正打电话给他的生意伙伴——日本日升公司（Rising Sun Company）的山本先生洽谈生意。

#### 对话

电话铃响，一位女士接电话。

女士：喂，您好。

史密斯：您好，我是约翰·史密斯。我能和山本先生通话么？

女士：哦，很抱歉。请问您是哪位？

史密斯：我是约翰·史密斯。我能和山本先生通话么？

女士：很抱歉，您来自哪家公司？

史密斯：我来自惠好公司。

女士：很抱歉，您能拼一下么？

史密斯：W-E……

女士：很抱歉，是"W-Z"？

史密斯：不，W-E-Y-E-R-H-A-E-U-S-E-R。请问山本先生在么？

女士：哦，Weyerhaeuser。非常感谢。您的姓名？

史密斯：约翰·史密斯。

女士：您想和谁通话？

史密斯：我说过的，山本先生。

女士：很抱歉，请问是哪位山本先生？我们这里有很多山本先生。

史密斯：嗯……当然。国际营销部的山本先生。

女士：非常感谢，请稍等。（史密斯等待着。他能在电话中听到背景音乐。同时，在一个有很多职员工作的大房间里，电话铃响了起来。一个路过的职员拿起了电话。）

男士：喂，您好。

史密斯：您好，山本先生么？

男士：不是，我是铃木。请问您是哪位？

史密斯：我是约翰·史密斯，想和山本先生通话。

男士：对不起，您来自哪个公司？

史密斯：Weyerhaeuser。

男士：请告诉我怎么拼写。

史密斯：W-E-Y-E-R-H-A-E-U-S-E-R。

男士：非常感谢。请稍等。（史密斯继续等待。音乐响起。）

男士：非常抱歉，山本先生正在开会。您能过一会再打来么？

史密斯非常沮丧地挂断了这个十分“浪费”的国际长途。

老师将整个班级分为几个小组，每组3～6人，讨论问题（15～20分钟）。各小组展示各自的答案，然后对国际沟通及其意义进行班级讨论（30分钟）。老师可就以下问题展开班级讨论：

- 史密斯为什么很沮丧？你会遇到相似的情形吗？何种文化因素可以解释史密斯的反应（或许你也有自己的见解）？
- 你认为史密斯犯了什么样的错误？为什么？在这个情景里，日本文化及其商业惯例是如何得到体现的？
- 如果史密斯必须再打同一个电话，你会建议他怎么做？有什么特别的建议吗？为什么？
- 如果换一个文化场景，又会发生什么事呢？例如，如果史密斯是要打电话给开罗的生意伙伴呢？他的电话经历又将会如何？

资料来源：Elashmawi，F.，& Harris，P. H.（1993）. Multicultural management：New skills for global success，108-111. Houston：Gulf. Reprinted by permission.

## 接入全球网络

### 我们有办法让你开口交谈：研究一门外语

#### 目的

选择一门不熟悉的语言，对其中的一些基本元素进行调查。

#### 说明

1. 选择一门完全不熟悉的语言。研究它的一些基本知识，准备几句话和问候语，说给你的同学听（以下会详细介绍步骤）。老师可以分配个人或者小组学习不同的语言以确保活动中语言的多样化以及同学们对所选语言的陌生度。或者登录 http：//123world. com/langauges，这里有很多语言的简单介绍。

其中很多语言是学生（甚至教授）所不熟知的，像南非的公用荷兰语、阿拉伯语、荷兰语、波斯语、北印度语、日语、俄语、斯瓦希里语、土耳其语。该网站介绍了很多类似的语言。

2. 选择了一种语言后，你就应该开始收集资料，以了解语言本身的及讲该语言的人的一些基本特征，尤其应注意以下这些问题（老师可适当补充）：

- 该语言主要在哪些地域使用，有多少人正使用它？还有哪些地方也使用该语言（如果有的话）？
- 该语言的起源是什么，它与其他语言及语系有何联系？
- 该语言有何特别之处（如语法、句子构造、重音符等）？
- 用该语言对同学们说几句基本短语或者写入你的报告中。如果是口头报告，你应该念出这些短语或者使用电子资源，把这些短语的发音展示给同学（一些网站提供wav格式的文件可以在教室的电脑上播放，这样就能听到该语言的发音）。
- 以该语言为母语的人和英语使用者沟通时会遇到什么样的问题？也就是说，如果他们试图讲英文，将会遇到哪些问题（如音调、重音、语音差别很大等）？如果他们的话被翻译成英语，会出现什么样的问题？
- 对于沟通训练，你有什么好的建议？对讲该语言的人你有什么指导或建议？

3. 一旦选择了一门语言并且考虑了以上问题，你就可以着手研究了。以下资源对这次研究大有裨益（也可参考前文提到的123world. com）

- The Linguist List

（http：//linguistlist. org/sp/Dict. html）

该网站由东密歇根大学和密歇根州立韦恩大学共同开发，提供了数量惊人的双语及多种语言词典和翻译工具。在将近200种字典中，有一些还提供了完整短语翻译。

- The Linguist List Subpage

（http：//linguistlist. org/sp/LangAnalysis. html#25）

该网站也是“语言学家列表”（Linguist List）的一部分，但它很容易淹没在该网站浩如烟海的信息之中。所以，我们在此也请你注意。以下是关于各种语系和语言网站的大量链接，其中一些对此次作业的背景研究大有帮助。

- I Love Languages, Guide to Languages on the Web

（http://www. ilovelanguages. com/index. php? category = Languages%7CBy + Language）

该网址资源丰富，提供了将近50种主要语言的日常用语、语法和其他大体语言特征。

- Yamada Language Guides

（http://babel. uoregon. edu/yamada/guides. html）

该网址提供了大量关于语言及语言群组的信息。

CHAPTER

# 7 谈判组织和冲突管理

**学习目标**

- 认识到缺乏沟通会导致不同文化背景的人发生冲突
- 分析并解释跨文化冲突的一些成因
- 掌握解决跨文化冲突的一些方法，理解谈判在解决问题过程中的重要作用
- 解释并运用国际谈判中的四阶段流程，了解文化价值观对各阶段的影响

## 国际挑战

### 边界的两侧

你也许阅读过不少美国公司与外国同行间为了各类交易而进行谈判的故事。同样，各国政府与外国公司之间的一系列冲突与协商案例也充斥在各类新闻中。这些案例中有许多都会提及文化对谈判各方的观点和策略所产生的巨大影响，而且，一般都会涉及谈判双方互相研究的问题。也许你会认为，不用到别的地方，你不必去关注自己的公司（或者家庭）之外的冲突与谈判的例子，也许你是对的。然而，经济全球化使许多公司的雇用结构变得国际化，即便还没有达到十分普遍的程度，但这种人员结构始终蕴藏着发生冲突的可能性。显然，在这种情况下，公司内部或者公司之间的谈判将成为家常便饭。

请思考下面的情景。你正在一间会议室内，观察某跨国公司内部两个部门进行的谈判。谈判的核心问题，是要决定由哪个部门代表公司采购一批电脑。谈判桌的一边是运营部门的两位美国经理，他们希望购买一批最适合本部门使用的电脑，所以极其关注产品的质量，以及良好的安装维修服务。坐在对面的是采购部门的两位墨西哥经理，他们认为，电脑应该由他们采购，而且，他们的关注点是价格，希望能够花最少的钱买到最好的设备。这两个部门在公司中拥有几乎相同的权力、地位和决策权。鉴于时间紧迫，而且公司需要电脑尽早到位，因此，必须马上进行采购。

但是在谈判过程中，双方的意见分歧越来越明显，不仅在电脑选购方面产生了分歧，甚至在文化方面也发生了冲突。下

面是其中一位墨西哥经理与一位美国经理的对话内容：

> 墨西哥经理：这样做会对公司更有利。而且（他微笑着说），别忘了大家都是为同一家公司效力。从公司全局来考虑，由我们采购部与供应商进行谈判无疑是更好的选择。我很清楚，你们是设备的使用者，所以采购部门需要你们提供大量的信息……从保证采购过程的完整性和质量的角度来看，最好让我们去和供应商谈判，必要时会向你们询问价格是否合理。这样做更有利、更顺理成章……（他的话还没说完就被美国经理打断。这种情况在整个谈判过程中屡次发生。）
>
> 美国经理：我们运营部竟然完全不能参与采购谈判，这让人无法接受……你们虽然有采购价格上的短期目标……但我们将成年累月地使用机器……你们可以通过谈判把价格压低20%。这看起来当然对公司有利，但可能买回来一些不适用的破烂设备；你们拼命砍价让供应商不开心，结果我们就要用劣质设备。
>
> 墨西哥经理：现在轮到你发言了吗？麻烦下次注意一点。
>
> 美国经理：（不予理睬，继续发言）我们是电脑的最终使用者，更应该拥有最终决定权……我们更懂得技术层面上的问题。我想现在尽快把方案定下来，大家最好摊开把话说清楚。我可不喜欢跟自以为是的人打交道。
>
> 墨西哥经理：墨西哥有句俗话，"鞋匠更懂鞋"。我们的职能就是采购。好比要购买搅拌器，就算使用者决定买什么样的搅拌器，也只有兜里有钱的那个人才能决定购买与否。请恕我直言，你们可能知道如何买一支笔，但这并不代表你们就会懂得如何买船——你们对船舶一无所知。

通过本章的学习，你将了解到文化对国际冲突和谈判的影响，也将了解到策略和战略在某种程度上受到文化的驱动。本章还将讨论国际管理者应如何克服由此带来的挑战。在上面这个例子中，墨西哥经理和美国经理在谈判中的策略、风格和战略分别是什么？这些策略、风格和战略又如何体现各自的文化价值观？

思考这些问题之后，请阅读本章最后的"迎接挑战"栏目，以加深对这个谈判案例的理解。[1]

## 7.1 一个充满冲突的世界

第6章向读者清楚地表明，要在国际商业环境中进行有效的沟通绝非易事。在不同文化间进行沟通时，信息很容易被扭曲、误解或丢失，从而产生分歧和争议。换言之，沟通的缺失会造成**冲突**。在社交过程中，利益的对立、文化差异带来的沟通方式差别等，都会造成分歧和摩擦，而冲突也就随之而来。伴随国际沟通问题而来的是，国际管理者变得越来越像外交家，肩负的繁杂“使命”也越来越多——他们往往要完成存在严重分歧的任务。比如，国际管理者需要解决外国员工之间的冲突；与国外的供应商、客户、商业伙伴及厂商进行谈判；游说政府部门；理顺与外部团体因环境等问题造成的紧张关系；还要说服利益相互冲突的员工们一起合作。[2] 此外，多数公司派遣本国员工到外国进行中短期工作，就是为了解决问题或平息冲突。

> **冲突(conflict)**
> 在互动过程中由于利益不同或文化差异所导致的分歧和摩擦。

其实，并非所有的冲突都是消极的。有时，冲突更能使大家集中精力完成任务。不管怎样，冲突在生活中都是一件非常普遍的事情。有统计表明，美国管理者要花费 20% 的工作时间来处理冲突事件。[3] 基于上一章我们对跨文化沟通中产生的各种问题的理解，我们就不难理解国际管理者为何需要花费更多时间来处理各类冲突。

本章将探讨引发冲突的各种原因，并讨论如何在国际商业环境中有效地解决这些冲突。我们还将使用较大的篇幅来讨论国际商务谈判这一主题。你还会了解到，许多因素都能对谈判过程中谈判各方采取的观点及使用的策略产生影响，而其中最重要的因素就是文化。若无法认识到谈判中文化因素的重要性，在跨文化沟通中，你就更可能与他人产生冲突，从而使企业蒙受损失。

## 国际管理中文化导致的冲突

由于冲突处理是否得当关系到公司利益，所以国际管理者需要透彻地理解导致冲突的基本原因。前面的章节已经解释过其中的一些原因，至少间接谈论过。比如，语言难题就是其中最具有代表性的一个。前文已经指出，因劣质翻译造成的误解可能会使谈判双方都感到愤怒。不同的文化准则也会引起冲突，特别是在冲突双方不理解或不尊重对方文化背景的情况下，更容易发生此类事件。不少美国管理者对外国同行极不守时的行为感到恼火，更有甚者会因此勃然大怒。[4] 当然，若美国管理者一开始就能意识到自己是用单时制时间观念来看待时间，而对方却生活在多时制时间观念的文化中，那么以上种种冲突就有可能得到避免。就算经历这些冲突后会议仍能够举行，但双方在该采用何种沟通方式方面（如低语境还是高语境）也会产生冲突，甚至造成生意上的损失。

公司采用何种决策方式，特别是当该决策方式有违员工的价值观时，也有可能造成冲突。有一部分跨国公司的行政结构使权力高度集中，导致所有权力及决策权都集中到公司高层为数不多的几个人手中；另一些公司却采取较为松散的管理方式，使决策控制权被分散到较低层的管理人员手中。对于高权力距离文化中的雇员来说，他们可能更倾向于中央集权及等级分明的决策方式。他们认为由公司高层官员对重大事情进行决策、不用自己操心是合情合理的。事实上，在这些文化中，任何试图用提高参与度的管理战略（如让雇员参与设定目标）来下放权力的努力都有可能适得其反。表 7.1 展示的就是这种情形。显然，美国管理者若能了解希腊人倾向于中央集权的决策方式，下面的冲突就有可能得到避免。

**表 7.1 理解差异为冲突埋下伏笔：希腊人与美国人的对话**

| 原 话 | 各自对原话的理解/看法 |
|---|---|
| 美国人：你要多久才能完成报告？ | 美国人：我要他参与到其中/负起责任。<br>希腊人：他的做法很荒谬。他是老板，为何不给我定个时间？ |
| 希腊人：我不知道。您要求多久完成？ | 美国人：他拒绝承担责任。<br>希腊人：我要他来下命令。 |
| 美国人：你应该比我更清楚需要多长时间才能完成。 | 美国人：我要逼他对自己的行为负责。<br>希腊人：真是废话——看来我得给他答复才行。 |
| 希腊人：10 天。 | 美国人：他缺乏为自己估算时间的能力；这个估计完全错误。 |
| 美国人：15 天吧，行吗？15 天内能完成吗？ | 美国人：我给你一份合同（你可以跟我讨价还价）。<br>希腊人：这就是我得到的命令：15 天。 |

资料来源：改编自 *Interpersonal Behavior* by H. C. Triandis. © 1997 Brooks/Cole. Reprinted with permission of Books/Cole, an imprint of the Wadsworth Group, a division of Thomson Learning. Fax: 800730-2215.

导致冲突的最终原因在于，某些文化会极力避免个人和群体间产生摩擦。在一些集体主义文化中，人们可能利用各种各样的机制来降低冲突发生的可能性。比如，日本人倾向于使用间接方式来拒绝他人，目的就是为了缓解人际间的紧张关系。但问题在于，这种做法往往更容易使人感到沮丧，更容易引起冲突。因此我们大概可以得出如下结论：文化的交错将增大冲突发生的几率——比如，美国人认为应该使用公开和激进的方式来解决冲突，虽然这被美国人认为是优良品质，却无法让日本人对此感到自在。

## 有效地管理冲突

如果在国际商务交往中会不可避免地发生冲突，你又该如何有效地进行处理，并将冲突可能带来的损害降到最低？首先，国际管理者应当知道，冲突的解决方式有许多种。[5]图 7.1 展示的是各种冲突处理方式的坐标图。横轴代表对自我成果的关注度，纵轴代表对他人——谈判对手——成果的关注度。坐标图中所展示的为 5 种较常见的方式。对这 5 种方式进行的研究非常多，但大部分研究

> **竞争型(competition)**
> 一种直接面对并试图解决问题的冲突处理方式。

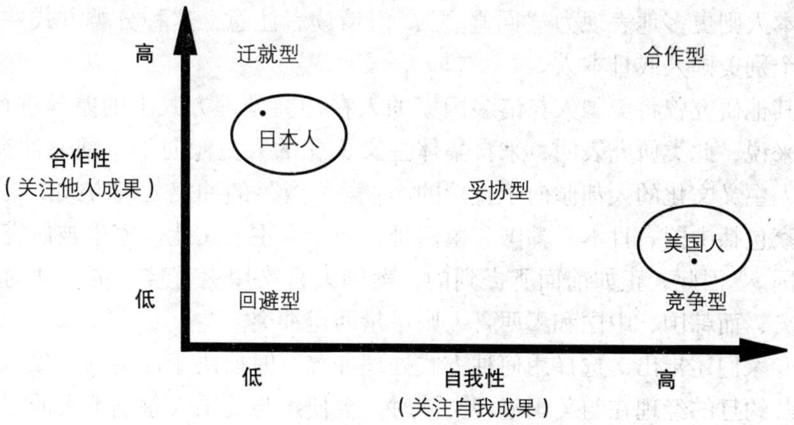


**图 7.1　冲突解决类型分类**

资料来源：改编自 Thomas, K. W. （1976）. Conflict and conflict management. In M. D. Dunnette（Ed.）, *Handbook of Industrial and Organizational Behavior.* Chicago：Rand McNally, 889-935.

的对象都是美国雇员。当然，同一文化中也存在个人对冲突解决方式选择的偏好及差异。有人可能会面对冲突迎难而上（**竞争型**），而其他有相同文化背景的人却可能会完全忽略它（**回避型**）。

> **回避型(avoidance)**
> 一种尽量避免意见分歧的冲突处理方式。

**迁就型**是另一种方式，通常一方会对另一方迁就退让。**妥协型**是大家比较熟悉的方式，冲突双方若采取此方式，则会互相让步以最终解决冲突。而最为罕见的方式则是**合作型**。经验老到者在处理冲突时会尽量提出对双方都有好处的新建议，而不一定采取让步措施（如妥协型）。一旦学会其中一种方式并付诸实践，人们就会将其内化为自身性格的一部分。但研究发现，确实存在某些普遍的、基于文化的倾向性，这一发现有助于区分各类人群在冲突处理方式选择上的不同倾向。

> **迁就型(accommodation)**
> 高度关注他人利益的一种冲突处理方式，通常会以牺牲自我利益为代价。

> **妥协型(compromise)**
> 采取折中的方式，双方各自退让而达成一致意见的冲突处理方式。

比如，许多美国人似乎更喜欢争论。曾有研究将美国人和日本人在对待争论方面的态度进行过对比，调查他们是喜欢还是讨厌争论。研究结果表明，日本人并不喜欢从一开始就争论；而就算他们不得不争论，其激烈程度也低于美国人。[6] 基于此次及其他相关研究的结果，专家们认为，争论能激发美国人的斗志，而且美国人喜欢争论带来的智力上的挑战。[7] 与此相反，日本人并不喜欢公开争论，他们甚至担心公开争论会破坏集体和谐。基于以上研究成果，我们可以得出以下结论：美国人更倾向于图 7.2 中的“竞争型”，

> **合作型(collaboration)**
> 一种不常见的冲突管理方式，要求双方能创造出新的选项以达到双赢的地步。

而日本人则更多地表现为“回避型”。但请读者注意，这种分类方式并非绝对适用于个别美国人或日本人。

其他研究曾将美国人与诸多国家的人在冲突处理方式上的差异进行了对比。总的来说，此类研究表明，来自集体主义文化的人更倾向于“回避冲突”，而属于个人主义文化的人却倾向于直接的、“竞争型”的冲突处理方式。集体主义文化国家包括中国、日本、韩国和墨西哥，而个人主义文化国家中被研究得最多的是美国。[8]因此，正如前面所提到的，美国人喜欢用更直接、更主动的方式来处理冲突，而韩国、中国和墨西哥人则尽量回避冲突。[9]

专家们还指出，选择用何种方式处理冲突有时取决于冲突的对象。比如，土耳其及约旦的经理在与美国经理交涉时，会使用与美国人差别不大的方式；但与同级别的同胞们共事时，他们则会尽量避免冲突；若与下属发生冲突，他们会采取较强硬的方式来处理。[10]

**公正原则**（equity norm）

根据集体成员对组织的贡献度进行奖赏的一种文化取向。

**平等原则**（equality norm）

为了降低冲突可能性而对组织成员进行平均分配的一种文化取向。

各国人面对冲突时的态度深深植根于他们的文化中，并延伸到众多领域。比如，来自个人主义文化的人在分配组织资源时，通常遵循**公正原则**（即按个人的应得部分来进行分配）。[11]对他们而言，属下工资的增长幅度取决于员工的贡献程度。在个人主义文化（如美国）中这是一种再正常不过的方式。然而在集体主义文化中，人们更倾向于遵循**平等原则**（即集体中每个成员要得到差不多相等的回报）。

人们在冲突处理方式选择上的偏好，在某种程度上可能是由内在的文化差异造成的。前一章提到，日本有句俗语：“冒头的钉子挨锤。”所以在日本及其他集体主义文化中，若直接公开地与别人发生冲突，就会被认为是“冒头的钉子”。但在美国，许多传说及故事都在宣扬坚定的个人主义者（冒头的钉子）怎样与大众进行对抗及冲突。人们是否习惯于第一时间介入冲突，与文化维度之一——不确定性的规避——有关系。强调这一文化维度的人会尽量避免不确定性。

每种文化都有自己处理冲突的秘诀。在美国，也许你只需参观其文化标志——迪士尼乐园——就能找到秘诀所在。迪士尼“艾波卡特中心”（Epcot Center）的美国展厅曾展示过象征美国民族精神和美德的雕像。那群雕像据称代表了美国最为重要的品德或价值：四尊雕像分表代表了“个人主义”、“自立”、“独立”和“自由”。这四种价值对美国人来说可谓耳熟能详，而外来文化的人群却常常对这几种价值感到惊讶，因为它们与其自身文化常有天壤之别。我们曾在本书中提过，虽然“个人主义”对美国人来说是美德，但在其他文化中这个词却往往另有他义（即自私）。[12]

迄今为止，我们还未探讨人们会如何应对以愤怒、沮丧或丢脸等形式出现的冲突。请想象以下这个场景：一个跨国企业中的美国经理评定一位中国雇员的工作表现为不称职。这种评价方式无疑破坏了中国的社交准则，让该员工感到非常丢脸。美国经理的这一评价还会降低该员工对公司的忠诚度，并最终导致其工作表现更差。类似的场景还会在墨西哥出现。一位正在墨西哥一家工厂参观的美国经理对东道主建议，要努力将该“低效率的”工厂现代化，此时东道主的脸上明显露出了沮丧的表情。在这两个事例中，若美国经理能及时对冲突发生时所传递出的信息作出反应，则完全有希望“修复裂痕”，为对方挽回面子或名誉。敏锐的管理者应该能对此类信息作出正确的反应，作出正确的**解释**（即对所采取的负面举动进行解释说明，减少对方的痛苦）。更为明智的做法，则是在采取会被对方误解的行动前就作出预警性的解释说明。

> **解释**(accounts)
> 为减轻负面举动带来的痛苦而进行的解释。

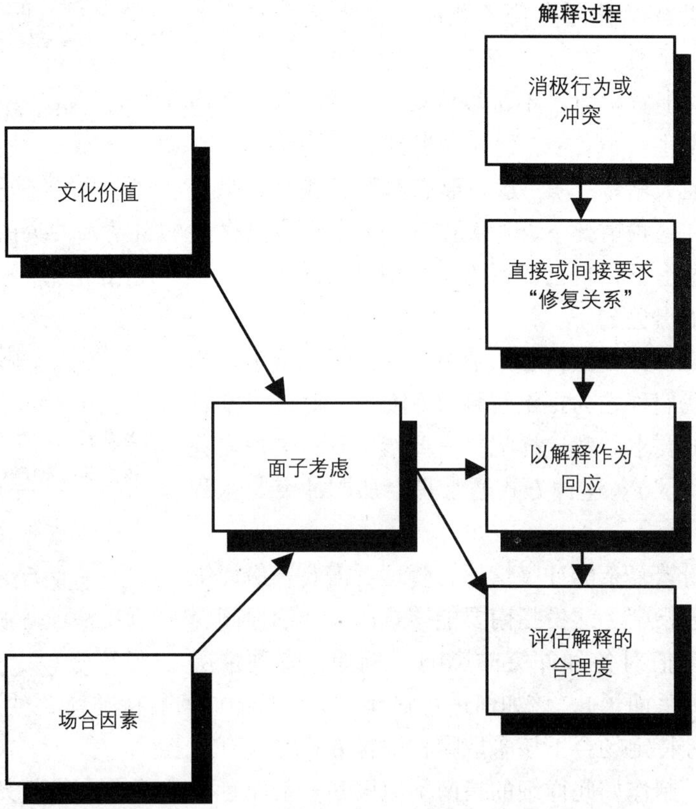


**图 7.2 国际冲突管理：文化与面子对解释过程的影响**

资料来源：改编自 Tata, J. (2000). Toward a theoretical framework of intercultural account-giving and account evaluation. *International Journal of Organizational Analysis*, 8, 158.

如何处理跨文化解释的过程是国际管理研究中的新兴领域。根据现代流行的观点，文化可以深刻影响人们对某些行为的看法。管理者若能理解他人的价值观会极大地影响其行动及随后的解释，则无疑会对他的工作带来莫大的好处。请看图7.2。该图对前面描述的解释流程作出了清晰明了的说明。

从冲突管理的角度来讲，解释过程的最后两个步骤最为重要。当然，对方的一些消极回应也是无法避免的。但如果对方已经被激怒，那么管理者就要花费更多努力才能真正摆脱困境。

其中一种解释方式被称为**缓和性解释**，作用在于缓和因冲突造成的紧张关系。**让步**即为“缓和性解释”的一种：冲突中的一方承认造成了冲突，愿意对其负责，并表示歉意，甚至愿意给予某种形式的补偿（例如：“我用词不当冒犯了你，非常抱歉”）。

**缓和性解释**(mitigating accounts)
用于降低因冲突造成的紧张程度的解释。

**让步**(concession)
一种缓和性解释。此时人们承认冲突的存在，为其负责，并表示后悔甚至提供补偿。

**辩白**没有“让步”那么极端，但也是缓和紧张程度的一种手段。在这种情况下，冲突的一方承认冲突的存在，但宣称自己不是故意为之，并且没办法阻止事情的发生（例如：“我开会迟到是因为路上因车祸造成交通大堵塞。”）。**意识形态解释**可能会让另一方不满。在这种情况下，冲突中的一方承认自己做过的事情及冲突的存在，但声称在特定情形下，自己的行为是合理合法的（例如：“我给你低绩效评分是为了让你今后更出色”）。

**辩白**(justification)
当事人承认冲突的存在，但宣称自己并非有意而为之。

当冲突一方否认自己的消极行为并拒绝给出恰当理由时，我们称之为**拒绝解释**（例如：“对，我不打算考虑你的要求。就这样吧——要给你解释清楚得花我半天时间。”）。这种方式通常只会加剧冲突紧张程度。[13]

**意识形态解释**
(ideological accounts)
当事人承认自己造成冲突，但认为当时那样做合情合理。

面对纷繁复杂的冲突情形，管理者需要一份详细的冲突管理指南。这份指南要能够具体、详细地阐释每种文化价值对各种冲突的影响（例如，哪种情况下会被认为丢面子），该如何进行解释，别人又会如何看待解释。对管理者来说，了解在各种特定场合下该采取哪种解释方式将大有裨益。

**拒绝解释**(refusals)
否认消极行为的存在或拒绝进行解释。

然而，制作如此详细的指南不但极其复杂而且非常困难。有事实表明，当美国人或其他外国人非常努力地去适应集体主义文化（如日本文化）的沟通规则时，他们往往会受到赞许（即被认为是尊重当地文化的象征）；但反之则不一定有效。当外国人想努力适应美国或其他个人主义文化的沟通及冲突管理原则时，却往往收效甚微。为什么呢？因为个人主义者会认为，这种做法无法让他们发现谈判对手的真实面目。在现阶段，这种冲突指南远未完善，还需要人们进行更多的研究，才能使其日渐充实可靠。与此同时，工作与家庭间冲突的本质也正逐渐引起人们的注意。文化因素能够深刻地影响工作与家庭之间的矛盾，并且会带来一系列问题。请阅读随后的"国际观察"以进一步了解这方面的内容。

尽管有可能吃力不讨好，表7.2仍尽量将冲突管理中解释过程的要点展示给各位读者。你可以看到，该表展示了如何将霍夫斯泰德文化价值维度中的两个维度（个人主义与集体主义、男性主义和女性主义）与面子问题及解释过程结合起来。第4章曾提过，男性主义文化强调自主、成就及果断；而女性主义文化强调关系及合作。[14]

**表7.2 国际冲突中解释的应用及反应：文化和面子的影响**

| 文化价值组合 | 对面子的关心 | 很可能用到的解释方式 | 错误解释带来消极后果的可能性 |
|---|---|---|---|
| 集体主义—女性主义（如泰国） | 高 | **缓和** | 高 |
| | ↑ | 让步 | ↑ |
| 集体主义—男性主义（如墨西哥） | | 辩白 | |
| 个人主义—女性主义（如瑞典） | | 意识形态的辩白 | |
| | ↓ | 拒绝/否认 | ↓ |
| 个人主义—男性主义（如美国） | 低 | **恶化** | 低 |

资料来源：改编自 Tata, J (2000). Toward a theoretical framework of intercultural account-giving and account evaluation. *International Journal of Organizational Analysis*, 8, 169.

在跨文化谈判背景下判断如何有效地作出解释非常重要，毕竟陷入僵局的谈判也是谈判过程的一部分。已经有许多人对如何展开谈判及何种因素（包括文化）会对其产生较大影响进行过大量的研究。接下来我们将探讨如何谈判这一话题。

## 7.2 了解国际谈判

> **谈判(negotiation)**
> 一方与另一方进行互动沟通的过程；其沟通目标明确：就某一特定事项或分歧作出共同决定或达成一致意见。

谈判也许是避免冲突的最佳途径之一，至少它能使冲突的可能性降到最低。**谈判**是一方与另一方进行互动沟通的过程，其目的很明确：就某一特定事项或分歧做出共同决定或达成共识。因此所有谈判都包含

### 国际观察

## 工作与家庭的冲突：给家庭留出时间

很多人认为工作与家庭间的冲突是西方独有的现象。但全球化也许正在改变这一切。这种现象也出现在中国这样的发展中国家。我们知道，对工作和家庭的态度及两者之间的关系，跟文化价值有微妙的联系。因此虽然中美两国都存在工作与家庭间的矛盾，但其本质却可能非常不同。事实上这正是学者们要通过研究来证实的一个假设。这个问题若能得到解答，将对跨国公司该如何处理国际员工的工作与家庭矛盾提供启示。

最近一份研究就时间分配对工作与家庭关系的深刻影响提出了见解。当然很多人都明白这个道理：在工作上的时间花多了，自然就无法花更多时间与家人共处。反之亦然，若你早早在家庭事务中投入很多精力，也就无法更加努力地工作。有意思的是，学者们指出，在像美国这样的个人主义文化国家，人们更愿意花时间在自己的家庭上，这一点与很多集体主义文化国家（特别是亚洲国家）不同。这种看法似乎与美国人的工作狂形象大相径庭；而中国人恋家的形象也得到了颠覆。

其基本观点是，当一个人必须作出选择的时候，个人主义的美国人宁愿将个人利益（即花时间与家人共度）置于集体利益（工作）之上。信奉集体主义的中国人却反其道而行之。在这个问题上的另一个观点是，美国人认为职业是实现个人成就的途径。美国人认为"顾家的人"至少不会让个人的雄心壮志伤害到家庭。拥有一个坚实的家庭基础正是"美国式高品质生活"的外在构成部分。与之相反的是，中国雇员往往会把工作当成给家庭带来物质财富和荣耀的工具。因此每周工作120个小时，且与家人相聚时间很短，会被认为是个人为家庭幸福而作出的牺牲，而不是为了达到个人目标而作出的自私的行为。

总之，家庭需求会给美国人，而非中国人，造成更多工作与家庭间的矛盾。就工作需求而言，反之亦然。这确实是该研究得出的结论。当然，还需要做更多的研究才能更加清楚文化及其他因素（如经济发展）在其中扮演的角色。然而在中国或其他地区的管理者们遇到这种情况时，应该首先摸清楚工作与家庭间矛盾的根源，然后才能设计一个"和谐的"工作环境以达到降低员工紧张及压力的效果。在遇到工作与家庭间矛盾时，只靠一种方案是无法解决所有问题的。[17]

以下四个关键因素：

- 多方参与（双方或更多）。
- 动机不一（既有意见不一致或冲突之处，也有共同利益）。
- 谈判参与方的位置变换（比如一段时间内调换主次位置）。
- 以达成一致意见为共同目标。[15]

## 国际谈判的基本研究方法

我们曾提到过，国际商务谈判具有普遍性，因而人们对其研究较多。事实上，研究国际谈判有两种常用的方法。其中**宏观战略法**关注的是谈判各方的相对谈判力如何影响谈判结果。比如，一家总部位于美国的跨国集团打算在发展中国家坦桑尼亚建立分支机构。为达到这一目的，该美国公司需要与坦桑尼亚政府（及其他地方政府）进行一系列的谈判。随着谈判的展开，谈判各方的相对谈判力将随之产生变化或转换，如图 7.3 所示。一般来说，跨国公司的谈判力在其完成初始投资后就会逐渐减弱，而地方政府的谈判力却会增强。第 8 章至第 10 章将讨论国际市场准入等战略方面的宏观问题，但现在，我们来看看国际谈判的另一种研究方法：**比较法**。[16]

> **宏观战略法**
> （macro-strategic negotiation）
> 一种研究一方与另一方进行互动沟通的谈判的方法，着重于分析谈判各方的相对谈判力对谈判结果的影响。

> **比较法**（comparative negotiation）
> 一种研究谈判的方法，强调研究谈判各方直接沟通时的情况，及这种沟通将如何影响谈判结果。

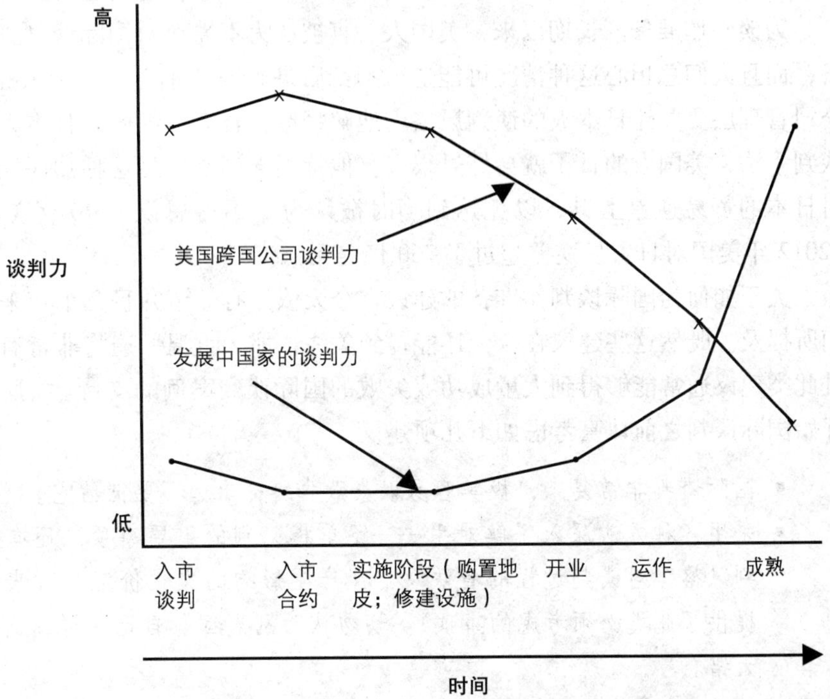


**图 7.3　在发展中国家开店：谈判力如何随时间而改变**

资料来源：改编自 Stoever, W. A. (1979). Renegotiations: The cutting edge of relations between MNCs and LDCs. *Columbia Journal of World Business*, *Spring*, 7.

比较法强调研究谈判各方直接沟通时的情况，以及这种沟通将如何影响谈判结果。因此本节大部分篇幅都会讨论文化因素如何影响谈判过程。[18]

## 了解国际谈判流程的基本框架

国际管理者若要用比较法来了解国际谈判过程，有几种现成的框架可供选择。本章将重点讲述其中两种框架。第一种框架最为宽泛：它描述了国际谈判涉及文化问题时要考虑的五组因素，并包括了可供谈判者参考的部分。表 7.3 详细描述了这一框架，当然图中所列出的因素间的关系还需得到进一步的研究验证。尽管如此，该框架还是为管理者如何利用文化的力量提供了可贵的指导。要知道，文化的力量对国际谈判结果的影响力非同一般。

第二种框架关注的范围比较集中，主要是谈判开始后所要经历的四个步骤。此框架仍强调文化差异对谈判者间的沟通及谈判后果的影响。本章将对此框架进行深入的讨论。首先应把谈判的前期计划及准备考虑进去，因此我们会在开始讨论谈判的四步流程前，对如何进行谈判的前期计划及准备提出建议。

**为谈判作准备**。长期以来，美国人一直被认为不懂得对国际谈判进行充分准备，而且人们总担心这种情况可能造成不良后果。30 年前，一位专家提醒美国的公司管理层要关注日本人的谈判风格。他解释道，若能仔细研究日本人的习俗及谈判手法，美国人的日子就会好过很多。他特别强调，做足这种功课能阻止美国对日本的贸易逆差上升，以免达到当时被认为“不可思议的 40 亿美元”水平(2012 年美国对日贸易逆差超过了 760 亿美元)。[19]

关于如何为国际谈判作准备的建议在今天依然有效，并且几十年来一直被人们所提及。既然这些建议在今天还能得到关注，那么重温一遍将非常有意义。况且此类建议通常能够得到大量成功或失败的国际谈判案例的支持。[20]所以，请在开始国际谈判之前认真考虑如下几项建议：

- 国际谈判非常复杂，极其容易以失败告终；永远不要低估它。
- 采用各种方法深入了解对手——不单指谈判的重要事项，还有对手的谈判风格、对谈判过程的看法及可能产生影响的文化价值观（表 7.3 详细提供了此类必须考虑的事项）。切勿认为别人都与自己一样，这样会酿成大错。[21]
- 如果公司内部欠缺必要的专业经验或知识，请向外部求援（有很多国际谈判顾问和文化知识培训师可供选择）。
- 如果谈判者缺乏足够的语言能力，请带上自己公司聘用的翻译人员（切勿依靠谈判对手的翻译人员）。

- 考虑使用国际谈判小组（此后有更详细的阐述）。
- 作好花大量时间和精力为谈判进行前期准备的心理准备。切勿缩短准备过程，或对收集信息感到不耐烦。

**表 7.3　当文化因素起作用时：理解国际谈判的框架**

| 总分类 | 要考虑的因素 |
|---|---|
| 谈判者采用的基本模式 | 如何看待谈判过程：<br>• 讨价还价<br>• 共同寻求解决问题的办法<br>• 辩论<br>最重要的事项可能为：<br>• 对谈判实质的关心<br>• 关系<br>• 程序/规则<br>• 内部或个人目标 |
| 对个人的观点 | 如何选择谈判者：<br>• 知识/经验<br>• 个人性格/身份<br>个人志向（个人目标还是群体目标）<br>集体决策（一言堂还是群言堂） |
| 影响沟通的个性 | 时间倾向（一维与多维）<br>冒险倾向（高与低）<br>如何决定是否信任他人：<br>• 凭直觉<br>• 一般经验<br>• 名声<br>• 制裁的威胁 |
| 对沟通过程的看法 | 协定的重要性（正式或非正式）<br>沟通的复杂性（低或高）<br>说服的技巧：<br>• 逻辑/事实/经验<br>• 教条/传统<br>• 情绪/直觉 |
| 成果 | 协定偏好（正式合同与模糊协定） |

资料来源：改编自 Weiss, S. E.（1994）. Negotiating with “Romans” ——Part I. *Sloan Management Review*, Winter, 53.

最后一点让许多美国人感到麻烦。比如，如果一位美国经理到某亚洲国家进行谈判，那么他最好预备在那里待上较长的一段时间。许多美国人仍以为，在中国或日本这样的国家只需花几天时间就可以完成谈判。几年前我们在上海曾与一位美国汽车公司的经理聊天。他抱怨说，他已在这个国家“浪费”了一周的时间，而内容则是整天跟一些官员“吃吃喝喝”，什么也没做成。他必须决定是继续留在这里虚度时日，还是干脆放弃这单生意回国。其实许多亚洲人都希望花一定的时间与商业伙伴建立良好的关系，而美国人却希望能“直截了当谈生意”。更糟糕的是，一些外国谈判专家已经开始了解美国人对时间的敏感，并利用它来对付美国谈判对手。

我们曾提到，使用谈判小组进行国际谈判是非常可取的。然而仍有部分美国人认为谈判小组比较麻烦，觉得还是自己单干比较方便。有时候美国人的谈判小组规模很小，因为成立较大的小组要花费更高的成本。而在另外一些例子中，谈判小组规模小的原因在于美国人自视甚高。不论哪种情况，美国人都会发现，在国际谈判中，对方的人数要多于自己。人员不够的谈判小组，往往会被一大堆细节问题——更不用说语言及文化问题——所困扰，获得成功的机会非常渺茫。[22]

就算谈判小组成员足够多，也未必每个人都已准备好如何与翻译员恰当地配合。专家们常常会建议提前与翻译员进行多次会谈，更理想的做法则是从一开始就将其当成谈判小组的成员。采纳这一建议的公司往往更能在谈判中取得成功。一份涵盖了超过100家跨国公司的调查显示，接近90%的公司认为，若谈判组拥有双语成员，那么他们跟日本人的谈判就会更顺利，并且认为拥有这样一个成员会缩短谈判过程。那些没有双语人才的公司则纷纷表示将来会在谈判小组中增加这样的成员。还有许多研究认为，国际谈判小组的成员应该是跨文化的。也就是说，较为理想的状态是，一个公司的谈判小组应该由本国的雇员及谈判对手国家的雇员组成。这种意见考虑的不单是语言问题：一个跨文化的谈判小组能使各方对讨价还价的角度、传统及谈判技巧更明了，并能帮助解决任何由于文化不同而导致的僵局。[23]

抛开谈判组的规模和构成不谈，需要反复强调的是，熟悉东道主的习俗及文化会给大家带来好处。日本经理认为，谈判成功与否取决于美国人是否愿意花费精力、时间和耐心去建立良好的人际关系。其次是“文化意识”。这包括对日本的商业准则、习俗和惯例的熟悉。其实这两点适用于几乎所有的国际谈判，而不仅限于和日本人的谈判。幸运的是，这两点及前面讨论过的事项都可以在开始谈判前充分准备好。[24]

我们并非想让读者认为，只要作好准备就必然能谈判成功。国际谈判的复杂性决定了前期的准备能提高成功的几率，却无法保证谈判的成功。研究表明，就算你准备得非常充分，并展现了让对手感到自在的言行举止和谈判技巧，也只会在一些文化中才被认为是积极的举措。此外，培训也不一定能达到预期的效果。比如，就算丹麦和西班牙的谈判者参加了相同的谈判技巧培训，他们仍会在谈判中延续各自截然不同的风格。西班牙人会试图将人际关系与谈判的事项联系起来，并且会对谈判对手进行人身攻击；丹麦人却喜欢就事论事，而且不愿意发生直接冲突。因而，西班牙人会认为丹麦人太关注于谈生意而人情淡薄；丹麦人却认为西班牙人不合作及火气大。这些都表明，单纯的培训无法改变人们多年养成的谈判风格，不管他们是受文化的影响还是受直接经验的指引。[25]

以下情形值得大家深思：尽管文化培训有各种缺点和局限，但人们对它的需求仍不断增加。在这方面，大公司比小公司有着明显的优势。研究表明，大公司往往比小公司在国际谈判方面做得更出色。其实并非规模本身决定了这一点，而是因为大公司的规模往往能给它带来更多的资源：大公司更有钱聘请顾问、培训师和翻译人员，或许还可以为谈判进行“彩排”。[26]总之，大公司更有资金和时间作好谈判前的准备。[27]

## 7.3　国际谈判：四步流程

不管准备工作做得如何，你最终都要开始沟通和谈判。专家认为，一个完整的谈判过程包括四个阶段。[28]第一阶段称为“**非任务式探测**”。一般来说，这一阶段花费的时间较长，特别是在国外进行“探测”时。这一阶段的基本目标是与对方建立关系并了解对方。换言之，此时的沟通并非直接与谈判任务相关，而仅仅是“探测”对方。第二阶段为“**与任务相关的信息交换**”阶段。在这一阶段，双方交换需求及偏好等方面的信息，并且向对方解释背景信息。接下来是谈判的“**说服**”阶段。顾名思义，在此阶段谈判双方会公开地试图说服对方改变立场。最后一个阶段则是“**达成协议**”阶段，此时谈判各方对谈判的成果进行确认，并有可能签订合同（如图 7.4 所示）。许多研究曾对这四个阶段涉及的文化因素进行过对比。接下来我们会将这类研究成果展示给读者。

> **非任务式探测**
> (non-task sounding)
> 国际谈判的第一阶段，在非西方文化中通常是最长的一个阶段，其目的是建立人际关系及了解对方。

> **与任务相关的信息交换**(task-related exchange of information)
> 谈判的第二阶段，此期间双方交换需求及偏好等方面的信息。

> **说服**(persuasion)
> 谈判的第三阶段，此时谈判各方试图让对方改变条件。

> **达成协议**(agreement)
> 谈判的最终阶段，通常达成一致意见，但表示达成协议的形式多样化(如合同、握手等)。

**第一阶段：非任务式探测**。这也许是所有沟通，特别是初次沟通，要经历的第一个阶段。事实上，尝试建立关系并了解对方并非

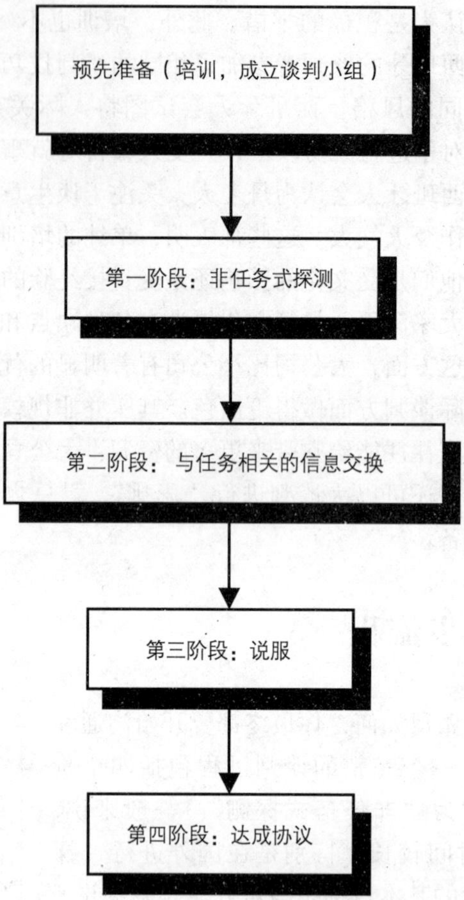


图 7.4 国际谈判的阶段

资料来源：改编自 Graham，J. L. （1985）. The influence of culture on the process of business negotiations：An exploratory study. *Journal of International Business Studies*，16，81-96.

跨文化沟通所特有，在同一文化内部也是一个阶段。但这并不意味着非任务式探测在每种文化中都可以用相同的方式开展。事实上，在这一阶段，美国文化和其他文化之间有着非常大的差异。

这一阶段的重大变量，是招待宾客以建立个人关系时所要花费的时间。有些人可能希望对你个人及你所代表的公司有更详细的了解，他们甚至会在介绍自己时将自己视为“公司的人”。若身处亚洲文化中我们会这样介绍自己：“我们是来自代顿大学的保罗·斯威尼和迪恩·麦克法林”。但在美国，我们肯定会这样介绍自己：“你好，我是保罗·斯威尼，他是迪恩·麦克法林，我们都来自代顿大学。”虽然这两种方式中的差别很细微，但其隐含的意义却十分重大。这反映了我们讨论过的话题——在美国这种个人主义文化里的人倾向于着重介绍个人，而身处集体主义文化中的人却倾向于强调其所在的组织。

但非任务性探测远不止如此。关于个人细节的探讨对美国人来说也许与谈判毫不相关，但对中国的谈判者来说往往意义重大，或许从他们的角度来看，双方开始接触时谈论这些话题极其重要。值得提醒读者注意的是，来自低语境文化的人通常不愿在谈判前过多涉及个人“背景”；他们会认为既然要签订的是一份文字清晰明了的合同，就不需要花太多时间了解谈判对手，而且那样做有可能会阻碍自己完成任务。来自中国、日本、墨西哥等高语境文化的人却刚好相反，他们认为花时间了解谈判对手是非常重要的。他们寻求的个人及组织信息对其理解谈判至关重要。表7.4总结了第一阶段内高低语境文化间的差异。

由于文化不同，各国谈判人员花费在建立人际关系上的时间会显著不同，比如美国人就认为这种努力“毫无意义”。在高语境文化中，这确实会影响谈判的最终结果。一份研究表明，对巴西和日本的谈判者而言，人际关系的和谐可能非常有助于达成满意的谈判结果；但美国人却相反。这一发现强调了要想在高语境文化中取得满意的谈判成果，就必须重视“非任务式探测”在建立人际关系方面的重要作用。[29]

**表7.4　谈判各阶段的行为：高低语境文化的差异**

| 谈判阶段 | 低语境文化 | 高语境文化 |
|---|---|---|
| 第一阶段：<br>非任务式探测 | • 简短的互相问候<br>• 快速进入主题（即第三阶段）<br>• 并不关心谈判对手的地位 | • 希望了解你和公司的全部信息<br>• 长时间的介绍及会面以了解你<br>• 非常注意其他谈判者的年龄、等级与地位 |
| 第二阶段：<br>与任务相关的信息交换 | • 相对简短的阶段<br>• 年轻、有雄心的人更合适 | • 属于较长的阶段<br>• 年龄较大且地位高的成员更有优势 |
| 第三阶段：<br>说服 | • 充满争论<br>• 最重要的一个阶段<br>• 谈判风格为“直截了当”<br>• 关心成本及收益；不太关心面子 | • 宣言式的<br>• 最不重要阶段<br>• 更警觉的谈判方式<br>• 面子问题非常重要 |
| 第四阶段：<br>做出让步/达成协议 | • 倾向于采用详细的书面合同<br>• 决定/协议不牵涉个人感情<br>• 逐利动机决定协议 | • 不太强调使用详细合同<br>• 交易的达成是基于双方的共识<br>• 良好的谈判环境有助于达成最终协议 |

在“了解对方”这一阶段，是否重视谈判人员的地位体现了一种文化独特性。谈判参与者的地位虽不会与谈判议题直接相关，但对某些文化来说还是有联系的。我们仍然可以用高低语境文化中的差异来解释这一点。在美国这样的低语境文化中，与不同地位的对手进行谈判较常见。美国谈判者通常以各种方式降低对地位的重视，如直呼其名，说话随和，征求全组人的意见等。但在一些高语境

文化中，头衔和地位非常重要，而且沟通方式会更为正式。[30]高语境文化中谈判者直呼对方名字是很少见的。中国人非常重视谈判组成员的地位，并希望能与外国公司的高层直接谈判。[31]这种情况在日本及法国谈判者中也很常见。[32]

地位或职位的高低可以为高语境文化的谈判者提供谈判的背景信息，但对于低语境文化的谈判者来说却没有那么重要。为了阐释这一点，研究者邀请了来自英国、法国、德国和美国的谈判者参与到一个研究当中，进行一次模拟谈判。研究发现，法国人（也是该次谈判中来自最高语境文化的人）对其他谈判组成员的地位最感兴趣，并受其影响。另一项研究观察了来自 11 种不同文化的 700 名商人，文化环境从极低语境文化（如美国、德国）到极高语境文化（如韩国、中国）。这一研究同样发现，地位高低及人事关系的好坏对高语境文化的人来说更重要。在日本，地位的高低取决于年龄、性别和在公司的职位。所以，如果你年长一点、身为男性并且在公司占据高位，你就更有可能给日本谈判对手留下深刻印象。[33]而在低语境文化的美国，人们则通常会尝试建立一种平等的关系。[34]

**第二阶段：与任务相关的信息交换**。双方会在这一阶段交换各自的需求及要求信息。对某些文化而言，这是谈判最重要的阶段。在日本这样的高语境文化中，长时间及详细的解释是必要的。这一信息交换过程及随之而来的会议冗长耗时，谈判对手也会在此时抛出大量问题。高语境文化谈判者所采取的持久战术也就意味着：他们不会在一开始就给你非常优惠的条件。他们认为提出的条件苛刻一点可以为随后的讨价还价创造空间。曾有一项研究以模拟谈判的方式研究了来自美国、日本和巴西商务人士的行为。在模拟谈判中，日本人比美国人和巴西人更喜欢在开价时为自己谋求更高的利润，而美国谈判者却会在开价时就提出一个与最终达成交易的价格接近的数字。因此，美国和巴西谈判者都对日本人的“贪婪”感到厌烦。第二个研究同样包含了来自这三种文化的谈判者。该研究发现，只要美国谈判者在这一阶段花费更长的时间，往往就能降低他们的厌烦感，并获得更好的谈判结果。特别是当美国人鼓励对方提供更多信息时，谈判的结果就会为他们自己带来更多经济利益。[35]

**第三阶段：说服**。美国人通常对与任务相关的信息交换未能给予足够的重视。诚然，美国人也会花时间谈论体育或家庭，但与其他文化相比还是用时太少。相反，看一眼手表这一简单的动作就足以让美国人快速进入谈判的下一阶段。在说服阶段，各方都明确地要对方改变原有的要求及条件。对美国人来说这是谈判过程中最重要的一步，他们也会在此阶段花费最多的时间。然而其他文化结束这一阶段谈判的方式很可能会让美国人感到惊讶。

我们必须把这一阶段所花费的时间给予充分的考虑。本书曾提到，美国人通常在前两个阶段花费相对少的时间和精力，而将大部分时间都花在这一阶段。其他文化（如日本文化），因为会在早期花时间去探测对方，所以在这一阶段花费的时间就会较少。

下面我们看看说服的有效策略。由于美国人认为这才是“真正的”谈判阶段，所以他们会非常注意此阶段各方的沟通互动。比如，美国人会不断对原来的要价进行修改，不断地让步。让步对大多数美国人来说是贯穿整个谈判过程的。但与美国谈判者不同的是，日本人更喜欢等到谈判接近尾声才会作出让步。[36] 因此，参与国际谈判的美国人往往会在这一阶段作出很多让步。[37] 此外，妥协让步在每种文化中的含义差距之大足以让人感到惊讶。下面的国际观察将细述这一点。

美国人认为这一阶段才是“真正的”谈判，理由在于他们此时才会准备“摊牌”。这就意味着美国人会“给出”信息，并期望能收到对方给出的“诚实的”信息。比如，在一项测试谈判方法恰当性的研究中，美国人会比巴西人更少使用虚张声势、威胁恐吓或提供假信息等手段。[38]

### 国际观察

## 魔鬼藏在细节中：不同文化中妥协的含义

如果你想知道语言对国际谈判有多重要，那就请看看谈判语言。就拿“妥协”这个词来说，它对美国人而言有很多积极正面的含义。美利坚合众国就是建立在妥协的基础之上，而且正是一系列的妥协使美国名垂青史。美国人也许是世上最会妥协让步的民族。这个民族也名正言顺地成为了商界最会妥协让步的一个群体。事实上对美国人而言，妥协或者让步正是谈判者间诚意及公平交易的最佳象征。

但有趣的是，在其他文化中，“妥协”一词有着极其不同的含义，而且其中很多含义远比美国人所想象的要消极。在中东地区，“妥协”所附带的消极含义非常多，比如“他为自己的美德作出了妥协”。在波斯语中，“调停者”一词被理解为“好管闲事的人”。在拉美许多文化中妥协被认为是有关个人尊严的事情，妥协意味着屈服。由于“屈服”在墨西哥文化中会引起面子及个人忠诚度的一系列问题，因此谈判中的“屈服者”会被认为有问题。俄罗斯人通常会将妥协看做是懦弱的表现；让步就会失去对谈判对手个人意志的控制或影响。因此与俄国人谈判可能会充满火药味。

同样地，许多与谈判相关的词汇都有可能在不同文化中有不同的解释。“好斗的”(aggressive) 一词有可能会被英国人或日本人认为是侮辱，但对美国人来说确实一种优良的品质，可以用来形容一个坚强并受人尊敬的谈判者。因此了解各民族对词汇的敏感度，至少在谈判中是非常有用的。[41]

美国人认为，为了相互妥协或达成协议，谈判各方应该把各自对每一事项的真实态度摆上台面，只有这样才能让谈判成功地继续进行。但除却“诚实”这一点，这种讨价还价的方式并不能得到其他国家或文化的谈判者的认同。例如，中国人就往往会突然间提出不容讨价还价的条件。这样的要求通常会令那些准备不充分的西方人处于不利地位。[39]当然，如果美国人有足够的耐心，他们还是能在最后一分钟得到中国人的妥协。[40]

表7.5提供了美国人谈判方式中的十大要素，其中大部分在谈判的说服阶段都会起到作用。有人认为最经典的美国方式应该是拓荒者式或旧日的西部牛仔式。虽然这个“约翰·韦恩式”的谈判方式在美国境内可能会有用，但美国人的个人主义特征却很少能被外国人接受。其实谈判双方有一种互相依赖的关系，而这种关系在美国文化中却没有得到强调。[42]

那么当约翰·韦恩式的谈判者遇到来自其他文化（如亚洲文化）的谈判者时，会发生什么情况？在谈判桌上，美国人很可能会快速地陈述自己复杂的意见，并用接近心目中的最佳价格来结束这段陈述。日本或中国的谈判人员可能会对这种提议的突然性感到惊讶，但很可能也会认真考虑他们的意见。他们可能会了解美国人喜欢直截了当。他们也许不了解的是，这些条件已经是美国人心目中的最佳方案。事实上，全世界除了美国人之外，所有谈判者可能都会留出很大的余地进行讨价还价。中国人或日本人会在回盘时提出更多要求；这一点从他们自身的文化角度来讲再正常不过。但在大多数情况下美国人都会对此作出愤怒的反应。这种情景确实曾在一场模拟谈判中出现过。谈判开始时美国人就想得到“公平的”价格——接近其出价的最终价格——而日本人却想得到更高的利润，这让美国人感到异常不快。[43]

尽管会感到不快，但美国人很可能还会坚持自己原有的做法。他们会尝试一次只做一件事。在这一方面他们只会让自己感到更加沮丧和懊恼，因为典型的日本谈判者并不喜欢一个问题接一个问题地解决——这也很好地解释了日本人为何会在谈判差不多结束时才一股脑地作出让步。就算美国人的说服能力很强，日本人仍可能以沉默作为回应——此时美国人会认为日本人在蓄意阻碍谈判的进行。美国人的这种反应可以从文化角度得到解释：美国谈判者一般拥有即时决策权，能够及时作出各种让步；日本谈判者却很少有足够的权力作类似的决定。日本人的决策方式是在接盘后进行集体讨论，然后再达成一致意见。因此日本谈判者会无法即时对谈判对手开出的条件作出回应。[44]

美国人若在此时感到异常沮丧，他们就会以非常激进的手法作出回应。他们可能会告诉日本人：“如果你们不降价，我们就和另外一个供应商做生意。”这恐怕是美国人能犯下的最大错误。这种直接的方式只会让日本人感到厌恶。其实美国人

**表7.5　美国人谈判方式的十大要点（约翰·韦恩方式）**

| 美国方式 | 在其他国家时适用的方式 |
|---|---|
| 1. 我一个人可以搞定：我们通常以为自己就能解决复杂的谈判问题。 | 1. 聪明地利用团队协助：尽量使用有技术或语言专长的额外组员。 |
| 2. 叫我约翰就行了：美国人不太在意地位及头衔，也不喜欢繁文缛节，比如冗长的介绍。 | 2. 遵循当地习俗：美国人的不拘礼节与别的文化格格不入；遵循当地习俗会使外国客人感到自在。 |
| 3. 请原谅我的法语：我们不太擅长使用其他语言——我们也不经常道歉。 | 3. 讲外语：就算只懂得一些基本的外语词汇也会有用。 |
| 4. 直奔主题：美国人不像其他民族，不喜欢寒暄，更愿意直奔主题。 | 4. 谈正事：不同文化对什么是正事有着不同的定义；在很多国家了解谈判对手也是重要的正事。 |
| 5. 请摊牌：我们希望在谈判桌上得到对方提供的真实信息（“你告诉我你需要什么，我也会告诉你我的条件”）。 | 5. 有所保留：外国公司高层很少把手中所有的牌都摊开，而是随着谈判的进程逐渐摊牌。 |
| 6. 别干坐着，说点什么：美国人不擅长处理沉默——为了填补沉默带来的空白，我们往往会被迫作出让步。 | 6. 沉默也是有力的谈判工具：可以考虑使用沉默，但也要注意对手针对你的沉默。 |
| 7. 别放弃：我们受的教育就是不要放弃；谈判就是要说服。 | 7. 经常在幕后改变主意：若谈判遇到僵局，尝试多问一些问题，或让步，或采取更巧妙的方式。 |
| 8. 一件一件事情来：美国人会按照顺序来完成谈判任务（“我们先解决数量问题，然后再谈价格”）。 | 8. 推迟让步：直到你能让所有事项都得到解决，不然不要轻易让步；不要用已经解决的事项来衡量谈判的进度。 |
| 9. 生意归生意：当我们达成协议的时候就是承诺的时候。我们期望谈判各方无论发生什么情况都能遵守协议。 | 9. 被我们认为是承诺的东西：在不同地方有不同的含义，不论是东京、里约热内卢或利雅得，特别是新达成的交易比以往更充满不确定性。 |
| 10. 我就是我：很少美国人会为改变主意感到骄傲，就算事情很难处理。 | 10. 灵活性：这在跨文化谈判中非常重要——我们必须适应不断变化的经济环境。 |

资料来源：改编自 Graham, J. L., & Herberger, R. A. (1982). Negotiators abroad—don't shoot from the hip. *Harvard Business Review*, July-August, 160-180.

若能通过第三方向日本人表达这个意思，效果往往会更好；如果确实需要采用直接的方式，那么完全可以用另一种不同的说法来表达同一个意思。美国人可以说：“贵方更低的价格可以让我方不再考虑选择其他供应商。”除此之外，美国人还可以更详细地重申己方的立场。另外，提问题、装聋作哑或者沉默都会有助于谈判的继续进行。[45]

**第四阶段：达成协议**。在达成协议后大多数谈判就已告一段落。协议是前面三个阶段所有的让步和说服的集合。人们常说协议只是一个开头，也就是说，如果谈判各方不严格按照合同行事，那么之前花费的所有努力都将付诸流水。基于对这一点的认识，许多美国公司都会坚持签订详细的正式合同，以对合约各方产生约束力。但这个要求在某些文化中会被认为是消极的，而且会受到某种程度的抵制。在世界上的一些地方，谈判者讨厌用冗长的书面合同来结束谈判。他们反而希望自己在前几个阶段花时间建立和强化的关系能在此时发挥作用，也希望借助在第一阶段建立的信任关系，各方能够共同起草一份较笼统的合约来共同承认及遵守。[46]外国公司往往有这种倾向。但在今天，他们若与美国公司谈判，也逐渐要求签订一份冗长详细的正式书面合同。

中国人对什么是好合同自有一套看法。他们喜欢比较宽泛的合同，即里面只注明了各种原则而非详细的条款。人们普遍认为，中国人之所以喜欢订立较宽泛的合约，是由于他们认为如果各方都同意相关的原则，那么自然会有善意且信得过的人会执行原则下的各项细节。[47]美国人和其他西方人通常也认为，如果相互之间存在信任关系，中国人就会愿意许下明确的承诺。当然，要判断各方的看法正确与否还是要看具体的事例。但有一点是可以肯定的：美国人不喜欢设定宽泛的原则。对美国人来说，这些原则跟泛滥的公司章程差不多，都只是由一些好词好句堆砌出来的，没有多大现实意义（具有讽刺意味的是，第 3 章曾提到，美国公司似乎比他们的外国同行更喜欢制定这样的公司章程）。

但许多美国人没有意识到的是，这些原则是中国人用来评估未来合约的标准。美国人常常不花什么心思就会同意这些原则。从根本上来说这样做是正确的，因为各方可以对原则进行不同的阐释以支持自己的立场。在美国，一个人基本上可以做任何没有被合同禁止的事情（前提是要合法）。[48]诚然，合同只有得到各方遵守才有用，合同各方能否自始至终地遵守合同取决于遵守与否可能带来的长期影响。这种影响又取决于我们对谈判各方的信任及对合同的满意程度。因此要让谈判对手感到做了好买卖，这对自己也意味着良好的长远效益。[49]

## 本章总结

在国际沟通中冲突无处不在。造成冲突的原因包括不同的文化准则、决策方式以及各种文化对冲突的看法，即应该介入还是避免发生冲突。我们讨论了冲突发生时各种文化的处理方式。这些方式将对自我结果的关心与对他人结果的关心进行了对比。比如，美国人倾向于采取竞争手法。冲突发生后人们向对方做出解释的方式也存在着文化差异。倾向于集体主义的文化会采取缓和的解释方式（如让步），而倾向于个人主义的文化则会采用更易激怒人的解释方式（如否认）。

文化也塑造了人们对各种解释的反应模式。比如，易激怒人的解释方式会被集体主义文化者认为是消极且无助于事的。

避免或降低冲突的一个重要方式是谈判。本书提供了两种谈判框架，其中的广义框架引导人们理解文化对谈判的影响。该框架包含了五大基本因素，并介绍了人们如何将谈判中的事项概念化，以及应该如何展开谈判。第二个框架重点阐述了谈判的各个阶段，但也强调了谈判前期的准备。前期准备应该包括深入了解谈判对手（他们的文化及其对谈判的影响），必要时寻求外部专家援助，使用翻译人员及组建跨文化谈判团队，谈判者必须愿意花费大量时间进行准备。

实际的谈判过程要经历四个阶段。本书展示了不同文化在各个阶段所花费工夫的多少。比如，美国人常常低估谈判第一阶段——非任务式探测——的重要性。美国人认为这一“互相了解对方”的阶段应该简短，例行公事即可，而其他文化所花费的时间却相对更长。第二阶段——与任务相关的信息交换——在美国人眼里也并不重要，而其他国家（如日本）的人却愿意在这一阶段花更多的工夫。在像日本这样的高语境文化中，人们希望能长时间深入地交换各自需要的信息。第三阶段是说服，大部分美国人将其看成是谈判的核心部分。在这一阶段，谈判各方会努力尝试说服对方改变立场。但对于某些高语境文化而言，这个阶段的重要性较低，而且他们花费在公开说服上的时间要远比美国人少。最后是达成协议阶段。在这个阶段，各文化间也存在着极大的差异。美国人喜欢详尽的合同以对谈判对手产生约束力。其他高语境文化更依赖于谈判前期所建立的信任关系来真正达成交易。本章指出了国际谈判中人们会犯的错误，也给读者介绍了一系列有助于产生有利结果的谈判技巧。

## 讨论题

1. 在探讨冲突时，我们强调了其负面意义及后果。你能否想到跨文化冲突可能带来的积极意义？
2. 亚洲人、拉丁美洲人、美国人各自典型的处理冲突方式是怎样的？哪种人的典型处理方式会让对方感到不快？
3. 思考如下问题：若美国人与沙特阿拉伯人进行谈判，双方的谈判者会如何处理每个阶段？又会各自强调哪个阶段？

# 迎接挑战

## 了解墨西哥人和美国人谈判风格的差异

本章开篇部分介绍了一家美国公司两个部门的美国经理和墨西哥经理进行沟通的情况。他们的任务是通过谈判决定由哪个部门行使购买电脑设备的权力。读者看过该案例后也许会怀疑事件的真实性。的确，这只是经理培训计划中的一部分，但参与该计划的都是真正的经理。虽然谈判任务是虚拟的，但其过程仍给研究者提供了一些直观的、有趣的文化差异现象，以及混杂其间的愤怒、沮丧及误解。

就总体而言，墨西哥人在谈判过程中要比美国人更关注人际关系的好坏，也更喜欢用故事和寓言来支持自己的观点。虽然他们也会承认谈判对手的观点，但往往更注重寻求对双方都有利的结果。墨西哥人在谈判过程中表现得较易激动。

当然他们也会反驳美国人的论点，并且会在感到己方利益受损时提出自己的要求。美国人却与之相反，他们往往会打断对方的说话并使用攻击性的言论。简而言之，他们的竞争意识要比墨西哥人强。美国人也喜欢严格按照时间安排来处理每件事情，并希望能得到更多的信息。就算美国人表现得很强硬，其实他们最终还是会对墨西哥人作出让步，提供其他一些可行的选择，以使谈判能获得最终的成功。墨西哥人更关心的是如何在一开始就建立积极的工作关系，然后再共同寻求可行的其他选项，而不是讨论特定的某些事项。

美国人给墨西哥人留下的总体印象是过于咄咄逼人，不易相处。美国人则认为墨西哥人过于优柔寡断，性格软弱并且肤浅。谈判中各方从采用的策略到各自的反应都受到了各自文化的影响。墨西哥人偏向于集体主义，而美国人偏向于个人主义。美国人并不太担心人际关系而更看重在谈判中“获胜”。他们也视冲突和争辩为积极因素（有助于“消除误会”）。但对很多墨西哥人而言，互相尊重、和谐友好，特别是与朋友或家人的交往中感情真挚，是文化价值的一部分。而且墨西哥人习惯于多维时间观念（高语境），而他们的美国同行却遵循一维时间观念（因此美国人更强调时间，总感到紧迫，并喜欢用语准确）。

由于大家同属于一个公司，所以此次给出的案例是一次“组内”谈判。这两个团队会因此受到怎样的影响？为什么？在这种情况下，你有何建议可以帮助各方更好地应对并适应对方，或者更有效地作好谈判准备？在不同的情况下又该如何？若双方要面对“组外”谈判对手时又会如何？当谈判各方与公司外部的对手谈判时又该使用怎样的谈判技巧？为什么？

本章曾经强调过，一个管理者最大的错误就是不愿去熟悉另一种文化的习俗和准则。如果谈判双方都为可能出现的“文化断层”作好充分的准备，事情就可能会进展得更顺畅。现在并不需要经常出国才可以参与国际谈判，也许穿过公司大堂你就能看到正在进行的国际谈判[50]。

# 国际管理技能开发

## 一个国际谈判情境

### 目的

通过诊断及分析一次失败的国际谈判案例，学习如何更好地应对此类及其他跨文化谈判，并能据此修正自己的谈判倾向及风格。

### 学习指导

请在课堂内或课外单独阅读以下案例，然后分成4~6人一组，集体讨论列在本案例后的几个问题，请尽量达成一致意见（时间限制在20~25分钟内）。然后就本小组的答案向全班进行报告，再进行全班性讨论，最后进行总结（20分钟）。

### 案例

位于美国西南部的Econ公司是一家快速发展中的电器零售商，它正在与日本及远东的一些电器生产商谈判采购事宜。Econ公司出名的地方在于它总是以折扣价出售最新款式的电器，而且有足够大的库存量。它的口号是“从不抛售，永不缺货”。为了展现公司与新供货商发展紧密关系的意愿，管理层决定派出公司的高级采购经理彼得·内尔森亲赴远东。他此行的任务是进行一系列的合同谈判。这将增加公司在西南地区的市场份额，同时还能强化公司快速成长的形象。陪同彼得前去的是一位电脑软硬件方面的专家雷德·麦克劳德。

对 Econ 公司具有重大意义的一家企业是 Nagaoka 公司，该公司是可写入磁盘驱动器及无线硬件方面的领先者。彼得在去日本前就已计划好要与这家日本公司的销售副总裁 Washsami 先生进行多次会谈。这也是彼得和雷德第一次跟日本公司打交道。美国人如期到达日本人的工厂，然后被引至一间预先准备好的会议室。会议室内，坐在 Washsami 先生旁边的还有三个人，分别是生产总监 Asakawa 先生、他的助理 Matsuata 先生，以及该公司的翻译 Konatshima 先生（因为只有 Washsami 先生会讲英语，所以 Konatshima 先生应邀前来）。双方在数分钟的介绍之后正式开始会谈。为了打破沉默，彼得向翻译建议，既然双方要共事数日，可以直呼其名。然后他便重复了他和同事的名字。日本人点头同意，却仍继续用全名来称呼他。彼得重申了一次，但日本人并没有改变自己的做法。于是他便决定不再提这件事，但他还是对日本人的一本正经感到诧异。

彼得主动向对方阐释自己和雷德此行的任务及公司的经营理念。彼得这番讲话的对象是 Washsami 先生，因为他在日本谈判组里面等级最高。翻译人员为大家重复了他说的话。但日本人在点了点头后却出现了一段长时间的沉默。由于对这种沉默感到不自在，彼得又向 Washsami 先生解释了 Econ 公司的具体条件：最重要的就是需要在大订货量的基础上拿到折扣，并且要签订一份多年的合同。作为对彼得的回应，Washsami 先生表示无法如此快地作出决定。他的同事们纷纷对他投以赞同的目光。美国人显然无法接受他的意见，于是雷德就价格问题提出了自己的看法。但彼得和雷德提出的要求越多，Washsami 先生就变得越不可捉摸和态度强硬，而且沉默的时间也越来越长。最终彼得和雷德不得不接受了这个事实：Washsami 先生并不愿意谈价格。

彼得转而大谈 Nagaoka 公司生产的驱动器的规格。此时彼得认为他的谈话对象该是该公司的生产总监 Asakawa 先生。彼得认为既然 Asakawa 是总监，就应该懂得回答技术问题。Asakawa 先生在回答问题前显得有所迟疑，并转而与他的助手谈话。彼得这才明白，知道所有答案的人并不是 Asakawa 先生，而是他的助手。这让彼得感到困惑，因为他不想冒犯该总监，或者在他老板面前置 Matsuata 先生于尴尬的处境。为了避免尴尬，及时摆脱困境，彼得将自己的谈话对象改为翻译，不针对任何一位管理人员。但不幸的是，这种策略使得翻译非常困惑，且让局面变得更糟糕。

会议进行了两个小时后，彼得为会谈的进展缓慢而感到焦虑万分。更糟的是，日本人随意及放松的谈判方式，以及他们不情愿的讲话方式，让彼得觉得他们并不在意这单生意。为了最后能拯救这次会谈，彼得转而谈起装运日期及下订单后多久能收到货等问题。日本人此时再一次不愿对货物数量及装运日期作出承诺。在感觉到 Washsami 的立场有所松动之后，彼得继续在这些问题上着力。在翻译的帮助下，会谈继续进行了 30 分钟。Washsami 先生此时终于答应雷德提出的具体装运日期。但紧跟其承诺而来的是一连串的解释：为何难以确定在这个日期运送货物，及这样做会对其公司的生产线带来多大的压力。

彼得觉得自己终于得到了日本人的承诺，并认为这将是撰写合同要点的最好机会。于是彼得继续提议道，既然双方同意了装运日期，那么两家公司就可以开始草拟一份合同了。一开始翻译并不愿意重复彼得的话，但最终他还是向管理人员进行了忠实的转述。让彼得惊讶的是，日本人好像大吃一惊，并表示双方并未就装运日期达成任何协议。彼得对此感到非常疑惑，于是提议大家共进午餐再重新考虑各自的立场。双方共进午餐，并同意下午两点继续开会。

## 讨论题

1. 你认为两家公司的谈判出了什么问题？
2. 谁犯了错？
3. 你会如何应对？

资料来源：*Skills for Managerial Success*, L. W. Mealia &G. P. Latham, ? 1996 McGraw Hill. Reprinted by permission of the publisher. Pp 166-167, 170-172

# 案例3
# 英韦尔莱特金融集团

1996年6月，加拿大丰业银行（Bank of Nova Scotia）对墨西哥银行英韦尔莱特金融集团（Grupo Financiero Inverlat）进行了增资。丰业银行对该墨西哥银行的所有权从8.1%增长到54%，其中包括了普通股及可转换债券。完成增资计划之后，一组加拿大经理人立即被派往墨西哥接管这家百病缠身的金融机构。该墨西哥银行的现任助理总经理（Director General Adjunto）吉姆·奥多内尔从计划一开始就参与其中。

吉姆曾是英韦尔莱特集团财务状况调查团的一位成员，该调查团在谈判开始前就已经对英韦尔莱特进行了详细的财务调查。调查完成后，他和妻子安玛丽（也是丰业银行的一位管理人员）又成为在1996年5月第一批抵达墨西哥的加拿大管理人员，随后又陆续来了14位加拿大经理，从而完成了对英韦尔莱特最高管理层四个层级的重组。在英韦尔莱特发生变革的速度非常快，让吉姆对前期努力得到的回报感到惊叹。他同时也在思考该如何更好地完成余下的重组任务。

## 英韦尔莱特简史

1982年，墨西哥共和国总统波提洛在他最后任期内宣布对墨西哥银行进行国有化。在随后8~10年中，这些银行都成为了国家监管的金融机构。管理者认为，在政府掌控下的那段时间内，墨西哥金融机构改革停滞不前；墨西哥人墨守成规，毫不理会国际银行业的发展如何日新月异。

英韦尔莱特的许多经理认为自己的银行比其他墨西哥银行衰败得更快。经理们认为自己的银行缺乏总体战略规划及领导。由于缺乏强有力的中央管理体系，该银行的每个地区分行都独自运营，因此被人戏称为“封建割据”管理。各个分行的自主权太大，以至于经理们认为英韦尔莱特并非一家大银行，而是由八家小银行组成的大杂烩。这种支离破碎的组织形式让新产品的开发几乎无法进行。总行就算开发了新的金融产品也无法保证能在各地分行乃至支行顺利销售。各区域分行内部的权力斗争导致员工要对上司绝对忠诚，因而员工作出这样的回应也就顺理成章了：“我无法支持你，老板不让我那样做。”

1990年，墨西哥通过了一项宪法修正案，允许私营部门对墨西哥的商业银行持有多数所有权。1990—1992年，墨西哥政府对包括英韦尔莱特在内的18家银行进行了私有化。此时正在寻求扩大其在拉美地区利益的丰业银行用1.54亿加拿大元购买了该银行8%的所有权。

在该银行新的组织架构下存在着三种公司文化：母公司的文化；Casa de Bolsa 证券行的文化；银行新主席从墨西哥最大的金融机构 Banamex 带来的文化。Banamex 的许多高级管理人员应邀加入英韦尔莱特，其中有些原本已经退休赋闲在家。来自 Banamex 的高管想在英韦尔莱特重造一个“小 Banamex”，这使 Banamex 的文化很快主导了新银行的文化。然而，非 Banamex 背景的经理却认为，这种战略根本行不通，原因在于英韦尔莱特缺乏 Banamex 那样的客户、技术及资源。

英韦尔莱特的领导层认识到该银行在经历了国有化时代的停滞之后，无法培养出能够紧跟时代变化的银行家。虽然他们认识到要激发英韦尔莱特的活力，但显然他们非常缺乏这类知识或能力。

长期缺乏发展的信用评估部门受到了极大的损害，它所面临的问题也是最急迫的。银行的增长依靠贷款发放的增长，但由于缺乏向私营部门放贷的经验，使得贷款往往无法确保能够得到可靠的抵押，也无法确定放贷合同能否被忠实地执行。1995 年初，墨西哥比索严重贬值，导致该国的信用环境崩溃，银行业也随之而崩溃。墨西哥政府不得不接管银行。在这场灾难中，丰业银行对这家银行的投资贬值了 95%，仅剩下 1000 万加元。

## 与丰业银行谈判

丰业银行的管理层认为投资金额的贬值是进一步购买英韦尔莱特的机会。1996 年初，他们开始与墨西哥政府展开谈判。丰业银行出资 5000 万加元购买了英韦尔莱特 16% 的股份，并出资 1.25 亿加元购买了可转换债券，这批债券将在 2000 年 3 月 31 日转换为 39% 的普通股。如果丰业银行 2000 年决定不再持有英韦尔莱特的所有权则可将债券转卖，从而保持较低程度的股权。

墨西哥政府与丰业银行——英韦尔莱特在 2000 年前的最大股东——签订合同，让其对英韦尔莱特进行管理。墨西哥政府为不超过支付 20 位来自丰业银行的管理人员支付工资，这批管理人员代表政府对英韦尔莱特进行管理。如果丰业银行需要更多加拿大经理对英韦尔莱特进行管理，多出来的工资额将由丰业银行自己支付。只要墨西哥经理掌握了高效自主管理银行的能力，这批加拿大管理者就可以回国。

除了一小部分最高层管理人员外，英韦尔莱特的其他员工缺乏直接了解谈判进程的渠道。他们不得不依靠墨西哥媒体不甚准确的报道来获取信息。随着谈判的进行，英韦尔莱特的员工对此次交易的支持度变得非常高。他们不想再次成为政府的官僚机构，还把丰业银行视为能够带来资金、技术和专业知识的救世主。

## 员工的期望

但随着与丰业银行谈判的结束，员工们的兴奋感逐渐被害怕所代替。他们担心一旦加拿大人接管了英韦尔莱特后会不会实行对自己不利的政策。高层管理人员担心自己会不会被更年轻、会讲英语的 MBA 所取代。当地媒体的不实报道带来的流言迅速在银行内部传播。一份报纸竟然宣称将有 180 名加拿大高管进驻英韦尔莱特。

随着对裁员规模的不断猜测，员工的焦虑情绪也急剧增加。虽然丰业银行在其他拉美国家也购买过银行，但就连英韦尔莱特最高层的管理人员都不清楚丰业银行的经营战略。英韦尔莱特经理觉得自己的员工认为丰业银行是“外国佬”的公司，并断定他们会像在该国也购买了银行的美国公司那样对银行进行结构调整。许多人相信，不管是哪家外国公司购买了英韦尔莱特，大部分原有高管会被取代，并且将裁减近一半的员工。绝大部分人都不甚了解合同的内容，只有极少几位高管知道合同中限制了加拿大管理者的数目。

只有为数不多的墨西哥员工与加拿大管理人员有过接触，而大部分员工认为加拿大人会像美国人那样行事。就算在公司最高层，也仅有为数不多的几位高管人员曾在丰业银行对英韦尔莱特进行账务审计时与加拿大人有过接触。加拿大人为了更有效地管理，决定进一步了解墨西哥的文化。因此，即将参与管理英韦尔莱特的加拿大高管提前一个月来到墨西哥学习西班牙语。他们在库埃纳瓦卡（墨西哥城西南部80公里处的一座小城）进行了高强度的学习。墨西哥文化是为期三周的学习中的一门必修课。墨西哥经理对加拿大人想深入了解情况的愿望印象深刻，认为他们的行为值得尊敬。一位经理评价道：

> 第一次开会时，加拿大人向我们道歉，因为那次会议将使用英语。但他保证下次就会用西班牙语开会。事实上，有时候开会还是会使用英语，但他的努力尝试有着非常重要的意义。

4个月过后，加拿大人的团队仍然每天参加高强度的西班牙语培训课程，而且进步不小。

加拿大经理说他们一直避免简单地以是否是双语人才来决定工作岗位。一位加拿大经理以下面这段话表达了自己在工作中使用西班牙语的决心：

> 这里只有16个加拿大人，却有1万个墨西哥人。让这16个加拿大人讲西班牙语当然要比让1万个墨西哥人学习英语容易得多。不然这些墨西哥人会以为不会英语就无法升迁或将丧失不少机会。我们要意识到这是一个西班牙语国家，我们的客户都讲西班牙语。

## 英韦尔莱特和丰业银行的文化

在加拿大，丰业银行被认为是该国所有大型银行中财务控制体系最严格的一家。该银行不仅拒绝在非关键部门的投资，而且坚持严格的政策及监控体系以督促经理严格执行预算。

英韦尔莱特的管理人员却习惯于对自己的预算拥有高度的自主处理权。他们在对一个计划进行资源分配之前往往不会进行任何研究分析，而且没有人监督预算的执行情况。墨西哥经理认为，丰业银行应该对英韦尔莱特实行更严格的管理制度，但也有人担心这样会引起矛盾冲突。

例如，丰业银行管理层实行新的礼品收受控制政策之后就引发了一次冲突。丰业银行的管理层规定，管理人员可收受的礼品价值最高不能超过500比索。他们若要接受更加贵重的礼物也可以，但必须在圣诞节的时候抽彩分发给银行所有员工。墨西哥经理对这种带有主观性的强硬规定感到非常恼火，觉得管理层不相信他们的自我判断力。管理层也认为，当初应当先向经理们说明慎重收礼的重要性，然后给予经理们充分的信任，让他们自行作出判断。

## 丰业银行的命令

在加拿大管理团队到达两个月之后，新的银行主席比尔·萨顿对175名英韦尔莱特高管进行了一次宣讲。此次宣讲的主要目的有三重：指出管理层的短期主要目标；公布高级管理层的人事架构；向员工保证第一年不会裁员。其中最主要的目的如下：

1. 厘清银行的全部呆坏账
2. 建设面向客户的公司结构
3. 提高所有运作及活动的效率和生产率
4. 提高315家分支机构的赢利能力
5. 设计可靠的经营战略
6. 改进财务信息的可靠性

虽然墨西哥经理对这些目标普遍表示理解和接受，但仍有人批评这些目标难以捉摸，让人无法定出具体标准。不过考虑到第一年所发生的一些变革，大部分人相信这些目标在本质上是可行的。由于1997财年的预算计划过程更加谨慎，大家同意对管理目标进行调整。

新的管理体系与银行现有的体系差异非常大。最初按地理位置分布的八大区域被裁减为四大区域。经理们看到四大区域经理都是墨西哥人时很开心，认为这是对这批经理的一种升迁。

第二个变化在于加拿大经理进入管理体系的方式。加拿大高级经理占据了“助理总经理”（DGA，即高级副总裁）的位置。没有直接被加拿大人取代的墨西哥DGA则需要向一个或多个加拿大DGA汇报工作。然而这一点并没有在公司结构图中表现出来（如图1所示）。墨西哥DGA保留了职衔，表面上仍与加拿大同事属于相同的级别。

墨西哥经理后来表示，员工们对是否在墨西哥DGA手下工作其实心态很复杂。很多人觉得墨西哥DGA和他（该银行没有女性DGA）的手下要比加拿大人“脆弱”；但如果DGA的位置是由墨西哥人把持，墨西哥的高级经理就会觉得自己还有希望升到这个位置。大部分人认为加拿大经理会始终把持着银行内的关键职位，他们不会拱手将权力让给墨西哥人。其实这并非丰业银行管理层想传递给员工的信息。吉姆·奥多内尔曾对属下说过，只要他们中的任何一位觉得有足够信心取代他，他就可以离开墨西哥回国。

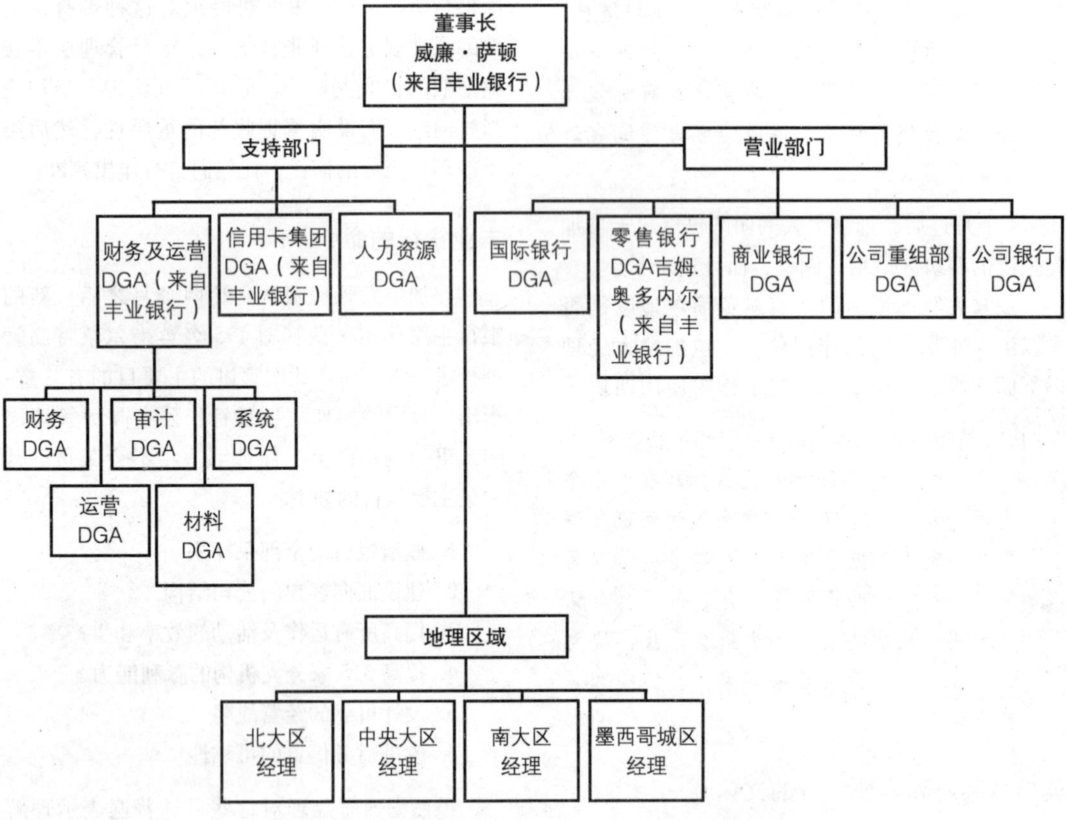


图1 英韦尔莱特金融集团组织架构图（重组后）

管理层传达的最后一条信息就是不会削减员工数量。“不招聘、不解雇”的政策已经到位，这让员工们都感到如释重负，因为许多人曾预料加拿大管理层到墨西哥后的几个月内就会裁员3000～5000人。

## 沟通上的挑战

加拿大和墨西哥经理遇到了许多因语言不通而带来的困难。最高层的墨西哥经理中有很多人会说英语，但其余经理在与加拿大人交谈时仍需要借助翻译。虽然直接向加拿大人汇报的墨西哥经理会说英语，但加拿大人却无法直接向更低一层的经理传达信息。这让加拿大人感到沮丧。对此，一个加拿大人说：“有时候觉得自己像个该死的独裁者。”他必须通过接近自己的最高层官员才能向整个部门传达管理层的决定。

### 会议

就算与会的所有经理都会说英语，产生误解的几率还是非常高。一位墨西哥经理回忆起前期一次有墨西哥经理参加的英语会议。散会时每个经理都认为自己理解了此次会议的决议。后来当墨西哥经理们用西班牙语谈论开会的情况时，才发现各自的理解竟然如此不同。更让他们感到情况严重的是，每个经理都似乎听到了自己想听到的东西，这证明大家都受到成见的严重影响。

除了语言问题外，加拿大人开会的方式也可能会使情况更加恶化。墨西哥经理习惯于宽松的开会氛围，这样他们就可以随时进出会议室或者与旁边的同事交谈。不过加拿大人对此却感到不舒服，开会方式也因此变得更严格、更有条理：墨西哥经理们被告知每隔两小时休会片刻，只有休会时才能起身离开会议桌或会议室。

加拿大经理认为墨西哥人在起初几次会议上的行为是由于缺乏纪律。他们觉得新的开会方式会提高效率，却没有意识到取消原有开会方式中的非正式沟通将会带来怎样的负面效应。

### 语言之外

尽管在库埃纳瓦卡接受了跨文化培训，加拿大经理仍觉得自己需要学习两种文化间更多的细微差别，以免掉进文化陷阱。吉姆·奥多内尔想起一件事。有一次，他和几个墨西哥经理在会议室里阅读一份材料时感到很困惑，而准备这份材料的墨西哥经理却刚好不在场。吉姆叫这个人进来给大家进行解释。几分钟后这个人走进会议室，吉姆开玩笑似地说道：“就是这家伙把事情搞砸的。”这让那位墨西哥人感到非常沮丧。直到在他解释后，大家才明白吉姆是在开玩笑。吉姆认为，这件事表明，在墨西哥文化中当众批评他人无法让人接受，就算是开玩笑也不行。

说起来容易做起来难。墨西哥人往往希望不要把那些常被加拿大人认为是小分歧的事情拿到台面上来讲。他们觉得最好是关起门来私下商量。一位墨西哥经理提到了当众与员工意见不合的危险：

> 当老板不同意或者对其下属的行为采取批评态度时，若直接在其他下属都在场的会议上提出批评，其他经理就会利用这一机会对这位经理进行更多的批评。开会时若存在不同意见，高级经理应当说：“稍后来找我，到时候再商量”。

与之相反，加拿大经理会鼓励所有经理都参与到会议讨论中，积极的批评和建议往往都会被采纳。

### 墨西哥人的沟通方式

一位原英韦尔莱特的经理在谈到口头沟通时曾经说过：

> 在墨西哥，人与人之间的交往非常正

式。由于墨西哥人会尽一切努力避免冒犯交往的对象，因此他们会非常小心地为每一句话“套上糖衣”。所有请求都会以“非常感激”（por favor）来结尾，不管是多么微不足道的请求。

墨西哥人通常会使用表示微小的词。比如：Esperame 表示“等我”。Esperame un rato 表示“等我片刻”。墨西哥人可能更常说 Esperame un ratito。“Ratito”表示“非常短的时间”。这样就显得没那么直接。

这种礼貌也被延伸到其他交往中。墨西哥人在遇到同事或下属时，说一句“你好吗”是非常恰当的，就算这一天内他们已经见过四五次面。你如果不这样做，就可能被认为你对他有意见或者你没有教养。

一位加拿大经理说，他接触过的墨西哥人太热衷于避免冲突了。每当墨西哥人向他讲“他想听到的话”时，他就会感到非常沮丧。通常，这些墨西哥经理会答应他们无法或者不会去做的事情，其目的仅仅就是为了能在当时避免冲突。

其他信息：故意的或其他

处在高度焦虑中的墨西哥经理对加拿大人的行为所传递出的信息非常敏感。这种情况在加拿大人每次采取任何大动作之前都会出现。

加拿大人在设计新的组织架构时与许多高级墨西哥经理进行了谈话。谈话的对象是根据他们想了解更多情况的领域来选择的。不幸的是，很多墨西哥经理觉得如果没有被叫去谈话，就意味着自己对加拿大人来说并不重要，也就不可能被任命担当重要职位。就算新的组织架构出来后他们仍占据重要职位，这些墨西哥经理还是感到不舒服，觉得自己对组织的重要作用没有被加拿大人认识到。

由于经济整体不景气，在银行的下层员工中，很多人并没有什么事情可做。许多人都害怕此时会裁员，觉得那些干活很多或者有新任务的员工才能保住一份工作。

不断进行的沟通

吉姆第一次与属下的九位高级经理开会时指出，所有人都不会在自己的岗位上任职超过两个月。这让高级经理们焦虑不已。他紧接着解释道，这样做是让每个人都按要求进行轮岗，目的是让大家能熟悉各个部门的情况，并能在以后作决定时充分考虑到各部门的相互依存情况。

吉姆实现了自己的诺言。两个月后，九个人当中只有一个人没有轮岗。即使这种情况下，有些人仍对自己被调动的方式感到不安。吉姆通常会通知他们两三天后到什么岗位工作（墨西哥人的通常做法时提前一个月通知），而且只用 30 ~ 45 分钟告诉他们新的工作职责及目标，然后就让他们上岗。

这种沟通方式对许多墨西哥人来说非常突兀。许多人以为自己离开原来的岗位是因为工作表现不佳。一些高级别的墨西哥经理解释道，许多基层经理在接到轮岗通知后会跑去问他们为何吉姆会把自己调离原来的岗位。大部分经理认为，加拿大人应当就这些决定与员工进行更多的沟通。

责任

加拿大经理发现，银行完全没有内部会计责任制度。高级经理经常脱离委员会的控制而自作主张。资源被投入到一个计划中后，很少有人会去检查这些计划获得了怎样的成果。因此，在新计划获批或得到执行之前很少有人对其进行分析调查。

加拿大人采取的第一个措施就是提高分析的水平，然后用他们所谓的“商业报告”这一方法进行实施。报告里面要提供成本收益分析给高层经理审批。开始他们很难向墨西哥经理解释清楚如何提供各种分析要点。他们给墨西哥人提供了一个框架，但墨西哥人开始时都非常严格地按照提纲来写报告，往往为了3.5万美元的计划就要提交140页的书面报告。

需要无休止修改的报告让双方都感到苦恼不已。但只有如此才能让加拿大人得到自己想要的分析报告，并且让双方对报告的内容不再有不同的见解，达到理解一致。

有些墨西哥经理觉得商业报告的方式非常麻烦，认为这种繁琐的形式会阻碍许多好主意的产生。有一位经理说："这有点儿让人感到无可奈何。有人觉得甚至连上洗手间好像都要打报告。"

虽然如此，大部分人还是认为商业报告的积极因素在于它创造了让银行各部门互相沟通的需求和机会。要完成一份分析报告，通常需要向银行的各个分支机构索要信息，因为这将影响到它们的业务。整个银行的功能部门第一次能够通力合作完成同一件事情。为了强化这个观念，加拿大经理人常常要求好几个部门的高层管理人员在实施商业报告中的计划之前对其进行审批。

矩阵责任

组织架构的调整使得责任体系的落实变得复杂化。高层管理人员认识到银行的各个功能部门存在着功能重叠的现象。比如，每个产品中心都有各自的市场及系统部门。这些重叠的部分后来被剥离并重组成为一个直接由高层控制的单位，同时向多个单位提供服务。

此外，不同的产品部门一直以来都各自开发并推广金融产品。每个产品部门的绩效评定标准是各自的产品销售水平。重组后，各个产品部门不再负责销售金融产品，而仅仅负责设计各种产品。银行的各个分支机构将负责分销各种产品及全面接触客户。但是，由于产品开发部门的经理仍需保证产品销售水平，自然而然地会觉得自己的绩效评定是基于自己无法直接掌控的东西。加拿大管理层发现很难向墨西哥人解释清楚他们现在的责任是"影响"而非"控制"。产品经理被授予的角色是"教练"，他们需要帮助各分行的分销体系高效地销售自己的产品。

结构调整中还要注意考虑墨西哥经理的地位。在管理层架构中，墨西哥经理不仅需要对自己的岗位负责，还需要同许多不同位置的员工建立关系。当一个领导被调职时，他的下属会尽量对他表示忠诚。因此当墨西哥经理在组织内部调动（甚至调到另一个组织）时，他们的下属往往也会随之进行调动。

## 裁员

随着银行服务不断得到改善，裁员一事不可避免地被提上议事日程。英韦尔莱特的员工对银行一年内不裁员的承诺感到非常欣慰，特别是考虑到当前糟糕的经济大环境和银行业的糟糕表现。但是在底层，裁员势在必行。有些经理常抱怨很难帮组织不再需要的员工找到合适的工作岗位，从而使得重组的速度减慢。

管理层在这个阶段保持员工数量的动机其实有两个。首先，丰业银行不希望一开始就大量裁员，这样会影响到自己的外国投资者形象。西班牙银行Bilbao Viscaya银行（BBV）在上一年购买了Cremi银行后，以裁员2000多人的形式开始了重组的过程。丰业银行的管理层认为这种举动并没有得到墨西哥政府和市场的认可。

第二个原因在于，丰业银行希望有足够的时间发现哪些员工效率更高，谁更适合新的公司文化，哪些员工会给组织增加价值。问题在于，优秀的员工不确定自己能否在一年之内找到工作，而很多经理认为员工们会向其他组织寻求更保险的职位。一位加拿大经理说，就算一些表现良好的员工也可能丢掉工作。许多人认为裁员迟早会开始。一位墨西哥高级经理对情况进行了如下解释：

> 最坏的做法就是盲目猜测。你有一半猜中的机会，也就是说可以留下一半的好员工。但如果采取等待的策略，员工们就会纷纷寻找其他工作，市场也就会各取所需。在其他企业挑走了你的好员工后，你猜中的机会也就提高到了90%，但你得到的却只是那些剩下的员工。

然而直到此时，很多经理都没有被其他银行挖走。大部分人认为这是银行业的糟糕状况造成的。如果经济环境好转，那些有才华的经理人若感到自己的职位安全度不高，就必定会纷纷另谋高就。

吉姆觉得有必要让那些有才华的管理者感到安全，但他不知道该如何跟他们进行沟通。

## 结论

吉姆觉得在最初几个月，加拿大管理层取得了相对的成功。许多经理都认为那是一段“蜜月期”。人们普遍认为，如果经理们想要在改组过的组织中取得成果，裁员将成为现实，形势也就会变得紧张起来。这使得吉姆开始考虑该如何面对接下来的几个月。时至今日，公司高层与员工的沟通大部分都是非正式的。吉姆认为，如果没有计划好就开始裁员会产生让人无法接受的危机，流言也会让银行失去许多最有价值的经理。

## 作业问题*

1. 你将如何描述加拿大人及墨西哥人的管理价值观？这反映了怎样的文化差异？又如何在英韦尔莱特现在的沟通情况中得到反映？
2. 谁是英韦尔莱特最关键的利益相关者？他们沟通时的优先考虑及需求是什么？为什么？
3. 为了英韦尔莱特的成功，吉姆要作出怎样的长期及短期沟通决策？他该如何为文化差异架设桥梁？

* 问题并非原案例的一部分。

# 案例4
# 西非的合同谈判：被误解的身份

彼得·简是欧洲喷气飞机公司（Eurojet）合同部门的年轻员工。他被公司派往讲法语的西非萨赫里（Saheli）进行谈判。这次谈判的主题是向萨赫里政府出售一架喷气式客机，其中涉及的事项非常复杂。但他并未因此而感到畏惧，只是希望能尽快成交，因为似乎资金的筹集对该国政府来说并不是问题。

简受过法学教育，有在印度、菲律宾、沙特阿拉伯及澳大利亚进行谈判的经验。27岁时他就成了该部门最年轻的成员。尽管很年轻，同事们对他却非常信任，他自己也充满闯劲。如果此次谈判成功，这将是他第一单独立做成的生意。然而，他曾严重怀疑该计划的可行性，再说他也不想成为公司内非洲讲法语地区的专家。为了到该公司工作，他不得不抛下刚刚在澳大利亚建立的人脉关系网。他还想回到女友的身边。

欧洲喷气飞机公司的总部在英国，是规模较大的飞机生产商之一。该公司研制了一种适用于第三世界的喷气式飞机，该飞机能够从炎热的高纬度机场（甚至简易机场）起飞。由于第三世界国家普遍存在资金不足的问题，再加上该地区的航空业糟糕的经济状况，这种飞机获得的订单并不多。因此，公司在得知常驻萨赫里的地区销售董事 Ali Osaju 先生发现了潜在的销售机会时非常高兴。该国希望为总统购买一架专机，并想购置一批飞机用于建立可靠的地区航运。

该国政府的进出口银行还有一大笔资金可供政府使用，这无疑让这单生意成交的机会大大增加。当然，该国政府还需向国际银行借一笔商业贷款才够付清货款。但能否成功借到钱还取决于该地区航运业的潜在赢利能力。

## 谈判组

萨赫里政府声称已作好谈判的准备。根据欧洲喷气飞机公司的规定，谈判应由该公司合同部门进行，销售部门及内部专家对其进行协助。简刚刚以专家租借的方式在澳大利亚从事东南亚地区的工作6个月，在这段时间中他只休息了4天。他此次被招入谈判小组是因为他有在第三世界工作的经历，并且会说法语。他虽然已在公司工作了将近两年时间，却从未与非洲国家打过交道。

---

"A Case of Mistaken Identity" prepared by Gordon Anderson, MBA graduate 1988 and Christine Mead, Research Assistant under the supervision of Susan Schneider, as a basis for class discussion rather than to illustrate either effective or ineffective handling of an administrative situation. 

Ali Osaju 是中东裔的非洲人，在欧洲受过教育并有航空业背景。他与简几乎同时加入该公司。Osaju 虽然没有销售高科技大宗货物的经验，但人脉关系广。他的非洲背景及受过的欧洲教育使他成为公司的无价之宝。在过去两年中，每两三个月他就会在萨赫里待上半个月，以便在当地建立广泛的关系。

## 谈判政策

该公司的谈判政策不可避免地造成了“双头怪”现象。销售代表负责与客户最初阶段的接触，并负责总体关系的建设。合同代表负责就具体条件与客户进行谈判和签订合同及融资协议。这种双头负责方式在不同小组及部门间造成了不同程度的紧张关系。销售部门感到特别痛苦：因为合同部门的人不属于地区管辖，他们要在全球范围内到处飞来飞去。

一个人要在两派人马权责相同的小组中工作，他必须足够灵活。在公司工作的两年期间，销售部门的同事认为彼得是考虑周到、老练的谈判高手。他几乎从未因为文化差异问题搞砸销售部门辛苦几年得来的业务。他的情形就像在走钢丝，因为他必须代表公司拒绝由客户提出但被公司否决的要求。由于这是他首次独立承担合同谈判，同时也是 Ali 进入公司以来的第一笔业务，因此两人都想极力促成这笔业务。

## 谈判的最初几天

欧洲喷气飞机公司并非是唯一打算卖飞机给萨赫里政府的公司。俄国人在 20 年前萨赫里独立时起就对其政府有很大的影响力。他们也想卖出自己的飞机，把这笔生意抢过来。简和 Osaju 经常在酒店房间接到奇怪的电话，最后才意识到自己的电话已被窃听。有一次简回到房间发现自己的手提箱被人动过。同时，另外一家欧洲公司也想分一杯羹——这家公司手中还握有周围几个国家的销售合同。

谈判组的重点在于说服萨赫里人接受一架能从客机改装为总统 VIP 专机的喷气飞机。萨赫里人原打算购买一架专门为总统打造的飞机，但这样就必须多花 1000 万美元，而且除了总统谁也无法使用。谈判进展异常缓慢：简和 Osaju 往往要花几个小时等待官员的接见，并跑许多部门去盖章。他们终于明白，其实没有官员敢作决定，那些官员都怕一旦出问题要承担责任。

两个人花了很多时间在宾馆的酒吧里争论该使用怎样的策略。简不喜欢 Osaju 告诉他应当怎样做。Osaju 反对简把条款搞得越来越复杂，让客户难以理解。两人的关系一下子变得很紧张。他们都觉得，尽管工作处境非常恶劣，但总部对自己的支持却太少。

简开始觉得谈判可能要拖上几个月，成功无望；他还知道另一个同事已取代自己在澳大利亚的位置——那里的订单数量非常诱人。宾馆的条件也不好，两人都只能拿基本工资，而没有海外津贴。

缺乏总部的支持对两人来说确实是个大问题。而且由于电话受到窃听，他们不敢在电话上讲太多东西。他们觉得总部的联络人并未意识到谈判的难处，但总部的管理层却认为谈判进展太慢。

谈判双方已经就资金、配件、飞机的配置、许可证及培训问题进行了无数次的讨论。由于所有的法律及技术文件都需要由英文翻译成法文，因此产生了许多看似细枝末节却会引起严重问题的误解。举个例子：英国的标准合同里面有条款要求萨赫里政府放弃它的“主权豁免”，并且要“以其私权而非公权力签订合同”。但是萨赫里所采用的是从法国继承下来的拿破仑法典，里面并没有相应的法律概念。英国的法庭很少有机会审判针对皇室的案件，因此他们认为这一条款放之四海而皆准。萨赫里谈判者抱着怀疑的态度礼貌地听取了相关的解释，随后就向总统发了封电报说“萨赫里主权受到威胁”。

简和 Osaju 经过商量定下的最基本策略就是耐心及表现得友好开放。建立互信关系及保持个人及公司的信誉被认为是至关重要的。虽然他们尽量简化各种繁文缛节，但两个月过去了，他们仍然没有得到任何承诺。

欧洲喷气飞机公司的管理层对这笔生意开始失去信心。简曾向公司承诺花费 100 万美元按照萨赫里政府的要求对客机进行改造并准时交货，但现在正式合同和贷款的迹象都还遥遥无期。萨赫里政府对国际银行能否给他们商业主权贷款而感到紧张万分。

简尽量使自己适应当地的文化。虽然他天性喜欢速战速决、先做生意再做朋友，但他也明白，在萨赫里做生意的方式并非如此。他花了很多时间交朋友，亲自上门拜访他们的工厂及商铺。有一次他在朋友的工厂里与该朋友手挽手地进行参观。在萨赫里，男性朋友同行是要手挽手的。突然间他遇到了一群前来参观这家工厂的外国使节。他对此感到惊恐万分，几乎是用超乎人类本能的力量才没有放开朋友的手，他的身体却已紧张到僵硬了。

简继续拜访朋友的办公室和家，为自己树立一个坦诚待人、值得信赖的形象，并尝试用简单的方式解释法律及技术术语。渐渐地，他感到别人对自己的看法有了积极的转变。以前萨赫里的官员对他这位欧洲喷气飞机公司的法律商务代表谨慎万分，纷纷明哲保身。通过反省，他觉得那是因为自己一直扮演说“不”的角色。谈判的第三个月，他收到了一个非常激励人心的信号。一位和总统有亲近关系的朋友最近说“他（即简）不常说‘是’，但他说一不二”。这正是他和 Osaju 一直等待的信号，这意味着他们和萨赫里人之间已经建立了信任，从而可以着手处理谈判中较敏感的问题了。

## 被误认的身份？

萨赫里人开会时总会先花上很多时间谈论与会人员的家庭及一般的社会话题。一间会客厅里面挤满 20 来个会议组织者的亲戚朋友是很常见的事。若不与这些人一一寒暄就会被认为非常粗鲁，所以就连打招呼这样的事情都要花上两三个小时。

有一次，在这样的会见上，他被人介绍给一位总统专职飞行员的儿子。这孩子只有 9 岁，是一个狂热的球迷。简只在大学时踢过足球，但他是铁杆球迷。这个小孩子对国际知名球队的广泛知识让他感到很惊奇。孩子的父亲告诉他儿子简也踢足球，简认为只不过是开玩笑。但从此别人介绍时就用“伟大的足球运动员简先生”来称呼他。他与这对父子亲切交谈，讲了许多足球的故事。在充满崇敬的心情听了简的讲述后，这个孩子一口咬定简曾为 Cedex 这支国际知名球队效力。

简终于知道这件事情已经超越普通玩笑的范畴。有一次当地的电视台台长请他去做客，三言两语后就谈到了足球这个话题。为了避免尴尬，简小心地在这个问题上打擦边球——他受过的法律训练此时起了作用——他只说“Cedex 踢得还不错”或者“不，我现在没以前那么常踢球了”。他小心翼翼地既不否认也不承认在 Cedex 踢球这件事情。尽管这是别人对他的误会，但也足以让他浑身不自在。

陌生人与他的谈话让他感到非常怪诞。简开始还以为人们只是在拿他开心，但随后他感到了背后隐藏的危机。外交部长邀请他作为当地足球赛总决赛的嘉宾。新的签证已经变成了外交签证。他每次想跟那位飞行员父亲提起这件事都被人一笑了之，并且夸张地说他是“伟大的球员”！

简越来越为其“国际知名球员”的身份感到紧张。他无法明白为何明明花费了如此多时间与政府官员谈判，却还是被人认为是在国际知名球队效力的职业球员。他无法想象要是由于他的身份问题而丢掉合同，自己该如何向总部的老板解释。

向大家澄清这个错误会给人带来尴尬，因此他不愿那样做；他认为这种误会也许还会有用。国际知名球员的形象显然比年轻律师的形象要高大许多，或许他正可以利用这一点在谈判或签合同时得到更多好处。他认为不直接回答问题或许能保住自己的良心以及莫名其妙得来的身份。但他内心还是很不安。他对 Osaju 说："我可以向天发誓我没有撒谎，然而我还是感到浑身不自在。我不想因此而破坏掉千辛万苦才建立起来的信任关系。"他们同意对此事一笑了之，因为其实牵涉到此事中的人都不是谈判中的重要对手。

终于有一天出现了最紧急的情况：他在宾馆的大厅遇到萨赫里政府的一位重要官员和邻国的一位部长（欧洲喷气飞机公司也想与这个国家做生意）。让简感到害怕的是，两者兴奋地要邀请 Cedex 到西非进行巡回比赛，还要确定日期。简心想，是时候该挑明实情了。

## 尾声

简继续对那个没头没脑的问题给出模棱两可的答案，并努力避免产生更严重的问题。虽然就个人而言此事让他非常烦恼，但就谈判而言并未产生负面影响。不过让简感到幸运的是，至少他还能跟 Ali Osaju 一起嘲笑此事的荒谬性。

经过 10 个月的紧张谈判，谈判组终于在最后时刻达成了协议。他们又花了好几天的时间将法文合同再翻译成英文，然后坐在一位不懂英语的萨赫里打字员身旁，一个字母一个字母地念给她听，再打印成文稿。他们一直缺乏睡眠时间，就是为了能及时完成合同。最后，他们终于可以在司法部长的陪同下前往总统办公室签订合同了。像往常一样，他们在办公室门外等候了几个小时。在这段时间里，司法部长重新读了一遍法文合同，发现了其中几个拼写错误。他随后声明他不能将这份合同拿给总统签字，要拖后一个星期才能签。

听到这个消息后，Osaju 和简都忍不住要用头去撞墙壁。这简直是放在骆驼背上的最后一根稻草，把他们给压垮了。Osaju 把书本和纸张扔在地上，简满屋子乱转，喊道：如果不立刻签合同，他就要撤销欧洲喷气飞机公司对合同的批准。司法部长坚持自己的立场，Osaju 和简只能怒气冲冲地回到宾馆。他们无法相信自己长达一年时间友好详细的工作竟然得到这样的后果。经过多日的辛劳，再加上失去合同的打击，简倒头就睡。

4 个小时之后，他被人叫醒，并被告知司法部长正在等着见他。他被带到路对面的一间办公室，看到司法部长正卷起衣袖坐在打字机前改正所有的拼写错误。他希望彼得能在修改的地方签上姓名的缩写，以确保没有对合同作出重大的修改。合同第二天就签好了。

尽管欧洲喷气飞机公司给出了建议，但萨赫里政府并没有将飞机交与国家航空公司而是将其置于总统的直接掌控之下，因此很少能派上用场。如何偿还债务成了萨赫里政府的一大问题，以至于一年以后这架飞机就被放贷银行静悄悄地非正式收回。欧洲喷气飞机公司主动提出要转卖这架飞机，但萨赫里政府一直阻挠这单生意。

Osaju 在非洲又待了一年时间，然后被派往远东地区，升任该地区的销售总监。简被提拔到另一个项目组，在那里又工作了 4 年。

## 讨论题

1. 为何文中描述的谈判会遇到困难？哪些文化差异可能与此有关？
2. 你如何评价总部给谈判组提供的支持？在这方面公司如何才能做得更好？
3. 谈判者该如何在西非国家建立当地的关系网？应该采取何种不同的方式？为什么？

# 第 3 部分

# 把握国际环境中的机会

CHAPTER

# 8 制定国际战略

## 学习目标

- 了解基本的国际战略概念和国家竞争优势理论
- 识别国际战略类型以及影响战略选择的企业和行业因素
- 了解制定国际战略的步骤
- 识别有助于公司成功建立和实施国际战略的组织特征

## 国际挑战

### 嘉乐比食品公司：在菲律宾打败麦当劳

嘉乐比食品公司（Jollibee Foods）是菲律宾的一家快餐连锁店，创立于1975年，刚成立时是一家家庭冰激凌作坊。如今，嘉乐比在本土的主要竞争对手是全球巨无霸麦当劳，后者拥有超过3万家连锁店，每天在大约120个国家为5000万人提供服务。当然，麦当劳是世界上最著名的公司之一，它拥有像巨无霸汉堡包这样的产品，无论你在哪里购买麦当劳的产品，产品的外观和味道都是一样的，再加上高质量、清洁、快速的服务，麦当劳的确是一个强劲的竞争对手。此外，麦当劳还拥有良好的原料供应和物流配送系统。同时，通过提供儿童游乐场、签名卡通形象、玩具和新奇的装饰物，麦当劳成功地赢得了孩子们的心。

然而，嘉乐比并没有屈服于来自麦当劳的威胁，相反，它在本土市场上抵挡住了麦当劳的挑战。如今，嘉乐比以令人艳羡的55%的市场占有率高居菲律宾快餐业的首位。诚然，在过去的几年中，麦当劳在菲律宾的业绩也在增长，但是嘉乐比的增长速度更快。从1996年到2004年，嘉乐比从大约200家分店发展到了900多家（大约增长了350%），麦当劳从90家分店发展到了240家（大约增长了166%）。同期嘉乐比展开了温和的对外扩张计划，现在嘉乐比在国外（如中国香港、越南、阿拉伯等国家和地区）拥有大约30家分店。嘉乐比甚至进入了麦当劳的美国老家，在加利福尼亚州开了几家分店。

嘉乐比在其家乡市场上成功地战胜了自20世纪80年代起

就号称世界最成功的快餐巨头——麦当劳。现在你的挑战来了，你能说出嘉乐比在菲律宾采用什么战略击退麦当劳的吗？麦当劳应该采取哪些措施才能从嘉乐比手中夺回部分菲律宾市场？学完这章后，你将会明白制定国际战略的过程，了解成功进入国际市场的因素。如果条件允许，为了更好地评估这两家公司，你可以进行一些有关菲律宾市场的调查研究。菲律宾近年来政局不稳定，经济基础薄弱，这些因素阻碍了外资的进入。虽然嘉乐比利用了上述优势，但是，并不足以说明其成功的原因。请你评估嘉乐比的战略，然后看看本章后面的“迎接挑战”，你就会明白嘉乐比是如何战胜麦当劳的。[1]

## 8.1 国际战略：决定如何竞争

正如前一章所述，进行国际化运营的企业经常要面对多样化的文化、价值观和惯例。此外，跨国公司还会遇到许多国外的机会（如未开发的市场）和威胁（如政治风险、竞争对手可能的举动、管理问题等）。因而，对于跨国公司而言，找到在世界不同市场运营最恰当的方法是一件很复杂的事情。也就是说，开发一整套国外竞争计划或者选择市场进入策略是非常重要的，因为这将成为国际运营成功与否的分野。[2]

实际上，决定一家企业如何把握国外市场机会是国际战略管理的重要组成部分。本章将集中阐述企业国际运营的基本战略，以及如何制定这些战略（第9章将讨论具体的国外市场进入战略）。一般而言，制定国际战略的过程包括确定国际战略目标，以及实施公司采纳的国际运营策略。国际运营的风险很大，企业必须能够预测市场和技术变化，并对其进行快速反应，否则将丧失有效竞争力。例如，跨国公司经常把中国当成一块投资赚钱的热土。但是，许多专家却认为中国是世界上最具挑战性的市场。因为竞争越来越激烈，越来越多的本土公司涌现出来，进而对著名企业提出挑战。[3]

很明显，由于通讯技术和运输业的发展，企业可以更加容易地在世界各地找到最好的投资地点、原材料、产品和劳动力，以满足自己的需要。例如，运送一个40英尺的集装箱，集装箱里装满了衣服（一个集装箱可以装6000件衣服），船运从上海到纽约大约要1个月时间，但是成本可以减少至少4000美元。对于类似塔吉特（Target）和沃尔玛这样的零售商客户而言，这是再好不过的事了。另一方面，用飞机运送同样的集装箱价格会很昂贵（大约要5万美元），但是只要一两天时间（这对于采用即时生产方式，需要关键的、高价值的零部件的生产厂商是非常重要的）。[4]

现在，人们可以在一天24小时里随时沟通，并拥有无数的运输方式可以选择，也许你会因此认为，经营地点的选择已经不像过去那样成为竞争的决定因素。另外，如果每一个人都可以在全球范围内寻求资源（如在中国生产纺织品，就是由于那里的劳动力成本低），那么，这样做就没有什么独特的优势可言。但是，这种观点忽视了企业必须首先找出进行生产、创新、购买原材料、销售产品的最佳的地点的重要性。事实上，论及创新和长期成功，地理位置仍然是极为重要的。[5]例如，世界上最好的家用电器公司立足于日本，最好的娱乐公司落户于好莱坞，最好的皮具制造商来自意大利。理解世界上这些优秀的产业集群如何产生以及它们产生的原因，有助于我们理解为什么战略计划可能是国际管理者最重要的任务。[6]尽管连贯一致的国际战略有着重要的潜在价值，但是，许多进入海外市场的企业却没有一个清晰的、设计良好的战略计划。缺乏计划会导致许多问题：

- 不能准确预测国外市场的发展方向（使公司难以进行调整）
- 不能很好地利用国外资源（例如，因为投资失当，或者在如何进入或在哪里进入外国市场方面作出了错误的决策）
- 低估了在国外有效竞争所需的资源
- 无法准确预计在国外存在的经营问题（例如，当地原材料供给不可靠，但是公司不重视原材料库存）[7]

那么，对一家公司而言，国际战略有什么作用呢？无论企业在哪个行业竞争，也不论其海外运作的复杂程度如何，所有的国际战略都必须为下列基本问题提供答案：

- 在国外销售什么产品和服务？
- 在哪里以及如何提供服务或生产产品？
- 参与国际竞争需要具备哪些资源，如何获得这些资源？
- 如何超越竞争对手？[8]

过去，制定国际战略是高层管理者的工作，现在，许多公司让更接近市场的人士参与国际战略制定，这么做的目的是使企业在国际化过程中对具体环境变化作出快速反应。例如，基层经理在确定发展趋势以及检验新观念时，经常比高层管理者处于更有利的位置。如果制定战略的目的是要快速、敏锐地利用国际市场机会，那么让透彻地了解市场的人参与决策，必定能够促进这个目标的实现。[9]

实际上，惠普等公司为了更好地找出商业机会，甚至邀请供应商和客户加入到战略计划制订过程中来。研究证明，总的说来，最好的战略计划制订过程必定十分灵活，时刻准备应对变化。在快速变化的环境中，公司必须在战略执行过程中修正其国际战略，甚至在必要时全部推翻原来的国际战略。[10]

本章的学习目标是：首先，介绍基本的战略和竞争概念；其次，讨论跨国经营的公司层战略，并概括战略制定过程；再次，考察小企业在制定国际战略时遇到的一些特殊挑战；最后，我们将指出为了成功制定和执行国际战略，企业必须具备哪些组织结构特征。

## 国际竞争的战略概念

在第 1 章中我们曾谈到，很多新兴经济实体对诸如日本和美国这样的经济大国提出了挑战。在过去的几年中，国际商务快速增长，其中大部分是由像中国这样的快速增长的发展中国家带动起来的。[11] 另一个值得强调的趋势是：近年来，中小型企业对国际商务的发展作出了巨大贡献。事实上，与大企业相比，中小型企业占据了国际贸易中的大部分份额。例如，美国最大的 50 家出口商（如波音飞机公司）只占有美国出口额的约 1/3，而剩下的 2/3 都是中小企业创造的。[12]

> **keiretsu**
> 集团企业，指日本特有的一系列互相持股的公司。

尽管如此，大型跨国公司凭着其巨大的影响力，以及广泛的国际经营触角，仍然是我们研究国际战略的焦点。日本的三菱公司实际上是一个拥有超过 20 多家互相持股企业的大家庭，这种所有权结构被称为 **keiretsu**。虽然这种公司形式在日本正在逐渐消失，但目前仍然相当普遍。这种公司的核心成员通常是一家贸易公司（称为 sogo shosa），由它帮助公司其他成员向外界销售产品。三菱向全球 4. 5 万家客户销售 10 多万种产品。[13]

> **价值创造（value creation）**
> 企业提供客户需要的产品或服务的过程。

**基本的业务层战略**。我们首先讨论跨国公司是怎样竞争的。从根本上说，所有的公司都是通过价值创造来赚钱的。所谓**价值创造**是指提供客户所需要的产品和服务。为了创造价值，企业可以使用三种基本的业务层战略，这三种战略可以单独使用，也可以混合使用。

> **差异化战略（differentiating）**
> 企业的基本战略，为客户提供独特的或优质的产品和服务。

**差异化战略**是指企业通过提供与竞争对手不同的产品或服务满足客户需求，换句话说就是提供顾客愿意付钱的独特的或优质的产品和服务。奔驰汽车公司采用的就是这种战略。奔驰公司向全世界销售最优质的汽车，只不过奔驰汽车的价格不便宜。另一种公司向客户提供价值的战略是**成本领先战略**，即与竞争对手相比，企业能向客户提供更便宜的产品或者更有效的服务。例如，亚洲计算机公司和零部件制造商（如宏基公司）在综合利用有效的生产运营和廉价劳动力方面做得很好，这样它们就能够在价格方面战胜竞争对手。最后，企业还可以采用**利基市场战略**，即与经营范围广泛的竞争对手相

> **成本领先战略（cost leadership）**
> 企业的基本战略，为客户提供比竞争对手更便宜的产品或更有效的服务。

比，企业只提供相对狭窄的产品线或者服务。企业服务于一个具体的市场细分，在这个市场上或者采用成本领先战略，或者采用差异化战略，或者二者兼而有之，目的是希望由此能够比竞争对手更好、更快速地满足客户的需求。保时捷汽车公司是采用利基市场战略的例子之一（直到最近，保时捷一直专注于生产高级跑车），这一战略使公司能够提供比竞争对手更优质的产品。[14]

> **利基市场战略（niche strategy）**
> 和竞争对手相比集中在更具体的产品生产线或服务上。

**价值链：选择并建立核心竞争力。**不管用什么方法吸引客户，企业都可以通过改变其基本活动（如制造产品、营销产品）、支持活动（如原材料采购、产品设计），或者两者同时改变，来增加价值。如图 8.1 所示，一家公司可以被看成由一系列联系在一起的基本活动和支持活动构成的**价值链**。因此，公司的国际化战略还包括如何设计价值链活动（如价值链活动的实际发生地点），以及如何协调价值链活动（是由总部严格控制，还是由地方分部负责）。

> **价值链（value chain）**
> 企业一系列互相联系的生产产品和服务的主要活动和支持活动。

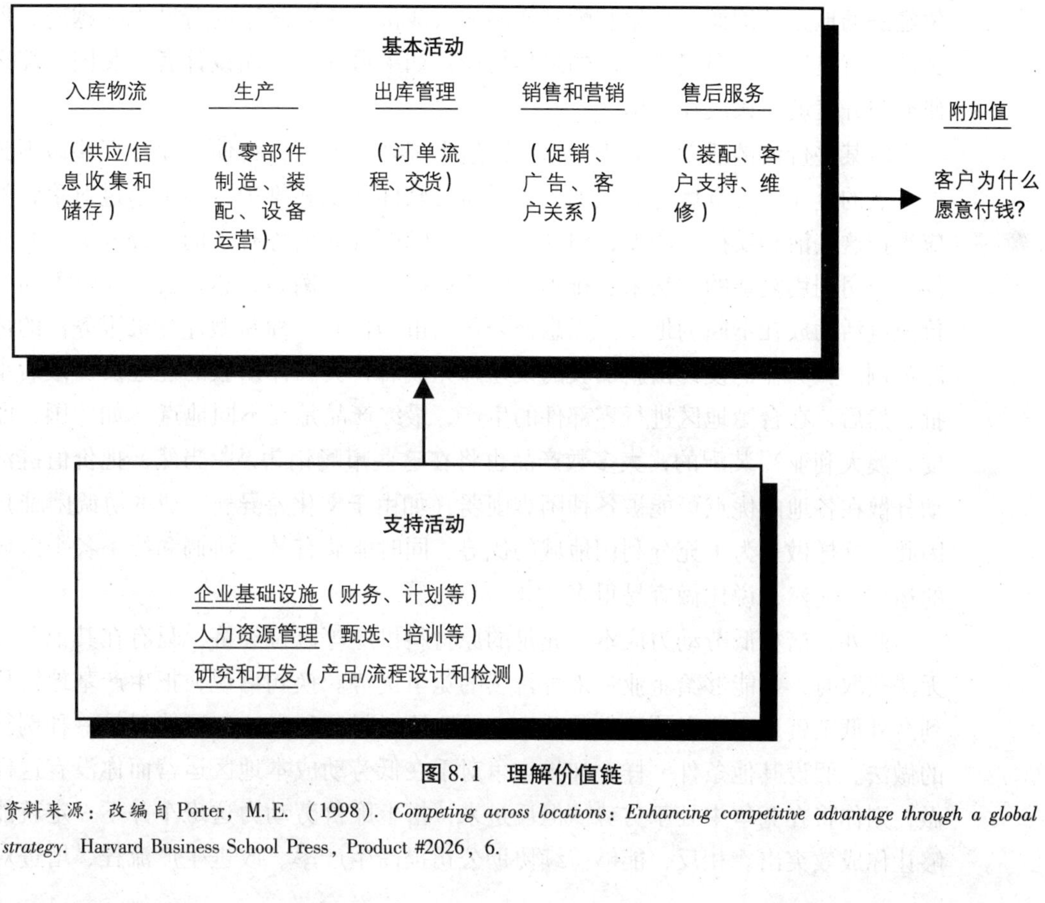


**图 8.1　理解价值链**

资料来源：改编自 Porter，M. E. （1998）. *Competing across locations：Enhancing competitive advantage through a global strategy*. Harvard Business School Press，Product #2026，6.

企业经常通过改变其价值链活动以提高**核心竞争力**。所谓核心竞争力是指竞争对手难以模仿的技术和能力。核心竞争力是进行国际竞争的基础，它可以在价值链的任何一个环节产生。例如，一家企业的核心竞争力可能是它与众不同的物流管理能力，如沃尔玛就是以其精密的分销系统著称；而另一家企业却可能以创新能力闻名，如3M公司就具有创造独特产品的悠久历史；另外一家企业生产能力卓越，如丰田汽车公司的质量管理。如果一家公司能通过核心竞争力超越竞争对手（如由于拥有最好的物流配送系统、最具创新能力或者最优的质量水平，从而吸引更多的客户），那么这家公司就拥有**独特能力**。

> **核心竞争力**(core competencies)
> 竞争对手难以模仿的技能和能力。

> **独特能力**
> (distinctive competency)
> 是本企业超过竞争对手的技术或能力。

由于国际运营要在长期中不断发展（如随着国际贸易壁垒不断降低而增长），一种观点认为公司为了更有效地竞争，要把不同的价值链活动放在具有**区位经济**的地方。例如，如果装配某产品的最廉价、最有效率的劳动力在越南，那么越南就是这家公司安排生产的最佳场所；如果最佳的产品设计者在美国，那么研究与开发就应该放在美国[15]。

> **区位经济**(location economies)
> 企业的价值链活动能够更低成本、更有效率地运行的地方。

将某些价值链活动设立于能够提供这类好处的地点，将使企业比那些做不到这一点的企业更具有优势。比如，公司需要软件开发和维护，为了超过对手，就应当把这些活动安排在印度，因为印度拥有既廉价又训练有素的编程人员。有时候，公司利用复杂的方法来安排不同的价值链活动。例如，惠普公司就将不同的价值链活动放在不同的地方。以惠普公司向市场投放一种新型计算机服务器的情况为例。服务器的设计由新加坡的设计师完成后，美国休斯敦的经理负责最后审批，然后，在台湾地区进行零部件的生产，最终产品是在不同地点（如中国、印度、澳大利亚）装配的，大多数产品也将在这些市场销售。[16]当然，把价值链活动分散在各地的优点可能被各种困难削弱（如由于文化差异所造成的协调困难）。因此，这样做是为了充分利用地域的优势，同时能够有效地协调和统一各个区域的运作。显然，说比做容易得多。[17]

此外，诸如低劳动力成本、充足的原材料供应等区位经济，只有在其他公司无法获取时，才能够给企业带来可持续的竞争优势。换句话说，把生产基地转移到海外低工资地区或者从海外某些地区获取原材料这种做法很可能只是一种例行的做法。假设其他条件一样，如果竞争对手在低劳动成本地区运营而你没有这样做，则你将在竞争中处于劣势。但反过来，搭上廉价劳动力这班车并不一定就能够让你成效突出。相反，能够持续协助公司提高生产率、改进生产流程、增进对

国际观察

## 通用电气“反向创新”颠覆全球本地化

2009年，通用电气有两款最新和最令人兴奋的产品，一个是可移动超声波设备，一个是手持式心电图仪。两款设备都是廉价而创新的产品。但最特别的地方是，两款产品都不是美国设计的，它们来自新兴市场并且是为了新兴市场而设计的（便携超声波设备来自中国市场，而心电图则来自印度市场）。多年来，通用电气和其他发达国家的跨国企业一样，在产品开发上采用全球本地化的原则，在本国开发产品后推向全球，在本地市场则进行某些改制。跨国企业由此实现了研发费用的节省，同时还可以在一定程度上满足本地需要，保持竞争优势。

当发达国家经济增长速度下降，而像中国、印度、巴西这样的发展中国家经济保持高速发展时，通用电气开始颠覆原来的全球本地化思路。简言之，这是因为增长的机会和来自本地竞争对手的威胁，两者都是新兴市场的特征。

通用电气认识到必须开发更便宜的、专门为海外发展中国家和地区设计的新产品。如果它不能这样做，那么本地的竞争对手就会填补这一空缺，然后将本地开发的便宜、创新产品销售到发达国家，扰乱通用电气现有的产品市场。问题在于，为发达国家设计的产品通常包含了过多的功能，价格太贵，很难在发展中国家的市场中进行深入的渗透。由于人均收入很低，发展中国家顾客往往更喜欢功能尚好（而不是顶级功能）、但价格非常便宜的产品。

许多发展中国家基础设施落后，人口众多，廉价、创新的技术在那里极具吸引力。中国医疗市场就是一个典型，医院里绝大多数设施的技术水平相对不高。因此，发展中国家率先开发出许多低价的产品，从便宜的医疗器械到太阳能电池面板和可充电电池。反过来，这些本地竞争者凭借由此形成的能力成为跨国企业的挑战者。通用电气在投标南非电力系统业务时就遇到中国企业的有力竞争。

通用电气还认识到，它在发展中国家本地市场上开发的产品未来将有机会在发达国家市场上得到销售，这一模式称为“反向创新”。只要提供了有用的创新，为发展中国家市场设计的低价产品同样可以在发达国家市场上取得销售成功，例如中国的超声波设备方便携带、节省空间、省电。此外，还可以对这些低价产品进行技术升级以满足要求更高的发达国家市场，同时保持其低价特点。例如，通用电气在中国便携超声波设备上增加了成像功能用于美国市场。同样，通用电气对捷克开发的一款飞机发动机进行技术升级，再将其引进发达国家的涡轮螺旋桨发动机市场。

为了成功实施反向创新，通用电气还必须对内部组织结构作出某些重大调整。几十年来，通用电气的组织结构一直是基于全球本地化的理念。研发工作的组织立足于美国市场，兼顾发展中国家。最初，印度和中国管理层开发创新产品的设想经常被美国方面否定。为了解决这一困难，通用电气设置了本地增长团队（LGT）独立负责发展中国家的产品和技术开发。LGT拥有全权决定自己的方法、战略和产品，它们拥有完整的价值链管理，雇用本地员工。LGT还可以从头开发新产品，通用电气认为如果只是对现有全球产品进行修补不大可能产生突破性的创新。这些LGT直接向通用电气高管报告，高管的级别必须足以处理LGT与全球业务部门的矛盾、提供资源，为创新产品进入发达国家市场提供支持。今天，通用电气在印度和中国设立了十几家LGT，绝大多数已经取得了成功。便携式超声波设备全球年销售额实现2.8亿美元。

市场的了解或提高创新能力的区位，倒有可能为公司的长期发展带来竞争优势。简言之，正是这种不断的变革和适应调整的能力令许多跨国公司超越竞争对手。[18]

**区位和竞争力**。我们在这里将要讨论的竞争力是一个复杂的概念，它包括企业所处的行业和企业在哪里经营两方面。企业当然是要竞争的。但是，在某种程度上，竞争也存在于国家之间。因为，每一个国家都要提供国际市场所需要的产品与服务，同时也要提高本国的国民生活水平。[19]

这就产生了下面的问题：国家怎样才能变得有竞争力？为什么有些国家拥有在某些行业非常成功的企业？例如，为什么美国在计算机软件行业中领先，而日本却在家用电器方面领先？**国家竞争优势理论**试图去解答这些问题。国家竞争优势理论认为，四个因素构成了国家和企业竞争的基础。这些因素如图 8.2 所示，

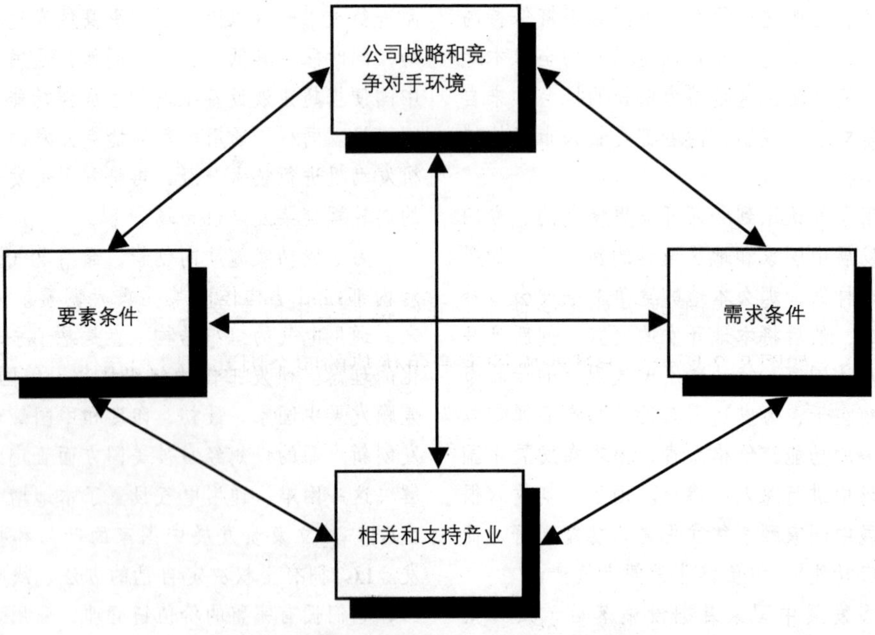


**图 8.2 可能带来国际竞争优势的区位因素**

资料来源：改编自 Porter，M. E. (1990). *The competitive advantage of nations.* Harvard Business Review，90，77.

它们代表了国家和企业具体特点的组合。理解了这些因素如何相互作用，就能够解释为什么某些行业或企业在某个区位会成功或失败：

> **国家竞争优势理论**（theory of national competitive advantage）解释国家如何才具有竞争优势，以及为什么国家能够培养出一些在某些具体产业里非常成功的企业的一种理论。

1. **要素条件**。指一个国家是否能够提供在某一行业竞争的有利要素，像充足的原材料、资本、商业基础设施和熟练的劳动力？如果上述要素能够很好地组合，那么该国企业将会迅速崛起，不仅在国内，而且在国际上成为强有力的竞争者。例如，加利福尼亚拥有最优质的葡萄种植基地和大量熟练的酿酒工人，这是美国成为世界葡萄酒业领导者的关键原因。
2. **需求条件**。某个国家某行业的产品和服务的市场本质是什么？巨大的、复杂的本土市场经常促使企业更加具有创新能力，这可能预示着国际市场的未来走向。先意识到这一点的企业将会走在竞争对手的前面。例如，美国国民对方便和速度的追求催生了大量的快餐企业（如麦当劳、赛百味等）。在其他有同样追求的国家中，这些企业也都非常成功。
3. **相关产业和支持产业**。在一个国家中，是否存在着一系列有国际竞争力的相关产业和支持产业集群？如果有，这一系列企业可以互利互惠，从而获得零部件、技术和创新（这经常得益于快捷的沟通和已经建立起来的工作关系）。例如，意大利制鞋业在海外的成功，就是由于企业和当地皮料供应者、皮鞋配件生产者和专门设备供应商建立了密切的联系。
4. **公司战略、结构和竞争对手**。一个国家的国内竞争环境、法律、文化、商业惯例等如何影响企业在该国的组织和经营？激烈的国内竞争促使企业更具创新能力、效率，更注重降低成本，所有这些都有助于企业在国际市场上取得成功。例如，本田公司在美国市场的卓越表现，是由于它与来自日本国内的竞争对手（如丰田、日产）的激烈竞争而取得的。同样，不同国家的管理方法也会使企业在特定行业中的竞争更轻松或更激烈。[20]

如图8.2所示，上述影响国家竞争优势的四个因素可以相互作用，从而影响企业在国际市场上的成败。例如，只拥有国内的客户还不足以为特定国家的企业提供竞争优势，但是如果这家企业在国内面临着激烈的市场竞争，而且有相关条件（比方说技术基础设施非常优秀）支持其进行更多的产品创新，那么当这家企业试图在其他国家销售产品时，竞争优势就产生了。

要素组合可以解释为什么像微软这样的软件公司在国外市场也十分成功。同样，要素组合也可以解释为什么有着几百年历史、长期以来一直很成功的意大利皮毛制品企业最近会受到来自新兴的中国竞争对手的威胁。由于拥有关系良好的支持产业集群以及大批能工巧匠，意大利皮毛企业繁荣了许多年。但是，意大利的商业环境无法让这些企业快速应对来自中国的威胁。尤其是当中国企业以低成本、高质量开始抢走客户时，意大利企业被本国的劳动法严重束缚住了，因为劳动法不允许意大利企业随便裁员或者把生产转移到其他地区。[21]

总的说来，国家竞争优势理论在考察特定国家因素对企业国际竞争力所产生的影响方面是有用的。但是，人们还是对这个理论提出了很多质疑。[22]例如，政府政策可以影响企业的竞争能力，但是，人们还没有完全理解其本质和影响程度，尤其是当这些政策与创立国内具有国际竞争力的企业相关时。[23]此外，良好的国内环境并不意味着某个特定产业或企业一定能够在某一个特定的国家取得成功。相反，某些缺乏国家竞争优势理论中所提到的有利因素的企业反而会成为强大的国际竞争者。[24]

不管怎样，国家竞争优势理论定义的因素显然对特定公司的国际战略产生了影响。[25]这也许是问题的关键所在。公司在特定条件下制定的战略决策最后可能成为对国际经营绩效产生最大影响的因素。要进行战略选择，公司必须考虑充分利用特定国家中的要素优势。当企业在多个国家的不同行业经营时，必须要考虑制定公司层面的国际战略。简而言之，这些公司必须要找到在多个国家进行多种产品经营的有效的管理方法。[26]接下来我们将讨论公司层战略。

## 8.2 跨国公司的公司层战略

跨国公司的公司层战略是用来指导其跨国界的业务层战略（如通过差异化或者低成本来实现增加值）的。显然，企业可能处于不同的国际化阶段，并在各个阶段都取得了成功。许多小企业进入国际市场首先采用出口方式，接着建立海外分部。还有些企业直接在许多国家设立附属机构，或者和其他公司建立联盟。

进入国际市场的决策受到各种因素的影响，包括：（1）企业所属行业的性质；（2）进入市场的特点；（3）企业的优势和劣势；（4）企业所处的国际化阶段。下一章在更具体地考虑进入外国市场的各种策略时，我们再强调它们的演进问题。现在，我们将考察已经在世界各地成功运作的大型跨国公司经常采用的四种公司层战略。[27]

事实上，跨国公司可能根据各事业部或产品线的需要同时使用多种战略。例如，通用电气公司同时为几个产业提供多种产品和服务，包括家用电器、通讯传媒服务、电子仪器、金融服务、喷气发动机、照明、医疗诊断系统以及塑料制品等（这里所列举的只是通用电气公司业务范围的一部分）。为了进行有效的竞争，通用电气公司的各个事业部为满足当地消费者需求（而不是在不同的地方以相同的价格和手段销售同样的产品）所量身定制的产品和服务也有很大的差异。这一点能够为那些追求国际化战略的企业带来启发。同时，也有助于我们将通用电气这样的多元化跨国公司看成是存在于多个独立组织间的关系网络，而每个组织的目标、观念和战略都存在着差异。[28]

## 全球整合和本地响应的产业压力

跨国公司的国际战略通常反映所在产业的竞争性质。例如，在某些产业中，产品和服务必须经过定制以满足不同市场上本地顾客偏好、行业惯例、本地分销方法、法律要求和政府管制，跨国企业在当地面临着本地竞争对手的压力。在许多食品、家居和个人护理产品产业，必须考虑本地顾客对香料和风味的选择。例如，披萨也许是世界通行的食品，但上面的馅料却可能大不相同，日本甚至有章鱼披萨。在另一些产业中，消费者的偏好差别不大，但政府对产品开发、制造、分销的法律和管制则需要企业做出适应，医药产业就是这样。

传统也可能是重要的因素。在北美，人们靠右行驶，驾驶员坐在左侧，而在英国和日本则刚好相反。同样，高油价导致欧洲消费者偏好小型、省油的汽车。

在另一些产业中，全球销售的产品基本上是一样的或只有很少的不同（例如电脑芯片、化学制品、民用航空器）。总体来说，企业必须定制产品以满足当地市场需要的程度是所在产业本地响应压力的函数。

同样，不同产业间全球整合的压力也是不同的。整合压力代表着产业中企业对效率的要求，企业将寻求在全球任何能够实现规模经济的地区。企业的努力专注于简化运营、降低成本以提高利润。当竞争对手数量少、力量弱时，拥有独特和高品质产品的企业整合的压力相对较小，直到有力的竞争对手出现为止。

然而，在高度竞争的产业中，整合的压力将会很大。企业需要在全球范围内整合和协调全部价值链，同时提高全球效率和本地响应。例如，跨国公司可能将某些活动予以集中，如将生产活动尽可能集中在全球低成本地区（劳动力技能高而成本低廉，部件方便运输）。这样做，企业可以实现规模经济，从而减少控制和协调的挑战。事实上，高度的整合压力可能迫使企业在全球获取资源，吸引人才、供应和部件，建立起全球整合的价值链。我们还需要注意，不同行业全球整合的压力是不同的。

接下来，我们将讨论跨国公司采用的 5 种公司层战略。不同战略的选择反映了跨国公司对所在产业不同程度的全球整合和本地响应的压力。图 8.3 从两个维度上总结了这些战略。

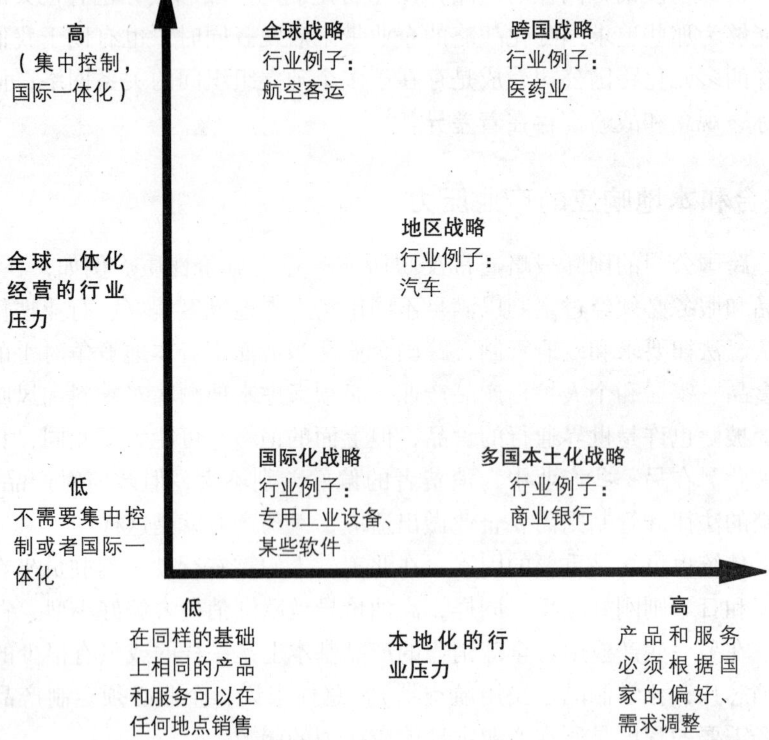


图 8.3　国际战略：当地化和全球化的压力

资料来源：改编自 Beamish，P. W.，Morrison，A. J.，Rosenzweig，P. M.，&Inken，A. C.（2000）。*International management*：*Text and cases*（4th Ed.）. Burr Ridge，IL：Irwin McGraw-Hill，143；DanielsJ. D.，&Radebaugh，L. H.（2001）. *International business*：*Environments and operations*（9th Ed.）. Upper Saddle River，NJ：Prentice-Hall，529.

## 多国本土化战略

为了简化问题，我们假设跨国公司用同一战略指导所有的国际经营活动。按照这种想法，我们通常认为跨国公司的国际战略反映了其所在行业的本质。比如，在金融业和饮料业，跨国公司必须对不同地区的一系列偏好和需求作出有效响应。在这些行业中，不同国家的客户需求差别很大。为了满足客户的需求，跨国公司可能需要改变其产品特征、营销策略、服务提供手段、定价。要么调整其一，要么综合调整。

如果某些行业要求跨国公司必须具备地区反应能力，则这种行业对一体化和集中经营的国际化要求程度就会很低。事实上，当地需求的差异化会削弱集中化和一体化经营可能带来的任何优势。例如，雀巢和联合利华这两家企业都在世界范围内运营数百家生产企业，集中管理对像它们这样的企业来说毫无意义。因为运费将抵消任何来自规模经济的成本节约，而集中化会使调整产品以适应当地需求（如规格、价格、包装、口味等）更加困难。

> **多国本土化战略（multidomestic strategy）**
> 特定国家里的业务单元可以独立制定和实施经营目标的战略。

因此，采用多国本土化战略的跨国公司通常会赋予其分支机构很大的经营自主权。在某种意义上，为了更好地为市场提供合适的产品和服务，这些分支机构的经营方式更偏向于独立的公司。简言之，采用这种战略的跨国公司实施的是**多国本土化战略**。所谓多国本土化战略就是不同国家的业务单元可以独立制定和实施自己的经营目标。[29]

## 全球战略

另一方面，某些产业在不同国家间差别很小或根本没有差别。在这些产业中，同样的标准化产品或服务可以不用进行调整就在任何国家销售，如果需要调整，幅度也会很小。例如，作为商用飞机的主要竞争者，波音公司近年来的全球化程度越来越高。波音公司在世界范围内销售的商用飞机在各国也没有显著差别。不过，这并不代表没有任何差别。通常为了适应具体航线的要求，波音公司会针对具体机型为其全球客户提供一系列有限的调整（如载客量、飞行距离等）。比如，对于波音公司正在开发的 7E7 机型，潜在的日本客户对短距离飞行机型感兴趣（考虑到日本国土面积较小），而美国的航空公司却对远距离飞行机型感兴趣（美国的国土面积较大）。[30]

> **全球战略（global strategy）**
> 在全球基础上制定商务目标和方向的战略方法。

在任何情况下，如果跨国公司所在行业的当地化要求程度低，跨国公司就会采用全球战略。所谓**全球战略**是指企业在全球基础上制定商业目标和方向。实际上，在全球战略下，公司总部起着关键的一体化控制作用，从而保持全球运营的集中统一。也就是说，采用全球战略的公司会避免把价值链分散在世界各地。相反，这些公司经常倾向于将生产、产品开发等重要的价值链活动集中在关键市场。[31]这就是波音公司反击其欧洲竞争对手的基本方法。例如，波音公司在莫斯科有一个设计中心，在那里有上百名雇员为各种型号的飞机设计部件。波音公司同时协调生产零部件的海外供应商（如中国西安航空公司和墨西哥 Mexmil 公司）与既生产又设计关键零部件的合作伙伴（如三菱公司）的关系。实际上，波音公司是商用飞机的出口商，所有的飞机都在美国组装（尽管越来越多的零部件要由国外供应商和合作伙伴供应），然后销往全世界。[32]

## 跨国战略

还有一些企业在这样的行业中进行竞争：这些行业既注重调整产品和服务以

满足当地市场的需求，又注重在全球范围内进行一体化运营。因此，这些企业希望把价值链活动放在既能做得“最好”（成本最低、效率最高、增加值最大等），同时又能满足当地市场偏好的地方。[33]上述做法体现出了**跨国战略**的真谛。从某种程度上讲，这是一种全球战略和多国本土化战略完美结合的战略，这一战略既在全球范围内实现了规模经济和区位优势，又能够适应竞争的需要而使其产品和服务本地化。这也是一种可能导致大量潜在冲突和管理问题的战略，因为它既追求满足当地需求的目标，又追求全球效率。[34]

> **跨国战略（transnational strategy）**
> 企业将关键的活动转移到能最好地发挥作用的地区，同时兼顾提供满足当地需求的产品和服务的战略方法。

采用跨国战略的公司有时倾向于通过产品标准化来实现全球化。例如，宝洁公司在全球范围内简化了其个人护理产品生产线和配方。现在，宝洁的美发护理产品沙宣在全球采用的都是同一种香味。尽管如此，为了满足当地需求，在喜欢清淡香味的地区比如日本，气味就淡一些。在喜欢强烈气味的地区，例如一些欧洲国家，气味就浓一些。虽然在全球范围内提供相似的产品和服务便于公司管理，但是，如果各个市场上客户的喜好显著不同，就会带来客户流失的风险。[35]采用跨国战略的公司会受困于满足当地需求和全球一体化的两难选择。要想在两者之间取得平衡，需要高效的管理。采用跨国战略的公司必须能够快速将其核心竞争力在全球范围内转移，同时要随时准备利用新的或经过改进的核心竞争力，而不管这些核心竞争力是在哪里培养出来的。[36]

## 另一种选择：地区战略

尽管在宣传方面大做文章，全球战略和跨国战略并不一定就是跨国公司的最佳选择。[37]事实上，有时跨国公司很难确定它们应该对当地需求作出怎样的反应。在全球市场中，人们对某些产品的需求是一致的（适合采用全球战略），而对另一些产品的需求则存在差异（适合采用多国本土化战略）。

表 8.1 列出了适合采用全球战略和多国本土化战略的因素。你会看到区域贸易组织（如北美自由贸易区）出现在多国本土化战略一栏下面。实际上，有些被认为是在全球进行竞争的跨国公司，可能最好采用**地区战略**。地区战略允许管理者在某一地理区域（如南美洲）制定决策、设立目标、满足客户需求。地区战略也会通过平衡区域内的区位优势来追求效率和规模经济。例如，在某一区域内把生产线放在劳动力成本低的国家，可以使生产成本最小化。

> **地区战略（regional strategy）**
> 允许管理者在一定区域内自由决策、设立目标、满足客户需求的战略方法。

表 8.1　影响全球战略和多国本土化战略的因素

| 有利于全球战略的因素 | 有利于多国本土化战略的因素 |
| --- | --- |
| • 收入趋同的工业化国家 | • 各国行业标准存在差异 |
| • 全球各地消费者的生活方式与品味越来越相似 | • 消费者继续要求提供适应本地需求的产品和服务 |
| • 技术、通信和运输的快速发展，全球化的金融市场 | • 被看成是“本地”企业常常是一种竞争优势 |
| • 国际贸易不断增长，全球联盟的形成 | • 全球性组织难以管理和控制 |
| • 贸易壁垒降低，市场更加开放，国有经济私有化 | • 全球化会削弱外国分支机构的独特竞争力 |
| • 出现了拥有高生产率、低成本劳动力的国家（如泰国、印度尼西亚） | • 区域贸易组织和贸易协议的形成（如北美洲自由贸易区、欧盟） |

资料来源：改编自 Morrison，A. J.，Ricks，D. A.，&Roth，k.（1991）. Globalization versus regionalization：Which way for the multinational? *Organizational Dynamics*，19，17-29；Yip，G. S.（1995）. *Total global strategy*. Englewood Cliffs，NJ：Prentice-hall.

例如，法国跨国公司汤姆逊家用电器公司（Thomson Consumer Electronics，2004 年，其电视机业务被中国企业 TCL 收购）的电视机生产采用了地区战略，英国、西班牙、德国和法国分别为欧洲市场生产不同型号的电视机。汤姆逊在北美洲的生产基地独立运营，为当地市场贴牌生产销售 RCA 和通用电气（GE）电视机。尽管这种地区战略缺乏跨国战略中的一体化，但与全球战略相比，它提供的产品更加本地化。与多国本土化战略相比，地区战略使企业能够更多地进行地区协调（跨国公司可以建立近似独立的分支机构为某一国家市场服务）。总的说来，地区战略经常代表着在某一行业中的折中战略。[38]

## 国际化战略

当企业产品和服务面临的定制压力和降低成本的压力都较小时，它们会倾向于采用国际化战略（也称为出口战略或本土复制战略）。企业在任何地方销售相同或相似的产品，这些产品通常是在本国开发的。事实上，它们通常将所有的开发放在本国市场，而在重要的外国市场建立制造、营销或分销设施，总部对运营和决策保持控制。

国际战略适用于竞争对手较少、企业能够提供独特设备或产品的产业，所服务的市场虽然很多，但市场需求相同或相似。事实上，刚刚开始国际化的企业往往采取这一战略，向海外销售它们为本国市场开发的产品，这些企业通常拥有独特产品并且竞争对手很少。例如，哈雷机车以其标志性产品而知名，它在美国重型机车市场上占有主导地位，其销售收入中的70%来自美国市场。近年来，哈雷机车在多个海外市场上销售其产品。例如在印度市场上销售其12种价格最高的车型，市场上根本没有竞争对手。20世纪20—30年代，宝洁公司在国际化初期也采用了这一战略，当时它所有的产品首先在辛辛那提生产，然后出口海外。现在，宝洁面临着比过去更有力的竞争对手，已经放弃了国际化战略。

今天，仍然有许多企业继续采用国际化战略，它们通常在非常专业的利基市场上占有主导地位。例如，德国有许多制造企业拥有独特的技能，专长于特殊工业设备的开发和生产。这些企业雇用全球最优秀的专家，成功地将机械工程技术与复杂的信息技术系统结合起来。这些结合的能力是竞争对手很难复制的。这一地位让德国企业可以不必过于在意成本控制，有助于保持德国的高工资和高税负。像巴西、中国和印度的许多企业也开始向这些德国企业订货以满足对专用设备的要求。例如德国光伏企业Centrotherm制造世界上最好的太阳能电池生产线，现已成为中国亚洲硅业公司的主要设备。德国Kuka公司的工业机器人则广泛用于汽车配件生产。

## 战略何时能够创造竞争优势

现在，你也许想知道什么时候公司的国际战略最重要。当然，良好的战略执行是重要的。但是，战略本身是否能够带来竞争优势，在一定程度上取决于公司能够在多大程度上根据所处行业以及竞争者通常采用的战略来调整自己的战略。当竞争者采用多国本土化战略，而行业的特点实际上需要采用全球战略时（例如，世界各地的客户偏好趋同，从而可以获得全球规模经济），跨国公司的全球战略就可以提供竞争优势。简而言之，如果跨国公司在全球化水平不高的行业采用了全球战略（而竞争对手采用的战略不适合行业特点）时，它将会获得竞争优势。实际上，许多研究结果支持这样的观点，行业内的竞争对手采取的实际战略匹配或者不匹配潜在的全球化特点，会影响跨国公司战略和绩效之间的关系。表8.2总结了我们的上述观点。[39]

## 文化对国际战略的影响

很明显，跨国公司必须认真制定其国际战略。当然，这个过程受企业的特点影响。例如，欧洲跨国公司所在的本土市场规模比较小，因此，与美国和日本的竞争对手相比，它们会为自己的国外分支机构提供更多的自主权。实际上，较小的本土市场也可以解释为什么欧洲跨国公司的国外销售额占其销售额的很大比例。相反，由于本土市场规模庞大，与欧洲、日本跨国公司相比，美国跨国公司的国际化进程略慢一些。[40]

**表 8.2　多国本土化战略或全球战略何时更重要：利用竞争者战略与其所在行业的不匹配**

| 行业特征 | 经常采用的战略 | 行业全球化水平（例子） | 跨国公司战略和绩效的解释 |
|---|---|---|---|
| 更加全球化 | 国内 | 低全球化（信用卡行业） | 全球战略比多国本土化战略更具竞争优势 |
| | 全球 | 最优的（造船业） | 全球战略可以获得良好绩效，但是与其他企业相比可能不能提供竞争优势 |
| 更加本地化 | 国内 | 最优的（殡葬业） | 多国本土化战略可以取得良好绩效，但是与其他企业相比可能不能提供竞争优势 |
| | 全球 | 过度全球化（轮胎业） | 多国本土化战略与全球战略相比可以提供真正的竞争优势和良好的绩效 |

资料来源：改编自 Birkinshaw, J., Morrison, A., & Hulland, J. (1995). Structural and competitive determinants of a global integration. *Strategic Management Journal*, 16: 637-655.

但是，这些模型也反映了跨国公司中管理者解读“游戏规则”时文化的影响。[41]实际上，不同国家的管理者在制订战略计划的过程中，对于时间、风险和目标有不同的看法。例如，许多日本的跨国公司有集权的传统，所有的事情都要日本总部决定。这种传统和许多文化因素有关，包括儒家价值观、对团队工作的重视，以及对不确定性的规避等。文化价值观会影响到国际战略方法的制定。比如，崇尚高度个人主义的国家（如美国）在制定战略时，倾向于更多地依靠主观判断而不是定量分析和预测方法。[42]

对文化的理解也很重要。例如，总部和国外分支机构对文化理解的差距越大，总部越倾向于加强管理控制。[43]同样，对文化看法越相似，就越容易制定战略。企业经常首选进入那些与自己有相似文化和商业惯例的国家。理性地讲，开辟与家乡市场文化相似的国外市场是“更安全”的。但是，如果对文化相似性的理解不准确，问题就产生了。加拿大零售企业进入美国市场的失败率很高，很大程度上是因为它们错误地认为美国只是加拿大的放大版，而没有正确理解两国在品位、价值观、商业惯例方面存在的差异。[44]

最后，文化可以影响公司在国外经营机构中的所有权控制程度。比如，属于高权力距离、强不确定性规避国家（如法国）的跨国公司，相对于低权力距离、弱不确定性规避国家（如美国）的企业而言，更有可能要求在国外分支机构中占有大部分的所有权。低权力距离的管理者在合资企业中更愿意与合作伙伴分享控制权。[45]总而言之，国际管理者应该想一想价值观和思考方式如何影响其战略的制定和实施。

## 8.3 打败大公司：小企业及其国际战略

可以这样说，对于小企业（即企业的员工少于500人）来讲，考虑文化问题是一种奢侈。同样对于小企业来说，制定国际战略通常也很不容易。

### 小企业的战略挑战

与大型跨国公司相比，小企业的管理和财务资源很少。某些市场进入策略（如在海外建立低成本生产线）对于小企业来讲可望而不可即。小企业的战略计划过程是典型的反应型和非正式的，而大企业常常是主动地、系统化地制定战略。

小企业通常以国内业务为主。当小企业开始国际接触或吸引海外潜在客户时，它们的反应通常很蹩脚，成堆未答复的电子邮件就是证明。以纽约 MMO 音乐公司为例，这是一家小型家族企业，为卡拉 OK 制造 CD。MMO 公司多年来一直忽视海外市场，因为企业总经理忙于国内业务，无法对国外需求作出快速反应。[46]

小企业还经常低估制定和执行国际战略所需要的时间和金钱。例如，在中国做生意经常意味着需要亲自推敲合同，因此小企业的高层管理者（经常是全部管理者）可能要在北京花上几个星期的时间，努力搞清楚中国模棱两可的商业惯例，寻找潜在的合作者。尽管潜在的收益很诱人，但是，小企业经常是让机会白白溜走或者没有办法利用这些机会。[47]

### 获得帮助

尽管如此，小企业也能获得帮助。如果小企业缺乏海外经营经验或者有关专家（如运输问题专家和法律问题专家），那么最简单的出口生意也会变得艰难。要克服这些困难就意味着花更多的钱，或者放弃部分控制权，这都是小企业的难题。不过当 MMO 公司聘请到一位国际销售专家后，它的海外销售额增长了3倍。还有些小企业利用专家获得国际经营经验，甚至销售其产品。例如，加利福尼亚的 Meridian 集团公司可以为小企业制定出口战略，甚至协助实施这些战略，同时在这个过程中，把销售、分销和运输统一起来进行管理。[48]小企业的另外一个选择是与大企业结成贸易伙伴，因为大企业可以提供专家、海外经验和技术支持。例如，近年来由于日本国内经济增长缓慢，日本小企业通过与日本大型贸易公司（如三菱公司）结成团队，开始向国外出售产品。[49]

小企业也可以从政府部门获得帮助，例如，美国商务部的网站（www. doc. gov）

专门为小企业提供服务和建议。同样，市政府和州政府也可以提供巨大的帮助。实际上，负责国际贸易的地方政府部门经常在帮助小企业方面做得很好。

### 小企业海外经营成功后：寻找和开拓利基市场

有意思的是，在国际战略中成功的小企业多数是生产企业。许多这类企业的国际战略都是围绕着出口独特产品展开。[50] 实际上，小型的、高度专业化的公司是国际经济中最普遍的企业类型。这些企业为非常狭小的市场细分提供独特的产品。具有讽刺意味的是，在全球化产业中这些专业化小企业十分常见。凭着特色产品、低营业费用、易于接受的管理方式、快速的决策，小型专业化企业能够战胜大型跨国公司。例如，海洋石油钻井设备制造基本上是由几家大型跨国公司主导的全球化产业，但是，小企业通过提供非常特殊的水下钻井设备（用于特定水域或海床的石油钻探）取得了骄人的业绩。[51]

## 8.4 制定国际战略的过程

企业必须制定适合其竞争特点的国际战略。但是，企业在制定国际战略时首要考虑的是什么呢？尽管企业间有所不同，但是多数情况下管理者都会依照以下五个基本步骤来制定国际战略。这些步骤显示在图 8.4 中，下面我们将讨论这些步骤。

### 步骤一：使命陈述

为了明确发展方向，许多企业在制定国际战略时从**使命陈述**入手。使命陈述概括了企业的价值观和总体目标。在理想情况下，使命陈述能以一种简洁的方式抓住管理者对企业的愿景来表达出企业的总体目标。[52] 例如，摩托车制造商哈雷公司的使命陈述将自己描绘成“行动导向的国际化公司，承诺不断提高和股东之间互利互惠的关系，成为行业领导者”。另外还有一些企业不进行使命陈述，或者在战略计划过程完成之后再提出使命陈述。[54]

> **使命陈述(mission statement)**
> 简洁概括企业的主要价值观和总体目标。

### 步骤二：进行 SWOT 分析

假设使命陈述已经完成，那么制定战略的第二步就是进行 **SWOT 分析**了。SWOT 代表优势（strength）、

> **SWOT 分析**
> 企业用来识别其内部优势和劣势、外部机会和威胁的工具。

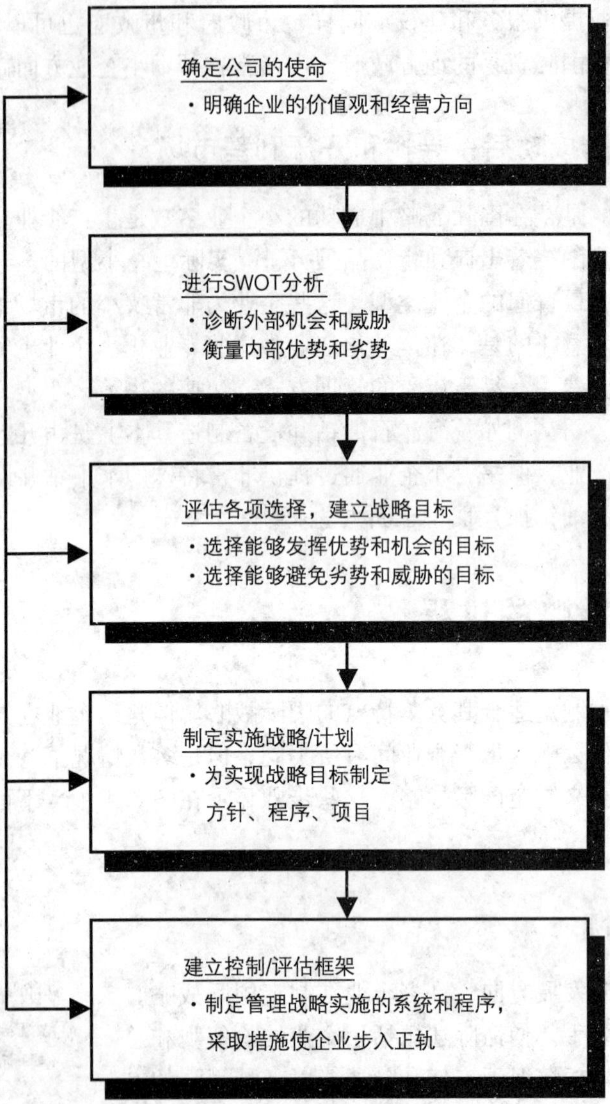


**图 8.4　制定国际战略的过程**

资料来源：改编自 Griffin, R. W., &Pustay, M. W. (2005) *International business: A managerial perspective* (4th Ed.). Upper Saddle River, NJ: Prentice-Hall, 322

劣势（weakness）、机会（opportunity）和威胁（threat）。它指的是对公司的内部环境和外部环境进行分析。SWOT 分析通常包括**环境扫描**，即对企业所面临的内外部环境信息进行系统的收集和评估。外部环境评估被称为**环境分析**，企业评估通常包括两方面的内容：（1）产品和服务的国际机会（在某一市场上存在着

> **环境扫描(enviromental scarning)**
> 指对企业所面对的内外部环境信息进行系统化的收集和评估。

国际观察

## 制定国际战略

卡夫食品（KRAFT）是美国食品业的楷模，它拥有60多个家庭用品品牌，如Velveeta，Oscar Meyer，Triscuit，Planters，Lifesavers，以及Maxwell House等。作为美国最大的食品公司，卡夫食品是一个年销售额超过300亿美元的巨人。卡夫食品也从事海外业务，但来自海外市场的销售额不足30%。与之对比，亨氏（Heinz）44%的营业额来自国外，麦当劳超过50%，可口可乐超过80%。走进澳大利亚的超市，你很难找到卡夫食品的产品。提到卡夫食品，澳大利亚的一个超市负责人指出："卡夫食品发展缓慢。"在卡夫食品发展较好的海外市场之一的英国，卡夫食品也只能排第八名。

卡夫食品需要增长，但是其主要市场美国已经饱和。实际上，美国的食品市场正处于瓶颈期。品牌忠诚被超市品牌和激烈的价格竞争所削弱。以色拉酱为例，许多商店只购进正在打折促销的品牌，不管是卡夫食品、Wise-Bone，还是Hellmann's。

因此，卡夫食品必须寻求海外市场的发展机会。而全球竞争相当激烈，其竞争对手包括英国荷兰的联合利华、瑞士的雀巢、法国的达能。这三大巨头都迅速进入了快速发展的拉丁美洲市场、东欧市场和亚洲市场。雀巢和联合利华从发展中国家获得的销售额已经超过30%。一位专家评价卡夫食品："一间真正的全球化公司应该只有1/4到1/3的业务在北美洲，而不是3/4。"

事实上，卡夫食品的拳头产品廉价方便食品在国外市场上经常处于被动局面，因为这些市场的基本日常用品必须与消费者的购买力匹配。例如，卡夫食品品牌在印度市场几乎不见踪影，而竞争对手联合利华在推销米和盐方面却做得很成功。不过，卡夫食品已经制订了在新兴市场上扩大销售额的计划。首先，在已经开展业务的国家扩大产品和品牌销售范围；其次，超过当地竞争对手，尤其是在饮料和零食方面超过对手，从而快速进入新兴市场。卡夫食品公司内部也进行了改革，2004年，卡夫食品的新任首席执行官Roger Deromedi（因其国际经验而被雇用）对大约五个全球化产品生产单位进行了重组，由各个国家的国家经理控制当地的经营权。正如他所讲的，"我们面临的挑战……要求我们必须成为一个更加团结的全球性公司"，同时要强化"让我们取得成功的本地专家"的作用。卡夫食品的这些行动是否能够在近几年促进国际市场的开发，我们还要拭目以待。[53]

未满足的需求或者竞争不激烈）；（2）来自外国市场的威胁，这些威胁有可能造成无法充分利用市场机会（如不完善的商业基础设施、政治不稳定、政府管制过于苛刻、竞争日益激烈等）。[55]

**环境分析**
**(enviromental analysis)**
SWOT外部分析的一个方面，包括评估企业在国外市场上的机会和威胁。

从理论上说，企业可以在跨国、地区和国家三个层面上考察机会和威胁。在跨国层面上，公司评估世界发展趋势将如何影响其业务。例如，由于像中国这样的发展中国家的可支配收入不断增加，许多消费品生产商对其国际业务的长期预期十分乐观。[56]但是，评价外部机会和威胁说起来容易做起来难，尤其是那些国内导向的公司更是如此。这些公司缺乏员工和专家进行国际市场的环境分析，因此可能无法及时发现国际机会和明显的国际威胁。

在任何情况下，由于内部的劣势和竞争对手的压力，企业都可能很难利用国际机会。看一下"国际观察"中关于卡夫食品公司的挑战你就明白我们的意思了。

从地区层面上分析环境指的是关注地区发展的趋势。例如，一些南美洲国家政府近年来放松管制，改善国家基础设施建设，为建筑、能源和通信行业的跨国公司创造了机会。[57]

中国企业近年来大举进入非洲市场。当然，由于贫穷、政治不稳定、基础设施薄弱等原因，许多跨国公司对非洲望而却步。但是，中国的采矿业、能源业和建筑业公司把这些负面因素看成是可以利用的机会。简单来讲，中国公司认为它们能感受到非洲的需求，因为这些需求在中国也同样存在过。正如一家中国钻井公司的主管所说："中国不需要很多新的水井，但是非洲每天都在拼命寻找饮用水。"而中国的消费品公司则认为，在非洲经营，可以规避来自日本、欧洲、美国的跨国公司的激烈竞争。这样的认识促使上海英雄办公用品有限公司在南非建立了一个新的生产基地，以便进入更广阔的非洲市场。[58]

最后，还可以在国家层面上对环境进行分析，评估文化、法律、经济和政治环境对某一国家来说是机会还是威胁。例如，跨国公司要进入沙特阿拉伯做生意，就必须考虑沙特阿拉伯的经济增长速度是其发电能力的两倍这一事实。不愿意承担停电风险的跨国公司可能会推迟建设新生产基地的计划。其他企业则自行安装发电设备，以便在停电期间能够正常运转。[59]

在进一步深入考察前，很重要的一点是必须注意到文化价值观和以前的经验如何影响管理者的环境评估取向。由于背景不同，管理者在环境扫描过程中关注的内容也不同。一项研究发现，在面对技术问题时，尼日利亚的管理者比美国的合作者更关注政府因素，因为在尼日利亚和其他发展中国家，政治不稳定会严重影响商务运作。与此相反，美国政治稳定，但是技术环境变幻莫测。总的说来，管理者在考察其他地区的机会时，要调整其环境扫描方法。[60]

现在来看图 8.5。这是一个营销导向的跨国公司（如宝洁）进行环境扫描时可能使用的过程。这个过程经常在开始时涉及很广的范围，然后再具体收集某一国家的信息。注意，跨国公司在这个过程中关注的问题通常由内部需求驱动。

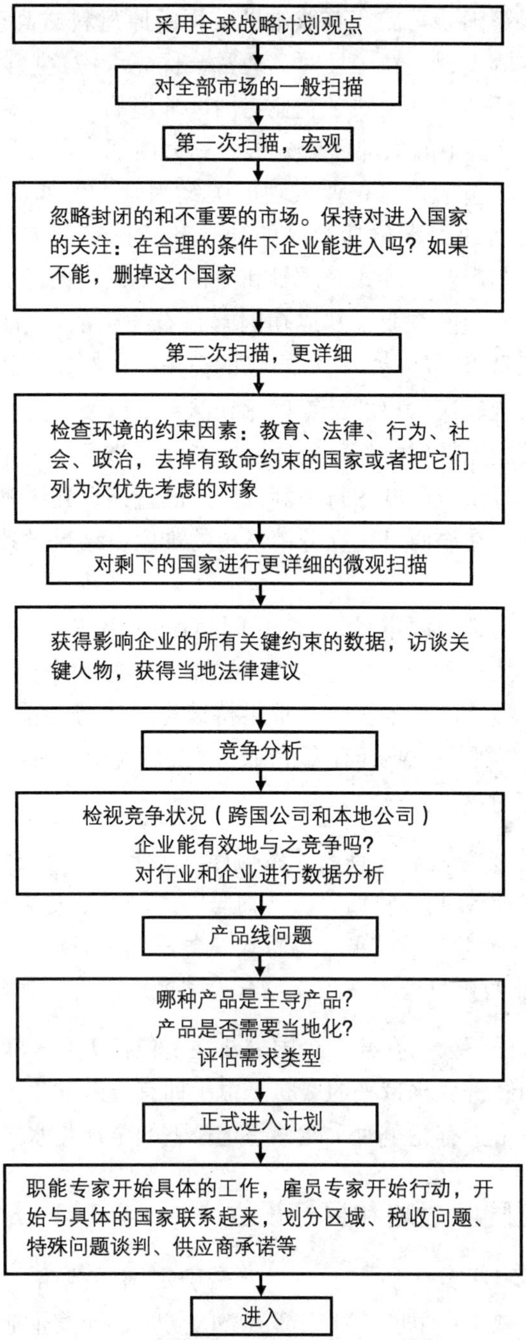


**图 8.5　营销导向的跨国公司的环境扫描流程**

资料来源：*International Dimension of Business Policy and Strategy*, 2nd edition, p69 by J. Garland, R. N. Farmer&M. Taylor. © 1990.

例如，如果跨国公司需要获取难以获得的原材料或高度熟练的工人来生产产品，那么评估在哪里建立新工厂时，通常会优先考虑这些问题。[61]也就是说，企业对外部环境的评估经常反映了企业对内部环境的评估结果。

SWOT分析中的内部环境分析被称为**内部资源审计**。这个审计包括找出企业成功的关键因素。例如，医药企业成功的因素包括产品的功效和所持有的专利，而在汽车产业，款式、质量和油耗大小则是关键因素。不同行业的企业，其成功因素是有差别的。事实上，企业必须要弄明白，其内部资源是否能够满足国外市场的需求。[62]例如，高效的分销渠道是沃尔玛成功的关键因素。沃尔玛的计算机化仓储系统以及通过大订单影响供应商的能力是保证它在美国能够保持低价的原因。然而，当沃尔玛第一次在墨西哥开店时，沃尔玛的墨西哥供应商试图将小额订单产品直接运到店铺而不是运到仓库。沃尔玛开始时低估了在墨西哥建立分销系统的难度，结果导致在墨西哥经营之初其营业额很低。[63]

> **内部资源审计**
> （internal resource audit）
> SWOT分析的内部方面，指的是识别企业内部的关键成功因素。

因此，内部资源审计应该包括与竞争对手相比企业内部的优势（熟练劳动力、先进的技术等）和劣势（高负债率、不好的声誉、缺乏国际经验等）。企业更愿意建立独特的竞争优势（提供持续竞争优势的能力），使竞争对手在短期内难以模仿。[64]如果企业具有真正独一无二的优势，那么管理者应该能够对以下问题作出肯定的答复：

- 这个优势能否帮助企业在国际市场上利用机会或规避威胁？
- 这个优势是稀缺的、独特的吗？竞争对手是否拥有相似的增值能力？
- 这个优势是不是很难模仿或模仿成本很高？
- 企业的组织结构是否能够最大限度地利用一种优势带来的竞争潜力？[65]

例如，松下公司在几十个国家建立了包括150家工厂的网络，以减轻某些国家的货币和经济变化带来的威胁。由于拥有分散的生产能力、先进的技术和世界级的品牌，很少有竞争对手能够超越松下的全球化水平。[66]

## 步骤三：确定国际战略和目标设立

进行SWOT分析后，下一步就是确定国际战略。最后，还应该设立战略目标，以便在减少竞争威胁和内部劣势的同时，开发企业的优势和机会。总目标应该反映企业国际经营的深度和广度。例如，企业能否做到以下几点：

- 在特定国家竞争，或者在任何具有竞争优势的地方竞争？
- 向国外提供自己所有产品，还是只能提供部分产品和服务？

- 拥有海外经营机构，或者采取其他方式进入（比如许可证经营方式）？

确定了总目标后，企业还要制定具体目标。[67]目标必须是可以实现的，并且要有实现目标的时间框架。[68]国际目标可以包括以下内容：

- **赢利能力**（如国际利润增长提高 20%）
- **产量**（如将国外产量与国内产量的比例由 50% 提高到 75%）
- **营销**（如在欧洲国家整合市场营销力量）
- **财务**（如将外汇损失降到最低限度）
- **技术**（如将技术成功转移到国外分部）
- **研究和开发**（如在世界范围内传播研究和开发能力）

我们可以看一下奔驰汽车公司是如何建立其战略目标的。奔驰是代表德国工艺和质量的高档产品品牌。但是，由于德国的高劳动力成本，以及一些其他因素，德国汽车很难出口到北美洲并在那里赢利。因此，奔驰决定将大部分生产线搬至美国，在阿拉巴马州建立了组装厂，以便企业在主要市场上能以更低的成本进行生产。奔驰也向德国以外的供应商购买零部件。一方面，这样做会影响奔驰作为德国高超工艺代表的形象，并最终导致销售的下降，但是另一方面，奔驰销售额的上升表明，承担“不再是纯正德国产品”的风险是值得的，至少现在如此。[69]

## 步骤四：制订实施战术和计划

战略目标制定后，企业应着手制订具体计划和战术，以充分利用企业资源（物力、财力、人力等）实现目标。为了实现企业目标，制定新的规则和程序也是必要的，包括设计战胜竞争对手的具体步骤。从根本上说，要促进企业从现在的状态进入国际化市场，必须将支持系统落到实处。[70]

企业经常低估在国外进行有效竞争所需要的能力。例如，20 世纪 90 年代，百事可乐决定使国际利润增长 300%。为了实现这个目标，百事迅速扩大其全球业务，不幸的是扩张并不成功。20 世纪 90 年代末期，百事可乐在海外市场实际上赔了很多钱，并且丧失了很多重要的国外市场。现在，许多本地的小竞争者正在发展中国家（秘鲁、墨西哥等）市场上与百事可乐和可口可乐展开竞争。由于成本更低、价格更便宜、更了解当地情况（使用有效的游击营销策略），像秘鲁的真正可乐（Peru's Kola Real）这样的小企业正威胁到百事可乐和可口可乐一度利润丰厚的市场。[71]

为了保证在国外市场上的竞争优势，跨国公司必须仔细设计和执行支持其国际战略和改进关键价值链的行动。例如，跨国公司可以通过产品当地化的手段来弱化本地竞争对手（他们更了解本地市场）的优势。在日本，本地软饮料制造商三得利有限公司（Suntory Ltd）推出“亚洲茶”饮料满足当地口味。为了反击，可口可乐公司专门为日本市场研发了一种“亚洲茶”产品。当然，这样做包含着风险。为特定市场改变产品会增加成本，甚至被证明在判断上出现了错误。比如，韩国消费者对在当地经营的美国快餐连锁店“星期五餐厅”改变菜单非常不满意，因为菜单里包括了许多当地菜式，而他们期望的是在“美国”的用餐感受。这个例子充分表明，确定在什么时间、怎样改变产品以适应当地需求从而提高企业的竞争力是多么困难的一件事。[72]

处于其他行业的公司也面临着严峻的挑战。例如，德州仪器公司（TI）想要建立生产和技术基地，以便更快、更好地满足市场不断增长的需求。这就意味公司必须获得资本密集型设备和工厂，以领先于竞争对手。为了实现这一目标，德州仪器公司开发了新的策略和方法，包括建立 10 人团队，以加快公司在世界范围内建立新生产基地的速度。这个团队开发出了新的流程（如绕过官僚机构，寻找当地高质量的经销商），使德州仪器公司能够以比竞争对手快 8 个月的时间，生产出世界一流的芯片产品。[73]

## 步骤五：把控制和评估落实到实处

这是战略制定的最后一步，包括控制和评估步骤，用以保证到目前为止所有的努力都没有白费，并确保战略实施没有偏离轨道。这“最后”一步也是为了保证企业在环境变化的时候，即使不能够重新制定战略，至少能够对其战略进行快速调整。很明显，国际战略制定和实施是一个动态、持续的过程。[74]

例如，20 世纪 80—90 年代，日本的汽车企业如日产、本田、丰田等为了满足美国市场的需求都在美国设厂。到 2004 年，所有这三家企业都已在美国建立或者正在建立卡车生产线，抢占了福特和通用汽车的利润堡垒。为了满足世界性出口增长的需求，日本在美国的制造厂迅速扩大生产。结果，日本在美国的汽车企业出口量曾一度超过通用、福特和戴姆勒克莱斯勒三家本地制造商的出口总和！这种战略转移让日本汽车制造商充分利用了美国比日本更低的生产成本优势。新兴市场迫切需要的汽车型号，日本恰好也已经在美国市场生产了。例如，丰田的美国工厂帮助丰田公司避开了中国台湾和韩国对日本本国制造的小汽车的进口限制。这种战略灵活性是日本汽车企业成为公认的强大的国际竞争者的原因之一。[75]

## 8.5　成功国际战略的组织要求

在本章的最后一节，我们将简单讨论四个组织特征，这些特征对跨国公司成功制定和执行国际战略的能力具有重要意义：

- **公司结构**（反映组织中的关系和业务单元的组合方式）
- **管理流程**（让公司运作的计划、预算、协调、绩效评估活动和系统）
- **人力资源**（在世界各地为企业工作的人员）
- **企业文化**（在公司中指导员工行为的期望、价值观、信仰和非书面规则）[77]

跨国公司必须在这些有利于战略制定和实施的组织特征上形成自己的特色。当企业组织特征和战略需要一致时，企业就会获得更好的绩效。[78]

例如，某一全球战略需要建立集权的组织结构，以便于进行全球产品开发和全球决策。这并不意味着总部要制定所有的决策，而是必须有这样一种结构来协调全球运营和决策，它们通常需要从本地化运营中获得信息等资源。一种方法是由一位全球经理负责全球业务线，所有部门都向他汇报。例如，通用电气加拿大照明分部过去经常为了与加拿大的其他业务部门争夺资源而向通用电气总部抗争，现在它们则直接向全球照明经理申请资源。[79]第 10 章会更加详细地讨论跨国公司对组织结构的选择。

如果企业想要对其面临的竞争环境作出快速反应，那么，促进企业协调和战略决策制定的管理流程也是至关重要的。例如，通过利用关键员工团队（他们来自全球各地），企业能够在开发和执行国际战略方面做得更成功。这类团队能够在不同的文化和地理壁垒之间架起桥梁，有效地开发并执行复杂的全球战略。[80]

同样，管理流程也包括有助于企业在客户着重的方面超越竞争对手的特殊能力。例如，在半导体行业，这种能力可能是比竞争对手更快地开发出先进的芯片。企业应当识别和开发复杂的和分散的（比如跨职能的）能力，以及那些依赖良好的沟通（比如非正式沟通网络）的能力，因为这些方面是竞争者难以模仿的。[81]

为支持国际战略而设计的结构与过程自身也受到企业文化与人力资源的支持。例如，强调全球灵活性和快速响应的企业文化价值观有助于培养企业执行全球战略的能力。表 8.3 说明了企业结构、管理流程、人力资源和企业文化如何与所支持的国际战略保持一致。当然，对于其他国际战略，组织特征会有所不同。例如，对于那些采用多国本土化战略的企业，产品决策、营销等决策权力大部分授予了特定国家的分支机构。

表 8.3 支持全球战略的企业特征

| 主要方面 | 需要具备的具体企业特征 |
| --- | --- |
| 公司结构 | • 全球集权<br>• 没有国际部<br>• 强业务导向 |
| 管理流程 | • 全球战略信息系统<br>• 全球战略计划<br>• 跨国协调<br>• 全球预算 |
| 人力资源 | • 全球业绩评估和薪酬<br>• 聘用外籍员工<br>• 经常旅行<br>• 领导的声明和行动 |
| 企业文化 | • 全球形象<br>• 全球就业的承诺<br>• 互相联系的业务 |

资料来源：改编自 Yip, G. S. (1995). Total global strategy. Englewood Cliffs, NJ: Prentice-Hall.

## 设计公平的战略开发流程

最后，企业必须注意战略制定的方式。这说明，如果制定战略的过程被认为是公平的，那么当地经理就更愿意执行。在这种情况下，“合法程序”意味着：

- 总部管理者尽一切努力熟悉地方的经营特点
- 在战略制定过程中进行实质性的双向沟通
- 在制定战略时，总部管理者对各分支机构采取公正态度
- 地方雇员可以挑战总部的战略观点和决策
- 向地方雇员解释最终的战略决策[82]

图 8.6 总结了如何运用这一过程提高海外分部的战略实施。通过提高本地员工的参与、充分探索各种战略选择，以及绩效预期的清晰化，跨国公司将能够提高本地员工对总部的信任和承诺。工作承诺更高、信任企业的员工更愿意合作、更有可能保证企业海外战略的成功实施。

**图 8.6　公平的战略开发流程提高海外分部的成功机会**

| |
|---|
| **公平的战略开发流程的要素** |
| 参与（向可能受到战略变革影响的本地员工征求意见，鼓励他们提出异议）<br>解释（充分说明当前战略决策的意图）<br>设立期望（描述新战略要求怎样的行为改变以及新战略下将如何评价员工） |
| ↓ |
| **提高信任和承诺** |
| 本地员工感到他们的意见得到了听取<br>本地员工认为他们的观点的价值得到了认可，参与了公司方向的制定 |
| ↓ |
| **行为反映出承诺的提高** |
| 本地员工自愿参与与新战略要求一致的合作行为 |
| ↓ |
| **战略实施** |
| 海外分部的绩效超越期望<br>本地员工全力保证新战略的成功 |

资料来源：Kim，W. C. &Mauborgne，R. A.（2005）. Blue Ocean Strategy. Boston，MA：Harvard Business School Press.

## 本章总结

国际战略管理的主要任务之一就是明确一个企业如何在国外竞争。不幸的是，有相当多的公司在进入海外市场时没有明确的、精心设计的战略。这就会导致以下问题：（1）不能准确预测国际市场的发展方向；（2）不能很好利用国外资源；（3）低估有效竞争所需要的资源；（4）不能有效预测在国外出现的运营问题。国际战略应有助于企业作出以下决定：（1）在国外销售哪些产品和服务；（2）在哪里以及怎样提供服务和制造产品；（3）需要哪些资源，以及如何获得这些资源；（4）如何超越竞争对手。

在业务层面，企业通过价值创造并向客户提供其所需要的产品和服务而赚钱。一种战略是提供差异化的产品，另一种战略是成本领先战略，最后一种战略是利基市场战略，即与产品线宽泛的竞争对手相比，企业只集中生产某一产品线的产品或服务。企业也可以通过改变价值链的基本活动和辅助活动来创造价值，国际战略中最根本的问题就是如何形成和协调价值链活动。核心竞争力是国际竞争的基础，它可以产生于价值链的任何环节，企业经常通过把价值链活动放在能带来区位经济的地方来进行竞争。

国家竞争优势理论说明国家如何帮助企业获得竞争优势。要素条件是指一国是否具有某一行业的生产要素优势。需求条件是指一国某种产品或服务的市场大小。相关和支持产业是指本国内某行业有没有良好的供应商或者关联产业。企业结构、战略和竞争者是指某一国家的当地环境如何对企业造成影响。

在本章中我们讨论了四种跨国公司的公司层战略。多国本土化战略是指当跨国公司所在国的产品和服务偏好差异较大，以及所在行业一体化压力低时，跨国公司采用的战略。全球战略与多国本土化战略不同，是指当在各国都可以销售相同的产品，而且行业一体化压力大时，跨国公司应采用的战略。跨国战略是指当既可以把价值链安排在可以创造最优价值的任何国家，又能够调整产品满足当地需求时，跨国公司采用的战略。地区战略是一种介于全球战略和多国本土化战略之间的战略。介绍完战略后，我们讨论了某一产业的国际竞争与该产业的特征是否匹配会影响企业战略的有效性。我们也提到了不同的文化价值观和视野也会影响管理者制定战略。最后，我们介绍了小企业在制定国际战略时碰到的约束因素，尤其是财务和管理资源的限制。小企业要克服这些局限，就要寻找现有的帮助（如咨询公司或政府部门）。

接下来，我们概括了制定国际战略的流程，流程分五个步骤。第一，确定使命陈述。第二，进行 SWOT 分析，SWOT 分析的外部方面叫做环境分析，即衡量企业所处外部环境中的机会和威胁；SWOT 分析的内部方面叫做内部资源审计即衡量企业内部的优势和劣势。第三，对战略和目标的实际选择。第四，制订实施战术和计划。第五，在动态的基础上调控战略执行。

最后，为了取得绩效最大化，组织特征如公司架构、管理流程、人力资源和公司文化等，必须与公司的国际战略保持一致。同时，企业也应该注意制定战略的流程是否公平，世界各地的管理者是否遵照实施。为了创造公平效果，企业管理人员在制定国际战略时，应该努力熟悉各地的经营特点，并同各地雇员进行双向沟通。

## 讨论题

1. 制定统一的国际战略有什么价值？
2. 哪些因素决定了国家竞争优势？
3. 解释全球战略、跨国战略、多国本土化战略的差异。行业和企业特征在选择战略时起什么作用？
4. 什么是 SWOT 分析？你应该怎样对待分析结果？
5. 成功制定和执行全球战略的组织应具备哪些特征？

# 迎接挑战

## 嘉乐比食品公司战胜麦当劳的战略

在本章开始，我们曾让你思考嘉乐比公司在菲律宾是如何战胜麦当劳的。嘉乐比认为麦当劳的许多做法在全球屡试不爽，因此也要学习借鉴。嘉乐比觉得应该像麦当劳一样向全世界提供清洁和快速的服务。嘉乐比在其所有连锁店中严格执行“FSC”标准，即食物（food）、服务（service）、清洁（cleanliness）。嘉乐比非常注重员工培训，同时公司提供的报酬和福利在菲律宾食品行业中也是最好的。嘉乐比在其两家菲律宾的旗舰店也提供许多自制产品。在选择新店址时，嘉乐比通常追随行业领先者。事实上，嘉乐比经常在麦当劳周围开店。最后，嘉乐比也像麦当劳一样利用店内游戏场所、标志性卡通人物等方法来开拓市场。

嘉乐比还认为应在特定地区获得竞争优势，赶超麦当劳。实现这个目标的最好方法是比麦当劳更加“本地化”。首先，嘉乐比在服务方面体现出了菲律宾文化特色，每当顾客来到嘉乐比时，服务员都会说：“Magandang umaga po，欢迎来到嘉乐比。”这句话的前一部分是传统的菲律宾问候语，目的是强调公司的地方特色，营造谦恭有礼的菲律宾气氛。尤其是嘉乐比的食物和麦当劳的同类食物相比价格便宜许多，更适合菲律宾的消费能力，例如，嘉乐比“超值套餐”只需 1 ~ 2 美元。

更重要的可能是，嘉乐比提供的菜品比麦当劳更丰富，同时也更适合菲律宾的甜辣口味。这种口味渗透在嘉乐比从炸鸡到面条到汉堡包的所有菜单中。例如，Aloha Burger 是一种嘉乐比配料的食品，上面有一层菠萝。而 Palabok Fiesta 是一道面条加肉汁的食物，上面覆盖熏鱼、烤红的猪皮、豆汁和洋葱。因为口味辛辣，嘉乐比的顾客吃菜的时候还会吃米饭，这又是一个取代薯条的地方特色。

当然，嘉乐比在菲律宾是否能够永远领先于麦当劳还要拭目以待。麦当劳也以灵活性著称，它在菲律宾也成功地修改了菜单，以适应菲律宾人的口味。有趣的是，嘉乐比在拓展国外市场的过程中，也遇到了和麦当劳在菲律宾以及其他地方遇到的同样的问题。例如，嘉乐比只将一部分菜品转移到美国市场测试市场反应，以建立稳定的供应商基地。尽管如此，嘉乐比认为还要调整，包括为美国市场提供更多的菜品。

嘉乐比在国外的连锁店多数选址在菲律宾移民的聚居地。但在加利福尼亚，嘉乐比的顾客中只有 50% 与菲律宾有关系。一位嘉乐比经理说，实际上，美国人接受了部分菲律宾口味。他指出，加利福尼亚的非菲律宾顾客“喜欢 Aloha Burger，他们是回头客，一次又一次地购买品尝这种食品”。

如果继续开拓国外市场，嘉乐比会遇到那些挑战呢？它应该如何应对这些挑战？为了在菲律宾市场领先于麦当劳，嘉乐比还应该做些什么呢？（see www. jollibee. com. ph）[83]

# 国际管理技能开发

## 对一家企业进行情境分析

### 目的

1. 运用你在分析和评估企业战略方面所学到的技能。

2. 发现更多的与竞争对手有关的国际商务情境。

### 说明

老师会将全班分成小组，每组 3 ~ 6 人，每个小组采访一位有国际业务的当地公司的高级经理（最好是负责某业务的高级经理）。理想情况下，采访应该集中于某一业务领域。例如，你采访的是一位进行多样化经营的公司的经理，你应该重点询问某一产品在国外销售的信息，因为不同业务在国外的销售战略是有差别的。

采访必须包括下面列举的问题。理想情况下，经理应该能够回答与其在公司中负责的业务有关的问题，而且还应该代替两三个主要竞争对手回答同样的问题。

1. 管理的性质：

- 有没有外国人担任高层经理？
- 管理者跨文化培训的深入程度如何？

2. 公司战略：

- 公司的愿景是全球的、跨国的、地区的还是国内的？
- 公司与外国公司建立联盟的意愿如何？
- 公司在不同国家经营的各个分部是独立经

营的，还是统一经营的？

- 环境扫描在公司的重要性如何？
- 母国对主要决策控制程度如何？

3. 运作问题：

- 公司的主要经营基地设在哪里（是本国，还是国外）？
- 产品设计决策是集中制定还是分权制定？
- 生产决策是集中制定还是分权制定？

采访结束后，每个小组都要评估公司（及其竞争对手）采用的基本战略；接着，各个小组要建议公司采取什么措施来做到：

（1）缩小与竞争对手在国际运作方面的差距；

（2）保持公司现有的优势。

根据班级的大小和时间长短，在小组提出建议前，老师可能要求学生对被采访的公司和其所在行业进行进一步的调查。建议可以是小组演讲的一部分，甚至可以写成书面材料送给被采访的公司。

安排作业，要求每个小组就其调查进行一次15分钟的班级演讲，如果演讲包括小组建议内容，时间可以延长至20分钟，然后，老师引导全班进行15～20分钟的讨论，讨论集中在以下方面：

- 被采访公司的全球化程度如何？在全球化方面该公司是领先还是落后于竞争对手？为什么？
- 公司做法间的差异或相似之处可能是由什么样的行业、企业或者竞争因素造成的？

## 备选方案

如果班级太大，或者其他条件限制，如时间或难以采访到高级管理者，使得采访方法不切实际，老师可以转为安排到图书馆查资料。要求学生对某一跨国公司甚至整个行业的战略进行深入分析。如果按这种方法进行分析，学生可以根据前面所列的采访问题预测企业或者行业高层经理的反应。

CHAPTER

# 9 国际市场进入与所有权选择

### 学习目标

- 描述企业国际化发展可能经历的各个阶段及其与国际市场进入的关系
- 描述各种不拥有所有权的国际市场进入方式的优缺点
- 描述各种拥有一定所有权的国际市场进入方式的优缺点
- 理解国际企业战略联盟的不同类型及其形成原因

## 国际挑战

### 以什么样的代价进入？通用电气在中国讨价还价

实际上，通用电气公司（GE）并不是第一次进入中国市场。在过去的20多年里，GE一直在努力把产品卖到中国，从涡轮发电机到喷气式发动机到电灯泡，无所不有，并经常取得相当大的成功。不过，GE在中国出售涡轮发电机的努力说明了近年来市场进入规则在中国是如何变化的。这也突出了许多关注中国需求快速增长的跨国公司所面临的难题。这可能令人吃惊，因为从表面上看，GE所面临的竞争状况（至少是现代涡轮发电机这一产品所面临的竞争状况）是非常清晰明了的。

具体来说，GE在中国潜在的涡轮发电机客户是少量的地方公用事业以及独立的能源生产企业。当今最先进的涡轮发电机十分复杂，重达8万磅，利用天然气燃烧驱动叶片旋转来发出巨大的电量。因此，GE在中国的主要竞争对手较少（如德国西门子这样的其他跨国公司）。相反，诸如个人护理（如宝洁和联合利华这样的洗发水制造商）和饮料（如SABMiller公司和比利时英博啤酒集团这样的啤酒制造商）等技术含量较低的行业中的跨国公司发现，中国实际上是由许多不同的区域市场组成的（通常源于特定区域的特定偏好）。此外，在这些行业中，跨国公司可能要面对成百上千个当地竞争对手，这些竞争对手有更低的运作成本并已经深入了解本地客户。说得委婉一些，对于外来的跨国公司而言，中国可能是一个很难售出商品的国度。

GE 最近正面临着挑战，它打算向中国的几个地方公用事业部门提供涡轮发电机，合同的价值达到几十亿美元。一方面，对 GE 的发电机部门来说，中国代表了一个引人注目的增长型市场。经济的快速发展使得中国近年来的电力需求猛增。中国 13 亿公民面临着电力供应管制以及当前国家公用事业提供的电力不到需求的 90%这一事实。中国电力需求的年增长率约为 15%。因此，中国每年必须投资超过 100 亿美元来建设新电厂，才能在 2010 年满足这种需求。

另一方面，在与像西门子和三菱这些同行竞争发电机业务的过程中，GE 逐步意识到，中国政府谈判的目的并不只是一个优惠的价格，他们最想获得的是那些能够让 GE 发电机始终保持竞争优势的尖端技术。尤其是，政府官员要求 GE 允许几个中国企业使用其专利技术，以便在将来某个时期能够自己生产发电机。这一想法与中国要摆脱低科技产品廉价制造商的目标是一致的。中国希望自己的企业在高科技制造业中，成为全球化竞争者。这就是难点所在。中国当前的战略一直是让外国的跨国企业进入不断增长的国内市场，而以最关键技术的转移作为交换。有意思的是，当中国在 2001 年加入 WTO 时，它签订了对跨国企业免掉很多技术转移原则和要求的协定。但负责与外国的跨国企业进行贸易谈判的政府机构仍然在谈判中坚持要求技术转移。

正如你可能猜到的，这令 GE 很难办。GE 无疑想进入中国高速增长的发电机市场。但中国要求百分之百地获得它们的技术却让人难以接受，特别是为开发其最先进的发电机，GE 花费了 5 亿美元。正如一位 GE 经理所指出的："我们关心的是保护那些投入了大量金钱的技术。"从根本上说，像 GE 这样的公司面临着一种权衡——追求短期利益而冒着在长远看来由于技术转移而制造出强大的本土竞争对手的风险，还是保留技术而丢掉一个关键的市场。实际上，很多跨国公司像摩托罗拉、诺基亚和爱立信等都面临着这一问题：或者与当地合作伙伴建立合资企业，或者在中国建立研发中心作为应对中国技术转移要求的手段。

这就是你面临的挑战。你认为 GE 应该采取什么样的措施来应对这些技术转移要求？有没有一种方式，让 GE 至少在某种程度上既能保护自己，又进入中国的涡轮发电机市场？如果有这种方法存在，美国政府在其中又能够发挥怎样的作用？在阅读本章时，尤其是在学习进入外国市场的模式及其优缺点这一部分时，请思考这些问题。如果有能力，你还可以进行一些涡轮发电机行业及其敏感技术方面的研究，并在此后关注本章结尾的"迎接挑战"部分，看一看 GE 实际上是如何应对挑战的。[1]

# 9.1　冒险尝试

本章考察了企业进入外国市场的不同策略。当然，一个企业如何开始行动通常是其企业层面国际化战略的直接反映。而影响企业决策的其他因素包括各种进入策略的优缺点、外国市场的特征和企业的国际化发展水平（以及有多成功）。本章将评价其中部分因素。

本章讨论企业进入海外市场的各种方式。当然，具体选择哪种方式通常直接反映了企业公司层面的国际战略。你将看到，以进入海外市场的不同方式而言，它们要想取得成功所需要的管理和财务资源是完全不同的。企业究竟选择哪一种战略通常取决于管理层对以下问题的考虑：

- 企业海外市场目标（期望的市场份额、利润率）
- 目标市场的环境（文化、经济和法律，商业基础设施的质量）
- 企业能力和资源（技术的、管理的和财务的）
- 国外市场的竞争环境（当前的竞争和未来潜在的竞争）
- 计划销售的产品或服务的特性（很重、易碎的产品可能不易运输，复杂的、需要本地服务的产品也可能不适合海外销售）
- 风险—报酬等式（进入海外市场的报酬是否值得承担那么大的风险）

需要指出的是，并不是任何企业都适合实施国际化。有些企业似乎为了国际化而国际化，因为它们发现别的企业都在这样做。国际化必须是能够为企业创造价值的决策。在行动之前，管理层有必要对一些严肃的和基本的问题做出回答，明确潜在的成本、收益和企业所具备的能力，这本身也是战略制定过程的一部分。表9.1对这些问题进行了总结。在学习本章后面的内容时，请回忆表9.1的内容，看它们对各种战略选择利弊分析的影响。

**表9.1　实施全球化之前要回答的三大类问题**

| 全球化对本企业的潜在利益 | 全球化的成本是否超过了利益 | 企业是否具备全球化所需要的管理能力 |
| --- | --- | --- |
| ✓ 什么时候全球化措施的利益才能体现在企业的财务报告中，在财务报告的什么地方呈现？ | ✓ 公司为了实现某项全球化行动的预期利益需要付出怎样的成本？ | ✓ 实现全球化预期收益将需要哪些具体的管理技能？ |
| ✓ 企业通过全球化所获得的每一项利益的具体经济价值是什么？对每一项利益的理解是否足够清楚？ | ✓ 公司内部怀疑的声音认为成本将会有多大？对公司在海外市场绩效有怎样的影响？ | ✓ 公司过去的历史是否证明它的确拥有成功实施该项全球化行动所需要的管理人才和技能？ |
| ✓ 是否有可靠的证据证明其他企业在类似情况下实现了这些利益？ | ✓ 对于公司准备用来实施海外战略的资源，是否还有更好的使用选择？ | ✓ 公司是否拥有必要的方法来有效地发展实施计划中全球化行动所需要的管理技能？ |

## 国际化发展的阶段

我们从考察国际化发展的阶段开始，许多企业在国际化运作中都会经历这些阶段。一家小企业可能首先通过出口进入国外市场。实际上，出口是小企业进入国外市场通常的选择，因为这不需要大量资本支出（如在海外建造昂贵的厂房）。但随着企业的不断成长，它们就会从依赖出口转向在海外设厂。不过，企业的国际化发展过程不是绝对的。许多企业的国际化并不是按照一个明确的步骤顺序或以一种直线方式发展的。例如，企业可能从出口直接跳跃到设立国际分公司，而不经过在海外首先成立销售子公司这一阶段。同样，跨国兼并也会使企业跳过某些阶段。[2]

我们把服务性企业与制造企业分开来看。制造企业在国际化扩张中更可能经过一个循序渐进的过程。全球汽车业巨头丰田汽车公司就是一个很好的例子。它从日本总部出口汽车开始，然后通过在一些关键市场如美国建立本地制造工厂来扩张其海外市场。目前，丰田公司正在中国积极扩张生产基地，希望到 2015 年在中国汽车的年销量达到 150 万辆。[3]

相比之下，服务性企业如银行或保险公司通常通过收购来进入某一市场。与制造企业不同，服务性企业在国外开展业务前不能奢望自己可以慢慢开始并获取经验（如通过出口产品）。

例如，通用电气的金融服务子公司 GE 资本公司（GE Capital）在世界范围内提供融资和保险服务。GE 资本公司是整个通用电气利润来源的一大部分，无论是从零开始建立海外业务，还是对国外企业进行快速收购整合，该公司都被认为是快速建立海外业务的专家。几年前，GE 资本公司收购了陷入困境的日本东邦共同人寿保险公司。该公司迅速地建立起了自己的程序及核算方法，废除了东邦公司以资历为基础的人事制度。[4]当然，这种方法能否成功取决于战略的执行，以及管理和文化上的差异在多大程度上阻碍整体运作。例如，快速进入东欧市场的西欧银行及其他金融服务公司就遇到了侵蚀其潜在利润的文化、人员以及法律障碍，往往是在花了几百万美元迅速收购当地银行之后才发现。实际上，这正是 2003 年比利时的银行保险巨头比利时联合金融集团在东欧市场损失几百万美元时所面临的情况。[5]

然而，许多企业在国际化运作中是逐渐成熟起来的，因此其国际化发展阶段显得比较分明。自然，对于如何界定这些阶段存在着不同的观点，[6]但大部分专家认为，企业在任何一个阶段都可能取得成功，而且企业迈向国际化阶段所花的时间也有所不同。表 9.2 给出了国际化发展过程的一个六阶段框架。

**表 9.2　企业国际化过程的一般阶段**

| | |
|---|---|
| 阶段 1 | 出口 |
| 阶段 2 | 建立销售子公司 |
| 阶段 3 | 建立国际部 |
| 阶段 4 | 多国化 |
| 阶段 5 | 全球化或跨国化 |
| 阶段 6 | 建立联盟、伙伴关系或共同体 |

资料来源：改编自 Briscoe，D. R.（1995）. *International human resource management.* Englewood Cliffs，NJ：Prentice-Hall.

**阶段** 1：出口。在第一阶段，国内企业通过向外国消费者出口产品或服务开始其国际化进程。这一阶段可能是由一位经理和一个小型支持团队负责产品或服务的海外营销。这类部门通常附属于该企业的国内营销活动。在其他情况下，对国际业务不熟悉的国内企业可能会求助于银行或咨询公司来处理大部分出口业务并提供必要的专家意见（如处理文件、货币问题、运输及信用证）。邮购企业 L. L. Bean 公司就是处于阶段 1 的例子。该公司主要服务于美国市场，但同时也出口到其他国家。[7]

随着海外销售的不断增长，企业可能觉得最好是与批发商签订合约，由他们在国外代理其产品（如产品促销、解答疑问及提供售后服务等）。

**阶段** 2：建立销售子公司。企业一旦决定设立海外销售办事处，那么它就是在向阶段 2 迈进。当一家企业在外国建立了销售办事处或销售子公司时，它就进入了第二阶段。直到不久前，密尔沃基的摩托车制造商哈雷公司还是处于阶段 2 的典型例子。由于海外市场迅猛增长，出口量占到了其摩托车总量的大约 25%，哈雷公司决定设立销售办事处以更好地进行营销。

**阶段** 3：建立国际分支机构。正如你所预期的那样，这一阶段通常包括在海外进行大量的产品装配和制造。该阶段往往代表了企业设立海外销售办事处之后的一个自然发展阶段。但有时企业也会从出口一下子发展到建立国际分支机构。无论如何，设立国际分支机构意味着需要一个更成熟的组织结构以监督所有的国外业务活动并支持更长远的国际扩张。通常，建立国际分公司也意味着企业更重视招聘那些具有国际商务知识的人员。

例如，哈雷摩托车公司几年前就建立了第一个外国装配线，把摩托车的成套材料运到巴西进行最终装配并销售。因此，当哈雷公司的大部分摩托车还在美国进行装配时，我们就可以认为它进入了阶段 3。许多情况下，企业在进行海外生产往往同时也会建立一个独立的国际部，以便在总部监控所有的外国业务。

**阶段4：多国化。**阶段4至阶段6描述了随时间推移而出现的更复杂的跨国运营。在阶段4，跨国公司意识到，虽然总部在重要战略决策上起着关键的作用，但雇用那些了解本土环境的本土人员会使国外业务更顺利。实际上，阶段4中外国分公司的作用在于满足本土市场的需要，但要在总部控制与地方调整之间取得平衡并不容易。

例如，为了进入巴西的市场，潘尼百货（J. C. Penny）收购了一家名为Lojas Renner的当地家族经营百货连锁店，但企业并没有把Lojas Renner只是变成潘尼百货的另一个前哨基地，而是保持了本土化。当潘尼百货在其他国家遇到麻烦之后，它意识到成功的零售业常常是需要本土化的。因此，潘尼百货想保留使Lojas Renner享有盛名的服务和价值的核心技能。结果，潘尼百货保留了Lojas Renner在巴西的店铺名字，并继续由当地的管理团队进行运营。这些措施，再加上潘尼百货的资金支持，使得Lojas Renner在两年内的增长率超过了100%。[8]

与潘尼百货相比，世界最大的零售商沃尔玛在国际运营中似乎不太愿意传递出一种本土化的形象及依赖本土的专门技术。尽管如此，沃尔玛还是保持了国际增长。2003年，沃尔玛在国外有1300多家店，并计划在海外再开130家。但是批评家认为，沃尔玛最高管理层仍存在“总部最了解”的思想而缺乏足够的国际业务经验。他们指出，沃尔玛的海外业务在很大程度上仍然依赖于其“美国模式”，还应当在海外门店中引入更多的当地产品。这也许解释了为什么沃尔玛在国外市场上所做的每件事（从苛刻地对待当地供应商到文化冲突）都受到批评。例如，沃尔玛难以向雇员们解释某些概念（如“压低”价格），难以让爱挑剔的日本顾客确信其出售的是高质量产品。日本员工最初还抵制沃尔玛积极的“十步规则”，该规则是指当顾客在十步范围内时员工须主动提供帮助（在大多数日本店铺中往往是等顾客寻求帮助）。[9]

相反，在30多个国家都有连锁店的法国家乐福却承认，其超过90%的产品都来源于当地。正如家乐福的一位经理所解释的：“在中国，我们是中国式的；在西班牙，我们则是西班牙式的。”竞争对手荷兰的皇家阿霍德集团（Ahold）则更进一步，在20多个国家中以不同的店名运营并强调本土品牌的重要性。正如其首席执行官所指出的：“我们展现给顾客的都是本土化的，而没有展现给顾客的则是全球化的。”

尽管沃尔玛相信海外市场的增长将是未来发展的一个利润驱动力，但它还是落后于其他海外竞争对手，到2003年底才在10个国家开展了业务。而且，沃尔玛最近在海外某些市场（如德国、印度尼西亚和阿根廷等）的掠夺行为蒙受了极大损失，至少在一开始是这样的。在德国，沃尔玛并不完全了解德国的顾客、政府法规和德国工会所发挥的重要作用，对当地的竞争环境也了解极少。现在，沃尔玛的目标是所有的海外销售团队都由当地人领导，采取措施来提高其文化认识，并在海外寻找那些有助于其在当地经营的优秀思想。总的来说，明智的做法是在长期中不要低估沃尔玛，毕竟它在加拿大和墨西哥已经成为第一大零售商。也许下一步它就会成为世界其他地方的第一大零售商。[10]

**阶段5**：全球化或跨国化。说到“世界其他地方”，这是处于阶段5的企业更加全球化或跨国化的一个特征。当然，有些企业从来都没能发展到这一阶段，可能是由于它们所在的行业并不要求进行世界范围内的运作整合。正如我们在第8章所讨论的那样，基于全球化或国际化运作的企业会设法忽略地理上的边界。总而言之，如果可以在某种程度上使成本最小化、利润最大化，那么它们会在世界上任何一个地方生产产品、原材料或提供服务。例如，电脑外设制造商罗技国际就有两个总部（分别在硅谷和瑞士），而其最高制造经理设在中国台湾地区，这样公司就可以更快速地作出从哪里获得原料的决策（中国台湾地区被认为是亚洲电脑配件低成本供应商和制造商的聚集地）。当然，进行有效的管理并不是一件容易的事，需要灵活性、搭建文化（与时区）桥梁的能力、各部门的相互依赖以及全球化的观念。而且，跨国化导向也将意味着在必要的时候进行调整，为本土提供特定的产品或服务，而对原有产品或服务调整的程度常常令人吃惊。对于大型综合企业如通用电气来说，去评价企业是否处于全球化或跨国化运作阶段实际上是没有什么意义的。相反，每一个业务部门（如塑料、医学影像等）必须确定需要在多大程度上进行本土化以打败竞争对手。[11]

**阶段6**：建立联盟、伙伴关系或共同体。阶段6强调的是企业之间的联系越来越紧密，以便使其共同资源（如人员、设备、技术与研究等）发挥出杠杆作用。对许多跨国企业而言，合伙或联盟是获取那些十分昂贵或不可能单独获得的资源的一种方式，[12]因此跨国企业正忙于建立合资企业或其他形式的合作联盟。例如，戴姆勒克莱斯勒、三菱汽车和现代汽车合作开发了一种新的发动机。通过共享关键技术以及最小化开发成本，这三家企业希望在销往欧洲、亚洲及美洲的多种配置的汽车中使用这一发动机。正如一位汽车经理所说：“要么合作要么灭亡。你必须实现规模经济。”[13]

尽管这种关联越来越普遍，但在合伙人之间建立信任是相当困难的，尤其是当文化差异将合伙企业分隔开的时候更是如此。然而，这些鸿沟往往也是能够被跨越的。例如，研究发现，与同美国汽车制造商建立的关系相比，美国汽车供应商与在美国经营的日本汽车制造商之间的关系更密切。造成差异的原因之一是日本企业更倾向于提供帮助（如连续几个月派出顾问帮助美方合伙人且不收费）。总之，要想在合伙企业间建立信任，首先要信任对方。[14]我们将在后面的章节阐述这些问题，并讲解相关的人力资源管理问题。

新兴市场的跨国公司：另一条进化路径。我们前面所讨论的国际化进程阶段也许并不适用于所有的企业。事实上，已经有越来越多的证据表明，传统的国际化路径——缓慢地进入海外市场，积累控制风险所需要知识和经验——并不适合新的来自新兴市场的跨国公司。许多来自新兴市场的跨国公司国际化的速度非常快。它们在条件很困难的本国市场（商业基础设施落后，缺乏知识产权保护，政治上不稳定，不透明的法律体系）中成长起来，在同富有的、经验老到的来自发达市场的竞争对手的对抗中实现了国际化。图9.3总结了发达市场跨国公司和新兴市场跨国公司间的差别。

富于讽刺意味的是，正是上面所说的那些本国的困难反而让新兴市场跨国企业比传统跨国企业拥有了更强的管理发展中国家市场的能力。它们也比传统跨国企业更灵活，没有过去多少年来形成的令人窒息的公司官僚主义和顽固的企业文化的束缚。它们往往是在同发达国家中国企业竞争的过程中进入了其他发展中国家和较发达国家的市场。它们还通过与发达国家跨国公司结盟来提升自己的竞争能力。

**表9.3 传统跨国公司与新兴市场跨国公司间的对比**

| 发展维度 | 来自发达国家的传统跨国公司 | 来自新兴市场的跨国公司 |
|---|---|---|
| 企业适应能力 | 通常较低，牢固的文化和结构可能导致惰性 | 通常较高，因为企业历史一般不长，能够做出灵活、创新的反应 |
| 在不稳定和困难的商业与政治环境下的企业能力 | 通常较弱，因为这些企业在发展中一直拥有稳定的政治环境和良好的商业基础设施 | 通常较强，它们的母国市场的特点正是政治和商业上不稳定 |
| 竞争优势 | 通常较强，得益于企业拥有的深刻、经过充分发展的资源 | 通常较弱，一般没有多少资源用来产品升级，与发达国家跨国公司相比尤其少 |
| 扩张路径 | 简单，通常是由近及远 | 复杂，通常同时进入发达市场和新兴市场 |
| 常用的海外市场进入策略 | 内部的，通常使用全资子公司的形式 | 外部的，依靠收购和联盟 |
| 国际化的总体速度 | 渐进的，会经过清楚不同的发展阶段 | 加速的，通常同时采用多种方式进入多个市场 |

## 9.2　国际市场进入模式

到目前为止，我们所讨论的内容间接说明了进入外国市场的几种方式。本节将详细介绍所有的进入模式及其优缺点。本节的陈述将贯穿一个主题，即进入模式的选择既反映了外国市场存在的进入壁垒，也代表了企业为跨越那些壁垒而必须拥有的资源。[15] 当然，企业的目标、国际化战略以及在国外市场上的区位优势和机遇，都是影响进入决策的重要因素。[16] 我们将会在第 10 章更加详细地探讨影响企业最终制定进入决策的因素。

### 不拥有所有权的进入模式

首先，我们考虑的是对海外的设施或工厂没有所有权的进入模式，然后，我们将讨论对海外资产至少拥有部分所有权的进入模式。对于这两种情况，我们将评价各种模式的优缺点以及在何种环境下它们将最具吸引力。

**出口**。出口指的是将产品或服务销往其他国家。正如我们已经谈到的，许多企业通过出口来开始其国际业务。出口通常是企业增加收入的一种方式。比如，国外市场上存在的机会会诱使企业开始出口。此外，国内需求的衰退也可能会驱使企业通过出口、吸收多余的国内产能而使其市场多元化。[17]

出口的优点之一在于不涉及在外国拥有所有权，因此与其他市场进入策略相比成本较低。同样，出口可以使企业避开某些市场风险、外国投资限制，以及以相对较小的代价进行改变（出口协议通常可以较快终止且费用不高）。而且，企业一旦开始向外国市场出口，它们就可以利用顾客反馈来进一步调整产品，并增加海外业务。实际上，快速获取利润可能并不是小企业开始出口的最初动机。相反，其动机可能是要了解新市场、学习新技术以及新的做事方式。[18]

成本遏制（cost containment）并不仅仅是小企业的选择。更大的企业如波音公司或许可以选择在某地制造或装配产品，然后出口到国外，从而可以从全球销售中实现规模经济。另一方面，不将制造或装配转移到国外，企业有可能错失代表长远利益的国外区位经济优势，如廉价劳动力。[19]

当然，出口也存在一些成本。例如，产品运输、建立配送系统、印刷外国语言的小册子，以及在外国市场投放广告等都要付出高昂的成本。一些大企业认为它们必须进行大量的海外直接投资以支持其出口活动。为了促进其出口到日本的汽车的销售，克莱斯勒一度花 1 亿美元买下了日本汽车的代理权，又投资 1000 万美元在东京之外建立了一个零部件配送中心，还花了 1.8 亿多美元改装汽车以适应日本市场。为了“低成本地”出口，克莱斯勒付出了高昂的代价！[20]

出口的成本和挑战。为了在出口业务上取得成功，企业应当：

- 挑选能够在海外旺销的产品（进行适当的本地化调整）
- 理解进口/出口的规则，对复杂的文件工作有心理准备
- 寻求海外用户（调整营销和广告来吸引他们）
- 应对汇率波动、语言、关税和送货延迟等问题
- 要求信用证或其他保证海外顾客付款的财务工具
- 租用货运公司服务，在海外建立分销系统

**国际观察**

## 美国出口商的麻烦可能就出现在家门口

OPTICAL ASSOCIATES，一个向半导体企业提供组件的小企业，在出口方面还算顺利。可是，直到该企业把设备都运到印度一家核研究中心了，都还没拿到出口许可证。联邦调查局告知它这样做已经违反了美国有关向“被禁实体”的出口限制。因此，Optical Associates要面临50万美元的罚款。想想这很糟糕吗？IBM由于把计算机运到俄罗斯的一个核实验室而被罚了850万美元。其他的处罚可能还包括丧失出口权以及企业官员被送入监狱等。例如，得克萨斯Macosia International未经出口许可将脚镣和手铐运到墨西哥而被判有罪后，丧失出口权长达7年之久。

当然，有人可能会说Optical Associates和IBM应该更清楚这些。然而，被控违反美国出口法规的企业数近年来却不断增加，被控名单中还包括了许多家喻户晓的名字。那么这里到底发生了什么呢？国际贸易的普遍上升，以及来自恐怖主义和武器开发的不断威胁，使得美国政府设立了一套出口法规并扩大了对50个国家的出口限制（如印度和巴基斯坦进行核试验后在1998年被加入到名单中）。甚至同盟国，像以色列，也受到像高速计算机和加密软件之类的产品出口限制。批评家们警告说，出口法规已变得太复杂、难以理解，使得企业在丢掉业务与延迟发货之间左右为难，更不必说各种政府处罚了。另外，国际商务的复杂性使得企业更加难以在第一时间跟上法规。正如一位制造业协会管理人员所指出的，“当你从10~15个国家进口产品，或者是供应链的一部分的时候，了解你的客户是谁比你所想象的要困难得多。”

无疑，大企业，尤其是那些处于化学、航空或其他敏感行业的大企业，似乎拥有最好的资源来应付那些令人畏缩的出口限制条例（如设有出口管理人员、利用软件以跟踪并遵守出口条例）。但对小企业而言，现有条例复杂且麻烦的特点让人害怕。大多数美国企业至少公开认为，当许多情况下需要且适用出口限制时，应该简化相应的条例（如减少文书工作、缩短出口许可证的批准时间）。与此同时，自欺欺人的企业在遇到美国出口法规时就会冒险这样做，结果给自己带来麻烦。[24]

一项出口业务可能包含许多步骤，涉及多家银行，需要提交数十种文件，很多时候还要不同的价格标签。而学会这些需要花费大量的时间和精力，整个过程不大可能令人兴奋。

除了使成本上涨的关税及其他进出口管制壁垒外，出口商还面临着两方面的物流挑战：（1）由于与顾客之间存在距离，使得沟通比较困难（尽管有电子邮件以及其他的通信技术）；（2）对于一些特殊的出口货物，某些运输方式可能太慢、不可靠或是太昂贵。在许多情况下，克服这些障碍的关键在于寻找一个拥有成功经销进口产品知识和资源的国外经销商。[22] 再来看一下出口规则是如何影响美国企业的，请阅读本节的"国际观察"。

那么，哪类企业会专心于出口呢？显然，小企业（雇员少于 500 人的企业）最具代表性，而那些由敢于承担风险且具有创新精神的管理者运营的小企业似乎是最成功的出口商。具有这种创业态度的管理者所领导的小企业，与那些保守的管理者所管理的小企业相比，出口额在总销售额中所占的比重更高且出口增长率更高。澳大利亚的小企业福天食品有限公司（Frontier Foods）就是一个很好的例子。几年前，福天公司开始向中国出口多种奶酪产品。这是一个大胆的举动，因为当时大多数中国人没吃过奶酪，他们担心消化问题，或者它的味道能不能被接受。但福天公司的冒险行动见效了，部分原因是出现了一个新生的中产阶级，他们更容易接受新口味，同时也更容易接受在中国急剧增长的快餐店与西式超级市场。到 2003 年底，中国市场为该公司贡献了 70% 的收益。[23]

当然，像波音公司这样的大企业也出口。实际上，波音公司的例子说明了三种不同的出口类型。波音公司可以把飞机卖给外国的航空公司，这是**直接出口**，是指企业把产品或服务直接卖给国外客户。有许多美国企业向波音公司提供零部件，这是**间接出口**，它是指本土企业把产品卖给国内的另一家企业，然后由该企业通过某种方式改变产品后再出口。第三种出口类型是**企业内部转移**，是指企业把产品卖给其在其他国家的附属公司。例如，福特在墨西哥的工厂生产多种产品（如油箱），然后出口到福特在美国的汽车装配厂。[25] 企业内部转移占全球国际贸易量的 1/3，占美国进出口总额的 40%，看到这些数据你一定会大吃一惊吧。表 9.4 给出了美国进出口中的企业内部转移的一个分类。[26]

**直接出口（direct exporting）**
企业把产品或服务直接卖给国外客户。

**间接出口（indirect exporting）**
企业把产品卖给国内的中间商，然后这个中间商通过某种方式改变产品后再出口。

**企业内部转移（intracorporate transfer）**
企业把产品卖给其在国外的附属公司。

表 9.4 美国进出口中企业内部转移的形式

| 美国贸易流 | 企业内部转移来源 | |
|---|---|---|
| | 美国的跨国公司 | 国外的跨国公司 |
| 进口的商品 | 产品从国外子公司进口到美国母公司 | 产品从外资母公司进口到设在美国的一个子公司 |
| 出口的商品 | 美国母公司把产品出口到其国外子公司 | 美国的外资子公司把产品出口到在国外的母公司 |

资料来源：改编自 Koretz，G.（1997）．A new twist in trade numbers，*Business Week*，May 12，24.

总的来说，出口与进口已经深深地根植于国际商务之中，而出口不仅仅是那些想踏入国际市场的企业最初的进入策略。对于像波音公司这样的企业来说，出口是一种生存方式。就连那些最初并不认为自己是出口商的企业也常常结合其他市场进入策略而大量出口。例如，一家美国制造商可能在国外建立一个装配厂，从世界各地进口所需要的零部件，然后再把成品出口到其他国外市场。

本田公司就是大量利用进出口的一个很好的例子，而且通常会采用非常富有创造性的方式。它在美国开设了很多工厂，包括位于俄亥俄州马里斯维尔（Marysville）的一个主要汽车装配厂。本田公司创造性地利用了其营业额达 10 亿美元的贸易部门——本田贸易美国有限公司（HTAC）。为了协助其在美国的运营，本田公司从日本将零部件海运到美国。但问题是，运输船只在美国卸货之后要空驶回日本。由于有了 HTAC，现在这些船只可以载满金属废料、冰冻鲑鱼或大豆回日本了。实际上，在本田公司的马里斯维尔汽车厂旁有一个巨大的仓库，专门对大豆进行分拣和包装，这些大豆是 100 多个美国农场根据合同种植的。这些大豆通过火车运到加利福尼亚，然后装船运往日本，这都是通过 HTAC 的一个子公司运作的。HTAC 大约出口 80 万蒲式耳的美国大豆到日本，约占在日本销售的外国高级大豆的 14%。从大豆投资中获得的利润减轻了本田公司在汽车市场衰退中遭受的损失，并将许多美国农场带入了进出口和国际商务领域。在我们看来，这似乎是一种双赢。[27]

**许可**。进入国外市场的另一个成本相对较低的策略就是许可。当存在外国投资限制或企业资源有限且又想降低在国外市场上的财务风险时常用这一策略。当高关税使得进口货物过于昂贵，或需要高水平的产品定制而这种产品定制在本土化的情况下做得最好时，**许可**方式也是有效的。同样，当竞争性行业中的企业想把一些陈旧的产品（如老产品或技术过时的产品）

> **许可(licensing)**
> 企业将商标、专利、生产技术或其他知识产权的使用权利授予给另一家企业。

卖到国外时，利润可能很低。在这种情况下，由于潜在收益较低，巨额投资于海外市场就没有什么意义了。因此，许可方式通常代表着一种低成本进入国外市场但仍可以获得可观收益的方法。

一般说来，许可是指企业将商标权、专利权、生产技术权或其他知识产权卖给另一家企业（被许可人）。在许多情况下，获得许可的同时常伴随着特定的限制（如许可产品只能在某一特定时间于特定的地区销售，这一特定时间通常只有几年）。从国际化的情况来看，提供许可的企业（许可方）常常可以快速进入国外市场并马上获得被许可方支付的使用费或其他收益，而不需要自己在海外建设昂贵的工厂。在许可协议中，许可方可以是在一开始就收取一定的使用费，也可以按销售额的一定比例或按单位销量支付一定费用的方式来收取。[28]

但许可这一方式也存在风险和缺点。例如，希望把知识产权许可给国外公司的企业应当仔细起草许可合同的条款、条件及范围。合同应清楚地说明许可方和被许可方的义务。通常，许可方希望被许可方在一定范围内使用其知识产权并避免把商业秘密泄漏给竞争对手。协商这些条款并非易事，因为双方的动机常常有冲突。例如，许可方通常希望达成一个较短期的协议，特别是在将许可作为企业通过自己投资进入国外市场之前的市场测试手段时更是如此。另一方面，被许可方则常常希望达成较长期的协议，这可以补偿其生产与配送被许可产品的成本。[29]

就算双方能够达成一个公平合理的许可协议，也会存在一些重大风险。例如，许可方由于放弃了相当部分的控制权而可能受到伤害，比如被许可方生产出来的是次品或某些其他行为而损害了许可方的声誉。缺乏控制权也使得许可方更难以利用区位经济优势。最后，停止向国外公司许可重要技术或生产过程的企业可能是在“教训”一个潜在的竞争对手。实际上，企业一旦授予许可，通常会犯高估它们控制技术能力的错误。[30]

我们很难对此进行预测，因为对技术的管理可能是许多行业成功与否的最大影响因素。[31]然而，跨国企业常常感到左右为难。来看一下20世纪90年代中期三菱汽车与韩国现代的合作经验。为了进入高速增长的亚洲汽车市场，出于自身的利益，三菱觉得有必要授权现代公司使用自己的技术以制造更好的汽车。这一策略确实使三菱增加了亚洲市场的份额。但与此同时，韩国现代成为了三菱公司在亚洲的一个潜在竞争对手，部分原因在于，通过与三菱的许可协议，现代觉得自己在大多数关键技术上可以自足了。今天，现代在一些关键市场（如中国）中已超过了三菱，并在其他市场（如欧洲）中成为了亚洲成长最快的汽车公司。[32]

当对知识产权的法律保护比较弱时，技术许可的风险会很高。那么，微软为什么会以低价将部分计算机代码专利的许可权给了中国企业呢？微软认为，与中国组织的紧密联系，包括与政府的联系，会使它在反对软件盗版中更有优势。通过授权许可其技术，微软希望开发出其产品的中文版用以对抗盗版。[33]

实际上，跨国公司常常发现，那些迫切想要获得新技术的国家会给自己施加压力，要求签署许可协议。例如，克莱斯勒曾一度拒绝把零件的生产及相关技术许可给中国企业。中国想出口中国造的小型货车和零部件，却不想向克莱斯勒支付许可使用费，并且拒绝在任何合同中包含知识产权保护的内容。相比之下，通用汽车则签署了一些合同，希望潜在收益超过风险。因此，通用汽车在中国市场上生产和销售汽车时比其国际竞争对手处境更好，而据专家预测，中国市场将成为世界上最大的市场。实际上，到 2003 年底，通用汽车的中国公司是该企业中利润率最高的一个部门，并宣称在中国每年生产至少一款新车型。[34]

**特许经营**。想象一下有这样一个合约，它让你利用另一个企业的方法、程序、产品、商标以及市场战略去经营一家企业。而且，与许可的方式相比，该合约可能还包括合约方之间更长期的承诺、要求更紧密的控制以及更严格地遵守详细的经营规则。这就是**特许经营**的实质。

> **特许经营**(franchising)
> 利用另一个企业的方法、程序、产品、商标及市场战略去经营一个企业的契约型权利。

提供方法、商标、产品等的企业称为特许方，而同意用那些方法和产品来经营的企业称为受许方。服务性企业，尤其是食品和租赁行业中的企业，作为特许方进入外国市场的可能性最大。麦当劳就是一个很好的例子。它在某个国家寻找国外的企业或投资者来经营其餐馆，以使用麦当劳的商标、运营程序、产品以及各种支持性服务（如培训与物流支持）作为交换，国外的受许方向麦当劳支付费用。有时候，受许方还得把收入的一部分交给特许方。但特许经营最重要的方面可能在于受许方必须遵守经营管理的严格规定。这就是为什么全世界的麦当劳餐厅都是一样的原因之一。[35]

与许可方式相比，特许经营的主要优点在于更大的控制权。与许可方式一样，特许经营也允许特许方把成本（与风险）转嫁给受许方。因此，当一个国外的企业签署开一家麦当劳餐厅的合同时，该企业通常就要拿出开店的钱。这一规定使得特许方（尤其是像麦当劳这样的特许方）能够以相对较低的成本在世界范围内迅速扩张。[36]麦当劳的成功使得许多小型快餐企业（包 A&W、Au Bon Pain、Big Boy、Schlotzky's Delicatessen 以及 Shakey's Pizza 等）也进入了国际市场。但是，小型特许企业有时为受许方提供的支持不如麦当劳之类的大型特许企业完善（比如大型特许企业可以提供全球性的供应网络、广泛的雇员培训计划等），因此，受许方可能就不得不忙于寻找供应商或在菜单上进行必要的改变。Big Boy 在泰国的一个受许方就取消了该特许供应链的商标——“美国”汉堡，取而代之的是面向当地泰国人以及欧洲游客的菜单。正如受许方所指出的："我们过去以为向大众提供的是美国食物，但现在我们是把泰国和欧洲的食物提供给游客。"[37]

不过，特许经营也存在着一些连大企业也必须面临的挑战。例如，控制权仍是值得关注的问题。企业常常拥有高标准，受许方未必愿意做到完全一样。实际上，商标以及与之相伴的期望是特许方必须保护的宝贵商品。例如，顾客来到麦当劳，对于速度、清洁度以及食物质量都满怀期望。外国的受许企业如果达不到这些期望就可能会损害麦当劳的声誉。有时，如果当地企业无法满足特许方的标准，特许方就会通过在外国建立直营店来取代较差的受许方。请阅读下面的"国际观察"，以了解麦当劳在巴西遇到的特许经营冲突。

国际观察

## 麦当劳在巴西的行动让当地的加盟商备受煎熬

过去的几年里麦当劳在巴西炙手可热，开了几百家新餐厅。今天，美国人的象征成了巴西的第三大企业雇主。但是，巴西一些加盟商们有怨言。他们抱怨麦当劳的扩张速度太快，并把新餐厅开在老餐厅旁边，从而减少了他们的销量。而且，在巴西比索比价暴跌时，像番茄酱包之类的进口商品的价格可能就会出现让人难以预料的暴涨，使得加盟商的利润情况更加复杂。有些巴西的加盟商还声称麦当劳欺骗了他们，要求提取销售额的17%作为承租费用(几乎是美国加盟商所支付费用的两倍)。实际上，一群加盟商就这一有争议的费用向巴西法院起诉了麦当劳。

麦当劳拒绝接受这些抱怨，争辩说巴西的加盟商被早期容易获得的利润宠坏了。在承租费用的争论上，麦当劳指出该承租费是用来补偿在巴西设计和建造餐厅的成本以及对当地加盟商提供的技术支持。迄今为止，巴西法院已经倾向于站在麦当劳的这一边。但麦当劳在巴西的经历提醒了大家，在国外，拱门下并不一定都是金色的。[41]

实际上，控制权以及受许方管理问题正是某些企业完全避开特许经营的原因之一。星巴克就是一个例子。从超过40亿美元的收入以及全球约8000家店（单在亚洲就有1000多家）来看，星巴克是一家大企业，但从规模来说仍比麦当劳小得多（麦当劳的收入为170亿美元，全球有31000多家店）。由于没有采用特许经营，星巴克的利润率要比麦当劳以及其他快餐连锁企业都低（由于没有受许方，星巴克必须承担更高的雇员成本）。但西雅图星巴克咖啡店的创建者和董事长霍华德·舒尔茨（Howard Schultz）认为，星巴克的成功在很大程度上正是由于它没有采用特许经营。正如他所指出的："我把特许经营看成是获取资本的一种方式，而我绝不在低利借款和丧失店面控制权之间进行权衡。”[38]

当然，麦当劳和其他企业以不同的态度看待这种权衡。对它们来说，直营店的费用过于昂贵并削弱了特许经营的主要优势——由其他人提供经营一家企业所需的资源。[39]实际上，由于拥有国外工厂成本较高，一些跨国企业更依赖于特许经营。例如，百事公司在花费了几十亿美元在全球建新厂和合资企业来与可口可乐竞争之后，还是决定在国外饮料市场上更多地利用加盟商进行罐装以降低成本。实际上，百事公司在 2004 年与它在伊拉克的一个前罐装商 Baghdad Soft Drink 签订了特许经营协议。有意思的是，中东是百事公司传统上销量超过可口可乐的一个区域，因此，百事公司觉得特许经营可以使其在降低某些风险的同时再夺回拥有 2600 万客户的伊拉克市场。[40]

**管理合同**。在国际管理合同中，一个企业向另一个外国组织提供特定的服务、技术帮助或管理咨询而索取一定的费用或一定比例的销售或利润分成。一般来说，**管理合同**适用于某一特定时期。与到目前为止已讨论过的其他进入模式一样，这是一个企业增加国际收入的风险相对较低的方式，因为它不存在与所有权相关的成本。[42]

> **管理合同**
> （management contracts）
> 为获得一定的固定费用或一定比例的销售或利润分成而向国外企业提供特定的服务、技术帮助或管理服务的合同。

例如，几年前阿根廷的石油生产商国有石油公司（YPF）在其拉普拉塔的主要炼油厂中就使用了管理合同。根据合同，由美国休斯设备公司提供的技术支持使阿根廷国有石油公司的工厂实现了现代化，并把石油生产的成本降低了一半。随后，雪佛龙公司根据与国有石油公司签订的管理合同配备管理人员来协助其继续运作。[43]同样，美国钢铁公司的顾问团提供管理人员和工程师来帮助斯洛伐克的 Vychodoslovenske zeleziarne AS（VSZ）实现了现代化并改进了其自动炼钢设备和生产能力。之后，美国钢铁公司买下了 VSZ。[44]

**交钥匙工程**。有时管理合同就是国际**交钥匙工程**的结果。这些工程通常包括在国外设计与建造工厂。在工程完成后，工厂通常由承包商继续运营一小段时间以确保其平稳运转。但在许多情况下，工厂最终要交给签署合同的企业或政府。大多数的国际交钥匙工程涉及建造昂贵的、大规模的工厂如发电厂、水坝、机场、炼油厂等。

> **交钥匙工程**（turnkey projects）
> 涉及在国外设计与建造工厂的合同的工程。

有些国家国内缺乏构建这种复杂工厂的专门技术而转向国外企业寻求帮助。它们常为当地企业召开讨论会来学习建造这些工厂的技术与流程。当更直接的外商投资形式不能被接受或由于政治或经济的不稳定性使这种投资充满风险时，交钥匙工程就特别具有吸引力。但另一方面，交钥匙工程通常是有限制的、一次性的交易，并有可能将专有技术转移给潜在的竞争对手。[45]

此外，有时候外国政府会放弃批准的项目或是采取明显增加成本的措施。某些国家常常为外国企业制造官僚障碍。印度是众多例子中的一个。尽管前些年已经进行了自由市场经济的改革，也有许许多多的美国企业在印度做生意，但改头换面的官僚体制陷阱以及复杂的法规还是给跨国企业带来了很多麻烦。外国企业可能不得不与中央政府以及35个州政府中的一个或多个打交道。例如，在20世纪90年代早期，印度政府与一些外国企业签订了几个建发电厂的协议。10年以后，某些项目还存在融资问题，而在其他一些项目上，美国、法国与韩国的一些企业已经放弃并退出了。不过，许多国外企业仍被印度的机会所吸引。其中，印度的电网、电信系统和运输网络（如铁路、公路）还有许多值得期待的地方。对于国外的企业如美国建筑巨头柏克德公司（Bechtel）来说，那里存在着大量的潜在业务。[46]

> **合约制造**
> (contract manufacturing)
> 一个企业的全部或部分生产业务外包给其他企业。

**合约制造**。作为近年越来越受欢迎的一种策略，**合约制造**是指企业把全部或部分的生产业务外包给其他企业。该策略的优点很明显——企业不用投入资本去建造和维持昂贵的工厂，而且无需支付工厂运转所需的劳动力的薪水。例如，像耐克和锐步这样的鞋业公司可以把精力集中于关键的增值领域，如市场营销与鞋子的设计，因为它们所有的生产都是合约制造，大部分鞋是在低工资的亚洲国家生产的。

另一方面，合约制造意味着企业将产品质量控制与及时交货委托他人。此外，合约制造可能为企业带来不良的社会关注。例如，近年来由于印度尼西亚和越南合约制造商虐待工人事件的发生，耐克遭遇了公共关系问题。同时，合约制造也是发达国家如美国有关工作外包争论的一部分。美国许多行业的生产工人持续地受到压力，部分原因是各行业合约制造不断增加。例如，美国的家具制造商为了利益不断地寻找中国的企业来生产家具。在此过程中，美国的许多工厂关闭，数千雇员失业，激起了政治争论并损害了某些企业的形象。[47]

## 拥有所有权的进入模式

随着企业的规模越来越大且不断成熟，许多企业从不具备所有权的进入模式（如出口）发展到拥有海外工厂所有权的进入模式。拥有所有权也反映了希望在海外挣更多的钱、通过所有权带来的控制权使得做事情更容易的期望。拥有所有权也能使企业更紧密地协调国际业务，许多跨国企业认为这一点越来越有吸引力。不过，拥有所有权需要承担更高的费用和风险。[48]

> **绿地投资**
> **（Greenfield Approach）**
> 通过从零开始建立一个独资子公司来进入国外市场。

**独资子公司：成立新企业**。对企业而言，最直接的拥有所有权的策略就是采用**绿地投资**，即通过建立一个独资子公司进入国外市场。从零开始意味着寻找并买下适合子公司运营的国外资产，然后建立工厂，并为新企业雇用员工。

这一方式的主要优点在于控制权的最大化。企业可以挑选一个使区位经济最大化（如接近目标市场或能够获得当地低成本的劳动力）的地点建立一座现代化的工厂。区位经济解释了近年来企业为什么会花几十亿美元在与美国接壤的墨西哥建新工厂。这种边境保税出口加工工厂使得母公司只需对墨西哥当地劳动力为出口产品增加的价值纳税。这一安排，以及墨西哥较低的工资、邻近美国市场并可以使用美国的运输系统，共同降低了总生产成本。例如，日本的跨国公司三洋集团通过在提华纳（Tijuana）进行生产，每台电视机的成本（250 美元）降低了 20 美元，这是一个巨大的节约。绿地投资的另一个优点就是专有技术容易得到保护，并且可以雇用新员工，而不必担心有什么不快的过去。

但新建方法的缺点也很明显。建一座新工厂需要花费时间且成本很高。在工厂修建过程中，企业特别容易因东道国政府反复无常而受到伤害（如可能增加税收、强制施行的环保要求等）。尤其在一个新的文化和法律环境下，对新员工的招募和培训也不是一蹴而就的事。遗憾的是，企业有时候会忽视这些现实而过快地推动建立新的国外子公司。例如，美国的林肯电气公司 4 年内在 11 个国家建了 16 个新厂后，第一次出现了亏损。该企业最终将其中 4 个国家的工厂关闭并转而把出口和联盟作为其进入国际市场的主要模式。[49]

> **收购（acquisition approach）**
> 通过从国外企业手中购买已有的工厂来建立一个独资的国外分支机构。

**独资子公司：跨国收购**。跨国企业也可以通过购买国外企业来建立独资子公司。**收购**通常包括复杂的谈判和财务往来。当跨国公司收购的是在当地具有很高声誉的企业或是国有企业时，可能还要克服法律或政治上的障碍。

> **私有化（privatization efforts）**
> 把国有企业或国有资产出售给私人团体。

事实上，许多走向市场经济的国家最近几年来都在大规模地进行**私有化**，也就是政府把国有企业或国有资产全部地或部分地卖给私有企业或个人。实际上，过去 10 年里有超过 7000 亿美元的资产被私有化。中国就是一个很好的例子。中国许多国有企业难以存活，尤其是在与国外企业竞争的时候。中国认为，私有化是将国有企业转变为更有效率的竞争者的一种方式。它通常意味着外国企业对国有企业的收购或投资。但是，要扭转陷入困境的国有企业十分困难，且代价高昂。[50]

这一事实强调了收购方法的一些主要风险。当跨国公司兼并私有企业或国有企业时，它们也买下了该企业的所有问题，如恶劣的劳资关系、债务以及较差的产品质量等。[51]除此之外，跨国公司与被兼并外国企业之间的文化和管理差异可能难以克服。[52]事实上，一国文化首先会影响跨国公司管理其国际收购的方式。[53]

例如，在2000年美国钢铁公司（U. S. Steel）用12亿美元兼并了钢铁制造商Vychodoslovenske zeleziarne AS（VSZ）。美国钢铁公司购买VSZ这家斯洛伐克的前国有企业，目的是向东欧的发展中国家供应钢铁。然而，伴随兼并而来的是陈旧的设备、管理层腐败、糟糕的客户服务、高达17000人的冗余劳动力以及对美国企业文化的抵制。因此，美国钢铁公司可能要在几年内内花费数亿美元才能把VSZ打造成世界级的供应商。[54]

美国钢铁公司的经历并不罕见。例如，位于伦敦的一家名叫伊斯帕特国际公司（Ispat International）的钢铁企业在1996年花10亿美元买下了哈萨克斯坦的Karmet钢铁厂。伊斯帕特国际公司接手了很多遗留问题，除了设备陈旧外，还有12个前克格勃成员从一开始就拒绝移除那些五花八门的间谍设备；车臣战士到处游荡，向供应商索要回扣；有几百名工人每天都喝得醉醺醺的。此外，伊斯帕特公司认为，在Karmet钢铁厂的38000名员工中，有40%都是不需要的，而当地工会认为企业很有钱并想增加75%的工资。几年时间里，伊斯帕特花费了超过5.5亿美元来改善Karmet钢铁厂。[55]不过，与新建方法相比，收购的主要优势在于速度。大多数情况下，跨国公司买下的是包括劳动力、设备、产品、配送系统、商标以及声誉在内的运营中的外国企业。这就解释了雀巢为什么要兼并波兰巧克力制造商Goplana。这家瑞士公司认为，建立新厂会使其进入波兰市场的时间推迟两年，等待这么长时间会阻碍其在波兰占据较大的市场份额，而波兰是东欧最大的市场之一。[56]

跨国企业在确定兼并目标时也可能非常重视它们所拥有的成功的品牌或独特的技术，这些资产都代表着有价值的竞争优势。将它们加入跨国企业的“投资组合”，可以凭借这些优势快速增加国际收入。例如，1996年，可口可乐兼并了印度最大的饮料供应商Parle Exports。这样做使得可口可乐得到了所有的印度本土饮料品牌以及50余家装瓶厂。结果，可口可乐拥有的品牌占据了印度饮料市场的60%。[57]相反，印度IT企业Wipro在2003年收购了美国管理系统公司（American Management Systems Inc.）和 NerveWire 公司。Wipro 希望通过收购获得在 IT 咨询业务上更有力竞争所需要的专门知识。[58]

事实上，随着国际化竞争的日趋激烈以及在全球范围内提高效率的需要，(尤其是在应对竞争对手的行动时，）快速进入国外市场已经变成一种更具吸引力的策略。这也许可以解释为什么在一项调查研究中，有 48% 的美国厂商认为最优的国际市场进入策略就是兼并已有的外国工厂。只有 31% 的厂商认为最优的进入策略是建立新厂。[59]

正如我们已指出的，并非只有美国企业进行跨国收购。例如，近年来欧洲的跨国公司由于同样的原因已经花费了数千亿美元来购买美国企业。这一购买模式在短期内不可能消失，因为欧洲企业仍想快速进入巨大的、有吸引力的美国市场。[60]

但大型的跨国收购并非总是最好的方式。收购的常见原因之一是全球性行业间的合并与规模会带来更高的效率。不过，兼并可能带来的节约常常被高估，许多时候这种节约由于跨国收购的内在复杂性而被削弱。管理者也许要问一问自己，他们所在的行业是否真的在全球范围内越来越集中，或者只是跟随潮流而已。表 9.5 给出了一个判断跨国兼并是否恰当的基本决策矩阵。当然，尽管它看上去十分简单，但确定一个行业的全球化程度绝不是小孩子的游戏。不过，管理者在考虑这些问题时会常规性地跳进各种陷阱中（如沉迷于幻想、想与竞争对手做的“大生意”相匹敌等）。[61]

**表 9.5　海外收购能带来收益吗？一个决策矩阵**

| | | 你所在的行业真的在全球范围内越来越集中了吗？ | |
|---|---|---|---|
| | | 是 | 否 |
| 作为巩固全球化努力的一部分，你的企业在寻求海外收购吗？ | 是 | 海外收购很可能会带来收益 | 海外收购的结果可能是过度扩张 |
| | 否 | 由于不敢承担海外收购的风险而使企业处于劣势 | 不寻求海外收购是合适的 |

资料来源：改编自 Ghemawat, P.，& Ghadar, F.（2000）. The dubious logic of global megamergers. *Harvard Business Review*, 78, 71.

**合资企业**。一种比收购更便宜的选择是寻求与其他企业建立各种形式的联盟与合作。有些联盟，如合资企业，包括企业之间共同拥有所有权，但这种所有权并不一定是完全所有权。合资企业是两个单独法人实体企业间战略联盟的一种类型。**合资企业**的所有权可能是母公司各占 50%，或者是一家企业拥有大部分股份。[62]

> **合资企业**（joint ventures）
> 两个或多个独立的企业共同拥有某一商业实体的战略联盟。

事实上，拥有更先进技术的跨国公司通常希望在合资企业中控股，尤其是当其合伙人为一家主要提供当地市场专门知识的本土企业时更是如此。[63]这就是美国的惠而浦集团在亚洲的主要市场上迅速找到自己的位置时所采用的方法。在20世纪90年代中期，惠而浦用2.65亿美元与四家中国企业和两家印度企业建立了合资企业。每一次惠而浦都会买下控股权，以便平衡成本与最大化控制。然而，这一快速扩张的高成本特点以及强大的本土竞争对手最终还是迫使惠而浦寻找费用更低的进入策略。[64]

并非所有的合资企业都生产最终产品。有时候它们是为了获得原材料、生产零部件或提供服务。建立一家合资企业可能还包括建新厂、收购现有企业，或两者兼有。最后，合资企业的合作方可能不止两个。显然，合资企业的形式与目的可能差别很大。[65]

尽管如此，许多合资企业的共同目标是在某一国家或地区销售、生产与配送产品。合作的双方通常是一家大型跨国企业和一家小型本土企业，如同惠而浦和它的亚洲伙伴一样。我们很容易理解双方合伙人为何都愿意建立合资企业。例如，跨国企业提供的可能是产品设计和技术知识（本土企业想要的东西），而本土企业提供的可能是有关当地文化、法律和企业实践的专有技术与知识（跨国企业想要的东西）。总之，双方都获益。[66]

成本、知识与风险的分担也是创建合资企业的主要原因。这对于那些想领先进入充满风险的新兴市场的企业而言尤为重要。例如，尽管在短期内难以获得巨额利润，但联合技术公司（United Technologies）下属的普惠公司（Pratt & Whitney）在1995年就与俄罗斯的Aviadvigatel公司签订了建立合资企业的协议，将生产的发动机用于俄罗斯制造的喷气式飞机上。同样，在20世纪80年代早期，联合技术公司的奥的斯电梯公司是首批进入中国市场的美国企业之一。事实上，奥的斯在柏林墙倒塌的几小时后就开始与东欧的合伙人进行合资谈判。[67]

不过，建立合资企业并不只限于大型跨国公司与小型本土企业合作。为了分担进入某一特定市场的成本与风险，或者为了生产出畅销的产品，就连最大的跨国公司之间也开始建立合资企业。例如，几年前，克莱斯勒与宝马汽车公司各出资50%组建了一个5亿美元的发动机厂，以制造小型发动机（低于2.0升）。建立这一工厂对双方都很重要，因为在美国市场以外销售的汽车有50%以上采用1.6升或排气量更低的发动机，但这两家企业都不能生产小型发动机。合资企业的建立是吸引人的，因为双方企业都认为自己不可能单独卖出大量的新发动机以补偿设计和生产带来的成本支出，而建立合资企业可以解决这一问题。[68]

建立合资企业可以进入靠其他方式难以渗入的市场（在中国，合资企业既可以基于权益建立，也可以根据实际合约建立）。在这类市场中，让当地企业成为合伙人也有利于缓冲来自东道国政府和当地法规变化的压力。[69]拥有本地合伙人还可以减轻某些国家由于对剥削和殖民主义历史的恐惧而对国外跨国企业产生的不信任。例如，许多发展中国家担心外国的跨国公司会击败当地企业。建立合资企业则有助于减少这些担心并使当地企业更具竞争性。[70]

当然，如果关键技术或专有技术转移到本地合伙人手上，那就有可能会伤害到跨国公司。就像许可经营一样，建立合资企业也可能会使本地企业在以后转变为可怕的竞争对手。解决这一问题的方法之一是在建立合资企业的协议中明确规定禁止转移关键技术。但是要达成这一协议可能会很难，特别是在某些国家鼓励技术转移的情况下更是如此。

此外，许多文化和管理上的冲突也会为合资企业造成麻烦。选择合伙人、管理合资企业以及建立绩效评估策略十分棘手。[71]然而，如果合资企业想取得好的绩效，那么解决这些问题就非常关键。[72]使合伙人之间冲突最小化的一种机制是利用**授权协议**来管理合资企业。换句话说，合伙人同意从日常经营管理中退出并雇用新经理或重新指定经理。但正如你能想到的那样，这只是部分解决方法。在有关解雇谁或调任谁的问题上可能会爆发许多冲突。[73]表9.6列出了建立合资伙伴关系时需要提出的决策问题。

> **授权协议**
> （delegated arrangement）
> 合资企业的合作伙伴主动从经营管理中退出的协议。

**表9.6　合资企业伙伴建立的过程：必须回答的决策问题**

| 建立伙伴关系 | 决策问题 |
|---|---|
| 评估建立合资企业的战略合理性<br>↓ | • 我们的目标是什么？我们已经有了长期计划还是只是短期行为？<br>• 为了实现上述目标我们还需要哪些资源？如何获取这些资源？<br>• 合资是最好的选择吗？ |
| 选择最合适的合资伙伴<br>↓ | • 合资伙伴的目标是什么？它们的目标与我们的目标一致吗？<br>• 合资伙伴是否拥有我们所需要的资源，它们愿意提供这些资源吗？<br>• 合资伙伴是否拥有国际合资企业的经验？<br>• 合作伙伴的动机是什么？我们两家作为企业能够合得来吗？ |
| 与合资伙伴讨论合作条件<br>↓ | • 对于这家企业，怎样做才是最好的，我们的管理层对此充分支持吗？<br>• 在合资企业将要运营的国家，企业通常是怎样经营的？<br>• 合资企业由谁来负责管理？如何评估绩效？<br>• 如何分配双方的股份比例？合作伙伴各方最重视的是什么？<br>• 所有的问题都说出来了吗？有没有还没解决的？ |
| 建立和管理合资企业 | 如何处理纷争？是否需要重新谈判合作条件？<br>如果企业绩效不佳，我们应当如何改进？在哪些情况下应当终止合资企业？<br>我们是否正在从合资企业运营中学习？双方母公司是否能够从中获益？ |

建立合资企业的其他缺点在于控制权问题。由于需要与合作企业商讨，因此某些决定性的决策可能会受阻，尤其是当合作伙伴之间看法不完全一致时更是如此。合资企业可能也达不到跨国公司充分利用区位经济或统一的全球运作所需要的控制水准。为了尽可能避免这些不足，常见的做法是跨国公司对合资企业拥有过半的控制权。当然，多数情况下外国企业都不想居于次要位置，因此要找到一个愿意居次位的合伙人可能较难。而居于主要地位意味着有更大的控制权，也意味着承担更多的财务风险。[74]

然而，额外的财务承诺也许是值得的。例如，在中国的合资企业中占有支配地位可能会得到大量红利。美国的跨国公司发现，在中国的合资企业中更容易获得较多股份，这就使得美国的管理者可以在以下几个方面产生更大的影响：

- 关键的商业决策
- 如何建立一支有效的本土销售队伍
- 保留关键的中国职员的策略
- 当地合作伙伴从合资企业的利益出发来游说政府官员的积极性如何

美国的管理者认为，在他们获得控制权后，中国的合资企业会更有效率，利润也会更多。[75]

跨国公司理想中的合资企业似乎是这样的：尽管拥有一个本地合作伙伴，但它们仍然可以像平常一样运营企业。实际上，当跨国公司至少在某些问题上可以忽略当地合作伙伴并以自己的方式运营时，它们是最满意的。但这样做可能意味着失去了合作伙伴的观点，并丧失了学习与合作伙伴共事的机会。如果出现这种情况，首先就会使建立合资企业的主要优势之一遭到削弱。[76]

在进入下一部分之前，让我们看一看表9.7。它归纳了我们所提出来的各种市场进入模式的主要优缺点。第10章将更详细地探讨合资企业与其他类型的战略联盟所面临的挑战。

## 其他战略联盟类型

值得一提的是，建立合资企业只是众多战略联盟方式的一种。不过，建立好的联盟关系需要合作伙伴之间的相互信任、明确的共同目标以及老练的管理风格。雷诺与日产的合伙关系就是一个成功的例子。1999年，法国雷诺汽车公司购买了陷入困境的日产汽车37%的股份。这一合作关系得以有效运行，并使企业扭亏为盈，在很大程度上应该归功于雷诺公司具有超凡魅力的领导者卡洛斯·戈恩(Carlos Ghosn)。他的目标非常明确。戈恩希望到2010年时所有的雷诺汽车和日产汽车能共享平台与基本组件。尽管生产出来的汽车有不同的款式和市场定位，但戈恩希望通过共享能够节约大量费用。有意思的是，联盟的成功部分是由于戈

**表 9.7 各种国际市场进入模式的优缺点**

| 非所有权进入模式 | 优 点 | 缺 点 |
|---|---|---|
| 出口 | • 成本较低<br>• 容易进入外国市场<br>• 没有所有权风险 | • 错过区位经济<br>• 物流配送上的困难（运输/交通） |
| 许可 | • 成本较低<br>• 当贸易壁垒或关税妨碍出口时有用<br>• 能够利用区位经济而不需考虑所有权 | • 知识产权保护较弱时具有一定风险<br>• 让与受许方的控制权可能会阻碍协作<br>• 可能会产生新的竞争对手 |
| 特许经营 | • 低成本、低风险<br>• 比许可方式拥有更大的控制权<br>• 快速进入某一市场 | • 控制权仍是一个问题<br>• 受许方可能没有动力达到特许方所要求的标准 |
| 管理合同 | • 非常低的成本<br>• 低风险的收入 | • 不会长期存在<br>• 会产生竞争对手 |
| 交钥匙工程 | • 直接投资不可行时的一种策略<br>• 当存在长期不稳定性时降低了风险 | • 不会长期存在<br>• 会产生竞争对手<br>• 易受政治和法律变化的影响 |
| 合约制造 | • 几乎没有财务风险<br>• 减少制造成本<br>• 允许企业关注于其他增值领域 | • 较低控制权（可能会影响产品质量或运送）<br>• 学习的效果不佳<br>• 公众形象可能会受损 |
| 新建子公司 | • 高度控制权<br>• 具有区位经济优势<br>• 可以自己挑选厂址、员工、技术 | • 建造成本很昂贵<br>• 建造很费时<br>• 要求具备相当的国际知识<br>• 所有权带来的风险 |
| 收购子公司 | • 高度控制权<br>• 快速进入市场<br>• 具有区位经济优势 | • 所有权带来的风险<br>• 文化差异可能难以应对<br>• 可能会把问题一起“买”过来 |
| 建立合资企业 | • 财务风险比建立子公司低<br>• 享有合作伙伴的资源、专有技术 | • 存在部分控制权或技术转移给合伙人的风险<br>• 仍存在一定的所有权风险 |

资料来源：改编自 Griffin, R. W., & Pustay, M. W. (2004). *International business* (4th Ed.). Upper Saddle Ridge, NJ: Prentice-Hall.

恩敏感并有效的管理（也就是他所说的“管理协同与个性之间的矛盾”）。戈恩认为，每一家合作企业都必须保持其独特性（因为这是激励的基础），同时也要接受共同的目标。[77]

无论如何，比起大多数合资企业，其他的联盟类型范围更窄、稳定性更低且持续时间更短。这些联盟方式还缺乏合资企业中具有的正式组织结构和独立法人身份。同样，当跨国公司认为进行合作是在特定领域里提高自身利益的最好方法时就会建立联盟。出于各种原因（包括容易进入市场、共担风险以及获得快速实现竞争优势的能力等），近年来战略联盟急剧增加。特别是在过去十年间，企业间跨国界的合作以每年两位数的速度在增长。联盟的优势在欠发达国家中尤为重要——在那里，缩小国家对经济干预的范围产生了更加苛刻、竞争更激烈的市场。[78]

当然，其他进入模式也具有类似的优点。但是，如果跨国公司想从国外合作伙伴那里学习“隐性技能”的话，战略联盟通常是更好的方式。这些技术是专门知识或专有技术的非正式形式，只能在合作关系中通过密切观察来获得。通常，这些技能相当复杂，往往从特定的文化环境中演化而来，如本田公司在开发和生产发动机方面的专门知识。这一专门知识已应用于多种产品（本田汽车、摩托车、割草机等），表现为一种在柔性制造、顾客服务、质量控制、产品开发以及原材料即时管理上的专有技术的集合体。[79]

获取此类专门知识通常是建立**生产联盟**的部分动机。生产联盟是指企业同意在共同的工厂里（新建的工厂或者是某一合作方拥有的工厂）制造产品或提供服务。例如，麦道公司在被波音公司收购前，就与上海航空工业公司建立了生产联盟，将从美国运来的飞机元件在中国装配成喷气式客机。中国人认为该联盟是学习如何开发和建造商用飞机的一种方式。[80]成本也是建立生产联盟的部分动机。例如，亨氏食品公司曾建议行业内的竞争对手联合利华和雀巢考虑共享制造工厂，作为降低间接制造费用的一种方法。[81]

> **生产联盟**(production alliances)
> 企业同意在共同的工厂里，如新建的工厂或者是某一合作方拥有的工厂，制造产品或传递服务。

**研发联盟**是跨国公司在快速变化的技术中占据领先地位的另一方式。这种联盟是指对新的产品、服务或技术进行合作研究。通常联盟企业都同意对合作研究带来的任何新成果进行交叉许可，因而所有的联盟企业可以在应用上平等共享。惠普与日本佳能公司合作开发新打印机技术的协议就是这种联盟的一个典型例子。

> **研发联盟**(Research and development alliances)
> 对新的产品、服务或技术进行合作研究的联盟。

战略联盟在其他领域也很普遍。**财务联盟**是由那些主要目标为降低某一项目财务风险的合作方所建立的联盟。如 IBM 与东芝成立联盟以共同承担建立新的电脑芯片制造厂所需的 10 亿美元成本，就是这种

> **财务联盟**(Financial alliances)
> 由最初目标是减少某一项目财务风险的合作方所建立的联盟。

情况。[82]

营销联盟(marketing alliances) 共享营销专门知识或服务的联盟。

最后，**营销联盟**是共享营销专门知识或服务的联盟。这种联盟通常是由那些想进入另一合作方的市场并愿意通过汇集资源实现这一目标的企业建立的。这已成为世界范围内航空企业的标准方法。例如由达美航空、意大利航空、捷克航空以及法航—荷航集团组成的天合联盟（SkyTeam alliance）达成了一个代码共享（code - sharing）协议，允许各航空公司向从美国飞往欧洲各地及其他城市的顾客销售无缝对接中转机票，返程也是如此。这种联盟使得各航空公司可以利用每一家其他合作伙伴的航线网络。例如从辛辛那提飞往罗马，达美航空把顾客从美国送到德国，然后意大利航空把顾客从法兰克福送到罗马，而意大利航空通过切入达美航空在美国的航线完成返程。表 9.8 对本节讨论的不同战略联盟类型进行了总结。[83]

**表 9.8 合资企业之外：其他战略联盟类型**

| 联盟类型 | 目　　的 |
|---|---|
| 生产联盟 | 合作方的动机包括想从其他合作方获得复杂的制造技术和专有技术以及降低生产成本 |
| 研发联盟 | 合作方进行合作研究以开发新的产品、服务或技术（即集中资源更有可能带来突破） |
| 财务联盟 | 合作方通过共担成本来减少高成本、高风险项目的财务问题（如共同建立 10 亿美元的电脑芯片制造厂） |
| 营销联盟 | 合作方共享可能产生额外利润的营销服务或专门知识 |

## 本章总结

我们在本章一开始就讨论了企业在国际化进程中可能经历的六个阶段。在阶段 1，企业可能通过出口产品或服务开始其国际化进程。一旦它在海外建立了办事处或销售子公司，那该企业就进入了阶段 2。接下来的第 3 阶段是指在海外生产大量产品。在阶段 4，企业意识到，尽管当地经营主要是由本地员工进行的，但公司总部仍然需要制定战略决策。阶段 5 更倾向于全球化或跨国化。最后，阶段 6 强调的是企业更多地联合起来，以充分利用其组合资源的优势。

然后，我们从不具有所有权的进入模式开始，讨论了进入外国市场的各种模式。不具有所有权的进入模式包括出口，即把产品或服务销往国外。出口有几种不同的形式：（1）直接出口；（2）间接出口；（3）企业内部转移。

许可是指企业把知识产权（如商标、技术）卖给国外的企业（被许可方）。在许多情况下，许可协议会带有对产品销售地区以及销售时间的限制。提供许可的企业（许可方）通过国外被许可方支付的版税或其他费用可以快速进入国外市场并获得收益。但是，当涉及专利技术时，许可可能是非常冒险的方式。

特许经营是指用另一家企业的方法、程序、产品、商标及市场战略去经营一家企业的契约性权利。提供方法、品牌及产品等的企业是特许方，而同意运用这些方法和产品来经营的企业是受许方。服务性企业，尤其是食品和租赁行业中的企业，作为特许方进入外国市场的可能性最大。管理合同和交钥匙工程也是不要求具备所有权的进入策略。交钥匙工程主要包括在国外设计和建造工厂的合同。当工程完成后，工厂往往由承包商运营一段时间以确保平稳运转。最后，合约制造是指企业把全部或部分的生产业务外包给其他企业。

接着，本章讨论了拥有所有权的进入模式，如建立独资子公司。这包括从零开始新建独资子公司（绿地投资）以及从外国企业手中收购来建立独资子公司（收购）。绿地投资可以使企业控制权最大化但往往比较费时且实施成本较高。收购的方法则可以更快地进入国外市场。不过，收购方同时也买下了被收购企业的所有问题，如恶劣的劳资关系、债务以及较差的产品质量等。除此之外，企业间的文化和管理差异可能使收购问题复杂化。

只要求部分所有权的进入方式之一是建立合资企业。合资企业是两个独立的法人实体企业间战略联盟的一种特殊类型。合资企业的所有权可能是两家公司各占50%，或者是一家企业拥有多数股份。许多国际合资企业的共同目标是在某一国家或地区销售、生产与分销产品。合作方通常包括一家大型跨国企业和一家小型本土企业。这种情况下，跨国企业提供的往往是基本的产品设计和技术知识，而本土企业提供的是有关当地文化、法律和企业实践的专有技术和知识。当然，在合资企业以及其他类型的战略联盟中常常存在许多挑战、冲突和管理争论。其他战略联盟类型包括生产联盟、研发联盟、财务联盟和营销联盟。

## 讨论题

1. 企业在国际化进程中会经历哪些不同的阶段？举例说明有哪些企业经历了所有的阶段？有哪些企业在某一阶段非常成功？
2. 比较各种不涉及所有权的国际市场进入模式的异同。各种模式分别在什么情况下是比较理想的选择？
3. 同样，比较各种涉及所有权的国际市场进入模式的异同。各种模式分别在什么情况下是比较理想的选择呢？
4. 描述企业间存在的不同联盟类型。这些联盟方式的主要管理问题是什么？

# 迎接挑战

## 通用电气用技术换取中国市场

本章开篇案例描述了通用电气公司在中国遇到的难题。是放弃向中国公用事业部门供应发电机的有利可图的合同，还是把关键技术转移给潜在竞争对手，通用电气面临着两难选择。最终，通用电气找到了中间立场。这让通用电气获得了最大的单一涡轮机交易合同（供应13台涡轮机，合同价值9亿美元）。

实际上，通用电气提供了生产最先进发电机所需的部分但不是全部的关键技术（如设计、制造过程等）。通用电气意识到，如果它想成功获得至少是一小部分中国市场，那么技术转移就是不可避免的。因此，在达成的交易中，通用电气同意建立两家合资企业，由它占大部分股份。第一家合资企业是与一家国有企业哈尔滨动力设备股份有限公司建立的，该公司获准在它拥有的一家工厂里装配 GE 发电机。第二家合资企业是与沈阳黎明航空发动机（集团）有限责任公司建立的，允许企业生产某种涡轮叶片并包括所有金属的冶炼技术以及燃气轮机系统的技术转移。不过，通用电气仍保留了某些关键技术。对涡轮机第一排叶片的冷却设计和专有的防热涂层技术，通用电气一直采取保密的手段。实际上，合同要求通用电气由其一家美国工厂来生产第一排叶片，然后送到中国的哈尔滨工厂完成成品安装。

但是，通用电气的行动带来了新的问题，即由于放弃某些技术而产生了新的潜在竞争对手。它也提出了这样的一个问题：在提高通用电气保护其某些技术的能力方面，美国政府是否能够发挥一定的作用。首先，通用电气推断，由于技术转移而产生新竞争对手的威胁并不急迫。总之，其他跨国企业（如诺基亚与中国企业建立的合资企业）的经验表明，仅仅拥有关键技术并不足以让中国企业成为高技术制造领域中真正的全球性竞争对手。简而言之，中国企业没有专业的技术人员来充分利用它们获得的技术。例如，在与像爱立信和诺基亚这样的电信巨头建立的中外合资企业解散以后，中国企业并不能依靠自身力量制造出最尖端的通信设备（尤其是该领域发展速度非常快）。

实际上，通用电气自己的经验也很相似。过去，通用电气在估计中国企业会以某种方式获得某些技术的情况下，曾准许中国企业使用其涡轮机技术。通用电气在 20 世纪 80 年代也与中国的国有企业建立了中外合资企业来生产小型的、不太尖端的发电机。同样，其他有关发电机业务的跨国企业在同一时期与中国企业也建立了合资企业，也都涉及某些技术的转移。最终的结果是：中国企业掌握了生产蒸汽发电机的技术——当时已经算不上先进的技术，因为通用电气后来又开发了燃气涡轮机系统。简单地说，中国企业跟不上通用电气和西门子这样的跨国企业开发先进技术的步伐。

至于美国政府的作用，美国的跨国企业如通用电气有时可以利用美国的贸易法规来保护其技术。实际上，美国出口条例规定，禁止通用电气向中国企业转移发电机技术的关键部分。特别是，美国法律规定禁止通用电气出口涡轮机叶片的冷却系统技术，因为该技术也可用于飞机发动机的设计。同样，电脑芯片巨头英特尔利用美国有关敏感技术的出口限制成功地阻止了在中国建造最先进芯片厂的要求。

最终，通用电气觉得可以控制其最关键的技术，同时也能获得大量业务。通用电气计划继续开发更先进、更复杂的发电机，而中国这一方则设法吸收和培养足够多的技术人员来复制通用电气现有的发电机。其实，通用电气希望把潜在的中国竞争对手甩在后面。从目前来看，通用电气也许是对的。中国官方承认至少短期内仍依赖于从通用电气进口主要的零件和相关技术。正如一位官员指出的："现在外国人同意告诉我们怎样以及在哪里钻孔，但我们还不知道为什么要在那儿钻孔。"

通用电气是在做充满风险的白日梦吗？通用电气多久才能真正"拥有它的蛋糕并吃掉它"？是否存在这样的风险：中国企业会越来越快地沿学习曲线上升，并开发出足够的内部知识，赶上像通用电气这样的跨国企业？这会不会给通用电气保持领先地位造成巨大的压力，并使中方继续要求在以后获得更多的技术呢？[84]

# 国际管理技能开发

## 国际化战略的关键事件

### 目的

提出战略并执行方案以解决国际化公司所面临的问题。

### 说明

请阅读下面全部四个关键事件，并提出解决问题的策略（课前做）。指导老师应把学生分成不同的小组，每个小组应找出四个关键事件中的战略问题并设法在执行哪一种战略上达成一致（20 分钟）。

指导老师引导大家对战略问题进行讨论。如在国际交易中有没有需要指出的共同问题？管理者如何对这些问题作出更加快速的反应（20 分钟）？或者，指导老师可以让每个小组对各自的结论进行简短的介绍（另加 20 分钟）。

### 关键事件

战略决策通常比较复杂且包括很多问题，我们这里给出的是根据真实的企业案例进行简化之后的情况，旨在讨论一些关键问题，但又不必去阅读很长的案例。

1. 有一家服装制造商由于竞争对手成本更低而不断失去业务，必须在损益表变得更糟糕之前采取行动。一种想法是在工资水平更低的墨西哥建一个新厂。估计这一做法可使企业的服装价格降低 15%，从而再次具有竞争力。然而，一位高层管理人员提到，有家鞋厂最近刚迁到我们提到的墨西哥，员工流失率比预期的高、生产率比预期的更低。他发现鞋子的成本要比原来的估计高出 12%。那么，该企业应该把工厂迁到墨西哥吗？如果不应该，可以采取什么样的战略？
2. Equip 公司想买前苏联某国一家大型重型机械公司 70% 的股份，其购买价格为 4000 万美元，更新成本为 1000 万美元，Equip 公司认为可以在三年内实现赢利，并给投资者带来不错的回报。然而地方政府拒绝让 Equip 公司占有 70% 的股权，而是想以 2000 万美元的价格出售 35% 的股权并希望它用 800 万美元进行改造。尽管没有明确说明（也没有直接回答给出的问题），但涉外部门希望公司不要解雇多余的劳动力，而这会极大地改变利润情况。尽管如此，如果市场按照预期发展，那公司在五年内还是可能会获得相当可观的利润。内部信息表明，不管怎样，政府愿意出售的股权不会超过 49%。但是，这家企业还是你想购买的机械公司类型，而且你知道你可以比其他任何企业更好地开发这一市场。
3. 你的建筑公司准备花 6000 万美元来投标在南美的一个首都城市建新机场。政府已经决定把该机场私有化。你知道参与竞标的还有哪些公司，并知道自己最具竞争力。你的想法是把机场的员工数从 2000 人减到 85 人，与大部分员工解约让他们到小企业去。估算结果表明，这是运营该机场最有效的方式。数据显示，假如没有重大的、不可预见的问题，该项目将给公司带来 200 万美元的净利润。但是，该项目给了加拿大的一家企业，据你所知这家企业濒临破产。你还了解到，负责签订合同的政府高级官员几年前在加拿大住了 6 个月。两年后，你没有拿到该承包合同，而在加拿大的企业破产之后，政府转过头来找你并把合同给了你。但是，由于那家加拿大企业曾承诺保留原有的2000名员工并使用了几个效率不太高的分包商，因此你认为在该项目上无法获利（要放弃那些承诺似乎很困难），甚至有可能损失100万美元。不过，你知道还有几个国家的政府正在考虑建设新机场，它们正在关注这个项目，看由谁来完成，质量如何，同时它们也在关注其他公司正在修建的类似项目。

4. 你经营着一家大型邮购和电视购物公司，并在最近几年取得了巨大的成功。你的几个主要经理认为应该在欠发达国家建立分支机构了，因为在那里实际上没有竞争。他们认为，即使前几年的利润较低，但当市场开始迅猛发展时（假设市场会不断扩大），你的企业已经站住脚了。其他经理对此也无异议。相反，他们认为这已经是进入这些市场的充足理由。但他们也有一些反对意见，如这些国家收入低、经济前景不确定等，尤其是在其中的四个国家。八个目标国家中，有两个甚至存在政治波动因素（尽管普遍认为不太严重）。他们还认为，这些国家的通讯系统很差，电话接通比较困难，尽管有些政府说会“仔细考虑”，但他们大都不具备安装800免费电话的能力。其中两个国家在环太平洋地区，预计未来五年经济会飞速发展。但是，这些国家还不是消费社会，而且，对于什么时候或者是否能成为消费社会，人们还持有不同的看法。你应该怎么办？

资料来源：*International Management Cases and Exercises*, 2nd edition by D. Marcie and S. Puffer, pp. 311-313. © 1994. Reprinted with permission of South-Western College Publishing, a division of Thomson Learning. Fax 800 730-2215.

## 接入全球网络

### 利用全球化实践工具

#### 目的

帮助你从战略的角度来思考企业的国际化经营并训练你评估企业内部环境的能力。该工具度量的是企业实践在多大程度上应用了国际化的观念以及在多大程度上反映出明确的国际化战略。在已经阅读了第8章和第9章有关国际化战略的内容之后，该工具特别有用。

#### 说明

就你的企业回答以下问题并圈出相应的数字。如果你未就业或你所在的企业目前并没有进行国际化，那找一家你有兴趣去进一步研究的国际化企业（或者，指导老师会给你指定一家公司）进行互联网研究以回答这些问题。如果你想找一家合适的企业，比较好的方法是从Hoover企业信息在线服务着手，你可以按行业或地区来搜索企业（www. hoovers. com）。另一种方法是，如果你是《财富》杂志的订户，可以从列出的全球500强企业中挑选一家企业（http：//www. fortune. com/fortune/fortune500），如果你对快速成长企业的国际化战略更感兴趣，则可以从《Inc.》杂志列出的全球500家成长最快的企业中挑选一家（http：//www. inc. com/inc500）。

当然，某一国际化战略是否适用于特定的企业完全是另一回事。同样，一家企业的国际化战略也许很合理但可能不能很好地被执行。这些都是你在回答问题时应该考虑的。

换句话说，你认为企业的现有战略在多大程度上与它应该做的事情是一致的？如果一致性很差，你有何建议？如果一致，对于提高企业的执行力，你有什么建议（比如在市场进入的模式或其他管理问题方面）？

A. 管理团队

1. 企业的愿景与文化是

| | | |
|---|---|---|
| 本国的 | 1 2 3 4 5 | 全球化的 |

2. 高层管理团队中

| | | |
|---|---|---|
| 没有外国人 | 1 2 3 4 5 | 有许多外国人 |

3. 在各个国家的重要工作是由

| | | |
|---|---|---|
| 母国员工承担 | 1 2 3 4 5 | 当地员工承担 |

4. 最高管理层环游世界的情况

| | | |
|---|---|---|
| 很少 | 1 2 3 4 5 | 经常 |

5. 最高管理层是否熟悉重大市场所在地的文化

| | | |
|---|---|---|
| 不熟悉 | 1 2 3 4 5 | 熟悉 |

6. 企业董事会中外国董事的数量

| | | |
|---|---|---|
| 一个也没有 | 1 2 3 4 5 | 三个或更多 |

B. 战略

1. 企业对每一国家、地区或利润中心的战略是

| | | |
|---|---|---|
| 分开的、独立的 | 1 2 3 4 5 | 由全球化计划决定 |

2. 企业关于海外联盟或联合的哲学是

| | | |
|---|---|---|
| "单干"；在新的市场中控制子公司或收购 | 1 2 3 4 5 | "分享收益"；建立海外联盟以应对威胁 |

3. 在特定海外基地的部门

| | | |
|---|---|---|
| 作为单独的企业运营 | 1 2 3 4 5 | 作为一个全球企业运营 |

4. 在企业里，对海外市场的环境扫描

| | | |
|---|---|---|
| 有些重要 | 1 2 3 4 5 | 非常重要 |

5. 企业的决策反映了

| | | |
|---|---|---|
| 母国的关注和控制权 | 1 2 3 4 5 | 对任何国家都同样重视 |

C. 运作与产品

1. 企业最初的焦点是

| | | |
|---|---|---|
| 出口 | 1 2 3 4 5 | 全球化运营 |

2. 企业主要的运营设施在

| | | |
|---|---|---|
| 母国 | 1 2 3 4 5 | 北美、日本、欧洲及其他地方 |

3. 生产过程与产品设计决策是

| | | |
|---|---|---|
| 分散的；每一主要国家自己作决策 | 1 2 3 4 5 | 集中的，尽管当地小的变革也是允许的 |

D. 评分

把每一领域的分数加总：

A. 管理团队（得分范围 6 ~ 30 分）：______，除以6 = ______平均值

B. 战略（得分范围5 ~ 25）：______，除以5 = ______平均值

C. 运营或产品（得分范围3 ~ 15）：______，除以3 = ______平均值

把平均值与下面的分值相比较，看看企业处于完全本国化与完全全球化之间的哪个位置。

本国化　迈向全球化　接近全球化　全球化

←————————————————————→

1.0　1.5　2.0　2.5　3.0　3.5　4.0　4.5　5.0

资料来源：改编自 Lussier, R. N., Baeder, R. W., & Corman, J. (1994). Measuring global practices: Global strategic planning through company situation analysis. *Business Horizons*, *September-October*, 58-60.

CHAPTER

# 10 有效的国际化运营

## 学习目标

- 理解管理战略联盟的有效策略
- 识别企业国际化运营的不同组织结构及其优缺点
- 理解协作的各种正式与非正式的方法
- 认识获取与保持技术优势的重要性

## 国际挑战

### 丰田方式：世界上最大的汽车公司如何管理全球生产

丰田北美公司培训与发展业务总经理拉坦德拉·纽顿盯着丰田肯塔基工厂门面的告示板，这里是丰田公司的北美总部。告示板面积并不大，似乎只是一些有关上月生产情况的无关紧要的彩色线条图。纽顿女士15年前大学毕业后就一直在这家公司工作，你也许会以为她对这种告示板应该早已经熟视无睹。可是，纽顿说丰田北美公司新员工最难适应的就是这个。告示板上显示的不是毫无修改的总体进度统计，而是每位员工工作产出的图示，让所有人都可以看得到。

这些图形不是为了让员工个人露脸，它们是丰田公司的基本要素，也是这家成立于1937年、从卑微中崛起的企业的动力来源。这家公司好不容易熬过了第二次世界大战，在20世纪50年代时差点儿破产，此后几年里它在日本也算不上是一家大公司，更谈不上全球化。然而50年后，它取代通用汽车成为世界上最大的汽车生产商。在此过程中，它已经稳步成长了许多年，也成为许多企业研究和模仿的对象，包括北美的企业。许多人认为丰田的成功源于其日本企业的血统、复杂的日本文化和内部关系。尽管丰田和本田都是成功的日本企业，但在过去的几十年里，许多日本汽车企业同样消失了或被其他企业合并。今天，专家们相信丰田的成功并不是因为它的日本血统，而是它的独特文化和方法。

那么，丰田是如何做的？它如何将对质量和一致性的信念传播到全球各地的工厂？过去，传播文化主要依靠高管示范、仔细监督的培训、车间中的口头相传以及咖啡店里的交流。丰田很早就认识到，它需要建立一个更加系统的方法来传递“丰田方式”。丰田研究院的创立就是为了让员工能够在全球各地做丰田方式的“传教者”。从公司总部到那里不过 1 个小时的路程，这些朴素的建筑看上去不像是这家汽车公司的动力来源。但它们的重要性毋庸置疑，经理们在这里接受最先进的生产和控制方法的培训，然后被派往世界各地的办公室。丰田出于谦虚不愿意将它与通用电气的克劳顿维尔培训中心相比，丰田研究院的设立就是为了表明，在全球化的过程中丰田将执着于最初的使命。

负责丰田研究院的小西幸基解释说：“过去，所有的员工都是日本人，很多事情并不需要特别说明。现在，我们需要将丰田方式转变为书面材料进行培训。”学习本章时，你将看到跨国公司采用了各种不同的结构和控制机制。你还需要思考，是否应当将母国企业的秘诀灌输到全球各地的分部中？还是应当使用本地的特殊方法？在这些地方应当做出怎样的调整？母国的管理者们如何看待由此产生的问题，像是他们对采用关键性运营和文化价值观遭到失败的看法？在本章结束时，我们将更详细地介绍丰田是如何处理这些问题的，包括为什么要在生产凯美瑞的这家工厂公布每个人的产出记录。

## 10.1 运转起来：有效的国际化运营

前面两章分析了国际化战略的有关内容——首先对战略本身进行了评价，然后对实施战略的各种方法进行了研究。企业一旦开始评价并实施一个战略，那么接下来要做的就是保持国际业务的顺利运营。因此，我们现在要进一步讨论企业为确保国际战略有效运营所应采取的措施。通常企业首先要考虑的是影响国际市场进入方式决策的因素。在分析和确定了进入方式后，下一个重要的任务将是建立适当的运营和结构以有效地实施战略计划。因此，我们接下来会讨论组织结构，也即国际运营的各个部门的基本模式，包括各种组织设计和协调的方法。假定跨国公司在确定战略之后做好了迎接挑战和利用机会的准备，它还会遇到组建和管理战略联盟的挑战（和机会），不论它选择那种联盟的形式。下一个重要的议题则是国际供应链管理，这意味着跨国企业必须周密考虑企业的供应商网络与其最终用户之间的联系，以及各个环节上的价值增加。当今，任何好的战略和组织结构都必须考虑到技术并与技术结合在一起。显然，获取技术优势很重要，一旦获得，保持该优势也很重要。这就是本章最后一部分的主题内容。

## 影响国际市场进入模式的因素

第9章评述了各种进入外国市场的模式及其优缺点。大多情况下，进入决策涉及对某些问题的判断，如：(1) **控制程度**（从战略与运营决策的角度讲，一种进入模式有多少话语权）；(2) **资源承诺**（采用某一进入模式所需要投入的资源）；(3) **技术扩散风险**（专利或专有技术落入外国合作伙伴手中的风险）；(4) **系统风险**（外国市场中存在的经济与政治风险）。对这些问题的判断受到各种因素的影响。事实上，有20多种不同的因素会影响到进入策略，有时影响的方式也不一致。[1-5]表10.1概括了影响进入决策的一些关键因素。

**控制程度(degree of control)**
指一种进入模式在战略与经营决策上有多大的话语权。

**资源承诺(resource commitment)**
采用某一特定进入模式所需要投入的资源。

**技术扩散风险(dissemination risk)**
所有权技术或专有技术落入外国合作伙伴手中的风险。

**系统风险(systemic risk)**
外国市场中存在的经济与政治风险。

例如，一家企业的核心竞争力的本质通常会对进入方式产生影响。主要竞争优势为自有技术的跨国公司可能会避免使用许可经营以及其他危及技术控制的进入模式。但是，如果该技术还在发展或变化中，那么与另一企业建立战略联盟则有助于新技术的发展或改善。相比之下，如果企业的竞争优势建立在管理方法上（如许多服务型企业），那么采取许可经营、特许经营或管理合同等方式的风险更小。在这些情况下，品牌通常与这种专门知识相伴，而专门知识在国际范围内相对容易得到保护，并且难以复制。[6]

国际经验也会影响企业作出进入国外市场的决策。经验不足的企业通常采用具有完全控制权的模式。随着经验的不断增加，企业一心想要进入文化与地理差异更大的市场，而在这些市场中难以获得完全控制权。这反过来会导致企业更加依赖联盟、许可经营及其他方法。同时，一些很有经验的跨国公司为了更紧密地协调好全球化的运作，会重新启用高度控制的进入模式（如并购）。[7]行业特征也会影响进入策略。对于全球化行业中的企业来说，全球性的协作以及对海外部门的控制是必要的。这一需要可能导致企业偏好高度控制，而全资子公司能够提供这种控制权。[8]

但是，一旦将市场进入模式的各种影响因素结合起来，情况变得就相当复杂。例如，有研究表明，企业的国别和国际化程度（海外销售所占的比例）并不会影响在全球进行竞争的企业的进入模式选择。解释之一是全球性产业跨越了国界，因此国家文化在各国之间的竞争中没有什么价值。[9]

**表 10.1　影响国际市场进入模式选择的因素**

| 因素类型 | 范　例 |
|---|---|
| 企业因素 | 国际经验<br>核心竞争力<br>母国文化<br>企业文化<br>企业战略、目标与动机 |
| 行业因素 | 行业的全球化<br>行业增长率<br>行业技术密集度 |
| 区位因素 | 规模/区位经济的程度<br>地区风险<br>文化差异<br>当地市场知识<br>当地市场的潜力<br>当地市场现有的竞争 |
| 特定风险因素 | 企业资产在国外遭遇风险的数量<br>有多少专有技术是非正式的（隐性的）<br>与当地合作伙伴签订/执行合同的成本<br>准备成立的国外新企业的规模<br>与当地合作伙伴开展研究与开发的意向 |

资料来源：改编自 Phatak, A. V. (1997). *International management: Concepts and cases.* Cincinnati, OH: South-Western.

其他研究表明，文化与国别确实会影响企业的进入决策。例如，与美国或欧洲的跨国企业相比，日本的跨国企业不太可能通过提高或降低在合资企业的股份来应对在中国经营的风险变化。同样，相对于日本和欧洲的企业而言，美国的跨国公司不太可能坚持在中国的合资企业中占有大部分股权，尽管它们想注入比协议要求的更多的资本。我们还需要进行更多的研究以准确地解释为什么会出现这些模式。[10]

研究还表明，对文化差异的感知也会影响进入模式的选择。[11]不过，对于这一影响的倾向，不同研究得到的结果不尽相同。例如，一项研究发现，当与目标国的文化差异较大时，美国的制造型跨国企业会更多地依赖于要求所有权的进入模式（如收购）。其想法是：当关键技术与管理实践应用在差异巨大的文化中时，需要利用所有权对它们实施更多的控制。相反，感知到的文化差异越低，就越可能导致对许可经营以及其他间接外国投资方式的偏好。[12]而对服务型企业的研究，得到的结果则相反。一项研究发现，在服务环境中，文化差异越大，越可能采取不要求所有权的进入模式（如在具有文化差异的区域中依赖于管理合同来管理一个酒店）。

另一个有趣的研究发现，当母国与东道国的文化差异较大时，在海外企业需要**双层文化适应**的情况下，成功的壁垒最高。换言之，当跨国公司不得不同时面对陌生的国家文化及企业文化时，它很难取得成功。与建立一个全新的、完全拥有所有权的企业不同，当跨国公司通过建立合资企业进入海外市场时就会出现这种情况。具有讽刺意味的是，研究结果还表明，合资企业以及海外收购都是最有可能提高跨国公司理解文化差异的能力的进入模式。理解文化差异则可以提高合资企业的成功率。[13] 总的来说，这些研究结果比较复杂，对于为什么存在某些文化差异或国家差异的解释并不清楚。这一结论强调了两点：（1）对于民族性与文化如何影响国际战略实施的问题还需进一步研究；（2）多个变量可能会相互作用来影响市场进入模式的选择。[14]

> **双层文化适应**
> （double-layered acculturation）
> 跨国企业在国际运作中需要同时面对陌生的国家文化及不同的企业文化。

## 10.2 构建国际商务运营的结构

一旦分析并选择了一种进入方式，关键决策就变成了如何构建国际化运营的结构。**结构**是指组织建立的方式。企业利用它来配置资源、协调雇员关系、分配任务、执行程序以及收集并传递用于制定决策的信息。尽管某些结构仅适用于特定的进入模式，但企业的结构选择还是有很多种。不过，各种结构间存在不同的利益，需要进行权衡。要取得好的绩效，企业的组织结构应与其复杂的竞争环境相适应。[15] 这是一个演进的过程。当企业扩张国际经营业务或改变其战略时，组织结构也会随之改变。因此，我们首先评述简单的组织结构，然后介绍企业在全球化战略中所采用的更复杂的组织结构。

> **结构**（Structure）
> 为了配置资源与完成任务，企业所作的关于如何建立组织的决策。

**国际企业的基本结构**。大多数情况下，刚登上国际舞台的企业往往是通过出口来进入国外市场。在早期，一般由企业现有部门中的员工（如营销部门）来处理出口业务。随着出口的增长，这一安排会变得负担较重甚至难以承受。这个时候，企业就会考虑调整结构以更好地管理出口业务。通常，第一步是聘请一位出口业务经理，该经理也会有少量下属，这个小组构成了一个出口部门。如果企业只有几种产品，那出口部经理就直接向营销总经理汇报。这就是美国一家高档鞋业制造商 Allen-Edmonds 公司采用的方法。负责公司鞋产品销售和营销的出口人员向营销副总汇报。如果企业产品种类繁多，出口部经理及其下属则可能直接向 CEO 汇报。[16] 图 10.1 给出了这两种可能的情况。无论采用哪种结构方式，我们认为其出口流程都并不简单。事实上，这些出口过程可能很复杂。

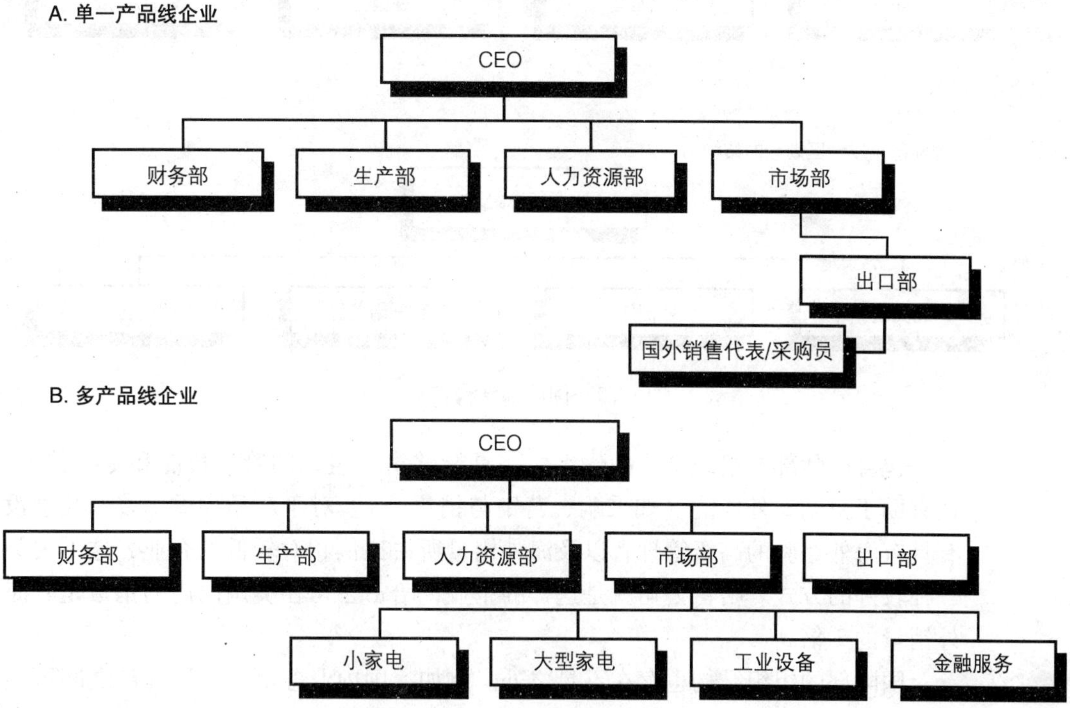


图 10.1　主要关注出口的企业的典型组织结构

随着企业的不断扩张，要求更深入了解特定海外市场的压力也越来越大。企业一旦开始向海外派遣人员或经营海外工厂，它就必须面对这一问题。一般来说，较小的出口部门不太可能应对这些挑战。为了应对这些战略压力，该阶段的许多企业会建立国际部。这就把企业分成了国内运营部和国际运营部。国际运营部可以向公司总部的高级国际业务经理汇报（如国际运营副总裁），它就像一把保护伞，所有国际业务都在其下实施。[17] 对许多公司而言，这一组织结构就像你在图 10.2 的上面部分看到的那样。你会看到国内运营部要协调不同产品线；所有销往海外的产品都汇集到国际部。但是，随着海外业务的扩张，国际部可能会进一步细分。如你在图 10.2 的下半部分所看到的那样，可能会根据地区或产品进一步细分。例如，摩托车生产商哈雷公司实际上就是根据欧洲、亚洲等地区对国际运营部进行划分，由国际业务部下的不同子部门来处理欧洲与亚洲的业务。

A. 国际部：以产品划分的结构

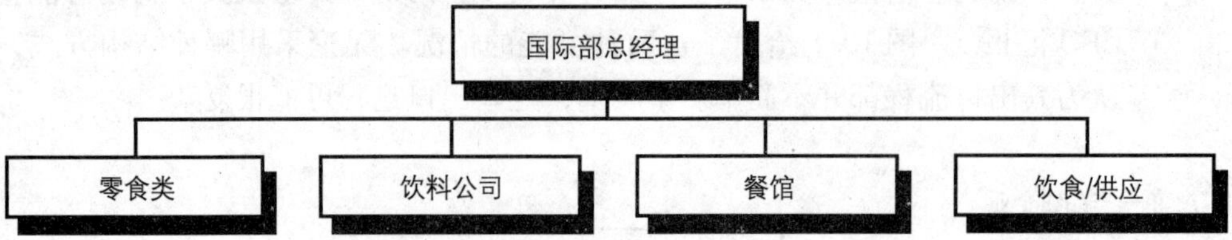


B. 国际部：以地区划分的结构

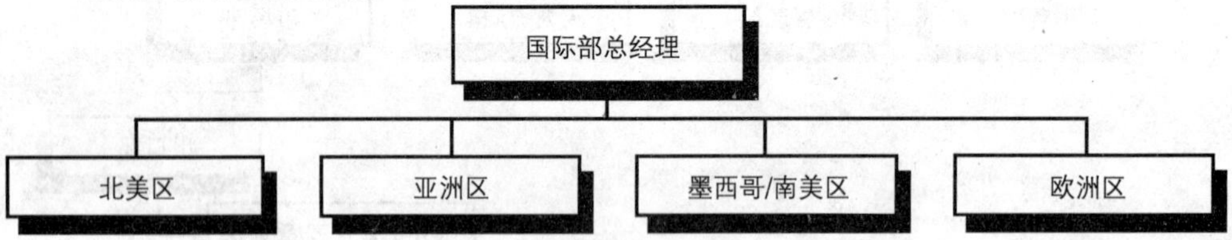


图 10.2　国际部结构实例

包含国际部的组织结构的优点之一是能够集中组织的管理技能和专有技术，也有助于协调海外职能（如采购、营销与销售等）。对于产品种类不多、几乎没有具有海外经验的高级管理者以及海外销量所占比例相对较低的企业，这不失为一种较好的方式。哈雷公司就是这样的企业，哈雷公司在美国国内的销量是其海外销量的 2 倍。

国际部的组织结构也存在不足之处。例如，国内业务部门与国际部之间可能会存在部门间的斗争，尤其是在国际部不断成长并抢去更多的资源时。国内运营部与国际运营部之间的协作可能也比较麻烦，特别是当企业采取更多的国际化战略时，这甚至会成为一个严重的问题。在国内运营部与国际运营部之间传递信息与技术通常也比较困难。[18]有意思的是，这种包括国际部的组织结构在美国企业中很普遍，在欧洲的跨国企业中却比较少见。毫无疑问，其主要原因是由于美国企业比欧洲企业更依赖于国内市场。[19]

**全球组织结构**。随着国际业务的扩张，经理层可能开始认为海外市场是企业的关键部分。他们第一次感觉到企业是真正的国际化企业，而母国只是该企业众多市场中的一个。在这一时期，管理层有时会认为国际部是一个有些过时的部门。[20]然而，管理层在实际中会在多大程度上采取更加全球化的战略取决于多种因素（见第 9 章）。

应当指出的是，对于从事多种不同业务的跨国公司而言，混合式的结构可能是最好的。例如，跨国公司的某些业务全球化的可能性较低，那么根据不同国家需要而分别建立的组织结构会更有效。而另一些业务则可能受到某些国家的限制（如高关税），这就需要那些国家中的不同部门之间进行协调。还有一些业务和国家需要的可能是一种既存在全球协作又能利用当地快速反应的结构。[21]不过，我们在此进行了简化，主要考虑目前跨国公司中常见的三种全球化结构：（1）以地区划分的全球化结构；（2）以产品划分的全球化结构；（3）矩阵式全球化结构。

**以地区划分的全球化结构**。对于那些产品种类不多且所在行业要求在当地作出快速反应的跨国公司而言，这是一个很好的选择。这一结构是根据国家或地区划分成不同的部门，每一地区具有相当高的自主权（它们可能有自己的人力资源、营销以及生产职能部门）。这样的企业将经营及战略决策权授予不同的国家或地区。母公司的作用是保持总体战略方向并控制整个公司的财务。当然，这一结构的主要优点在于突出了当地的快速反应。因此，这对于那些实际上把公司业务看成是多国本土化业务的跨国企业来说是一个不错的选择。但是，如果当地快速反应变得不太重要或者区位经济变得更重要时（如通过把生产转移到某一特定区域可以削减生产成本），这一结构可能就无效了。以地区划分的全球化结构也使得跨越国界转移知识、专有技术与竞争力非常困难。[22]图10.3给出的是以地区划分的全球化结构。

> **以地区划分的全球化结构**
> （global area structure）
> 根据国家或地区来划分的组织结构，每一地区具有相当高的自主权。

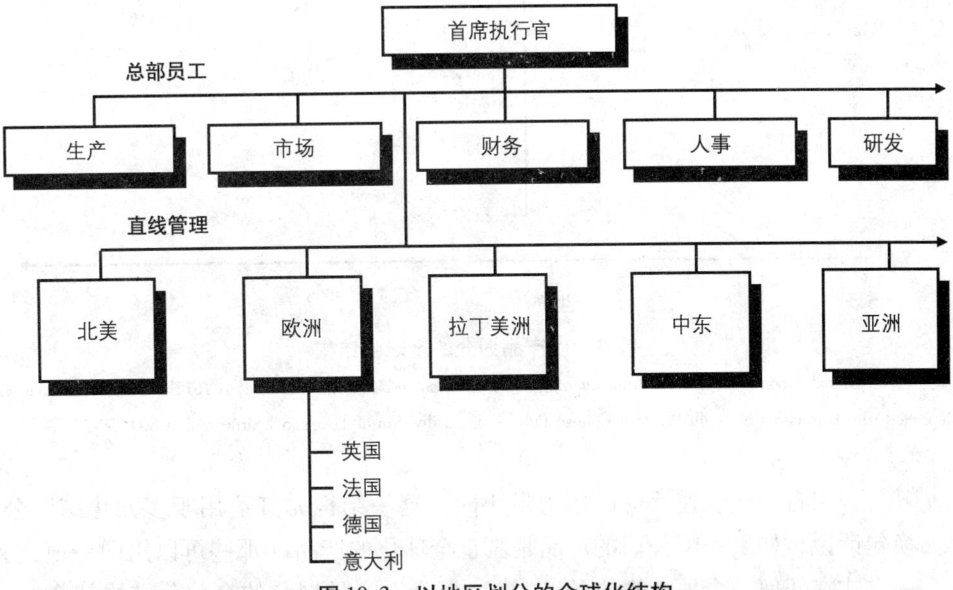


**图10.3　以地区划分的全球化结构**

资料来源："The Global Area Structure" from *International Dimensions of Management*, 4/e, p. 164, by Arvind V. Phatak, © 1995. Reprinted with permission of South-Western College Publishing, a division of Thomson Learning. Fax 800 730-2215.

**以产品划分的全球化结构**。这是根据多种产品或业务来组建跨国公司的结构形式。在此，多种产品是指由不同的技术制造并拥有不同客户群的产品。多样化常常给跨国公司在协调、整合与这些产品或业务相关的重要职能（如营销和生产）方面带来压力。总之，以产品划分的全球化结构对每一产品线或业务都建立了单独的部门。这些部门对于全世界所有与该产品或业务相关的职能都负有责任。有时候产品部门还会进一步细分为不同的地区或区域。图 10.4 描述的是以产品划分的全球化结构。

> **以产品划分的全球化结构**（global product structure）
> 根据多种产品或业务来组建跨国公司的结构形式。

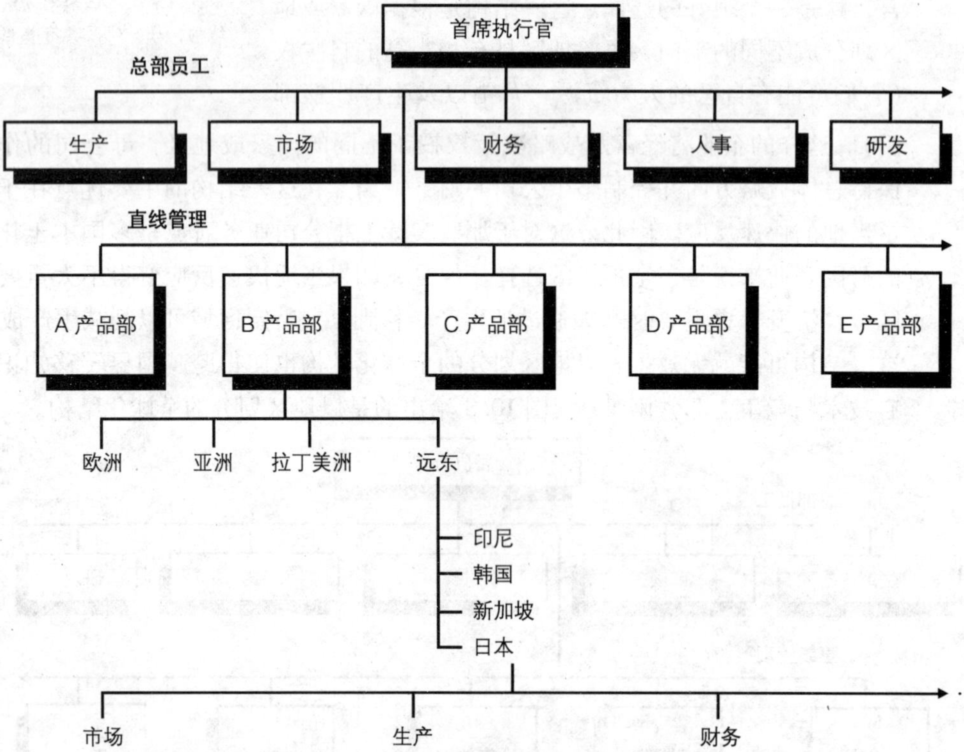


**图 10.4 以产品划分的全球化结构**

资料来源："The Global Product Structure" from *International Dimensions of Management*, 4/e, p. 161, by Arvind V. Phatak, © 1995. Reprinted with permission of South-Western College Publishing, a division of Thomson Learning. Fax 800 730-2215.

当来自当地快速反应的压力最小时，这一结构尤其适用于多元化跨国公司。换句话说，如果跨国公司的产品是真正全球化的产品（那些可以用同一模式和同一方式在任何一个地方销售的产品），那么以产品划分的全球化结构就会有效运行。显然，合并后组建的埃克森—美孚公司就是这种情况。埃克森—美孚公司并没有采用埃克森公司或美孚公司现有的组织结构，而是设计了一个以产品为基础的新组织结构。[23]同样，宝洁公司的“组织2005”（Organization 2005）计划就是用与特定产品类别（如纸制品、女士护理品、美容护肤品）紧密相连的以产品划分的全球化结构来替代以地区划分的全球化结构。[24]

由于每一产品线或业务都必须拥有自己的设备、人力资源等，以产品划分的全球化结构会出现高度重复。埃克森—美孚公司的对策是建立一个全球服务部，对信息系统、采购及人力资源提供集中支持。但是，如果当地需求发生变化或变得更加多样化，那么这一结构就无法胜任了。[25]事实上，区域经理的意见常常得不到重视，因为产品部门经理权力更大而且往往只关注销量很大的市场（通常是国内市场）。区域经理的快速反应并不是这一结构的重点。实际上，这就是宝洁公司的经历。数千经理被调任或重新指派（超过1000名欧洲员工被调到了日内瓦），在中层以及其他管理层中产生了很多抱怨。这些影响以及较差的收益，是其CEO仅在一年半之后就离职的部分原因。宝洁公司为了保持客户响应的水平恢复了部分原有的区域结构。[26]

最后，**矩阵式全球化结构**是许多跨国公司，尤其是那些所在行业既需要全球范围的整合又需要当地快速反应的跨国公司的选择。跨国公司也在寻找一种可以更容易利用区位经济以及在不同国家和产品线之间进行知识转移的结构。矩阵式全球化结构试图通过结合地区和产品的划分结构来实现这些常常是相互抵触的目标。实际上，这需要产品经理和地区经理共同制定决策。理论上，两个结构基础（以产品划分的结构和以地区划分的结构）应具有同等的话语权。管理人员同时向产品主管与区域主管汇报。矩阵式全球化结构如图10.5所示。

> **矩阵式的全球化结构**
> （global matrix structure）
> 结合了以地区和产品划分结构的一种结构形式，并且由产品经理和地区经理共同作决策。

虽然矩阵结构有很大的潜力，但在实际中却非常难以实施。[27]从这一结构的定义中可以看出，矩阵式全球化结构模糊了权力的概念，如果管理层没有恰当的机制来理清多头领导问题的话，就会产生极大的混乱。[28]在矩阵式结构中，决策速度可能更慢，因为基于地区和基于产品结构的经理们需要时间进行商讨以达成共识。此外，要保持管理者的责任心并避免破坏性的冲突通常很难。由于是多头领导，区域主管雇用的管理人员就总是会责备产品那一方，反之亦然。要使矩阵式全球化结构有效运作，需要管理层巧妙地使各方面满意。爱立信设法建立起这种矩阵式结构——客户群与区域的结合，为的是使公司接近顾客。但是，金融市场对此并不看好，反而向企业施加了更大的压力。[29]一旦矩阵式结构中的区域或产品有一方变得过于强大的话，这一结构就会瓦解。对于瑞士医药公司汽巴—嘉基而言，该问题将是一次特别的挑战，因为它的矩阵结构不仅结合了地区和产品的划分，还增加了第三个纬度——顾客。

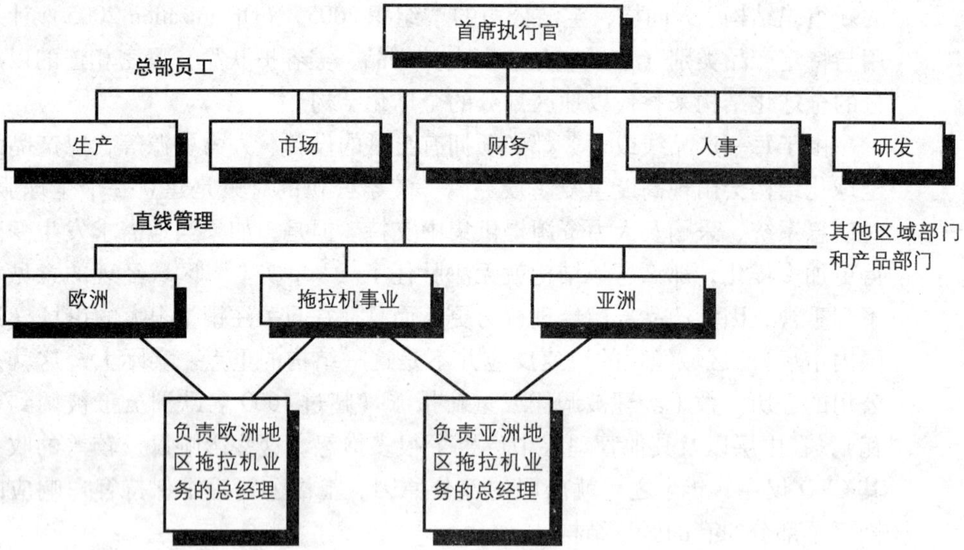


**图 10.5　矩阵式的全球化结构**

资料来源："The Global Matrix Structure" from *International Dimensions of Management*, 4/e, p. 169, by Arvind V. Phatak, © 1995. Reprinted with permission of South-Western College Publishing, a division of Thomson Learning. Fax 800 730-2215.

## 结构与战略的其他联系

功能型或区域型的结构只是跨国公司众多结构要素中的一种。另一个关键要素是中央集权化的程度，或是组织制定决策的地点。在高度集权的企业中，决策权集中在组织最高层或公司总部/母国。从某种程度上说，划分组织的具体方式（通过产品、地理位置等划分）决定了企业集权化的程度，但决策权的情况实际更加复杂，因为海外运营部或子公司的决策能力是不同的。

在上一章中，我们提到了企业走向全球化时可以采用的各种模式，这与中央集权化是相关联的。例如，一个企业可能会采用在各类市场中强调产品与服务相似性的全球化战略，或者采用关注因地制宜的多国本土化战略。对这些模式的选择结果与各方决策权的多少紧密相连。表 10.3 展示了各种战略与结构，包括中央集权化结构之间的联系。该表说明了决策权的集中程度往往与企业的战略有关。例如，采用多国本土化战略的企业很可能把决策权授予在不同国家开展业务的部门。

我们对决策的描述是一般性的，有许多例外需要指出。例如，德意志银行就没有采用基于其战略的结构方式。它在对美国信孚银行（Bankers Trust）的倒霉并购案中采用的是德国企业通常的集权式方法。德意志银行董事长指出："我们不相信自治。我们会继续采用集权式的管理方式。"[30] 尽管在战略上表明采用其他方式可能更适合，但某些企业还是试图实行更多的控制。例如，在医药企业，掌握控制权非常关键，而在质量最重要（如 GE 的飞机发动机企业）的其他高科技领域也会采用中央集权式方法。[31] 相比之下，企业有时也会犯集权程度不够的错误。宝马汽车公司收购英国罗孚汽车公司就是一个典型的例子。开始，为避免采用严厉的德国管理方法进行控制并将其商标作为一个卖点，宝马公司给予罗孚公司相对较高的自主权。但在出现连续四年亏损以及生产效率不断降低之后，宝马公司开始实行更集中化的控制并在一年后把罗孚卖掉了。

宝马公司的例子表明，公司制定决策的地点会随着时间的推移而改变，有时是显著改变。同样，**正式**的决策链可能不同于**实际**的决策模式；而且，实际决策也并不是像我们已经简化过的单方面问题那样。这表明，任何一个跨国公司都拥有一定的非正式的组织控制，这就是我们下面要详细展开的问题。

## 正式与非正式的协调方法

比起单纯的组织结构，战略执行要做的事就更多了。为实现国际化目标，企业需要建立机制，采用各种方法来协调方方面面的问题。例如，要使战略得以有效执行，企业文化、管理的过程以及人力资源都必须与企业战略相一致，尤其是在执行全球化战略时（参见表 10.2）。麦当劳强大的企业文化与训练有素的经理就是非正式协调机制的例子。这些机制在追求国际化目标的同时，很好地支持了企业的结构。还有更多的正式协调机制。例如，有些跨国公司在不同的部门间轮换使用经理（永久性地或临时性地）来改善组织内部的协作与信息交换。有些则指定经理作为业务部门和区域部门之间的联络员。还有一些跨国公司会制定政策，鼓励需要从其他部门获取信息的经理们直接与平行部门联系。[32]

**表 10.2　结构与战略之间的关系**

| 结构方面 | 战略类型 | | | |
|---|---|---|---|---|
| | 多国本土化 | 国际 | 全球 | 跨国 |
| 中央集权 | 母国/当地控制 | 核心功能集权化；其他功能受控于当地 | 集权于全球的最佳地点 | 集权/分权结合 |
| 劳动分工 | 全球区域 | 国际分工 | 全球化的产品 | 全球化的矩阵结构 |
| 机制的整合需要 | 低 | 中等 | 高 | 很高 |
| 组织文化 | 不重要 | 重要 | 重要 | 非常重要 |

资料来源：改编自 Hill, C. W., & Jones, E. R. (1995). *Strategic management*. Boston: Houghton Mifflin; Deresky, J. *International management*. Upper Saddle River, NJ: Prentice-Hall.

> **横向沟通网络**(lateral communication network)
> 一个跨国企业中不同部门管理人员之间的非正式人际关系的集合。

然而今天，许多专家都认同一种非常有趣的、被称为**横向沟通网络**的非正式协调机制。横向沟通网络是指一个跨国企业中不同部门管理人员之间的非正式人际关系的集合。当一个部门存在问题时，其管理人员可以通过非正式沟通网络寻求帮助。这类沟通网络的好处在于可以快速、灵活、有效地交换信息，下面两个原因导致了它们的重要性：(1) 全球化组织需要通过信息的流动来传播技术与知识；(2) 大型跨国公司的全球化结构通常会阻碍信息的流动。事实上，有些专家认为，非正式的部门沟通网络甚至比正式结构更为重要。这表明跨国公司应更多地把自己看成是各种关系网络的集合而不仅仅是分配责任的僵化结构。研究似乎支持这一观点。有研究发现，子公司的决策自主权（结构变量）对子公司之间或公司总部与子公司之间的沟通水平并没有什么影响。但在这两种情况下，沟通水平都会正向地受到管理人员之间使用非正式沟通网络程度的影响。[33]

不幸的是，非正式本身会使得建立沟通网络比较困难。然而，有些跨国公司正设法鼓励管理人员建立此种沟通网络。其想法是建立一张可以有效联系整个组织的人际关系网络。支持非正式沟通网络建立的方法之一，就是鼓励管理人员应用沟通技术（如电子邮件系统以及电话和视频会议）来发展其全球化的联系。诺基亚、美国庄臣以及联合利华等企业都已成功地建立了非正式沟通网络，把世界各地的人聚集在一起，进行面对面的交流和联系。

## 管理战略联盟的挑战

我们在前面已经讨论了结构与战略匹配的重要性。除此之外，国际化企业还有许多决策要做。一项重要的挑战是要不要与外国伙伴建立联盟，什么样的联盟形式最好？表 10.3 总结了一些管理战略联盟的要点。管理层首先要决定联盟是否在战略上有意义，联盟在哪里建立，为什么要建立，以及联盟在控制上的成本与收益。我们之前曾经谈到，运用合作伙伴的能力的确有显著的战略上的好处，但由此产生的依赖以及管理中的问题可能抵消这些好处。

**挑选联盟伙伴**。假定公司已经通过了“为什么联盟”的测试，接下来的问题就是“和谁结盟”。一个重要的考虑是合作伙伴应当拥有类似的运营哲学和管理风格。专家的建议是，在需求、目标和能力之中，互补的需求应当是最重要的。这是指联盟的各方应当能够从另一方获得专长和能力，而不论双方的管理风格是否协调。几年前 KLM（荷兰皇家）航空公司与美国西北航空公司建立的联盟就是一个这样的例子。KLM 在欧洲和非洲有很强的航线结构，西北航空则是美国市场上的强者。通过这些互补的优势创造出一个强有力的服务网络，双方都可以从

**表 10.3 战略联盟管理中的关键问题**

| 问题 | 描述 |
| --- | --- |
| 联盟的逻辑 | 何时、何地和为何要建立联盟，成本（控制减弱）是否值得付出（学习）？ |
| 挑选合作伙伴 | 选择能够将利益最大化，而将风险（管理风格的相容、信任、互补的需求和资产）最小化 |
| 联盟的结构 | 结构应当能够促进成功（基于合同或股权） |
| 管理联盟的运行 | 随着联盟发展，管理上必须做出调整，要对此有所准备 |
| 管理联盟的网络 | 建立一个系统来支持联盟，以免陷入分裂 |
| 理解联盟的局限 | 联盟可能导致组织限制、战略约束和相互依赖 |
| 政府的角色 | 理解政府政策和压力的后果 |

资料来源：改编自 Gomes-Casseres, B. （1993）. *Managing international alliances.* Publication No. 703-133. Boston, MA: Harvard Business School Publishing.

中获益。另一方面联盟双方似乎在管理风格上很不协调，而且相互间缺乏信任。西北航空的管理层热衷于公众形象，而荷兰的高管们则行事低调。然而，需求上的互补修复了这一伙伴关系最终取得了巨大成功。在航空业中这是第一个战略联盟。

不注意管理伙伴关系是战略联盟失败率高的主要原因。造成这一问题的原因可能是企业较少考虑双方关系以及企业/国家文化上的差异，而是将注意集中在财务和其他目标上（这当然是可以理解的）。因此，当人们说愿意调整管理风格时，他们实际上言不由衷。事实上，这样的调整可能是非常困难的，特别是跨国公司需要建立多个战略联盟时。有些跨国公司，如康宁玻璃，专门设计了战略联盟网络来管理能够以低成本提供竞争优势的战略伙伴。

对于管理这些网络拥有丰富经验的企业，如康宁、施乐和东芝，建立了复杂的程序以评估联盟的成本与收益。东芝与许多伙伴建立了联盟，包括苹果、微软、IBM、西门子、爱立信、通用电气、摩托罗拉、国家半导体、三星、太阳微系统、阿尔斯通和汤姆森。管理这一网络耗费大量的时间，还可能导致企业产生严重的依赖。以康宁与三星的联盟为例，这一联盟包含康宁利润的很大一部分，康宁贡献的技术对于三星具有极大的价值。与其他企业活动一样，高管的承诺对于联盟的成功至关重要，特别是那些复杂的联盟。如果双方高管愿意花大量的时间建立私人关系，联盟成功的几率会大很多。康宁的高管霍顿和三星高管李秉喆建立了基于互信的个人友谊，双方都表达了承诺的态度。例如，霍顿在波士顿大学向李健熙颁发荣誉学位，双方共同出席重大活动如工厂开业，霍顿亲自出席了李的葬礼。管理战略联盟可能非常花费时间，但收获也是可观的。

随着战略联盟的流行，跨国企业寻找伙伴变得更加困难。在航空业，已经找不到一家没有参与某一联盟的企业。甚至连中西捷运，一家以密尔沃基为基地提供廉价豪华旅行服务的航空公司，也和以伦敦为基地的维珍大西洋航空建立了联盟。

**政府对联盟的影响**。跨国公司需要注意的另一个管理挑战就是政府对联盟的影响。[2]例如，麦道公司与中国合作伙伴达成的协议在中国民航总局决定反对该联盟时就失效了。中国民航总局利用其管制权力取消了联盟在中国装配的喷气式飞机的销售。结果，麦道公司在一个快速发展的市场中失利了。尽管在中国已有10年的装配历史，但麦道公司只向中国航空公司销售了87架喷气式飞机。相反，重视与中国民航总局培养密切联系的波音公司在同样的时间里则卖出了250架飞机。具有讽刺意味的是，波音公司随后收购了麦道公司，这意味着它们不再是中国市场上的竞争对手了。

**如何结束联盟**？专家建议，在缔结战略联盟之前，跨国公司应当考虑未来退出的问题。有很多原因可能导致联盟终止。例如，联盟伙伴的财务状况可能发生恶化。此外，某一伙伴的其他联盟可能发生改变，对其他联盟伙伴产生影响。此外，双方都可能会遇到新的机会，需要投入大量的精力和资本。一项研究发现，如果联盟伙伴之前一起工作并且建立了信任关系和共同的利益感（哪怕还没有现实的利益），那么双方所承受的压力将是合作式的而不是对抗的。这种分手有可能是混乱的、成本高昂的并且极不友好的。为了保护自己，跨国公司可以在联盟合同中写明退出条款，（1）哪些条件下一方可以终止联盟，（2）联盟资产如何清算和分割，（3）债务如何分担，（3）对于未来的纷争如何来处理。研究发现，在经常建立联盟的技术密集型企业中，战略联盟的合同已经变得更加详细，也更有可能包含赔偿条款。

**战略联盟的总结**。战略联盟可能对参与伙伴带来巨大的利益。然而如果管理不善，也会导致许多问题。重要的是在决策之前弄清一些问题，如表10.3所总结的。联盟将如何为企业创造价值？如何做才能让双方都获得利益。当不可避免的问题发生时，应当如何来处理？当这些问题严重到无法解决时怎么办？许多企业在未能想清楚这些重要问题之前就匆忙进入了联盟。例如，那些紧跟潮流实行离岸外包的企业也许在生产或服务上节省了费用。然而研究表明，至少一半的外包联盟未能实现期望的收益。为了提高成功的机会，企业应当采用正确的程序、仔细计算各种风险因素，并准备好解决的方案。正如专家所说的，开始联盟时的姿态常常决定着联盟的结果。

## 管理全球供应链

我们在前面讨论了企业可以采用的改进国际运营的方法。许多专家今天称这一过程为供应链管理。在最广泛的意义上，这个词是指所有将产品和服务带给顾客的活动（设计、供应商关系、原件采购、物流、营销/销售以及售后服务）。供应链管理的基本目标是通过仔细地监控资源、分销、库存和劳动力来最有效地满足顾客需求。它要求在供给配合需求的同时降低成本和增加顾客价值。改善供应链意味着与供应商密切合作，消除瓶颈，更好地控制库存，可能需要将某些活动外包以平衡生产和运输的成本。只在本国运营的企业当然需要供应链管理，但跨国公司的供应链管理相比之下要远为复杂。接下来，我们将讨论全球供应链管理中的几个最重要的主题。

全球供应链管理的兴起。随着像苹果、戴尔、惠普、丰田和三星这些明星企业的成功，对全球供应链管理产生兴趣的企业数量快速增长。全球企业环境的变化也促成了这一改变。我们在前面提到，跨国企业的数量增加了，各种各样的联盟也建立起来。随着支持这些复杂的跨国商务活动的技术得到提高，对整个价值增加活动链条的关注也增加了。

全球供应链的主题。在全球供应链管理中有许多复杂和技术性的主题，如库存管理、厂区设计和各种质量和物流问题。我们不打算在这里讨论所有的主题，而是将重点放在全球采购以及由此所引起的各种问题。

20 世纪 70 年代开始，跨国公司收购或建设海外全资子公司的例子急剧增加，特别是在电子、纺织和汽车产业中。在电子产业中，许多企业在全球收购或建立生产设施，而且集中于墨西哥、中国台湾和新加坡。我们之前已经提到它们这样做的原因，劳动力更便宜、相对廉价和方便的原材料，并且可能靠近最终的市场。随着劳动力成本的上升，这些工厂转移到了中国内地、越南、泰国和南美国家。

外包的另一种选择是建立跨国联盟，就像我们在第 9 章提到的“管理合同”。这是指与一家或几家外国生产商签订合同，让它们生产能够满足跨国企业特殊需要的产品或服务。在服装产业中，这类外包十分普遍，像耐克、丽诗加邦都和在中国、泰国和厄瓜多尔独立经营的企业签订了这样的合同。在管理合同中，跨国公司并不参与生产。尽管像耐克等企业会监督外包伙伴的质量和企业社会责任，但生产活动本身是完全外包的。当然，也可能只是外包生产活动中的某一环节。例如丰田拥有数百家供应商，它对这些供应商质量的要求也是举世皆知的。一辆汽车通常需要 10000 个部件，由丰田自己生产的部分占汽车总价值不超过 1/3，其他 70% 的价值来自供应商。

另一种方式是将母国工厂生产的部件运送到世界上其他地方某家独立工厂组装为成品。例如，福特将部件运往墨西哥，组装好之后再运回美国出售。有趣的是，这些汽车是由马自达在日本设计，部件则来自美国、还有墨西哥。

当然，外包不仅影响制造业。服务业的外包也在迅速增长。许多酒店业相关企业将预定系统转移到了海外。许多金融公司和计算机公司将运营外包给海外企业。例如，信用卡公司可能将顾客呼叫中心转移到印度班加罗尔或菲律宾马尼拉，而将价值更高的活动，像营销、财务等留在自己手上。印度呼叫中心的员工工资只有美国的1/10。此外，印度拥有大量受过良好训练的说英语的技术工人。无怪乎印度成为全球服务外包的中心（40%），领先于加拿大（20%）和菲律宾（15%）。

## 10.3 跨国公司的技术管理

与其他领域相比，风险问题在技术方面可能显得更重要。当今，企业的技术优势越来越受到威胁——而没有技术优势则是最大的风险。许多更优秀的企业意识到，要生存下去并获得成功，就必须不断变革并更新技术的应用。在20世纪出现了大量的技术变革与进步，尤其是在通讯与运输领域，信息技术的快速发展使得这些变革成为了可能。但也有专家认为，因特网并不会使战略过时，实际影响是与此相反的。由于互联网并不能提供独占性的运作优势，所以它反而会使得战略变得更为重要。[34]甚至那些十分成功的互联网企业也不必被看成是一种企业变革的方式，而应该看成是一种增强核心业务的途径。不过，公平地说，在战略驱动力中包括技术要素（如因特网）有助于企业获得竞争优势并取得成功。

### 获取技术优势

如果前文的论述是正确的，那么企业是如何建立技术优势的呢？在竞争中获得优势的方法有多种，其中的一种主要方法是完全靠自己建立优势。例如，企业会聚集内部的科学家和工程师来开发或改变对企业很重要的技术。在许多全球化的产业（如计算机、生物技术、通信以及石油或天然气的开采）中，很多企业就是这么做的。但这种做法成本较高，而且并非所有的研发投入都能带来创新的、适于销售的产品。尽管如此，研究与开发（R&D）的投入额以及科学家占员工总数的比例仍是衡量企业技术强度的主要指标。第二次世界大战以来，美国平均R&D投入额占GDP的比例比其他任何国家都高。美国企业在此类投入中至今仍处于前列。如1992年，日本的R&D费用占GDP的比例是3%，德国是2.7%，美国是1.8%。[35]表10.4给出了世界各国（地区）近年来R&D投入的数据。[36]你可以看到，美国、日本以及德国、法国和英国等欧洲国家在R&D上的投入最多，遥遥领先于其他国家。如果这些投入能够带来成果，我们可以预见在不久的将来，瑞典、韩国和瑞士等国家会利用先进的技术生产出各种各样的产品。当然，创新也不一定就是研发支出的直接产物，尤其是可以带来适于销售的产品的创新。一位学者提出了一种国家创新评分方法，通过专利申请总量乘以代表每个国家专利价值的指数就可以粗略计算出各国的得分。美国（100分）远远领先于相对实力最接近的竞争对手日本（31.3分），而德国（7.2分）及其他欧洲和亚洲国家则远远落后。在特定技术内部也存在着国家差异。例如，在网络质量以及网络基础设施与网络的应用程度上，中国香港、丹麦、瑞典和美国在200个国家和地区中名列前茅，而德国和日本则分别排在第17名和第20名。[37]

**表10.4　各国（地区）研发开支占GDP的比例**

| 国家（地区） | 研发开支比例 | 国家（地区） | 研发开支比例 |
|---|---|---|---|
| 以色列 | 4.71 | 加拿大 | 1.95 |
| 瑞典 | 3.86 | 英国 | 1.73 |
| 芬兰 | 3.51 | 捷克 | 1.42 |
| 日本 | 3.18 | 中国 | 1.34 |
| 韩国 | 2.99 | 爱尔兰 | 1.25 |
| 瑞士 | 2.93 | 俄罗斯 | 1.07 |
| 美国 | 2.57 | 南非 | 0.87 |
| 德国 | 2.51 | 土耳其 | 0.67 |
| 奥地利 | 2.44 | 阿根廷 | 0.46 |
| 丹麦 | 2.44 | 墨西哥 | 0.43 |
| 中国台湾 | 2.42 | 罗马尼亚 | 0.39 |
| 新加坡 | 2.36 | OECD国家总体 | 2.25 |
| 法国 | 2.13 | 欧盟25国 | 1.77 |

资料来源：National Science Foundation, Division of Science Resourse Statistics. (2007). *National patterns of R&D resources.*

这些数字表明，通过内部的研究实验室来获得技术优势的成本可能很高。因此，甚至一些大型企业也决定削减R&D投入。然而，“独行侠”战略并不是唯一的选择。来自半导体和电信等行业的企业通常决定共同承担R&D的成本。例如贝尔通信研究所（现为Telcordia技术公司，SAIC的一个子公司）是由美国电话电报公司分出的七家地区性贝尔运营公司（子贝尔）共同创立的大型研发部门。该联盟非常成功，尽管在信息共享中还存在着一些问题，但联盟带来的成本节约是巨大的。

除了“自己建立”和“共担成本”之外，至少还有一种获得技术优势的选择。在某些情况下，企业可能干脆购买它所需要的技术。例如，福特汽车公司就收购了一家较小的公司 Excel Industries，该公司的技术提供了生产车窗的更好方式，而如果福特自己开发这一技术的话成本要高得多。[38]这是高科技和通信行业通常采用的战略。例如，几年前，台湾地区最早生产个性化电脑（如不同的颜色、外观等）的企业宏碁电脑公司收购了几家美国企业。宏碁的目标是利用几家硅谷企业的技术加速拓展其北美的业务。但这一方法比他们所希望的效果要差一些，在 2001 年中期，宏碁从一个制造商转变成了营销与服务的提供商，电子商务成为了该企业新的核心。[39]

即使购买现有技术比自己开发的成本更低（从长远来看），但收购的成本还是比较高的。事实上，宏碁为收购两家美国企业支付了超过 1 亿美元的费用。通常，技术的获取成本都是较高的，对于新兴的经济体和企业来说，要获得这些技术是非常困难的。但与此同时，以低成本获得高性能的个人电脑对于小的国家和企业而言也是一种福利。[40]世界上许多地区个人电脑销量的增长远高于美国的销量增长。例如，拉丁美洲在 2002 年电脑销量暴涨了 24%，达到了 200 万台，单是智利在过去几年里的增长率就超过了 350%。南美还有很大的空间可以填补，而世界范围内个人电脑价格的持续下降可能会加速这一趋势。[41]

## 利用技术优势

企业在开发或获得了所需要的技术之后，接下来就要决定如何最好地利用该技术。一种方式是设法将技术保留在企业内部，进行排他性使用。通常那些具有大型研发部门的企业在将技术应用于新产品和服务时，会设法将关键技术保留在内部。有些企业似乎特别擅长新产品开发。位于明尼苏达州圣保罗的 3M 公司就以将技术应用于新产品开发而闻名，[42]这一优势来自该企业的营销职能与研发团队紧密相连。3M 公司著名的“即时贴”产品的开发就是一个例子。不过，即使在最好的企业里，大多新产品都难以获得成功。事实上，经济学家估计市场上大约有 80% 的新产品都失败了。[43]一个新产品被开发出来后，企业可以选择将技术出售或转让给他人。这对企业来说可能是很好的收入来源，但也可能是烦恼的来源。关键技术最常见的转让方式是从跨国公司转让到其海外子公司中（通常是全资子公司）。显然，这一方式的主要优点是跨国公司对重要的专利技术仍有控制权。不过，跨越国界转移技术的方式还有很多，由于在第 9 章已讨论过，在此只简要地提一下。

技术转移的另一种方式是特许经营，是指企业将其产品或服务以及著名的企业名称的使用权卖给其他企业。作为回报，被特许者通常需要根据业务量支付一定比例的费用。有许多利用该方式转移技术的例子，包括麦当劳、假日酒店以及安飞士汽车租赁公司等著名的美国企业。特许经营使得企业对关键技术（在产品或服务方面）的控制权减少了，比跨国公司自己经营业务所获得的控制权更低。但如果生产或服务过程本来就相对容易复制（如麦当劳），那么特许经营就是有效的方式。从第 9 章可知，许可与建立合资企业也是跨越国界进行专有技术转移的方法。这一方法的缺点是可能削弱跨国公司对重要技术的控制权。但如前所述，建立合资企业非常普遍。拿专利技术冒险与外国政府签订协议的一个目的是获得以其他方式无法进入的市场。例如，建立合资企业是在中国获得立足点的常用方法。由于中国市场规模巨大，尽管它们的技术面临着越来越大的风险，但企业还是在努力进入中国市场。

## 保持优势

我们曾经讲过，技术带来的竞争优势通常是跨国公司获得产品或服务成功的关键因素。但是，技术转移的过程可能会使企业的优势面临风险。因此，许多国家制定了法律来帮助跨国公司保护其技术优势。第 2 章已对这些问题进行了一般性讨论，跨国公司主要有两种保护其技术不被滥用的方法。

一种方法是**专利**。专利是指原创者在一定时期内（如在美国是 17 年）对新的或有实质性改进的产品或流程享有垄断权。享有垄断权的理由是原创企业在改进提高上花费了大量的时间和金钱，因此对其付出应有所回报。专利的支持者还认为，如果没有专利的保护或激励，那么新产品开发就会停止。同时，专利保护成本并不低，尤其是在外国寻求保护的时候。另一种保护方式是**商标**。商标是使产品或服务区别于其他企业的独特产品设计、特征或标志。人们购买某个产品通常是因为其商标代表的是有吸引力的、高质量的产品（如 Hilfiger 牛仔裤、锐步运动鞋等），这些设计常常也能得到保护。

> **专利(patent)**
> 允许某项发明的原创者在一定时期内（如在美国是 17 年）享有垄断权的方法。

> **商标(trademark)**
> 使产品或服务区别于其他企业的独特产品设计、特征或标志。

尽管专利、商标以及其他方法确实为跨国公司提供了保护，但还存在着几个问题使得这种保护不够完全。在控制专利和商标的严格程度上，不同的国家存在巨大的差异。例如，表 10.5 比较了不同国家间技术保护水平的不同。你会注意到，不同国家专利或商标的有效期以及跨国公司对使用其技术的企业的收费（见“专利使用费限制”）都会有所不同。但是，最重要的变量是国家的工业化程度，即国家是高度工业化还是处于发展过程中。比起工业化国家（见表 10.5 左上部），后面的那些国家（如巴西、埃及）不太可能提供强大的技术保护。

**表 10.5 不同国家的技术保护**

| 国家 | 专利使用费限制性规定 | 专利使用费的最高税率（%） | 专利有效期（年） | 商标有效期 |
|---|---|---|---|---|
| 加拿大 | 无 | 25 | 17 | 15 年，可延续 |
| 法国 | 销售额的 6%，除非是经核准的技术 | 33.3 | 20 | 10 年，可延续 |
| 德国 | 销售额的 10% | 25 | 20 | 10 年，可延续 |
| 意大利 | 无 | 21 | 20 | 20 年，可延续 |
| 日本 | 无，但通常是销售额的 8% | 20 | 20 | 10 年，可延续 |
| 英国 | 无，但通常是销售额的 7% | 25 | 20 | 7 年，可延续 |
| 美国 | 无 | 46 | 17 | 20 年，可延续 |
| **新兴工业化/发展中国家** | | | | |
| 阿根廷 | 无 | 45 | 5，10，15 | 10 年，可延续 |
| 巴西 | 只对不相关企业收取销售额的 1% ~5% | 25 | 15 | 10 年，可延续 |
| 埃及 | 无 | 40 | 15，可延续 | 10 年，可延续 |
| 墨西哥 | 无，但通常是销售额的 6% | 40 | 14 | 5 年，可延续 |
| 尼日利亚 | 销售额的 1% | 15 | 20 | 7 年，可延续 |
| 新加坡 | 无 | 32 | 只有英国专利权有效 | 注册的英国或新加坡商标有效期为 7 年 |

资料来源：改编自 Business International Corporation.（1990）. Copyright © Investing, Licensing, and Trading Conditions. Reproduced by permission of The *Economist* Intelligence Unit.

除了不同国家之间技术保护有所不同以外，跨国公司的另一个问题是有没有能力防止法律制度的滥用或忽视这些问题（如非法的产品盗版）。在前面章节已讨论过盗版问题。但在此要指出的是，专利与商标的滥用也是一个问题。在此，我们指的是专利合法但不恰当的使用。例如，大型企业有时会加大批量申请专利以阻止竞争。专利滥用是指对于某一竞争者最初开发的技术的任何变化都要申请多种不同的专利权。这实际上束缚了创新型企业并迫使它们依赖滥用专利的那个企业。“国际观察”给出了一个具体例子，说明专利权滥用是如何影响一家小型美国企业的。

## 国际观察

### 美国企业会战日本巨头以保护其技术

Cyberoptics公司的主席和创始人史蒂夫·凯斯（Steven Case）在其职业生涯中有很多明智的行为，但他邀请雅马哈发动机有限公司参观Cyberoptics公司的决定则是一个例外。尽管会面一开始看起来非常积极，但最终它们长达5年的联盟关系还是在美国联邦地方法院终止了。Cyberoptics公司控告雅马哈违反了合同和专利协议，指控这家摩托车和其他运输工具的制造商，利用大量的专利申请来窃取Cyberoptics开发的技术。

几年前，美国企业普遍担心日本会在许多关键技术上取得优势地位。Cyberoptics公司的例子说明，担心那些大型的外国企业还是有一定理由的。事实上，几年前类似的案例就让美国贸易代表办公室提出了对日本企业“专利滥用”的指控，Cyberoptics公司被作为例子提了出来。这一事件在20世纪80年代后期引起了东京与华盛顿之间的许多冲突，尽管1995年签订了停止该指控的协议，但问题还继续存在。

显然，专利滥用在日本是很普遍的，但在美国这样的行为却值得怀疑并可能违法。当一个企业申请许多分开、但是独立的专利，而这些专利与竞争对手的大量专利很相似时，就构成了滥用的情况。因此，原创企业会发现很难或不可能将专利项目引入市场。如果引入市场，企业就会受到专利滥用者提出的专利侵权诉讼。为了避免这些问题及费用，许多企业（通称是小企业）被迫互换专利。

Cyberoptics公司的例子就属于这种典型的情况。由于其规模相对较小，有很多问题面临着危险。凯斯离开明尼苏达大学的教职之后建立了这个公司。其公司主要产品是使机器人操纵性能更好的激光传感器和三维成像分析软件。企业一开始只有三名员工，现在已有超过200名的员工，收入超过6 400万美元。此前，当凯斯在加州阿纳海姆的一家酒店会见雅马哈的工程师时，Cyberoptics的麻烦就来了。会晤期间，Cyberoptics展示了自己的新产品。而雅马哈对此很有兴趣，买下了未来五年所需的500套该系统。但之后发生的事情却没有给极度信赖他人甚至还有点天真的Cyberoptics留下好印象。

凯斯在宣誓证词中说，在产品展示之后会见雅马哈的期间，他想到了一种改进雅马哈机器人效率的方法。事实上，他把这一发明匆匆地记在了一张餐巾纸上。雅马哈的工程师告诉他对此印象很深，这张餐巾纸只是该案件审理过程中呈上的众多证据中的一个。凯斯声称是出于专利的目的签下了名字和日期。Cyberoptics宣称雅马哈在申请专利时只是对其发明做了一小点改变，作为辨诉的其他文件也支持了Cyberoptics的这一说法。凯斯先生说，在没有告知他的情况下，雅马哈在多个国家申请了26个这样的专利，而且都是对Cyberoptics的产品做了一小点的改动而已。他认为这违反了协议，即双方企业在没有得到对方同意的情况下都不能对合作产品申请专利。凯斯先生说，要不是另一个公司指出来，他甚至还没意识到雅马哈的专利。涉及的专利与他在餐巾纸及其他地方草拟的专利非常相似。

至于雅马哈这一方，他们否认这些辩解。他们声称专利的应用已经通知了Cyberoptics，那餐巾纸只不过是他们的工程师给凯斯看的雅马哈现有图解的复制品而已，他们不记得看过那张餐巾纸了。雅马哈反诉Cyberoptics诽谤，认为Cyberoptics是诬告，是诋毁。然而，记录显示雅马哈确实申请过许多相关专利，而且早在1996年日本就被列入美国认为的专利保护较弱的观察对象国家。就在美国联邦法院找出这些事实的同时，Cyberoptics还在为保护技术付出大量的时间和金钱。[44]

## 本章总结

本章通过分析企业国际战略有效运营的主要方式，进一步讨论了国际化战略。首先，我们讨论了战略联盟管理中常见的挑战。例如，我们评述了可能影响国际市场进入模式选择的因素，包括企业、行业、区位以及特定风险因素等。这引出了对企业战略执行的关键机制的讨论：组织结构——企业构成的基本模式或设计。

我们还讨论了不同结构类型的优缺点。首先，我们讨论了企业在最初获得国际经验时通常采用的简单结构，包括聘用出口经理或建立一个出口部门。随着国际业务的不断增长，企业会划分成国内运营部门与国际运营部门——这是国际部结构的特征。

把自己当成是国际化企业而且的确拥有很大部分海外业务的那些组织常常会转向全球化的组织结构。我们考虑了三种情况：当需要对当地需求作出快速反应时，根据地区划分业务的全球化区域结构是一个很好的选择。相比之下，根据产品进行划分的全球化结构是以产品或业务线来划分业务的。对于产品高度多样化的企业来说，该结构是恰当的选择，它们的产品稍作改动或不用改动就可以在世界的任何地方销售。最后，矩阵式全球化结构是根据地区和产品双重标准进行划分，并设法平衡全球化整合与当地快速反应之间的关系。这一结构对于那些属于全球性行业但又需要对当地需求作出快速反应的企业来说是很有用的，然而却非常难以实施。此外，我们还讨论了协调机制的正式与非正式方法——如横向沟通网络——以支持跨国公司的结构与国际化战略。

每当对结构设计或战略增加哪怕一点复杂性时，就有可能遇到更大的问题，在国际运营中确实如此。采取国际化运营的企业会比别人面临更多的风险，而且可能比想象的还要多。最大的潜在风险因素之一（任何管理人员都需要注意的）是技术。显然，获得技术优势（如通过研发）很重要，而一旦获得技术优势（如通过申请专利），保持这种优势也很重要。我们在本章的结尾讨论了这些重要问题。

### 讨论题

1. 影响海外市场进入方式决策的因素有哪些？
2. 你在什么时候会采用哪种特定的组织结构？结构与战略有什么联系？
3. 什么样的结构和过程能够使企业更好地协调各种国际战略与结构之间的关系？
4. 描述一下在保护技术创新时遇到的一些管理挑战。一个组织的结构如何能使企业保持其技术优势？

# 迎接挑战

## 将丰田方式带给全球

在本章开头我们介绍了“丰田方式”，这家公司通过各种方式教授和传播这一系统，特别是借助于日本的丰田研究院。但我们并未详细介绍究竟什么是“丰田方式”。丰田方式可以追溯到创始人丰田喜一郎，1935 年他确立了企业的两大支柱。有趣的是，直到 2001 年，这两大支柱从未正式成文。那时，公司领导者们意识到，公司在全球化道路上走得太快，不能像过去一样慢慢地教会员工丰田方式。在之前的十年里，丰田大步实行了国际化，在海外建立了 27 家工厂，拥有 20 万工人。海外发展当然是有理由的，开始是为了克服欧盟和美国设置的汽车进口配额，后来则是因为商业和政治的理由。在丰田公司的全部员工中，只有 1/3 在位于日本的 18 家工厂里工作。分析师们认为，在这样快速的国际化过程中丰田可能没有足够的时间和精力来传播丰田方式。在谈到丰田研究院时，一位观察者说：“丰田担心海外扩张的步子迈得太快失去了控制，现在还无法判断研究院能否成功。”

那么，倒底什么是丰田方式呢？丰田方式的两大支柱是，(1) 持续改进，(2) 尊重他人。第一项原则实际上就是持续“改善”，不断地优化。为此，需要鼓励员工到源头去自己发现问题，然后处理问题。这可以解释本章开头纽顿女士在肯塔基工厂中所看到的员工个人生产数据。公告的目的不是要羞辱绩效低的员工，而是为了提供改进目标，让同事们帮助这些员工解决问题。这一过程让问题透明，与丰田所主张的“共同拥有问题”的理念是一致的。正如纽顿女士所说：“美国人对此感到吃惊，很难想像就这样将问题暴露出来……在其他企业中，常见的做法是向上级隐瞒问题。”持续改进的原则表明这家公司注重长远发展和提高质量，而不是紧盯着竞争对手或想着如何当第一。领导地位只能来自持续改进的态度，它还得到第二根支柱的支持。

第二项原则是尊重员工，为了同他人一起做好工作，这是必须的。所谓“他人”，丰田是指顾客、员工、供应商以及更多的人。当然，顾客是最重要的，可是顾客的含义也是复杂的。正如前任 CEO 渡边捷昭所说，顾客并不只是指最终的消费者，也是指“生产线上下一道工序的员工”。他还指出，丰田方式的根本在于对当前状态的满足，为此需要反复发问，“为什么我们要做这些?”这些原则相互支持，通过渗入文化和向组织里的他人学习可以帮助员工获得其中的真谛。

可以想象，控制和传播这一复杂的生产和管理方式将是很难实现的。在全球范围内，丰田方式的实施将是参差不齐的，至少落后于母国。例如，热诚对待顾客是丰田引以为傲的特点，然而观察者们注意到，在中国和印度的丰田机构中，服务存在不足和不稳定的情形。丰田研究院的小西幸基说，他也曾经收到报告，说丰田海外分部的管理者们不愿意实施丰田方式中的某些关键部分，例如准许员工在发现问题时停止整条生产线。更糟糕的是，近年来丰田汽车的召回数量正是它未能在庞大的海外工厂的管理层和员工中贯彻丰田方式的结果。2007 年，丰田召回了 50 万辆红杉和坦途。此前它已经因为发动机机油和其他问题而大规模召回凯美瑞和其他型号。2009 年，因为加速踏板卡住导致乘客死亡，丰田召回了 400 万辆汽车。新任 CEO 丰田章男（创始人的孙子）为这些问题公开道歉，不得不关闭加州的一家工厂以及 2009 年度高达 50 亿美元的亏损（在 2008 年同样数额亏损的基础上）。即使按日本标准，他的道歉也是极为沉痛的，也许他希望以此来震动管理层和员工。

今天，丰田有理由对它的生产原则和管理哲学给予更加有系统的关注。东京 J. P. 摩根银行的一位分析师认为："丰田遇到了很大的困难。他们扩张太快，来不及将公司的能力移植到海外。"负责丰田北美培训与发展事务的纽顿夫人也同意这一看法，特别是在她本人参加了日本培训中心的活动之后。在那里，她和 40 位同事经历了一周严格的培训，每天 14 小时。高管们对他们发表了演讲，包括公司总裁渡边捷昭。每一天专注于丰田方式的某一个方面，他们要报告自己对丰田方式的理解，"尊重他人究竟是什么意思?"每次都要在之前的一夜里苦思冥想。回到美国，在沃顿商学院再接受一周的培训后，她回到肯塔基花了 5 个月时间培训其他同事。然后她再回到日本，向渡边捷昭做 10 分钟的汇报。纽顿夫人说，通过向那些终其一生在丰田服务的同事学习，她对丰田方式有了更好的理解。讽刺的是，这正是丰田在过去所采用的行之有效的方法。她学会了采用前面提到的公告板，用来激励北美的员工。基于这些成功，丰田开始在肯塔基和泰国设立类似的研究院。渡边捷昭认识到问题所在，强调员工要学习丰田方式。在听取过他的演讲后，许多人表示已经充分地理解了什么是丰田方式。然而，渡边先生指出，"这完全是错误的，短短 2、3 个月时间是远远不够的。丰田方式的学习从来没有止境。即使已经在丰田工作了 43 年，我仍然不敢说自己已经充分地理解了丰田方式。"

# 国际管理技能开发

## 仔细观察国际运营管理

### 目的

建立相关技能，能够认识以特定战略联盟为基础的运营计划。

### 说明

指导老师将班级分为 4～6 个小组，每个小组选择一个自己感兴趣且从事国际业务的公司。利用因特网、通过在线图书资源如 ABI INFORM 商业信息数据库或 LEXIS/NEXIS 法律数据库来研究该公司。接下来，找出企业的主要竞争对手或者找出该行业中两到三家最大的企业，访问其网站并收集有关这些企业的信息。

描述你的目标企业采用的国际化战略以及该行业的主要竞争者。对于每一家企业：

- 详细描述其国际化战略的各个方面。根据你的研究，讨论企业制定决策的可能原因。
- 描述每一家企业在国际业务运营上所采用的组织结构。根据运营价值的大小叙述并讨论构建国际业务结构的选择。
- 评价每一家企业的战略方法的效果（与竞争对手相比）。
- 利用网上已有的等级评定方案（如 http：//www. polrisk. com/）简要分析这些企业面临的风险。
- 是否存在决定下列事项的特殊技术问题或风险：（a）所采用的特定战略；（b）使用的组织结构?

如果班级比较小，指导老师可以让每一小组就你们的结果作一个简短的介绍（10 分钟）。接着可以就国际运营管理问题进行讨论。或者，指导老师可以把它作为个人作业并让学生参加有关这一主题的综合课堂讨论。

## 接入全球网络

### 出口你的技术产品

在这部分的练习中，我们希望你假设自己正在为一家生产设备及设备驱动软件的公司工作，它生产的产品在化学和生物行业用途广泛。大部分产品主要卖给制药公司、学术机构以及其他研发实验室，而你想把业务扩展到海外。这意味着你需要研究与产品出口有关的议题。从各大洲中选出三个可能会买你的产品或服务的国家。指导老师可能会把班级分成不同的小组来完成该项目，每个人负责一个洲。选定了国家后，你就要根据以下几点准备一份报告：

1. 你的产品需要从美国产业安全局（以前称为出口管理局）获得出口许可证吗？（查看网站 www. bxa. doc. gov）
2. 为了回答问题1，在确定货物分类之前你需要阅读出口管制的快速指南（http：//www. bxa. doc. gov/licensing/exporting basics. htm）。你会看到，商品管制清单中包括出口管理局牌照局管辖的所有商品、技术或软件。因此请进入网站 http：//www. bxa. doc. gov/licensing/index. htm # factsheets，至少对你的两种产品进行分类。
3. 根据美国的法律，出口商要么是对其产品和服务进行分类，然后请出口管理局检查，要么是在接受出口管理分类检查前请他们进行分类。对产品分类后（参见上面的网站），详细浏览出口许可证申请指南，然后填写申请表（表格也可在同一网站下载）。因此作业的这一部分是让你模拟必要的申请过程（但不要把它交给出口管理局）。不过你要在班上就你的发现作口头报告。其他小组也会熟悉这些申请表，因为他们也完成了这一过程。
4. 有哪些国家是美国禁止出口的国家？请举例。如果你选择的国家没有一个是被禁的，一定要提到至少一个被禁的国家。相反，如果你选择的每一个国家都无法接受你出口的产品，那么至少选择两个可以接受的国家（尽管以下的资料来源不是很完整，但毕竟是一个来源 http：//www. treas. gov/offices/eotffc/ofac/sanctions/index. html）。
5. 最后，通过熟悉出口交易伙伴可能问题的警示信号与红旗来表明你已经进行了谨慎调查（http：//www. bxa. doc. gov/enforcement/unauthorizedpersons. htm）
6. 完成该项目的另一有用资源是美国商务部的贸易信息中心主页（http：//www. ita. doc. gov/td/tic/）以及美国进出口银行主页（http：//www. exim. gov/）。

# 案例5
# 要不要全球化？

两年以来，DataClear公司一直独霸美国的数据分析市场。但现在英国的一家新兴公司正紧随其后。DataClear应该继续关注它在国内市场强劲的增长，还是应该去国际市场上迎接新的挑战？

"鱼为什么不咬饵?"格雷戈·麦克纳里（Greg McNally）甩出漂亮的一杆后想道。他正在挪威的阿尔塔小河边钓鱼，这是他所见过的最美丽的地方，据说是斯堪的纳维亚最著名的鲑鱼产地。他有很多机会欣赏这一景色。鱼还是没有上钩。

几个星期前他还在美国蒙大拿州纳尔逊的Spring Creek垂钓呢，跟现在相比多么不一样啊。自从那次在公司外面召开的为期两天的会议后，时间似乎已经过了很久。那次会议既是一次庆功会，又是一次对未来进行规划的会议。

无疑，庆功会议井然有序。DataClear公司确实起飞了，它的首个数据分析软件ClearCloud取得了成功。1999年是ClearCloud投入市场后的第一个整年，销售额已经达到了220万美元。从9月份的情况来看，2000年销售额很容易就可以达到530万美元。在外出召开会议前的星期五全体员工会议上，格雷戈宣布公司又成功地招聘了两名更优秀的执行经理，因此员工人数增至38人。他说："我比任何时候都更加坚信我们会实现目标：2001年销售额达到2000万美元，2002年销售额达到6000万美元！"

## 忧虑即将来临

格雷戈出生于新泽西州，在罗格斯新泽西州立大学获得科学硕士之后前往西部，在美国加州大学伯克利分校拿到了计算机科学博士学位。接着他又在Borland公司和甲骨文公司先后待了15年，开始是软件开发工程师，后来担任高级产品经理。1998年春，他在加州的帕洛阿尔托（Palo Alto）创建了DataClear公司。

当时，格雷戈发现公司收集信息的速度比分析信息的速度快得多，而数据分析正是软件业中有待开发的一块细分市场。他是在西北大学的一次研讨会上看到自己的机会的。当时有两位研究员开发了一套算法，可以使分析员无需程序员的帮助即可对大量繁杂的原始数据进行筛选。于是格雷戈出售了自己在甲骨文公司

---

HBR's cases present common managerial dilemmas and offer concrete solutions from experts. As written, they are hypothetical, and the names used are fictitious. "Go Global—Or No?" by Walter Kuemmerle. Reprinted by permission of Harvard Business Review, June 2001. 

的股份，与这两名研究员合伙创建了DataClear公司，开发基于该算法的应用程序。

他的合作伙伴每人占20%的发起人股份，负责产品开发；格雷戈出资50万美元，占60%股份并担任CEO。一年后，格雷戈向大卫·莱斯特（David Lester）融得500万美元的投资，大卫既是DL Ventures的创始人又曾是甲骨文公司的一名经理。作为融资回报，大卫占有公司30%的股份。

格雷戈在过去的职位上已经表现出驾驭技术团队的能力，在他的领导下，Data Clear的两名研究员开发出了一种先进的数据分析软件，他们称之为ClearCloud（意为清理大量散乱数据）。该软件有两个版本，一个适用于通信行业，另一个适用于金融服务业，公司在1998年9月正式推出这一软件。ClearCloud软件的应用直接且赢利快。例如，它能帮信用卡公司在每天数百万个交易记录中更快速地检测欺诈行为。据格雷戈的保守估计，美国通信业及金融服务部门对该软件的年需求量将在6亿美元左右。目前主要问题在于如何让潜在客户认识该产品。

ClearCloud推出不到一个月就一炮打响，格雷戈开始招兵买马，他招聘了十几个销售人员。苏珊·莫斯考夫斯基（Susan Moskowski）就是元老之一，她以前是银行数据系统公司（Banking Data Systems）的销售代表，现在为格雷戈工作并成功地与几个金融机构建立了重要联系。她在银行数据系统公司新加坡分公司工作过两年，为许多重要合同的签订打下了基础。离开银行数据系统公司后，她在斯坦福大学读了MBA，一毕业就加入了DataClear公司，担任销售主管。很快她就作出了成绩，与西海岸的一家大型银行集团签下了DataClear公司的第一个大订单。

格雷戈认识到ClearCloud在通信与金融服务产业之外还有巨大的潜力。事实上，格雷戈和他的合作伙伴相信，ClearCloud只要稍加开发，就能应用于化学、石油和医药行业。那些行业的年需求可能高达9亿美元。

但要进入那些领域并提供相应的服务，就先要建立专门的销售与服务体系。就在两个月前，格雷戈采取了行动，聘请在化学行业已有20年经验的汤姆·伯明翰（Tom Birmingham）担任公司业务发展经理。汤姆是杜邦公司前高级研发经理，对ClearCloud在美国市场上的巨大潜力兴奋不已。他对格雷戈和苏珊说：“这个数据库只会变得越来越大。”格雷戈已经让汤姆在蒙大拿州的会议上就产品扩展到化学、石化和医药新市场的前景进行了陈述。

然而就在外出开会前两个星期，苏珊冲进格雷戈的办公室，递给他一篇刊载在主流商业杂志上的文章。文章报道了一家名为VisiDat的英国新公司，它正在对一套数据分析软件进行测试，几周后将推出这一产品。“我们将不再独霸市场了，”苏珊告诉格雷戈说：“我们需要制定一个战略以应对竞争。如果他们进军全球，而我们坐守美国市场，那么他们会吃掉我们的。我以前见过这种情况。”

这一消息并没有使格雷戈太吃惊。“我也同意制定一个战略，”他说道：“我们为什么不把扩展海外市场的问题列入议事日程并在外出会议上讨论这一问题呢？这样我们可以听取大家的意见。由于苏珊有海外经验，就由你来主持这次会议讨论吧。我会听一下汤姆的意见。”

## 去钓鱼

在蒙大拿州，苏珊以GulfSoft公司（对其前雇主稍做掩饰而形成的一个公司）的例子开始了第一次会议讨论。她在会议中提出，这家公司开发了一种适用于石油和天然气勘探企业的软件包，只在美国市场推出。但几乎与此同时，一家法国的企业推出了类似的产品并准备进军全球市场。一年后，竞争对手就比GulfSoft公司占有了更大的全球市场份额，侵害了GulfSoft的美国市场。当苏珊讲到最后的时候，停顿了一下，带着一种不祥的预感补充说："目前 ClearCloud 在美国以外只售出了 20 套——15 套在英国，5 套在日本——而且全都是美国客户为其子公司购买的。"

苏珊发出一个信号，整个房间光线变暗了。接下来连续不断的投影片是有关市场调查的内容，都表明 ClearCloud 在美国市场以外还有很大的需求。其中国外通信和金融服务业对 ClearCloud 的需求与美国一样大——那又是 6 亿美元啊。而在化学、石油和医药行业的需求大概可达 6.6 亿美元。所有这些市场加起来意味着国内市场可达 15 亿美元，而国外市场可达 12.6 亿美元。

最后，苏珊明确指出："显然，面对 VisiDat 的威胁，唯一的办法就是以攻为守。我们还没有任何国际销售战略，因此需要快速制定一个。"

她看了一眼格雷戈，发现他没有任何反对的意见，就接着说："我们可以在美国卖出大量的软件，但如果我们想让 ClearCloud 取得长期成功的话，就必须抢占先机进军海外。我们需要尽快占有大量市场。"

"我提议我们下午分成 A、B 两组，讨论进行全球扩张的两种选择。A 组讨论如何建立公司自己的组织以服务欧洲市场。B 组则考虑如何与已经在当地市场运转多年的公司建立联盟。明天根据讨论的结果来作决定。"

当重新打开灯的时候，格雷戈的眼睛眯了一下，视线有点儿模糊。但他觉得自己需要好好思考一下，而他在河边的时候思路往往最清晰。因此吃完午饭，两个小组继续工作去了，格雷戈则精神饱满地到纳尔逊的 Spring Creek 钓鱼去了。鱼似乎跳起来咬饵了，但此时他的想法却更加困惑，充满矛盾。

## 钱，钱，钱

格雷戈觉得自己需要了解现实状况，于是当晚就打电话给大卫·莱斯特，回顾了白天进行的讨论。如他所料，莱斯特并没有多少建设性的建议。事实上莱斯特有自己的疑问。"如果我们着重发展 ClearCloud 在国内医药、化学和石油市场中的份额，着重开发这一价值 9 亿美元的美国市场，而不是将重点放在通信和金融服务行业的国外市场上，那又会怎么样呢？"他问道："如果那样做的话，成本将是多少？"据格雷戈乐观的估计，增加的软件开发成本就需要 200 万美元，这还不包括营销和销售所增加的成本；ClearCloud 扩展的行业与目前主攻的行业有很大不同。"不管成本变为多少，我们都要进行新一轮的融资。"格雷戈承认："在还没有进行新一轮的融资前要力图产生正现金流，要想在目前主攻的行业以外发展，不融资是不行的。"

"那不是我的重点，"莱斯特回答道："我想说的是，如果我们走出去筹集大量资金，同时扩展产品领域和市场的话，会怎样呢？"

格雷戈感到难以置信，通常他是勇于接受挑战的，但同时扩展产品领域和市场的想法却让人退缩。他忍不住想起自己贴在电脑显示屏边框上的纸条，那是创建 DataClear 公司几天后贴上去的。纸条现在还贴在那里，上面只有一个词：专注。

莱斯特感觉到格雷戈在犹豫，于是他说道："瞧，我们又不是今晚就要作出决定。不过，格雷戈，过了今晚你就要作决定了。你一直在做正确的事情，继续做吧。"挂了电话，格雷戈才发现自己对莱斯特的不干涉方法非常满意。他第一次想知道，如果他拥有一个更具实践经验的风险投资家作为投资者——也许只是一个在国际扩张方面具有一定经验的人，那又会变成什么样呢？

这还提醒了格雷戈，他自己缺少国际管理的经验。8 年前他委婉地拒绝了在日本领导甲骨文公司 50 个开发工程师的机会，主要是因为他不愿意迁往东京待2年。那时他的老板就跟他说："格雷戈，软件是一项全球性业务，你不早点儿学习国际管理的话，将来总是会有麻烦的。"

## 会议上的选择

第二天上午10点，A组开始发表他们的意见，认为DataClear公司应该立即在英国设立办事处，并聘用4~6名销售人员。英国将作为公司进军欧洲的滩头堡，但最终还是要在欧洲的某个城市，可能是布鲁塞尔，来建立营销服务部。他们甚至还起草了欧洲销售部经理的工作说明书。

格雷戈被打动了，问道："根据第一年的薪水和费用计算，我们的成本是多少？"

"保守估计，一年的费用大概是50万美元，也可能更多，"小组领导回答道，"但在这里，成本并不是重点。如果我们不采取行动，就会被VisiDat公司——甚至是我们不知道的其他竞争对手吃掉。想象一下，如果SAP公司推出类似的产品，再运用它们的营销手段，会压垮我们的。"

汤姆·伯明翰开始提出反对意见。"我们去哪儿找当地员工来安装和维护该产品？""我是说，这并不仅仅是建立一个销售办事处就能解决的问题：ClearCloud是一个复杂的产品，需要一整套的服务体系。我们不得不把界面软件，或至少把操作手册翻译成本土语言。要管理好所有这些，我们在业务开发和产品支持上需要更多的资源。在欧洲销售ClearCloud的年成本将远不止50万美元……"

苏珊立即加入了讨论："好主意，汤姆，但我们还需要更多。我们还要有人负责亚洲市场。新加坡或东京都是较理想的市场基础。很可能东京会更好一些，因为更多的潜在客户都把总部设在了那里。我们在亚洲暂时至少需要4个人。"汤姆皱了皱眉头，但觉得苏珊的势头正盛，于是没有说话。

午饭后，轮到B组发表意见了。他们建议在欧洲每个国家设立独立的软件经销商。这可以使DataClear公司严格控制成本。接着格雷戈大声问道："那如何与欧洲那些生产互补产品的本土公司合作？我们就不能通过建立合资企业来获得我们所需的东西吗？"

"格雷戈，你提到的这一点很有意思。"B组的演讲人说道："我们提出与Benro公司合作的想法却没有时间去具体讨论。他们可能愿意讨论互惠的分销渠道。"Benro公司是挪威的一家小软件公司。格雷戈知道去年它为金融服务公司提供的数据挖掘软件包达到了500万美元的销售额。Benro非常了解欧洲金融服务部门的客户，但在其他行业却没有什么经验。"与Benro合作比什么都自己干成本更低，至少目前是这样。"演讲人说道。

苏珊这时又大声说道："我不得不承认我很怀疑建立合资企业的可行性。我觉得我们会在谈判和签约上耗费太长时间，而且对方很可能并不能全力销售DataClear的产品。在某种程度上，我们还是要学会如何依靠我们自己在每个区域获得成功。"

这时格雷戈注意到汤姆在看着苏珊，他的眼睛眯成了一条缝。汤姆打断了苏珊的话："苏珊，我不明白在收集到更多的信息之前怎么能作出这一决定。起码我们需要和Benro以及其他潜在的合作者谈一谈。而且在我认同这一主意之前，我想会见一下能够领导海外销售办事处的人选。但我真正关心的是更根本的事情。我们能在建立美国现有市场的同时去做所有这些事吗？要记住，我们现在还没有能力为化学和医药行业提供服务。我们还只有38名员工，据我估计，为了在国内扩张，我们需要建立服务体系，这一项的成本就高达200万美元——高于产品开发成本。"听到汤姆这么说，格雷戈并不吃惊，事实上他松了一口气。

在苏珊提出反对意见之前，格雷戈开始打圆场："我来说吧，让我们确保在三周内作出决定。我要看一下日程表然后亲自与 Benro 接洽。同时，苏珊要找一些可以负责海外销售办事处的优秀人选，然后安排他们来见汤姆和我。"

## 想方设法

正是出于这一原因，格雷戈在那个星期天的早晨出现在挪威的一条小溪边。Benro 的 CEO 很感兴趣；格雷戈相信在星期一与他的会面中肯定会产生一些吸引人的想法。一旦旅程确定下来，格雷戈很快就想到，他住的地方离有名的钓鱼胜地不远。

他还意识到，这将是一个很好的机会，可以去询问一下他在伯克利的老同学莎拉·帕帕斯（Sarah Pappas）的意见。莎拉是一位硬件工程师，1993 年在加利福尼亚的 Mountain View 开办了自己的公司，名叫 Desix。公司主要为移动通讯行业设计专业芯片。不到 7 年时间，Desix 公司就成长为世界上最成功的专业设计制作公司之一，拥有 400 名员工。像格雷戈一样，莎拉也获得了风险投资基金。斯堪的纳维亚地区对 Desix 的服务需求很大，在日本需求量稍微小一些，但莎拉在两个地方都成立了子公司，甚至决定在 Mountain View 和奥斯陆之间平分她的时间。

格雷戈在星期四早上抵达奥斯陆，并于当晚在一家水上餐厅见到了莎拉。开始的半个小时他们相互聊了一下有关朋友们的近况。格雷戈觉得莎拉变化并不大。但当谈话提到可能进行的地区扩张并询问莎拉的经验时，格雷格发现莎拉笑得有些僵硬。她说道："啊，好吧。你有多少时间？"

"很糟糕吗？"

"老实说，实际上有些事情比我们预想的要容易，"她承认道，"例如在招募上，我们从没想到那些优秀的工程师会离开诺基亚或日立加入我们公司，我们在奥斯陆和东京的核心团队确实没费什么劲就完成了招聘。但是，有些事情却变得很艰难——像三地跨越国界的合作。奥斯陆和 Mountain View 子公司之间有很多冲突，以致我们的生产率下降了 40%。"

接下来的事情更糟糕。莎拉解释道，1998 年，她的风险投资者想要退出投资。由于种种原因，IPO 似乎是失策的，因此合作方同意把公司卖给 Pelmer，这是一家大型的设备制造商。莎拉同意留下来工作 3 年，但却没办法让奥斯陆和东京子公司的工程师留下来。人们完全没有预料到 Pelmer 强大的美国文化与 Desix 的奥斯陆和东京当地文化之间产生了巨大的冲突。由于这一点，莎拉感到该项并购大大破坏了让 Desix 成为小型国际化公司的设想。

"可能我让你失望了。"当格雷戈付账的时候，莎拉抱歉地笑了笑，说道："根据我的经历，如果我是你的话，我会尽可能长时间地专攻美国市场。通过这种方式你可能不会成长为下一个甲骨文公司或 Siebel 公司，但你会活得更开心。"

"所以你认为你在国际化扩张中作出了错误的决策？"

"哦，不，"莎拉说，"因为我觉得我们根本没有选择。而你，可以在美国市场销售更多的产品。"

## 到决定的时候了

第二天，当格雷戈会见皮埃尔·兰伯特（Pierre Lambert）的时候，他提出了自己的担忧。兰伯特是苏珊通过猎头公司找来的负责欧洲销售的人选。他毕业于巴黎矿业大学，然后在阿尔卡特工作了 4 年，在朗讯工作了 5 年。交谈的时候，格雷戈突然想起自己在看国外简历上没有一点经验。巴黎矿业大学是一所好学校吗？格雷戈注意到兰伯特只在法国和美国工作过。那他在英国或德国能做得多成功呢？在面试中，格雷戈觉得自己至少要见5个人选才能了解欧洲的劳动力市场。而亚洲市场可能就更难了。

那天晚上，格雷戈打电话和汤姆交换了一下意见，汤姆在前一天通过电话面试了兰伯特。汤姆提出了几点疑问：他怀疑让兰伯特来担当执行经理的角色——首席信息官和首席科学家——还不够成熟，而DataClear的目标就是要招到首席信息官和首席科学家。这时苏珊又打来了电话，格雷戈结束了与汤姆的谈话。苏珊说："格雷戈——我想你肯定想知道，VisiDat公司刚和壳牌石油成交了第一笔大买卖，至少是50万美元的订单。这对他们而言是很大的订单。"

而两天之后，格雷戈就站在美丽但令人沮丧的阿尔塔小河边。他还可以看到鲑鱼把身子探出水面。他再次把渔线抛入水中，优雅的、银色的弧线穿过河面，他熟练地操弄着鱼饵。但是，他还是什么都没钓着。

格雷戈沉重而缓慢地走到岸上，眼睛盯着他那装满手束鲑蝇的盒子。刚才他就是这么全神贯注的吗？还是这里的情况确实不一样，他的鱼饵根本不能吸引鱼儿上钩？不过有一件事是肯定的，那就是天气比他预想的要冷得多。尽管穿了衬袜，他的脚还是感到越来越冷。

## 讨论题

1. DataClear公司面临的困境或战略威胁是什么？
2. 你会建议DataClear公司此时向国际市场扩张吗？无论是与否，请全面解释你的理由。
3. 如果你对问题2的回答是肯定的，请列出你对DataClear在近期应如何进行全球化的具体建议。如果回答是否定的，那么对以后可能出现的海外扩张，DataClear又应采取哪些措施来为自己定位？

# 案例 6
# 天堂里的烦恼

迈克·格里夫（Mike Graves）办公室高大的落地窗上挂着红色的天鹅绒窗幔，从里面望出去，上海的景色尽收眼底：古老的西洋建筑，交相辉映的摩天大楼，熟悉的电视塔塔尖。但今天迈克却没有心思欣赏这些。他手里攥着中方合作伙伴递来的收购提案——应该是第四次收购了——他在屋子里来回踱步，脑子里一遍又一遍地回放着早上那通令人不安的电话。

早上，迈克给美国俄亥俄州公司总部的老板比尔·温德勒（Bill Windler）打了个电话。今天合资公司举行成立10周年庆典，迈克作为外方代表要发言。他希望能从老板那儿听到几句祝贺的话，到时也算对他的中方同事有个交待。电话里，他简要汇报了一下自己的发言提纲——无非就是勉励合资公司取得的成就——但迈克感觉到老板似乎越来越不耐烦。通话还不到5分钟，温德勒就打断他的话说："事情没你想象得那么好，你别高兴得太早了。"

温德勒提醒迈克，他希望哈特兰纺织公司（Heartland Spindle）在中国的投资今年能有更多的赢利。"4%的投资回报率太可怜了，"温德勒说，"我们在那里已经经营10年了，迈克。我们现在的回报率应该比这更高才对。"他说他期望达到20%的投资回报率，而且认为只要提高自动化程度和生产效率，达到这个目标不成问题。在温德勒看来，合资公司目前人员过剩，至少多了1200人。"这个问题得赶紧解决，"他说。

迈克知道老板是不容别人说"不"的，但他也知道中方伙伴绝不会同意裁员，绝不会接受温德勒这个大刀阔斧的建议。看来，他在中国的5年总经理生涯就要黯然画上一个句号了。迈克想知道俄亥俄传来的声音是不是在警告他，6个月之后不再与他续签聘用合同了。

迈克竭力想从上午的电话阴霾中摆脱出来，但更烦心的事来了，合资公司的中方常务副总经理李勤林派人送来了最新的收购提案。李勤林是合资公司的中方高层经理，自从合资公司建立就一直在企业里。像以前一样，这次收购案让迈克再度感受到了一股无法抗拒的压力。此次中方还给了他明确的信号，即双方能否继续愉快合作，就要看迈克是否支持企业扩张和增加就业岗位的计划。这真是太糟糕了：温德勒最不赞成的就是为增长而牺牲利润。

---

HBR's cases, which are fictional, present common managerial dilemmas and offer concrete solutions from experts.

"Trouble in Paradise," Katherine Xin et al., Harvard Business Review, Aug. 2003, Vol. 81, Issue 8. 

厚重的柚木门上的敲门声打断了他的思绪。迈克的翻译兼助理冯晨告诉迈克，车已经在外面等着了。

## 加强友好合作

当汽车在香格里拉酒店的门前停下的时候，迈克逼迫自己保持微笑，红地毯的两侧摆放着数十个当地政府、生意伙伴、供应商、顾客甚至竞争对手送来的花篮。身着统一制服的步操乐团站在酒店入口处，上方拉着一条鲜红色的横幅，上面用中英文写着“加强友好合作，增进共同发展”以及“庆祝众联针织有限公司成立10周年”。

迈克跟李勤林打了个招呼。李勤林一个钟头前就到了，他一直忙前忙后地检查着各项工作是否准备就绪。迈克一进宴会厅，一位年轻优雅的姑娘就迎上来，将他引到中间靠前的一个圆桌边就座。这位姑娘身穿红色的真丝旗袍，这是一种适合正式场合穿的传统服饰。圆桌边的两位中方高管人员，也是李勤林的直接部下，起身向迈克致意。

一阵热烈的掌声和照相机的快门声响起。市政府的三位重要领导在李勤林的陪同下步入大厅。他们朝迈克的桌子走去，在桌前，他们几个人对谁应该坐在上宾的位置相互谦让了一会儿。最后，还是职位最高的副市长坐在了上宾的位置。李勤林走上讲台，讲台背景板上挂着一个巨大的红色中国结，那是合作的象征。他用手轻轻拍了拍话筒，大厅里顿时安静下来。

“女士们，先生们，”李勤林开始发言，“感谢大家前来参加众联针织有限公司成立10周年庆典。相信那些最早进入公司的同事一定不会忘记我们最初的那段艰难岁月。众联针织公司是由当时的苏州第一纱厂与美国哈特兰纺织公司各出资一半成立的，自成立以来众联面临着许多困难。但我们成功了。”虽然迈克得靠冯晨的翻译才能听懂，但李勤林的激情他完全能感受到。“我们将一个亏损的企业转变成了一个赢利的企业，这一跨越离不开政府的大力支持，离不开双方母公司的支持，更离不开所有管理人员和职工们的努力。”

迈克虽然是在众联成立几年之后才来的，但有关公司的故事他还是知道一些。他是哈特兰公司10年中派来的第四任总经理。他的前两任都是3年任期未满就离开了，一个是由于家庭原因——太太不适应中国的生活；还有一个据说是另谋高就了。而具有长达20年国际经验的迈克在被哈特兰公司派驻上海之前，曾在日本、中国香港和澳大利亚工作、生活过。

刚来时，迈克面临的最大问题就是语言障碍。要是没有冯晨的帮助，他很难坚持到现在。不过没用多久迈克就学会了什么是“差不多”。其实他并不喜欢这个词。让迈克感到困惑的是，中国的同事个个都聪明肯干，但有时却对质量问题不在意。他们总爱找捷径，很少会严格遵照工序一丝不苟地做事。所以常常是针织衫还没出厂扣子就脱落了。正是为了对付这个“差不多”，迈克才会坚持要将全面质量管理引入众联公司——而全面质量管理很可能正是合资公司如此成功的主要原因。另一件让迈克感到颇为得意的事情是让中国同事了解了一个新的术语——六西格玛。

除了“差不多”，迈克经常听到的另一个词就是“研究研究”，意思是“我们再看看和讨论讨论”。在他上任3个月后，他就建议安装一套新系统来处理污水（他对中国的合作伙伴没有在早些时候更新系统感到吃惊），当时中方伙伴答复说：“好的，我们研究研究。”两个月后，在迈克的屡次催促下，该提议才纳入了会议日程。但在会上，中方的经理们好像都不想讨论这件事，没有人愿意承担责任。后来当迈克一个个征询意见时，他们每个人又都有主意，而且很多主意都不错。他无法理解这些经理为什么在会上都不开口。

迈克一直不明白这是为什么，直到几个月后他听到有人说："集体讨论时保持沉默更保险。什么事情都不做不会惹麻烦。但是如果你做错了就会惹麻烦。我们都经历过，明白其中的道理。"但不管怎么说，新的排污设备还是装好了，迈克算是松了口气——尽管这一切花了两年时间，而且是在地方环保局的大力督促下完成的。

掌声再度响起。李勤林的声音在大厅中回荡。"我们已经收购了3家亏损的国有企业，争取年利润率在5%~6%。"他说道，"过去10年中，我们的职工总数已经从400人增加到2300人。在近年国内纺织行业衰退的情况下，众联取得的成绩是显著的。在未来的几年中，我们要强化企业并保持增长势头。"

李勤林停顿了一下，眼睛里闪着光。"再告诉大家一个好消息，"他说，"目前公司正在准备进行第四次收购，如果收购成功，我们的生产能力有望增长40%。我们的职工人数将达到近3500人。所有这一切都将推动我们实现下一个目标——建立我们自己的民族品牌。"

迈克对这个庆功宴仅有的一点胃口也消失了。之前他一直都在竭力"打击"这类说法。他知道哈特兰根本不可能赞成推出这样一个成衣品牌，这样做的话会把合资公司数年来积累的一点家底都耗尽。迈克在想，李勤林又不是不知道这一点，可他为什么还要在这样一个公开场合发表这种言论给大家期待呢？

李勤林的诚挚之情溢于言表，向副市长及其他政府领导致谢，称没有他们的英明领导，合资企业就不会取得如此大的成功。接下来，副市长被请上台讲话，他盛赞众联公司为当地经济发展所作的贡献——尤其是增进了就业——并称赞众联公司是该城市企业的一面旗帜。

轮到迈克讲话了，他也对政府的支持表示了感谢——这对他而言是一种仪式，空洞的形势和严肃的表情几乎成为了他的第二天性。但在短短的发言中，他发现自己心不在焉，纯粹是在走过场。他满脑子想的都是李勤林的计划及其对利润的影响。

接下来，每个圆桌的转盘上摆上了八道冷菜、八道热菜以及两道观赏性大菜：一只乳猪和一整条松鼠桂鱼。这时，作为这一桌的主持人，李勤林提议大家举杯。他先将杯中的酒一饮而尽以表达自己的诚意和高兴。一时间觥筹交错，到处是冒着气泡的可乐和香槟。但是见多了这种场面的迈克却有一个小小的发现，他注意到在座的政府官员并没有一饮而尽，而是抿了一小口。迈克猜测，虽然他一直没公开表态，但他们肯定已经听说他反对众联公司的新收购案了。

## 惬意人生

当司机老李把车子开到他家附近时，坐在后座的迈克感到绷紧的神经终于松弛下来了。轿车滑过一排柏树并绕过一个精心修剪的高尔夫球场。雅致的翠苑别墅是欧式风格的，对于移居国外的人来说是一个理想的居住地。迈克喜欢这个地方——一应俱全的娱乐设施，一流的服务，而且花费并不高，如迈克家就雇了一个恰好是烹饪高手的住家佣人。他的夫人琳达与社区中的朋友每周打3次高尔夫球，她最近又迷上了瑜伽。公司为他住的这栋别墅支付7800美元的月租，为他支付司机、保姆的工资以及小孩子在协和国际学校（上海最好的学校）的学费。这里的生活无比惬意——如果回到总部俄亥俄州是过不上这等生活的。

想到明天将与被收购对象华缨公司召开会议，迈克的神经又紧张起来。如果不能制止这桩收购，他可能就不会再住在翠苑别墅了。

吃晚饭的时候，迈克跟琳达说起与比尔通电话的事。

"他们难道不知道中国人做生意的方式跟美国人不一样吗？"琳达同情地问道："在这儿不

可能随随便便就把那么多工人打发回家。中方看重的是稳定和长期就业。哈特兰公司应该对目前的业绩有思想准备。又不是你们一家公司挣钱少，很多合资公司都一样。就在上个星期打球时，克里斯蒂和玛亚跟我说，她们先生的公司到现在还没赚钱呢。”

“我明白，但不能再这样下去了。”迈克说。他把比尔有关裁员和加大自动化设备投资的建议向妻子详细叙述了一遍。他知道，很快他就要将这些问题摊在中方同事的面前。

迈克最大的问题是他对双方的意图都很清楚。哈特兰公司想在美国市场重新定位自己的产品——因为在折扣店销货利润很低。可是要使哈特兰跻身于高端市场，合资公司就必须达到更高的质量标准。例如，那些过时的机器必须淘汰掉，因为过去几年里，这些机器已经耗费了公司很多钱，不仅仅是用于返修产品的运输和修理，还威胁到公司的声誉。购买新设备会解决这一问题，但同时又将引发另一个问题：很多岗位将消失。

与提高产品质量比起来，中方更关心的是增加就业岗位和让政府领导高兴。他们希望保持增长并进入别的省份去收购亏损公司，哪怕要等很长时间才能扭亏为盈。但是扩张要占用大量资源，而哈特兰公司显然不会同意。现在的压力来自于中方想再建一个新公司来做国内品牌，这样做又需要大量现金投入。

“那你打算怎么办?”琳达问。

“我明天早上要见华缨公司的管理者员。说不定他们会给我一个惊喜，让我看到一家不用多长时间就能扭亏为盈的企业——这是最好的情况。”迈克回答说：“之后，我得把哈特兰那边的态度向李勤林他们摊牌。不过我知道他们会说些什么。他们会说哈特兰太急功近利了，会说合资公司已经扭亏为盈的现实说明我们仅仅需要更耐心一点。”

“但愿比尔和总部的其他人能明白这里的情况。其实最初我自己也在怀疑。记得刚来时我曾对公司业务费用居高不下大为光火吗？似乎每个经理都在跟一些关键的伙伴或关系户吃吃喝喝。我们的财务总监罗伯特还冲我发过牢骚，说中方合作伙伴花钱像流水一样。但后来我们逐渐都明白了，其实这些花费是值得的。中国人聚在一起吃饭——培养关系——在生意上很重要，这也成了我们的一种隐性资产。如果照俄亥俄本部所希望的那样削减开支和裁员，恐怕我们不会取得今天这样的成就。”

## PowerPoint 和绿茶

华缨公司的总经理王根发派了他自己的豪华轿车来接迈克和李勤林，以表达他的诚意和热情。车开到华缨公司门口的时候，王根发和他的手下们已经迎候在那里了，其中一个迎上来打开车门。王根发向迈克、李勤林和冯晨一一致意，说道：“幸会！幸会！非常荣幸各位能来到这里。”

他们进去的第一幢建筑看起来挺干净的，不过会议室的地毯上有几个被烟头烫焦的小洞。迈克认为这不是高层次的经营管理。到了三楼，有一股令人不悦的味道——像是没冲厕所。他可以想象出这里的上下水管道是个什么情形。迈克确信自己对公司情况已略知一二。他的不安情绪开始增强。这家工厂背后还隐藏着什么风险？他觉得自己根本没理由会同意这一并购。

但他惊喜地看到精致的红木桌子上放着七杯碧螺春，这可是中国最好的绿茶之一。几分钟之后，王根发拿出一台便携式电脑开始用PowerPoint向大家做介绍。迈克很惊讶。他没想到在这样一个似乎缺乏卫生设备的小公司，竟然有人会用这种高科技的东西。王根发感觉到了迈克的反应，他自豪地说：“这是我侄子教我的。他是大学毕业生，在我们厂当副总，负责技术和工艺方面的事情。”

迈克很生气地想道，管理委员会可能也有

几个是亲戚关系吧。不过当王根发在40分钟的陈述中列举出大量数字时，他的思绪又回来了——显然王根发对市场非常敏锐。迈克对这个公司开始有点兴趣了。

到第二幢建筑时，迈克之前形成的印象更强烈了：这里的机器看上去很陈旧。有些工人很忙，而有些人却清闲地等着上道工序送活来。墙角里成箱的货品堆得很高，迈克沿着微弱的光线小心前行的时候还被一个箱子绊了一跤。当他看到办公桌和墙上手写的记录表格时，他的心又凉了：这离高科技还远着呢。

那天晚上在回家的路上，迈克坐在自己公司的车里，盯着窗外，想理清下一步该怎么做。他应该向比尔力荐这桩收购，还是提议拒绝这笔生意并因此可能结束双方的合作？突然，他的脑子里涌出一个想法：把合资公司的股份全部买过来，但显然这不可能，因为中方还想创出民族品牌呢。直到司机将奥迪车停在迈克的家门口，他还是没理出个头绪。迈克知道，伴随他的又将是一个不眠之夜。

## 讨论题

1. 哈特兰纺织公司的目标如何与中方合作伙伴相衔接？
2. 你认为哈特兰纺织公司的目标现实吗？如果不现实，这对中方合作伙伴而言意味着什么？
3. 在处理与中方和合资企业之间的关系时，迈克可能会有几种选择，描述一下这些选择。你建议采用哪种选择？为什么？
4. 评价一下迈克作为一名经理是否称职？说明原因。

# 第 4 部分

# 管理国际企业员工

CHAPTER

# 11 跨文化激励与领导

### 学习目标

- 理解哪些激励原则需要调整以适应跨文化环境
- 理解如何制定有效的跨文化激励战略
- 理解在跨文化背景下，如何通过改进领导者的行为、权力资源和影响策略来提高效能
- 理解跨国公司管理者所面临的挑战，以及如何培养高效能的国际管理者

## 国际挑战

### 赢取“熊”心：西方企业如何激励俄罗斯员工

俄罗斯从未停止过向市场经济过渡的进程。实际上，近年来俄罗斯的经济一直持续繁荣。在那里，西方的消费主义诱惑随处可见，大城市里新建的购物广场、超市和电影院层出不穷，其繁荣景象让人感觉仿佛置身美国。

不过，表面现象往往会误导人。在繁荣的表象背后，隐藏着的却是俄罗斯沿袭多年的专制和独裁，事实证明，这种文化难以被撼动。一位美国大使曾经说过：“俄罗斯文化看起来与我们很相似，但实际上并非如此。”这一说法得到了在俄罗斯经营的大多数西方企业的认同。对于如何将西方的管理及激励方法运用于俄罗斯员工身上这个问题，许多外资企业都面临着来自各方的挑战。近年来，随着越来越多的外国公司在俄罗斯投资建厂，面临的问题也随之增多。一般来说，外资企业包括诸如美国家喻户晓的可口可乐公司和必胜客快餐连锁店等，更倾向于招聘当地员工而不是使用成本较高的外派员工。

那么，哪一种西方的激励战略可以很好地应用于俄罗斯的外资企业呢？这个问题可以通过一个实验来回答。在这个实验中，研究者将三种不同的西方激励方法同时应用到一个俄罗斯棉花工厂中：

- **方法一基于强化观点，为员工提供权变奖励**（contingent reward）。给予俄罗斯员工外部报酬（extrinsic reward，如贵重的美国消费品、奖金等），以此作为员工改进绩

效的一种回报。

- **方法二同样基于一种强化的理念，但关注重点转移到行为管理的战略上。**这些方法通过使用口头反馈来规范员工的行为。例如，俄罗斯的管理人员经过培训，学会在员工提高绩效时予以赞扬，而对员工的负面行为提出纠正建议。
- **方法三采用了工作丰富化的方法，这种方法需要员工的参与。**在实验中，研究者在俄罗斯管理人员不在场的时候，让员工提出工作改进和提高绩效的建议。比如，让员工提出改进工作程序、工人自治和培养其他技能的建议。研究者认为这一方法可以激励员工并且提高相应的绩效，因此他们还授权让员工实践这些建议。

上述哪一种做法可以更好地激发俄罗斯员工的工作动机并提高他们的工作绩效？为什么？如有可能，你还可以研究一下俄罗斯历史和文化如何影响员工激励。要了解该实验得出的结论，请参考本章最后“迎接挑战”的内容。[1]

## 11.1　在国外激励和领导：靠的仅仅是运气吗？

大多数美国的管理者认为，企业的成功依赖于员工激励。对于管理者来说，如何激励员工仍然是一个令人沮丧而又困难的问题。一旦牵涉跨文化因素，员工激励会变得更加复杂。例如，哪些因素可以激励员工？员工对反馈会有何种反应？尽管可以讨论“全球化”及“价值趋同”（value convergence），但文化仍是主要的影响因素。[2]事实上，文化价值观（如在努力工作及勤俭节约上的不同价值观）可以影响员工的激励，这有助于解释为什么不同的国家经济增长速度不同。[3]总体来说，文化价值观会影响到雇员与雇主间存在何种“心理契约”。例如，工作是仅仅被看成“努力工作得到金钱回报”的经济交易，即一种与生俱来的商品，还是提供了一个重要的社会角色（如一种使你变得更加重要、更加强大的机会）？雇员如何看待自己与雇主的关系对于激励来说可能十分重要。[4]

在本章的第一部分，我们解释了文化如何限制美式激励方法在其他国家的适用性。为了提高管理效率，管理者不但需要了解哪些激励方法可以跨文化使用，还必须了解哪些激励方法应该根据特定的文化背景来制定，或者进行调整。[5]激励方法在跨文化背景中表现出有限的“通用性”。例如，在大多数文化背景下，管理者不太愿意通过正式权威来激励员工。[6]同样，世界各地的员工都希望得到上级的信任并获得平等的补偿。但是管理者如何放权、信任员工及定义“平等的报酬”等，则因地区差异而表现出很强的多样性。[7]事实上，文化因素极大地影响着领导方式，本章将会讨论这一与激励相关的问题。总之，放之四海而皆准的激励方式是极少的，因为不同文化之间很少存在价值取向相同的现象。[8]因此，国际管理者必须了解在特定的国家中文化及价值观将如何影响员工激励政策的形成。此外，这些管理者还要面临其他的可能，比如一个国家不同地区间存在的文化差异，这些差异将对激励及企业绩效产生影响。例如，研究显示，在巴西的区域性亚文化背景下存在着不同的激励倾向，这些倾向反过来也会对公司的绩效产生影响。[9]

## 11.2　激励概念及其在其他文化背景下的适用性

本节将讨论若干激励理论的跨文化适用性和局限性。[10]马斯洛的需要层次理论（hierarchy of needs）及赫兹伯格的双因素理论（two - factor theory）关注的都是员工最基本的需求。与此相反，公平理论、强化理论及期望理论则是研究如何根据员工不同的目标追求而对他们进行激励的过程。

### 马斯洛需求层次理论

马斯洛认为，人类有五种需要，而这五种需要是按照等级顺序进行排列的。[11]最低的一层是“生理需要”（physiological need）（如食物与居住场所）。如果该需要被满足（如通过足够的收入），雇员则有激励去追求更高一层的安全需要（safety needs），如保险金补贴将给员工带来安全感。第三层是社会需要（social needs）。当员工产生“归属感”时，这一需要便得到满足了。而当员工受到尊敬并充满信心时，就实现了受尊重的需要（esteem needs）。最后，当以上四种需要都得到满足时，并且人们产生了希望挖掘最大潜能的愿望时，就产生了**自我实现**（self-actualization）的动机。自我实现是最高层次的需要，它反映了员工希望达到其最大潜能的愿望。不过，研究表明，需要并不一定像马斯洛需要层次理论那样按照固定的次序分布。[12]

> **自我实现(self-actualization)**
> 这是最高层次的需要,反映了人们想发挥其最大潜能的意愿。

**跨文化适用性**　在高度工业化的国家中，我们总是希望员工有追求更高需要的动机（如自我实现需要）。而在较不发达地区，低层次的需要则表现得更为明显。换句话说，在贫困国家中，如果工人们连生存或安全都得不到保障，那么他们根本不会产生诸如自我实现之类的奢望。[13]

然而，研究发现，现实中的模式更为复杂。例如，对于某些中国雇员来说，具有合作精神的同事及其他社会需要排在自我实现这一需要之上。[14]一项研究发现，在强调个人主义的社会环境中（如美国），其雇员比强调集体主义社会环境中（如日本）的雇员更热衷于追逐个人成就。[15]同理，原民主德国人与联邦德国人相比，前者更关心的是生存需要而非个人成就。40 多年间，民主德国的学校及各类组织一直倡导人们对社会作出奉献，这一观念对员工的工作价值观产生了很大的影响。如今，尽管这种教育已经遭到质疑且被冷落了十几年，但其影响仍然存在。[16]

这些研究对需要是按等级固定排列的理论提出了质疑。[17]事实上，一些专家认为马斯洛的需要层次理论是一种反映了美国价值的哲学理念。这种强调追求更高层次发展需要的理念在美国很流行，因为美国的文化强烈推崇个人主义及冒险精神。英语中的“成就”（achievement）一词很难在其他国家得到相对应的解释，这一事实也支持以上观点。[18]

## 赫兹伯格的双因素理论

**双因素理论** 赫兹伯格认为，如果缺乏足够的保健因素，例如好的工作条件及报酬，雇员将会难以得到满足并且士气低落。为了非常有效地激励员工且使其满意，赫兹伯格认为一些激励因素（motivators，诸如挑战、责任、自主权及成就等）同样是非常重要的。提供这些激励因素的方法称为**工作丰富化**。[19]

> **工作丰富化**(job enrichment)
> 把自主性及挑战性等激励因素融入工作场景的方法。

**跨文化适用性** 一项研究发现，赫兹伯格的双因素理论在赞比亚员工身上可以得到很好的验证。大多数员工都有自身发展需求和其他内在因素，它们是与高激励联系在一起的。另一方面，企业内若存在较差的劳资关系及恶劣的工作条件，将会导致员工工作积极性下降。[20]这些研究成果如图 11.1 所示。

另一项研究表明，与法国经理相比，英国经理对责任感及自主权比较感兴趣。而与英国人比起来，法国人则更重视保障、额外福利及良好的工作环境。一般来说，这些研究的结果意味着工作丰富化在英国比在法国更容易实现。[21]事实上，当雇员重视个人主义、风险的承担（低不确定性规避）及绩效（男性主义）时，赫兹伯格的激励方式可以视为增强个人成就的一种方法。在美国和英国有许多雇员都属于这种情况。另一方面，瑞典的员工具有个人主义，但同时他们也是关系导向的（女性主义）。在这样的环境下，赫兹伯格的激励因素很可能对增进人际和谐有帮助作用。[22]例如，多年以前，瑞典的沃尔沃（Volvo）率先提出了将员工安排到一个规模较小且半自治的团队中进行汽车生产的理念。这种工作丰富化是为增强雇员间的合作而设计的。[23]

但是，工作丰富化如何在印尼及巴基斯坦等发展中国家中成功实施呢？事实

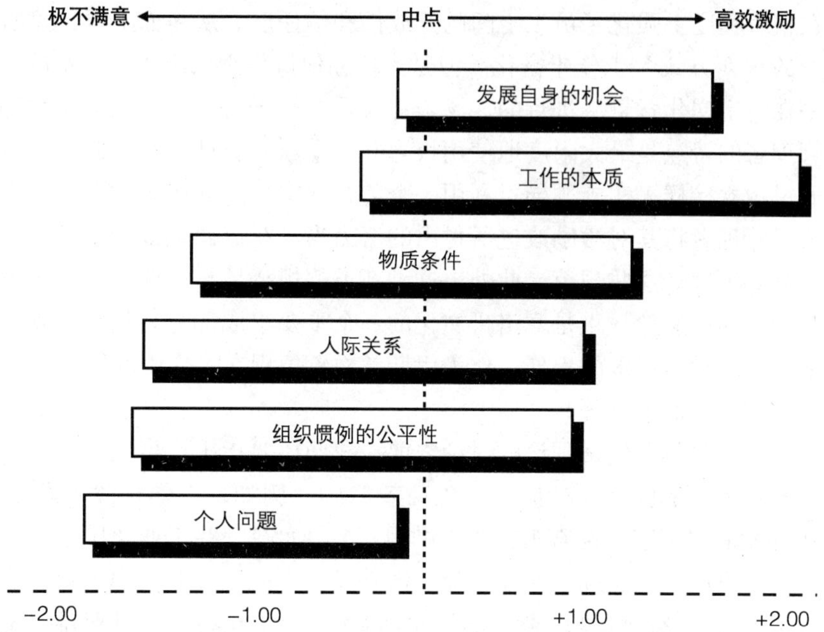


**图 11.1　赞比亚的工作激励来源**

资料来源：数据来源于 "Work Motivation in a Developing Country" P. D. Machungwa&N. Schmitt, *Journal of Applied Psychology*, Vol . 68, p. 41, 1983. Copyright © 1983 by the American Psychological Association. Reprinted with permission.

证明，这将是比较困难的，因为这些国家倾向于集体主义、强不确定性规避、高权力距离及低男性主义。主要问题包括：在强不确定性规避文化下，员工由于事情本身模棱两可而不愿作出决策；集体主义文化下的员工可能会对基于个人主义的工作丰富化作出负面反应；高权力距离不鼓励自主决策；在女性主义文化下，聚焦于工作本身而不是人际关系的工作丰富化可能会失败，因为雇员常常把家庭或社区的义务放在首位。[24]尽管如此，全球范围内的明显趋势是工作越来越复杂（或称越来越丰富化），这就意味着员工将承担更多的责任和控制权。在这种情况下，人们完成工作的能力，至少部分取决于他们所在的文化环境。[25]

基于以上分析，许多专家认为，通过努力和关注，实施工作丰富化（尤其是授权雇员制定决策并更加自主地运营的企业）过程中所遇到的障碍一定可以得到克服。跨国公司管理者在尝试工作丰富化之前，应该认真、深入地学习当地文化。只有很好地理解了当地价值观如何对工作丰富化产生影响后，管理者才能够在平衡其他文化价值观的同时，逐步消除当地价值观带来的障碍，提高对雇员激励。[26]

例如，法国电气巨头汤姆森公司在摩洛哥拥有一家配件工厂，该公司通过采取对员工适当放权及承担责任的方式，极大地提高了员工的绩效和积极性，同时也在很大程度上强化了员工之间的开放性和信任度。从表面上看，这听起来像是典型的“西方式”工作丰富化。但是具体如何操作则取决于实际情况，而这种改变是在特定文化背景下进行的。汤姆森公司成长于高权力距离的文化环境中，高层管理者的特点是最大限度地使用权力并且果断实施计划。因此，高层管理者决定通过树立榜样来实施领导，利用一个适合本文化的支点来做到这一点。从本质上说，管理者将其对激励改进所付出的努力当成新道德规范的一部分，雇员及管理者都必须遵守这些规范。此外，这种新道德规范是与伊斯兰教的价值观联系在一起的，而伊斯兰教正是摩洛哥文化的一个重要组成部分。例如，管理者鼓励雇员在工作中承担更多的责任，作为伊斯兰教价值观在工作中的体现（如开放、诚实、尊重别人的贡献等）。[27]

在结束对赫兹伯格理论的讨论之前，我们还要指出，事实证明，保健因素本身在某些情况下也可以对员工产生高效激励。例如，工作保障及薪酬（保健因素）在发展中国家中经常被视为激励因素。[28]而在一些工业化国家中，这些保健因素同样可以产生激励。例如，荷兰诺基亚公司的总裁 Jorma Ollila 游说国家领导降低个人所得税，显然，他所关心的是高个人所得税将使诺基亚难以招聘到核心专家。

表 11.1 列出了不同国家中员工与保健因素有关的工作满意度，并按照从高到低的顺序排列。丹麦的员工之所以被排在首位，是因为丹麦的企业中存在着非常理想的劳资关系（包括高薪酬，这是另一个保健因素）。丹麦最有名的玩具制造企业乐高（Lego）就是这方面的好例子，有趣的是，该公司的名字来源于丹麦语中的两个词语，意思是“玩得开心”。而另一方面，极少有匈牙利雇员对自己的工作非常满意。在保健因素上，匈牙利企业员工工资极低，劳资关系恶劣。这就可以用来解释为什么跟丹麦雇员比较，匈牙利雇员的工作满意度很低。[29]我们还将考察另外一个很重要的保健因素——薪酬——是如何对俄罗斯妇女产生激励的。请参考下面的“国际观察”。

**表 11.1 最（不）满意的雇员在哪里？**

| 国　家 | 雇员认为其对现在的工作很满意 |
|---|---|
| • **前五名** | |
| 丹麦 | 61 |
| 印度（仅指中上层社会阶层） | 55 |
| 挪威 | 54 |
| 美国 | 50 |
| 爱尔兰 | 49 |

（续表）

| 国　　家 | 雇员认为其对现在的工作很满意 |
| --- | --- |
| • 后五名 | |
| 爱沙尼亚 | 11 |
| 中国 | 11 |
| 捷克共和国 | 10 |
| 乌克兰 | 10 |
| 匈牙利 | 9 |

资料来源："Nothing is Rotten in Denmark" M. Boyle, *Fortune*, Fed. 19, 2001, p. 242. Copyright © 2001 Time, Inc. All rights reserved.

**国际观察**

## 金钱驱动俄罗斯妇女为玫琳凯工作

达拉斯的玫琳凯化妆品公司已经在俄罗斯成功经营了许多年。由于对化妆品日益狂热的需求，俄罗斯是玫琳凯公司销量最高的地方，而这一成功得益于俄罗斯妇女的销售能力。

显而易见，这些妇女大多数受到了金钱的激励。玫琳凯为其雇员提供销售培训，并且以零售店价格60%的折扣将产品卖给销售代理。而这些俄罗斯代理紧接着以全价将产品销售出去，当然，团购会享受一定的优惠。一般说来，玫琳凯的女员工每月可以创造数百美金的销售额，最好的可达数千美元。有一些雇员甚至拥有自己的办公室及秘书。比较一下其他低收入的工作，你就可以明白，为什么在俄罗斯，玫琳凯员工的流动率如此低。

俄罗斯妇女之所以觉得玫琳凯有很大的吸引力，主要因为她们可以获得经济独立的机会，而这在俄罗斯弥足珍贵。妇女们常常感到自己跟不上俄罗斯市场经济的发展，俄罗斯失业者中有2/3是女性，并且某些公司只雇佣男性。当男性员工被雇佣时，女员工只能在低薪的岗位上工作，并且随时都面临着首先被解雇的危险。由于不存在性别歧视，玫琳凯销售代理成为备受俄罗斯妇女喜爱的工作。妇女不但可以充分发挥自己的才干，还可以得到很高的薪酬。[33]

## 公平理论：一分耕耘一分收获

**公平理论**　该理论预测，当员工意识到自己受到不平等待遇时，他们就会通过多种方式试图去恢复公平。[30]这种不公平感是在员工将工作产出（job outcome，如薪酬、福利）及工作投入（job input，如努

**公平理论(equity theory)**

是指当员工意识到自己受到不公平待遇时，他们主动试图恢复公平的感觉。

力、技能等）与其他员工对比后产生的。当比较结果一致时，雇员就会感到满意；否则，他们就会尝试从某种程度上去改变这种不公平。[31]

**公平理论在其他文化背景下的应用** 不同文化定义、理解及评价公平的方式差别很大，而且往往是通过其他文化难以理解的方式进行。[32]不过，尽管可能带有笼统概括的缺陷，现有的研究成果表明，管理者还是很有必要参照公平理论给出的一些重要的原则和启示来进行管理。例如，重视个人主义的文化倾向于支持公平的概念。在这种文化背景下，个人投入（input）非常重要，产出（outcome）的高低主要取决于付出的多少。另一方面，在集体主义的文化背景下，报酬更可能被平均分配给每个员工，而不论其绩效的多少，以此来保持组织的和谐及凝聚力。[34]实际上，正如下面的"国际观察"所建议的，奖励高绩效的行为在中国有时候可能会带来问题。

然而，文化与公平奖励原则之间的关系极其复杂。例如，在一项研究中，美国人与中国人分别对一个工作小组的虚拟成员进行评估。尽管美国人与中国人都在尽量保证分配公平，但是中国人倾向于使用一种较弱的公平标准来避免成员间的冲突。这种结果表明，在分配过程中，与强调个人主义文化的员工相比，强调集体主义文化的员工将会更少地使用公平的概念。[35]但也有专家指出，在集体主义文化价值下，只有在奖励有助于增进组织凝聚力时，人们才会大量使用公平原则。[36]

**国际观察**

## 在上海，夹克带来事与愿违的效果

美国人有时会忘记他们采用的激励方法反映的只是美国的价值观。上海的一家合资企业的美国经理人为了鼓励员工的积极性，给一个工作小组的每位员工赠送了皮夹克，这种做法是为了承认和鼓励员工的主动性。而这些员工在受到鼓励后，对组织的绩效改进提出了最好的建议。

本来这种做法是为了给公司其他员工树立榜样，以此激发员工的主动性，但是夹克事件却引发了员工的情绪波动，很多中国雇员都想知道为什么自己得不到夹克。管理者的解释是，夹克是一种奖励，不是随意发放的。中国雇员则继续抱怨，希望得到公平的对待。企业也曾就此事向当地的官员进行了咨询。当事情发展到难以控制的态势时，公司无奈之下给每位中国员工发放了一件夹克（超过700个员工）。

中国雇员期望得到上级领导的照顾，而他们会以忠诚和服从作为回报。基于绩效作出奖赏这种方式很少被看做是公平的。因此除了工资外，中国公司还给予员工诸如住房及食物等作为工作保障（job security）。直到现在，那些将表现不佳的员工开除的外资公司仍然会遭到当地官员的严格审核，因为当地政府关心的是员工被解雇后产生的"社会问题"。当中国在不断发展并且开始大量使用基于绩效付薪的方式时，"铁饭碗"的痕迹仍然存在，这也是对中国员工进行激励时不得不考虑的因素。[37]

另一项研究解释了社会变革如何影响报酬分配的偏好。近年来，很多美国人所关心的是合作而不是财富。而在中国，随着平均主义被打破，中国人的做法与此相反。在这项研究中，研究人员要求中国与美国的经理对一群虚拟员工进行分配报酬。这一研究考察了两种薪酬方式——物质报酬（material rewards，如工资上涨）和社会情感报酬（socio-emotional rewards，如更支持下属的经理）。总体来说，中国经理更倾向于使用以公平为基础的标准（如基于绩效）来对这两种类型的报酬进行分配，而美国管理者却按照绩效来进行物质分配，社会情感报酬则是平等分配。结果支持了这样的一个观点，美国人正变得更加非个人主义，而中国却呈现出与之相反的趋势。其他研究表明，随着当地环境的变化，转型经济中的报酬分配也发生了很大变化，在实际中的操作也变得更加复杂。例如，有证据表明，与俄罗斯相比，中国的管理者在采用"西方的"公平标准进行物质薪酬的分配时，其转变过程相对较慢。[38]

公平理论所得出的这些复杂的结论对国际管理者意味着什么呢？我们认为，管理者应该能做到以下几点：（1）通盘考虑其文化价值观如何影响自己运用公平标准分配报酬；（2）在使用公平标准时，多花一些时间来了解下属的文化价值观如何影响其对激励的看法。世界不是静止的。随着国家的不断发展，传统的价值观及实践方式将会发生变化，这种变化将会影响报酬的分配方式。中国就是一个比较典型的例子。很多年来，中国的沿海企业几乎没有给员工提薪或提薪幅度极小。为什么会发生这种事情？因为在内陆城市，工作机会非常少。正如一位三年来收入水平一直没发生变化（大约每个月 60 美元）的生产工人所说："如果回家的话我能干什么呢？"但另一方面，由于中国的劳资纠纷不断加剧，有些人认为这种情况不会一直持续下去。事实上，在中国，很多低收入雇员已经感受到了这种不公平，特别是当他们与那些待遇比较好的雇员相比时，这种感受更强烈。[39]

进入 21 世纪后，情况发生了很大的改变。中国沿海地区制造业工人的工资不断提高，许多地方出台了新的、上涨的最低工资标准。越来越多的跨国公司将企业迁移到内地工资更低的地区。

## 强化理论：将行为与结果联系起来

> **强化理论**
> （reinforcement theory）
> 认为矫正工作行为的中心内容是奖励和惩罚的理论。

**强化理论**。该理论强调通过结果来研究激励。也就是说，把期望的行为同有价值的结果明确联系起来，可以激发员工做出某些有意义的行为。[40] 例如：管理者可以通过正面强化的方法（positive reinforcers，如高额奖金）来改进员工的绩效。相反，谨慎使用惩罚（punishment，如降薪）可以消除不佳的绩效。[41]

**文化因素及强化**。管理者应该知道员工重视什么，这样才能有效地使用正面强化。但是，这种方法并不像看起来那样简单。例如，南非的公司如果能够努力帮助消除因为种族隔离而造成的社会不公平（如低劣的住房条件困扰着大多数黑人员工），那么黑人员工将会备受激励。这种工作及生活之间的联系同样反映了非洲的文化价值，即强调社会和家庭的重要性，这种价值观在西方的管理方法中是很少看到的。[42]

文化也将影响员工对与绩效相关的反馈的理解。例如，美国的雇员倾向于正面反馈，而日本的员工则更欢迎批评性的建议。这些不同的选择可能与文化因素相关。美国人喜欢展示成就，尤其是个人的。失败往往会对个人的自我价值（self-worth）造成威胁。然而在日本，批评性的建议有利于组织成员对组织保持谦逊的姿态，同时改善团队表现。[43]

当上级给予正面的绩效反馈时，美国及墨西哥员工会产生不一样的反应。[44]美国人认为这种赞扬意味着他们还可以表现得更好，而墨西哥人则认为这是对他们当前绩效的肯定。墨西哥人更倾向于忽略上级的正面评价，遵守组织内不成文的绩效准则。与美国雇员比起来，墨西哥员工更强调集体主义，而且也更关注群体规范。[45]

文化因素同样给强化战略带来了一些障碍。例如，基于绩效的付薪方式对强不确定性规避文化下的员工起不到激励作用，因为部分薪酬已经与风险联系起来了。同样，在高集体主义文化的背景下，基于个人绩效付薪的方式远没有基于组织绩效付薪的方式有效。单独使用较高的奖金或者高薪很难对女性主义文化下的员工产生激励，因为对老板、公司及同事的忠诚比高绩效更值得赞扬。例如，印度的文化价值观就约束了强化战略的实施。在一些印度公司中，薪酬体系是背离强化原则的。例如，薪酬反映的是雇员的资历，而不是工作的绩效。绩效评价停留在原始阶段，或是不能及时地与关键任务结合起来，使得“绩效工资”（merit pay）显得过于专制、武断。这种认知可能强化印度人在家庭、宗教及机构等方面的社会化体验，导致印度人产生听天由命的宿命思想和对好的绩效表现出漠不关心的态度。这些员工会付出更多的努力来加强与负责分配收入的上级的关系。[46]

总体来说，在如何有效使用强化战略这一问题上，研究结果表明，管理者必须考虑文化将如何影响雇员对于激励的认知，以及在工作背景下雇员会对激励产生何种反应。这些因素有助于决定在某一特定的文化下采用何种最佳的激励方法，以及何种战略最有助于这种激励方法的实施。研究还表明，管理者很愿意并且能够通过沿学习曲线（learning curve）前进而更好地理解在一个特定的环境中，什么因素会对激励起作用。但这并不一定意味着国际管理者必须“放弃”西方的激励方法，而是要不断地对这些方法进行调整以适应当地的文化，这样才能被员工接受。[47]

## 期望理论

> **期望理论**
> (expectancy approach)
> 一种激励方法，强调雇员为了取得结果最大化所进行的决策。

**期望理论**。这种理论包含了许多我们在前面讨论过的概念。简言之，期望理论认为在给定的环境中，三种因素决定员工是否愿意付出努力。[48]首先，雇员必须相信努力工作会带来好的绩效。例如，如果员工认为完成生产目标是不可能的，那么他们就不会付出太多的努力。其次，员工必须相信报酬是与工作绩效相关联的，否则激励就会失效。最后，如果能够支付给员工的报酬对于员工来说是不重要的，那么激励与努力也无从谈起。

**文化假设**。你也许猜到了，期望理论提出了一些如今大家已经很熟悉的文化假设。它强调个人主义及男性主义导向的文化，因为个人主义及男性主义更重视任务而不是人际关系。期望理论同样认为个体员工通过努力可以在很大程度上控制自己的生活，这些假设与美国文化相当吻合。中国员工认为运气决定结果，墨西哥人认为出生在富裕的家庭是成功的关键，而沙特阿拉伯人则认为一切都是神的旨意。在以上这些例子中，外部力量都起着重要作用。[49]

要想让报酬产生激励作用，就必须让人们重视激励行为。期望理论隐含着这样一种假设：薪酬体系的设置必须与员工的文化价值观联系起来。我们可以通过一项关于美国、法国及荷兰经理的研究来解释这个观点。美国人认为，奖金应该与绩效紧密结合起来。这种文化很符合期望理论的假设，那就是人们总是以成就为导向的，并且可以容忍奖金变动带来的不稳定性。相反，法国和荷兰的经理对薪酬并不是太感兴趣，并对工资与绩效之间的联系表示怀疑。与美国的经理相比，法国和荷兰的经理获得更少的奖金，并且波动性也不大，这些有差异的想法及行为是可以预测的。与美国的员工相比，荷兰人的价值观更倾向于女性主义及更低程度的个人主义。因此，荷兰的经理更少将薪酬作为一种保持个人成就的方法来使用。同样，强不确定性规避文化背景下的经理（如在法国经理）可能会避免在高管身上使用变动率高的绩效奖金。[50]

这些文化差异有助于解释为什么欧洲高管薪酬计划的“愤怒的门槛”（outrage threshold）比美国高管更低一些。例如，欧洲零售连锁 Ahold NV 公司总裁将近 700 万美元的薪酬计划就引发了“薪酬过高”的不满声音，而这样的薪酬水平在美国则比较普遍。虽然如此，如果美国经理的薪酬计划比美国的一般标准高得离谱并且与绩效关联不大的话，同样会引发公众的愤怒（例如在 2003 年，美国纽约证券交易所主席的退休薪酬为 1.87 亿美元，这一数字被披露后同样引起了人们的不满）。[51]

当然，价值观与敏感性不断变化、发展。事实上，欧洲经理因得到“巨额”报酬而引发“公愤”这一现象，正是反映了欧洲企业向“美国式”的薪酬支付方法靠拢的趋势。例如，在德国银行中，等级与资历曾经是最为关键的因素，而绩效奖金则不为人所知。但是近年来，由于德国银行的人才不断流失到英美银行，他们开始采用美国常用的方法进行反击——根据工作绩效分配奖金。如今的德国银行，例如德意志银行和巴伐利亚联合银行，都适当地采用了奖金分配计划，这使得员工的总体补助性薪酬增加了50%甚至更多。但德国银行并没有全部模仿美国式的奖金计划，因为它们仍然对使用大额奖金来宣扬个人成就的做法感到不安。

与美国银行相比，德国银行对相应的岗位提供的奖金相对较少。例如，在业绩好的年份，从事外汇交易的美国银行职员可以获得相当于其工资7倍的红利。但是，德国人认为如此巨额的奖金有可能带来不必要的风险，并且会引发员工间毁灭性的竞争行为。因此，一些银行尝试根据员工团队合作的能力来确定部分奖金的发放。尽管如此，德意志银行及其他金融服务机构也逐渐向起源于美国银行的、竞争较为激烈的绩效付薪法转变。[52]在下面的“国际观察”中，我们可以近距离地观察到绩效与报酬的联系在日本是如何演化的。

与这个日本餐馆的例子一样有趣的是，对于激励的态度转变并不是一夜间的事情。例如，近年来日本一直在努力吸引外资企业以应对国内日益增长的就业压力。在大多数情况下，外资企业的吸引力在于人们相信员工的绩效、创造可以得到回报，员工晋升是以其自身的成就为基础的，这些做法和本国企业不同。在日本的劳动力中，受聘于外企的比例很小（2.3%），远远落后于其他工业化国家（在美国和德国，受聘于外资企业的劳动力比例均超过了5%）。所以，在变化发生的同时，我们还需要考虑变化的初值和变化率。[53]总的来说，美国人比日本人更加重视绩效与努力之间的关系。美国基于绩效的薪酬体系的悠久历史可以解释这一点。最后，与日本相比，美国仍然认为提高工资、提升职务及对个人的肯定等是员工最希望得到的结果。美国强调个人表现及成就，而日本重视组织凝聚力。这两种迥异的文化价值趋向可能就是导致认知差异的原因。因此，日本将以多快的速度、在多大程度变得更加强调个人主义仍然是个未知数。但可以确定的是，政府希望向这个方向发展。若干年前，日本就提出了新的教育政策，目的是培养青少年的独立性和自我意识，也许只有时间才能证明这种与现存文化相冲突的政策在日本是否会产生积极的作用。[54]

## 跨文化激励的总结

总之，我们的建议是，当国际管理者在国外选择和使用激励战略时，必须明

国际观察

## 日本连锁餐馆对待员工的态度：努力工作否则就炒鱿鱼

美国“竞争激烈的资本主义”对于大多数日本人来说非常严酷。关于薪酬及绩效关系的激烈争论实际上在日本是不存在的，至少在传统的公司中是这样。但是通过观察Global Dining这样的日本公司，我们可以看到日本企业未来的发展方向。这一连锁餐饮店提出了三项对日本人来说非常震惊的改革措施：大量的冲突、雇员之间你死我活的竞争行为、无情但诚恳的绩效反馈。

有多残酷呢？一位厨师坐在一组老板及同事面前要求大幅度提高薪水。他们马上大声批评，包括他的烹调水平不稳定，以及当他轮班时不佳的销售额等。投票结果很快产生，这位厨师的提薪请求被生硬拒绝。事实上，所有的员工，从高级管理者到洗盘子的工人，都要接受这种面对面的绩效评估。那些没达到绩效目标的员工将会失去本可以得到的奖金，违规超过次数的经理也将会被降职或者开除。而另一方面，绩效优秀者则会得到令人难以置信的回报。一位年轻的餐馆经理获得了15万美金的收入，大大高于一名在日本大企业度过半生职业生涯的经理的薪金。Global Dining的CEO将这套系统的哲学观总结如下：“正如鲨鱼需要不断地游动以维持生命一样，我们只需要那些一直都渴求竞争的人。”

采用这种苛刻的管理方法在日本引发了一定的争论，主要针对的是日本大企业内部长期以来存在的一种舒适松散的关系，这种关系使得员工的待遇往往与绩效脱节，如终生雇佣、以资历为基础的提升等。当然，Global Dining并不是唯一采用这种方法的公司。日本的大公司，比如索尼公司、服装连锁店Fast Retailing以及机器部件公司米思米都引进了年轻的经理，他们愿意领取与绩效紧密相关的报酬。例如，一位米思米的年轻经理得到了53万美金的报酬，令公司总裁都相形见绌。

但是还有一些Global Dining的员工担心这种残酷的绩效管理体系会带来生活压力。每位服务生都需要仔细地观察对方的行为，因为每个人都可以投票以决定别人是否可以获得提薪或者奖金（一个绩效衡量标准可以是——侍者需要多长时间才能注意到顾客需要添加的饮料）。不管怎样，因为这套系统鼓励对上级甚至是对CEO的批评，所以，雇员的言论可能起到非常关键的作用。事实上，雇员也向CEO抱怨过，说这套奖金计算公式最后可能让人什么也得不到。为了维护自己的权益，员工们建议就此公式进行投票。结果员工们胜利了，而这套公式得以修改。一位离开Global Dining并开办了个人餐馆的经理认为，整套绩效管理本身是好的，但是自己的新餐馆将不会采用如此残酷的制度，他说，“因为有一句话叫‘过犹不及’”。[55]

确地把文化变量考虑在内。[56]当然，这是非常苛刻的要求，因为管理者常常面临着如下困境：文化价值观总是在不断变化，并且国际管理者可能意识不到自己的文化及偏见将如何影响所采用的激励战略。[57]因此，无论采用什么样的激励战略，这些战略必须具有“文化协同性”。换句话说，激励战略必须使得结果更加完美，而不是造成不同文化间的冲突。形成这种激励战略必须经历四个基本步骤：

1. **描述激励的情景**。管理者和下属是如何看待激励的？第一步的目的是要发现对激励是否存在着不同的看法，以及它们之间是否会产生冲突。
2. **找出关于激励的文化假设**。第二步是要找出潜在的文化价值趋向，用以解释为什么存在对激励的不同看法。其目的是换一个角度，从其他文化视点看待事物。
3. **提出具有文化协同性的其他选择**。找出文化假设之后，下一个挑战就是制定激励战略，这个激励战略将综合所涉及的文化，并且有可能超出这些文化因素。
4. **选择并使用一种协同性战略**。最后一步是选出最佳的激励战略并进行实施。这里的关键是让每个人从自身的文化角度审视这个战略。被选中的这个战略仍然需要根据反馈不断进行调整。

要完成这些步骤，管理者必须与组织中的所有外籍员工进行详细的探讨，并让他们参与到激励战略的制定过程中来。而且，为了制定及更好地实施这一激励战略，管理者及雇员都必须具有文化的自我意识（如对自己的文化及偏见的认识）及跨文化意识（包括对别人的价值观及看问题的角度的认识）。同时拥有这两种意识，有助于在实施选定的战略时反映出特定文化的特性。为了做到这一点，必须首先确认所参照的价值体系和文化框架。只有这样才能对各种观点进行评价，进而选出一种适应当地文化的激励方法来实现管理目标。[58]

## 11.3 国际背景下有效领导的构成因素

我们在前面说过，文化价值观通过特定方式影响雇员的行为，这些影响对于企业如何设计工作、进行绩效管理以及支付薪酬具有一定的意义。在这一节中，我们将从管理者的角度来研讨这些问题。

跨国公司中的有效领导通常要求做到极大的公开性，并且能够包容各种迥异的文化。但它同时也要求能够迅速消除不同文化间的隔阂，制定出具有文化协同性的激励战略，从而应对国际化管理的挑战。[59]

但是，在跨文化背景下定义“领导”一词变得越来越复杂。表 11.2 列举了一些在绝大多数地方都得到认可、否定或在不同文化中可能有不同理解的领导特性。

**表 11.2　跨文化领导特性：好的、坏的和不同的**

| | |
|---|---|
| 在绝大多数文化中都被看作是“好”的领导特性 | 决断力<br>良好的沟通能力<br>诚实<br>聪明<br>诚信<br>积极<br>可信赖 |
| 在绝大多数文化中都被看作看作是“坏”的领导特性 | 独裁<br>自大<br>暴躁<br>无礼 |
| 在不同文化中可能会有不同评价的领导特性 | 野心<br>同情心<br>个人主义<br>逻辑性<br>敏感<br>乐意承担风险 |

资料来源：Frost，J. &Walker，M. （2007）. Cross-cultural leadership. Engineering Management，June/July，27 – 29；House，R. J.，Hanges，P. J.，Javidan，M.，Dorfman，P. W.，&Gupta，V. （Eds.）. （2004）. Culture，Leadership，and Organizations：The GLOBE study of 62 societies. ThousandOaks，CA：Sage.

在第 4 章中，我们已经讨论了在不同文化中如何定义领导力，以及高效的领导者应该具备何种特质。然而，还有一些重要的问题没得到解决。例如，管理者是否会因为文化的不同而采用不同的领导风格？在某些情况下是否能够忽略文化的影响，采用相同的领导方式？就领导者而言，公司文化是否会降低或是消除跨文化因素的影响？这一节将提供关于这些问题的部分答案。

## 入乡随俗：跨文化领导行为

领导者的行为在不同文化环境中不尽相同，有效的国际管理者都能够意识到这一点。但是，领导的概念、价值观及风格在世界范围内仍在不断地发展变化。在那些经历过社会及经济剧变的国家中，这一发展过程最为明显，如波兰、民主德国以及前苏联的其他地方。[60]

在美国进行的研究表明，有两种类型的领导行为：**任务导向型行为及关系导向型行为**。任务导向型行为（task-oriented behavior）包括明确的绩效期待和需要遵循的特定程序，另外还包括计划、行程安排、提供技术指导及目标的设定等。

关系导向型行为（relationship-oriented behavior）包括关心下属的感受、需求以及福利，另外还包括同情心、温暖，鼓励、体贴以及信任。但是哪一类型的领导行为会在哪个国家发挥最好的效果呢？没有唯一的答案。在特定环境下，领导者需要将以上两种行为结合起来以提高有效性。[61-62]

**任务导向型行为**
**（task-oriented behavior）**
领导者的行为主要集中在明确工作程序及明确其对员工的绩效期望。

例如，印度采用的是一种**培育方式**，既对下属关怀，同时也强调把工作做好，这种方式往往能带来最好的效果。[63] 而在日本，**项目经理式领导**通常是最有效率的，特别是当下属对完成任务有高度的积极性时。项目经理负责解决问题和激励组织创造高绩效（绩效型领导），这种提高组织凝聚力的行为可以避免冲突，并保持组织（维持型领导）内部的和谐。这些行为与美国研究者所提出的两种领导行为的区别有相似之处。[64]

**培育方式（nurturant style）**
这种领导方式的特色是领导者对下属表现出同情与关怀，目的是完成工作。

**项目经理式领导（PM leader）**
项目经理将关心问题的解决、激励组织绩效（领导绩效）与用以推进组织内和谐的行为结合起来。

但是将一切都笼统归结到两个行为维度，可能会掩盖重要的跨文化差异。与印度相比，西方学者所描述的关系导向型行为表现得更为冷漠、更加推崇个人主义缺少家长制色彩。[65] 事实上，从“任务导向”及“关系导向”角度来考虑领导方式，常常会使国际管理者陷入困境。这种二分法在很多文化下根本就不适用。[66]

一项关于伊朗雇员的调研很好地说明这个观点。研究者要求伊朗员工填写一份问卷，以衡量其直接上司是否表现出任务导向及关系导向型行为。结果表明，那些以仁慈及家长式的方式来进行管理的管理者往往能得到下属更好的评价。但是，在将调查数据与任务导向及关系导向型行为的各种因素放在一起时，却没有发现任何关于领导绩效与下属满意度之间的明显关系。这就意味着美国人定义的领导行为在中东国家的文化中没有多少意义。在伊朗，工作与家庭两者关系的界限是模糊的。伊朗社会中父亲的温暖和坚定的特征转换成企业中的管理者角色时，表现的是那种发号施令同时又很尊重下属的特点。[67]

很明显，文化将影响雇员如何看待领导方式与行为。领导者也必须借助文化渠道来表现他们的行为才能有效。因此，领导方式必须通过两个方面来理解，一方面是其一般架构，另一方面是其在特定文化背景下的特定表述。例如，美国与日本的经理都认为，提供支持（如关系导向型的行为）对于成功是非常重要的。在推崇个人主义的美国，管理者可以通过尊重下属提出的建议来表明其对下属的支持。而在集体主义文化背景下的日本，经理的表达方式则是花更多的时间与组织里的员工在一起。[68]

事实上，一项对来自美国、英国、日本及中国香港的经理进行的对比研究发现，尽管领导方式的基本点是一致的，但对这些特定行为方式的解释却由于国家的不同而不同。[69]这些差异有助于解释管理者在国外面临的困境。例如，美国和日本的经理在对方国家进行领导时通常会面临着许多困难。克服这些困难要求采用混合的领导战略，这类似于我们在激励中提到的协同效应。[70]

**文化和领导行为的影响**。文化也影响了领导行为在员工承诺及绩效中所产生的作用。在集体主义、高权力距离文化的地区（如中国台湾），任务导向型的行为将对员工产生较强的正面影响，而美国等推崇个人主义且低权力距离的国家在这一方面则表现得较弱。[71]例如，有一种评价认为，日本的管理者常常针对下属提出批评性建议，这被大多数美国人看成是惩罚，尽管这种做法在日本收到了很好的成效。在高权力距离、集体主义的文化背景下，日本经理经常通过提供大量的支持来对批评进行平衡，并最大限度地降低地位之间的差别。而另一方面，美国人更可能使用社会地位象征（如一间有特色的办公室）来表明权威。[72]

有人会问，当美国工厂中的美国雇员接受日本式的领导时，会发生什么呢？一项研究表明，日本经理对美国下属产生的影响比对日本下属小，同时，对美国管理人员的总体影响也小。当日本的管理者表现出友好及支持时，美国员工会表现出较好的绩效，但是如果同样的事情发生在美国管理者身上，美国雇员却会表现出较差的绩效。因此，管理者的国籍将会影响下属对他的管理行为的理解。美国经理表现出的友好在员工看来可能是懦弱，而同样的品质在日本管理者身上表现出来，则会被理解成是期望把事情做好。但是，在跨文化背景中，不同的领导行为可以产生同样的正面影响吗？当然有可能，至少对于那些使用利克特（Likert）的**系统四模型**（system 4 approach）[73]的专家来说是这样。利克特把领导方式分为四类系统。系统四方法是一种模型，它预测了决定效率的四种主要的领导方式。在一个专制权威式（exploitative authoritative）（系统一）的组织中，仅有上层的经理才有资格制定决策，沟通是自上而下的，并且惩罚常常被作为激励的方式。温和命令式（benevolent authoritative）（系统二）组织也是独裁的，但管理者更加家长化，更加关心雇员的需求，并且能够给予员工有限的决策自由。在一个奉行民主协商式（consultative）（系统三）的组织中，员工更多地参与到沟通、决策制定及与管理者一起工作的过程中来。然而，管理层仍保留着权力去作最后的决定。最后便是民主参与式（participative）（系统四）的民主领导，在这样的领导方式下，员工承担着对每一件事制定决策的重大责任，从困难的解决到绩效目标的设置。管理者表现出支持性，团队得到广泛的使用，并且员工的沟通方向既有横向的也有纵向的。

利克特的方法认为，所有的公司都应该向系统三及系统四的领导方式转化，因为参与的方式将会带来最高的绩效与道德。针对美国企业的研究表明，企业与系统四越接近，各种绩效指标也随之提高。[74]这些结果并不令人惊讶，因为像系统四这样一个参与性的方法在低权力距离文化的国家中（如美国）是十分适用的。那么，独裁领导的方法可以在高权力距离的文化背景下很好地使用并培养出高效率的员工吗？

一项对同属于一家美资企业的两家制造工厂（一家在墨西哥，一家在美国）的经理所作的比较对上述问题作出了肯定的回答。两个工厂生产同样的产品，并且各方面的管理都很相似，但是墨西哥的管理者的领导方式比美国同事更加独裁。总的来说，墨西哥人采用的是系统二（温和命令式），而美国人使用的是系统三（民主协商式），但是两个工厂都产生了同样的效率，可能是因为较专制的墨西哥方式与其高权力距离更加匹配。而强调参与的系统三能够在美国工厂得到很好的应用，因为这种方法符合美国人的价值观。[75]

更宏观层面的含义是，外国工厂可以产生与美国一样的绩效而不必遵循严格的"美国式"领导方法。让我们再具体分析一下上面对美国与墨西哥的比较。墨西哥的美资工厂最早面临的产品问题主要源于美国的管理技术与墨西哥的文化价值不相符。当美国的跨国公司指派管理者去管理墨西哥员工时，这些差异便浮现出来，而对这一点，美国人基本上没有什么准备。表 11.3 描述了可能将美国人与墨西哥人区别开来的不同的管理期望。毫无疑问，墨西哥员工有时在美国管理者面前表现得很被动。一般来说，这种现象反映的是一种传统，即强调工作本身比利润重要。而且与美国比起来，墨西哥人表现出更少的个人主义、更高的权力距离及更强的不确定性规避。很多墨西哥人都同意以下的观点：服从、尊重及个人对上级的忠诚是非常重要的，并且应该就此得到奖励。事实上，墨西哥人对待家庭的态度与其对待组织的态度是非常相似的。正如在一个家庭中，人们应该协力劳动，各负其责。美国人强调个人成就及权力分享的价值可能不被墨西哥人所认同，因为这有悖于他们所崇尚的互相依存的文化价值观。

在与墨西哥员工的互动中，美国经理应该表现出更高的敏感性。例如，尊重身份是墨西哥商业礼节的一部分。在一个墨西哥的美资工厂中，如果美籍厂长没有将工会领袖介绍给前来参观的管理者，对于这个墨西哥人来说便是莫大的羞辱。美国人把工会领袖当成普通雇员，而在墨西哥法律环境下，工会领袖的身份与管理者相当。仪式是墨西哥人另一种识别不同身份的方法。美国人倾向于成为非正式管理者，如果一个在墨西哥的美国管理者想通过穿蓝牛仔裤及省略头衔的方式来淡化身份，那么墨西哥人则会认为他不懂世故，管理者与员工之间将产生距离。

**表 11.3　期望：美国及墨西哥管理者之间的差距**

| 领导问题 | 管理期望和态度 | |
|---|---|---|
| | 美国经理 | 墨西哥经理 |
| 重视员工的行为 | 主动性，成就 | 服从，和谐 |
| 关键评估 | 绩效 | 个人忠诚 |
| 领导方式 | 松散的/非正式的，沟通性的，可能的权力分享 | 严格的/正式的，投入感情的，使用指导，无权力共享 |
| 纪律/公正的基础 | 对规则及程序的统一使用 | 人际关系 |
| 工作环境模型 | 竞争的团队 | 合作的家庭 |

资料来源：改编自 de Forest, M. E. (1994). Thinking of a plant in Mexico? *Academy of Management Executive*, 8, 33-40.

总的来说，很多墨西哥员工最愿意响应正式而富有同情心的管理者。传统上，责任及自治则没有这么重要。人们期待严格的管理者，但是领导者同时也应该是人性化、感性的。美国的管理者一直致力于授权给员工并鼓励员工参与到问题的解决过程中来，但是这种做法常常会使墨西哥员工很迷惑，尽管这种困惑可以通过培训、耐心教导及引入家庭观念（如“我们是这个集体中的兄弟姐妹”）等方式来克服。[76]墨西哥的管理者已经习惯了雇员的绝对服从。实际上，如果经理要解释为什么一个命令是必要的，就会被认为是一个弱点。

在美国经理眼中，墨西哥员工总是缺乏纪律，因为他们在执行企业政策方面很不严格。之所以会出现这种情况，主要是因为美国人及墨西哥人看待纪律的角度不一样。对于许多美国经理来说，纪律来自政策同时被所有人接受并加以执行。然而，对于墨西哥员工来说，纪律植根于对一个权威人物的忠诚，而不是手册上的政策。一个美国的工厂经理通过深刻的教训才领悟到这一点。为了避免工人罢工的局面发生，他把一个精心制作的抱怨系统（grievance system）在员工间推广开来，希望雇员能够通过这个系统排遣怨气。但是后来让这名经理感到震惊的是，所有的员工都选择了罢工而不是使用这个系统来发泄怨气。实际上，若要缓解墨西哥员工的愤怒，我们可以借助关系导向的方法，在这种方法中，经理需要领会工人的需求，以此换取工人的忠诚。[77]

**让领导行为适应文化背景**。为了使管理更有效，国际管理者需要对其领导方式进行调整以与特定国家的文化价值预期相匹配。为了解释这一观点，我们可以看看美国经理在日本经常犯的错误。美国经理倾向于将一个项目分成若干部分交给不同的个体去完成，他们感觉给员工分配明确的任务更便于管理。然而在日本，最好的战略则是将整个任务交给一个小组的成员，并让他们用自己的方式完成这一任务。这种做法更加符合日本的价值观，由员工间的互动提供组织工作的架构。[78]

然而，许多美国人仍然相信，如果他们在洛杉矶是出色的经理，那么在别的地方也可以采取同样的行动并能取得成功。我们可以通过一项研究来证明这个论点是否成立，这项研究对美国及香港地区使用的12种不同的领导方式进行了比较。正如人们所期待的，美国经理在这两个地方都采取了同样的行为，但结果发现绩效与行为间的关系并不一样。在美国，有8种领导行为与绩效相关，但是在香港地区，仅有1种领导行为能对绩效产生影响。因此，那些在美国发挥了很大作用的领导行为并没有影响香港地区员工的绩效。[79]

当然，并非只有美国经理在把领导方式与国外环境进行匹配时碰到问题。让我们看一下德国西门子公司面临的挑战，公司计划在美国开办子公司，并将管理7万名美国员工。美方的抱怨之一就是：德国的管理过于专制、缺乏弹性、太官僚，并且许多决策都必须征得德国本土的同意，没有自主权。[80]

## 变革型领导在跨文化中的使用

> **变革型领导**
> (transformational leadership)
> 这是一种用以激发员工较深层次的忠诚度及高绩效的领导方式，通常是在危机环境下采用。

在这一节中，我们要讨论的是**变革型领导**，这是一个逐渐流行的主题。一般说来，变革型领导能够改变员工，并且使低效率的公司转败为胜。实际上，当变革型领导创造出与跟随者联系在一起的情感纽带时，以上所提到的效果就会发生，这条纽带鼓励忠诚及出色的绩效。这条纽带的产生是因为领导者具有以下特质：

- **感召力**：该领导者能够激发跟随者的深厚感情，这种情感基于对领导者的绝对信任及认同。
- **鼓舞人心的号召**：管理者传达了一种对于未来的明确的、引人注目的愿景，这种愿景中包含着非常高的绩效期待。
- **智力激发**：领导者鼓励下属在追求其愿景时思考商业运行、克服困难、产品设计的新办法。
- **个性化关怀**：领导者给予下属个人关怀，为他们着想，并且与他们进行沟通。[81]

对美国雇员的研究表明，变革型领导能够对下属的努力、绩效及满意度施加积极影响。但是首先，员工们必须有追随富于个人魅力的领导者的愿望。这种情形下通常要求雇员服从领导人的控制，在员工感到比较脆弱（如处在业务下滑时期）的情况下更有可能这样。毫无疑问，当企业面临危机时，变革型领导者将具有更大的影响力。[82]那么，快速变化、竞争激烈的国际商务领域特别适合变革型领导者吗？有些专家认为是的，因为最成功的国际管理者都是变革型领导。[83]他们的论断是依照在多元文化国家（如以色列、新西兰、德国和新加坡等）进行的研究得出的，该研究表明，变革型领导能够产生积极的影响。[84]尽管如此，应该慎重对待关于变革型领导的全球性价值的表述。例如，在那些高度重视组织和谐的集体主义文化中，变革型领导者的吸引力会受到限制。[85]在日本这样的国家中，如果一个有感召力的领导者想强调个人成就，他的这种行为将被视为是对组织凝聚力的破坏。日本日产公司的 CEO 卡洛斯·戈恩（Carlos Ghosn）就因为成功地领导了日本公司而被视为是有感召力的领导者。戈恩在许多日本人眼里是英雄式的领导，他从雷诺汽车公司来到了日产公司，领导了垂死挣扎的日产公司的成功转变。戈恩是黎巴嫩人，出生在巴西，但是在法国长大。在管理日产公司期间，戈恩有着出色的表现，他的做法是将愿景、绩效期待及同情心结合起来。戈恩大胆的举动包括关闭低产的工厂以及解雇员工（这种做法在日本仍然遭到抵制），同时进行新产品的设计。事实上，戈恩在产品设计上的语言更多体现的是他的愿景，同时也激励有才能的员工发挥自己的潜力，这两者都是变革型领导者的典型特征："不要通过重复别人的做法来建立自己的特色。我们总是在激发设计师的想象力，并将之作为市场战略的一部分。你将能看到日产公司的革命性的设计。"[86]

戈恩的例子也许反映了日本人对领导观点的改变，也许仅仅是一个特例，证明在这一点上规则是不确定的。无论如何，我们可以说，在其他条件不变的情况下，在日本采用变革型领导方式比在美国困难得多。

## 跨文化领导

**路径—目标领导方法（path-goal leadership approach）**
一个模型，认为领导者的效能取决于领导方式是否跟各种不同的情境相结合。

我们将在这里介绍三个跨文化的领导理论。图 11.2 描述了第一个领导理论，基于过程的领导理论。这一理论认为，领导者的行为基于他们的假定、价值观和信念。员工会基于感受和这些行为的特性来观察领导，从而做出自己的行为。图 11.2 还介绍了可能影响领导过程的各种因素，如文化价值观、个体差异、人们从事的工作和组织情境都会影响人们的假定、信念、激励、知觉以及领导者和下属的行为。要想知道在海外应当采取怎样的领导风格，跨国公司的管理者们必须考虑多种因素，包括文化。

跨国企业的管理者们希望知道文化对世界各地不同地方领导有效性的影响。因此，除了过程理论，他们还需要了解内容理论。因此，我们将在下面介绍两个关于文化如何影响领导的内容理论。我们先来介绍一下 GLOBE（全球领导力与组织行为效能）项目，来自 60 个国家的研究人员参加了这一项目。GLOBE 描述了六种基本的领导维度，试图探讨它们是否有助于领导的有效性，以及在哪些情况下领导者会表现或不会表现这些维度。表 11.4 总结了项目的一些发现。有趣

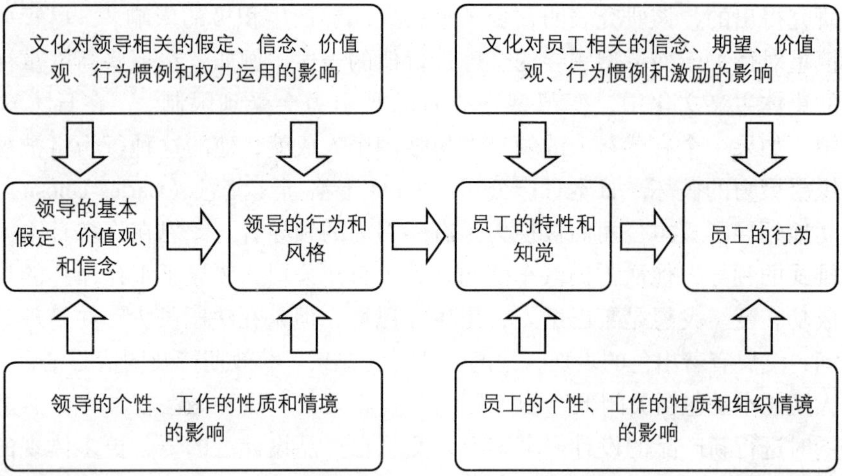


**图 11.2　理解方法、情境和人员对领导的影响**

的是，研究发现，不论是哪个国家还是文化，有两个领导维度（基于魅力/价值观的，团队导向的）通常对有效性有积极作用，而另一个维度（自我保护的）则有负面作用。当然，在不同维度的强度方面，不同国家间还是会有些区别。然而，这些领导维度对领导效能的影响在不同国家和文化间似乎是一致的。其他维度的影响则是混合的，取决于文化情境。也就是说，在适当的文化环境下，这些维度将体现出中等和高度的效能。

**表 11.4　领导行为维度：效能和文化差异**

| 领导行为维度 | 维度描述 | 维度跨文化/国家的有效性 | 维度最主流或最少见的地区 |
|---|---|---|---|
| 自主性 | 领导者鼓励个人主义和独立行为 | 有差别，有些可能支持领导效能，而另一些则阻碍 | 在东欧最主流，在拉美最少见 |
| 基于魅力/价值观 | 领导者激励和鼓舞他人，期望很高，所有行为受核心价值观驱动 | 通常支持领导效能 | 在盎格鲁国家最主流，在中东最少见 |
| 人员导向 | 领导是支持型的、友善、关怀和富于情感的 | 对领导效能有适度的支持，但某些情况下也会有不利影响 | 在南亚最主流，在北欧最少见 |
| 参与 | 在决策时寻求他人参与 | 通常对领导效能有正面影响，但具体情况差别很大 | 在德语国家最主流，在中东最少见 |
| 自我保护 | 领导关注的是安全和面子 | 通常对领导效能有负面影响 | 在南亚最主流，在北欧最少见 |
| 团队导向 | 领导专注于团队建设，让团队成员拥有共同的目标 | 通常支持领导效能 | 在拉美最主流，在中东最少见 |

接下来我们将介绍最为规范的领导理论，这一理论经过调整后可以容纳文化变量。路径—目标理论认为，领导效能应当是权变的，将领导风格与情境进行匹配。按照这一理论，基本的领导风格有四种：

- **命令型**：这类领导往往向下属下达各种具体的工作命令。
- **支持型**：这类领导关注雇员的需要和总体福利，以保持良好的关系。
- **参与型**：这类领导往往就工作任务主动与下属协商，或者让他们参与到决策过程中。
- **目标导向型**：这类领导往往把目标定得很高，提供挑战机会，强调卓越。

为了取得最好的绩效，领导者应该使用能够更好地与特定情形相匹配的领导风格。事实上，有若干个权变的因素可以决定哪一种领导风格能够激励雇员并让他们创造出高绩效。例如，在其他条件相同的情况下，那些定义得很糟糕或是不可预测的任务就需要命令型的领导风格。另一方面，已经定义得很清楚且已有明确的绩效指导方针的任务则能更好地与参与型的领导风格相匹配。同样，那些掌握着较少技能及缺乏经验的员工可以从命令型领导方式中受益，相反，高技能及经验丰富的员工更需要目标导向型的领导。

事实上，路径—目标方法是“不受文化约束”的。霍夫斯泰德的文化维度作为一系列可能的权变，则给我们提供了一些基本的应用。一般来说，参与型的领导适用于低权力距离的文化，而命令型领导则在高权力距离的社会中能得到很好的发挥。中等水平权力距离的国家可能会发现，结合了参与及部分支持型的领导风格对员工更有吸引力。在集体主义社会中，结合了支持型及命令型领导风格的家长式方式更能发挥作用（记住，集体主义通常与高权力距离结合在一起）。与低权力距离结合在一起的个人主义社会应该崇尚参与型领导风格。最后，强不确定性规避文化可能会倾向于命令型领导，而在那些对模糊性容忍度较高的文化中，参与型及目标导向型的领导则更容易被人接受。我们在表 11.5 中对这些应用进行了总结。

显然，上述只是一般情况。未来研究的主要目标是找出在决定哪一种领导风格在哪一种文化背景下最有效时，文化价值观与其他权变因素（如任务结构）之间的相对重要性有多大。[88]

## 跨国公司里的领导问题

在最后一部分中，我们要强调跨国公司所面临的跨文化领导这一难题。我们将考虑各种可能的组合，包括经理和雇员均来自于跨国公司总部的所在国、来自跨国公司所在的东道国，或者在第三国运作等。所以，这些互动可能发生在公司总部所在国、东道国或者第三国。

**表 11.5 将文化权变变量引入路径—目标理论：识别适合的领导风格**

| 文化 | 国家/地区 | 最适合的领导方式 | | | |
|---|---|---|---|---|---|
| | | 命令型 | 支持型 | 参与型 | 目标导向型 |
| 低权力距离 | 瑞典 | | | × | |
| 高权力距离 | 法国 | × | | | |
| 中等权力距离 | 美国 | | × | × | |
| 集体主义 | 中国台湾 | × | × | | |
| 个人主义 | 丹麦 | | | × | |
| 中等个人主义 | 阿根廷 | | | × | |
| 强不确定性规避 | 希腊 | × | | | |
| 弱不确定性规避 | 英格兰 | | | × | × |
| 中等不确定性规避 | 德国 | | | × | × |

资料来源：改编自 Rodrigues, C. (1990). The situation and national culture as contingencies for leadership behavior: Two conceptual models. *Advances in international comparative management*, voi. 5, ed. B. Prasad (Greenwich, CT: JAI Press), 51-68.

有些跨国公司希望各国公司在结构、技术及战略方面越来越多的相似性会克服或削弱跨文化所带来的障碍。不过，尽管各国在这些方面的相似性越来越高，领导者行为可能还是会受文化价值观的影响。如前所述，这意味着为了取得更好的绩效，领导者应该考虑文化价值观。[89] 事实上，一些美国、欧洲及日本的跨国公司已经制订完整的计划以培养更有效的国际化领导人。通用电气、联合利华、诺基亚及索尼公司等都是这方面很好的例子。[90]

还有的跨国公司希望通过用自己的企业文化来取代所在国的文化价值观。这些跨国公司相信，通过强调公司文化，可以培养一批同质的国际员工队伍。这样，管理者可以在各地使用同样的领导战略，哪怕企业在几十个国家和地区运作，外籍员工成千上万。当然，其前提假设是雇员愿意牺牲自身的文化而接受本企业的文化。

这种战略的吸引力在于简便，但是若想用一套共同的价值观来培养一支全球化员工队伍是非常困难的。为跨国公司工作本身就是一种文化价值观的体现。一项研究显示，在跨国公司工作的员工比在本土公司工作的员工表现出更大的文化差异性。因此，当意大利员工为外国公司而不是意大利的公司工作时，他们将会表现得更具有意大利人的风格。在这项研究中，其他国籍的员工也存在着同样的现象。[91]

当跨国公司强迫员工接受与其自身文化相冲突的公司文化时，员工也可能产生抵制情绪。例如，一家美国跨国公司鼓励欧洲经理参与决策，但结果事与愿违。这种做法反而强调了公司价值观与当地价值观的差异，因此遭到欧洲经理的反对。[92]

**表 11.6　国际管理者的跨国技能及传统技能比较**

| 跨国技能 | 具备跨国能力的管理者 | 传统的国际管理者 |
|---|---|---|
| 全球化观点 | 从全球观点理解世界商务环境 | 关注单一国家，关注总部与这个国家的关系 |
| 本地响应 | 了解多种文化 | 成为某种文化的专家 |
| 协同学习 | 同时向来自多元文化背景的人们学习，并与他们一同工作<br>创造文化协同的组织环境 | 分别或先后与来自不同文化的人工作并提供指导<br>把外国员工整合到母公司所在国的组织文化 |
| 转变与适应 | 适应在多种外国文化中生活 | 适应在一种外国文化中生活 |
| 跨文化互动 | 在日常职业生涯中应用跨文化互动技能 | 只在执行国外任务时才运用到跨文化互动技能 |
| 合作 | 与外国同事平等互动 | 仅在明确定义的层级结构及文化范围内进行互动 |
| 国外经验 | 在不同国家和地区间工作是为了职业生涯和组织发展 | 出国或回国主要是为了完成工作 |

资料来源："Management Globally Competent People" by N. J. Adler and S. Bartholomew, *Academy of Management Executive*, Vol. 6, p. 54, 1992. Copyright © 1992 Academy of Management Review. Used with permission.

**国际领导人所需的技能**。正如我们所建议的，跨国公司最好的选择是对管理者进行培训，以及在整个公司中制订培养国际领导技巧的职业发展计划。[93]但这仅仅是一部分内容而已。公司还需要通过有效和可信的方法找出企业内有抱负的国际管理者。[94]接下来，管理者必须学习成为一名合格的国际化领导者所应具备的技巧。正如一家国际猎头公司的 CEO 所说的那样："文化敏感性并不会自然发生，因此，培养全球化管理者往往需要帮助他们发现自己的文化偏见。"这样做并不意味着简单地将管理者推向某个外国职位并把他留在那里。事实上，将国际任务安排给这些管理者仅仅是组织采取主动手段和系统方法的一部分内容而已，这种职业规划把管理者的技能和经验与公司的需要结合在了一起。[95]

一般说来，对于文化问题，国际管理者应该做到不要把自己局限于一个特定的国家或地区。商务国际化的持续发展增加了跨文化联系的频率及多样性，这种联系是管理者必须要面对的。因此，从长远的观点看问题，基于某个具体国家或地区所形成的经验及技巧是无法满足要求的。为了使管理更有效，管理者必须掌握跨国管理技能。

但是，很少有跨国公司努力培养其管理者的跨国领导技能。幸运的是，一些企业开始实施领导人培养项目，它有助于克服大多数企业不够积极所带来的限制。[96]在第 12 章我们将会更详细地讨论国际化员工队伍问题，以及企业如何将领导能力的培养与他们在海外的商业目标联系起来。现在，我们只给读者提供一些跨国领导力培养战略的一般性建议。表 11.7 和表 11.8 对其进行了概括。那些真正希望其管理者能够面对国际化领导力挑战的企业要牢记我们的建议。[97]

**表 11.7 国际管理者跨国领导技能与传统技能的对比**

| 技能/发展领域 | 跨国管理者 | 传统国际管理者 |
| --- | --- | --- |
| 全球观 | 站在全球立场上理解商业环境 | 专注于管理好总部与单一国家分部间的关系 |
| 文化知识 | 学习多种文化 | 成为某一文化的专家 |
| 学习方法 | 同时从许多文化中获得学习，创造出一种文化协同的工作环境 | 分别或依次与每一种海外文化中的人们共同工作，将海外员工整合到母公司文化中 |
| 适应能力 | 能够有效地转换环境，在不同的海外文化中间生活 | 能够适应在某一海外文化中生活 |
| 跨文化互动 | 每天都会运用跨文化互动技能 | 主要在同海外下属工作时才使用跨文化互动技能 |
| 协作 | 平等对待海外管理者 | 根据文化和组织结构中规定的科层进行互动 |
| 海外经验 | 将海外工作经验视为职业和组织发展的关键 | 将海外任务视为完成任务的一种机制 |

资料来源：Adler，N. J.，&Bartholomew，S. （1992）. Managing globally competent people. Academy of Management Executive，6，54.

**表 11.8 对个人和组织发展跨国领导技能的一些建议**

| 对个人的建议 | 描述/解释 |
| --- | --- |
| 对于新的海外经验抱持情感和知识上的开放态度 | 需要提高的技能包括容忍模糊，也就是说，将海外经验视为学习的机会 |
| 避免用你自己的文化价值观推断他人或强迫他人接受 | 注意跨文化情境下他人的想法和感受，这将有助于你认识和跨越文化差异 |
| 事先做好跨文化学习的准备 | 要舍得花时间研究你所在地方的文化，尽可能多阅读相关材料，寻求导师支持 |
| 寻找机会与海外同事面对面接触 | 视频会议可以节省成本，但面对面的互动是不可替代的，不论是在学习方面还是在建立信任方面 |
| 反思自己的文化局限 | 理解你自己的长处和短处有助于你通过海外发展获得最大的收益 |
| 强调海外经验对管理者的重要性 | 工作经验是发展跨国领导技能的关键 |
| 确保跨国领导技能发展与关键的人力资源措施相一致 | 将海外经验与评估和晋升联系起来，在组织中提升跨国领导技能的价值 |
| 为跨国领导技能发展提供支持的机制 | 能够有效地跟踪职业和发展活动 |
| 让高级经理对跨国领导技能发展直接负责 | 高级经理最有能力帮助组织建立明显的和有影响力的跨国领导技能发展机制 |

资料来源：Conner，J. （2000）. Developing the global leaders of tomorrow. Human Resource Management，39，147 – 157；Frost，J. &Walker，M. （2007）. Cross – cultural leadership. EngineeringManageent，June/July，27 – 29.

## 本章总结

在本章中，我们综合讨论了跨文化、跨国家的激励和领导问题。我们首先指出，管理者必须要了解哪一种激励方法在海外更加有效，随后说明了在美国得到认可的方法可能无法适用于其他国家。我们对美国流行的某些激励方法进行了讨论（如赫兹伯格的双因素理论、公平及强化理论以及期望理论），并对它们的跨文化应用进行了评估。

总的来说，在激励方面，很少有比较通用的方法。尽管所有方法的原理都是一样的，但要取得效果，其架构和表现必须至少在某种程度上反映本地的文化价值观。用来提高绩效的如反馈这样“简单”的方法，在不同的地方使用时，其影响有很大差别。例如，墨西哥雇员对来自自己上司的正面绩效反馈的反应就与美国雇员非常不同。美国雇员会以更加积极的态度来提高自己已经很不错的绩效，而墨西哥雇员可能认为，正面的反馈意味着他们当前的努力已经足够。

我们建议，管理者在设计薪酬体系及激励战略时，应该明确地把文化变量考虑在内。为此，我们提出了四个行动步骤，管理者可以将其运用在激励过程中以获得协同效应。这些步骤包括管理者在处理激励问题之前，需要努力了解自己以及雇员的文化价值观体系。对文化价值观体系和架构的了解使管理者能够认同不同的价值观，这有助于制定出合理的激励方法，充分反映当地的价值观及其变化，从而实现管理目标。

对于是哪些因素促成国际商务环境中有效的领导力，我们的结论也同上面的看法相似。在对不同的领导方法进行研究的过程中（如利克特的系统四模型），我们得出下面的结论：领导者的行为会随着文化的不同而表现出极大的差异，意识到这一点的管理者将可以提高自己的国际经营效果。实际上，构成有效领导行为及风格的因素也会随着文化的不同而表现出某种程度的差异。在美国，尽职尽责、敢作敢为的风格大多数情况下都能很好地发挥作用，但在荷兰却收效甚微。随后，我们将视角转向调整过的路径—目标领导方法。这种方法的核心内容是：要取得最好的效果，领导人必须采用最能适应某一特定情境和文化的领导方式。在与霍夫斯塔德的文化维度结合讨论时，路径—目标方法特别有助于解释在四种基本的领导风格中，哪一种将会更好地适应某种特定的文化背景。

最后，我们从企业的角度考察了跨文化领导问题。我们特别强调了跨国公司所有层级的领导者都必须具备跨国管理技能。此外，我们还对如何培养这样的领导者提出了建议。

### 讨论题

1. 本章中所讨论的各种激励方法在国外使用时可能会遇到什么困难？如果要激励日本员工，管理者必须考虑哪些具体问题？对墨西哥员工呢？
2. 如果你想制定一种文化协同方法以应对激励所面临的挑战，应该采取哪些步骤？在使用这些步骤时你可能会遇到什么困难？
3. 描述利克特的系统四模型。如何用它来解释不同领导行为在跨文化背景下会产生同样的正面效果？
4. 组织如何找到并培养具有跨国领导技能的管理者？

## 迎接挑战

### 激励俄罗斯员工

在本章开篇案例中，我们提到了一项研究，该研究将三种美国的激励方法运用到俄罗斯工厂的员工中。第一种方法是给予员工大量的外部报酬（如消费品、现金奖励），以换取雇员的绩效改进。第二种方法包括行为管理，当绩效处于标准之下时，管理者通过对好的绩效给予赞扬以及在绩效低于标准时提出改进建议的方式来塑造雇员的行为。第三种方法借鉴了工作丰富化的思想，它通过依靠参与性的管理战略来改进激励及绩效。简单来说，企业还必须就如何改进工作征求员工的意见，在获得其认可后才能实施。

你的挑战是要预测以上的三种方法中，哪一种会给俄罗斯员工带来最好的效果。研究团队认为，外部报酬及行为管理的方法都将发挥作用。与绩效密切联系的外部报酬是对俄罗斯员工努力工作的补偿，而行为管理则很好地与俄罗斯的人力资源管理传统相匹配。这种传统鼓励成就感以及对公共利益承担责任。

但是，参与式管理有可能遇到障碍，主要是因为这种管理方式与俄罗斯的传统及价值观存在冲突。尽管这些价值观正在不断地变化，个人主义也在慢慢地渗透，但是俄罗斯人已经在一种传统的“闭上嘴”的环境中工作了很多年。在某种程度上，提出问题并挑战权威仍然被视为是给自己带来麻烦的行为。

俄罗斯人勤劳的传统来源于其曾经的公有制环境，在这种环境中，权力距离非常大，人们习惯于专制的领导。受到这种文化价值观的影响，雇员经常表现出对组织及同事的忠诚，希望得到管理者的认可，并在每一个细微的问题上得到指导。而且，许多俄罗斯员工不信任外来者，不愿意与别人共享信息。研究小组相信，参与式管理（要求员工采取主动、挑战现状及公开交流）将很难被俄罗斯员工所接受，至少在短期内是这样。从本质上说，参与式的管理方式将会削弱雇员与老板之间的传统关系，更不用说起到激励作用了。

为了验证这些预测，实验者设计了一个实验。他们将三种激励方法随机应用于不同的俄罗斯制造工人身上。在使用这些方法之前，要收集每一位员工两个星期以来的绩效数据（如布匹产量）。在接下来的两个星期里开始使用这些激励方法，然后再度量每一位员工的绩效。在激励方法停止使用后的两个星期里，研究者再一次度量员工的绩效水平。这个方法是为了验证这样一种现象，即某种方法开始使用后绩效是否有改进，而在方法结束后员工的绩效是否又退回到原来的水平。如果发生了这种现象，我们就可以得出结论：这种方法的应用促进了绩效的大幅提高。

研究团队的预测得到了印证。引进外部报酬后，绩效确实得到了提高，但在停止使用这种方法后，绩效又退回到了原来的水平。在采用行为管理方法的小组中也可以观察到一样的现象，而参与式管理方法却导致了员工绩效的下滑。这些研究说明了在俄罗斯使用西方式激励战略所存在的优势与劣势，特别是在缺乏充分准备及培训的情况下。外部报酬及行为管理的激励方法之所以在俄罗斯获得很好的成效，是因为它们与俄罗斯的传统及价值观是一致的，而参与式管理方式则与这种文化价值相差甚远。

来自同一领域的其他研究成果同样指出，对俄罗斯雇员来说，金钱及其他外部报酬因素常常是强大的激励因素。与他们的西方同事相比，俄罗斯员工更喜欢在群体中讨论报酬及额外津贴，这也许与他们的公有制传统有关。因此，如果西方管理者对俄罗斯员工给予不同的工资及奖赏而不进行任何合理解释的话，立刻就会有怨言传到他耳中。如今，许多外资企业在俄罗斯投资设厂，它们给员工提供了以绩效为基础的提升、红利，再加上额外的福利和利益，如医疗保险和养老金计划，并且延续前苏联时期的做法，为员工提供便宜或免费的午餐。

但是，随着俄罗斯经济的发展以及更多工作机会的出现，从激励的观点来看，西方企业是否仍然面临着风险与威胁？例如，在俄罗斯劳动力中存在着极大的代沟。主要是：(1) 老员工具有优秀的技术技能却不理解西方的商业模型；(2) 有些俄罗斯人在海外接受了商业培训，即使还没有获得商学学位，他们具有为跨国公司工作的丰富经验；(3) 年轻的雇员缺乏经验但是思想开放并且愿意学习。如果你是一家准备在俄罗斯建立分部的国际公司，你会雇用以上哪种人？如果同时聘用了这三种人，你如何对他们进行激励？你的策略是否会由于群体的不同而变化？如果是这样的话，如何区别对待？[98]

# 国际管理技能开发

## 测试你的跨文化激励技能

### 目的

这一练习的目的是为了考虑对来自不同文化背景的人们进行激励而面临的挑战。下面是六个情境片断，讲述了与印度、中国、日本及美国下属共事时遇到的情况，同时讨论了如何对他们采取不同的激励方式。

### 指南

你要为以下每种情境选择一个答案，这项任务可以提前或在课堂上完成。指导老师可能会将全班分成若干小组，通过小组讨论得到自己的答案。你所在的小组将就你们的答案及基本原理进行演讲（5 分钟）。指导老师将会引导你们对每一种情境中选择的最佳答案进行讨论。

### 激励情境

1. 你需要得到沙特阿拉伯同事的帮助来完成一项主要的任务。采用下列哪种说法最有可能获得帮助：
   A. “看在上帝的份上，帮帮我吧。”
   B. “如果你帮我的忙，我会请你吃晚餐。”
   C. “我需要你的帮助，我的朋友。”
   D. “让我们成为最早完成这项任务的人。”
2. 你是一位在中国工作的部门经理。下面哪种方法会帮助你的生产部主管改进绩效？
   A. “如果你的部门的产量提高 20%，你将得到 5% 的红利作为回报。”
   B. “我正在计划重组这个部门，如果你的产量提高了，我可以考虑让你升职。”
   C. “如果你的团队达不到这个限额，你将会被解雇。”
   D. “你为什么不加班，完成这个‘产量限额’呢？”
3. 作为一位经理，现在你要指导美国下属进行一系列的绩效评估。为了激励他们，你要重视评估他们的____。
   A. 敏捷
   B. 创造力
   C. 直率及开放性
   D. 成就
4. 上个月你的日本团队完成了所有的产量目标。下面的哪一项是对他们最好的认可？

A. 请他们吃饭，并对这个团队的领导者给予特别的认可。

B. 不提此事，因为完成目标是他们的工作。

C. 把资格最老的成员叫出来并对他/她表示感谢。

D. 在下一次会议上对整个小组表示感谢，并要求他们继续提高产量。

5. 你管理一家位于印度的公司。一个小组没有完成你的产量要求。下面的哪一项可以让你很好地将主管人员的注意力转移到这个问题上？

A. “提高小组的产量，否则你将被炒鱿鱼。”

B. “你们小组需要帮助吗？”

C. “你最好把自己的小组管理好，否则我就把你调换到别的岗位上。”

D. “你为什么不召开小组会议以找到问题的所在呢？”

6. 你是一家大型国际公司的经理，现在要开展一个重要的项目。Hiro 先生将被派去协助你开展工作。由于 Hiro 先生是日本人，下面的哪一项将更可能对他产生激励呢？

A. 成为一个强大、世界领先的国际大公司的一分子。

B. 年薪的大幅度提升。

C. 被提拔为小组领导并获得更好的头衔。

D. 项目完成后，让他和妻子到夏威夷旅游。

资料来源：From *Multicultural Management*：*New skill for Global Business*, F. Elashmawi& P. R. Harris, pp. 148-151, © 1993 Butterworth-Heinemann. Reprinted by permission

## 接入全球网络 A

### 新兴市场经济中的领导变革

#### 目的

这个活动的目标是为了指引学生参与对特定国家中两种类型的领导风格的讨论：一种是国家主导情况下的领导风格，另一种是向更为市场导向的环境过渡的领导风格。你的指导老师将会安排你去研究某个特定的国家。

在这一章我们讨论了俄罗斯经理在过渡时期中所面临的领导力的挑战。别的国家也在经历着同样的过渡，这些国家包括中国、越南以及部分东欧国家（如波兰、匈牙利、罗马尼亚）。

#### 说明

指导老师将会把你安排到一个小组中（理想情况是 3～5 人）进行研究，对象是某一个向市场经济过渡的国家中所使用的领导方法。这项研究将在课外完成且着重于以下几点：（a）当国家控制经济时所使用的领导方法；（b）国家想成为具有全球竞争力的市场经济所需要的领导能力及管理实践；（c）到目前为止的进度评估；（d）对如何克服变革中的其他阻力（包括如何鼓励领导价值观及管理实践的变革）提出建议。

指导老师将会要求各小组在课堂上就自己的研究成果发表演讲（20 分钟）。接着将讨论在过渡型经济中应采用相同的还是特殊的领导方式，同时还要讨论文化价值观的作用。如果指导老师想把它作为一项个人作业的话，那么请准备参加针对这个问题的班级讨论。

在研究过程中，你可以通过访问下列网站以了解背景信息及这些国家的基本情况。这些网站将会帮助你提炼研究成果，还可以提供文章、报告及其他关于领导及管理的案例：

The CIA World Factbook

www. cia. gov/cia/publications/fact book/

国际货币基金组织国家信息网（International Monetary Fund Country Information page）

www. imf. org/external/country/index. htm

经济合作与发展组织网站

www. oecd. org/topic/0, 2686, en_ 2649_ 37445_ 1_ 1_ 1_ 1_ 37445, 00. html

美国国际开发署

www. usaid. gov/

世界银行集团

www. worldbank. org

## 接入全球网络 B

### 美日韩企业领导力比较

在全球化的历史变革中，适应能力和创新能力是企业生存发展的源动力。领导者应该从社会文化背景出发，以开放的心态适时调整经营和管理战略，不断进行创新。

在当今全球化的浪潮中，美国、日本、韩国的企业均取得了令人瞩目的成就。这些成功充分反映了各自企业对全球化多变环境的适应能力。在动荡变革的环境里，企业能够发展的核心之一，在于企业领导者卓越的领导能力。研究不同国家企业的特性，我们可以清晰地看到以各民族文化为背景的领导力也有显著不同。

#### • 美国、日本、韩国领导力的特点

美国企业领导力的特征是以结果和绩效为导向，为实现组织的目标，建立起整套的评估体系，赏罚分明，是一种有效率的、公平的领导模式。这种领导方式的背后，是美国文化中追求自由、崇尚个人英雄主义的体现。对美国企业的员工来说，一种公平而有效率的环境能够最大限度地激发他们的工作热情，为实现个人的最大价值而努力。

以美国通用电气（GE）公司为例，在杰克·韦尔奇的带领下，公司营造了强调个人奋斗、以绩效评估为导向的企业文化，并建立起以“六西格玛”为代表的一系列质量控制、绩效评估体系。

日本企业领导力的特征是激发员工的归属感，发挥自下而上的团队精神。与美国企业有很大不同，日本企业常常通过长期稳定的就业政策，让员工愿意为公司的长远目标积极努力，从而进一步发挥团队精神和现场工人的智慧，发现问题、解决问题，提高企业的生产和管理效率，实现自下而上的领导方式。

以丰田汽车公司为例，领导者着眼于改进产品和服务质量，通过建立团队合作的企业文化，打破部门间的障碍，鼓励员工在工作中相互学习，给员工人格的尊重和人性的关怀，消除他们对失去工作岗位的恐惧，实现了生产体系的高度质量可靠性和管理体系的稳定性。

相比之下，韩国企业领导力的特征是注重创新和东西方领导方式的融合。韩国在文化背景上与中国、日本等东亚国家相似，在企业发展之初也自发形成了与日本类似的领导模式，比如鼓励员工和谐、追求稳定就业以及家长式的领导风格。但是，随着国际化的发展，一批优秀的韩国企业也逐渐吸收了美国企业的领导方式，注重人才培养，强调绩效管理。

以三星公司为例。作为国际企业，三星从最早家族亲情式的领导方式转型到创新型的领导风格；从强调数量、执行、细节转型到追求质量、速度、创新的工作流程；从稳健温和的人力资源

制度转型到赏罚分明、绩效至上的人才体系。这一系列变革，有效地推动了三星公司近年来强劲的全球化发展。

## • 三国企业领导力的优劣比较

美国企业以绩效为导向的领导模式，在当今瞬息万变的商业社会里十分有效。一个公平、有效的工作环境，明确了员工的职责和任务，对员工的工作动力是一种极大的促进。但是这种以目标管理为导向的领导力严重阻碍了质量控制。根据戴明博士的观点，由于信息不确定性，这种领导模式会限制人们的视野，破坏企业文化，阻碍企业创新。员工为了完成目标，不得不机械地执行命令，导致员工头脑僵化。过大的工作压力，又造成员工之间的不信任，导致争斗，破坏企业的长期成长。

日本企业的领导模式，能够激发员工的责任心，专注于企业的长期发展。这种领导力以东方的家长式文化背景为基础，注重整个体系的良性互动。但这一领导模式容易滋生官僚主义，企业生产效率得不到充分发挥，员工容易失去事业进取心。

韩国企业由于发展在美国、日本企业之后，因此能够参考学习这两种领导模式。正如上文所说，韩国企业领导力自身最大的特点就是勇于创新以及对东西方管理文化的结合。但在企业发展的不同阶段，它们所体现出的领导力仍然有很大的局限性，企业文化的不确定性也会增加企业发展中的风险。

## • 对中国企业的启示

纵观美、日、韩三国企业领导力的不同模式，我们能够发现，对处于不同发展阶段的企业，不同的领导模式发挥着不同的效果。我们不应该把几种领导力形式对立，尤其是对中国社会这样一种拥有极为多元的文化底蕴的情况，企业领导者必须结合自身的生产经营模式、员工的教育背景，以及企业在全球化产业链中的发展阶段，采用更灵活的领导方式。更为重要的是，在全球化的历史变革中，适应能力和创新能力是企业生存发展的源动力。领导者应该从社会文化背景出发，以开放的心态适时地调整经营和管理战略，不断创新，有效地实现企业短期生存和长期发展的有机结合。

资料来源：改编自杨壮：《美日韩企业领导力比较》，《商务周刊》。

http：//news. wenzhouglasses. com/html/news/230645. html

CHAPTER

# 12 培养高效能的国际员工队伍

**学习目标**

- 解释为什么国际人力资源管理战略对于实现企业国际化商业目标至关重要
- 了解甄选国际员工的方法及这些方法的优缺点
- 讨论文化因素如何影响国际雇员的挑选及培养
- 理解组织在国际化运营中应该如何处理机会平等及多元化问题
- 找出有效利用外派人员的主要因素

## 国际挑战

### 跨国公司在中国招募和保留员工的难题

海外企业在中国的经营过程中会遇到许多困难，其中最让人奇怪的也许是如何招募和保留本地员工。我们指的不是工厂中的低技术工人，而是专业技术人员或管理人员。每年有数千家海外企业在中国开设业务，而当地实际上没有那么多有经验的、教育水平符合跨国公司需要的员工。在中国，大学教育占人口的比例只有6%。此外，尽管中国的大学每年培养数百万的毕业生，但在许多关键方面这些大学还落后于西方的大学。此外，许多高技能的中国员工宁愿为本地企业工作（那里的晋升机会似乎更多）。

就算跨国公司能够招募到最优秀的中国员工，如何保留他们也是伤脑筋的事，哪怕为他们提供培训和额外收入的组合。许多跨国公司发现，有经验职位的流失率高达30%，如果这个数字降到15%他们就已经非常满意了。即使这样，与西方国家相比这个数字也高得惊人。一位人力资源专家说，如果你30多岁，会说英文同时也有专业技能，那么假使你放弃了现在的工作，转眼之间就可以找到下一个。

此外，常用的保留员工的手段——涨工资——成了跨国公司之间的出价比赛。会说英语的、有才能的中国员工的薪水将以每年15%的幅度上涨，对此已经很少有疑问。但在绝大多数情况下，涨工资不足以吸引最有才能的员工或补偿员工流失。中国员工，特别是技术领域的员工，经常跳槽到新兴企业或独立创业，即使这样做工资较低。急需技术人才的跨国公司在绝望之下不得不更多地从刚毕业的学生中招募员工，尽管许多中国工程专业毕业的学生还缺乏英语、项目管理或团队工作的技能。

总之，越来越多的跨国公司发现自己陷入了与中国企业的人才争夺战，后者之中有许多现在也在从事海外业务。这两种企业都在争夺同一类人才，年轻的，受过大学教育，英语良好，有一定的经验，能够胜任营销、财务、制造和其他技术领域中的工作。如果不可能一味地涨工资，跨国公司怎样做才能赢得这场人才争夺战？况且，承担这一责任的可能是一位海外派驻中国的人力资源经理，人才缺乏和文化障碍只会让这一责任变得更加艰难。

如果你是这位人力资源经理，你将怎样做？哪些方法可以帮助招募和保留中国员工？他们是你在中国取得成功所必须的。一种思路是，许多高技能员工对金钱之外的事物越来越看重。一家人员招募公司的经理说："在调换工作时，金钱的重要性已经让位于成长需要以及与老板之间更密切的关系。"

与此相似，部分跨国公司开始采取一些有趣的措施来回应招募员工的挑战。在阅读本章时你将会产生一些自己的想法。你将更清楚地理解在中国制定人力资源战略的重要性。在本章结束时的"迎接挑战"中，你会看到一些跨国公司和外派人员是如何招募和保留顶级中国员工的。

## 12.1 从战略的角度看待国际人力资源管理问题

> **人力资源管理**
> （human resource management）
> 一种包含了对雇员进行招聘、培训、开发、赞扬及奖励等活动的管理。

在第11章中，我们考虑了跨国公司中管理者在激励与领导方面所面临的挑战。在这一章中，我们将转向另外一个方面，考虑**人力资源管理**在国际化背景下所扮演的更重要的角色。一直以来，人力资源管理主要包含以下活动：辅助其他部门招聘、培训、培养、考核雇员及薪酬的发放。然而，如果企业要实现国际化目标，国际人力资源经理也必须能够对企业的整体国际化战略计划流程作出贡献，并且在自己的职能范围内从战略的角度考虑问题。[2] 比较理想的做法是，人力资源经理应该参与到企业国际目标的制定和实施的过程中。[3] 表12.1总结了国际人力资源经理面临的挑战。

**表12.1 国际人力资源管理专业人员在海外面临的额外责任**

| 可能的额外责任 | 描述/说明 |
| --- | --- |
| 在决策时可能需要考虑许多外部变量 | 不同文化、法律、语言、货币和政府都可能影响人力资源专业人士的工作，要求更多的专业技能 |
| 员工队伍变得更加多元化 | 员工来自母国、东道国和第三国，福利和薪酬制度都不相同 |
| 大量的人力资源活动和职能 | 全球安置、工作签证和外国税收问题 |
| 更多的国际风险 | 人力资源决策上的错误可能导致巨大的责任（例如支持海外收购或重新安置失败的外派经理的决策） |

但是，为什么说国际人力资源管理的战略性观点如此关键呢？简单来说，那些拥有受过高度训练、工作灵活性强、受到激励的国际化雇员的公司，往往比竞争对手拥有更大的竞争优势，在这些雇员直接支持公司目标的情况下更是如此。[4]正如波特（在第 8 章中已经讨论过他的国家竞争优势理论）所说的："通过决定雇员的技能和激励，人力资源管理会对所有企业中的竞争优势产生影响。"[5]此外，与购买技术或保护资本安全相比，高效的国际员工队伍更难被竞争对手模仿。[6]是否能够管理好世界各地的人力资源往往成为决定跨国企业成败的关键。如果你仍对这一观点表示怀疑，那么请看以下所列出的能够有效地管理国际雇员的企业胜过竞争对手的地方：

- 准确地识别新的国际商机，并且能够更好地调整自己以适应不同的国外环境。
- 很少违反当地的文化准则及价值观（并很少因此而失去商业机会）。
- 成功地在整个组织中推广学习习惯，能挖掘创新思想而不论它们是怎样产生的。
- 能够很好地协调及整合分散在世界各地的子公司。
- 拥有一批具有高满意度及忠诚度的海外雇员，并且流动率低。[7]

正如我们所见到的，当今企业的经营环境比以往任何时候都更加充满多元性文化、法律、经济和政治观点。许多组织现在面临的挑战，是如何既满足对分散在世界各地的业务单元的协调要求，又能够允许个体单元拥有一定的控制权，以有效地解决当地问题。[8]

显然，随着各个公司面临的多元化程度日益提高，这种平衡行动变得更难以实现。例如，让我们考虑一下这种情况：母公司与国外分公司所处的文化背景完全不同。在这种情况下，母公司很难与子公司进行信息、技术和创新方面的共享。同样，必要的组织变革会因此而更加难以推进，不同国家间的雇员冲突问题将更加难以处理。幸运的是，人力资源管理战略可以解决这些问题。[9]例如，国际人力资源经理可以采取措施，以确保高层管理者能够理解公司内部劳动力之间以及世界各地的文化差异问题。他们同时也可以提出建议，让公司对跨国界职能部门进行协调，并由此培养出雇员出色的跨文化技能（如通过涉及大量海外问题处理的培训项目及职业发展路径）。[10]

当然，这只是一些非常一般性的建议，要实现这些建议，需要大量的人力资源管理实践。开始时，企业必须制定出一种国际人力资源理念，明确描述企业对人力资源的态度和价值观。这种理念将有助于企业国际人力资源核心政策的形成，规定了企业将如何对待世界各地的雇员。换句话说，这些政策提供了一个宏观框架，界定了什么是可以接受的国际人力资源实践。在这个框架中，具体单位可以根据所在的地区特点选择具体做法，并对之进行微调。

然而，做到这一点并不简单，特别是那些在许多国家都设有子公司的企业。例如，这些企业可能会发现，设计一种既符合当地的文化，又能够对各地的雇员产生公平激励的薪酬体系极其困难。另外，如何构建福利计划，如何进行招聘、裁员，以及如何管理升职等措施，都会受到文化及当地人力资源管理实践的影响。

尽管存在着这些困难，但选择正确的人力资源管理战略仍会对组织有利，特别是在那些环境比较复杂的外国市场中。例如，想要快速进入转型经济国家（如正在从计划经济向市场经济转变的国家，包括中国及前苏联的加盟共和国等）的跨国公司，无论采取何种市场进入方式（如购买当地的企业、建立新工厂或者成立合资企业等），都将面临一系列人力资源挑战，这些难题可能削弱公司在这种过渡经济中的业绩。

为了应对这些挑战，跨国公司需要采取一种适当的人力资源管理战略。表12.2中列出了三种在转型经济中可能会用到的战略。例如，表12.2中同时提到了社会福利法（social wellfare approach，以一种“从摇篮到坟墓”的方式来对待雇员，这也曾经是许多国有经济的特点之一）及成本遏制法（cost-containment approach，这是美国企业的一个特征，他们相信在面临商务环境变化时，通过裁员或者降低雇员成本能够帮助企业度过难关）。不过，在转型经济中，最有可能对绩效产生积极影响的是“投资雇员法”（invest-in-employees approach）。这种方法对具有强不确定性规避并强烈希望稳定的转型经济尤其有效（如在乌克兰）。毕竟，在雇员身上投资的方法（如社会福利法）确实给雇员带来了一些稳定的因素——条件是这些雇员必须在同一家公司工作到合同终止。事实上，实施这种战略包含了利用一揽子能够反映“投资”于雇员这一思想的人力资源实践（见表12.2）。这是进入转型经济的跨国公司所要努力的方向，至少在长期内必须如此。然而，跨国公司在多大程度上可以使用这一方法还要取决于当地的情况。简而言之，不能以不变应万变，要根据特定转型经济的具体情况，综合运用表12.2中列举的策略。[11]

以上所述强调，制定一个高效的、既能反映基本原则又能结合地方特点的人力资源管理体系并非易事。[12]接下来的问题是如何跨出第一步，我们建议首先建立一种公司层面的理念，即由公司总部制定基本的政策，在实行过程中，允许各国分公司根据不同的国情进行具体的实施。不过，不同公司的政策制定流程有很大的差异。有些公司实际上不在总部控制进行国际人力资源管理。有些公司则由总部制定基本政策，然后咨询海外分公司，根据当地情况实施。有些公司运用的是他们认为在全球各地都行之有效的人力资源管理方法，而不管这些方法源自何方。还有一种情况是，将国际人力资源管理活动在公司总部、各个地区及子公司进行分割，每个部门都承担特定的责任。[13]

**表 12.2　转型经济中的人力资源管理：三种可能的战略**

| 人力资源管理问题 | 社会福利法（如前苏联使用的方法） | 成本遏制法（如美国有“缩小规模心理”的企业采用的方法） | 投资雇员法（用于西方拥有高承诺观点的企业） |
| --- | --- | --- | --- |
| 雇员培训开发 | 仅为特定技术进行培训 | 尽可能降低培训成本 | 为新、老雇员提供大量的开发性培训 |
| 金钱激励 | 薪酬的发放以集体而不是绩效为基础 | 个人绩效决定薪酬水平 | 同时使用个人奖金及以部门或企业为基础的利益分享体系 |
| 雇员健康及福利规定 | 为住房、健康、儿童保育及其他社会需求提供直接、大幅度的补助 | 削减社会福利，削减或取消雇员福利津贴 | 逐渐取消那些与雇员绩效无关的直接补贴 |
| 雇员的工作保障 | 提供高工作保障 | 不提供工作保障 | 提供中等的工作保障 |
| 人力资源管理对公司绩效的关系 | 消极的——可能会导致差的绩效 | 消极的——可能会导致差的绩效 | 积极的——可能会带来更好的绩效 |

资料来源：改编自 Buck，T.，Filatotchev，I.，Demina，N.，&Wright，M.（2003）. Inside ownership：human resource strategies and performance in a transition economy. *Journal of International Business Studies*，34，530-549.

最后，某些企业会根据雇员的不同类型采取不同的人力资源管理方式。例如，一些跨国公司对母国派遣雇员及第三国雇员采取集权式的人力资源管理，而对东道国的雇员则采取授权的管理方式。[14]在下一节中我们将会更多地讨论不同类型的雇员问题。在此请先阅读一下下面的“国际观察”。你可以看到，当使用外国观念来筛选雇员时，事情会变得复杂。

## 12.2　为海外运营配置雇员的基本方法

这一节我们将通过考察雇用外籍雇员的办法来探讨国际化的人力资源管理。接着，我们将研究企业如何培养雇员的全球管理技能。最后，我们将讨论外派雇员的问题。

正如我们所建议的那样，企业在全球经济下的战略选择必须得到国际人力资源管理行动的支持。[16]例如，一个深深植根于外国并在海外拥有显著利益的企业的高层应该拥有丰富的国际经验，他们的能力包括对外国市场、文化及商业惯例的透彻了解。实际上，近年来美国跨国公司的注意力主要集中在两个方面：一是招聘及提升那些具有国际经验的管理者；二是为较低层的管理者提供国际发展机会。我们可以用理查德·瓦格纳的例子来解释这个问题，他成功地把通用汽车公

国际观察

## 从国外招聘优秀的雇员需要特别的努力

在许多领域，例如计算机、医药及航空等，企业若想招聘到具有核心技术的优秀雇员就意味着必须搜遍全世界来寻找这方面的人才。近年来，美国家喻户晓的惠普、微软、德州设备公司以及辉瑞等公司都在招聘外籍雇员以填补关键职位的空缺。即使是在必须解决签证困难以合法地将外籍雇员引进来的时候，这些公司也不放弃。

但仅仅是筛选潜在的外国雇员也会带来不少特殊的问题和挑战。例如，无论外国雇员来自何处，雇员的学位认证评估是非常重要的，但是对于那些在美国以外的国家接受教育的应聘者应该如何处理呢？

显然，很多国外的大学都在提供优质教育。但是如何定义“优质”，这对于美国的人力资源专家来说并非如此简单。国外的大学与美国的大学相比起来往往有不同的标准、课程及评分系统，这就给直接比较带来了一定的困难。一些美国公司使用公司内部测试来评价外籍应聘者的教育、技术及能力。一个较常用的方法是依靠咨询公司，例如邀请总部在纽约的美国教育服务机构（World Education Services Inc）（www.wes.org）来对外国应聘者的学位进行评估。

然而，公司所面的挑战不仅仅是这些。评估外籍应聘者的工作经历对企业人力资源工作者来说也是一个难题，难度不亚于对是否有犯罪行为的背景调查。许多美国企业常常聘请具有专业知识及有海外关系、能评估外籍应聘者工作经验的专家，并在同等条件下将外籍应聘者与美籍雇员进行比较。而且，当与那些不说英语的外籍推荐人员或“看门人”（例如，行政助理、秘书等）进行沟通时，就会经常产生语言障碍问题。因此，不论是由谁来进行背景核实，都必须能够流利地运用相关的语言。

在审查过去的犯罪行为时，困难来源于法律与法律体系的差别。因此，在美国被认为是犯罪的行为在其他国家可能就不是。例如，那些被雇佣到美国工作的雇员常常都会争取永久居民权。为此，这些外国人必须从本国出具文件，以说明他们是否有犯罪历史。这个程序可能会导致美国公司失去外籍雇员。反过来，有些根据本国法律并无犯罪记录的外国人可能无法在美国工作，因为他们的行为按照美国法律解释可能是违法的。还有一个问题是，在某些国家，犯罪记录不够充分，这就给背景审查带来了困难。

文化差异也是美国公司审查外籍应聘者的挑战之一。不同的国家，其沟通方式、对于绩效反馈的期待及工作价值都不一样。美国的人力资源专家应该向外籍雇员解释公司的价值观，并且在面试前就应该对这些应聘者的文化背景有一定的了解。这些准备工作有助于评价外籍应聘者能否很好地适应美国的工作环境。例如，你可能会惊讶地发现在美国的英国雇员与来自其他国家的雇员相比失败率更高，这一事实与大多数美国人认为美国与英国具有相似的工作文化这一认知是相悖的。[15]

司在南美的运营重新拉回了轨道。这就是通用汽车公司最终任命瓦格纳为总裁的一个关键原因。[17]

> **母国派遣雇员**
> (parent–country nationals,PCNs)
> 指的是那些在公司总部所在国家享有公民权的雇员。

然而，为国际化经营配置雇员十分复杂。因为人力资源经理要面临着一系列潜在的、令人困惑的选择。例如，一种传统的做法是在国外的分支机构中，将**母国派遣雇员**（简称 PCNs）放在高层管理者及重要的技术职位上。

> **外派雇员**(expatriates)
> 在海外工作一段时间的母国雇员。

一旦被派往国外，母国雇员就常被称为**外派雇员**，使用外派雇员或母国雇员的原因及其可能的好处在表 12.3 中进行了总结。正如你所看到的，外派将会给公司及雇员带来附加的利益。[18]不过，外派雇员的两个最常见的理由是：首先，在外国机构中缺乏合适的技术专家或管理专家；其次，外派雇员是对国外经营最好、最有效的监督和控制者。

**表 12.3　为什么要使用外派雇员？可能会给公司及雇员带来什么好处**

| 可能带给公司的好处 | 可能带给雇员的好处 |
|---|---|
| 将核心技术及专业知识带往外国的子公司解决一些难题 | 技能的开发（如文化、语言、灵活性、适应性） |
| 留住雇员及培养雇员的忠诚感 | 得到认可、回报、晋升 |
| 了解当地市场及商业活动并将经验带回东道国 | 对企业提供更多的承诺 |
| 培养高级管理团队（以广泛的国际经验为基础） | 旅行的机会 |
| 海外子公司更好的总体绩效 | 更多的工作机会及更高的工作生活满意度 |

资料来源：改编自 Downes, M., &Thomas, A. S. (2000). Managing overseas assignments to build organizational knowledge. *Human Resource Planning*, 20, 33-48.

另一方面，外派雇员通常是成本最高的选择。成本增加的原因是外派任务的失败率较高（例如，外派人员过早回国或其他原因会导致预期目标无法完成）。尽管对失败率的估计差别很大（从 15% 至超过 50%），但是单凭经验来说，大约会有 25% 的外派雇员以某种形式的失败告终。[19]我们将在后面更多地考虑外派这个主题。然而在很多情况下，外派雇员最大的缺点是他们对当地的文化及商业管理知识知之有限，这一点在执行商业任务的早期特别明显。[20]为了防止这一情况的发生，一些企业开始转向招聘子公司所在国的移民或者他们的后代，然后把他们派回其祖国任职。不过，下面的“国际观察”说明，这个方法并不像我们所看到的那样简单。

于是，许多国家转向雇用**东道国雇员**（HCNs），特别是在填补一些底层及中层管理者职位的时候。东道国雇员是来自外国的个人，在那里，跨国公司已经建

## 国际观察

# 本族外派：跨越文化障碍

给你提供一个好的方法来解决头疼的海外管理问题。可以招募本族移民，这些人已经移民到美国或者已经在美国居住了数年，然后把他们派遣回自己的“祖国”，让他们在那里管理国外业务，或者在关键岗位提供专业支持。对一些既要求技术水平又需要对当地文化有充分了解的岗位，难道有什么比这更好的遴选方法吗？所以，很多企业认为这是国际人力资源管理的有效战略。

例如，一些多元化程度较高的企业如赫兹、家得宝、万豪国际酒店、麦当劳和玮伦鞋业公司等，将那些受过严格培训及良好教育的移民派回自己的国家，这些人能够轻松地跨越文化障碍，管理国外分公司或者为那些特许经销商提供服务支持。

玮伦公司的经理Roxana Oreliana就是一个典型个案。Oreliana女士15岁时，因为内战而逃离祖国萨尔瓦多，后来成为了美国公民。35岁时，她选择回到了祖国。当时，玮伦鞋业公司的业务在中美洲可谓如日中天，Oreliana管理了一家店铺，在2004年以前，有大约200家商店在那里开店，而且，未来的店铺数目有可能还会增多几百家，Oreliana不过是公司增长潮流中的一个代表而已。作为一名商店经理，Oreliana女士在萨尔瓦多极力推广的玮伦鞋业公司的品牌，而她对西班牙语的掌握及对当地文化的了解成为品牌推广助动力。

但是，结果并不总是美好的。本族外派（ethnic expatriates）雇员有时会高估自己对本土文化的理解能力，特别是那些已经在美国居住了多年的人。有时，他们又可能被看做是因为要“本土化”而背叛了公司总部。而当地的雇员则认为他们这种尝试着去“表现得更当地化”的行为只不过是为了强调自己外来者的身份，因为这个身份能够给他们带来一笔可观的薪资。

例如，在美国居住了22年之后，Seiji回到日本去管理苹果电脑公司的业务。一年后他又回到美国去了。部分原因是因为美国同事认为他太日本化，而日本同事则觉得他过于美国化。9岁时，坦尼亚移民到了美国。她是以管理顾问的身份回到母国俄罗斯的，当时，她已经获取美国MBA文凭并可以说一口流利的俄语。可是，不到两年，她又返回了美国，原因是对那些阻碍她实现雄心壮志的俄罗斯妇女的厌烦。而且，当地雇员总是不在乎她所设置的工作最后期限。另外一个例子是丹尼，回到出生地台湾管理一个航空企业时，他已经在美国居住了30年。这次的迁移对他来说简直是一个噩梦，因为台湾同事把他看做是一个入侵者。与其他人一样，最后，丹尼放弃了他在台湾的事业而回到了美国。

那么，企业应该如何帮助这些本族外派雇员顺利地完成任务呢？一种方法是聘请当地人作为文化中介以帮助这些外派雇员，另外一种方法是为这些外派者提供跨文化培训。例如，Grace Canepa是一名在美国接受教育的秘鲁人，在她就职于墨西哥的利维—斯特劳斯公司并担任经理后，她发现如果不用职业头衔来称呼墨西哥同事将被认为是一种粗鲁的行为。不幸的是，仅有不到20%的外派人员接受了相关的跨文化培训。[21]

立了子公司。一些企业不愿意把东道国雇员放在海外高层管理者的位置上，认为这样会削弱其对公司的控制权，或者更难以维持一种统一的公司文化。然而，东道国雇员能比**母国雇员**给企业带来更多的潜在利益，因为他们能更好地看到当地的文化、商业机会，并能很好地驾驭当地的语言。东道国雇员对于公司来说成本更低，因为母国派遣雇员需要公司承担昂贵的安置成本及高薪。最后，雇用当地人到外企就职有助于公共关系，并且能够缓解来自政府“本土化”要求的压力。[22]

> **东道国雇员**
> （host-country nationals，HCNs）
> 子公司所在地雇员，他们在子公司所在的国家里享有公民权。

另外一种盛行的方法是在分公司里聘用**第三国雇员**（TCNs）。顾名思义，第三国雇员在他们所工作的国家及公司总部所在的国家里都没有公民权。现在，假定一个外国子公司想聘请一名对当地文化及商业活动比较熟悉的人来担当管理者，母国外派人员有着大量的管理经验但缺乏对当地的了解，而东道国人员尽管对当地情况比较了解，却又缺乏相关的管理技能。此时，一个第三国籍人员将会是最好的选择，特别是当挑选的目的是为该子公司物色一位高层管理者，或想在那些缺乏本土管理人才的国家里更好运营时。例如，一家美国企业在哥斯达黎加建立了一家制造厂，他们会选择在墨西哥招聘合适的雇员，因为墨西哥有着许多会说西班牙语的管理人才。

> **第三国雇员**
> （third-country nationals，TCNs）
> 此类雇员既不属于子公司所在国家又不是公司总部所在国家的公民。

尽管母国雇员、东道国雇员及第三国雇员代表了三种主要类型的雇员，但并没有涵盖所有的雇员类型。例如，大型跨国公司都会需要自己的**国际干部团**，其中的管理者无论被派往任何国家都能够成功地代表公司的价值。这意味着企业在招募国际干部团成员时，更多考虑的是雇员的潜力和能力而不是国籍，并且会安排他们去经历各种各样的国际环境。国际干部团中的经理的职业生涯就是不断地接受一个又一个的外派任务。例如，在访问中国期间，我们遇到了就职于庄臣上海公司的一位美国经理，他已经连续在不同国家工作了 20 多年！看来，建立国际干部团是很有效益的行为。一项研究表明，那些通过大量使用区域性流动及第三国雇员方法来组建国际干部团的公司，比那些仅使用外派雇员的跨国公司能够获得更好的经营绩效。[23]

> **国际干部团**
> （international cadre）
> 这是企业培养出来的一组管理精英，他们将被派往国外执行任务，代表公司总部的利益。

出于同样的原因，母国雇员并没有真正反映**永久性外派**的特征，永久性外派指雇员需要在一个特定国家的子公司里工作较长的一段时间。如果一名美国人

> **永久性外派**
> （permanent expatriate）
> 指雇员被派往一个或若干个外国分公司工作多年。

被一家美资跨国公司在法国的子公司直接录用，结果会怎样？这位美国人是属于母国外派雇员还是东道国雇员呢？实际上，两者都不是。再考虑一名在北京的美资企业里工作的前途无量的中国雇员。他被派往美国总部暂时填补一个管理者的职位，这类雇员有时被称为内派人员（inpatriate）。这种将外国雇员送去东道国工作的做法很普遍，目的是为了培养雇员的技能及强化他们对公司总部的承诺。同样，公司也可以从这些雇员身上学到如何在特定的国家从事商务活动。[24]

图 12.1 向我们展示了员工派遣的部分复杂性。表中描述了雇员可能会在企业的东道国、外国子公司所在的国家及没有业务存在的其他国家之间进行流动。有意思的是，一些专家建议跨国公司应当尽量把不同类型的雇员放在各种岗位上——简单地说，就是让母国雇员、东道国雇员、第三国雇员及其他类型的雇员一起工作。这种做法的原理是：多元化的工作环境可以促进创新及学习，从而改进

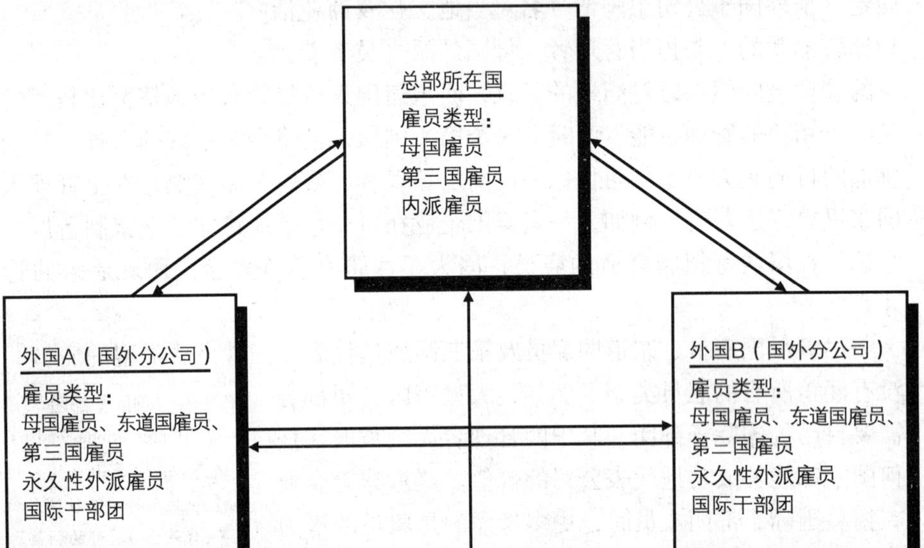


**图 12.1　国际雇员类型及跨地区流动的可能性**

资料来源：改编自 Briscoe，D. R.（1995）. *International human resource management*. Englewood Cliffs，NJ：Prentice-Hall.

子公司的绩效。在这样的背景下，国际人力资源管理专家的职责是确保多样化雇员的组合所产生的优势不被随之而来的劣势（如更多的冲突、运作协调更加困难）所抵消。这一点可以通过适当的社交活动及培训（如让雇员认识到这样做的目的、提高冲突管理技能等）来解决。[25]

## 12.3 国际雇员的甄选和培训

你可能想知道，针对某个地方的特定职位，企业如何确定哪种员工配置方法才是最佳方案。最理想的状态是，这些决策应该与企业所处的竞争环境及其国际发展目标直接联系起来。在很多情形下，人才的甄选方法跟企业的国际化程度和企业在海外运营的复杂性有很大关系。同样，一些因素如企业规模、市场、产业和文化等都会对甄选方法产生影响。[26]

研究结果强调了这种复杂性。例如，有一项研究专门考察了为什么美国海外银行的外派雇员比例会因国家的不同而有很大的差别。结果表明，外派雇员比例高的外国分支机构往往能够提供更加复杂的服务，而且所在国文化与美国文化差异很大。在这种环境下，外派雇员对美国采用的复杂服务拥有更加深入的认识，从而能够比当地雇员提供与总部一致性更高的服务水平。

相比之下，那些将面临着许多当地金融服务竞争的外资银行分支机构更依赖于东道国雇员（HCNs）而不是外派人员。显然，在这样的环境下，一个熟谙当地商业环境而且与当地企业关系良好的东道国雇员的价值，必定会远大于那些外派者。[27]

> **全球中心型哲学**
> （geocentric philosophy）
> 该方法强调在招聘国外雇员时，企业更强调应聘者的能力和绩效，而不是国籍。

无论如何，在制定国际雇员派遣决策时，每个企业都拥有自己的一套特定哲学。例如，**全球中心型哲学**意味着企业在挑选国际雇员时强调的是能力与绩效，而不是国籍，其目的是为了培养那些在世界各地都能成为好的公司公民的管理者。绩效标准是由公司总部及海外子公司共同制定的。与之相对应的是**母国中心型的哲学**，在这种文化下，所有的关键决策都是由公司总部制定，子公司只有很少的自主权。所有总部及子公司的关键职务都是由母国雇员（PCNs）来承担。

> **母国中心型的哲学**
> （ethnocentric philosophy）
> 该方法是指在管理活动中，公司总部制定关键政策及进行决策，而子公司很少或没有自主权，只有服从。

> **多国中心型哲学**
> （polycentric philosophy）
> 该方法允许子公司独立进行人力资源管理，而总公司只负责战略层面的决策。

在这两端之间还有另外两种哲学。**多国中心型哲学**允许人力资源管理部门对外国子公司拥有控制权，但宏观战略决策还是由公司总部制定。换句话说，每个外国子公司都是一个半独立的实体，由它们来进行自己的雇员配置。因此，东道国雇员常常在外国子公司中担任重要职务，但是，他们很少会进入公司总部或到其他国家的子公司任职。同样，按照**区域中心哲学**，大多数外国雇员将不会到公司总部任职，但是雇员可以在不同国家的子公司间流动。[28]

**区域中心哲学**
（regiocentric philosophy）
该方法允许外国雇员在某个区域内的不同国家里工作，却没有机会到公司总部。

## 培养管理者的国际化技能

随着国际运营越来越复杂，许多企业往往会采用全球中心型哲学。它们通常要花费许多年时间，培养一批高效的国际员工队伍，其核心雇员灵活性高、思想开放，并且熟悉好几种文化及语言。由于大型跨国公司会在十多个国家经营，实际上其运营的各个方面都会涉及国际关系问题。这样的企业不可能仅仅依赖若干个有国际经验的管理者就能取得成功。简而言之，所有的雇员必须都能够意识到文化差异，这些差异将会影响到商务沟通及工作关系。[29]表 12.4 总结了国际管理者成功所需要的技能。阅读“国际观察”，其中讲述了如今的国际管理者在旅行时面临的挑战。

**表 12.4　你符合标准吗？国际化管理者需具备的技能**

| 技　能 | 管理上的含义 |
|---|---|
| 多维观念 | 在多个职能部门、多个国家及多种环境下的丰富经验 |
| 直线管理效能 | 成功的海外项目/任务记录 |
| 有效决策能力 | 成功制定战略决策 |
| 广泛的资源 | 能让东道国政府及商界精英认识和接纳的技能 |
| 文化适应能力 | 具有各种跨文化经验，能够快速适应外国文化 |
| 文化敏锐性 | 可以有效地和来自不同文化、种族、国籍及宗教信仰的人相处 |
| 团队建设技能 | 能够创建一个由多元文化组成的团队以完成组织目标 |
| 心智成熟 | 能够忍受国外职位的严格要求 |
| 谈判技巧 | 在跨文化环境中拥有成功完成商务谈判的记录 |
| 变革代理技能 | 成功地发起并实施组织变革的记录 |
| 愿景能力 | 快速发现东道国政治或经济中的威胁及机会，并对此作出反应 |

资料来源：改编自 Howard, C. G. (1992). Profile of the 21st-century expatriate manager. *HR Magazine*, June, 93-100.

那么，企业怎样培养雇员才能使其掌握适当的国际化技能呢？由于没有一种精确的方法可以做到这一点，因此许多企业让那些有潜力的管理者利用几年的时间在国外不同的岗位上进行轮换。这种战略培养了一批优秀的管理者，他们掌握

国际观察

## 国际化管理中的观光旅游课

国际管理者适应能力很强，能够适应频繁的海外出差任务。听起来是不是很诱人啊？也许是这样。不过，这种出差的频率是惊人的并且使人十分疲倦。事实上，近年来，企业往往倾向于利用短期外派（如短于一年）管理者的方式代替传统的外派任务（一般持续若干年）。一项针对500家全球化企业的调查表明，将近80%的公司希望在将来增加使用短期外派的次数。另一项调查表明，这种短期外派是增长速度最快的获取海外工作经验的方式。这种趋势发展起来的原因有两个：首先是成本低，其次是这些公司认为，通过这种方法公司已经培养出具有丰富国际化技能的“全球化管理者”。换句话说，这些公司认为它们培养出来的最好的管理者在世界任何地方都能够有效地开展工作。既然如此，有什么理由把他们在一个地方禁锢三年呢？

短期任务意味着国际管理者将在世界各地作短暂而紧张的短程旅行。过去需要几个月或几个星期的出差旅行都已经被压缩成了数天。同样，那些包含了若干个站点的简短的海外旅程也很常见。例如，一位经理从美国纽约出发的四天旅程，经过了包括赫尔辛基、伦敦及圣保罗在内的几个城市，总行程达17000英里。

不要以为像巴黎、香港这样繁华城市的诱惑可以让你克服时差困难。随着国际市场的扩大，经理们逐渐到一些欠发达有时甚至是危险的地方出差。那些地方街道肮脏、旅馆嘈杂，而且有令人惊慌的疾病以及一些偶然发生的令人毛骨悚然的事件。例如，在巴布亚新几内亚，当旅店的总水管被当地的游击队炸掉后，一位美国经理被迫使用桶装海水洗澡（还有冲水）。另一位美国经理在前往开罗出席商务会议的路途上，发现自己被包围在500000埃及人组成的游行队伍中，他们高喊口号，正在对美国侵略伊拉克事件举行抗议游行。

实际上，“9·11”事件以后，许多公司只是在处理重大任务或需要努力建立关系时才会让雇员出差。尽管如此，差旅仍旧是国际商务很重要的组成部分。如今，公司非常关注国际差旅的合理性，同时也非常关注雇员的安全和保险问题。

无论如何，除了安全问题，频繁出差还导致个人与家庭之间的关系问题。彼特先生是波士顿Giga信息公司的高管，他有3/4的时间经常是出门在外，而且大部分时间是在国外出差。有人问他儿子圣诞节需要什么礼物时，儿子回答说希望爸爸能够在家。同样，约翰的妻子也在抱怨说：“中国控制了我们的生活。”两个孩子非常想念爸爸，而且还因为爸爸不在身边而受学校里同学们的嘲弄。为什么？因为约翰先生每年都要到中国出差十次，为他自己在匹兹堡的Union Switch&Signal公司招徕生意。

当然，这些短期全球性旅行也会带来很多积极效果。在中国，阿里伯惕先生对自己能够“站在前沿”倍感鼓舞。另一个好处是他可以像CEO一样处理问题，包括签协议、当场作决策等。此外，中国人还对他表现出极大的热情，为他提供轿车、豪华宾馆，对他也很尊重。

然而，平衡频繁国际差旅的正面和负面后果需要巨大的灵活性和适应能力。让我们看看Joaquin Carnbanel的例子。9岁时，在古巴的父母亲就把他送去美国生活，因此，他很早就必须适应国外的环境。在获得法学文凭后，Carnbanel先生进入了BellSouth公司工作，随后，他就经常在亚特兰大及南美的许多国家之间不停地出差。Carnbanel先生认为，如今，一个国际管理者的基本生存技能就是把自己的风格同当地文化结合的能力。多年以来，Carnbanel先生学会了处理三个大陆上差异很大的商业风格。同样重要的还有外语技能、在总部有导师指导以便“适应”总部的环境以及对时差的抵抗能力。通过这一番经历后，Carnbanel先生认为“无论到哪里，你都会有家的感觉。”[32]

了不同国家及不同组织环境下的工作经验，可以管理一个刚开业的子公司、一个正在运行的合资企业、正在进行重组的公司等。另一种方法就是招聘那些毕业后想回国工作的留学生，他们的语言及文化技能在自己的国家中可以发挥出作用。同样，一些企业也开始关注那些能够流利地讲多国语言、容易接纳其他文化并愿意完成海外任务的雇员。

最后，一些美国公司在某些培训项目上取得了成功，它们把世界各地具有潜力的管理者集中起来，让他们在一个模拟的环境中去完成一系列的项目。这些做法既建立了跨国关系，又改进了跨文化问题的解决技能。例如，摩托罗拉公司每年都会把几百名世界各地的经理通过模拟商务培训集合起来，这项活动可能持续若干个星期。一名参加过这种模拟培训活动的经理说道：“这种培训项目的真实性和挑战性非常强，很让人吃惊。”使用这种方法可以为公司节约成本。法国食品巨头达能公司通过使用模拟场景的方法，在三年内将外派经理执行任务的失败率从35%降低到3%。[30]

事实上，那些拥有多家子公司的跨国公司已经为雇员设计了全球化培训方案。有时，这些方案中还包括了对外派雇员的培训（这一内容我们将在下面进行讨论）。然而，全球化培训方案主要是集中在更大的目标上，例如培养整体文化意识、在跨文化团队中有效工作，以及培养跨文化沟通能力。宝洁公司、英特尔公司和柯达公司等都是成功地使用了全球培训方案的美国公司。[31]

## 选拔与培养过程中的文化差异

前面我们已经提到过，文化价值将会决定企业对国际化雇员的选拔及培养方式。例如，在大型跨国公司中，美国及英国的企业所使用的招聘及管理外派人员的方法与德国、日本企业采用的方法存在一定的差别。[33]也许文化冲突是这些差别原因最好的解释。让我们看看美国人托马斯·迪米克（Thomas Dimmick）的经历。他受聘于韩国的三星电子公司，任务是协助总部在新泽西建立一家工厂：

“招聘程序很独特。很多人参加面试。韩国人习惯于非正式谈话。由于达成一致的过程十分艰苦，所以很难制定决策。在有关成员没有充分、自由地表示支持或关心我的候选资格之前，上级不会表明他们的立场。个人问题很关键。话题大大超越我妻子和我自己。他们所关心的问题已经深入到我的家庭内部，例如我的父亲是干什么的，我的母亲是不是还在工作，以及我的兄弟姐妹都在干什么等。我家人的这些情况似乎对我有着我无法理解的重要性。"[34]

迪米克先生被这种招聘程序搞糊涂了，因为它与美国公司一般采取的程序大相径庭。另外，正如迪米克先生所承认的，由于对韩国文化及招聘习惯不够了解，他无法理解事情到底为什么会这样。同样，三星公司的韩国经理显然没有意识到，提问这些私人问题会使美国人感到不舒服。在美国，询问私人问题是受到限制的，而且被认为与面试无关或带有歧视倾向，或两者兼而有之。实际上，在美国，哪怕是简单地问到其中的一些问题也是违法的。然而，来自外国的管理者可能没有意识到这些法律及文化约束，或是发现自己无法理解。韩国人则认为，如果无法了解应聘者的家庭生活、宗教取向和家庭情况，则这个招聘过程就是失败的。[35]

幸运的是，招聘程序可以修改。例如，传统的美国招聘及工作分析程序经过调整后，可以很好地适应某些日本企业试图在美国工厂推广的文化价值观。如何做到这一点？难度很大。在一家汽车配件厂里，日本经理在聘用美国雇员的时候，有意向这些雇员灌输团队技能、一致性、和谐关系及其他的"日本价值观"。相反，美国经理则认为他们的责任是为某个特定的岗位挑选合适的人才，因此，对个体进行公开比较自然无法回避。然而，日本的价值观让部分日本经理对美国人在应聘者之间进行公开比较的做法感到很不适应。显然，美国与日本的招聘方法是不一样的。幸运的是，这家美国工厂制定的甄选系统聪明地把美国与日本的方法结合了起来。

在这个混合系统下，应聘者先组成工作小组，然后根据要求去安装汽车的雨刮马达。小组中个人的绩效由一组经过培训的评委进行考核，最后通过共同商议给每个应聘者评分。满足最低分数要求的应聘者是合格的，将被工厂聘用。这个系统将个人评价（美国）及总体评价的共同决策体系（日本）结合了起来，同时允许日本经理评估他们认为关键的问题，例如一个应聘者的团队工作能力。[36]

最后，选拔及培训项目是否成功，取决于这些方法是否与接受培训的雇员的文化相匹配。对于美国经理来说，关注自我的培训（self-focused training）比关注群体的培训（group-focused training）更能提高雇员绩效。中国经理的看法则恰恰相反。对于美国人而言，与他们能够在一项任务中取得成功有关的信息（关注自我的培训），比与他们所属的群体取得成功有关的信息（关注群体的培训）"更有价值"。关注自我的信息在个人主义国家里受重视，因为绩效通常由个人行为决定。与此相反，中国经理可能会更加注重描述关于个人所属团队如何去完成任务之类的信息。在集体主义文化里，人们常常首先把自己当成是团队的成员，其次才是个人。因此，“绩效”是通过分担的责任确定的，这就使得与组织绩效相关的信息变得更有价值。总而言之，在制定培训方案时，企业应当考虑到被培训对象的文化价值观。[37]

## 平等机会及组织多元化的管理

在这一节里，我们将讨论跨国公司所面临的多元化管理问题。例如，文化规范使得美国企业很难为外派雇员提供公平的机会，尽管法律要求他们这么做。《1991年民权法案》规定，如果美国企业对在国外工作的美国公民由于肤色、性别、种族、宗教或是州别来源等方面发生歧视，则是违法行为。只有在遵从美国法律意味着违反当地法律的情况下，企业才可以回避这个问题。例如，如果一个国家的法律规定严禁妇女担任经理，则美国的人权法律将不适用于在当地从事商业活动的美国企业。[38]

一般来说，美国企业面临的障碍更多来自于文化而不是法律。美国人认为，在劳动力市场上每个人应该拥有平等的机会，而这种价值观并非在每个地方都得到承认。高露洁公司就遇到了此类问题，当要求巴西雇员填写一份关于公司内“平等机会”的调查时，他们无法理解“平等机会”是什么意思。最后，公司只好更改了调查问卷里的措辞。[39]

事实上，有些人认为，将妇女或少数民族雇员派遣到某些特定文化的国外环境工作，本身就说明了这些人的工作效率高，同时发送出了这样的信息：美国企业希望向外输出自己的人力资源管理理念。众所周知，某些沙特阿拉伯的男性不愿意与当地妇女进行商务交往。有抱负的职业女性在那里必须面对这样一个事实：妇女驾驶汽车是违法的；[40]在很多非洲国家中，女性一直被认为是男性的附属；[41]在俄罗斯，大约75%的失业者为女性，并且极少有女性能登上高级经理的位置。[42]

在日本，女性也被认为要服从男性，但这种状况在不断改变。[43]在美国，几乎一半的经理为女性，而在日本，仅有不到10%的经理为女性。[44]在一项调查中，将近60%的日本女性认为男人应该在外努力赚钱，而女人的任务只是做好家务和照顾孩子。然而，在北美及西欧，持有这种观点的女性比例很低。例如，仅有24%的美国女性认为男人应该养家糊口。[45]

无论如何，那些在日本或沙特阿拉伯等国家的美资企业有时会尽量不外派女性雇员，以避免因当地人对不同性别的敏感而带来的麻烦。但是，如果美国企业为了避免与当地的文化规范相冲突而拒绝外派女性或少数民族雇员，他们可能会在因性别和种族歧视而提起的诉讼中败诉[46]。女性歧视可以用来解释为什么美国人不愿意将女性雇员派遣到国外去执行任务，但这并不是只有在美国公司才能看到的现象，欧洲妇女也面临着同样的歧视，哪怕她们的背景和技能跟男性同事相比毫不逊色，但是，她们很难得到外派任务的机会。[47]

北美国家里女性的外派比例占10%～20%不等，这就表明在外派甄选过程中的确存在着性别歧视问题。然而，有专家预测，随着管理层中女性比例逐渐上升，她们被外派出国的机会也在增大。但是，有些女性雇员丧失出国机会的原因，仅仅是因为上级往往认为，与男同事比起来，她们对国际职业感兴趣的程度更低。公司常常会夸大将女性或少数民族雇员外派出到预想的敌对环境中工作的风险。其实，外派到国外的女性雇员首先被注意到是其外国人的身份，其次才是她的性别。因此，她们可能很少遭遇到类似于当地妇女所遇到的麻烦。实际上，性别对于在国外工作的女性雇员来说可能倒是一个优势，因为她们更加引人注目。许多在海外任职的女性雇员声称同事对她们都比较好奇，女性的身份使得他们更容易被人记住，且更容易接近重要人物。[48]

那么，企业应该如何帮助女性外派雇员成功地在海外开展工作呢？下面的建议可供参考：

- **招聘**：认真考虑女性雇员海外工作的机会。这种做法有助于根除以往的错误观念，即认为女性雇员在海外工作时会遇到一些“障碍”，同时强调在特定的情境下，女性雇员比男性雇员更有可能取得成功。
- **出国前的培训**：企业可以对女性雇员进行培训，让她们很好地利用当地文化对性别的态度，并能在特定的环境下利用其独特的职位来提高工作效率。同时需要对女性雇员进行教育，使她们懂得如何看待性别歧视者的评论，以及在某个国家遇到尴尬场合时如何应对。
- **现场支持**：关于文化及性别问题的培训，在女性雇员海外工作最初的几个月内应该持续不断地进行。其中还应该有研讨会，用以讨论在海外工作可能会遇到的无法预测的困难。企业可能通过给女性外派雇员提供明确的职称及责任来帮助她们。如果在这些方面界定模糊，将会降低女性雇员的可信度，在日本尤其如此。
- **回国后的角色榜样**：回国后的女性雇员应该被视为是其他想到海外工作的女性雇员的榜样。要点是向其他女性雇员表明，她们被派遣到国外（就算是在“敌对”环境中）工作同样可以取得成功。[49]

但是，企业应该如何处理不同国家间的多元化问题呢？事实上，企业面临着两个最基本的多元化问题：首先，他们必须有效地处理跨国多元化问题（如母国外派雇员、东道国雇员及第三国雇员间的关系）；其次，他们还面临着处理好**国内多元化**问题的挑战，主要是来自同一个国家但种族不同、民族不同雇员之间的关系。事实上，移民不断进入美国劳动力市场，使得美国企业所面临的国内多元化挑战越来越严峻。[50] 表 12.5 列举了有效管理多元化的跨国公司可能获得的收益，以及在此过程付出的代价。

**国内多元化**
(intranational diversity)
来自同一国家但却属于不同种族、不同民族的雇员间的关系。

**表 12.5 多元化跨国公司的收益和成本**

| 多元化的可能收益 | 多元化的潜在成本 |
|---|---|
| 组织相关的收益：对新观念更开放、更多的思想方法和理解；创新能力、灵活性和解决问题的能力得到提高带来更多的决策选择 | 组织相关的成本：模糊、困惑和复杂性增加，更多的错误沟通，更难以达成某些行动协议 |
| 地点相关的收益：更好地理解本地员工、顾客和市场，更好地理解本地文化、经济、法律、政治和社会环境。 | 地点相关的成本：在本地情境下仍然使用公司普遍政策、惯例、程序、和战略的风险，民族优越感导致忽视多元化的潜在收益。 |

可以通过四种方法来解决跨国及国内多元化问题。其中最有用的方法是**多元文化主义**，它对所有文化的积极面采取开放态度。这些积极因素将可以用来创造新的互动和做生意的手段。最不能发挥作用的方式是**隔离主义**，它反对所有的其他文化价值观，只保留自己的价值观。不难预测，这种策略根本无法把来自不同文化背景的人组织在一起工作，如果在一起，也会是冲突不断。另外两种方式处于上述的两个极端之间。**同化**要求从属群体（如在外国出生而在美国企业里工作的雇员）必须要与主导群体（如企业的美国经理）的价值观保持一致。从长期观点来看，如果企业不努力去了解从属群体的价值观，这种方式将会导致不信任的结果。最后一种方式叫**去文化主义**，实际上是隔离主义的温和表现方式，它指的是每个群体在努力保持自己文化价值观的同时，尽量不去影响其他的文化价值观（如外派人员不了解东道国的文化，他们也没有意愿去了解）。[51]

**多元文化主义**
(multiculturalism)
对所有文化的积极面都采取开放态度。

**隔离主义(separation)**
这种方法是指排除其他文化而仅保留自己的文化。

**同化(assimilation)**
要求从属的群体必须要与主导群体的价值观保持一致。

**去文化主义(deculturation)**
允许每个群体保持自己的文化而不用去影响他人。

如果多元文化主义是最有效的方法，那么在实际的管理操作中应该如何实施呢？第一步是要接受有关文化多元化的主要观点。可以看看高露洁公司的例子（就是让巴西雇员填写调查问卷时遇到麻烦的公司）。高露洁公司的经营范围很广，在 200 多个国家拥有业务，大约 75% 的公司收入来源于北美以外的地区。高露洁公司所用方法的核心是尊重。所有的经理都必须参与“重视高露洁人”项目，这个项目说明通过尊重差异可以有助于实现组织目标。计划开始只是关注公司的全球化价值（如关心雇员、工作团队）。后来，关注点开始转移到了具体的国家上来。对在美国工作的经理而言，这意味着他们必须关注诸如种族、性别和年龄的歧视问题。在其他地方这些事情则有可能变成宗教或阶级歧视问题。通过关注不同地方的特殊问题，高露洁力求实现雇员之间的互相尊重。项目的最后一个目标是考察企业的流程和系统是否支持尊重。例如，对经理的评估标准中就包括了经理带头尊重下属这一条。高露洁打算最终把这个项目推广到世界各地的雇员中。[52]

## 12.4　外派人员问题

在本章的最后一节，我们将讨论与外派人员甄选及培养相关的问题。显然，由于“9・11”以后安全问题使得费用大幅度提高，美国跨国公司已经很少采用传统的手段外派雇员。实际上，越来越多的美国公司正在通过招募当地人、短期外派和利用各种技术（如电话会议、电子邮件）等手段替代外派。[53]另外，我们需要牢记的很重要的一点是，外派雇员只占大多数公司海外雇员总数很小的比例(仅为 1% ~2% )。[54]

不过，对很多美国跨国公司而言，外派还是一个相当重要的手段。另外，减少外派人员和实行短期外派的做法还不是很普遍。例如，最近的一项调查表明，不少日本公司的报告表明，它们实际上正在增加向海外派遣长期外派人员的做法。[55]问题是，跨国公司经常需要外派人员以完成各种关键任务，其中包括技术专家、子公司的管理者以及关系建立者（可能只是非正式协调的一部分）。总体看来，还没有哪一种简单的方式可以取代长期海外外派。

大致来说，在美国以外的国家工作或是到海外出差的美国人的数量相当庞大。大约有 600 万美国人在国外工作，每年还有 750 万人在海外出差。美国跨国公司的各类外派人员有 130 万左右，其中 80% 的外派者有自己的配偶或同伴。还要考虑子女问题。在外派的经理中，70% 为双职工，孩子在 18 岁以下的经理占到总数的 60% 。综合起来考虑，至少有 300 万人是直接受到外派任务影响的——这里我们所指的仅是美国的跨国公司。某些大型跨国公司确实是在大量地使用外派人员。例如，能源巨子皇家荷兰壳牌集团尽管聘用了大量的当地人才，但是仍然往大约 120 个国家派出了近 5600 名外派人员。[56]

当然，你不会认为一项需要三年时间的外派任务是有吸引力的，因为你也许会担心恐怖主义、政局动荡及个人的安危等。事实上，近几年来人们都在感到世界变得越来越危险了。如今，在 240 个国家或地区中，有 30% 被界定为危险地区，而在 1998 年，这一比例仅为 20% 多一点。[57]此外，使用外派人员在许多方面都是一种比较冒险的方式。如果企业在招聘及管理外派人员方面出现错误，其后果将会是灾难性的。表 12.6 总结了这些后果。

**表 12.6 外派雇员：失败的后果**

| 后 果 | 描述/含义 |
|---|---|
| 过早回国 | 失败且被派送回国（或自己要求）的外派雇员的估计数量变化很大（从 15% ~ 50%，具体数量主要取决于任务的类型及外派雇员自己的情况）。无论如何，外派雇员过早回国将会导致企业失去有效竞争的能力。 |
| 浪费重新安置成本 | 将一名外派雇员（大多数时候还包括配偶、伙伴或孩子）送出国的成本非常高，更别提附加成本。对一个过早回国的外派者所支付的全部成本很容易超出 10 万美元。 |
| 浪费准备成本 | 一项失败的任务意味着企业同时损失了花费在外派雇员身上的直接成本（包括培训费用、海外工作的额外报酬、住房津贴等）及间接成本（没有完成工作）。 |
| 其他间接费用 | 任务的失败打击了外派雇员的自信心并使其职业生涯受到损害，同时还破坏了与当地雇员、官员、顾客及供应商的关系（所有这些关系都将需要一定时间才能恢复）。 |
| 无效的表现 | 尽管这些外派人员想坚持完成工作，但仍有 50% 的人并没有很好的表现（如决策不当、损害当地关系等） |
| 回国后的雇员流动 | 在完成外派任务回国后的一年内，25% 的外派雇员离开了企业，这就使得企业损失了对一个外派雇员 3 年内超过 100 万美元的投资。雇员的流动可能表明，75% 的外派雇员在回国后并没有得到升职。 |
| 负面的因素 | 人们会传言有关外派雇员存在着问题（如失败率、被上层遗忘问题、回国后并不乐观的前景等），使甄选新的外派人员变得更加困难，从而很难与外国的运营进行协调并利用海外机会。 |

资料来源：改编自 Birdseye, M, G., & Hill, J. S. (1995). Individual, organizational/work and environment influences on expatriate turnover tendencies: An empirical study. *Journal of International Business Studies*, 41, 787-806; Black, J. S., Gregersen, H. B., &Mendenhall, M, E. (1992). *Global assignments: Successfully expatriating and repatriating international managers.* San Francisco, CA: Jossey-Bass; Carpenter, S. (2001). Battling the oversea blues. *Monitor on Psychology*, *July/August*, 48-49; Hauser, J. (1999). Managing expatriates' career. *HR Focus*, February, 11-12; Poe, A, C (2000). Destination everywhere. *HR Magazine*, October, 67-75.

你也许不属于那种喜欢在具有挑战性的环境中奋斗的人。不过，美国跨国公司在不断地要求其经理掌握丰富的海外工作经验。[58]如果你认为自己属于那种能够在外派职位上取得成功的人，跨国公司是会感兴趣的。越来越多的中国公司也希望自己的高管有过海外工作的经验，外派成为进入高管层的前提。表 12.7 列出了一些取得外派工作成功的提示。

**表 12.7　为海外工作做好准备**

| 获得海外工作的提示 | 解释/说明 |
|---|---|
| 多学习一门语言 | 掌握多种语言永远是一种就业优势 |
| 如果申请低级职务，强调你所拥有的任何一种专门技能 | 只要恰当表达，专业技能对于争取低级职务非常有效 |
| 如果申请高级职位，要尽可能参与有关键人士在场的社交活动 | 留心那些在你将去的地方有势力的人士，与高管招募者建立长期联系 |
| 加入国际专业从业人员的圈子，增加可见度 | 参加国际会议，为国际刊物供稿，在国际会议上发言，这些活动帮助你结识未来可能在海外雇佣你的人士 |
| 在报纸上发表国际问题的文章以提高你作为专家的声誉 | 自愿撰写文章、向记者提供国际商务方面的消息用于商业报纸或出版物报道，有决定权的人士可能会注意到你的名字并提供海外职位 |
| 请海外供应商、顾客或官员介绍你 | 这些人可能会雇佣你或将你推荐给有权决定的人 |
| 与过去的同事保持联系 | 他们可能正在为一个有海外职位的组织工作并且刚好能够提供帮助 |
| 自愿支付招募成本 | 主动承担面试和异地工作安置的费用当然代价很高，但这会给海外招募经理留下印象，帮助你同成本更低的本地候选人竞争 |

简单说来，外派成本非常高，即使当一切顺利时也是如此。把所有的额外费用（包括高薪、家庭成员的飞机费用、迁移费用、住房津贴、孩子的教育费用、交通费、税收、探亲假、综合培训等）加起来，第一年的费用相当于一个海外派遣人员基本工资的3倍。在国外工作3年的费用就有100万美元（在第13章我们将会更详细地分析这些费用）。下面，我们将探讨哪些因素会影响外派雇员工作的顺利完成，以及公司应该如何使用这些信息以更好地管理外派人员的工作。[59]

## 甄选外派雇员

在甄选外派雇员时，美国公司经常过分强调技术技能、管理资格，以及快速解决海外问题的愿望。事实上，欧洲及斯堪的纳维亚的公司更倾向于强调跨文化技能，并且它们在招聘过程中运用了比美国更多的评估工具。也就是说，欧洲及斯堪的纳维亚企业使用了更具有战略性的甄选程序，它们要求应聘者所具有的技能要与其特定的海外任务目标和要求相匹配。只有少数美国企业能够系统地将战略目标与外派雇员的甄选结合起来考虑。另外，心理因素（如开朗、好奇心及社交能力）及家庭适应性（如配偶或伴侣是否愿意及是否有能力去适应国外的环境）这两个因素通常也是预测外派雇员能否顺利完成任务的最重要指标，在某些特定的地方尤其如此。[60]

那么，跨国公司应该如何测评外派人员的绩效呢？显然，方法各不相同。不过，面试（有时候包括对其配偶进行面试）、人格测试（如衡量其适应及情感的成熟度等）、培训练习中的表现、对其过去成就的评价等工具是甄选中最常用的手段。面试是几乎所有美国企业甄选外派人员时所采用的手段。除了考察特定的任职资格外，这些面试还将重点放在预测雇员的未来是否成功的个人因素上。其他相关的成功因素还包括外国子公司的选址或者企业本身的情况。正如表 12.8 所示，这些潜在的重要因素有着很大的影响。[61] 关键是在挑选外派雇员的过程中，必须努力做到人与职位的最佳吻合。这就意味着，必须对个人、地点和具体的企业问题之间的联系进行评估，在很多情形下，这是一个很苛刻的要求。[62]

**表 12.8 外派任务：可能导致成功/失败的原因**

| 企业因素 | 任务所在地因素 | 个人因素 |
|---|---|---|
| 跨文化培训的范畴及性质 | 与"国内"环境的文化差异程度 | 宽容、灵活且有能力将总部与东道国的商业活动结合起来 |
| 协助外派雇员的交流/协调机制 | 发展水平（如贫困、基础设施、市场等） | 应对技能、社会取向及重建社会网络的能力 |
| 任务的性质（如明确性、难度） | 环境及稳定性（如政治/商业风险的水平） | 语言知识、领先的国际经验 |
| 职业发展规划（如回国雇员的职业发展规划） | 政府的规章制度（如关于产品的性质、劳动力的使用） | 教育背景、专业水平 |
| 所提供的激励 | 与国内地理距离是否相近 | 家庭的适应性 |
| 是否有导师 | 对外国人的态度 | 管理技能 |

资料来源：改编自 Downes, M., & Thomas, A. S. (2000). Managing overseas assignments to build organizational knowledge. *Human Resource Planning*, 20, 33-48.

事实上，并非所有促进外派雇员完成外派任务的因素都适用于每一个人。例如，美国、日本及欧洲的外派人员常常会利用完全不同的方式来调整自己以顺利完成任务。这些区别反映了外派雇员的本国文化及其公司人力资源管理方式的多元化。[63]

但是，尽管在甄选过程中已经充分考虑到了这些复杂性，但选定的人员可能会不接受。因此，财务一揽子计划（financial package）必须要富有吸引力。此外，安全、家庭及职业等问题都是雇员所关心的。例如，这些外派雇员的配偶和伙伴可能因为出国而必须辞掉自己的工作。如果外派任务可能影响国内工作或学习机会，某些配偶和伙伴甚至会反对外派任务。对职业问题的担心不是没有根据的，因为很多外派雇员在回国后是被降职而不是升职。许多企业只是随意地将这些回国后的雇员放在当时的空缺岗位上。理想的情形应该是，公司要明确这些国外的工作将如何有利于雇员的职业生涯。然而，一项调查显示，许多公司并没有对雇员回国后的职业发展作出明确的承诺。

现在，很多企业都开始对可能外派的雇员所关心的事项给予积极的回应（尽管只有更大型的企业才有可能给雇员提供帮助）。例如，在那些聘有外派雇员的企业中，有25%的企业开始将外派人员配偶收入的损失纳入到雇员的财务计划中。这些公司通常会帮助外派雇员的配偶寻找工作、准备简历及提供职业咨询等。同时，大约90%的企业答应外派雇员在接受海外工作的任务前，可以到工作地去考察一番，并且有50%的企业为外派雇员的家属提供语言培训。一些公司还采取了特别的政策以招聘和保护这些外派的雇员，尤其是在不安全或动荡地区。例如在2003年，一家美国的建筑公司为其在伊拉克工作的每位雇员提供每年7.5万美元的免税“艰苦地区”补贴，总额达到这些外派雇员基本工资的60%。还有的公司在雇员出国前为其准备一份较详细的安全教育手册（包括应急操作步骤、个人的安全建议、危险人物及当地的政局情况），并为在比较危险地方工作的雇员提供更加安全的居住地（如有围墙保护的房子及24小时的保安）。[64]

总的来说，企业需要有一个明确、系统的程序来甄选外派雇员（参看表12.9）。首先，企业应该组成一个招聘小组，其组员由母国经理、东道国经理及人力资源经理组成。在这里，人力资源经理的作用是要识别有潜力的应聘者及确保整个程序中使用的是有效的甄选工具。同样，母国和东道国经理的任务是要保证整个招聘过程及结果满足总公司及外国子公司的需求。接下来就是明确任务和目的，并对派出地的跨文化技能的重要性进行评估。当前面三个步骤完成后，招聘小组就可以着手制定成功应聘本职位的指标。这些指标将被用于甄选过程（如推荐、发布工作公告）。接下来，招聘人员将会通过一组工具组合（如面试、练习、测试）来考察应聘者。在这个过程中，面试官应该鼓励应聘者及其家属仔细考虑自己是否能够适应这样的外派任务。这样做是为了把公司的决定坦率地告知可能被派往国外的雇员。

在应聘者被筛选得越来越少以后，面试可以做得更加深入，比如详细地描述外派任务。这些面试内容应该包括外派雇员在国外的期望以及外派任务给其职业生涯带来的好处。在这一阶段特别重要的是要对应聘者的配偶、伴侣及家人进行面试。执行任务前，企业一般会安排雇员及其家属前往即将工作的国家，以便他们提前了解新环境。对雇员或家属提出的与派往地区或任务有关的所有问题，公司必须严肃对待并深入讨论。最后，甄选小组可以把职位提供给最有可能成功的人选，一旦接受，则应该通过其他手段对外派人员进行培训。[65]

**表 12.9 有效挑选和评估外派人员的建议流程**

| | |
|---|---|
| **组建团队，挑选和评估候选人**<br>**（团队成员应当包括母国经理、东道国经理和国际人力资源专家）** | |
| ↓ | ↓ |
| 分析与工作、企业有关的因素 | 分析与地点有关的因素 |
| 工作的性质，与公司战略的关系<br>工作需要哪些技术的和管理的技能<br>与本地员工交流的密度<br>培训的性质/程度<br>当地支持的性质/程度 | 与本国差异的程度<br>当地政治/社会/商业环境的性质<br>当地发展水平与生活标准<br>与本国的接近程度<br>对外国人的态度 |
| ↓ | ↓ |
| 建立筛选的标准，进行招募 | |
| ↓ | |
| 考虑可能影响外派成功的个人因素 | |
| 能力、需要和前往的意愿（为了职业或个人的发展）<br>家庭状况与动态（随迁伴侣和孩子）<br>教育背景、国际经验、技术技能和语言能力<br>个性因素：宽容、灵活、开放、情绪稳定、外倾、宜人<br>“软”技能：任务导向、关系导向、能够在本国和东道国惯例间建立桥梁 | |
| ↓ | |
| 运用多重筛选和评估标准进行选拔 | |
| 运用测试工具评估候选人的个性和学习技能以及胜任力<br>对候选人过去的绩效、经验进行正式的评估，特别是有关海外背景的部分<br>对候选人的家庭成员进行面试（包括母国经理、东道国经理和国际人力资源专家）<br>在测试中心使用各种模拟/练习考察候选人的适应性 | |
| ↓ | |
| 候选人接受外派任务 | |
| ↓ | |
| 外派人员接受培训和项目准备 | |

## 对外派雇员的培训、准备及调整

外派任务的有效准备工作应该包括哪些内容？一般来说，培训及准备必须成为一个连续的过程，并努力在出国前、出国期间、回国后进行（外派雇员在刚到达国外时会经历一场文化冲突，回国后也会经历类似的事）。所有的培训项目都包含两个基本的目标：（1）帮助雇员迅速有效地开展海外工作；

（2）尽量减少外派雇员及其家属在新环境中（包括回国后）所遇到的调整问题。[66]

遗憾的是，许多公司在雇员出国前并没有对其进行任何跨文化培训（在那些拥有外派雇员的企业中，有40%的企业是这样的）。而在中小型企业中，这个比例更是接近90%。已经有证据表明，跨文化培训可以改进雇员适应新环境的能力并促进工作绩效的提高。[67]

培训应该是怎样的？主要包括哪些内容？跨文化培训过程主要包括三个步骤。首先要关注文化差异，这种差异解释了为什么外国人的思考及行为方式与自己不同。其次，外派雇员应该掌握在新的文化环境下正确做事的知识，也就是说，雇员必须对自己所接受的新文化知识进行思考，并且通过这些知识来构建自己行为的心理框架。这个框架有助于外派雇员了解在国外的环境中应该如何办事，以及犯了错误会引起什么后果。最后一个步骤是练习与文化相符的行为方式，这种行为方式必须与外派雇员的智力架构相符。这一训练过程将会有助于外派雇员对自己的行为进行调整以适应当地的文化，并且能够增强他们在面对外国同事、客户及供应商时的信心。[68]

有些培训非常简单，仅需几天就可完成；有些培训则需要付出大量时间及努力。事实上，一些较深入的培训需要若干个月才能完成。表 12.10 列出了各类培训的难度及一些相关的培训活动。选择合适的培训难度及培训活动的组合非常有必要。在制定这些组合决策时，企业需要评估任务的重要性、持续时间以及外派雇员与当地人员接触的频率。例如，如果外派雇员的工作需要与当地人进行广泛的联系，并且外国公司中的沟通准则不一样，那就要进行更严格的沟通培训。这个例子强调了评价**文化刚性**的重要性，换句话说，就是要判断任务所在地的文化与外派雇员所在国家的文化有多大的差别。在其他条件一样的情况下，外派雇员的本国文化与任务所在地的文化差异越大，则雇员的调节过程就越困难。因此，对于那些难以很快适应较大文化差异的外派雇员，应该进行严格的培训。例如，美国人在非洲、中东及远东国家将难以调整自身文化以适应当地文化，而在西欧国家就容易得多。再比如，美国人认为他们在肯尼亚所接触的文化就比在德国接触的文化更加“外国化”。总的来说，文化刚性会对外派雇员的调整产生负面影响，同时还会对雇员到国外工作的意愿起到很大的影响作用。[69]

> **文化刚性(cultural toughness)**
> 描述的是外国文化与个人的国内环境相差的程度，及其所带来的调整上的难度。

表 12.10 跨文化培训的严格水平

| 严格程度 | 持续时间 | 包含的活动 |
|---|---|---|
| • 低 | 4～20 小时 | 讲座、影片、书籍、地区简介 |
| • 中等 | 20～60 小时 | 除了上面涉及的活动外，还包括角色扮演、案例、最基本的语言培训 |
| • 高 | 60～80 小时 | 除了上面涉及的活动外，还有评价中心、情景模拟、现场考察、较深层次的语言培训 |

资料来源：Black, J. S., Gregersen, H. B., & Mendenhall, M. E., (1992). *Global assignments: Successfully expatriating international managers* (San Francisco, CA: Jossey-Bass) Inc. By permission of the publisher.

**外派准备的趋势**。一些跨国公司正为对外派雇员进行较全面、系统的培训而作准备。例如，为了系统地评估外派雇员在执行外派任务时所遇到的问题，荷兰皇家壳牌公司将 1.7 万份调查问卷派发给原来、现在以及潜在的外派人员及其家属。公司以调查结果为基础，制定出更好的培训和职业生涯管理规划。[70]

现在，很多培训项目是通过挑战外派雇员对不同文化的歧视、假设和态度的方式来提高他们的开放心态。这种方法远远超过原来惯用的对国外商务礼节的短期、肤浅的培训课程。如今，企业在培训的各个方面都体现出了对各种文化的理解及尊重。这也是摩托罗拉公司在伊利诺伊设立文化培训中心时所考虑到的因素，其课程设置就是为了帮助经理在任何一种文化背景下都能够有效地开展工作。[71]但是这些广泛的培训方式到底能够在多大程度上能发挥作用仍有待探讨。正如一位专家所言："我们了解哪些技能和特质是在跨文化环境下有效完成任务所必需的，但我们还不知道能否有效地培训人们使之掌握这些技能。"[72]

之前我们提过，现在许多企业都开始关心安全、家庭及双职工夫妻等问题。从某种程度上说，这是因为这些问题已经带来了麻烦并且似乎很难解决（还有可能更糟糕）。例如，在对《财富》500 强企业进行的一项调查表明，88%的企业承认在未来几年里，双职工问题将会在甄选外派人员和绩效方面带来更多的问题。实际上，外派雇员的家庭情况常常是预测成败最重要的指标——甚至比文化技能、适应性或工作知识还重要。[73]

好消息是，把雇员配偶、伙伴和孩子加入出国前培训计划中有助于外派雇员及其家属更快地调整以适应新的环境，将这种活动与其他形式的帮助（如帮助其配偶寻找工作或补偿其收入减少的部分）结合起来会更有效。[74]

然而，在进入培训及准备阶段后，外派雇员还必须依靠自己的努力。正如一位专家所说："很少有哪家企业会完全采用由研究所得出的那些关于外派雇员的甄选、培训、培养及支持结果"。[75]

因此，外派雇员可能会想要根据自己的情况来进行出国前的准备，这意味着可以通过参加大学课程进修来提高公司培训不包括的技能和能力。同时，外派雇员也可以跟专业从事跨文化培训的公司（如总部位于芝加哥的 Cendant Intercultural 公司：www. cendantintercultural. com）进行咨询。另外，向那些曾经在自己将要被外派的国家里工作过的雇员咨询也是一个比较好的选择。最后，哪怕企业没有提供机会，外派前外派雇员也可以跟家属一起到东道国访问，这有助于外派雇员及其家属更好地适应新环境。一旦到了国外，外派雇员也可以寻找一个有价值的关系网，这个关系网可以向他提供支持、建议甚至友情。这类组织有许多是由外派雇员建立的，并且在网络上就可以查到相关信息（如 www. anamericanabroad. com 和 www. talesmag. com）。[76]

## 外派人员回国后的问题

不幸的是，当雇员结束其在国外的工作回国时，企业仍然面临着要继续对这些雇员进行回国准备、职业规划及培训等问题。外派人员在回国后也面临着很多问题。而这些**外派回国**问题正是导致归国雇员离职率高的原因。下面是回国雇员普遍碰到的问题：

> **外派回国(repatriation)**
> 经过一段时间的国外工作后，外派人员回到母国并适应环境。

- 长期旅居国外的生活，使得雇员不适应母国和自己价值观的变化，对自己国家的环境感到陌生。
- 外派期间，由于母公司的变化，必须进行大量的调整及重新学习才能适应。
- 回国后再重新接受一份工作是比较困难的（例如，可能是降职，可能是一个与之在海外工作联系不大的岗位，或者是一份职业发展不明确的工作）。
- 重新适应国内与国外相差很大的生活环境。
- 在国外表现得很好，但是感觉在国内不受重视。
- 在回国后不得不去适应较低的生活水平（再也没有国外的额外津贴及其他福利）。[77]

很多企业现在开始意识到，忽视外派雇员回国后所面临的问题将会付出高昂的代价。因此，有些企业在外派之前就已经强调了这些问题。例如，主要经营药品、化学品及农产品的孟山都公司开展了回国培训项目以避免员工的高流失率。造成高流失率的主要原因往往是雇员回国后的升职期望得不到满足所导致的。现在，孟山都公司在对外派雇员的出国前培训中，就包含了回国后的就业培训。同时，公司给回国雇员提供机会，让他们公开展示在国外的工作成果，并且提供专家协助他们应对调整的问题。这些项目有助于雇员在回国后绩效的提高及对环境的适应。[78]

防止“被领导遗忘”也是一个关键的问题。有些企业在一年内有计划地让外派雇员回国若干次，以表示对他们工作的感谢。这些外派雇员将有机会与重要的管理者会面，甚至有可能得到一个指定的外派导师的指导。归国旅行是回国调整的开始。雇员在国外工作的时间越长，归国后调整回原来的状态就越困难。为了避免这类问题的发生，企业应该在雇员即将回国前的一段时间内增加其回国的频率，对那些在国外工作超过两年的雇员尤该如此。

例如，在国外拥有若干办事处的美国制造企业 Coherent 公司，在雇员结束外派任务前安排雇员短暂回国几个月。在这段时间内，公司会适当安排雇员参与某些项目的工作。随后，他们将回到国外完成任务，再永久性地返回国内。在美国的这一段时间有助于外派雇员熟悉其外派回国后的办公室环境、同事以及尚在进行中的项目，也使外派雇员回国后的生活更有滋味。总的来说，这个计划有助于缩短外派雇员的回国调整期。表 12.11 中列出了另外一些方法，企业可以参照这些方法使外派回国流程变得更加容易。

**表 12.11 改进回国调整的步骤**

| 时间框架 | 步骤/描述 |
|---|---|
| 出国前 | • 就回国后的工作选择与雇员进行明确的沟通<br>• 建立职业发展规划<br>• 指派本国或东道国的导师支持外派雇员的工作<br>• 安排回国探亲 |
| 回国前 6 ~ 9 个月 | • 明确回国后再就业的职位选择<br>• 给外派雇员提供工作空缺信息<br>• 要求雇员完善简历<br>• 安排雇员回总部参观以帮助其进行调整及安排工作面试 |
| 回国前 3 ~ 6 个月 | • 让雇员及其家属简要讲述他们学到了什么<br>• 给雇员及其家属介绍可能会对回国后生活带来影响的国内情况变化<br>• 要求雇员列出回国后的个人/职业期望，以减少误会并纠正错误的假设<br>• 向雇员解释企业政策变化及回国计划——特别是那些与财务有关的问题 |
| 回国初期 | • 安排雇员和家庭成员加入一个由原外派人员组成的欢迎回国的组织<br>• 给每个回国雇员安排一个导师，为他说明公司结构、政策、技术或产品/服务等发生的变化<br>• 为回国雇员配偶提供与职业相关的帮助（如寻找新工作）<br>• 给雇员提供咨询以解决更加麻烦的问题<br>• 向外派雇员展示企业对他们的关怀 |
| 回国后 3 ~ 6 个月 | • 为雇员提供培训，解决雇员因为重新回到原工作岗位而产生的心理冲击，以及任何回国后的负面想法<br>• 评价雇员在国外获得的新技术及积累的经验如何更好地为组织服务（向雇员收集建议）<br>• 再次评估调整的过程，找到关键问题，并对雇员提供帮助 |

资料来源：改编自 Shilling, M. (1993). How to win at repatriation, *Personnel Journal* (September); Solomon, C. M. (1995). Repatriation: Up, down or out? *Personnel Journal*, January, 28-37.

## 本章总结

本章首先讨论了国际人力资源管理的战略价值。然而，要制定能够支持组织目标的具体的人力资源管理方法，可能需要企业建立一种国际人力资源管理理念，以此促进核心国际人力资源管理政策以及适应特定市场的人力资源战略的形成。例如，跨国公司若想快速进入转型经济市场，则需要采取投资于雇员的策略，特别是在市场进入方式会带来人力资源问题时（如收购当地企业、修建新工厂或是开办合资企业）。

我们还指出，甄选及培养国际化雇员是一个比较复杂的问题。为此，我们考察了成功的国际管理者所需要具备的技能。

接下来，我们探讨了为国外子公司配置雇员的几种基本方式，主要包括母国雇员、东道国雇员及第三国雇员。另外，一些企业还在尝试培养国际干部团以随时到海外工作。如今，越来越多的企业正在采用内派（inpatriate）的手段，即将外国雇员派遣到母国完成各类开发项目，以便提高员工对企业的承诺。

企业在制定雇员配置决策时，往往以一种特定的甄选理念为指导。一个极端是“全球中心法”——主要是以能力为主。“母国中心法”则与之相反，意味着只有母国外派人员才可以到海外的关键职位任职。“多国中心法”和“区域中心法”则介于这两个极端之间。在多国中心法中，人力资源管理控制权放在外国子公司的手中，但关键决策由公司总部制定。同样，按照区域中心法，大部分外国雇员将无法到公司总部工作。不过，雇员可以从某一地区的一个国家转移另一个国家。

本章也考察了对组织中跨国多元化和国内多元化进行管理所涉及的更广泛的问题。比如，有时候企业很不愿意把女性派到某些国家，因为那里存在地区偏见。但这些问题往往是被高估了。实际上，在某些外国地区，女性有可能比男性更容易取得成功。

最后，我们考察了几个与外派相关的问题。显然，外派失败的后果是严重的。因此，企业必须运用甄选标准来精确预测外派人员的成功率。当然，外派雇员需要作好准备以应对在国外将会遇到的文化及生活方式的改变。在一定程度上，培训计划的实际性质和水准应该根据国外地区的文化刚性决定。要成功地返回国内，雇员也必须进行充分准备。幸运的是，很多公司现在已经在外派前就开始了精致的回国培训计划。这些培训计划对雇员回国后的调整和绩效都将产生积极的影响。

### 讨论题

1. 为什么国际化人力资源管理战略对于企业来说非常重要？
2. 母国雇员、东道国雇员和第三国雇员这三类雇员的使用各有哪些优势和劣势？
3. 文化如何对国际雇员的甄选和培训产生影响？
4. 公司可以采取哪些主要方法来管理多元化？在你看来，哪种方法更有可能成功？
5. 成功的外派雇员的甄选、准备和回国的计划应该具备哪些要素？如何有效地管理文化刚性、家庭问题及对性别的担心？

## 迎接挑战

### 在中国的外派一线：吸引和保留本地人才的别样手段

在本章开头，我们讨论了跨国公司在招募和保留有经验的、大学毕业的中国员工时所遇到的困难。当然，制造业企业也会碰到同样的问题。多年前，摩托罗拉成功解决这一问题的方法是向工厂员工提供密集的培训，提高他们的技术和培养对质量的信念。摩托罗拉还发现，围绕公司口号如“六西格玛”（百万件产品中次品率不超过4件）开展培训也会吸引中国员工。口号在中国是一种有用的工具。一家摩托罗拉工厂里的工人只花了6个月的时间就实现了六西格玛的工作目标。摩托罗拉的另一项挑战是如何保留其经过培训的员工队伍，这项花费巨大的投资很可能在竞争对手的招聘袭击下遭遇损失。摩托罗拉从中国的“铁饭碗”制度中得到启发，建造了数百套公寓，向愿意支付首付的员工提供产权，价格比市场优惠。

那么，白领员工呢？尽管近来发生了全球性的衰退，但中国保持了增长，专业人员就业市场机会很多。在本章开始时，我们提出过一个问题。作为负责人力资源的海外派遣人员，你将如何在中国市场打赢人才争夺战？除了工资，其他因素似乎变得也更加重要了。

外派经理和跨国公司正在尝试一些创新的方法来招募中国专业人员，许多公司加强了员工关怀，就像摩托罗拉多年前所做的那样。总之，跨国公司开始调动中国因素来吸引和保留优秀本地员工。做到这一点并不容易。一位在外国企业实习的中国商学院学生说，尽管外国企业工资高，“为了体面和个人满意，最好还是在中国公司工作”。

幸运的是，海外公司日益认识到，与主管和员工建立情感联系有助于他们招募和保留中国员工，这样的联系能够激励员工努力工作，提高对公司的承诺。例如，在外派经理招募中国高管时，他们可以提供个人关怀和辅导，帮助后者在长期职业生涯中获得成功。美国泰森食品公司一位外派经理甚至主动向潜在候选人发出邀请，尽管当时公司并没有合适的空缺职位。因为泰森公司在中国发展很快，经理不希望失去这位英语流利的候选人，他提出让后者充当自己的私人助理，为期12个月。在正式职位安排之前，他将跟随这位经理工作。这是一个很好的学习机会，这种安排发挥了预期的作用。

美国和欧洲的经理们还必须走出自己在“教导”员工时的“舒适区”。在中国，员工们在接受“教导”时常常还希望能够与经理建立起个人关系，而这在西方国家并不常见。例如，为了和下属建立有效的关系，来自西方的外派经理将不得不听取下属们的各种抱怨，从异性交往、买房、父母关系到同事关系。简言之，在西方职场中不得逾越的界限，例如不宜在办公室讨论的诸多个人问题，在中国却是公开谈论的话题。

中国的计划生育政策也会对人力资源产生影响。许多家庭只有一个孩子，对父母的依赖使得他们缺乏独立性。一位外派经理转向招募较少“宠坏”环境下成长的员工，例如那些来自偏远地区的员工或在寄宿学校中生活过的员工。在一个极端的例子中，这位经理曾经不得不连哄带骗告诫手下的一位员工摆脱对母亲的迷恋，这位员工在日常谈话中每天会十几次提到她（“这件衬衫是我妈给我买的”）。

与此同时，中国专业人员在职场体验到的压力也在不断增加，几乎可以赶上西方职场了。跨国公司中国员工发生倦怠、药物滥用、饮食紊乱的情形比几年前有了显著的增加。然而，在处理这些问题时，中国职场和西方职场有着很大的区别。尽管一些跨国公司在中国向本地员工提供两性关系、儿童看护、债务处理方面的咨询，但具体的做法却与西方不同。例如，为了照顾中国人对面子的爱好——中国员工往往不愿意承认自己需要帮助——咨询和治疗要贴上“个人福利服务”的标签。此外，在中国的群体社会中，有时个人对个人的对谈可能是困难的，此时需要采取群体会谈和在线咨询的形式。

无论上述哪种情况，跨国公司和在中国的管理者都要保证他们对中国的杰出人才体现出深切的关怀，包括他们的职业发展、工作压力和个人生活。如果他们不能做到，员工就会跳槽。一位在麦当劳工作几年并且晋升到管理职位的员工最近离职了，因为他的上级在他“晋升”的问题上语气含糊。

## 国际管理技能开发

### 你的国际化倾向是什么

#### 目的

这个测试的目标是为了考查自己对其他国家与文化的经验和感兴趣的程度。测试可以带来某些启示，用以判断你是否对某个国外的工作环境感兴趣并能够在那里取得成功。

#### 指导

下列这些样本是从国际化倾向量表中提取出来的。回答每一个问题并将每一维度的分数进行加总。每一个维度最高总分为 20 分。

#### 维度 1：国际化态度

下面列出了一些评判数值，将这些数值填到每个问题的前面。

| 5 | 4 | 3 | 2 | 1 |
|---|---|---|---|---|
| **非常同意** | **同意** | **不确定** | **不同意** | **很不同意** |

Q1：______外语教育应该从小学开始。

Q2：______到世界各地旅行是我生活的首选。

Q3：______长达 1 年的海外工作对我及家人来说是一个诱人的机会。

Q4：______别的国家对我来说充满吸引力。

______对第一维度的分数进行加总。

#### 维度 2：国外经验

Q1：______我学过一门外语。

1 = 从没有
2 = 少于 1 年
3 = 花费了 1 年
4 = 花费的年数不多
5 = 花费了几年时间

Q2：______我能讲另外一种语言。

1 = 我不会讲其他语言
2 = 我只能讲一些很短的、简单的句子
3 = 我了解一些基本的语法结构，词汇有限
4 = 我可以理解大部分的交流内容
5 = 我可以很流利地讲某国语言

Q3：______我拥有在国外的经历（旅游、留学等）。

1 = 从不
2 = 大约一个星期
3 = 几个星期
4 = 很少几个月
5 = 几个月或几年

Q4：______在18岁以前我已经出过国了。

1=从来没有

2=大约1个星期

3=很少几个星期

4=很少几个月

5=几个月或几年

______对该维度的分数进行加总。

### 维度3：对差异的适应

下面列出了一些评判数值，将这些数值填到各个问题的前面。

| 5 | 4 | 3 | 2 | 1 |
|---|---|---|---|---|
| 极为不同 | 十分不同 | 有些不同 | 基本相同 | 十分相似 |

Q1：______我的朋友们的职业目标、兴趣及教育背景……

Q2：______我的朋友们的民族背景……

Q3：______我的朋友们的宗教联系……

Q4：______我的朋友们的母语……

______对该维度的分数进行加总

### 维度4：对文化事件的参与

下面列出了一些评判数值，将这些数值填到各个问题的前面。

| 5 | 4 | 3 | 2 | 1 |
|---|---|---|---|---|
| 总是 | 经常 | 有时 | 很少 | 从不 |

Q1：______我曾在不同民族背景的餐馆里用餐（如希腊、印度、泰国、德国）

Q2：______我会关注网络上主要的世界新闻

Q3：______我会参加一些民族节日

Q4：______我会去一些艺术馆及博物馆参观

______对以上分数进行加总

### 自我评价讨论题

你想改变自己的国际化倾向吗？如果是，你将会采取哪些步骤来改变生活的各个方面？

海外任务对你是否具有吸引力？为什么？你愿意去哪些国家工作，不愿意去哪些国家工作，为什么？

资料来源：This exercise was prepared by Paula Caligiuri, School of Management and Labor Relations, Rutgers University. Use with permission. As appeared in *Management international: Cases, exercise, and readings by* Dorothy Marcic and Sheila Puffer. Copyright? © 1994 by West Publishing Company, Minneapolis/St. Paul, MN., a division of International Thomson Publishing, Inc. Reprinted by permission.

## 接入全球网络

### 在特定企业中学习更多的国际化人力资源管理技能

### 目的

这个练习有两个基本目的：（1）更多地了解跨国公司的海外子公司及其在国际合作关系中所面临的各种国际人力资源管理问题；（2）比较不同公司在应对国际人力资源管理挑战时所采用的方法有何不同。

### 指导

你的指导老师将会把整个班级划分成若干个小组，每个小组包括3～6名成员，每个小组将至少对两家当地企业的管理者（最好是承担一定的人力资源管理责任）进行访谈。这些企业从事国际商业活动，涉及海外雇员。需要海外雇员（如外派人员、当地劳动力或第三国雇员，或是这三者的组合）的活动有：

- 在国外拥有自己的办事处，以便营销和销售其产品及服务。
- 开设国外子公司提供服务或制造产品。
- 在国外拥有合资企业。
- 建立国际联盟以开发技术、生产产品、共享信息或者进行国际商业交易。

这一访谈的目的是要对企业所面临的国际人力资源管理问题进行评估，并决定公司应该采取什么措施来应对这些问题。在访谈中，你提出的问题可以包括以下几个方面：

- 你参与的国际商业活动的性质是什么？
- 在这一国际化活动中，你所面临的主要的人力资源管理挑战是什么（如为国外子公司配置雇员，或对当地的问题控制能力不足）？为什么会存在这些挑战？这些挑战在多大程度上反映了不同国家间文化、法律或是政治上的差异？
- 已经采取了何种人力资源管理战略、政策及实践以应对这些挑战？它们在实际操作中有没有取得成功？为什么？

在访谈中，你可以根据公司的具体情况将上述问题具体化。同时，指导老师可能会要求你去研究特定的国际人力资源管理问题，并且要设定一些问题以检验当地的公司是如何对这些挑战做出反应的。

在练习结束后，每个小组都要就自己的研究结果做一个 15 分钟的演讲。如果认为无法通过小组方式完成，指导老师可能会将之布置成一项个人作业。同样，如果这类访谈难以进行，指导老师可以把它设计成网络问卷的形式。

在课后进行国际人力资源管理研究时，可用于国际人力资源管理的信息资源非常多，尤其是在网络上。例如，你会发现以下这些网站对你的研究很有帮助：

- www. expatriates. com（该网站有许多有关外派雇员问题的链接）。
- www. hrspectrum. com/articles _ pres. htm（网上咨询公司，可以为你提供一些有用的针对国际人力资源管理问题的网站）。
- www. hrvillage. com/（该网站致力于帮助企业及个人去应对人力资源管理问题）。
- www. shrm. org/（人力资源管理社会网，该网站提供了大量的专业信息及链接）。
- www. workindex. com/exthome. asp（该网站拥有上千个链接及目录，均与人力资源管理问题及工具有关）。

在所有的小组都做完演示后，指导老师将会组织全班进行讨论（大概为 15 ~ 20 分钟），讨论的问题主要有：

1. 报告中的人力资源管理挑战在多大程度上反映了企业所参与的国际化经营的种类。
2. 报告中的人力资源管理挑战在多大程度上反映了国家特有的因素（如文化差异）。
3. 评价一下各家企业所采用的人力资源战略的本质及适当性。有无改进建议？

CHAPTER

# 13 国际雇员的评估和薪酬

**学习目标**

- 辨析绩效评估中的问题，学习对不同文化背景中的员工提出绩效反馈意见
- 认识到尽管绩效评估的主要原因之一是为了决定薪酬，但远不限于决定薪酬
- 认识到在不同的文化背景下薪酬的特定含义
- 了解适用于海外员工薪酬的不同模型并采取最好的方法

## 国际挑战

### 在海外接受绩效评估

公司派你到中国去执行一项长期任务。你以前从来没有去过中国，但是，为了让你在这个新的文化氛围中舒心地生活并当好经理，公司已经作了很充分的前期工作。通过一段时间的汉语学习，你认为自己只要在语音语调上再下些工夫，就能够与人更好地沟通。在中国的前两周，你感到很不适应，不过很快就恢复过来，试图通过努力工作来忘却惯常的思乡之情。6个月后，公司开始对你进行绩效评估。不过，评估方式却令人感到困惑。你阅读了很多资料，并确信中国是一个群体导向（集体）的文化。因此，在担任经理的几个月里，你一直试图采用集体参与的方式来指导工作。你特别鼓励员工参与到生产线和供应商订单系统的建设过程中。如果效果不理想，你会马上向团队和负责人进行反馈，以期更佳效果。显然，这些做法遭到了强烈的反对，你接到了母国上司不温不火或者模棱两可的评价。开始你对此不以为意，但是，几个月以后这个评价导致了一个很可怕的后果，因为回到美国后，它成了你升职的一大障碍。此外，你没有意识到上海房价的昂贵。你的工资尽管在本项外派工作中属于偏高水平，却很难应付这里昂贵的生活支出。所有这一切令你不得不考虑要像你的同僚经理们曾经采取的行动一样——取消在中国的工作！你不由得想起过去的同事来。他们在做什么？他们如何定位自己未来在公司中的地位？你未来的角色是什么？你又想起了舒适明净的家。这里到底怎么了？你应该怎样应对这种螺旋式下降的状态？在阅读本章内

容时，请思考一下可能的原因。在篇尾“迎接挑战”一节，我们将讨论对此事的看法。

## 13.1 绩效评估

绩效管理从来就不是一项容易的工作，给分布在全球的员工做绩效评估就更困难了，这些员工有着不同的文化价值观，他们愿意接受的绩效管理方式差别很大。还有，应当如何评估海外派遣人员的绩效？跨国公司在管理和评估员工绩效时应当考虑下面这些核心问题：

- 在管理和评估全球员工的绩效反馈时是否应当采用一组标准化的政策、程序和行为惯例？
- 跨国公司是否应当采用一组分散的系统，以适应本地商业和管理惯例？
- 跨国公司是否应当采用一种混合的绩效评估方式，既考虑标准化的行为惯例也要考虑本地因素，尊重当地习惯？

对这些问题并不存在简单的答案。尽管已经有些跨国公司逐渐转向采用混合方式，但这实际是最难的一种。要想让全球员工专注于公司的目标，行动起来成功地实施公司的全球市场战略，绩效评估系统是关键机制。然而，在不同地区的员工对绩效的理解、对反馈的反应和对工作的看法都是不同的。

绩效评估对大多数雇员而言是最具争议（也可能是充满怨恨）的行为之一。如果你向一组有实际工作经验的管理者提问，他们最不喜欢自己工作的哪一部分，这些管理者大多会把对雇员的绩效评估列在首位。人人都不喜欢年度（或频率更高的）**绩效评估**，部分原因是由于绩效评估并没有能够给员工带来令他们满意的直接反馈。很少有管理者喜欢这个流程，在需要做出负面反馈时尤其如此。此外，流程本身也有一些内在的困难。

> **绩效评估**
> （performance appraisal）
> 对工作绩效反馈的规定。

### 进行评估

现在你面对着一个典型的评估场合。假设在公司的伦敦总部，你手下有6名员工，你负责对他们的工作绩效进行评估。除非你一年到头对每一名员工的活动进行大量纪录，否则你必须拥有出色的记忆能力。你必须能够回顾每一名员工所完成的任务以及他们的不足之处。然后，必须把这些优点和缺点精确地综合考虑到整个年度的评估期内，并且不被最近发生的事情或特殊的事件所左右。对某种岗位（如销售）而言，这个流程可能比其他岗位（如研发）容易操作。无论如何，你必须对6名员工的成果进行比较，并赋予适当的权重。如果你无法区分6名员工的绩效，老板一定会怀疑你为什么没有勇气对其中一名员工进行负面评估。另外，你手头的奖励项目是有限的，因而你一定要将6名员工从第一到第六位进行排列。如果这还不算难，那么下面的措施就更加需要勇气了。你可能要逐一会见员工进行绩效反馈，然后把你认为他们应该获得的薪酬水平告诉他们。毫无疑问，没有人会喜欢这一过程。

现在，设想你为一位在墨西哥工作的员工进行绩效评估。也许这期间你到那个国家去访问过，但无法用从前的手段来评估管理者的绩效。另外，你对她的工作环境的认识是有限的，同时，她的工作绩效还要受到所在国家的环境和文化因素所限制。就是说，对外派员工的绩效评估，我们大可以先通过惯常的方式进行，然后乘上2或3以抵消国外不利因素的影响。本章的第一部分将具体列举对外派员工和其他国籍员工进行绩效评估时面临的问题和弊端。第二部分将探讨这一群体与薪酬有关的各种问题。

## 外派员工的绩效评估

在大型跨国公司里，外派员工可能分布在数十个不同国家和地区，评估外派员工的绩效尤为困难。此外，不同跨国公司评估绩效的方法本身差别也很大。

在上面提到的伦敦公司，有着一些显而易见的假定，例如绩效评估主要基于个人，绩效最高者获得最大份额的奖金。这种“赢家通吃”的方式在美国和英国公司中间更加常见。而在北欧国家（如瑞典），政府对薪酬和绩效管理系统有着许多管制，反映了平均主义的价值观，反对扩大薪酬差距和“惩罚性”的绩效评估。与此相似，与美国和英国企业相比，日本跨国公司发展出更加集体主义的工作环境。因此，日本企业的绩效评估系统更强调对公司的忠诚，年限的权重较高，而个人绩效相对较低。简言之，跨国公司主要是本国发展环境的产物。尽管它们总是在变化和发展，但这些根本因素总会反映在与绩效评估和报酬相关的公司哲学、政策和行为惯例中。

不论跨国公司是从哪里开始的，研究发现，那些能够根据海外分部所在地的具体情况调整其绩效评估和其他国际人力资源管理行为的企业通常绩效更佳。主要是因为愿意这样做的企业员工的激励水平更高、掌握技能更好，从而绩效更高。当然，也有一些专家主张跨国公司应当采用国际人力资源管理的“最佳实践”，特别是那些帮助企业实施国际战略或保持公司价值观的行为，全体员工都应当遵循。

前面提到，有些跨国公司采用混合方式，在坚持某些任何地方都要遵守的原则的同时，允许本地单位做出一些定制改变。许多因素决定了本地定制的程度。例如，随着外派人员的增加，本地定制开始减少。这是因为，更多的外派人员使得组织更容易将母国的知识和实践直接转移到海外分部。当然，海外分部的性质也会影响本地定制的水平。例如，跨国公司可能在印度和中国都有运营机构。一项研究发现，跨国企业认为印度的分部扮演着更加重要的战略角色，享有更多的本地定制政策。这可能是因为印度对西方影响更加接受以及英语水平更高，这些因素使得总公司和分部都更容易实行混合的国际人力资源管理实践，在保持企业战略方向的同时照顾本地偏好。

很多公司已经意识到全球化的重要性。它们尤其知道学会运用新的激励方法、谈判技巧等所包含的价值。为此，这些公司必须经常将管理者派遣到国外以获得全球化理念。研究表明，这种手段往往很有效。[1]一项研究对 150 位外派经理进行了调查，以了解他们如何在海外提高自己的专业水平。这项研究说明，海外经验让他们的技能发生了如下变化：

- 管理跨文化差异的能力提高了
- 更有能力了解跨国公司以及国内和国际运营之间的关系
- 对解决问题的不同方法具有更加开放的心态
- 处理人力资源问题时拥有更加灵活的方法

所有这些都是对员工有价值的技能以及对公司有意义的成果，但由于各种原因，某些公司尚无法实现或理解其中的价值。第一，在正式（国内的）的绩效评估过程中，很少对这些技能进行评价。第二，哪怕是程序中包含了这些内容，对它们的评估也是一件困难的事。例如，你怎样衡量一名员工是否“思想开放”或者能够“更好地管理文化差异”呢？第三，“思想开放”在很大的程度上必须亲眼目睹才能够进行评价，即必须在与他人的重复互动过程中实现。第四，来自不同文化背景的人，给出和接受绩效评估反馈的方法是有差别的。某些公司可能把员工对公司的忠诚和贡献当成一项重要的考量内容，其他公司可能不是这样。有些文化不愿意当众公布绩效反馈，即使是正面反馈也是如此。所以，尽管管理者不愿意进行绩效评估，它却是管理者的工作内容之一。而且，在远距离实施过程中会产生更多的问题。这里的远距离既指地理性的距离，也指文化差异带来的距离。

除了这些问题以外，大多数跨国公司在对外派员工进行绩效评估时，根本就不考虑他们的来源国家或所承担的任务类型。本章的后面部分将对绩效评估的几个重要问题进行讨论：（1）谁来实施外派员工的绩效评估？（2）什么时候或如何对他们进行绩效评估？（3）海外管理者的绩效评估应该包括哪些内容？

## 谁来评估绩效？

一家公司总是使用很多方法来评估国内外员工的绩效。除了传统的由上级进行评估之外，绩效也可以通过同事、下级和/或顾客进行评估。但是，在全球化背景下，这些评估人总是要面对两种不同的资源。例如，一个被外派到荷兰的经理可能会有一名荷兰老板，同时还有一位美国上级。到底哪一种评估方式更好也是一个争议很大的问题，是东道国上级评估还是母国上级评估？事实上，在评估时跨国公司可能采用本国和东道国经理组合的方式（表 13.1 描述了外派人员评估中不同类型经理参与的比例）。这似乎在暗示需要有一个正式的、复杂的评估，然而在实际中很少是这样的，外派人员的绩效评估经常是非正式的。此外，尽管外派人员评估通常遵循与本国类似的程序，参与评估的人员却少得多。一项研究发现，本国绩效评估中涉及的评估人员是外派评估的一倍。

**表 13.1　由谁来负责外派人员的绩效评估**

| | 在本国进行绩效评估 | 在东道国进行绩效评估 |
|---|---|---|
| 在海外所在地进行绩效评估的跨国公司比例 | 56%，通常在外派人数低于 100 的跨国公司中更常见 | 71%，通常在外派人数多于 100 人的跨国公司中更常见 |
| 外派员工评估中包括了专门评估者类型的比例 | 直接上级 41%，公司总部 HR 官员 23%，地区经理 17%，指派的导师 7% | 直接上级 75%，外派者本人 23%，本地 HR 经理 12%、同事 10%，下属 7% |

资料来源：Briscoe，D. R.，Schuler，R. S.，&Claus，L. （2009）. International human resource management，3rd. Newyork：Routledge，pp302 – 303.

**由东道国/本地上级进行的评估**。外派员工总是无法回避当地管理层的评估。实施评估的经理可能很熟悉外派员工国家的文化，或者本人就与员工来自同一个国家。当然，他也可能来自世界上任何一个其他的地方。无疑，经理将根据自己的文化观念来进行绩效评估。总体而言，这是一件好事。因为，外派人员在海外表现是否出色在很大程度上取决于他/她对文化的领悟和运用。因此，来自荷兰的经理对本地文化价值和行为比较熟悉，他可以更好地判断外派员工是否对那些文化规范有足够的认识并充分地利用了这些文化。同样，**东道国评估**方式能够利用当地经理在日常接触中更了解外派员工的绩效这一优势。这些经理比任何人都更了解外派员工的工作绩效，而且几乎可以肯定，他们比在美国的经理了解得更深。

> **东道国评估**
> （host country evaluation）
> 由跨国公司所在国家的当地经理提供的绩效评估。

利用东道国经理进行绩效评估并非就没有问题。问题的来源之一正是我们在上面刚刚提到的可能的优势，即东道国经理经常以自己的文化架构作为评估参考。一个美国人在印度工作的故事就说明了这一点。[2]根据美国当时流行的做法，这位经理也试图让自己的下级人员为一个新项目出谋献策。这种做法在美国可能适用，但在印度却没有市场。我们在本书开头已经提到，印度是一个高权力距离文化国家，人们期望的是专制式领导。所以，印度人会认为这个美国经理根本不知道自己在干什么。一个好的经理根本就没有必要向下级讨教。因此，当地经理对这位美国经理的评价非常不好。后来，回到美国后，这一事件对他的职业生涯十分不利。

你可以说这位经理的表现本来就不应当得到好的评估结果。作为一名外派经理，你应该对隐藏在东道国文化中的最基本的价值观有一个认识。也许这位经理的母国公司也应该受到谴责，因为他在那里没有得到有关文化方面的培训。不管怎样，这是一个用当地人员对外派员工进行绩效评估的实例。如果这个评估由母国人员来实施，其结果恐怕就不会那么负面了。

与东道国经理评估方式有关的潜在问题还有不少。例如，由于语言问题，经理可能无法准确地将意见反馈给外派人员。同时，母国和东道国之间绩效评估的手段可能存在差异。东道国经理也许会认为某些指标更有特点或者更加重要，因此在评估中赋予较高的权重。例如，在中国的经理通过长时间工作，可能学会极力掩盖自己的情绪，甚至在对某一下级不满时也不会怒形于色。这种特性在中国经理眼中可能是正面的，但在美国评估者那里却成为了负面行为。最后一点，由东道国经理所进行的评估不一定跟公司的总体全球化战略紧密结合，因此，当外派人员的行为没有直接给外国分公司带来益处，但却能够给整个组织带来好处时，他/她的绩效评估也可能是不好的。在这种情形下，我们大都希望母国总部能够认识到外派人员绩效的总体效果，但往往事与愿违。母国总部可能仅仅关注最容易获取的信息并以之为主要依据，那就是东道国经理的评估。总的说来，东道国经理评估方式既有优点也有缺点。因此，跨国公司应当考虑用母国总部的人员来进行绩效评估。

**母国管理层的绩效评估**。母国总部经理进行的绩效评估相对于东道国经理的评估有着明显的优势。第一，这个人可能很熟悉你的工作或工作方法。在这个背景下，海外工作经验带来的新信息可以得到综合考虑和评估。第二，假设这个评估者跟你说同一种语言，则在对评估进行反馈时，显然要比东道国经理更有效。第三点，这个人在很大程度上跟你拥有一样的文化价值观和信仰。这种**文化认同**让大家在绩效评估中能够学到更多，也能分享到更多的知识。这些特征表明，通过母国经理进行的绩效评估有着特殊的优点。

> **母国评估**
> (home-country evaluation)
> 由母国总部经理给派遣海外的雇员进行的绩效评估。

> **文化认同(cultural identity)**
> 绩效评估者与被评估者拥有大量的相类似的文化价值观念和信仰。

当然，母国评估方式也有缺点，它同样来自于我们在前面提到的可能带来优势的问题。由于外派雇员是在另一个国家工作，他们与母国经理之间的地理距离和心理距离都很大，尤其是评估者一般很难获取有关被评估人更多的反馈和信息。再考虑到母国公司经理没有机会观察外派雇员的行为，因此，评估的质量会有问题。在前面描述的有关海外员工的研究表明，外派人员在海外工作期间，很少有机会跟国内的总部联系。哪怕有一些联系，也不是跟自己的直接上级进行。很少有外派人员能够在一年中与母国总部进行多次联络，偶尔有之，也大多是外派人员自己的主动行为。而且，这种联系往往是在外派人员碰到了重大问题需要母国总部参与解决的情况下才有可能发生。由于技术的进步，情况现在有了改进，但是，联系本身并不就意味着互相理解。母国评估的另一个潜在问题是，母国经理对外派人员在海外面临的错综复杂的情况缺乏了解。这些评估者可能对外派人员所在国的情况毫不知情。因此，他们可能就不了解外派人员所面临的压力以及应该运用什么标准来评估他们的绩效。更糟糕的是，在美国企业中，大约有67%的高级管理人员没有任何海外工作经验，更不用说熟悉特定国家的情况了。[3]

解决方案是什么？一些企业试图利用东道国和母国两种评估方式的优点来对同一雇员进行评估。例如，AT&T 和 3M 公司就制订了一种“职业导师”（career sponsor）计划，把外派人员和公司总部联系起来。导师的任务就是保持跟外派人员的联系，随时通报国内发生的情况，担当“指导者”的角色。一般情况下，导师利用母国的文化观点来实施绩效评估，事实证明，这种手段往往很有效。[4]对美国跨国公司的研究结果表明，平衡采用母国和东道国评估指标与绩效评估的准确性有正相关关系。[5]

## 什么时候进行绩效评估？

我们很难决定国内评估应该在什么时候进行。美国企业最常用的评估频率为半年一次，但大概同样比例的企业的评估频率为一年一次。涉及海外评估时，事情就变得很复杂。一方面，如果外派任务的时间长度为一年，6 个月后就进行评估有些仓促。此外，我们前面也讨论过，外派人员需要时间来熟悉全新的环境，家庭也要适应。所以，6 个月后就开展第一次评估显得太过匆忙。另一方面，如果事情的进展真的很不理想，母国和东道国经理有责任尽快让外派人员知道这一情况。把问题隐藏起来，等半年以后才进行反馈显然是下策。

答案是什么？乍看之下答案很明显，即运用折中战略，在初期阶段给出非正式的反馈，一年后进行正式评估。这一做法的缺点前面也有所讨论。例如，由于母国经常不经常与外派人员联系，折中战略很难实施。另外，对母国经理而言，这种非正式反馈可能在文化上不适合而难以进行。因此，评估者可能会等到正式评估计划出来后才给出这种反馈。最后，6 个月的调整时间可能还不足以发现外派人员绩效所产生的影响。与在母国评估一样，合适的评估期限很难界定。因此，答案只能是模糊的，即在“合适”的时间对具体任务进行评估。

## 评估什么？

从某种程度上说，评估什么比评估谁和什么时候评估都要困难。

**影响“评估什么”的变量**。无论你选择东道国评估还是母国评估方式，也不管什么时候、怎样进行绩效评估，最后总要落实到评估什么这一问题上。这是一个很复杂的问题，同样不存在唯一的答案。销售工作需要的技能可能跟金融和运营管理有很大的区别。除此之外，在进行绩效评估时，人们还必须要记住其他一些重要的问题。需要关注的三个重要变量是：（1）工作环境；（2）任务本身；（3）外派人员的个性。[6]

**环境变量**。不同的职位对工作环境的要求有高有低。在矿井工作就比坐办公室困难些。不过，**环境变量**的含义在进行跨文化绩效评估时内容要广泛一些。也就是说，为津巴布韦的一家煤矿工作比为蒙大拿的一家煤矿工作可能困难得多。一般说来，在某种环境下工作要比其他环境容易，这一点对外派经理的工作绩效可能起到决定性作用。由于和外派人员的沟通时间有限，我们相信，企业未能充分考虑到环境变量对绩效的总体影响。例如，专家指出，如果外派墨西哥经理手下的工厂生产效率只是美国类似工厂的一半，你最好不要为这位经理作出一个负面的绩效评估。[7]尽管这个生产率看起来好像说明了管理绩效不佳，但是，一定要将它同墨西哥的工作环境进行综合考虑才可以得出最终结论。在这种情况下，如果有墨西哥当地工作绩效作为参考，说不定这位经理手下雇员的工作绩效是墨西哥工厂平均绩效的 4 倍呢。简而言之，我们应该理解外派经理面临的是在墨西哥工作的各种约束和限制，而不具有在美国、德国或日本工作的优势。

> **环境变量**
> （environment variables）
> 指在绩效评估过程中必须意识到的、员工所在的工作环境的特殊挑战性。

**任务变量**。第二类变量叫做**任务变量**，它与实际执行的任务本身有关。人们一定要非常注意所承担的任务或工作类型，因为这可能对绩效水平产生

> **任务变量**（task variables）
> 工作本身对雇员的特定挑战。

影响。[8]某些工作要求与其他人进行较多的交往，因此，熟悉相关工作的文化"意识"领域就显得更加重要。例如，软件工程师对理解文化的要求就不像生产经理那么高。为了获得成功，后者必须要与很多国籍的外国人互动。在外派活动中，中层经理可能要与本地和区域政府官员互动。在美国，这种职能经常留给组织中最高级别的人员。[9]因此，外派人员和本国员工所做的工作是有根本区别的，这种区别在不同的国家中更加显著。实施绩效评估的经理不一定能够完全了解这种区别。

**个性变量**。最后，在执行外派任务时，个人能力也有不同程度的差别。这就是所谓的**个性变量**。在第12章，我们讲述了一项专门探讨哪些人更适合外派的研究。实际上，如果一个人对变化视而不见或者对别人的反应不敏感，则好的员工绩效也可能变差。显然，这种个性可能会给他们的绩效带来不利的影响。而且，员工可能会由于承担了这项外派任务而毁掉自己的职业生涯。因为外派人员的选择是公司可以施加大量控制的为数不多的变量之一，所以，个性预测指标的调整应当重点考虑。

> **个性变量**
> (personality variables)
> 处理外派工作中的困难和复杂性的个人能力差别程度。

## 跨文化评估问题

即使已经考虑了这三类对海外绩效产生影响的重要的约束条件，在评估系统的实施过程中，公司可能还会碰到一些问题。最大的障碍也许就是要对雇员哪一方面的绩效进行评估的问题。你也许会说："没问题。如果外派经理的水平相当高，我们可以运用不同的财务指标来把他们的绩效指数化。而且，我们进行海外运营的目的是为了赚钱，而不是为了打破什么文化壁垒。"好的，哪怕你心里面拥有这种直接的想法，但事情并不如你所想像的那样简单。例如，大多数财务收益数据要面临转换问题，包括销售收入和其他关键指标。更糟糕的是，某些货币无法与其他货币（外汇）兑换。正如几位作者所指出的那样，如果无法将资金转移到国外或者存在着约束，你在中国所赚到的3亿元人民币就不会那么有意义。[10]

认真研究财务收益衡量手段的第二个原因是，很多跨国公司采用多种技术来避税，并以此来规避所在国汇率波动导致的损失。因此，一个国外分公司对组织的整体财务贡献已经被这种技术所掩盖。专家建议，不要用传统的财务衡量方式作为首要手段来考量外派人员的绩效，因为它们比国内同等价值的收益更不准确。如果你还是想通过这种方式来进行，专家建议采用第二种形式，即把跨境财务差别的影响因素剔除。考虑到通常情况下母国总部很少跟外派人员联系，很难相信他们会愿意在这方面花费时间和金钱。因此，在评估外派雇员绩效时，恐怕需要考虑应用其他的一般指导原则。

## 外派人员绩效评估指南

我们讨论了很多外派雇员绩效评估中的问题和隐患。这些对实践有什么意义呢？为了能够更好地进行这类评估，我们可以提供哪些建议？

**任务评定**。首先，对外派人员任务的总体难度进行一个全面的评定[11]。然后，在正常评估结果的基础上加上一个难度评分。例如，如果一个外派人员接受了一项非常困难的任务，其正常的绩效评估结果可以乘上系数 2.0。如果国外工作难度一般，难度系统就只用 1.5，以此类推。当然，如何界定某一任务比另一任务难度更大，这是对人力资源管理者的一个挑战。

**决定任务难度的因素**。专家指出，至少有三个因素在这里起到关键作用。第一，语言的调整范围（如果存在的话）将对难度产生影响。例如，假日酒店的某些任务会跟英语有关（如在印度），某些任务（如在西藏）可能需要涉及几种属于汉藏语系的语言。因为汉语和藏语既难读又难写，所以，在拉萨的工作难度将会因此而增加。尽管语言的难度已经足够大，但涉及文化强度时，任务更是难上加难。显然，对于美国人来说，在伦敦或者阿姆斯特丹工作远比在厄瓜多尔的基多或印度尼西亚的雅加达容易。

最后，经济和政治稳定性也是决定任务难度的因素。这一点，我们已经在第 2 章讨论过。现在，我们只需明确，在任何一个国家里，政治和经济问题都是外派经理难以克服的困难。在这些环境中做得好意味着绩效很高。例如，一位美国高级外派经理在智利工厂的一次罢工中发挥了重大作用。这次罢工可能会导致这个工厂停产，并恶化与总部的关系。研究者认为，制止这次罢工对于这位美国经理而言是相当大的成就，在罢工司空见惯的智利尤其如此。显然，这位美国经理一定是对文化拥有高度的敏感和洞察力。但是，由于智利的汇率变动很大，对工厂的产品需求临时下降了 30%。这时，母国总部关注的是销售额的下降，而不是这位外派经理在制止罢工时表现出来的出众能力。结果，这位经理得到了令人不快的、负面的绩效评估。[12]

**一般原则**。除了对外派任务进行难度评价外，评估者还可以做到下列一些方面：

- 更加重视母国经理所作的评估；无论如何，他们比东道国经理更加熟悉外派人员的实际绩效。
- 如果绩效评估是由国内总部实施，则应该尽量让曾经外派到同一个国家的人员参与评估过程。
- 如果绩效评估是在东道国实施，评估者在对外派人员评估前应该先征求总部管理者的意见。

## 对外籍雇员评估涉及的问题

至此，我们重点探讨了外派人员绩效评估的重要性。或许你也可能需要对外国派遣到美国的外籍雇员进行评估。例如，可能有一名中国籍雇员被派遣到公司的美国工厂工作。而且，如果被外派，你的职责之一可能就是对与你一起工作的外国雇员进行绩效评估。

在这些条件下，问题会变得更加复杂。除了上述问题外，你还必须掌握好进行反馈的方式，无论反馈是好是坏。员工获取反馈的渠道多种多样。例如，一项研究分析了5个阿拉伯国家的评估系统，[13]发现这些系统本身基本上是不正规的，表格、档案和文件与美国人习惯使用的系统差别很大。这说明，阿拉伯国家的绩效反馈在很大的程度上是主观的、非正规的，强调的是工作中的人际关系。因此，很少有文件交换或书面纪录归档以作为未来的参考。这显示出一个很有意思的现象，因为很多跨国公司只是简单地把总部正式、明确的绩效评估表格传送到国外分公司。[14]结果是，当非正式、含蓄的文化遇到正式、外露的文化体系时，潜在的文化冲突就爆发了。

甚至反馈本身也会受到文化的影响。例如，如果我们知道日本属于集体主义文化，那么就不应该对以群体作为绩效评估基础的方式感到诧异。然而，这种反馈在以个人主义为中心的美国文化中非常罕见。尽管有部分人可能会说团队方法在美国的盛行促使很多企业考虑进行团队评估，但是，它绝对无法变成主流。[15]而且，各种评估或批评类型的影响在不同的文化背景下也呈现出很大的差异性，无论这种评估或批评是针对个体还是集体作出。

英国也许是表述这种差异的最好例子。英国文化在表面上与美国拥有很高的相似性。一项研究专门探讨了绩效反馈对美国人和英国人的影响。[16]结果发现，无论是表扬还是批评，美国人的生产率都会有所提高。一般而言，他们得到的反馈越多，绩效就越容易提高。英国人则是在得到表扬后才有回应，他们对批评基本没有太大的反应。[17]实际上，作为反馈的一种，批评在英国并不是十分有效，这一点基本上跟德国很相似。德国人经常对反馈表示反感，因为他们相信，接受批评就等于承认自己的失败和缺点。[18]其他研究显示，尽管我们总是试图把亚洲国家（如印度尼西亚、马来西亚、菲律宾和泰国）当成一个文化整体看待，但在实际绩效评估中，各个国家员工的反应存在着非常大的差别。[19]

因此，不同文化背景下的反馈并非同样有效。表 13.2 总结和分析了人们希望了解的三种不同文化背景下绩效评估系统及其反馈的差异和其他区别。这个表格说明，如何实施评估以及在评估中应该说（或"不说"）些什么是很不一样的。例如在美国，绩效评估的重点放在评价上，而不是员工发展或提高自身。批评很直接，根本不会考虑被评估者的面子。在其他文化背景下，因为考虑到对接受者的影响，对反馈流程的控制更加小心。比如在韩国，反馈是通过间接手段进行的，目的是为了顾及面子。在进行绩效评估反馈时，除了要非常注意文化差异以外，还必须记住一些相似国家中的某些共性。后面的"国际观察"为我们提供了一些基本指南，尽管在不同文化背景下会有一些不同，但这些指南还是有指导意义的。

**表 13.2　三个国家不同的绩效评估体系**

| 评估特点 | 美　　国 | 沙特阿拉伯 | 韩　　国 |
|---|---|---|---|
| 一般强调 | 评价 | 评价/指导 | 指导 |
| 反馈量 | 高 | 高 | 低 |
| 反馈方式 | 个人 | 个人 | 个人 |
| 强调照顾面子 | 低 | 高 | 高 |
| 雇员参与程度 | 中到高 | 高 | 低 |
| 反馈类型 | 直接批评 | 批评不太直接 | 批评非常不直接 |
| 正式程度 | 正式，可能是书面的 | 非正式，非书面 | 非正式，非书面 |
| 正面评估的决定因素 | 可见的绩效标准 | 资历/关系 | 非正式，资历影响不呈现为书面形式 |

资料来源：Harris, P. R., & Moran, R. T. (1991). *Managing cultural differences* (3rd Ed.). Houston, TX: Gulf. Reprinted by permission.

## 13.2　国际雇员的薪酬

> **薪酬（compensation）**
> 认可雇员绩效的一系列方法，包括薪水、假期、股权和其他方式。

为什么公司愿意花费时间进行绩效评估并培养公司独特的文化观点？一个重要原因就是评估对**薪酬**会产生影响。而且员工的薪酬把员工与公司的未来紧紧地联系在了一起。在这里，我们将讨论几个与跨国界和跨文化薪酬有关的重要问题。你将会发现，在不同的国家里，薪酬水平也大不一样，对员工和管理者都是如此。这本身就是一个重要的研究领域，一旦涉及跨

国际观察

## 对外国雇员进行绩效反馈

在美国，人们经常告诉经理奖励要公开，批评要隐蔽。但是，这个建议不一定适用于外国雇员。下面是一个专家对绩效评估的一系列具体的建议。尽管这些建议不一定适用于所有国籍的雇员，但是，对美国经理而言，这是一个非常好的出发点。

- **通过第三方给出评价：**在很多文化背景下，直接反馈会令人很不舒服，哪怕反馈是正面的。如果你来自集体主义文化背景，被单独评估将成为一件很难堪的事。因此，通过一个信得过的第三者提出反馈是最好的选择（即使在个人主义文化背景下也是如此）。
- **与全体沟通：**另外一种方式是把工作组集中在一起直接提出反馈意见。这样，你就可以把想向全组沟通的信息传输出去。尽管当今世界团队思想盛行，这对个人主义文化而言也不失为一种好办法。
- **改变反馈的方法：**对同样一件事，几乎总能够找到多种表达方式。即使员工表面上看来已经理解了你的意思，但是，仍然可以通过其他不同的方法来表达你的意见。
- **简化反馈形式：**这个建议适用于所有的雇员，尤其适用于外国雇员。就是说，人们总是能够简化和明确自己要表达的内容。如可以删除或用别的词汇来替代不必要的词。例如，词组“尽管事实实际上是……”可以简化成“尽管”两个字（其他例子：“这样做的理由是”可以说成“因为”；“这是这样的一个主题”可以说成“主题是”）。
- **避免运用俚语。**俚语对本国人而言是很惯常的表达，但是，却很难翻译为另一种语言，在与来自其他文化背景的人打交道时，尤其注意避免俚语。[20]

国工作，事情就变得更加复杂了。工资和福利的跨国差别给国际人力资源管理者带来了一系列的操作难度。本章的后半段我们将集中讨论这个问题。

## 薪酬体系

大多数人听到“薪酬”这两个字后的第一（而且是唯一的）反应是薪水的多少。然而，除了薪水，我们在工作中得到补偿的方式还有很多。例如，健康保险就是比较隐蔽的一种回报形式。对企业，尤其是有国际业务的企业而言，健康保险的成本越来越高，而且在不断地增加着。另外，退休计划、假期和个人休假、娱乐设施等都变成了企业运营成本的一大部分。仅在美国文化中，不同工作支付薪酬的方法就有很大的差异，更不用说跨文化企业了。其他国家和其他文化背景下的企业怎样决定其雇员和领导人的薪酬呢？

## 薪酬的含义

在考虑各种各样的薪酬差异之前，我们先来谈谈薪酬的跨文化含义。在美国，薪酬被认为是努力和成果与工资和福利之间的互换。这种“交换”模式的薪酬在很多信仰个人主义文化的西方国家相当普遍。但是，即使在这些文化中，薪酬也不仅仅意味着交换。例如在德国，薪酬一词就含有“成就”的意思。这个词来源于鞋匠，鞋匠按照顾客脚的大小来制鞋，“薪酬”是“量脚定制”的鞋应该获得的补偿。[21] 薪酬在日本的意义是一张保护网或者安全网。这个观点所包含的信任的含义，也让人们更加容易理解日本家长式雇用体制的内涵。这些例子说明，把薪酬简单理解为交换，可能只是在美国和相似的文化背景下才成立。因此，在跨文化背景中实施薪酬时，可能应该更加强调类似权利和义务等主题。当然，在跨国界进行商务活动时，人们一定会遇到这类与雇用关系相关的问题。

## 跨国工资水平

工资水平随着国家和文化的差异而不同。实际上，人们经常可以读到某些公司由于薪金差别问题而将工厂转移到海外或者正在考虑这样做。如果不考虑这类转移带来的社会问题，我们可以假定这种转移是为了节约（或者赚取）资金。我们住在威斯康星密尔沃基的时候，就亲眼看到几家公司拆迁到别的地方去了。比如专门生产除草机发动机的百力通（Briggs & Stratton Corp.）公司就把部分生产设施转移到了墨西哥，在那里劳动力成本尤其是薪水非常低。注意研究其他国家劳动力成本的绝不仅仅是威斯康星州的企业。

数据表明，有很多国家的劳动力成本跟美国相当（如加拿大、法国和英国）或者比美国更高（如比利时、德国、荷兰和瑞典）。以德国为例，那里的生产工人成本几乎是美国的152%。对于一个考虑搬迁的公司而言，这个数据还没有囊括全部的成本，但是这种比较是有启发意义的。成本差异可以部分地解释为什么有些公司（如BMW、本田、日产和丰田）会在美国生产，有些公司（如百力通）则要迁移到海外。根据美国劳动统计局（BLS）的报告，20 世纪 90 年代墨西哥劳动力成本只是美国的25%。这个数据可以说明为什么几千家美国公司会到墨西哥境内与美国交界的地方建立了所谓的墨西哥加工出口区（Maquiladoras）。[22]

这些数据还只是比较粗糙的估计。就是在同一个国家里面，各地的薪酬水平也有很大的差别（我们也目睹了一些公司从密歇根和威斯康星迁移到肯塔基）。国内的数据当然也需要进一步解释，如美国劳动统计局估计墨西哥劳动力成本只是美国的11%，但是，其他统计资料却认为，这一比例更接近25%～40%。有人根据计算得出，墨西哥劳动力成本为每小时 6 美元，美国为每小时 16.70 美元。[23] 这些数据之所以有差别，是因为某些额外的生产成本并没有在劳动统计局的资料中得到反映。比如在墨西哥，公司在圣诞节都要给员工发一次奖金，数额相当于他们一个月的工资。而且，除了按时出勤奖以外，墨西哥工人还可以享受收入为基本工资 80% 的带薪假。同时，墨西哥政府要求公司把税前利润的 10% 分配给员工。这样的分配不一定很平均，但是，以此为基础，我们基本上可以对员工的平均成本作出估算。最后，墨西哥法律强制规定，工人的工资支付时间为每年 365 天。[24]

## 不同国家 CEO 的薪酬

当我们把美国企业经理和总裁的薪酬与其他国家比较时，同样能够发现它们的跨国差异。[25]

**相对薪酬**。表 13.3 列举了不同国家（地区）大型企业总裁的平均薪酬。[26] 数据表示的是他们与工人的相对薪酬。有人指出，美国高层管理人员的基本工资高还只是真相的一部分。实际情况是，他们的基本工资很高，是世界上工资最高的群体，但是，他们的总体薪酬更加高得惊人。2012 年苹果公司 CEO 库克的基本工资为 137 万美元，资金 280 万美元，股票奖励则高达 3.76 亿美元。可能是因为边际税率让美国人对现金如此疯狂，但无法解释为什么 CEO 和工人工资之间的差距如此大。[27]

**额外福利和其他薪酬**。很多公司的薪酬政策把税收因素考虑在内，试图通过免税的方式给 CEO 补偿。其中一种普遍的手段就是提供**额外福利**。例如，一名西班牙高管的年收入也许只有 3.5 万美元，但是，他需要养一个佣人、花工和一个洗衣女工，公司可能额外给他/她配备一辆车（带燃料）、住房补贴、每月津贴（大约 500 美元），还有其他需要支付的费用。同样，一位年基本工资为 3 万美元的墨西哥高管，可能获得公司配置的汽车和司机以及每月一次送到家里的固定数量的货物和饮品。[28] 因为税率的原因，日本高管也许能够获得最高额的临时补贴。实际上，日本公司经常会给雇员缴纳多达 50% 左右的按揭利息，而且，随着职位的上升，这个比例也随之增加。经理还有可能获得公司配置的汽车/司机、额度更大的消费账号以及免费的专门高尔夫和社交俱乐部（即日本所谓的“城堡”）会员资格。一位在日本工作的美国人这样评价他的日本同事：“每一次升职，他都会搬迁到更漂亮的房子里。随着消费账

> **额外福利(perks)**
>
> 一般不会支付给普通职工的额外报酬(如司机、厨师和花园工等)。

号的增加，他常进出的酒吧也越来越高级。”

**总薪酬**。尽管其他国家高管可以获得很高的额外福利，但总体报酬还数美国人最高。就总体薪酬而言，美国 CEO 比其他国家的都高得多，表 13.3 列举了这些数据。比较而言，荷兰 CEO 拿的只是美国 CEO 平均数的一小部分。另外，美国还特别强调不同类型的薪酬方式。美国高管所获得绩效奖金和奖励几乎占其总体薪酬的 50%，其他国家则只占 23% 左右。总的说来，美国高管的总薪酬是最高的。[29]

**表 13.3 不同国家（地区）CEO 的薪酬比例**

| 国家（地区） | CEO 收入* | 国家（地区） | CEO 收入 |
|---|---|---|---|
| 美国 | 475 | 意大利 | 20 |
| 委内瑞拉 | 50 | 加拿大 | 20 |
| 巴西 | 49 | 比利时 | 18 |
| 墨西哥 | 47 | 西班牙 | 16 |
| 新加坡 | 44 | 荷兰 | 16 |
| 阿根廷 | 44 | 法国 | 14 |
| 马来西亚 | 42 | 新西兰 | 13 |
| 中国香港 | 41 | 瑞典 | 12 |
| 英国 | 24 | 德国 | 12 |
| 泰国 | 24 | 瑞士 | 11 |
| 澳大利亚 | 23 | 日本 | 11 |
| 南非 | 22 | 韩国 | 8 |

* CEO 的平均薪酬是工人薪酬的倍数。

资料来源：改编自———. (2000). Chief executives' pay. *The Economist*, September 30, 110.

## 休假时间

表 13.3 没有包括薪酬中另一项很重要的组成部分——休假时间。人们也许听说过很多欧洲高管和工人享受的令人惊叹的休假时间。表 13.4 表明，不同国家（地区）每年的带薪休假时间有很大的不同。正如我们谈到的，CEO 的薪酬会受到税收制度的影响，法律规定也一样对休假时间产生影响。例如，瑞典硬性规定每年最短的带薪假期为 30 天，中国香港只有 7 天，而美国或英国对此则没有最低规定。同样，不同国家（地区）的假期数量也有所差别。总体而言，典型的带薪假期范围为最低（美国）约 30 天，最高（法国、德国和中国香港）为 46 ~47 天。

表 13.4 不同国家（地区）的带薪假期

| 国家（地区） | 法律要求的假日 | 实际假日 | 法定假日 | 总带薪假期 |
|---|---|---|---|---|
| 加拿大 | 10 | 20 | 11 | 33 |
| 法国 | 25 | 25~30 | 16 | 46 |
| 德国 | 15 | 30 | 16 | 46 |
| 中国香港 | 7 | 20~30 | 17 | 47 |
| 日本 | 19 | 20 | 16 | 36 |
| 墨西哥 | 14 | 15~20 | 19 | 39 |
| 瑞典 | 30 | 30 | 14 | 44 |
| 英国 | 0 | 25~30 | 9 | 39 |
| 美国 | 0 | 20 | 10 | 30 |

资料来源：Milkovich, G. T., & Newman, J. M. (1999). *Compensation*. Chicago: Irwin. Reprinted by permission.

所有这些数据表明，要全面了解所在国的薪酬成本与商务的关系，人们必须深入了解这个国家的法律和习惯。不过，也没有必要夸大各国法律和习惯的影响力。有证据表明，有相似文化背景的国家，其薪酬惯例（工资、福利和其他合法的薪酬）有趋同的趋势。有一项研究探讨了国家和文化分类对薪酬的影响。[30]研究者发现，文化群体（如亚洲、拉美和欧洲等）比国家层次的法律和惯例能更好地解释薪酬模式的差异。

## 不同国家的薪酬基础

从上面的论述中我们知道，薪酬随着国家和文化的不同而有所不同。那么，不同国家和文化的薪酬又是以什么为基础制定的呢？刚才讨论的研究认为，文化习惯很重要。为了完整地回答这个问题，我们再返回前面讨论的不同文化背景下薪酬的含义。某些国家，如美国，把薪酬当成一种交换。这表明在决定薪酬水平时，公平是非常重要的基础。公平的意思是多劳多得。我们在第 11 章讨论过，跟其他国家的企业相比，美国企业更倾向于按照公平原则来制定薪酬。

不过，决定薪酬水平的并不仅仅是公平程度。以法国为例，跟许多欧洲国家一样，法国的奖金与绩效之间并没有太紧密的联系。在 7 月或 8 月的传统节日之前，法国员工一般都会得到一个月的额外工资，而且在圣诞节前会再发一次。这种模式导致很多法国人总在想净薪水的问题。当说到月薪时，法国人会自然地问："是净月薪还是总月薪？""一年可以拿多少个月的工资啊？"[31]所以，法国人很习惯这种奖金发放模式，因为奖金金额很多，人们几乎已经把这些奖金当成了基本工资的一部分。曾经有些企业也想引进所谓的"额外公平基础薪水机会"，但不久他们就后悔了。以一家法国公司为例，由于公司业务不错，有两年是连续以绩效为基础发放奖金的。到了第三年，由于业绩下降，奖金就发不出来了。劳资联合委员会（法国类似工会的一个组织）拒不接受，并威胁说要把工厂关闭掉。显然，拿“奖金”已然变成了一种权利，而且这种意愿的表达非常强烈。结果，公司支付了这笔奖金。墨西哥更是把这种做法向前推进了一步，把工人额外薪酬需求系统化。特别值得一提的是，墨西哥法律强制规定了一种“获取权”，如果某种奖金或福利已经在前面连续发放两年，则雇员有权在未来获取这种奖金或福利。[32]

日本人则把薪酬看成是家长式的，也就是意味着按照忠诚和贡献计酬。人们可以预见绩效是由期限更长一些的因素所决定，并且通过诸如与别人的相处能力、时间和资历等指标进行指数化。故而，日本公司在定薪时比美国公司更注重资历问题。一项研究专门探讨了一组日本和美国经理对员工的提薪计划。[33]研究要求管理者为一组雇员分配提薪额，雇员中当然有高绩效者也有低绩效者。结果跟我们的预想应该是一致的。与日本经理相比，美国经理更愿意给高绩效者高薪，给低绩效者低薪。例如，日本经理给低绩效者的薪金几乎是美国人所给的两倍。同样，他们给高绩效者的薪金比美国人所给的低 80%。结论是，美国人比日本人更关注绩效和报酬之间的关系。

尽管这些结果对很多信仰儒教的亚洲企业是成立的，但这种传统也正在变化过程中。有一项针对日本 1900 名人力资源管理者的调查结果表明，在过去 20 年中，以资历和业绩来决定提薪的相对影响力已经发生了变化。尽管日本还在把资历当成提薪的主要机制，但是，能力/绩效（54%）与资历（46%）相对应的权重在过去 20 年中已经发生了改变。在这项研究进行期间，资历的比重下降了。人们可以猜想现在这个比例应该比报告中的 46% 还低。[34]本节的“国际观察”显示，如果把丰田当成指标，则这个比例的变化可能更大。同时，它还表明，公开宣称把公平当成薪酬基础的日本人还是会引起广泛的注意和抵触。

另一项研究报告，在过去几十年中，实施公平薪酬体系的英国企业大约增加了 5 倍。[35]这个报告还指出，国际薪酬体系越来越趋同。[36]不过我们还是可以找到不同之处。表 13. 5 预测了在霍夫斯泰德三种重要的文化维度背景下薪酬模式的差异。[37]

## 外派人员薪酬

至今，我们已经研究了不同文化和国家间的薪酬类型的差异。不过，考虑外派员工的薪酬组合和基本需求也是很重要的。

表 13.5 不同文化背景下薪酬实践的预测

| 文化维度 | 样本国家 | 薪酬体系特征 |
|---|---|---|
| **个人主义—集体主义** | | |
| 个人主义 | 美国<br>加拿大<br>新西兰<br>英国 | 以绩效为基础的薪酬计划；公平分配；对个体努力进行奖励 |
| 集体主义 | 印度尼西亚<br>日本<br>韩国<br>新加坡 | 额外绩效变量；群体薪酬计划更容易成功；公平/需要规则很重要 |
| **权力距离** | | |
| 低 | 美国<br>英国<br>丹麦<br>澳大利亚 | 高级别和低级别工作间的工资差距不很大；利润分享/收益分享更容易成功 |
| 高 | 马来西亚<br>墨西哥<br>菲律宾<br>西班牙 | 薪酬按级别呈现差异；薪酬与人在社会中的地位挂钩；管理人员和工人之间薪酬差别大 |
| **不确定性规避** | | |
| 弱 | 新加坡<br>瑞典<br>加拿大<br>美国 | 大量可变/临时薪酬；根据绩效发放的风险奖金/薪水 |
| 强 | 希腊<br>日本<br>韩国<br>葡萄牙 | 高度结构化，分级薪酬计划；集中决策和评估；减少随机支付 |

资料来源：改编自 Gomez-Mejia, L. R., & Welbourne, T. (1991). Compensation strategies in a global context. *Human Resource Planning*, 14, 29-41; Hodgetts, R. M., & Luthans, F. (1993). U. S. multinationals' compensation strategies for local management: Cross-cultural interpretations. *Compensation and Benefits* Review, 42-48.

> **外派成本**(expatriate costs)
> 为完成海外任务向海外派遣雇员所涉及的基本费用和支持费用的总和。

**外派成本**。正如我们在第 10 章所讨论的一样，美国的跨国公司在海外经营时，经常把自己的管理者和员工派遣出去。简而言之，外派人员成本昂贵！一个外派人员的年平均**外派成本**大约为 30 万美元。[39]这个成本几乎是国内招聘的 5 倍。一家公司估计，年薪 10 万美元的经理外派三年的总成本至少 100 万美元。[40]是什么形成了这些成本呢？海外派遣总是要涉及

### 国际观察

## 奥田硕——丰田的冒头钉子

丰田公司的总裁奥田硕（Hiroshi Okuda，后任社长）是个鹤立鸡群的人物。首先，他的外貌跟其他的日本经理很不一样，身高超过6英尺。无论是在底特律或者东京，在人群中他总显得鹤立鸡群。更重要的是他坦率、口无遮拦的个性。有一次，他跟一群美国记者吃饭，他不但一直坚持说英语，而且，在被问到竞争对手的情况时，他马上答道："我不明白福特为什么要给福特特使车（Taurus）选用那样的形状。那东西太圆了。那是四五年前在日本流行的东西。"他对丰田在日本生产丰田凌志车比在肯塔基生产更有优势的坦率论调也一样引人注目。就连丰田自己的公关部也对他抱怨了，说如果冒头太过分他一定会被打击。奥田硕的一个朋友说他："到处出风头。"

他在丰田公司里无疑是冒头的。第一，他是第一个丰田家族以外掌管公司的人。从技术层面上讲，他不应该是CEO，因为在他的任期内，这个职务是由71岁的丰田章一郎（Shoichiro Toyoda）担任。但是，每一个人都知道谁在掌权——奥田硕。他改变了丰田公司的很多事情，变革后大部分情况都比原来好。在奥田硕到任之前，丰田公司的绩效很不稳定，需要整顿。除了日本公司带有的很多毛病外，丰田还要处理家族企业存在的普遍问题。有时，轮到丰田家族的某一成员担任领导，但是却无法完成使命。这显然是丰田达郎在1992年担任丰田CEO所碰到的问题。一个公司观察员说道，"丰田达郎很有修养，但是，他是一个很糟糕的商人。"那时丰田已经变得很大而且迟钝。奥田硕的介入就是为了改变公司那种故步自封的管理态度。他相信，只有年轻的管理者才有能力和想象力来经营像丰田这样的大型企业。随后，他公布了一条新政策，55岁就不能再担任总经理职务，50岁就不能再担当经理职务。可以允许这些人留在公司里，但是责任相应要减少很多。

通过这些和其他的行动，奥田硕完全清除掉了丰田公司传统的以资历为基础的升职体系，并把重点放在人们的贡献上。"我没有别的选择"他说。"选用年轻人对任何企业都是最重要的。"奥田硕同时也辞退了董事会里面一帮老气横秋的人，要求1/3的丰田公司高层管理人员退休。尽管在日本一般的退休年龄是60岁，而且这些人大部分超过了这个年纪。由于日本人看重资历，把这种行为强制到高层管理那里就变成了不寻常的行为。但是年轻人还是按计划到位，有的人甚至一下子被提升好几个级别，这在日本企业里面是一种很不寻常的手段。几年前在接受《财富》杂志的采访时，奥田硕先生说："到目前为止，我们还没有能够按照原来的希望激活我们的劳动力。人们的印象是，丰田公司既老又保守。"显然，在未来丰田公司的变化将不仅仅是传统的资历体系。[38]

很多的事情，包括面试和派遣成本本身。所有的这些因素，海外外派都比国内招聘昂贵。而且，很多的公司还要为此提供很高的福利，包括财务津贴和为适应外国文化的资助等。表 13.4 列举了一些例子说明外派所涉及的额外成本。

尽管很多公司意识到外派涉及很多额外成本，但是，竟然有高达77%左右的外派岗位回国人员对自己外派期间所获得的报酬表示不满。[41]这种不愉快的情绪可能会令外派人员不愿意适应新文化、效率低，而且回国后急切离开原来的公司。所以，公司应该关注研究外派薪酬组合的主要目标和组成部分，以便提高外派人员的满意度和绩效。

**外派人员的薪酬模式**。我们在第12章详细讨论过，外派是一项难度很大的任务。有很多的问题需要解决，如文化、语言和适应环境等。对潜在的外派人员来说，这些都不是什么秘密。因此，公司必须认真制订薪酬计划，使之有足够的魅力来吸引优秀的雇员。跨国公司制订这些计划时，经常用到不同的方法。其中一种叫做**特别薪酬法**，就是个人与公司谈判，要求补偿外派任务涉及的所有成本。[42]这种方式有一定的优点，但是，缺点也是明显的，如对外派人员不公平、雇员和公司双方都缺乏特定国家的背景知识（如税收、生活成本等）。也许公司能够与雇员把成本谈妥，但是，有几个专家指出，这种方法其实是很短视的。外派人员可能很快发现，薪酬（全部或部分）可能不足或者跟其他人不一样。这样，外派人员可能会提前终止海外工作，这对公司而言代价是巨大的（参考第12章）。

> **特别薪酬法(ad hoc compensation method)**
> 个人与公司谈判，要求补偿外派任务涉及的所有成本。

另一种系统性比较强的方法叫**当地化法**。这种方法基本上按照东道国同样职位的薪酬水平对外派人员进行同等支付。如果外派人员想成为一名职业生涯国际化的雇员，则这种方式比较有用，因为长期外派人员不太喜欢按照母国的标准来评估自己的薪酬。这种方法也适用于其他典型的外派人员。然而，当地化法只有在外派人员被派遣到生活水平更高的国家时才比较容易实施。如果美国人被派遣到墨西哥，这种方式是无法实施的。尽管当地化法一般需要通过调整以后才可以应用，但是，它还是有很多局限性。[43]

> **当地化法(localization method)**
> 更加系统化的薪酬模式，基本上按照跟当地人同样职位的薪酬给外派人员制定薪酬标准。

**平衡表法**。目前最流行的方法叫平衡表法。这种方法背后的理念是，不能让外派人员因为工作转移而蒙受损失。在最近的调查中，让“外派员工待遇相同”成为很多跨国公司的既定目标。[44]因此，这个体系乃是为了使外派人员能够享受到国内同事一样的生活水平而设置的。表13.6列举了很多跟外派相关的成本，平衡表法一般把这些成本分成4大类。除了基本薪水以外，主要的费用还包括在住房、所得税、产品/

> **平衡表法**
> **(balance sheet method)**
> 决定外派人员薪酬的最普遍的方法；其理念是防止员工因为外派工作而蒙受损失。

服务以及临时支付部分。首先让我们考虑一下基本工资问题。利用平衡表法，工资可以按照国内雇员的方法规定。就是说，如果国内雇员平均获得 5% 以上的提薪，外派人员也一样。国外特定的经济环境不会对外派人员的基本工资产生影响。

**表 13.6　与外派相关的潜在的成本源**

| 直接支付/补偿 | 支持调整以适应外国任务 |
|---|---|
| 减税/公平 | 探亲（4～6 周） |
| 住房补贴 | 临时请假 |
| 家具补贴 | 个人保险 |
| 教育补贴 | 汽车/司机 |
| 困难/外国服务补助 | 国内帮助 |
| 外汇保护 | 配偶就业 |
| 产品和服务差异 | 子女看护 |
| 临时生活补贴 | 语言/翻译服务 |
| 汽车/交通补贴 | 文化培训 |
| 任务完成奖金 | 回国支持 |
| 增加的奖金 | 社交俱乐部费 |
| 协助在美国的家庭租房 | 进口产品和其他 |

资料来源：改编自 Milkovich, G. T., & Newman, J. M. (1999). *Compensation*. Chicago: Irwin.

同样，跨国公司也会因为外派人员愿意到国外工作而发放一定的奖金或鼓励金。正如我们在这里和第 12 章所讨论过的，外派工作有很明显的坏处，既引起自己“职业生涯中断”，又要经历在外国生活的困难。公司会由于这种困难而经常进行薪酬调整。这种调整对公司往往意味着巨大的成本增加。很多公司给外派员工发放外国服务奖励，额度一般是其基本工资的 10% ～30%。[45]一些地区由于气候异常、安全无法保障、物质和医疗用品缺乏等原因，人们不愿意到那里工作，某些公司就通过给外派人员发放困难地区补贴的方式鼓励他们出国工作。例如，被外派到阿姆斯特丹工作的雇员津贴就不会高过到伊朗德黑兰的人员（那里有些地方的人还把处死美国人当成节日庆祝）。[46]因此，如果外派到首尔的员工每月津贴为 300 美元，则在中国成都的外派人员可以拿到 1000 美元。不过哪怕是很有国外工作经验的公司，也很难对这些困难作出正确的估计。因此，很多公司干脆参考一些现成的资料来处理相关问题，如美国国务院的《**困难岗位差别指南**》、经济学家杂志的《困难分类评估》等。[47]这两种资料都能够按时更新，以反映外派雇员经历的困难程度。很多跨国公司也由于同样的原因而经常用到这些资料。

**困难岗位差别指南**（Hardship Post Differential Guidelines）
美国国务院制定的指南，用于确定外派雇员由于具体任务难度的不同而导致的成本差异。

**购买力和平衡表**。除了基本工资以外，平衡表法主要关注的是家庭预算一般都要考虑的那一系列费用。平衡表法的目的是为了保护或平衡每一个类别下的费用，保证这些费用在国外国内相对公平。图 13.1 总结了这种方式。[48] 表格中的第一栏表示母国（美国）的基本成本。当然，母国的购买力也会随着一个人的收入、家庭大小和其他变量而改变。不过，为了方便讨论问题，我们假设可以把母国的购买力转换成东道国的购买力。如表格中第二栏，大多数成本类别海外比国内高。这种方式可以为人们提供**购买力平价**（purchasing power parity）指标。

> **购买力平价**
> （purchasing power parity）
> 一个外派雇员的金钱在外国购买到同样物品的能力。

**住房成本**。例如，住房成本一般会比人们所想象的要高，甚至在生活成本不高的国家也是如此。理由之一是，住房一般是租赁的，价格往往是由短期租金决定，故成本很容易被拉高。第二，与国外同行相比，美国人更加期望享受到宽敞豪华的住所（来自曼哈顿或三番市的雇员除外!）。有些人力资源经理已经发现，在诸如东京或北京这样的城市里，连找到合适的住房都相当困难，更不用说付钱了！

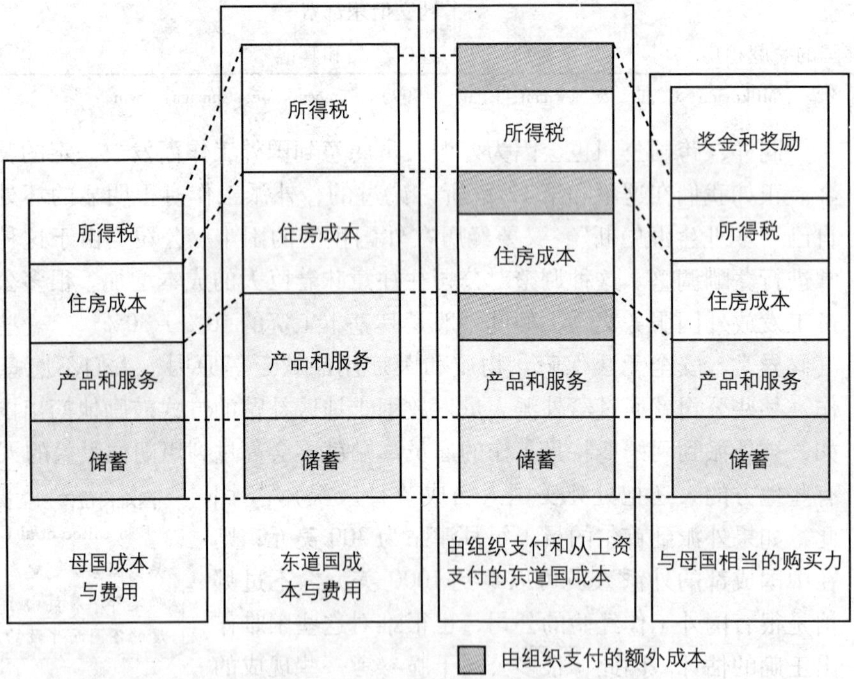


**图 13.1 外派薪酬的平衡表法**

资料来源：Reynolds，C.（1994）. Compensation basics for North American expatriates：Developing an effective program for employees working abroad. *American Compensation Association*. Reprinted from ACA Building Block #15。1994 with permission from the American Compensation Association（ACA）. 14040 N. Northsight Blvd.，Scottsdale，AZ. USA 85260；© ACA

世界各国外派人员的住房成本差异很大。表 13.7 总结了部分城市的住房成本。由表中可见，很多城市的住房成本非常昂贵。美国的芝加哥或纽约在很多美国人心目中，房价是很昂贵的，但是与某些外国城市比较不过是小巫见大巫而已。对美国外派雇员来说，东道国房价大部分比母国房价更贵。根据平衡表法，假设芝加哥的月房价是 6000 美元，东京是 12800 美元，中间 6800 美元的差价就要由公司补偿。[49]

**表 13.7　北美以外地区城市外派人员住房成本**

| 城市 | 租房类型 | 每月/年租金（美元） |
|---|---|---|
| 北京 | 单一卧室公寓 | 1000/月，12000 ~ 16000/年 |
| | 3 ~ 4 间卧室郊区住宅 | 4000 ~ 10000/月，48000 ~ 120000/年 |
| 迪拜 | 单一卧室公寓 | 2250/月，27000/年 |
| | 多间卧室别墅 | 5600 ~ 11300/月，68000 ~ 136000/年 |
| 香港 | 双卧室公寓 | 2500 ~ 5000/月，30000 ~ 60000/年 |
| | 四卧室联体别墅 | 32000/月，384000/年 |
| 伦敦 | 双卧室公寓 | 4000 ~ 6000/月，48000 ~ 768000/年 |
| | 四卧室住宅 | 10000 ~ 40000/月，120000 ~ 480000/年 |
| 莫斯科 | 双卧室公寓 | 3000 ~ 10000/月，36000 ~ 120000/年 |
| | 三卧室住宅 | 10000/月，120000/年 |
| | 五卧室住宅 | 17000/月，20400/年 |
| 孟买 | 多卧室、2000 平方英尺公寓 | 6400/月，76800/年 |
| 圣保罗 | 双卧室公寓 | 1200 ~ 2000/月，14400 ~ 24000/年 |
| 东京 | 四卧室公寓 | 12000/月，144000/年 |

**表 13.8　世界各地税率比较**

| 国　家 | 公司税率* | 最高边际所得税率 |
|---|---|---|
| 法国 | 40 | 57 |
| 德国 | 50 | 52 |
| 爱尔兰 | 29 | 44 |
| 意大利 | 41 | 46 |
| 日本 | 42 | 49 |
| 荷兰 | 38 | 60 |
| 西班牙 | 37 | 48 |
| 瑞典 | 28 | 58 |
| 瑞士 | 30 | 57 |
| 英国 | 30 | 40 |
| 美国 | 40 | 40 |

*包括本地和州税。

资料来源：改编自——（2000）. Whose burden is heaviest? *The Economist*, September 9, 53-54.

**税收**。外派人员费用的第二大类别是税收，图 13.1 对此也有反映。对于跨国公司来说，这是技术上最难处理、最困难的薪酬领域之一。究其原因，一部分是由于美国和国外种类繁多的税收、保险和货币管制政策所致。[50]表 13.8 只是总结了其复杂性的一个方面，即对美国经常外派的几个国家个人所得税最高边际税率的差别比较。由表中可知道，这些国家的边际所得税率差别极大：英国和爱尔兰很低，法国和荷兰相对高些。美国跟 35 个国家签署了《税赋平衡协定》，承认外派人员在母国所缴纳的税金。例如，法国和比利时就带头在法律中加入了有关《统合性双边互惠协定》（Totalization Agreements）的内容。法国法律中的下面几条内容是针对外派员工制定的：

- 协议规定，在法国有办事处的公司，法国对其外派雇员的住房、上学和其他津贴免税。
- 协议规定，外派人员来自分红、利息和资本利得的收入可以免税（法国部分）。
- 减免在法国的社保税的综合性协议。
- 一个大量减免在法国的期权收益税的制度。[51]

不过，尽管外国的税率低（如加拿大），外派人员承受的总税赋额可能更高。原因有很多，其中一个是很多国家不仅仅对收入课税，也对所有的津贴、调整和奖金课税。更糟糕的是，美国是世界上为数不多的几个对外派雇员超过免税部分的收入课税的国家之一（唯一的工业化国家）。[52]外派到爱尔兰的美国管理人员在那里只需缴纳很低的税金，但是，他/她还必须缴纳在美国的那一份（免税部分以下不用交）。但是，外派到美国的爱尔兰雇员根本不用向爱尔兰政府纳税。所以，通过采用平衡表法，公司要么可以为外派人员补偿由于税收增加所产生的差额（保护），要么可以直接向国外的外派人员支付一笔费用，以维系其收入的购买力（平衡）。不管这些额外的费用通过何种手段支付，目的都是为了对发生在外派员工身上的成本差额进行补偿。

**生活费用**。平衡表法中的最后但也是最重要的一类费用就是生活费用，即外派人员在国外所需要购买的产品和服务。相关费用很多，包括食品、交通、衣物和娱乐项目，等等。这些费用也许是最难以估算的，因为它们的价格波动性最大。另外，汇率变化对这类费用的影响也是最大的。以房价为例，租赁协议一般以一年为期，价格也是逐年变更。

尽管困难重重，人们照样可以对一系列产品和服务的价格差异进行估算。不少公司出版了很多城市的成本调查结果，并如期收集数据及时更新。表 13.9

展示了全球 25 个生活费用最昂贵城市的相对指数（以纽约的生活指数为 100）。

**表 13.9　世界上生活最昂贵的城市***

| 城　市 | 2009 年生活费用指数 | 城　市 | 2009 年生活费用指数 |
|---|---|---|---|
| 东京 | 143.7 | 奥斯陆 | 94.2 |
| 大阪 | 119.2 | 加拉加斯 | 93.3 |
| 莫斯科 | 115.4 | 伦敦 | 92.7 |
| 日内瓦 | 109.2 | 特拉维夫 | 91.9 |
| 香港 | 108.7 | 罗马 | 91.2 |
| 苏黎世 | 105.2 | 赫尔辛基 | 90.5 |
| 哥本哈根 | 105 | 迪拜 | 90.1 |
| 纽约 | 100 | 维也纳 | 89.3 |
| 北京 | 99.6 | 深圳 | 89 |
| 新加坡 | 98 | 洛杉矶 | 87.6 |
| 米兰 | 96.9 | 广州 | 87.6 |
| 上海 | 95.2 | 都柏林 | 87.4 |
| 巴黎 | 95.1 | | |

* 以纽约的生活费用指数为 100，基于 200 种商品和租房价格综合计算。

资料来源：www. mercer. com.

如果外派人员觉得这个清单难以消化，则可以考虑《经济学家》杂志每一年公布的巨无霸汉堡包指数。巨无霸指数的理念（部分来自人们的味蕾）是为了给人们提供一种快捷而容易消化（哪怕你觉得巨无霸本身很难消化）的方法，以对比各个国家（地区）的生活成本（参考表 13.10）。尽管巨无霸指数无法完美表达购买力平价，但是，它却不失为一道精神食粮。[55]无论人们参照哪种指数，同样的一篮子产品和服务在某些国家中可能价格昂贵，在另外一些国家中则可能相对便宜。[56]更有意思的是，就是在那些产品和服务价格低廉的国家里，外派人员购买的东西最终都会价格昂贵。一些专家指出，外派以后，大部分外派人员都想保持国内高生活水准的消费习惯，他们期望购买到从母国进口的产品，这种习惯把费用指数提高了，超出了人们的预计。[57]

假设外派人员接受外派任务后，可以通过调整获得国内平均的生活费用。如果现有的参考指数不合适（也许是由于外派人员很想消费在国内习惯消费的产品），公司有可能自行进行成本调查。不过，这种结果本身会因为通胀或汇率的变化而很快失效。所以，公司更愿意按当地货币按月给雇员发放津贴。[58]

表 13.10 不同国家（地区）巨无霸汉堡价格对比

| 国家（地区） | 巨无霸汉堡价格（美元） |
|---|---|
| 阿根廷 | 5.41 |
| 英国 | 4.02 |
| 加拿大 | 5.26 |
| 中国 | 2.61 |
| 捷克 | 3.49 |
| 印度 | 1.50 |
| 日本 | 3.20 |
| 俄罗斯 | 2.64 |
| 新加坡 | 3.69 |
| 韩国 | 3.43 |
| 美国 | 4.56 |
| 中国香港 | 2.19 |
| 中国台湾 | 2.63 |

资料来源：www.economist.com.

**平衡表上的余额**。不管怎样说，平衡表法的目的就是为了公平对待外派雇员。所有的调整也是为了尽量降低海外职务的困难。有时，甚至能够让外派变成一件乐事。但是这并不是说平衡表法没有问题。第一，平衡表法很难管理，也由于复杂而不容易跟雇员解释。同时，这种方法涉及收集和购买一系列有关住房和生活成本的数据。此外，由于调整涉及的很多支付转移很难跟员工解释清楚，也很难从财务角度进行管理。

还有其他的一些操作问题。早先我们也提到过，三大分类中的费用对外派人员都会更高一些。如果外派到费用较低的国家如墨西哥又会出现什么结果呢？是不是要扣除外派雇员的收入以反映墨西哥较低的生活水平？尽管这个目标可以通过平衡表法来实现，但是，很多公司并没有这样做。[59] 实际上，很多应用平衡表法的公司现在更愿意使用某些修订版本以体现必要的调整结果。[60] 原则上，平衡表法允许削减在生活水平较低国家工作的外派人员的费用。在这方面，有人注意到越来越多的公司已经不再认为外派工作本身是一件值得特别奖励的活动。[61] 近年来，不给外派人员发放任何奖励金的公司几乎翻了一番。[62] 虽然公司可能通过调整薪酬来应对海外生活费用上升的问题，但是，越来越多的公司感到某些最好的工作机会是在海外。他们的理念是，随着经济全球化的深入，雇员应该努力争取机会到海外工作。如果公司真正把海外工作视为管理人员职业生涯的一个组成部分，那么，人们会把它当成一个很好的发展机会。所有这些都令某些专家声称，外派薪酬和意外横财来临的“幸福日子”已经不会再持续很长时间了。[63] 时间会证明一切。现在，请你完成本章后面的练习题，练习要求你把几种不同外派任务的雇员的薪酬计划公平地放在一起。你会发现这是一项很难完成的任务。

## 外国员工的薪酬

管理者要考虑的众多问题中，有一项是在国外办公室或工厂里同时雇用美国人、当地人和第三国雇员的情况。前面一些章节（第 8、9 和 12 章）已经探索过与此决策相关的战略问题，我们可以肯定地说，雇用当地人大有好处。显然，雇用当地人不用支付转移费，很多由于文化引起的调整问题也不用再担心。同样的道理，合资企业（比如很多企业正在中国经营）如果答应雇用当地公民，则很容易得到政府的批准。[64-65]

**薪酬模式**。无论目的怎样，美国的跨国公司实际上已经雇用了很多当地和第三国雇员。对这些员工的支付方式也是多种多样。其一，公司可以把这个外籍员工的工资与一起工作的美国外派雇员挂钩。事实证明，很少有企业会采取这种方法。[66] 多数企业的惯常做法是，按照当地的工资标准决定当地雇员薪酬。一般而言，当地雇员的薪酬是这三类雇员中最少的一组（美国人、当地人和第三国雇员）。[67] 这并不意味着美国企业雇用当地人就便宜些。比如，美国企业外派员工到比利时和法国时可以节省成本，因为这些员工在在当地可以免缴社保金。反过来说，德国和英国的税收和其他费用很高，雇用当地人员就显得划算。[68] 一些国家的情况变化非常快，因此，人力资源管理专家必须及时了解当前的就业状态。令人惊异的是，中国就是这些快速变化的国家之一，那里的薪酬情况可能比你的想象还要复杂（灵活）。

除了上面提到的例子，我们可以肯定在大多数情形下，跨国公司会同时雇用外派雇员和当地雇员，给他们提供并肩工作的机会。这些雇员不可避免地要进行薪酬对比，有时候将发现他们之间的薪酬差异非常明显（配有司机的公司汽车等）。由于当地的平均薪酬较低，这种差异显然要导致问题。有一项研究专门对美国跨国公司的 225 名人力资源经理和主任进行了调查，了解他们在为国际经理制定薪酬时所碰到的问题。[69] 问题当然很多，但是，最显著的是外派人员、当地雇员和第三国雇员薪酬计划之间的差别问题。有 80% 的样本把它们确认为大问题或重大问题的根源！《华尔街日报》最近报道，在一项包含 45 个大型跨国公司样本的调查中，100% 的企业承认薪酬水平差别是它们面临的最大国际问题。另外，在总薪酬方面，第三国雇员（如美国公司雇用的荷兰经理人在英国工作）一般要比当地雇员好一些。这些雇员可能需要工资和生活费用的调整以增加外派到这些国家工作的吸引力，而当地雇员已经在那里工作了。一旦置身国外，这三个群体的人就得在同样的地方一起工作。这些来自多元文化的群体和混合团队如何相处以及由此派生的问题等，将是下一章要探讨的主题。

## 本章总结

很少有人愿意对自己的下属进行绩效评估。在团队中增加外国雇员只能给管理带来更大的麻烦。与外派人员绩效评估相关的问题很多，很不容易解决。突出的基本问题有：谁来实施评估？多久才应该进行评估？最重要的是，要评估什么以及怎样评估？“谁”来评估的问题涉及国内经理和当地经理评估选择。我们详细列举了两类评估者面临的问题，并为他们在国际环境中实施评估提供了一般的指南（有关评估什么和如何评估的问题）。

绩效评估的主要目的是为了制定薪酬。我们同样对这个问题进行了详细的讨论，同时强调了薪酬的内容并不仅仅包括薪水的多少。而且，不同的国家的薪酬体系也有所差别。显然，美国的CEO享受到了最好的薪酬计划，因为，他们的收入与普通工人之间的收入差别是全世界最大的。

我们还讨论了外派员工的薪酬问题。平衡表法是最常用的一种，目的是为了保证外派员工能够享受到与国内雇员相当的待遇。因为涉及住房、税收、产品和服务和很多其他费用问题的调整，这种方法实施起来难度很大。公司会经常向咨询企业购买有关住房成本、生活费用以及其他费用的数据，因为这些数据会随时变化。对雇主而言，外派将导致很大费用的发生，但是，考虑到可以让自己的干部和高管拥有国际经营经验，这样的成本是划算的。

### 讨论题

1. 雇员绩效评估会碰到一些什么问题？这些问题在国际环境中又是如何变得更加复杂的？
2. 有关薪酬基础的文化信仰是如何影响你对同一个企业中的外派人员、东道国人员和第三国雇员制定薪酬标准的？
3. 一般雇员和管理人员的国际服务补偿有哪些方法？
4. 应该怎样对外派人员制订薪酬计划？哪一种是最佳的手段？为什么？

## 迎接挑战

### 海外绩效评估

在本章开始的时候，我们让你假定自己被外派到中国工作。你试图通过职工参与的管理手段提高你主管的一条生产线的生产率。不幸的是，这种手段和其他手段如为绩效突出者发放奖金等并没有收到太多的成效。因为语言不通，你无法有效地诊断其中的原因。在半年的绩效评估中，你的评估结果并不佳，尽管评估过程是公正的而且开诚布公。

你现在必须明白，语言并不是唯一的问题。哪怕你汉语说得很好，中国人也不会直接向你反馈实施过程中问题的根源。在第5章我们知道，对上级的这种反馈可能会令他丢面子。这可能就是采用群众参与和反馈技术时产生问题的根源。中国雇员不太愿意就生产流程的改进提供建议，因为这样做的结果可能会让你（经理）丢脸。在这种文化背景下，人们都假设经理人拥有必要的专业知识，并且在合适的时候显示一下以维护自己的面子。顺便说一下，这也就是你经常会得到模棱两可的评估而很少有直接以及负面反馈的原因。如果评估是由当地人或第三国人员作出，这些评估也不会像美国人行为那样直接。正如我们在本章所看到的那样，反馈的偏好和方法会因为文化的差异而有很大的不同。所以，让母国评估者再次进行绩效评估对外派人员是很有价值的。

最后，我们在本章的中间看到，对外派人员而言，中国可能是一个生活费用昂贵的国家。如果公司不采用平衡表法来制订薪酬计划，外派人员可能会面临绩效和经济问题。那么，这个问题的解决方法是什么呢？你的公司应该怎样评估绩效，应该如何为外派到中国的雇员制定薪酬？

# 国际管理技能开发

## 不同文化背景下进行负面反馈的方式

### 目的

探讨管理者给雇员提供绩效反馈的问题；考虑在跨文化背景下给出反馈的方法；练习给出有帮助的反馈的技能。

### 指南

通过认真考虑，你公司今年将制定一套 360 度反馈绩效评估系统。作为一名经理，你自己的任务之一就是逐一与雇员会面，对他们的工作绩效进行评价。

你打算会见一位名叫 Chris Damone 的生产线管理人员，他在公司已经有 7 年工龄。Chris 过去的工作评价报告说明，他是一名值得信赖的员工，工作能力超过一般水平。但是，运用 360 度评估方法评估后，其结果却不一致。例如，他不愿意采纳新观念、对同事和下级采取强制手段、不愿意听别人的意见、忽视反馈意见、经常不回复电话或回答别人的咨询、喜欢把错误归咎于别人或者掩盖错误，并且出现问题时不在场。此外，你也了解到他对公司支持少数族裔的政策持反对意见，尤其恼怒最近的一次升职机会被一个少数民族雇员给取代了。

### 第一部分：对美国雇员的评估

根据这个情境准备一份行动计划（15 分钟）。分成 3 ~ 5 人的小组，为 Chris 制订一份改进计划。可以指定一名发言人随后向全班陈述小组意见。

在准备计划过程中考虑如下问题：

1. 经理应该采用哪些不同的办法向 Chris 明确表述其行为问题？经理是否需要经常与 Chris 沟通以便确认他所理解的反馈跟给出的反馈是一致的？
2. Chris 和经理是否能够互相倾听对方意见，没有反感或防备情绪？
3. 行动计划的目的是否明确、有帮助？
4. 一旦为 Chris 制定的目标达到了或者无法实现，经理应该怎么办？

### 第二部分：跨文化评估

现在请准备一份计划，帮助对中东的一位雇员进行绩效反馈。假设他的情况跟 Chris 类似。在准备计划和建议中，请全部或部分考虑如下问题：

1. 经理应该采用哪些不同的办法向这位中东

雇员提建议？

2. 你为美国经理作出的计划跟这个计划有什么主要的区别？
3. 促使你变更这个计划的文化差异有哪些？

资料来源：French, W. (1998). *Human Resources Management* (4th Ed,) 362-363. Boston: Houghton Mifflin. This exercise was originally prepared by Janet W. Wohlberg, The Rappay Group, 1075 Main Street, Williamstown, Ma 01267. Used with permission.

## 接入全球网络

### 为中国外派人员制订一份薪酬计划

#### 目的

提高读者对课文内容的理解，即在不同的国家里，工资、税收和生活成本是如何区别的，它们是如何使制订外派员工的薪酬计划变得困难。

#### 指南

本练习要求你完成一份报告，总结你本人对外派到不同国家的雇员的薪酬的研究成果。根据老师的要求，本练习可以是个人作业，也可以当成小组练习。假设一家中国公司现在考虑向两个国家中的一个外派雇员，请你为这些外派人员制订一份薪酬计划。老师将指定外派的国家和城市。现在假设你住在广州，已婚，有两个正在上学的小孩，年薪为 25 万元人民币。这笔收入 60% 花费在生活上，20% 缴税，20% 用来储蓄。

正如本章所讨论的，生活费用是一个非常复杂的问题，会因为国家和地区的差异而不同。在报告中，你必须把交通、衣物、住房、食品等包含在内。请记住税收是一个很复杂的问题，必须把这些因素考虑在内。两个国家的薪酬计划应该有怎样的区别（如果有的话）？同时，请说明为什么会有这样的区别（或者没有区别）？除了课本内容和其他参考资料，下面网站也是很有参考价值：

**美国国务院国外生活成本网站：**

www. state. gov/m/a/als/prdm

这个网站几乎囊括了世界各国的生活成本资料。可以查询到具体的生活成本、成本差异、住房成本等其他数据。

STAT-USA/Internet（**美国商务部的一个网站**）

www. stat-usa. gov/trade. nsf

有市场研究信息，也可以找到大多数国家的一般情况信息。

**国际税收和会计网站目录**

www. taxsites. com/international. html#countries

税收网站目录，包括所有国家的信息。

**OECD 数据网站，购买力平价**

www. oecd. org

对很多国家的一篮子产品和服务成本的比较数据。

**全球转移调查（由 GMAC 和 SHRM 赞助）**

近 80 页的报告，综述世界各地人员迁移成本和趋势。

**中国国研网**

www. drc. net. com. cn

中国国务院发展研究中心，提供中国宏观经济综合信息

CHAPTER

# 14 跨文化群体管理：从工作团队到工会组织

**学习目标**

- 理解跨文化环境下的团队影响力
- 了解群体内部和群体之间多元化的优点和缺陷
- 了解多个国家不同的工会组织类型及其影响

识别除了工会组织以外，其他各种各样的雇员参与决策方式

## 国际挑战

### SAP的计划受阻于文化壁垒

2003年，德国最大的软件公司决定减弱公司的德国色彩。为此，他们决定采取一些重大的行动。在考察这些行动之前，我们先来熟悉一下公司历史。1972年，5名前IBM工程师创办了SAP并且将它发展成为全球最大的企业级软件（管理企业基础功能如财务、采购等）的供应商。20世纪80年代和90年代，SAP的销售队伍发展很快。但几乎所有软件都是由德国沃尔多夫总部的程序员开发的。从历史来看，工作流程体现出典型的德国风格。程序员们常常花费一年的时间来完善程序，他们经常在沃尔多夫总部大楼中着意安置的咖啡馆中与团队成员共同解决问题。SAP的软件系统复杂而昂贵，通常需要几个月的时间来安装运行，消除bug。软件非常有效，深受顾客欢迎。尽管这一系统与其他计算机系统的兼容性不好，但SAP提供一站式服务，帮助顾客解决这一问题。

然而，这一模式在20世纪90年代后期受到了挑战，因为企业间关系以及它们与顾客通过网络建立的联系变得空前复杂。这给SAP提出了难题，如何帮助企业与不使用SAP系统的顾客建立互动？此外，越来越多的顾客不愿意像过去那样每隔5年购买一次像SAP这种昂贵和复杂的软件系统，而是更多采用SAP竞争对手和小型创业企业开发的短期、基于订阅和互联网的软件。

公司联席CEO和创始人普拉特纳和卡格曼对挑战作出了回应。普拉特纳（前物理学教授）和卡格曼（技术天才，脾气火爆）都以其学究型、谨慎的管理风格而知名。他们弥补了在线

系统上的不足，创办了专注于互联网功能的子公司，收购了其他小型企业。但他们也认识到自己谨慎的商业思维可能对公司，特别是对公司在美国市场的发展不利。美国市场的顾客正在摆脱大型的、累赘的系统，转向小型的、灵活的、基于网络的系统，SAP 需要注意创新的因素。他们收购了一家开发网络应用软件的以色列公司，公司领导阿加西是一位年轻、性急的经理，创办了多家成功的企业。他们喜欢上了阿加西，他是极少数在第一次会议上就敢于对普拉特纳对软件的批评给予回击的人。他们将阿加西安排到收购来的网络应用的关键岗位上，负责领导数百名 SAP 的员工。阿加西不断地向德国高管提出产品建议，但每次都被打回来。最后，终于有一个想法吸引了普拉特纳的注意。阿加西说："这是第一次他没有说这是一个愚蠢的，而是戴上眼镜认真研究。"这个想法后来成为 SAP 的 NetWeaver，一种基于网络的应用，与传统软件相比在升级时方便许多。SAP 给予阿加西更多的责任和权限，这也是公司去德国化的一部分。

为了更深入地全球化，SAP 在全世界雇佣了数千名程序员，特别是在美国和印度。这些程序员团队承担了关键项目的开发工作，过去这些项目几乎总是在沃尔多夫完成的。阿加西是推动变革的关键人物，他将公司会议的工作语言改为英语，哪怕会议是在总部沃尔多夫召开的。此外，还聘用了大批外国经理。到 2006 年时，公司最高层主管中已经有一半不是德国人。管理层认为这些"新人"的行动将更加迅速，同时能够帮助将同质的德国文化改造为多元文化。

这些做法当然引起了矛盾，特别是在沃尔多夫。SAP 的决心比其他公司更加坚定。我们在第 8、9 章中提到，绝大多数公司的全球化进程始于在海外建立销售中心或生产中心，但总公司高层、战略和研发则留在本国。例如，尽管微软也聘用了数千名印度程序员，但公司战略仍然出自美国总部。而 SAP 的国际化则体现为从上至下的整体变化，对封闭的沃尔多夫文化形成了冲击。在学习本章时，考虑 SAP 的变革所带来的效应和多元化的结果。在本章结束时的"迎接挑战"中，你将看到 SAP 所面临的一些问题，以及开发团队的成果。

群体是一个组织的基本组成部分。一个群体是这样定义的，有两个或两个以上的人一起配合追求共同的目标。这个宽泛的定义适用于任何一种组织，从由几个朋友组成的社会群体到成员成千上万的国际工会组织。这就是第 14 章要讨论的范围。本章分成两大部分，在第一部分，我们将把注意力放在小型的工作群体上，讨论文化可能对他们行为方式产生的影响。本章的第二部分，在继续关注群体如何跨文化运作的同时，还将关注由工人群体与管理层关系带来的更大的问题。我们将考察不同国家里的劳资关系。劳资关系中最重要的群体问题是管理层跟工会的联系。在某些国家里，维系这种关系非常顺利而且比其他国家成功。我们同时将研究世界各地的不同形式的员工参与方式（有时称为“产业民主”）以及它们的相对效果。最后我们将考察在不同国家里诸如罢工和停工之类的冲突发生的频度问题。

# 14.1　跨文化群体管理

群体是大多数企业生存最重要的影响因素，无论它们是否是跨国企业。为了完成特定的目标，企业会组成很多群体，比如特别任务团队、跨功能团队、自我导向工作团队、特别委员会、董事会、生产团队，等等。为什么我们要拥有这么多不同类型的群体呢？一个重要原因是群体能够给任务的完成带来特别的机会。群体可以提供潜在的知识库、进行更好的决策，等等，结果是创造出一个工作更加努力、更加聪明、更加拥有生产效率的人群。

当然，很多人也有过很不愉快的群体经历。其挑战在于，管理者必须能够为群体提供舞台，以实现群体目标。如我们在前面几章所探讨的有关沟通、培训、绩效评估等问题一样，在多元文化背景中，管理者解决上述问题的困难要多出几倍。因此，我们将探究一般群体运作方法的文化差异，然后，总结一些方法让管理者在国际环境中建设更有效的工作群体。

## 跨文化群体行为差异

我们首先要讨论不同文化对日常生活中群体重要性的不同看法。

**个人和集体主义者**。在第 4 章我们讨论过，文化最重要的特性之一是个人主义和集体主义之间的差别。崇尚个人主义的国家有美国、英国、荷兰和比利时，注重集体主义的国家和地区包括中国台湾、墨西哥、菲律宾、日本以及很多南美洲国家。在集体主义国家里，人们把群体目标看成比个人目标更重要，而个人主义国家的观念恰恰相反，他们更加关注自己，强调自主、个人成就和隐私。在个人主义文化环境中，人们倾向于对别人采取同样的价值标准，而集体主义者对**内群体**和**外群体**的人采用不同的价值标准。[2]

> **内群体（in-group）**
> 群体成员关系密切、行为方式互相仿照，在集体主义文化背景中尤其突出。

> **外群体（out-group）**
> 处于次重要位置的群体，在集体主义文化背景中尤其突出。

**内群体和外群体**。集体主义者把内群体的需求放在个人需求的前面，他们崇尚内群体间成员的合作而不顾念个人利益。但是他们眼中的每一类群体又有差异。例如，某些群体比较注重家庭（如很多中国人），另外的群体把组织利益放在首位（如很多日本人）。无论人们怎样定义内群体，集体主义者比个人主义者更加看重内群体和外群体之间的区别。集体主义文化认为家庭和邻居之间区别很大，个人主义文化认为差别相对较小。我们前面讨论过，与个人主义者相比，集体主义者的个人态度更容易受他们在群体中地位的影响。集体主义者比个人主义者更愿意以基于集体主义的方式描述自己（如同样是快乐，集体主义者会这样说：与朋友一起工作时我很快乐；个人主义者则说：我是一个快乐的人）。

不过，大家很容易低估集体主义信念对人们生活的重大影响力。我们并不是说个人主义者无法在群体中好好工作完成任务，他们是可以做得很好。但是，当个人主义者和集体主义者在一起合作时，群体互动过程会就产生巨大的差异。人们对群体互动将会如何进行显然是很明确的。有一个项目对一批 10 ~ 12 岁的中国和美国少年儿童一起完成同一个任务过程中的互动方式进行了研究。[3] 在完成任务过程中，中国孩子注重合作和群体效应，美国孩子则选择了能够表现自我提高和竞争激励的策略。这种互动模式反映了大多数美国人个人主义和成就导向的教育方式，也反映了中国传统的那一句老话，“友谊第一，比赛第二”。[4]

## 跨文化群体生产率

群体将如何对不同文化背景下所完成的工作的流程、质量和数量产生影响呢？下面我们对这个问题给出几个一般性的答案。

**社会惰化**。美国的一项研究表明，人们独立工作比与其他人一起工作效果更佳。这种现象就是所谓的**社会惰化**。显然，人们之所以惰化，是因为大家都在假设群体将努力把任务完成，因此忍不住腾出时间去完成个人目标，哪怕这个目标仅仅是休闲而已。另外的 50 项研究也得出同样的结果，这些研究涉及多种多样的职位和组织，不过人员大部分为美国工人。[5]

> **社会惰化**（social loafing）
> 人们独立工作比与其他人一起工作效果更佳的倾向，在个体绩效不容易区分的情况下尤其如此。

难道社会惰化只是美国独有的现象吗？我们有充分的理由相信这一点，因为美国文化强调个人主义，而且美国人不容易参与团队工作。其他文化（如日本）则倾向于团队导向，工作场所的组织也是如此。研究也表明，与美国人比较，日本人在与团队工作时比独立工作时绩效更高。[6] 同样，社会惰化产生于美国人（个人主义）之间而不是中国人（集体主义）之间。[7]

**内群体和社会惰化**。到目前为止，我们所讨论的社会惰化问题只是对独立工作的人和群体工作的人进行比较。[8] 另外，“群体”效应不一定总是对集体主义者有好处。例如，同一个企业里的员工如果属于不同的内群体，则他们之间的沟通会很差。[9]另一项研究发现，面对外群体人员，集体主义者表现出比个人主义者更强的竞争性。[10]群体的类型对社会惰化会产生影响，在集体主义文化中尤其明显。一般说来，如果对自己没有特别的意义，在参与（外群体的）群体活动时，集体主义者会表现出更强的惰性化。

有一项专门针对这个问题的研究，研究者要求来自中国、美国和以色列的经理独立工作，来自其他国家和地区的经理则分在两个不同情境的小组中。[11]一个小组的情境是由内群体人员组成，小组的负责人事先被告知小组成员中不少人性格是相似的，很容易变成朋友。另一个小组由外群体人员组成，负责人事先被告知，其他小组成员性格差别很大，都是来自不同的背景。然后，经理按照模拟管理任务来操作，如评估求职申请。中国人和以色列人代表集体主义文化，而美国人代表的是个人主义文化。

结果很有意思。我们再次发现，美国组的群体绩效降低了（惰性），中国和以色列经理的绩效没有下降。但是，在跟一个外群体小组工作时，集体主义者一样表现出社会惰性。如果自己的重要性被群体漠视，则集体主义者（来自中国和以色列）对群体绩效的贡献就会降低。但是，如果跟一个内群体工作，绩效则保持不变。

**社会惰化研究的意义**。所有这些对国际管理者意味着什么呢？第一，在集体主义文化背景下，以个人成就为基础的管理战略可能收效不大。例如，有的观点认为在中国和以色列推行以个人主义为基础的奖励制度可以达到效益最大化，这一观点就忽视了群体对这些文化的影响力和重要意义。在中国实行按绩效计酬的方法可能无法实现生产目标。这提醒人们，在集体主义文化背景下实行群体奖励制度时，必须慎之又慎。集体主义者工作的群体类型可能会反过来影响他们的绩效。因此，为了提高集体主义文化背景下群体的绩效，通过个体自然选择（如一个内群体）的方式来成立群体可能是最佳的方法。[13]

根据这个道理，在诸如中国这样的地方运作，管理者聪明的选择可能是以群体为基础的奖励计划（参考第 11 章有关激励的内容）。劳动力多元化正在经济快速发展的国家如印度和中国迅猛发展，新的工作机会带来了就业和旅行模式的改变。在中国，尽管人们必须得到允许才可以从农村向上海这样的大城市迁移，但是，劳动力的迁移现象还是非常显著（尽管是非法的）。在这样的背景下实施群体绩效战略，管理者必须特别聪明并且要富有远见。[14]

最后，让我们来探讨在高度个人主义的美国实施以群体为基础的管理模式的情况。美国已经引进了团队工作方法，大约有 10% 的美国员工现在已经组成了自我指导的工作团队。[15]因为崇尚个人主义，所以要在美国实施团队工作方法应该说是一个严峻的挑战。另外，由于大量移民的涌入，美国的单一文化环境已经受到冲击。对美国本土管理者以及外派到美国的管理者的另一项挑战，就是要理解逐渐多元化的美国劳动力，并通过适当的方法赋予他们适当的工作任务。这种文化融合现象已经在美国商务航空业的服务队伍出现。这里的“国际观察”就描述了在这些群体中出现的一些挑战。

### 国际观察

## 最好的空中服务可能是跨文化服务

大型商务喷气飞机的运行本身就是一项群体导向行为。某些现代化飞机的机组人员可能会超过20人。有意思的是，一项对商务航空事故的分析表明，70%的航空事故是由空服人员的行为而不是技术原因引起的。因此，人们对沟通、领导和决策进行研究以便减少导致空难发生的问题。很多这类人际间的问题都受到文化因素的影响。

根据这个判断，一项研究对来自不同国家的乘务组成员的态度进行了考察，这些人员来自美国和几个亚洲国家[12]。商务航空业是受到严格管制的产业，在相似的情形下，机组成员的行为方式有很大的相似性。由于在不同文化间这一工作内容的差异非常小，这些员工之间态度的差别基本上是基于文化因素而形成。研究者给所有的人员（包括空服人员和飞行员）发放了一张问卷，要求他们回答什么是机舱里的最优行为。结果发现，亚洲人的答案比美国人的答案一致。这反映了在集体主义文化中对社会和谐的共同需要。因此，亚洲乘务组人员的态度比较相似。

另外，结果还表明美国空服人员喜欢拥有一位鼓励他们提问并在紧急情况发生时能够负起责任的机长。在所有的小组中（包括空服小组），美国的飞行员显得非常突出。他们总是表现出高度的个人主义态度，反映了航空史上飞行员天马行空的现象。在亚洲文化中，空服人员和飞行员都希望拥有一位专制但又有沟通能力的机长。

这些差异表现了当今航空人员培训方法所碰到的普遍问题。这种方法叫做机组资源管理（Crew Resource Management，CRM），强调信息在机组人员之间的自由流通、识别和接受。CRM反映出集体主义和低权力距离的特点。根据被培训人员文化背景的差别，这种方法可能带来问题也可能变成一种优势。培训要求高度个人主义的美国飞行员丢掉自己“飞行家”的身份，更高程度地参与到团队活动中。这对他们而言难度较大。但是，CRM培训也利用了美国人低权力距离（他们很自然地分享飞行经验）的特点进行。具有团队导向特色的亚洲人员很适合CRM培训方式，但高权力距离的特点又让他们不擅长分享信息。一方面，由下级官员强制实施的CRM培训对中国乘务组可能太陌生而不易适应；另一方面，这种培训方式的群体投入特点又令美国飞行员难以接受。在紧急情况中，两种小组都表现出自己的优势和劣势。CRM的挑战就是要保证所有的培训手段都能够符合来自不同文化背景的成员的需求。

## 多元化：当不同文化群体产生碰撞时

到目前为止，我们所讨论的是不同文化背景下的群体行为。在很多场合中，国际管理者要有效地领导各种类型的群体，包括母国人员、第三国人员和外派人员，因此，他们将不得不面对如何处理好多元化的问题。哪怕呆在国内，也回避不了多元化问题。很多发达国家，包括美国的管理者经常要面对如何率领一个多元化团队工作的问题，这些团队的职员中可能有外籍员工、移民、有色人种和少数民族等。

**多元化假设**　在处理多元化问题上，美国落后于其他发达国家。这表现在很多美国人的观念或假设上。表 14.1 总结了有关多元化的假设，有些很常见但是给人误导。[16]表中同时也给出了关于多元化影响的更合理的假设。在美国（其他国家也一样），假设人们的行为方式和态度相似是一种普遍的现象（参考表 14.1 的第一栏）。例如，对最近我们到中国访问如何受到当地人盛情接待的故事，一位美国人回应道，“这不过是表明，世界各地的人们都是一个样。”

**表 14.1　关于多元化的理念**

| 普遍而又带来误导的假设 | 不普遍但更加适用的假设 |
|---|---|
| **同质性**（Homogeneity）：大熔炉。人们都一样。 | **异质性**（Heterogeneity）：文化的复杂性。存在多种不同的文化群体；人们与我既有相似点也有差异性。 |
| **狭隘主义**（Parochialism）：只有一种行为方式。我们不欣赏其他的工作或行为方式。 | **混合性**（Compound）：我们的方式不是唯一的。为了达成目标和更好地生活，存在很多文化差异方式。 |
| **种族中心主义**（Ethnocentrism）：只有一种最好的行为方式。我们的方法是达到目标的最好方式，其他方法没有我们的好。 | **权变**（Contingency）：我们的方式只是其中之一。为达成目标，还有很多不同但是一样好的办法。 |

资料来源：改编自 Adler，N. J.（1991）. International dimensions of organizational behavior. Boston：PWS-kent.

> **同质性（Homogeneity）**
> 用来解释文化多元化问题，认为无论在哪里，人类文化基本上是一样的。

> **异质性（Heterogeneity）**
> 文化的复杂性观念。人们既有相似点也有差异性。

这个说法也许有一部分是正确的，但它仍然是一种典型的**同质性**观点。对于多元文化群体而言，同质性观点认为，如果有足够的互动行为，群体中的多元性文化将会被融合成为同一性文化（美元上的格言“E pluribus unum”就表达了这种观点。其意思是：多变成一）。但是，如果把这个观点扩展应用，它有可能变成一个误导性很强的假设。[17]另外一种并不总是成立却比较合理的假设叫做**异质性**。这是有关文化多元的一种观点。尽管你所在的特定多元文化群体最终可能变成同质性，但是，最好还是以异质性假设作为出发点。同样，**狭隘主义**和**种族中心主义**可能会带来不好的结果，最好是通过更加开放和不同的途径解决。

**狭隘主义**（Parochialism）
认为只有很少几种可接受的行为方式的观念。无法欣赏其他的工作方式。

多元化的优点和缺点。如表14.1中所显示，负责组建来自不同文化背景人员群体的管理者困难重重。要让群体能够顺利有效运作，除了意识形态问题，人们还必须克服很多实际困难。表14.2列举了一些这样的障碍。对国际管理者而言，列举多元化的一大堆缺点比找出一个优点要容易得多。正如一名法国高管所指出的那样："多年来，我参与了很多情境，只要涉及一种以上的文化背景，没有哪一件事是容易解决的。"

**种族中心主义**（Ethnocentrism）
认为只有一种最好的行为方式，我们的方法是最好的，其他方法都不好。

**表14.2 群体中的文化多元化：优势和劣势**

| 优　势 | 劣　势 |
|---|---|
| 更好地了解外国雇员 | 规范和领导力模糊/困惑性加大 |
| 与外国客户建立更有效的工作关系 | 存在更多的潜在的沟通错误 |
| 更好的针对外国客户的营销能力 | 花更多的时间来处理文化差异问题 |
| 时间越长越能够产生更多的创造性思想 | 群体内聚可能更低 |
| 决策经得起时间和地点的检验 | 对具体决策更难达成一致 |

资料来源：改编自 Adler, N. J. (1991). *International dimensions of organizational behavior.* Boston: BWS-Kent.

缺点实在是太明显了。表14.2指出，在这些群体中，沟通本身就是一个大问题。潜在的困惑和冲突也是很突出的缺点，令人印象深刻。相反，多元化的优势却必须花费很多时间才可以发现，而且并不是那么容易的。

想象一下现在有两个不同的群体，每一个群体的任务都是开发一种新的电脑芯片。一个群体由大约25个美国科学家组成，大部分是男性，都在为这个项目工作。在这些相对同质性很高的团队成员中会出现问题吗？问题无疑是有的。当与别人一起工作时，总会有那些我们很熟悉的问题出现。现在，再考虑相同的项目由不同的团队来实施。假设这些成员来自三个不同的国家：德国、日本和美国。参考表14.2中的第二栏，我们可以预测将会出现更多的问题。首先是我们在第6章讨论的沟通问题。其次是不同的文化总有自己的行为和工作方式。最后，要把所有这些问题都搞清楚要花很多的时间，因为参与人员各有各的标准，各讲各的语言。不过，电脑芯片项目中出现的多元化也可能带来潜在的创新和创造性设计方案。为了解决问题，群体一定会集思广益，这样就相当于在群体中形成一种内生的头脑风暴活动，而这个活动本身为创造性思想的出现打下了良好的基础。[18]"国际观察"详细描述了这种实际情况，这就是西门子、东芝和IBM公司所碰到的问题。

### 国际观察

## 跨文化团队在卡茨基尔（Catskills）开幕

几年前，三家互相竞争的公司结成联盟共同开发一款先进的计算机芯片。三巨头（他们这样称呼自己）由来自德国西门子AG、日本东芝和美国IBM公司的雇员组成，在纽约附近一个偏僻的IBM工厂开始工作。实施这个项目的是由近100名来自三家公司的科学家组成的工作团队。开始的时候，项目经理很着急，恐怕团队的多元文化背景会带来问题。结果证明他们的担忧是有理由的。

以东芝的科学家为例。德国人惊奇地发现，这些人竟然在重要的会议上闭目养神甚至睡大觉。而这对过分劳累的日本人来说是一种正常现象，如果会议的议题跟他们关系不大的话。而习惯于团队工作的日本人则感到在狭小的独立办公室工作并用英语交流是一件很痛苦的事情。因此，如果有可能，他们就会跑回全部由日本人组成的团队中。削弱团队工作协同力量的其他因素还包括美国科学家们的感觉。他们感到德国人计划太多，而日本人经常修改计划，这种做法很难有效制定出一项具体明确的决策。而日本人和德国人则抱怨说，美国人根本没有用心来了解自己，无论是在工作场所还是社交场合都是这样。[21] 很不幸的是，这最后导致了误解和不信任气氛的产生。甚至有人怀疑群体内有一些小宗派在隐藏信息并阻碍工作进度。

从理论上讲，把来自那么多文化背景的聪明人集中在一起，合作开发新的先进技术应该是创新收益很大的做法。但是，这一希望却无法在三巨头项目实现，其原因是人们都有机会呆在他们自己的相互分隔的群体里，至少开始时是这样。

在进行情境分析时，团队互动的缺乏和团队建设的不足被当成失败的根源。项目的技术和物流管理无可厚非，但是，对不同的工作手段人们之间无法互相理解。三家公司都把雇员派遣到国外，进行短期工作和生活体验。东芝公司的一名人力资源管理人说：“我们早就应该与IBM和西门子的人力资源部门合作，开发一些联合培训项目。”西门子公司也把雇员短期派遣到国外，而且让他们体验了所谓的美国“汉堡型管理”模式。他们说，那些美国人啊，总是很温和地开始他们的批评，首先简单谈一谈“家里可好”这样的话题，这是“汉堡包的上部”；然后直奔“肉层”（就是批评内容）而去；最后以另一堆面包（鼓励的话）结束。德国人则相反，全部都是“肉层”；而听日本人的批评，你必须要学会闻到肉的味道。尽管有那么多障碍，项目成员都说，他们从经历中学会了很多东西，除了技术以外，更有如何跟来自世界各地不同群体的人们合作的技巧。[22]

**利用多元化创造优势**。总的说来，多元化群体的组成方式会对其绩效产生影响。从对多元化的各种不同的定义中（性别、年龄和文化），我们发现，一个群体的组成部分越多，运作过程也越难，至少开始是这样。[19] 与同质性群体比较，多元化程度高的群体沟通更困难，也更难形成凝聚力，同时还要花费更长的时间才能完成架构建设。[20]不过，一旦理解到位、架构形成，多元化群体将如同同质性群体一样有效。因为群体内拥有丰富的观点，从长期来看，多元化群体有可能取得最好的成效。当群体需要创造性思维和解决问题能力实施一个项目而不是完成一般性任务时，这种情况特别明显。[23]这个结果刚好与一个对高层管理的研究项目结论一致：文化多元化是团队高绩效的基础，冲突能带来更佳的运作效益。[24]

其他研究结果发现，开始时同质团队（成员拥有相似的人口统计特性）的绩效会超过多元化团队，随着时间的推移，高度异质化的团队的绩效会得到提高并赶上多元化程度较弱的那些团队。[25]有意思的是，定位为“中等”异质化的团队的绩效反而没有其他两类团队出色。显然，这是因为在高度异质化团队中，各类小团队很难恢复他们熟悉的内群体状态。最后，大家会逐渐把关注点从小群体转移到大群体上。[26]

那么，你应该怎样利用多元化创造自己的优势？如果你想从多元文化团队中获得最佳绩效，不妨考虑一下如下指南：[27]

- **选择合适的任务**：仅仅根据种族选取多元文化团队成员是错误的。正确的方法应该是选择同样高水平、但是态度和观点有所差别人。
- **明确认知差异**：团队成员应该正视文化差异而不是弱化或者忽视它们。这样可以促使成员进一步了解这些差异。然后开始思考来自不同文化背景的成员到底能够作出怎样的贡献。这种方式的一个缺点是可能进一步强调了这种差异并在群体内部产生一条“分界线”。所以，采用这种做法必须谨慎。
- **制定愿景/任务**：因为多元文化团队成员来自不同的背景，所以，他们很难朝同一方向努力。为了提高团队绩效，办法之一是经常召开主题会议，花费时间详细讨论超出个体差异的宏观目标。
- **给予成员同样的地位**：成员之间的地位或权力差异将带来问题。在这种情况下，多元文化团队的创造力将会由于来自权力更大的另一组成员的压制（有形或无形）而遭到扼杀。国际团队经常是由来自总公司的人担任团队负责人。这种安排当然不无道理，但是，这样做的结果有可能是团队最终被母公司文化所主导。如果团队成员来自高权力距离文化，则这种“主导”发生的可能性会更高。也许团队的能力强大，但是，由于在很多事情上成员可能会高度服从领导，反而无法作出潜在的贡献。
- **提供反馈**：也许是因为衡量标准不一样，文化多元化团队对不同观点的好处很难产生一致的看法。所以，人们应该制定相似的衡量标准，经常

> 对成员的观点进行反馈。这样做可以带来更大的黏合度，并促使新思想的形成。[28]

显然，在多元文化团队中管理多元化是困难的。但是，如果管理得法，则这种团队将作出非凡贡献。也就是说，重要的是充分认识到，这只是跨文化群体管理中的一个部分。下面我们将扩展内容，讨论跨文化劳资关系管理的问题。

### 本族和跨文化的劳资关系

处理小型多元化团队的问题已经足够吃力，但是，当事情涉及工会和劳动规定时，管理问题可能跨越整个公司、产业或者整个国家。在一般意义层面，**劳资关系**领域是处理雇员—业主之间的关系问题，这些关系在不同的国家间差异非常之大。例如，法国的劳资关系跟邻国西班牙就很不一样。为了展开这个主题，我们首先对管理层和劳工的劳资观点进行总结，然后探讨协助员工投入或监督的协议或架构。这些方法不仅包括工会，也包括公司制定或被强制接受的很多其他协议和机制。尽管公司、工会和政府的意图很好，但是也会有问题产生。有时候协议无法达成冲突就会演变成行动，要么是工人一方（罢工），要么是管理一方（停工）。我们将在下面逐一讨论这些问题。

> **劳资关系（labor relations）**
> 关注理解雇员—雇主之间关系性质的领域。

## 14.2 劳资关系的管理层观点和劳工观点

很多国家的工人相当关注自己的薪水、工作保障、利益和工作条件。他们经常加入工会组织以便控制这些重要的劳动成果。[29]他们也希望扩展这种权利，以便能够在公司重要的决策问题上拥有发言权。另外，即使没有实体工会组织存在，公司也受到复杂的法律控制，这些规章起到相当于工会组织的作用。

无论通过哪一种方式，工人组织都拥有一种对重要问题表达意见的基本方式，即威胁降低产出或全部停产。不过，如果业主是跨国公司，则这种威胁是没有多大效果的。大型的跨国公司拥有丰富的资源，因此，有能力挫败工会组织的罢工行动（有能力承担某一地方的损失）。如果跨国公司灵活性高，则可以在别的地方提高产值以抵消罢工地导致的亏损。跨国公司可以通过威胁把公司转移到别国的方式来应对罢工。所以说，与当地企业比较，跨国公司对员工有更高的控制权。

以俄勒冈州波特兰的海斯特（Hyster）公司为例。公司在苏格兰欧文有一家雇员为500人的叉车厂。由于得到英国政府的一笔资助，公司准备在工厂增加6000万美元的投资，以创造另外100个就业机会。这样一来，海斯特在欧洲就出现了产能过剩。就是说，加大苏格兰的投资意味着公司必须降低在荷兰的工厂规模。而把荷兰的生产能力转移到英国同时意味着苏格兰工人必须要承受14%的减薪。海斯特公司给工人48个小时来接受这项交易。

似乎这还不够，第二天每名员工都收到了公司发出的信件。信中写到，“目前，海斯特公司还没有认定在所有的选择中，欧文是办厂最好的地方。公司还没有下定决心。欧洲的领头羊工厂位置还没有最后确定。”信的末尾，公司让员工投票，赞成或反对在欧文增加产量的计划以及相应产生的减薪措施。面对失业的潜在风险，只有11个雇员投了反对票。雇员抱怨道，他们事先没有得到任何的预告，而且对公司的决策流程根本没有真正意义上的贡献。海斯特公司的工人没有成立工会，但是很多人觉得即使有工会，结果也不会有太大的差别：“这是一次资方的强奸”，“要么赞成，要么反对，没有别的选择”，一些员工这样说道。[30]

为了跟跨国公司的力量抗衡，工会和其他类型的工人组织已经试图通过法律手段来提高自己的支配能力。例如，法国工会已经开始通过会员提出诉讼的手段，对违反失业福利合同的行为进行了矫正。[31]

由于来自工会的游说和压力，很多国家实施了永久性的就业法。这些法律对工人提供一般性的保护（例如，法国规定一周的合法工作时间为35个小时），同时，在试用期过后，不能随便解雇员工。哪怕解雇条件足够，工人经常可以拿到一大笔解聘费。例如，在解聘方面，欧洲就制定了大量的法律，并作出了很多规定。在美国，通常被解聘的员工每服务一年，可以获得一周的解聘补偿。而德国工人得到的补偿通常是4倍以上——一年的雇用期可以得到一个月以上的补偿。在德国解聘员工还包括强制性的福利如重新安置和再培训等内容，与此相比，美国的解聘成本就显得微不足道了。当然，在德国，还得假定你能够得到批准解聘这名员工。正如德国的一名招聘经理所说那样，“经营的美国公司都会被德国的解聘规定吓死。在这里无缘无故解聘某一个人是一件不可能的事情”。

高露洁公司就遭遇过这样的规则。那时，公司宣布关闭汉堡的工厂，并淘汰500个职位，开始时公司答应给每个德国雇员4万美元的补偿，这是一个成本高达2 000万美元的补偿计划。公司认为，这个计划跟本地区其他公司最近提供的计划类似，或者说比其他公司的更好。不过，德国法律允许由工会审批这样的决策，工会认为，高露洁在汉堡的经营利润很高，所以这个补偿计划实在是太低了。工会让工人的景况获得了很多的社会关注，包括当地报纸刊登的那些故事，如这里的工人祖孙三代是如何为高露洁劳碌卖命的。后来，汉堡市市长对高露洁的迁移行为进行了公开的谴责，工会也摆出了要进行谈判的架势。最后，高露洁公司提高了补偿金额，同意进行和解。[32]

在欧洲经营的企业必须遵守有关员工待遇的一系列国家强制性规定。因此，在避免昂贵的解聘成本和拖延与工会的谈判方面，一些公司变得很富有创造性。例如，荷兰的 IT 公司 PinkRoccade NV 在解聘 700 个雇员的时候，就采取了每次解聘 19 个人的方法，整个流程大约延续了一年。原因是，荷兰法律规定，如果公司解聘的员工一次超过 20 人，就必须与工会或其他代表雇员利益的团体（来证明和获取解聘审批）谈判。为了应对这种规定，在解聘员工时，其他荷兰的公司则把不必要的、但是身体很健康的雇员当作没有劳动能力的人看待，把成本转移给政府。具有讽刺意味的是，荷兰的劳动法在很多方面与其邻国如德国和法国比较起来要灵活得多。[34] 表 14.3 列出了几个欧洲国家的裁员保护规定。

**表 14.3　几个欧洲国家员工解雇保护的法律规定**

| 国家 | 法律保护 | 常见的附加条款 |
|---|---|---|
| 比利时 | 延展的提前通知期<br>按比例支付年终资金<br>未使用假期支付报酬<br>对年龄超过 45 岁的员工按月支付养老金 | 需要经过工会谈判（内容包括终止保险、找工作的成本、精神损失等）通常会使总成本加倍 |
| 法　国 | 每服务一年支付一个月<br>服务期限超过 10 年支付金须增加<br>解雇人数众多时赔偿增加<br>如果员工人数超过 1000 人，公司必须支付 4 ~6 个月全额报酬 | 实际支付通常超过这里列出的数额。如果法庭裁定裁员并非必须，可能需要支付损害赔偿，至少 6 个月工资。员工的态度越来越强硬 |
| 德　国 | 至多提前 7 个月通知<br>每服务一年支付 2 周工资<br>不能仅仅根据个人绩效挑选员工 | 根据员工个人特点（年龄、服务年限等）补偿额度区别很大 |
| 荷　兰 | 35 ~ 45 岁员工一个月工资，45 ~ 55 岁员工 1.5 个月工资，55 岁以上员工 2 个月工资 | 必须按照后进先出的原则裁员。荷兰法律不允许单方面的裁员，雇主必须事先与员工委员会协商 |
| 俄罗斯 | 至少提前 2 个月通知<br>补偿 1 个月工资，如果员工在 1 个月内未能找到工作，则再支付 1 个月工资<br>如果员工马上申报失业则再增加一个月工资 | 在决定裁员对象时附加多种条件（例如有子女的和单亲母亲不得裁减） |

因为跨国公司有能力将生产环节很快迁移到劳动力成本低廉的东方国家，工会的影响力和严格的劳动法可能在欧洲国家逐渐消失。例如，大众 AG 公司曾经成功地说服西班牙当地某一工厂的工会成员接受 5% 的降薪，因为公司威胁说将把工厂（还有工作）迁移到斯洛文尼亚共和国，因为那里的劳动力成本比西班牙低 50%。实际上，随着欧盟的向东部扩展，成千上万的工会成员的工作也跟随之到了这些地方。为了留住工作，近年来，在提薪、更加灵活的工作规定以及雇用

临时和合同雇员方面，西欧的工会组织越来越倾向于屈从跨国公司的要求。[35]

## 各国的工会组织

上面我们已经表明，工会组织和跨国公司都有力量对对方施加影响。直到现在，跨国公司在对任何雇员组织或工会的影响上，一直占着上风。[36]不过，这种影响力在各个国家是不一样的。下面，我们将探讨不同国家中一些雇员参与和控制的架构问题。

雇员可以通过很多种机制从管理层手里夺取控制权。当然，最普遍的方式就是工会组织。在美国，工会起源于保护工人的利益和权利的法律制定之前，是对工作场所进行变革的一种组织。如今，美国的工会组织相对姿态比较鲜明，不过这种姿态并非总是正面的。实际上，全国性调查结果表明，美国人对工会组织的看法相对比较负面。也许这种看法能够部分解释近年来为什么美国工会会员数一直呈下降的趋势。现在，美国的工会会员总数还不到美国劳动力总量的15%。

尽管其他工业化国家工会会员数普遍呈下降趋势，但是，总体比例还是比美国高。[37]表14.4表示了多个国家里**工会密度**的数据。由表中可以看到，不同的国家里，加入工会组织的工人比例存在很大的差异性。最古老而且发展最好的工会系统应该首推欧盟国家。就是在这些国家里，加入工会组织的工人比例也有很大的差异。例如法国，仅有8%左右的工人加入工会组织，而英国就相对高一些（近29%）。造成这些国家差异的原因有几种，包括政府的政治倾向、薪酬的制定方式以及公共就业部门的规模。[38]

**工会密度(union density rate)**
在任何一个国家里，工人加入工会的百分比。

**表14.4 世界各地工会的密度***

| 国 家 | 密度（%） | 10年来的改变（%） |
|---|---|---|
| 澳大利亚 | 23 | -5.2 |
| 比利时 | 55 | 2.0 |
| 加拿大 | 28 | -0.1 |
| 丹麦 | 70 | -5.2 |
| 芬兰 | 74 | -3.9 |
| 法国 | 8 | 0.3 |
| 德国 | 23 | -3.3 |
| 爱尔兰 | 35 | -6.2 |
| 意大利 | 34 | -2.0 |
| 日本 | 20 | -2.8 |
| 韩国 | 11 | -0.9 |
| 荷兰 | 22 | -2.2 |
| 挪威 | 53 | -2.2 |

（续表）

| 国　家 | 密度（%） | 10 年来的改变（%） |
| --- | --- | --- |
| 西班牙 | 16 | -3.3 |
| 瑞士 | 18 | -3.9 |
| 英国 | 29 | -0.9 |
| 美国 | 12 | -1.0 |

* 工会密度是指工会成员占工薪人员总数的百分比。

资料来源：Visser, J. (2006). Union Membership statistics in 24 countries. *Monthly Labor Review*, 129, 1, 38-49.

有一点很重要，即看工会密度不要完全依赖其表面值。工会会员大概的百分比并不都是很重要的。工会与管理层之间达成的谈判协议最后所覆盖的雇员要远远多于工会会员数。[39]更关键的是，工会密度高并不一定意味着的工会组织更加有效或者更富有影响力。实际上，在某些情况下，密度低（如法国低于10%）也许会掩盖了工会组织的实际影响力。同样，在一些国家中，劳工是由某个政党所代表，这就提高了工会的影响力。显然，在不同的国家中，工会的组织形式或者影响力是很不一样的。下面我们将选取几个重要国家的工会组织的影响力进行讨论。对西欧国家的讨论比较详尽，因为欧洲国家比世界上其他地方的工业化时间较早，因此，享有更多的机会通过雇员团体组织工会。

## 欧盟国家的工会组织

因为工会的影响力概念大多是根据人的主观感觉决定的，所以，对于哪个工会组织影响力更大以及为什么会这样，还存在着不少争议。不过，无论怎样，至少在欧盟国家里工会组织还是一个必须重视的力量，尽管近年来其影响力在逐步降低。[40]

**德国的工会组织**。美国的工会合同是根据与各个不同的公司进行谈判后签署的，与美国不同，德国依赖于一种中心体系，通过行业谈判的方式签署了近6万个合同。代表性的做法是工会是与行业中的雇主协会或组织进行谈判。在大部分的行业中，工人一般只成立一个协会，而且组织中的成员全部是自愿加入。与美国相似，合同包括了主要的工作问题，例如薪酬、福利和雇用条件等。因此，在形式上工会的目的被认为是受经济驱动，这与某些国家如法国或意大利的做法完全相反，在这些国家里，工会活动更倾向于受政治因素所驱动。

在过去的20年左右，除了每年偶尔出现的罢工行为，工会与管理层的关系基本上是合作的。原因之一是，工人拥有很多途径参与到企业如何运作的决策过程中，包括参与董事会的权利。按照规定，所有的员工数目超过2 000人的德国公司必须把50%的董事会名额留给工人代表。这是德国独有的方式，称为**共同决策**

**制**。这种政策是在二战之后由盟国所制定的，目的是为了防止行业力量完全与有潜在威胁力的政府联合起来，这一现象在二战以前就发生过。这种体系在钢铁和煤炭业以及战前战后比较关键的企业部门显得比较突出。具体做法是，工会选取5名董事，股东选取另外5名董事，最后再由这10名董事再选取第11名成员。除了钢铁和煤炭行业以外，董事会的工会会员人数会根据行业的不同而变化。[42]

> **共同决策制**（codetermination）
> 德国公司里让工人参与到董事会的一种制度。

正如我们已经说过的，近年来德国工会很愿意在工作条件和就业保障上作出让步。德国工会组织巨头IG Metall在某些问题上就认输了，如为了争取更短的每周工作时间的努力。这里的“国际观察”详细描写了德国人对休闲时间的关心——这是美国工人不太珍惜的东西。总体而言，人们由于失业率上升、工资昂贵、劳动法古板、德国竞争力降低而抱怨工会组织，德国人对待工会组织的态度已经变得冷淡。因此，工会组织的参与率在持续下降。[43]

**国际观察**

## 德国人认为美国人工作太辛苦

安吉·克拉克和安德烈·德劳施克受聘于相似的管理职位，薪水也很接近（年薪大约为33 000美元），他们分别在华盛顿和柏林两个不同的百货店工作。不过，除此以外，其他就没有什么可比性了。德劳施克先生的工作合同规定每周工作37个小时，每年享受6周的带薪假期。他的商店星期六下午两点关门，星期天全天关闭，每周只有一个晚上营业（星期四）。“我不理解美国人为什么要晚上去买东西……根据逻辑推理，应该不会有人需要在晚上8点半去买一辆自行车吧？”（他负责商店的自行车部门管理）

克拉克小姐每周却至少要工作44个小时左右，包括晚班和周末加班。她经常把活儿带回家干，而且，连续休假从来没有哪一次超过一周时间。很多美国人对德国人传统的勤勉性格表示尊重，但是，由于克拉克小姐经常到德国出差，所以，她对此产生了不同的看法。美国工人每周的平均工作时间要超过德国工人20%。这种差别近年来在不断扩大，美国工人的年工作时间超过1 800小时，而德国工人大约只有1 450个小时。“德国人是休闲第一，工作第二。”克拉克小姐说。她百货店里的很多同事都在做兼职，每周总的工作时间要超过60个小时以上。德劳施克先生根本不愿意在规定的每周37个小时的时间以外还要工作，哪怕挣再多的钱也不干。“自由时间是金钱买不到的。”这个德国人说。他觉得美国人倾向于做多份兼职的行为实在是不可思议。

显然，美国人是要为长久而不规律的工作时间付出代价的。德国商店的员工流动率几乎为零，美国商店的员工年流动率却达到40%。另外，由于学徒时间很长，所以，德国工人对自己产品的了解非常透彻。而在美国，对克拉克小姐这样的员工的培训只花费两天时间。尽管拥有这些优势，德国政府却在担忧每周工作时间太短、太多的假期和其他补贴正在削弱德国人的竞争力。[41]

**英国的工会组织**。英国的工会运动历史悠久，是所有国家中历史最长的。英国的工会组织力量也相对强大，尽管前几年其影响力出现了下降。英国的工会运动可以说是由于政治原因引起，尽管没有其他国家如法国那样强烈。实际情况是，由于需要工会推进政治议程，导致英国在 1883 年成立了工党。此后，工会一直在这个政党中发挥重要的作用，至今仍然是这个政党最重要的财政来源。

英国的工会密度要比美国高出 2.5 倍。但是，参与程度却在下降。以参与程度最高的 1979 年为例，工会成员达 57%；但是，现在的密度已经下降到 33%。导致这个结果的原因很多，但是，最主要的还是由于政府通过法律规定，削弱工会的力量。此外，由于近年来经济情况良好，工会的吸引力也在下降。[44]不过，工会的权力和影响力依然很强大。一个大型企业可能要跟多个工会组织谈判，故而，其过程可能会变得很复杂。跨工会谈判可以分成几个部分进行。有些企业成功地将谈判层次从全国性工会缩减到企业工会。与现政府“企业文化”的理念相适应，也有很多新企业努力保持一种无工会组织的状态。[45]

**法国的工会组织**。法国工会组织由 5 个全国性的工会组织所支配。跟日本一样，大型雇主一般都会设立企业工会。这些工会组织是世界上最强的政治力量。实际上，这些工会组织的差别并非它们所涵盖的行业或职业范围，而是它们的政治/社会倾向。[46]这 5 个组织的发展历程可以追溯到意识形态的争议和冲突问题，它们反映了法国的社会阶层形态。[47]在争取会员方面，这 5 个组织经常互相竞争，而且，常常是在同一种工作场所出现。员工可以根据自己的政治观点来决定加入哪一家组织。

按其他国家的标准来看，每一个组织的成员规模都不算大。最大的组织称为 CFDT（Confederation Democratique Francaise du Travail，法国工人民主联合会），是带有社会主义倾向的大型工业/公共服务工会组织，其成员也只有890 000人。总体而言，法国的工会密度只有 10%，是工业化国家中工会密度最低的国家之一（参看表 14.4）。密度低的部分原因是因为工会并不是非常需要扩展新会员规模。20 世纪 70 年代以来的大部分时间里，法国政府开始遵从保护雇员权利的理念。政府同时拥有悠久的传统，把集体协议扩展到非工会协议成员的公司和行业里。故而，尽管不是工会会员，雇员一样可以享受到工会影响所带来的利益，因此，工会的影响力比工会密度所表达的结果更高。据说，如同德国工会一样，法国工会近年来已经面临压力要与政府合作，以改革繁杂的劳动法律和法规。[48]

**其他欧洲工会组织**。上面已经讨论过，欧洲的工会结构和行动范围可谓无所不包。因为欧洲是最早实现工业化的大陆，工会的代表性非常复杂。例如荷兰的工会组织，最初就是由宗教和政治团体组织和发展起来的。最好的例子就是荷兰最大的工会组织FNV，它由一个社会主义工会和天主教工会组合而成。这些工会组织并非像法国工会那样具有意识形态方面的内容，而是参与到政府的很多行动中，包括把荷兰建设成为一个福利国家。工会在荷兰地位很重要，有几个专家指出，其重要性远远超过26%密度所表达的意思。[49]荷兰雇员可以通过其他特别的渠道控制工作场所，我们还会在下面详细讨论。

与欧洲大多数国家一样，瑞典的工会组织是从手工工人的一项社会主义运动开始的。由于政府对工会组织态度友好，因此，工会组织在相互合作的环境中得以茁壮成长。这大概可以用来解释为什么瑞典的工会密度这样高（91%）。近年来，尽管工会和政府之间有些敌意行为存在，但是，工会的密度却处于相对稳定的状态。[50]实际上，工会组织是领悟全球竞争压力的先头阵地。因此，他们采取了很多管理创新如技术进步等，以提高生产率。[51]比利时也一样拥有相对较高的工会密度（大约52%）。如果有关劳动关系的法律更少些，则工会密度可能会更高。比利时对劳动场所的管理是世界上最严格的。前面提到过，比利时在薪酬、解雇费和其他人力资源问题方面制定了很多法规。尽管这个国家最重要的工会组织是由宗教或政治团体组织的，但它们之间的互动却遵循一种“容忍文化”。[52]西班牙可能是欧盟中劳动法律最弱的国家之一。近来，西班牙出现了很多起联合的工会行动，特别是针对公司大肆获取财务收益的行径。

如果按美国标准来看，长期的工会组织活动在欧洲创造出一个备受劳动法律保护的永久性、全日制的职工队伍。很多跨国公司对此已经抱怨良久，有迹象表明，欧洲国家将会逐步削减这些昂贵的保护措施。同时，企业正在顺应潮流，更大程度地依赖合同工、临时工和兼职工人，简而言之，就是受法律保护程度较低的工人。例如，荷兰兼职工人占所有工作职位的1/3左右，而美国还不足15%。[53]

如果想做临时、合同或兼职工作，在西欧的很多公司都可以达成你的愿望。比如法国，从20世纪80年代末到现在，临时性工作比例已经上升了50%。当然，大多数工人更倾向于拥有全日制、永久性的雇用机会，但是，兼职或临时工作总比什么都没有更好一些。很多企业指出，这种就业方式免除了很多人落入领失业救济金的命运，尤其是年轻工人，他们的失业是比较严重的问题。仅仅从省钱的角度考虑，政府也会赞同这样的趋势。比如德国，政府只在1994年那年对临时工代理机构进行了法规约束。西班牙也代表了这种趋势，20世纪90年代中期，西班牙有70%的新工作岗位是临时工。考虑到解雇正式雇员时公司未来还要给这些雇员继续发放三年半的费用，这种做法就很容易理解了。

很多专家预测，除非有关工作场所的法规产生大范围的更改，否则，西欧国家的企业将会继续大幅度地雇用临时和兼职工人。相关的一些改革已经在进行。例如，西班牙政府已经将解雇费削减了一半。[54] 瑞典政府也开始削减失业救济金额度。一方面，传统上规定无论怎样都要保证工人的薪酬不能低于上一份工作净薪酬的 80%；另一方面，一项新法律规定，如果一个工人拒绝就业推荐，则上述的利益将会被削减，如果拒绝超过三次，则所有的福利都将不能享受。这条法律同时规定，领取失业救济时间 300 天以后，相关人员必须参加全日制的技能培训课程，直到再就业为止。法国最近实施了类似的规定，荷兰规定只要拒绝一次就业推荐，雇员的福利将全部被取消。丹麦也已经将失业救济的时间长度从原来的 18 个月缩减到了 3 个月。

**美国的工会组织**。有好几个指标可以用来衡量一个国家劳工的力量，工会密度只是其中之一。这不是一个完善的尺度，因为有些国家例如法国的工会密度就很低，但劳工很团结，能够成功地对抗雇主和政府。但总的来说，在工会密度高的地方，工人的工资、津贴和社会供给等情况比较好。另一个指标是罢工发生率。罢工是劳工进行阶级斗争的主要武器：哪里的罢工发生率低，那里的劳工运动就薄弱。最后一个指标是有没有一个强大的劳工政党。哪里有稳固地扎根于工人阶级的政党，哪里的这些政党是全国性的重要角色，那里的劳工就可能享有对工人比较友好的法律以及越来越好的社会福利计划。

用这三个指标来衡量，美国劳工运动的景况不佳。2003 年，美国的工会密度是 12.9%，自 1983 年（20.1%）以来一直在下降。会员总数是 1508 万，与 2002 年相比减少 369 万，与 1995 年约翰·斯维尼（John Sweeney）及其“新声”改革派掌握劳联—产联的权力并许诺发展几百万新会员时相比也减少了。美国私营经济部门的工会密度低得让人吃惊，为 8.2%，自 1983 年以来减少了一半。公共部门的工会密度自 1983 年以来也在稳步地下降，但 37.2% 的工会密度阻止了会员数字呈现出灾难性的下降。所有公共部门的工会会员中约 17% 集中在联邦政府机构里，他们遭到布什政府的猛烈打击，后者不仅推动许多联邦服务私有化，而且以国家安全为借口拒不承认联邦工会的谈判权。州和地方政府的工作人员也受到私有化和大多数州的财政危机的威胁。所以公共部门工会密度和会员人数开始下降的日子也可能为时不远了。不管怎样，除了法国，美国是富裕的资本主义国家中工会密度最低的。有趣的是，美国所有的工会会员有一半生活在六个州：加利福尼亚、纽约、伊利诺伊、宾夕法尼亚、密歇根、俄亥俄，可这些州占了美国工资和薪金工人的 1/3。

劳工统计局存有 1000 人以上参加的罢工的记录。这类罢工及参加者的数字现在处于历史的低点。2002 年发生了 19 起这种罢工；相比之下，1952 年是 470

起，1980 年是 187 起。2002 年，这类罢工涉及 45900 名工人；而 1952 年是 274.6 万，1980 年是 79.5 万。罢工，特别是众多工人参加的罢工在美国越来越罕见，这一事实与会员密度低相结合，是劳工运动软弱无力的证明。

美国劳工的政治力量也极其有限。美国不存在工党或真正的劳工政治。劳联—产联及成员工会每四年给民主党总统候选人的竞选运动投入上千万美元。然而，这些投资的回报一直微不足道。地方一级的努力还有一些成就，劳工在这方面的努力至少迫使一些政治家谈论劳工问题。但劳工领导人似乎没有足够的全国性力量迫使那些所资助的候选人公开支持劳工事业。与其他富裕的资本主义经济体相比，美国的社会保障网的漏洞显然是最多的。

美国白人和黑人参加工会组织的比例较高，西裔和亚裔参加工会的较少。其主要的原因是他们的大型企业相对较少，员工比例不大，对工会来讲没有什么利润。但在最近几年，由于西裔和亚裔商人的日渐增多，移民也不断上升，工会组织也将眼光转移到了这里。最大的华语报纸《世界日报》的员工就在美国工会组织的劝说下于 2000 年集体参加了工会组织。虽然《世界日报》的老板气急败坏，但终究没能阻挡成功。

在某些行业里，工会的势力是非常强大的。像码头工会就与政府和公司达成了协议，企业雇用码头工人必须优先雇用工会成员，而且每小时的工资不能少于 35 美元。数年前的 UPS 大罢工就是因为工会没能与企业协商成功，结果全美国快递配送系统大瘫痪。最终谈判的结果是企业给员工工资增长 12%，五年资历的员工每小时工资不能少于 50 美元，同时增加员工福利和保险。不仅如此，联邦政府的员工都参加政府公务员工会。数年前政府员工罢工，包括管理美国驾驶执照的 DMV 部门的员工全体罢工，造成了一连七天的政府瘫痪。即使是警察也不例外，偶尔也会听到警察在罢工，但只是在轮流进行，部分警察工作，部分警察罢工。在同一个行业里也会有几个不同的工会组织，它们的条件和能力都不相同，你可以自己去选择，这倒也反映了自由竞争的原则。它们都会为你争取权利，即使是在你响应罢工、老板不支付你的工资的时候，工会也会给你平常工资的 75% 或几十美元来让你维持正常的基本生活。工会的钱自然是来源于你平常交纳的工会会费。为了拉拢工人加入工会，工会组织也使出浑身解数，各种优惠待遇层出不穷。目前，加州演员工会的标准是每小时工资不得少于 50 美元。尽管你在电影中只是一个瞬间即逝的过客，但拍片子的时候，每小时 50 美元是必不可少的。美国作家工会的标准按照另一套标准，每小时的工资不得少于 125 美元，充分反映了知识的价值。

（译者选自——美刊《每月评论》2004 年 1 月号刊登的该刊副主编迈克尔·耶茨题为《找工作的工人，找会员的工会》的文章。）

## 亚洲的工会组织

工会在亚洲不断地扩大影响，尽管这种影响在不同的国家和地区间也有差异。

> **企业工会**(enterprise union)
> 日本的工会组织倾向于关注一个企业而不是跨行业或企业。

**日本的工会组织**。日本的工会组织超过 60000 个，大部分称为“**企业工会**。”[55] 也就是说，一方面在公共和私营部门拥有一些大型的国家工会组织（比如，城市工人工会、钢铁工人工会、铁路工人工会等），另一方面有近 95% 的工会是企业或内部工会组织。传统的做法是遵从“一家公司，一个工会”的原则。换句话说，这些内部工会代表的仅仅是本公司的员工而已。这些工会的成员只限于正规和长期的雇员。而在这些企业中工作的大部分是临时或兼职雇员，他们根本得不到与日本企业息息相关的工会组织或人力资源的有关规定（如终生雇用等）的庇护。

正像我们在很多有关日本文化的讨论中所获得的印象一样，工会组织和管理层之间的关系大体上是和谐的。不过也有例外。二战以后，日本的很多工会组织都变得好战和喜欢暴力。劳工运动经常是由激进和好战的工会组织者组织的，行动纲领总是涉及社会主义革命。1953 年在日产公司发生的所谓的“百日罢工”就是最糟糕的罢工之一。管理层把员工关在工厂外面超过三个月之久。最后，通过多次漫长而艰苦的罢工后，日本雇主基本上与自己的工会达成协议：给工人提供终身雇用机会和优厚的福利，条件是不要再发生劳工冲突。

双方都有讨价还价的权利。实际上，日本的劳工冲突很少，部分原因是因为工会组织的领导层经常由中层经理人员担任。中层经理在这个岗位上的锻炼很得到管理层的青睐，而且是未来升职的一个条件。[56] 观察者经常批评这种关系很像是勾结；他们认为，日本的工会只是管理层的控制机制，根本没有代表劳工的福利。有人指出，即使日本工会参加罢工，它们往往也只出去很短的一段时间，经常是半天甚至更短。

例如，壳牌的一个日本分公司工会领袖宣称，工会跟管理层就工资问题闹的有点“僵”：“我们前天出去罢工了。我们在外边呆了 45 分钟。昨天我们又罢工了 15 分钟。”第二天午餐时间，工人们又进行了一次短暂的罢工（为了增加工资），以便罢工工人不错过工作时间。这就是大多数日本工会组织的特征。日本工人的年平均罢工时间为 5 分钟，低于美国工人的平均值。正如日产公司工会领袖所说那样，“工会分子既要保护自己的工作，又要维持自己的生活，最好的方法就是要跟公司合作啦。”经常出现的情况是，在罢工后罢工者不得不双班倒加班。此外，罢工期间的生产率也没有下降。同时，日本工会组织之间的合作很有限。在一个传统的**春斗**（Shunto）或“春季加薪资斗争”期间，日本的几家企业工会联合起来一起谈判，促成全国性的提薪率或提薪标准。各个企业往后就运用这个比率作为标准来进行谈判。[57]

**春斗(Shunto)**

日本企业工会联合起来一起谈判，以促成提薪的全国性标准。

**其他亚洲国家和地区的工会组织**。印度、印度尼西亚、菲律宾、泰国和越南都是经济和劳资关系处于过渡期的国家。1997 年回归中国的中国香港失业率很低，故而也没有太多的工会活动。除了儒家传统的影响，很多人把香港工人的特色概括为“人人为己”，这就让他们很难参与工会组织。[58-62]当然，具有高技能而且相对富裕的香港劳动力回归中国以后，从长期看来也应该会继续按照原来的方式行事。

其他的“亚洲小龙”国家和地区如新加坡、韩国和中国台湾等，已经对世界经济产生很大的影响力。尽管政府和跨国公司已经对这些国家和地区的劳动场所进行了控制，但是，他们之间在劳资关系上仍然存在极大的差异。[63]新加坡和中国台湾的劳资关系相对平稳，而韩国却动荡不已。几年前现代公司那场众所周知的罢工就很好地说明了韩国工会活动的水平。[64]罢工的时间长度以及公司处理罢工时糟糕的手法都令人想到 19 世纪末，在匹兹堡发生的声名狼藉的 Homestead 公司大罢工。很多人都在预测，在短期内，公司和工人之间的关系可能很难得到较大程度的改善。[65]近来在大宇公司发生的事件似乎支持了这样的说法。[66]那里的韩国工人极力抗议通用汽车公司收购陷入困境中的韩国汽车公司的努力。大宇公司的一名工人这样说，“把公司卖给 GM，就意味着把韩国的一部分献给了美国。”

## 中/南美国家工会组织

《北美自由贸易协定》通过后，人们对墨西哥更加关注了。墨西哥制定了很多劳资关系法律，大多数都在保护劳工的利益，包括工资和福利保障。因此，墨西哥的工会参与率相对较高。在墨西哥，20 个工人就可以组成一个工会组织。所以，在同一个单位或工厂内，墨西哥公司经常要跟数个不同的工会组织谈判。如果官方工会宣布要罢工，则所有的人员包括管理层都必须撤离工厂。每个封闭的入口都插上旗帜，表示工厂罢工正在进行中。参加合法罢工的工会会员罢工期间的工资可以得到支付。[67]工会获得很多的工人权利，但是，大多数是通过联邦法律而不是工会活动的途径所得到。另外，在审批罢工方面，劳动部拥有很大的权力。在临近美国边境的墨国加工出口区，公司经常可以为自己的工厂选择顺从的作为政府分支机构的工会组织[68]。其他主要的拉美经济实体（巴西和阿根廷）在劳资关系活动中，也不同程度地存在着政府的参与。

## 非洲工会组织

总体而言，非洲的工会活动特点跟非洲大陆有点类似——没有得到开发。但是，情况也是根据国家的不同而有所差别，从相对顺从的肯尼亚到工会活动活跃的南非，不一而足。[69]

南非的劳资关系尤其有趣。在种族隔离制度达到高峰期的 20 世纪 70 年代，国家允许白人组织工会，并允许他们签署集体谈判协议，而作为人口主要组成部分的黑人却无法享受同样的权利。1980 年黑人享受到了有限的工会权，在 5 年之间，工会会员几乎增加了 3 倍。尽管种族隔离没有完全消弭，黑人的工会力量增长很快。80 年代的罢工行动增长迅速，有一些甚至非常暴力。这种组织的影响力是戏剧性的。一项研究表明，黑人工人得到提薪是因为工会会员努力向美国工人看齐的结果，这些提薪百分比甚至比欧洲工人还高。[70]收益最大的是贫困、低技能劳工，他们的最低工资额得到提高的幅度比其他任何类型的雇员都大。因此，尽管南非的未来领袖曼德拉当时尚在狱中，黑人工会工人已经赢取了很多利益。

曼德拉当选总统后，面临的挑战是如何平衡来自工会和企业不断增长的尖锐的需求，外国企业尤其明显。几年前，国家的大型工会组织 COSATU 发动了一场全国性的大罢工，反对新宪法中的一条允许企业关押罢工工人的规定。曼德拉与身着 COSATU 颜色服装的工人一起参加罢工，最后这条规定终于被删除了。很多企业和外国投资者感到，这个事件加强了他们的看法，即南非工会组织对政府政策的制定产生了太大的影响力。他们认为，要创造更强大的全球竞争力，南非政府必须接受更加灵活的劳资关系，解散国有企业。工会组织则回应说，这种行为可能导致更高的失业率，而且还有很多种族隔离制度遗留的不平等关系（如黑人的低工资收入和艰难的生活条件）有待于解决。如今，南非正在继续努力，以平衡这些来自不同层次的需求。[71]

## 国际雇员工会

正如我们所看到的，近年来世界各地的工会组织会员人数各有差异，成功的程度也不尽相同。不过，对于国内工会组织而言，最大的挑战恐怕来自跨国公司本身。我们前面提到过，跨国公司最硬的一张牌就是威胁要把全部或部分业务迁移到别的国家去。大多数工会代表着本国的工人利益，因此，在这种威胁面前几乎是无能为力。[72]

工会对这个弱点已经进行很多的回应。其中，最有影响的就是代表工人及其利益的国际组织的发展。早在1919年，第二次世界大战结束后成立的国际联盟就创建了国际劳工组织（ILO）。ILO分别由来自雇员、业主和政府部门的代表组成，每组代表在政策制定方面都拥有发言权。[73]目前，这个组织拥有174个成员国。ILO主要负责制定劳工条件、待遇准则和标准。不过，这些准则都拥有与国际协定一样的法律地位。当然，这些准则还必须获得一个一个国家的批准才可以实行。由于ILO处理的问题存在较大的争议（平等薪酬、童工问题、种族歧视等）以及批准制度的存在，很多国家根本没有办法接受所有的准则。哪怕一个国家批准了准则，要确认这个国家是否真的按准则规定办事也会是一件更难的事。[74]在很多方面，ILO跟其母体组织联合国运作方式很相像。其他重要的国际组织也拥有类似的目标，包括欧盟和经济合作与发展组织（OECD）。

还有其他一些拥有国际成员的工会组织。其中最重要的就是"国际自由劳工联盟"（ICFTU）。这个组织最主要的目标就是在各国工会组织与跨国公司打交道时，为他们提供帮助。ICFTU的成员主要集中在北美和欧洲，是企业必须重视的一个力量。跟这些组织密切相关的是"国际产业工会秘书处"（International Trade Secretariats，ITSs），其业务范围覆盖了所有的产业类型（如国际金属工人联合会，International Metal Workers' Federation）。也有公司一级的ITSs存在，例如通用汽车委员会就涵盖了世界各地GM工厂的所有工会会员。无论这些组织采用什么结构方式，基本上都是在仿效跨国公司的组织形式，以形成跨国议价体系。

无论如何，大部分观察者认为，国际工会大抵上是没有实效的。[75]原因很复杂，包括各国不同的法律体系和跨国公司的抵制。最为诡异的原因是，跨国公司有能力控制一个国家，让国家与工会对立。有例子证明工会跨国协调的事实，例如德国IG金属工会就给英国宇航公司（British Aerospace）的罢工工人提供过财务支持。[76]同样，美国电器工人联合会（United Electrical Workers）最近也给一个墨西哥工会提供支持，支持他们在墨西哥建立一个通用电气工厂的工会。

不过，这些例子都是特殊的。各个国家里很多强有力的工会组织实际上就是政治组织，因此，他们更关注的是国家内部问题而不是国际劳工组织问题。如果某一跨国公司在另一个国家涉及劳资纠纷问题，一个国家的工会组织可以通过与这个跨国公司打交道，以获得工作机会。加拿大的一名工会会员对这种竞争态势总结道："一个美国工会组织绝不会以牺牲美国工作职位为代价，来捍卫加拿大人的工作。"[77]例如，多年以前胡佛电器公司（为美泰克公司拥有）宣布关闭其位于法国第戎的一个拥有600名雇员的工厂，把业务迁移到苏格兰的格拉斯哥。苏格兰胡佛电器公司的工人们以牺牲工作条件为代价，换取工作保险及可能带来的 400 个新岗位。法国工人则愤怒不已，他们上街游行以示抗议。他们同时来到英国，参加一个电视辩论，在辩论中谴责苏格兰同行剥夺了他们的职位。英国的工会领袖对此保持缄默，只是简单地说了一句“我们没有什么理由为此感到羞耻。”[78]

显然，大多数工人把自己的外国伙伴当成了竞争对手，而不是同一条战线上的战友。要想获得成功，这将是国际工会组织必须克服的最大障碍。[79]近来，美国有几个工会组织开始与欧洲和国际工会组织联手。比如 AFL-CIO 就已经跟欧盟接触，这是他们以前很少做过的事情，方式也是违背传统做法的（例如，支持美国的移民特赦）。[80]

## 雇员控制/投入的其他形式

当然，工会并不是雇员获取期望结果的唯一手段。无论是在工会架构内外，雇员都可以通过更多途径获取利益。对这些手段的说法也各有不同，包括产业民主、自我管理和工人参与等。最后一种说法更加符合我们教学的兴趣，因为我们现在讨论的是工人参与公司管理活动的方法。工人的参与方法可谓多种多样，从不赞一词到对管理行为进行否决。尽管参与管理的方式很多（包括工会组织本身），我们主要讨论如下三种：（1）联合顾问委员会（JCCs）；（2）劳资联合委员会；（3）董事会成员法。[81]

**联合顾问委员会**。首先说明一点，**联合顾问委员会**在很多西方国家非常普遍。就像名称本身所表达的一样，委员会中会由工人组织参与，负责处理在管理层和工人之间存在的共同利益问题。他们的职责范围从产品质量（如产品质量周期）到工作条件，工厂安全到工作生活的一般质量（如瑞典）。一般而言，委员会成员的建议可以为管理层接受或者拒绝。反过来说，管理层也经常把委员会的发展情况通报给工人大众。显然，这类委员会的运作效果依赖于一个企业的善意和意图，在家长式作风的企业里，由于劳资关系相对好，故而更加容易获得成功。[82]

> **联合顾问委员会**（joint consultation committees）
> 负责处理在管理层和工人之间存在的共同利益问题的工人组织。

**劳资联合委员会**。劳资联合委员会是工人参与的另一种方式，在很多欧洲国家中很普遍（例如，比利时、法国、德国和荷兰）。在很多方面，劳资联合委员会和联合顾问委员会很相似，最主要的不同点是劳资联合委员会在阻止管理层决策和行动方面拥有很大

> **劳资联合委员会**（works council）
> 欧洲国家中很普遍的工人参与的一种方式，委员会通常有很强大的力量来影响管理层的决策和行为。

的权力。这些委员会的产生经常是由于国家法律强制的结果，因为，这些国家认可的社会义务是寻求雇员的投入（而不是提高竞争力或满足最低要求的一种方式），成立类似的委员会就经常变成一个必须经过的步骤。[83]

例如，荷兰的法律要求员工超过35人以上的企业必须建立劳资联合委员会。劳资联合委员会成员由雇员选举组成，必须参与到组织重大问题的决策中。所决策问题经常与人事政策有关（如安全和培训计划、薪酬和福利问题、工作地点改变、工厂关闭等）。如果公司雇员超过100人，则参与内容还可能涉及关键的财政决策（例如新资本投资、企业收购等）。从理论上讲，劳资联合委员会必须代表雇员的利益，但是，委员会的成员可以是经理，而不限于一线的生产员工。在现实中，委员会可以通过各种方式与管理层进行协作。[84]

在力量强大的劳资联合委员会中，如德国，一名雇员可以拥有两份工作，一份是正常的职业，另一份则是委员会的代表。所以，在公司那里，很容易看到第二个办公室，甚至可能有两套人马在工作。就美国工会观点看来，劳资联合委员会中的代表与美国工会中的工厂工会代表职能差不多。他们之间的区别只是前者比后者对公司的决策拥有更实际的参与权。

**董事会成员法**。董事会成员是职工参与企业运作的第三种方式，是一种比较罕见的机制。在这种情况下，参与的程度一般范围很广。欧洲有七个国家（奥地利、丹麦、法国、德国、卢森堡、挪威和瑞典）的法律规定，员工必须在企业的董事会中占有一定的比例。在大多数情况下，这些董事会实际上就是监事会，他们负责为企业的日常运作选择管理人员。我们在上面已经谈论过德国的共同决策制，它其实是董事会成员法的一种。一般而言，工人在董事会中所占的比例是很少的（德国大型企业除外）。尽管这是很激进的观点，但是，研究表明，在实际中董事会成员中的工人对企业的运作很少起到影响作用。实际上，成员间很少见面（经常是一年几个小时而已），哪怕会面了，当谈论到实质问题时，工人代表基本上处于下风。大多数人感到，工人缺乏对会议中讨论的复杂信息（如财务问题）进行全面评估的背景能力。不过，也有工人代表提出过有价值的意见，因此改变了企业的卫生、安全和投资决策。无论如何，董事会成员法至少为劳工提供了一个象征性的功能，某些工会组织（如瑞典）甚至把它当成一个有价值的信息来源，而不仅只是一个权力分配的杠杆。

## 将协议付诸实践

正如我们在前面所讨论过的，管理层和雇员之间的协议可以通过多种途径建立起来。不幸的是，使他们之间无法达成一致的途径也非常多。结果可能是管理层与雇员之间的冲突和斗争。

**管理层与劳工的关系**。在海外投资之前，跨国公司通常都会考虑当地的劳资关系。不同国家间劳资关系的情形差别很大。表 14.5 中的数据来自对全球 134 个国家（地区）中 12000 名高管的调查，请他们根据自己的判断评估不同国家（地区）的劳资关系。在表中我们提供了 28 个国家（地区）的排名。丹麦和日本排名靠前，表明那里的劳资关系较为和谐，这两个国家多年来一直保持着这一地位。法国和委内瑞拉排名则非常靠后。美国的排名在 16，这个数字显示了美国的进步。

**表 14.5 28 国（地区）劳资关系状况排名**

| 国家（地区） | 排名 | 国家（地区） | 排名 |
|---|---|---|---|
| 丹麦 | 1 | 印度 | 44 |
| 瑞士 | 3 | 智利 | 51 |
| 瑞典 | 5 | 比利时 | 55 |
| 日本 | 6 | 中国 | 66 |
| 中国香港 | 7 | 尼日利亚 | 67 |
| 荷兰 | 9 | 墨西哥 | 68 |
| 挪威 | 10 | 西班牙 | 74 |
| 中国台湾 | 12 | 俄罗斯 | 82 |
| 马来西亚 | 13 | 巴西 | 84 |
| 美国 | 16 | 巴基斯坦 | 88 |
| 印度尼西亚 | 19 | 土耳其 | 116 |
| 德国 | 27 | 南非 | 119 |
| 加拿大 | 34 | 法国 | 132 |
| 英国 | 35 | 委内瑞拉 | 134 |

**劳资关系的恶化**。有时，恶劣的劳工关系可能导致窝工、怠工甚至职场暴力。当然，这些结果往往很难测定。罢工则较为容易观察到，如频率、规模、持续期间。尽管有这些相对客观的指标，但在国家间直接进行罢工对比也并不容易。因为不同国家对罢工可能有不同的定义。例如，丹麦的统计数据中不包括损失时间短于 100 天的劳资争议。尽管如此，丹麦仍然是世界上罢工最少的国家之一。根据国际劳工组织和 OECD 的定义，罢工统计通常包括罢工次数和罢工损失的工作时间。根据统计数据我们可以得出以下结论，20 世纪 70 年代以来，全球罢工活动总体上减少了。因罢工而损失的工作时间近年来下降了，特别是在欧盟国家。经济形势的恶化使得这一趋势得到加强。以英国为例，2008 年因为罢工共损失 76 万个工作日。虽说这一数字看上去很大，但 1979 年时这一数字是 3000 万个工作日。此外，罢工的性质也有了改变，今天的罢工往往与公共服务（如公

共交通系统)、工作程序（如工作安全、员工参与）有关，而不再是对职场结果（如工作报酬）的抗议。以2008年的英国为例，94%的罢工是由公共部门的员工发起的，其中许多涉及工作职位的保障。

在表14.6中，我们从两个维度呈现了一些国家的数据，罢工的数量以及因为罢工而损失的工作日。你会发现，一些经济繁荣的国家罢工相对较多。多年来，丹麦、西班牙、法国和意大利一直是罢工最多的国家，损失的工作日以百万计。

**表14.6　不同国家罢工活动的数量和影响**

| 国家 | 罢工和停工数量 | 工作日损失（每千名员工） | 未工作日数量（百万） |
|---|---|---|---|
| 丹麦 | 862 | 21 | 0.092 |
| 西班牙 | 811 | 62 | 1.5 |
| 法国 | 699 | # | 1.4 |
| 意大利 | 621 | 56 | 0.930 |
| 加拿大 | 187 | 280 | 0.875 |
| 澳大利亚 | 177 | 28 | 0.197 |
| 葡萄牙 | 174 | 7 | 0.045 |
| 英国 | 144 | 6 | 0.759 |
| 芬兰 | 92 | 322 | 0.016 |
| 荷兰 | 20 | 6 | 0.026 |
| 日本 | 18 | # | 0.002 |
| 美国 | 16 | 10 | 1.26 |
| 比利时 | 10 | # | 0.670 |
| 瑞典 | 5 | 2 | 0.107 |
| 瑞士 | 2 | 1 | 0.007 |

资料来源：国际劳工组织．(2008)．Strikes and Lockouts.

**德国**。尽管在历史上有着长期和强有力的工会传统，当前德国的罢工活动在西欧国家中属于很少的。例如，每千名员工工作损失时间只有法国的1/10。这主要得益于在德国企业中有许多允许工人提出建议和控制企业活动的设计。例如，德国企业中设有员工委员会以及劳资共同决定的程序。此外，在德国，劳资关系受到许多法律的制约，能够避免许多极端的行动。例如，法律规定，在合约有效的情况下禁止罢工或停工。因此，罢工通常发生在合约终止后的谈判期间。20世纪80年代时，德国工会曾经在合约期间发起罢工，要求增加工资以补偿通货膨胀的影响。但这种情况在德国是非常少见的。

**日本**。我们之前提到过，日本的劳资关系管理非常成功。表14.6登记的罢工只有 18 次，损失的工作日只有 2000 个。绝大多数争议得到友好解决，很少会发展成为罢工。即使有罢工，通常也是短暂和温和的，只是为了让管理层尴尬或引起他们的关注。管理层决定的停工是极少的。工会员工的情感冲动行为得到宽容，人们认为管理层在任何情况下都应当在语言和行为上保持友善。

**英国**。如表 14.6 所示，英国的罢工活动数量很大。2008 年共有 144 次正式的罢工，损失 76 万个工作日。罢工如此频繁，在一定程度上是由于政府采用"置身事外"的态度。这样的态度导致与其他欧盟国家相比，英国在劳资关系管理方面的法律相对较少。例如，劳动合同中并不禁止罢工，罢工的数量也的确不少。罢工通常在谈判陷入僵局时发生。不过，过去 10 年里，罢工的数量已经下降。

**美国**。从表 14.6 中可以看到，美国罢工的数量是 16。过去半个世纪以来，这个数字基本上在 20 上下。然而，这些罢工导致的工作日损失多达 126 万。美国劳动合同通常禁止在合同期间罢工。因此，只有合同签订之后，工会通常不会批准罢工。像在德国一样，当旧合同到期，新合同还未批准时，罢工是可行的选择，并且的确常常得到行使。有时，工会会员们决定在谈判期间继续工作，同时威胁要发起罢工。管理层偶尔会做出停工决定，但通常很少这样做。

## 工会组织对罢工的影响

对于管理层而言，一个很重要的问题是拥有一个全部工会化的劳动力群体所带来的总体影响。很多经理发现，无论在哪里处理工会问题，挑战性都非常高。不过，工会化的劳动力群体也有一些好处，包括有组织的讨价还价体系和必须完成的明确的合同义务。

工会组织的另一个更加不易察觉的好处是，工会组织可以压制某些极端的或武力性的行为。比如，图 14.1 中的数据表明了欧盟 12 国中，工人武力活动和工会密度之间的总体关系。武力行为被界定为各种变量的组合，是衡量劳工冲突和动荡的指标。总体而言，图 14.1 表明了武力行为和工会密度之间的反向关系。就是说，高工会密度是与低暴力活动密切相关的。例如，表中右侧的 5 个国家（英国、法国、希腊、意大利和西班牙）都拥有较高的武力行为以及相对较低的工人工会密度。左边另外几个国家的数据则相反（例如，比利时、荷兰、卢森堡三国经济联盟）。所以，尽管有管理层抵制工会组织，但是工会对管理层还是有可取之处的。有组织的雇员投入（可能是通过多种形式）可能会比没有组织的雇员投入更能使管理层—劳工之间的关系变得顺畅。

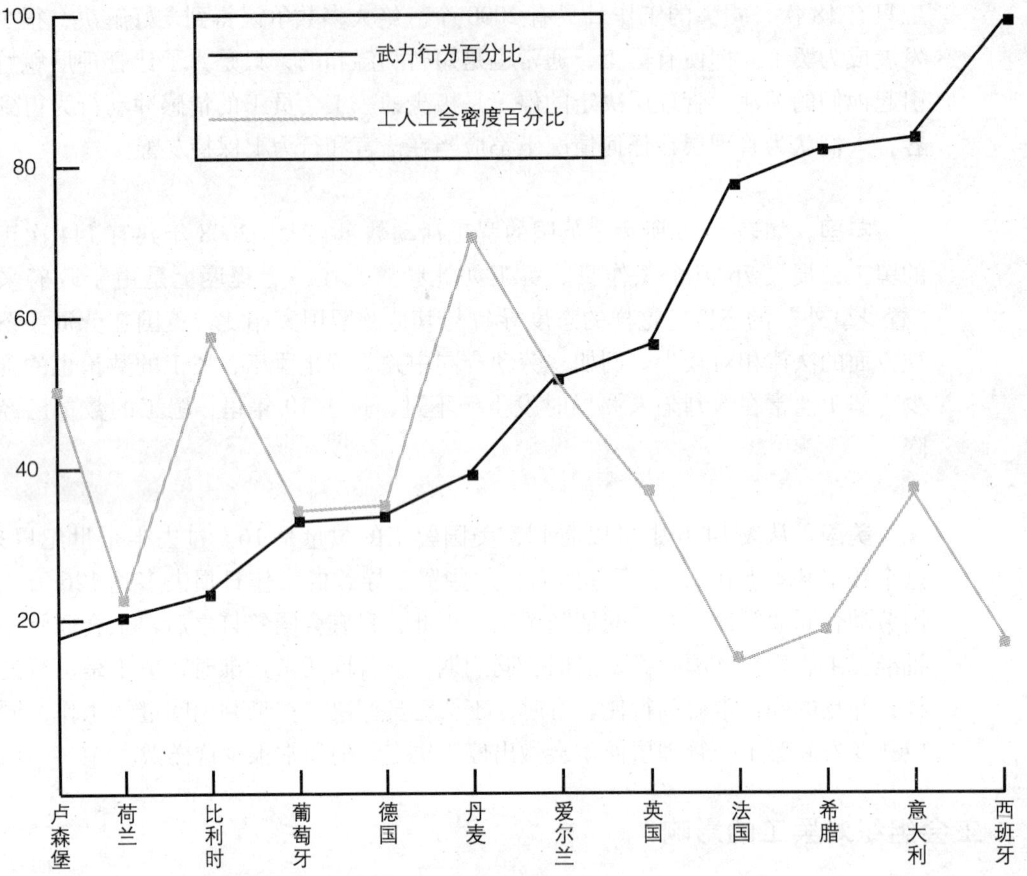


**图 14.1 工人武力行为和工会代表率之间的关系***

*西班牙劳资关系被认为是最不安定的，故分值为100%；其他国家以此为准比较。

资料来源：改编自 Sparrow, P., and Hiltrop, J. M. (1994). *European human resource management in transition.* New York: Prentice - Hall.

## 本章总结

本章我们研究了各种群体的跨文化价值观和影响力。首先，我们研究小型的工作团队以及文化是如何对他们的作用产生影响的。我们回顾了一些研究成果，发现国家和文化差异会带来潜在的问题。但是，也有正面的影响。例如，在集体主义文化国家中，组织比个人主义文化国家表现出更大的重要性。但是，哪怕是在集体主义文化中，内群体和外群体的价值观念也大相径庭。社会惰化是个人主义文化国家中一种普遍的现象，但是在集体主义文化中也有所表现，不过，只是在对他们而言不太重要的组织中(如外群体)才会那样。在与跟自己关系重要的组织(内群体)的工作中,集体主义文化雇员更倾向于全身心投入。

我们同时也提出了在跨文化组织中普遍的文化多元化问题。文化多元化意味着在做事方式上，组织成员有时会倡导差异化很大的行为方式。如果这些不同的做事方式得不到正确的认识和管理，则组织效率将会大受影响。我们讨论了具体的多元跨文化团队案例，并给试图发挥多元文化优势的管理者提出了相应的建议。

在本章的第二部分，我们把话题转移到了更广泛的劳资关系问题，关注点放在了两个重要群体之间的关系上——管理层和雇员。工会组织的形式和影响也会因国家和地区的不同而产生很大的差异。不过，在管理层眼里，工会组织总是员工利益的代言人。而且，员工的工会参与比例也因国家的不同而有所差别。

差异存在的一个理由是，除了工会组织，雇员的利益还可以通过很多其他机制表达（如法律手段或其他类型的职工参与）。雇员的参与方式也是多种多样的，简单一点的如对工作步骤提出看法和建议，复杂一点的则可以对企业重要决策拥有表决权。当然，哪怕存在工会组织、沟通和参与方式，有时管理层和雇员之间仍可能无法达成一致。雇员罢工就是对无法达成协议的一种回应方式。再次重申，在不同的国家和地区里，对管理层—雇员之间矛盾的反应方式如罢工或其他形式，在性质和程度上也有很大的差异。

## 讨论题

1. 在不同的国家中，群体对生产率的可能影响是什么？对美国、中国或德国群体而言，有哪些手段可以让他们提高生产率？
2. 跨文化群体在进行创造性解决问题的过程中往往会碰到困难，导致这个问题产生的因素有哪些？
3. 跨国公司在处理工人的问题中，可能占有比较强的优势，哪怕这些工人加入了工会组织并且分布在多个不同国家，为什么？
4. 美洲、亚洲、欧洲工会组织的运作方式有哪些差别？这些差别为什么会存在？
5. 工会组织和工人武力行为之间有怎样的联系？请解释原因。

## 迎接挑战

在本章开始的部分我们介绍了德国大型软件企业 SAP 面临的挑战。它希望改变自己守旧的企业文化，对竞争对手基于网络的产品作出更快的反应，因为顾客变得越来越偏好这样的产品。以阿加西为代表的新的管理层采取了一些重大的变革，包括从美国、印度和其他国家聘用了数千名程序员。他还将公司的工作语言改为英语，将重要的开发项目从因为成功而僵化的德国总部员工手中分流出去。例如，美国帕洛阿尔托的经理将负责产品的外观和感受，印度员工负责分析工具，沃尔多夫的员工负责核心代码。

这些举措在沃尔多夫导致了担心。资深程序员们抱怨再也不能像从前那样从开发到结束全盘掌握产品，还有一些因为海外部门对“他们的软件”的改动而同阿加西发生冲突。阿加西记得当时德国程序员们说，“他们不告诉我们如何做”，“不是他们告诉我们怎么做，而是我们告诉他们做什么。”这一态度正是阿加西和 SAP 高管们希望改变的。阿加西原来负责新软件的开发，新程序自然不会采用原有的机制。SAP 的高管们决定将传统软件的开发也交给阿加西。这是 SAP 有史以来第一次将产品战略（SAP 共有 1400 名程序员）交给非德国人，如今阿加西称其为“惩罚”。阿加西从硅谷的竞争对手那里招募了数百名程序员，其中许多人被任命到高级职位上。他设计了一个“百日计划”（在加州），修改了传统的产品开发流程，然后要求50天完成。他要求人们指出哪些德国经理可能威胁变革，一共罢免了24位经理。为了证明更快速流程的可行性，他发起了一个高调的项目，要求10位程序员在12周内完成100个程序。按SAP以往的工作方式，这种工作需要几个月的时间。程序员们不相信这个项目的目标，要求将程序数量减少到30个，但阿加西拒绝了。项目最终如期完成，但德国人抱怨说，“这可不是好的、传统的德国式工程。”还有人则议论说，如今权力已经不归沃尔多夫，而是落到了帕洛阿尔托。

CEO卡格曼支持变革，他说，“任何时候都不允许对全球化说三道四。”尽管他指出沃尔多夫雇佣的人比之前任何时候都要多，但这并未说服资深的德国同事。他们继续抗议自主权的丧失以及SAP的“美国化”。一位员工说，“过去我们是王”。阿加西将关键产品开发团队打散为分布在全球的8个中心，由加州发号施令。

SAP高管安排阿加西和德国程序员们召开了一系列会议，结果更加糟糕。在会上，老员工们质问阿加西的动机、德国人的工作职位以及外国经理们的态度。2006年，SAP高管们在沃尔多夫召开了一系列大型会议讨论SAP的“美国化”以回应人们的担心。几个月后，为此成立了员工委员会。德国媒体也介入讨论，一家全国性报纸的头条上说“SAP和全球化：美国人的进军”。一位德国经理说，“很显然，阿加西打算将尽可能多的职能转移到美国。”对此阿加西的解释是，SAP希望在全球招募最优秀的人才。SAP开设了文化敏感性课程，希望缓解问题。课程中讨论的问题包括印度程序员们需要更多的关注和指导，而德国程序员则希望能够安静地工作。其他的例子包括当美国人说“好极了”，德国人的语言中对应的只是“还好”。公司还向新来的外国高管介绍如何与德国程序员打交道：努力工作，关注工作的内容。

不幸的是，尽管管理层证明沃尔多夫的就业好于以往，但他们确实将一些维护的工作转移到了其他国家。这一切超出了阿加西的忍耐，由于对内部纷争不胜其烦，2007年他辞去了职务。在同记者们的见面会上，CEO卡格曼说，他将继续努力向员工证明，公司已经不可能回到过去那种以沃尔多夫为中心的日子了。在谈到阿加西的离职时，他说“管理不是一个轻松的工作”。

## 国际管理技能开发

### 日本的决策制定练习

#### 目标

1. 给学员提供一个机会，运用日本人进行互动决策的方法来完成一项有意义的任务。

2. 将学员根据自己的经验进行的群体决策方式跟日本人的决策方式进行比较。

#### 指南

老师将会解释根回（Nemawashi）和禀议（Ringi）流程，并搭建练习架构。小组成员包括领导（课长）和学生经理（部长）。接下来，老师将把班级分为4~6人的小组，各小组将制定一份期终考试的模板，让它成为一种有价值的学习工具，并用它来对班级进行有效评估（20分钟）。

随后，老师将把班级重新分为 4 ~ 6 人的新小组（课长小组）。成员将以上一组的讨论结果为出发点，继续在新小组中讨论问题。此后，各小组可以为未来的讨论选择地点。老师只对一到两个班上的公开讨论发表意见。课外讨论将根据小组和学生干部的提议进行（20 分钟）。

接下来，全班将制定出一份禀议文件，对考试内容进行界定。所有的班级成员必须在这份文件上签字。老师将探讨文件可能导致的问题。

最后，班级将就下列问题展开讨论：

老师提供的有关根回（Nemawashi）和禀议（Ringi）流程的解释，跟你的经验决策有什么类似的地方？在这一过程中，你碰到了什么问题？这些问题在日本文化中是否会出现？如果有，应该怎样控制？

资料来源：Japanese Decision-Making exercises by Bill Van Buskirk in *Management International*: *Cases*, *Exercises*, *And Readings* by Dorothy Marcic and Sheila Puffer. Exercise © 1994 by Bill Van Buskirk. Used by permission.

## 接入全球网络

### Blanchworth 瓷器公司

#### 目标

1. 说明跨国工会组织和劳工问题处理的复杂性。

2. 强调一家英国企业考虑将其工厂迁移到东欧国家时面临的具体问题。

#### 背景

请访问英国劳工联合会（TUC）网页 **www. tuc. org. uk** 以了解英国的工会背景信息。TUC 网站与很多的工会组织有链接，并提供很多有关英国工会历史、活动和就业法律的信息。要了解东欧国家的工会发展情况，也可以访问劳工团结中心网站 **www. solidaritycenter. org**。此网站是为了提高中欧和东欧工人的权利以及为他们提供帮助而开发。

#### 公司和现状

Blanchworth 瓷器公司是 18 世纪在英国创建的一家企业，在世界上以出色的瓷器设计和精品瓷器产品著名。瓷器在美国的销售一直很顺畅，在 20 世纪 80 年代初期，由于美元升值，销售量大增。然而，20 世纪 80 年代中期和末期，由于美元持续贬值，在美国的瓷器销售萎缩了 25%。对 Blanchworth 公司而言，这种萎缩尤其关键，因为，它在美国的销量占公司总销量的 90% 左右。

根据价格，精品瓷器分为两个细分市场：高端市场每一件价格范围为 75 ~ 300 美元，低端市场则在 25 ~ 75 美元之间。Blanchworth 一向主导高端市场，其市场份额大约为 85% 左右，但是，在低端市场没有任何产品。不幸的是，20 世纪 80 年代末期，精品瓷器的高端市场下跌了 25%，低端市场同时却上升了 50%。显然，这是一个国际趋势，不仅是 Blanchworth 市场，其他根据可支配收入购买的产品都面临同样的命运。

除了美元贬值和高端瓷器市场的萎缩，还有其他几个因素导致了 20 世纪 80 年代末 Blanchworth 公司严峻的财务危机。在 20 世纪 80 年代的“辉煌”时期，市场需求和利润都很高，当时，Blanchworth 的技工工会提出了很高的工资和优惠的工作条件要求。为了防止停工，管理层完全同意了这些要求。因此，Blanchworth 公司的手工工人成为了英伦三岛上薪酬最高的阶层之一。工人工资占产品成本的比例从原来的 60% 上升到 20 世纪 80 年代末期的 80% 左右。高劳动成本加上公司收购一家精品水晶制造商所承担的债务，使 Blanchworth 公司在美国需求下降时，无法将自己的产品降价以提高销售。

1988 年，为了挽救企业，管理层不得不马上着手实施一项成本削减措施。其中包括裁员 25%，同时购买新设备，以便提高剩余工人的生产率。管理层和工会领袖之间展开了激烈的交锋，工会最后同意只有减员才是挽救公司的唯一手段。工会同时也同意废除妨碍工人提高生产率的工作条例。工会作出这些让步，是为了避免公司破产，同时也保住了很多工会会员的职位。

通过一年多的新设备运作，Blanchworth 公司管理层发现生产率的提高完全被大量高级技工人员提前退休带来的损失所抵消。这个计划是上述的裁员 25% 计划中的举措之一。裁员后，利润一直在滑坡，管理层最终决定公司不得不进入低端精品瓷器市场。尽管管理层意识到，在低端市场中，他们将遇到比高端市场更多的竞争对手。但是，他们也相信，凭借公司在行业中的声誉和市场优势，他们一定能够很快进入这个市场。

20 世纪 90 年代末期，公司开发了一系列新产品，比原来的产品重量轻，装饰简朴。这些产品全部在东欧生产，其劳动力成本只不过是公司在英国成本的一小部分。初步的市场调查显示，这些产品对第一次购买瓷器的年轻人更有吸引力，这些年轻人认为自己比原来的 Blanchworth 客户更加新潮、更加注重产品的价值。而且，他们一般缺乏产品忠诚度。Blanchworth 把自己的新产品叫做克罗恩瓷器。

克罗恩瓷器还是通过原来的渠道销售，但是，它拥有自己的标识、包装设计、广告代理和陈列室。管理层觉得，将 Blanchworth 和克罗恩的名称联系起来可以树立一个高质量的品牌形象，同时克罗恩又跟 Blanchworth 传统的产品有差异化。这种品牌联系手段得到了零售商的支持，使新产品能够顺利进入大市场。

管理层决定把新生产基地迁移到东欧后，Blanchworth 厂区所在地的工会成员和社区居民都感到被出卖了。没有人告知工会领袖有关新产品线的事情，实际上新产品线意味着将会重新雇用大量的 Blanchworth 技工。另外，生产线迁移到东欧已经引发了英国很多客户的反感情绪，当地和某些国家级媒体也刊登了一些批评性社论。

工会指责说，因为 Blanchworth 产品是由高技能工人在英国本土制造的，所以，美国的客户对产品拥有很高的忠诚度。他们认为，这种忠诚来源于很多美国人对祖先根源于英国某地的追溯情绪。管理层回应说，Blanchworth 从来没有以英国产品的名义销售过，大多数美国购买者根本就不知道甚至不关心这些产品来自何方。尽管管理层和工会组织之间经历了很多痛苦的感受，但是，1991 年没有发生过停工现象。

1992 年早期管理层宣布，通过第一年的销售，每一件克罗恩瓷器创造的利润比 Blanchworth 高出两倍。他们同时宣称，英国的 Blanchworth 员工的生产率还不够高，根本就与他们的高薪酬水平不匹配。因此，管理层代表开始与工会组织领袖对话，试图解决利润持续下降的问题。管理层的意见是，唯一的办法就是降低工资和福利水平，同时，必须对工作规程进行大幅度更改。工会反对这种看法，认为利润低的原因完全是管理不善导致，根本不是管理层所谓的什么“薪酬过高、工人生产率低”等因素。

尽管从来没有公开申明过，工会组织领袖怀疑管理层有可能考虑将所有的 Blanchworth 的生产工厂迁移到东欧国家。工会一方继续辩论说，美国客户根本不会接受非英国工匠制造的 Blanchworth 产品。他们引用数据说明，每一年都有 10 万游客来访 Blanchworth 公司的英国工厂，其中超过一半以上都是美国人。每一次来访，平均每一个美国游客要购买 1000 美元以上的瓷器产品。他们认为，到工厂来的每一个访客都被 Blanchworth 瓷器所吸引，因为它们是地道的英国产品，如果把工厂迁移到东欧国家，则这类工厂直销的好处将不复存在。为了强调这个观点，工会甚至引用了美国统计局关于美国公民的英国亲缘分类：英格兰 3260 万，苏格兰 540 万，爱尔兰 3870 万，威尔士 200 万。

## 指南

你是一个商务顾问，现在来协助 Blanchworth 高层管理在几个领域制定战略决策。在情况介绍中，你还知道这些信息：

- 管理层在认真考虑将 Blanchworth 工厂迁移到东欧的问题，同时，把其他部门留在英国。他们明确说，设计和质量保证部门都将留在英国本土。他们关注的是，如何能够让新开办的东欧工厂和工人尽快生产出完全符合质量要求的产品。特别是如果在新厂开工前，发生英国本土工人罢工应该怎么办。
- 管理层关注东欧的政治动荡问题。如果把克罗恩和 Blanchworth 一起迁移到海外，一旦发生问题，其全部产品都会受到损害，因为不大可能再在英国开办工厂了。
- 在英国本土克罗恩瓷器的销售非常缓慢，但是，在美洲大陆上却顺风顺水。克罗恩看来已经逐渐被美国人所接受了，大多数美国年轻夫妇为自己购买的瓷器，而不是从长辈或朋友和亲戚那里作为礼物接受这些东西。
- 工会组织和社会团体发出威胁，如果公司胆敢把工厂迁移到东欧，他们将做出谴责公司的声誉的行动，方法是把产品生产的真相直接公开给美国和英国的客户。

## 就本案例回答下列问题：

1. 管理层认为，把工厂迁移到东欧将不会对公司的海外销售产生任何影响。在作出这个决策之前，应该进行怎样的调研？你建议应该采用什么调研方法？
2. 预测一下，如果公司离开英国本土，工会组织和社会团体将会通过什么方式来诋毁公司的声誉？迁移后，美国会不会对企业采取联合抵制政策？在迁移之前，美国方面会不会极力申明自己的反对意见？你应该从哪里寻找到这些问题的答案？
3. 管理层可以通过什么具体的手法来“预防”在问题 2 中你所预测到的工会组织的行动？管理层应该采取这些措施呢，还是等到问题实际发生后才设法解决？
4. 为了把企业留在英国，管理层是否需要作出某些让步？请列举出可能的让步，并说明这些让步都由什么人给出，例如工会组织、社会团体、国家政府机构，等等。当就此制定一个双赢的计划时，请重点考虑长远的解决方案。

资料来源：选自 *International Business Cultural Sourcebook and Case Studies*, $2^{nd}$ edition by L. B. Catlin & T. F. White, © 2001, pp. 47-50. Reprinted with permission of sout-Western College Publishing, a division of Thomson Learning. Fax 800-730-2215.

## 案例 7

# 令人左右为难的外派人员

1995 年 7 月，一个温暖、阳光灿烂的周五。下午 1 点 40 分的时候，安格斯柴油机欧洲公司的 CEO 弗兰克·沃特豪斯走出办公室，进了大厦侧面的观光电梯。这个办公室在安格斯大厦顶层，可以鸟瞰整个苏黎世城。电梯下降时，他感到一阵眩晕。

为了放松心情，沃特豪斯认真看了看手表。还有不到半小时的时间，他必须参加伯特·唐纳德与公司驻欧洲经理们的会议，这些经理们来自安格斯公司过去两年间收购的部件供应商。第二届安格斯公司管理培训项目由唐纳德的培训部负责，他本来要给经理们作一场重要报告。可昨天下午很晚的时候，唐纳德打电话来，说他认为报告的效果不会很好，各个部门主管没给他足够的反馈意见，他没法按照原计划写出来，公司进展的总结和他预期的也不一样。

这是他的会议！沃特豪斯心想，这时电梯静静地下降到了二楼。唐纳德怎么会一点准备都没有？这个人是不是在底特律总部被视为神奇的唐纳德啊？

沃特豪斯还记得一年前别人介绍唐纳德给他认识的情景。安格斯国际主席兼 CEO 比尔·伦亲自打来电话，说送给他一位"出类拔萃"的人物。还说唐纳德有着丰富的国际背景：以美国研究教授的身份在开罗生活了五年，然后回美国到安格斯公司工作，帮助公司建立跨部门、功能交叉型团队，既节约了成本又提高了质量。

伦说，唐纳德正是安格斯欧洲公司需要的建立无缝隙运营团队的人才，能帮助公司更好地与历经辛苦收购来的各欧洲零件供应商进行沟通和协调。沃特豪斯已经在安格斯公司旗下成功地建立了欧洲分部的网络关系，证明了自己的战略技术和领导力。现在万事俱备了。不过公司最近扩大规模，要实现新的财政目标，要求各部门通力合作。各部门经理就要成为一个相互依赖的团队成员。这方面唐纳德能帮上忙，他们联手一定能扩大公司在柴油机和涡轮市场的份额。

CEO 说，沃特豪斯应该配上最好的助手，伯特·唐纳德就是最好的。未来，如果数字说明这个计划是成功的，沃特豪斯将像英雄一样回到总部（伦的声音还在耳边回荡："我一直看好你，弗兰克，要知道你做得不错。"）。

沃特豪斯曾经热情满腔。唐纳德能帮助他达到事业的顶峰。在底特律他和唐纳

---

"The Case of the Floundering Expatriate" by Gordon Adler. Reprinted by permission of Harvard Business Review, lujy/August 1995. 

德打过好几次照面，感到他反应敏捷，颇具领导魅力。

但是，1994 年 8 月携带妻子和两个女儿出现在苏黎世的这个人不是唐纳德了。在这里，在他身上看不出团队创建人的影子，真的没有。他的领导魅力也消失了。

电梯停了，沃特豪斯进到大楼里，直奔大厅尽头的会议厅。

沃特豪斯仍想着自己的仕途，自从公司指定唐纳德负责莫斯科、安卡拉和华沙的三大政府项目之后，他自己也在上面花了大量时间。事业上他步步为营，一帆风顺。唐纳德完不成这个任务不是他沃特豪斯的错。至今德国经理和法国经理就销售计划还未达成统一的意见，也不是他的错。

他想到了唐纳德，也不全是他的错。唐纳德是个聪明人，是个好人，在美国取得的成功是有目共睹的。唐纳德也很在乎这次任务。尽管他很固执，但是，应该不是他的错。从电话里听出唐纳德很焦急。他是在乎的，知道现在工作很不顺，又不知怎么办才好。他在欧洲如果没有出色表现，怎么能回到美国安格斯？

在底特律他们这么说，让唐纳德继续跟着做吧。可是不行啊。

沃特豪斯来到会议厅的门口，行政助理乌苏拉·林特从另一边看见了他，乌苏拉是当地人，家境殷实。公司聘用的当地人有事情时大多数人都找她咨询。沃特豪斯想起她对唐纳德的评价：五楼的员工比原来的任何时候都士气低迷，全体萎靡不振；唐纳德主任家里肯定有事儿，不然他为何午夜还在办公室？

沃特豪斯找了个前排位子坐下，不想分神想别的事，就仔细看会议安排。会议主题是“管理变革并创造愿景：以团队精神来发展安格斯”。沃特豪斯叹了一口气，唐纳德的安格斯欧洲“愿景”。林特走到跟前，一看见他，就开始抱怨。

“一些主管不满意这次培训安排，组织得太差，”她说：“西班牙的苏拉斯主任打电话投诉会议日程安排太紧。”她要反映的问题有一大堆：“罗马的毛利佐主任今早跟我说，他开始和别人交换意见，想换掉唐纳德，他觉得我们需要一个更了解欧洲情况的人。”看到沃特豪斯眉头皱起，林特不由得往后退了一下。“但是他总是弄出很多麻烦，”她说：“否则，今天的会议应该会成功。”她在沃特豪斯身旁坐下，低头看自己的日程。

渐渐地，房间里充满了低声议论和黑色的手裁西装，三五成群，四处走动。“海恩斯，近来怎么样啊？”“你还好吗？亚克斯。”“比尔，真高兴见到你……很棒啊！”沃特豪斯匆匆打量周围一眼，唐纳德为什么不在这里和大家客套一番？他听到一个德国口音：“2 点 10 分，很好很好，美国式的守时。”守时。不像唐纳德，他还是听得懂德语的。

一个信号发出，灯亮了。声音低下来，沃特豪斯紧盯前方，看到唐纳德大步迈向讲台。

唐纳德开始发言，“正如艾森豪威尔总统所说：‘我只有两种问题，最紧急的和最重要的。紧急的不重要，重要的永远不紧急’。”他大笑起来，整个大厅却安静得很，连翻纸声都听得清清楚楚。

唐纳德停下来放平讲稿，给大家作了 10 分钟毫无新意的欧洲区公司组织结构的总结。重申他设计的团队建设的基本原则，大家早就熟悉他所讲的内容。最后他对秘书的帮助表示感谢。

然后，他把会议交给沃特豪斯。沃特豪斯说会议比预期缩短却未能及时通知各位，实在抱歉。并保证其他安排没变，希望大家把这段时间当成茶休，下午 4 点由法国经理主持物流会议。

经理们交换了眼神，沃特豪斯发现了一两个毫不掩饰的微笑。步出会议厅时，他听到有人说："至少会议没有超时。"沃特豪斯不禁心生闷气，他在欧洲辛辛苦苦干了四年，今年是他三年一签的二期合同第一年，回到美国总部成为管理高层已经指日可待，现在最不需要的就是这种令他分心的事。

他还记得一个多月前反映唐纳德无法适应的问题时底特律那边是怎么答复的。他给比尔·伦写了一封措辞谨慎的信，暗示唐纳德无法完成任务，时机也不对。CEO 立马回了电话，"尽是废话，弗兰克！"电话里他的声音震耳欲聋，"你不是一直想找人来帮你做这件事吗？现在给你派去的就是好的人选！你不能辞退他。是你叫他去的，你得负最起码的责任。我希望他成为你的左右手，弗兰克，我想给他点时间，把事情做好。就指望你了！"

沃特豪斯想，现在看来，再给时间也不是个办法。但是，如果把唐纳德给辞了或送他回底特律，那么为创建团队所付的一切努力将白费。唐纳德已经实施了团队创建活动，他若一离开，什么事情都等于白干了。另外他又怎能辞掉唐纳德？他在别处没兼职，辞掉他就等于毁了他的事业。唐纳德还不至于得到这种对待吧。

何况，欧洲团队建设计划当时是作为一个重大的创新活动来宣传的，沃特豪斯也同意大家把他当成该计划的主发起人。自我否定没什么好处。

另一方面，按照事情这样发展，把唐纳德留下，他本人可能就会导致计划失败。要进一步，先得退两步。沃特豪斯喃喃自语："我没时间让唐纳德去适应文化差异。"

唐纳德从大厅那边向他走来，"我给每个经理发了一份多项选择的调查，一位经理给我回了信，东扯西拉写了六页纸"。他说："调查问卷是四月份发的，德国发了 40 份，我只得到 7 份回复，打电话去问，他们都说还在考虑，有位经理说要用德语来讨论。葡萄牙那边竟然问我是否亲自去取。"

沃特豪斯告诉唐纳德稍后再谈："五点钟，在我办公室。"说完果断地转身就走。

乌苏拉·林特紧跟其后，走向电梯。"主任先生，你知道唐纳德先生怎样称呼施薇丽小姐吗？"

贝蒂娜·施薇丽小姐是唐纳德手下的项目管理负责人，也是公司重要主管之一。她能流利地运用五门外语，对其中三门有书写能力。她俩打小就认识，每天午餐都在一起。

"秘书，"林特说，一副被激怒的样子。"施薇丽小姐是秘书？简直难以置信！"

沃特豪斯回到办公室，给自己倒了杯水，拿出两粒阿司匹林。脑子里浮现出 10 个月前，与唐纳德面对面坐着的情景。

"一旦我实现了一个目标，"唐纳德说："就会设定下一个，并立即付之行动。我喜欢同时做多件事情，尤其现在只有两年时间。我要立竿见影的效果，弗兰克，甚至把第一个项目和别的事情同时进行，请顾问团派几个培训师来作讲座，作我们强调的团队技能的讲座。"

沃特豪斯的思绪重新回到了现实。第一次讲座不算差，至少他没听到什么问题。但他没有亲自参加。他拿起电话，拨通了波尔·杰森的号码。波尔是安格斯公司人力资源部副部长，是他好友及信任的同事，常在健身室路上见到对方。

几秒钟后，传来杰森的大嗓门："弗兰克吗？你干吗不直接走到大厅这边来找我？好几周没在健身室看到你了！"

沃特豪斯不想聊别的："唐纳德第一个周末的培训，二月的那次，"他问："进行得怎么样？说实话。"

"说实话，嗯，总的来说不算太差，有点小摩擦，第一次嘛，没什么大不了的。唐纳德和助手之间似乎出了点问题。主要是施薇丽小姐原来安排两位培训师提前两天到达苏黎世，这样可以充分准备，比如适应时差。还在瑞士苏黎世大饭店订了晚餐，可他们在讲座的前一晚才到。你能想象她有多难受吧，唐纳德早知道这些变化，可就没跟她说。”

凭直觉，沃特豪斯感到杰森一直想找机会反映这些情况。“还有吗？”他问。

“讲座也有些状况。”

“状况？”

“嗯，是的。唐纳德发言时，驻挪威的经理哥盖尔博士提了很多问题，使他变得很烦躁。”

“唐纳德？”沃特豪斯问。

“是的。一位培训师穿了一件米老鼠衣服——”

“米老鼠？”沃特豪斯笑了，没别的意思。

“印有米老鼠的那种套头衫。”

“这到底和唐纳德有什么关系？”

“情况是这样的，唐纳德决定和他们签两年合同，之前施薇丽小姐劝他不要签。他明确跟她说，他对培训师很满意，而且认为，培训师个人习惯和衣着问题不值得他费时去考虑。”

“哦，还有什么——”

“嗯，还有一些不满。”

“施薇丽小姐全都知道这些吗？”他开始考虑了。

“有一位经理反映培训师的讲座信息量过大，他说是‘信息轰炸’，感觉到培训师有些不可一世的样子。其他经理不满唐纳德没有提供足够的背景知识。好像法国经理觉得讲座值得一听。不过唐纳德肯定这样想，既然他的风格适合过去的群体，自然也会适合其他的群体。另外，每个人都不满意那次安排。讲座老是超时，把各个部门交流的茶休时间都占去了，大家都不高兴。哦，最后一件事，所有的名片只印姓氏和名字，连个头衔都没有。”

“没有头衔？”沃特豪斯问，叹了口气，“波尔，我希望你早点告诉我这些事情。”

“我还以为你没必要知道这些。弗兰克，新合同续签后，你总是那么忙。”约好这周找个时间去健身室之后，他们挂了电话。沃特豪斯低头看唐纳德的档案。

他的简历看上去完美无缺，开罗的美国大学时光是一段光辉岁月。由于工作效率高，在来自40个国家的学生中游刃有余的处事风格以及他的幽默性格，让他得到最高评价。在美国安格斯总部，他以最短的时间，创纪录地实施了跨部门团队建设方案。他不是一个缺少奇迹的人。

沃特豪斯往旋转椅一靠，任由思想围着唐纳德转。有人说他是“工作动物”，毫不夸张的直译是工作野兽。他宁愿在办公室里吃三明治，而不愿与大家在餐厅愉快地吃顿午餐。在开罗作讲座时，他还能说几句阿拉伯语，可现在连一句简单的带瑞士口音的德语“你好”都说不好。还有人说他整天到处闲逛——他自己说这种管理需要四处走走，咨询别人的建议、意见、计划和解决办法，因为他自己什么都想不出。

沃特豪斯想起早些时候，唐纳德曾向他说过一些想不通的事情。是不是早该多关注他？

“我见了斯瓦特涡轮机厂人力资源部的副部长雅克伯·哈斯勒，”唐纳德在办公室踱着步子说。“是想听听他们对培训项目的看法。斯瓦特是我认识的第一个部门，我想哈斯勒知道我不会咬人。我一开门，见他站在门口，就让他在咖啡桌旁的椅子坐下来，告诉他叫我伯特就行了，他点头。我问他家里怎么样，哪里能买到最好的丝绸靴子。他一一回答，但一副默然的样子。我拿张椅子，坐在他对面，10分钟的谈话中，他的回答总是只有一个字。最后我问他，工作总的情况怎么样，他说一切还行。你受得了吗？弗兰克，我说对他的看法很感兴趣，他起身把椅子往后一推，说‘请告诉我你想知道什么？’我提醒他我们是一个团队的，而且在这两年时间里我们要在一起进行重大变革。让他一星期后再把想法告诉我。你知道他说什么？

他说：‘好的，好的’。”

那个时候，像这样唐纳德搞不清楚的事情似乎是所有外派人员都会碰到的，属于正常的适应期问题，可他从来就没适应过。他为何不直说想知道什么，然后让哈斯勒离开？沃特豪斯知道这点，他怎么就不知道？

电话铃响了，是内线，乌苏拉打来的。“刚才唐纳德主任夫人（朱利安）打来电话，希望唐纳德主任4点钟能回家。我告诉她，您约了他5点钟见面。”她等了一下，沃特豪斯感觉到她欲言又止。“她还说了什么？林特小姐？”

“我问她身体怎么样？她说快崩溃了，工作很没意思，原以为离开开罗到苏黎世会有微风拂面之感。接着她说了一大堆关于她的大女儿的事情，正为女儿伤透脑筋呢，今年秋季她就在国际学校读12年级了，正在报考大学。英国教师把她的推荐信写得平淡无奇，名校录取的机会很小，而且英国的考核等级让她的成绩总是C。她还提醒我她女儿在美国时SAT成绩在1350以上。”

林特说完，沃特豪斯谢谢她的汇报就挂了电话。朱利安是个文静、不声张的人。在这儿她也交了几个朋友，肯定有什么事她才这样的，他们的女儿又美丽又聪慧。怎么回事，这些一下子全涌到脑子里来了？

沃特豪斯又想起最近一次与唐纳德的谈话，是在唐纳德五月休假的前几天。

“我什么都试过了，弗兰克，我找了代表，让他们当领导，和他们谈心。”沃特豪斯记得，唐纳德整个人埋到椅子里，声音有气无力：“无论我做什么，比如改动某个日程，或邀请他们午餐到我办公室里一起吃三明治，总有人缺席。讨论欧洲公司改进管理的时候，他们就一直看表，开会若超时10分钟，他们就开始整理文件。我告诉你，弗兰克，他们就得像我们一样进入后工业时代，学习安格斯的办事方式。在底特律我是创造过奇迹的……”

沃特豪斯办公室里的钟显示4:45，他能对唐纳德做什么呢？再让他犯错一年？还是在接下来的12个月……他一边想着一边带上门。送他回去忘了他？五楼员工的士气大为改善，欧洲经理也皆大欢喜。但留下唐纳德，培训项目才能继续开展，就像现在这样。公司会这么想，沃特豪斯已经把美国人的办事方式忘掉了，还以为他们的明星被欺负呢。他能教唐纳德要注意文化差异吗？是不是他把时间全花在安卡拉、莫斯科和华沙的项目了？文化差异教得了吗？不可能啊！

他听到唐纳德从外面的办公室进来了，挂在假树上的装饰清脆地响了一下。他该怎么办？

## 讨论题

1. 试评唐纳德所犯的错误，为何会发生这些错误？是谁的责任？未能很好地解决唐纳德的问题说明了什么？
2. 沃特豪斯该如何解决唐纳德带来的问题？设计一个具体的行动方案。
3. 公司可以预先做什么，能让唐纳德准备得更充分一点？
4. 该案例对于公司目前招聘外派人员政策和给外派人员提供培训有何启示？请给出决策方面的建议。

# 案例8
# 薪酬难题

她是一位想在欧洲发展的美国精英；他是一位想利用她名望的德国公司CEO。但是泰万AG公司会支付安妮·普里夫斯顿所期待的高薪吗？

人力资源部长李奈特·施密特站在办公室窗前，望着远处斯图加特山和苍绿的阿尔卑斯山的斯旺边山麓，愁容满面。天色已晚，从泰万公司总部15层办公室的阳台上望去，积雨云压着山头，远方传来的阵阵雷声。乌云就像我的心情一样，她这么想，快要爆炸了。

她回到办公桌前，坐到被冷气吹得凉飕飕的椅垫上，望着电话发呆。要解决的问题如一团乱麻，越解越紧。

泰万公司欧洲区的市场经理于根·梅尔，在电话里对公司聘用新人的态度表示强烈不满，新人正是他曾经最欣赏的人选——安妮·普利斯顿。安妮曾在美国软件公司Xon公司任市场部经理，使得Xon公司抢占了很多原属于泰万公司的国际市场。作为Xon公司2002年度广告策划的幕后指挥，她单枪匹马一人，把公司销售量提到了一个新高度，给泰万带来很大苦恼。现在，如果这家德国软件大公司开出足以吸引她的丰厚条件，她就准备跳槽。毫无疑问，她是最佳人选。

当于根得知公司考虑同意她提出的条件后，还是发了脾气："李奈特，244000也太夸张了吧！"他大喊，"差不多和我一样多！这不公平，简直就是羞辱人！这些美国人怎么了？自私的富翁、军阀、商业巨头！以为自己想干什么都可以吗？我得找托马斯谈谈才行！"

李奈特深吸一口气，作好了辩论的准备，"于根，别这样。"她开始说："你想啊，一开始她就已经接到赛思公司的邀请了，薪酬中包含了大量的期权。虽然我敢肯定她愿意选择我们，但是也要把这些考虑进去。国际市场部总经理很想用她，我想托马斯会说，我们要考虑的是她在本行业的价值，如果她为我们的对手工作，代价就更大。你说过，这是个关键职位，安妮是最合适的人选。"

这是真的。安妮给于根和其他高级主管都留下了很深的印象。她显示出对全球软件行业运筹帷幄的自信和深刻的理解。她是一名睿智和谨慎的策略家，已经是ERP软件领域的领军

---

HBR's cases, which are fictional, present common managerial dilemmas ad offer concrete solutions from experts. "In a World of Pay" by Bronwyn Fryer et al. Harvard Business Review, Nov, 2003 Vol. 81. Issue 11, copyright 2003 by the Harvard Business School Publishing Corporation. Reprinted by permission of Harvard Business School Publishing. 

人物，可以直接向出了名的难对付的 CEO 报告。同时大家对她好评如潮，不仅在开拓市场方面，她创意层出不穷，而且她的部门在经费奇缺的情况下仍能成绩斐然。她说一口非常地道的德语，初中时期在洪堡读书，90 年代在一家德国跨国公司工作。在安妮离开美国前一天的晚宴上，托马斯还向李奈特和于根提起安妮，说她的加入对公司来说如虎添翼。

“我知道她好。”于根说，朝话筒叹了口气：“但这薪水太高了。”

“我们参考了赛思公司期权的条件。”李奈特解释：“如果考虑两地的价格差别，这个数不算太离谱。欧洲的东西都要比美国的贵。像安妮这样背景的人，我都拿不准这个市场价合不合理。但我告诉你，她是个真正的专家，知道自己在干什么。”

于根不说话，他是出了名的保守谨慎，在制定泰万公司的最低工资时如此，在国际谈判中更是如此。李奈特自己也觉得安妮的工资档次偏高，但她是按照公司总裁的指示来办的。

李奈特接着：“我明白你担心什么，我都很难说服自己。”过了好久，接着说：“毕竟你知道，公司的策略是把国际市场年收入再提高 10%，该职位是有战略意义的。托马斯说，要舍得付出代价。”

“她为什么对我们公司那么感兴趣呢？”于根含混不清地问。

“Xon 公司不会提升她，连她自己都说机会渺茫，她不满意副手职位。赛思公司也想要她，但公司规模小，期权的风险也大。还有她想让儿子在欧洲成长，有良好的教育机会。”

“她先生呢？也一起来这儿工作吗？”于根问。“没有先生。”李奈特就此打住，她想象于根的眉毛向上一挑。“行，李奈特，”于根最后说：“我还是坚持要和托马斯谈这件事，即使我承认她优秀，也不会同意这个决定。”他用力地挂了电话。

## 高层看法

李奈特按摩着额头，把手指伸进浓密的头发里，起身又拿起话筒，话筒还暖。拨通了托马斯助手的电话，问托马斯下午是否有空和她一起喝咖啡？没有，助手回答。不过，明天午餐的约会刚刚取消。

正午，李奈特和托马斯分别走出大楼，前往市中心零售区的科尼斯大街。这是一条长长的步行街，绿树成荫，店面五彩缤纷。中午这段较长的休息时间里，街上全是购物者、学生和游人。托马斯和李奈特被领到西班牙餐厅最里面的一张桌子，李奈特一坐下来，首先看看四周，确定没有泰万公司的人在旁边。

“你想和我说那个美国人安妮·普利福斯特的事吧？”托马斯先开口。

李奈特点头。“于根和你谈过了？”她问。

托马斯以利索的点头作为答复，说：“我跟他说会考虑他的意见，我也告诉他，我们花了很长时间寻找合适的人选，不能再等了。我知道她已经有点不耐烦了，而且我明白，如果她到我们公司工作，必须得到一笔适当的补偿金。”

“是啊！”李奈特说，“她提出的薪水和于根的差不多一样高，如果公司给一个新人那么多钱，那些工作很久的老员工会怎么想？认为我们不在乎他们。”

“这个嘛，李奈特，这种情况下，我们要考虑的不止是这些。”托马斯解释说。“普利福斯特可能也在考虑两国工资的税率、通货膨胀、福利、货币贬值的差异等，到我们公司，她就要放弃期权和年终奖金等。你知道，美国人没有医疗补助或教育补贴，所以他们对薪水的期望很高。”

“是的，托马斯，”李奈特有点不耐烦：“我知道这些。但我现在担心的是已有很多人提出超标的薪水要求。我向你反映过公司工资标准很乱。不管是谁，做同样的工作就应该得到同样的钱，你不觉得应该吗?”她停了下来，挑明了她想讨论的话题。

“我就知道你会反应强烈。”托马斯平静地回答。“在理论上，这样说没错，但有些事情不能生搬硬套，特别是像这样的职位就更不能。”他等了一下：“我让你好好想想，李奈特，拿出你和这个女人都能接受的薪水福利方案来。”

李奈特觉得谈到这里可以了，便闲聊起来，说些托马斯感兴趣的员工的事情。午餐后，各自走回自己的办公室，道别时，是托马斯提起安妮这件事，不过这只是想提醒李奈特，别忘了他的指示。他感谢她一起吃午餐，说：“明天下午我等你的方案。”

## 什么才是公平?

回到办公桌前，李奈特拉出安妮·普利福斯特的档案袋，看了看前天与于根电话讨论时随手记下的东西。突然想到，于根的不满与半年前她听到的抱怨何其相似！当时，公司驻德国的CIO冲到她的办公室，大发雷霆，威胁要辞职。“我才发现驻日本的CIO的薪水是多少！”他嚷嚷道：“是我的两倍！我们俩做的是同样工作！完全不公平！我得找托马斯讨个说法！”

李奈特私下和他想法一样，虽然心里不舒服，她还是尽力解释，没有别的好办法，公司只能按照当地生活消费水平来支付工资。“你也到过东京，”她强调，“一杯咖啡要比斯图加特贵一倍，比芝加哥贵四倍!”即便如此，好不容易才让他冷静下来，结果，他的薪水还是翻了一番。

“事情在列森公司就不会这么复杂。”她心想，她前任老板制定了严格但很优厚的薪水等级制度，国家之间的薪水变化不大。如何根据市场来定工资、哪些地区生活消费水平高等方面从来没有任何争执。员工不满意的话，就直接到别处找工作了。

泰万公司截然相反，这里的工资等级不明显。李奈特感到，经理级别的薪水福利差别越来越大，麻烦也越来越多；女性员工以及有色种族员工比白种男性员工的薪水低，这也能用市场来解释吗？托马斯虽然同意修改薪水中差别明显的地方，但对整体大调整并不感兴趣。他的解释是，泰万公司面对异常激烈的市场，在国际市场占有一席之地相当重要，因此不能实行绝对统一的工资制度。而且以他亲身经验，那样的工资制度实在行不通。

李奈特把电脑椅转到电脑前，输入一串密码，调出泰万人事档案库。

公司有4800名员工，其中85%在德国工作，按照大家熟悉的市场价格来定工资。但从1996年开始，泰万公司不仅在法国、西班牙、英国和荷兰，还在北美、南美、中国、印度、俄国、澳大利亚、日本等地大胆地开发国际市场。关于外派员工的薪水和福利问题，公司顾问也提了不少建议，比如根据工作当地的标准来定，多数外派员工的薪水相当于德国员工的薪水加上当地的医疗费用，以及社保金和退休计划。由于德国生活水平高，大多数外派人员的薪水相当高了。

可是近年来，外派员工薪水应该包括哪些部分成为了一个日益复杂的问题。国家之间的每日补贴不同，每个人都是“特例”。两年前的一次事件，即哥伦比亚外派人员遭劫持未遂事件后，驻哥伦比亚经理坚持要求提高年薪15%，作为危险补偿费。要公司负责他双胞胎孩子到德语西班牙语双语私立学校的学费，以及24小时的保镖费。他还以此为理由要求更多的家庭开支补贴。两年之后，又说他基本工资的增长幅度比不上哥伦比亚的通货膨胀。李奈特坚决不同意给，但托马斯积极挽留有经验的经理的态度以及泰万公司好不容易得来的国际竞争优势让她不得不再次妥协。

从此，尽管李奈特竭力保持薪水公平统一，

依然控制不住层出不穷的外派人员的特例。驻莫斯科业务经理申请增设一名私人司机；芝加哥主任要求公司负责儿子的大学学费，理由是在德国上大学是免费的；印度常驻经理抱怨医疗费和德国的相比太少，要一笔额外补偿。特例使得这些外派人员的总年薪多出了30%，也让别人觉得自己的待遇落后了。

“现在这位美国人把事情弄得更复杂。”李奈特浏览各经理的工资档案，忧心忡忡。

## 全是好问题

泰万公司总部从没聘过外国人员，无参考先例，李奈特无从下手。聘用这样的人选也没有聘请咨询公司做顾问，只能指望她前任公司帮忙了。她拿起电话，拨了顾问公司联系人雷纳·巴斯的号码。

“我是巴斯。”他接了电话。

“雷纳，”李奈特开始说：“你能给我些建议吗，不胜感激。”她开始描述事情的经过。

雷纳听着，然后问：“她在美国办的是哪种退休计划？”

“不知道，”李奈特答，“美国社会保险，肯定有的，Xon公司也可能帮她办别的。”

“如果她到你们公司，就不能享受美国那边的社保了，”雷纳思考：“而且她不够条件申请德国社保，那么你们就应该给她提供一笔相当于同等福利待遇的养老金。”他接着问：“她结婚了吗？有没有孩子？”

“她离婚了，有两个孩子，7岁和11岁。”李奈特回答。

“他们会读德国学校吗？”

“我想会，除非他们去读私立的德美学校。”

“如果上的是德国学校，学费可免。若读私立学校或在美国上学，她可能希望在教育费上有所补偿。她还有别的家庭负担吗，如年老的父母。如果她要支付老人院或敬老院的费用的话，那也得考虑。在德国这方面的费用很少，也许她希望在这方面得到帮助。”

李奈特嘟哝了一声：“还有什么？”

“可能她还希望包括手术医疗费用，”雷纳补充：“这是我们这里没有的。但你得弄清楚，她家是否有需要特殊护理的人，美国医疗保险比我们的完善，她会希望你们承担这方面的支出。”

“雷纳，”李奈特说：“所有这些事情都很难办，我理解她希望得到一个和德国员工差不多的合理薪水。但是如果考虑所有额外的东西，她的薪水最后就会比她同事高，甚至高过她的上司。我们不希望引起怨恨情绪，已经有经理抱怨了。”

雷纳想了想，“是的，这挺复杂的。”停了一下，“今晚你能联系她吗？”

“当然。”

“打电话给她，把刚才我给你的问题的答案找出来。我回去查查，看别的联系人怎么做的，明天早上我们再谈，下午你就可以拿出方案了。”

“谢谢你，雷纳。”

“不用谢，李奈特，别担心，总会有办法的。”

## 11点钟之后

午夜，李奈特给在纽约的安妮打电话，希望她现在下班在家。安妮的儿子接电话，“妈妈哇!”他喊声太响，李奈特忙把话筒从耳边弹开。“是个说话带口音的女士!”

当安妮接过电话，李奈特立刻知道了她给人印象深刻的原因，她声音里有一种平静优雅的，几乎是欧洲的气质，不像她儿子，李奈特心想。

李奈特向安妮解释，她正为安妮作一个补偿金计划，把雷纳的问题一一问了。安妮说想给两个儿子读德国学校，听到这儿李奈特暗自松了一口气，至少不包括教育费。但安妮补充了一句，她为母亲支付每月 3000 美元的养老院费用，同时正考虑给患有哮喘和多种过敏症的 7 岁儿子进行医疗保健治疗。

李奈特试图进行安抚。“安妮，你知道我们非常有兴趣请你加入。但是，薪酬设计是相当复杂的。我们希望你能够在某些地方作出妥协，再给我们更多一点时间。”

安妮的声调仍然是愉快的，但却变得更加强硬。“当然，”她回答说，“但现在我手上还有另一个很好的邀请，我不可能让他们等太长的时间。我想你也明白。你能告诉我什么时候可以得到回复吗?”

“很快，本周就会有回复。”李奈特犹豫着说。放下电话，李奈特感到精疲力竭。她一边走向自己的床一边想，“真是不好办。”

## 没有轻松的答案

雷纳第二天来了电话，但他带来的信息没有多大帮助。他略带歉意地说，“好像没有一家客户遇到过和你相同的问题。我只能根据你的大致情况作一个快速的基本分析，我的助理会在上午的晚些时候将结果发邮件给你。在本市的 5 家最大型的跨国企业中，有 3 家采用了列森公司那样统一的薪酬制度。第 4 家正在建立自己的国际薪酬制度，现在还无法知道具体的做法。我还在等最后一家提供的信息。”

李奈特叹了口气。“谢谢你的帮助，雷纳。看来我得自己想办法了。”

雷纳说，“我希望能够对你有所帮助。”听电话中的口气好像不太愿意多谈。李奈特觉得泰万这家客户可能给雷纳带来了太多的麻烦。“如果你需要，我会继续查询。”

“谢谢，不需要了。”李奈特回答道。“我马上要给 CEO 报告，我会自己设法查出一些资料。”

## 案例思考题

1. 泰万公司在聘请安妮方面应当作出多大的努力？在什么情况下公司的立场应当更强硬？什么时候应当作出妥协？为什么？
2. 安妮的问题与泰万公司其他海外派遣人员薪酬问题有多大关系？泰万应当如何管理这些挑战？
3. 在这个案例中是否可以得出战略性的结论？如何对外派人员的薪酬进行更好的设计以配合公司的目标和战略？如何利用安妮的例子来厘清泰万公司的国际化目标？